AF274041

IFCT069PO

MICROSOFT SQL SERVER

IFCT069PO

MICROSOFT SQL SERVER

Santiago Medina Serrano

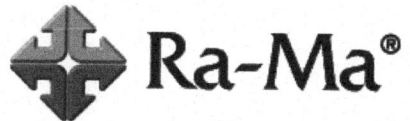
Ra-Ma®

La ley prohíbe
fotocopiar este libro

IFCT069PO - MICROSOFT SQL SERVER
© Santiago Medina Serrano
© De la edición: Ra-Ma 2025

Editado por:
RA-MA Editorial
Calle Jarama, 3A, Polígono Industrial Igarsa
28860 PARACUELLOS DE JARAMA, Madrid
Teléfono: 91 658 42 80
Fax: 91 662 81 39
Correo electrónico: *editorial@ra-ma.com*
Internet: *www.ra-ma.es* y *www.ra-ma.com*
ISBN: 979-13-8764-245-7
Depósito legal: M-5100-2025
Maquetación: Antonio García Tomé
Diseño de portada: Antonio García Tomé
Filmación e impresión: Safekat
Impreso en España febrero de 2025

A la memoria de mi amigo Fernando,
un hombre BUENO

ÍNDICE

INTRODUCCIÓN

Microsoft SQL Server 2014 es el motor de base de datos relacional más innovador, potente y demandado que existe hoy en día en el mercado. Esta tecnología ya es muy utilizada por los administradores de bases de datos, y, sin duda, las nuevas características serán muy solicitadas en un futuro próximo. Es muy probable que los conocimientos que adquiera con este libro le proporcionen nuevas oportunidades de trabajo en este campo.

Cada tema de este libro tiene dos partes, una teórica y otra práctica. Los ejemplos prácticos, además de ayudarle a comprender la teoría, le permitirán obtener práctica y experiencia en el manejo de Microsoft SQL Server 2014. En las prácticas instalará y configurará un servidor de bases de datos Microsoft SQL Server completo. En cada lección, a medida que se expliquen los aspectos teóricos, se volverá a incidir sobre ellos en los ejercicios prácticos. Cuando el lector termine el libro, además de tener una visión clara de lo que es un servidor de bases de datos de Microsoft SQL Server 2014, habrá configurado y probado muchas de sus características.

Encontrar el punto de partida

El diseño de la obra permite que los administradores noveles de bases de datos puedan aprender los fundamentos de Microsoft SQL Server 2014 desde el principio. Del mismo modo, esta estructura permite que los administradores con experiencia de versiones anteriores puedan familiarizarse pronto con la nueva versión y elegir el bloque donde precisan centrar su atención. La obra se divide en cinco bloques:

1. Temas 1 al 4 y 6: **Implementación de una infraestructura de bases de datos**. Da una visión de las distintas versiones de Microsoft SQL Server, exponiendo las características de cada una de ellas y sus requerimientos

mínimos, tanto de software como de hardware. Continúa explicando la instalación de un servidor SQL Server 2014 y la administración de las tablas, índices y vistas.

2. Tema 5: **Apuntes de gramática T-SQL**. Explica el uso de T-SQL en Microsoft SQL Server 2014 desde un punto de vista práctico. Comienza con instrucciones simples tipo SELECT y finaliza con instrucciones complejas tipo PIVOT.

3. Temas del 7 al 9: **Tareas proactivas**. Describe las estrategias de copias de seguridad, recuperación ante desastres y administración de permisos de usuarios, así como la automatización de tareas administrativas usando el agente SQL Server y el correo electrónico de bases de datos.

4. Temas del 10 al 11: **Alta disponibilidad**. Explica las tecnologías Log Shipping, Mirroring y AlwaysOn. Estas tecnologías actualmente son muy demandadas en la pyme y van orientadas a crear un servidor SQL Server de respaldo que remplace el servidor principal en caso de desastre, proporcionando al sistema tolerancia a fallos.

5. Apéndices I, II, III y IV. Explican cómo instalar la infraestructura base para poder realizar las prácticas de cada uno de los capítulos.

Instrucciones para configurar los ejercicios prácticos de ejemplo

En el inicio de cada tema hay un apartado denominado "Infraestructura necesaria" en el que se indica qué infraestructura mínima debe tener instalada para poder seguir las prácticas. El libro desarrolla los ejercicios prácticos usando cuatro infraestructuras tipo que se muestran a continuación:

Tipo I

La infraestructura consiste en una máquina virtual (**Madrid**) en la que se instala el sistema operativo Windows Server 2012 R2 versión Standard. La instalación y configuración de esta máquina se explica de manera detallada paso a paso en el Apéndice I.

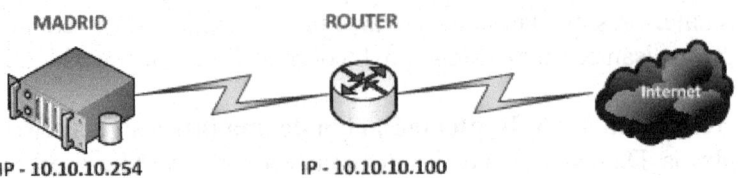

Con esta infraestructura podrá realizar los ejercicios prácticos de las lecciones 1, 2, 3, 4, 5, 6, 7, 8 y 9 (con excepción de los ejercicios prácticos 1.17, 1.18, 1.19 y 1.20 del tema 1.º).

ⓘ NOTA IMPORTANTE

Si no desea hacer uso de máquinas virtuales, solo tiene que instalar en su ordenador personal Microsoft SQL Server 2014 (como se indica en el tema 1.º) y podrá realizar prácticamente el 85 % de los ejercicios prácticos descritos en este texto.

Tipo II

Con esta infraestructura podrá realizar los ejercicios del tema primero 1.17, 1.18, 1.19 y 1.20, que ilustran cómo instalar y configurar Microsoft SQL Server 2014 en un Server Core. Así como acceder al motor de la base de datos del Server Core de manera remota.

La infraestructura consiste en dos máquinas virtuales: la primera es la máquina **Madrid**, que monta un sistema operativo Windows Server 2012 R2 versión Standard; y la segunda es la máquina **Core01**, con un sistema operativo Windows Server 2012 R2 versión Standard Core. La instalación y configuración de ambas máquinas se explica de manera detallada paso a paso en el Apéndice II.

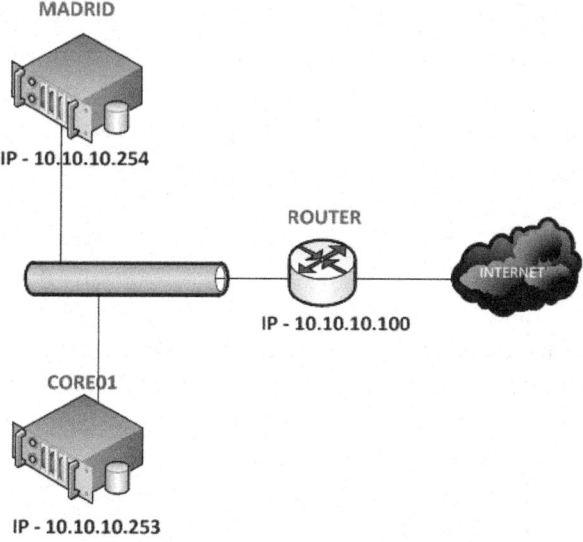

NOTA

Los servidores Core de Microsoft no presentan entorno visual y hay que configurarlos desde el símbolo del sistema. Por este motivo proporcionan un entorno mínimo para ejecutar unos roles de servidor en concreto, circunstancia que les ayuda a reducir la superficie de ataque y las tareas administrativas.

Tipo III

Esta infraestructura es necesaria para realizar los ejercicios prácticos del tema 10 que están orientados a la alta disponibilidad, aplicando las tecnologías Log Shipping y Mirroring.

La infraestructura consiste en dos máquinas virtuales (**Madrid** y **Zaragoza**), que montan el sistema operativo Windows Server 2012 R2 versión Standard. La instalación y configuración de ambas máquinas se explica de manera detallada paso a paso en el Apéndice III.

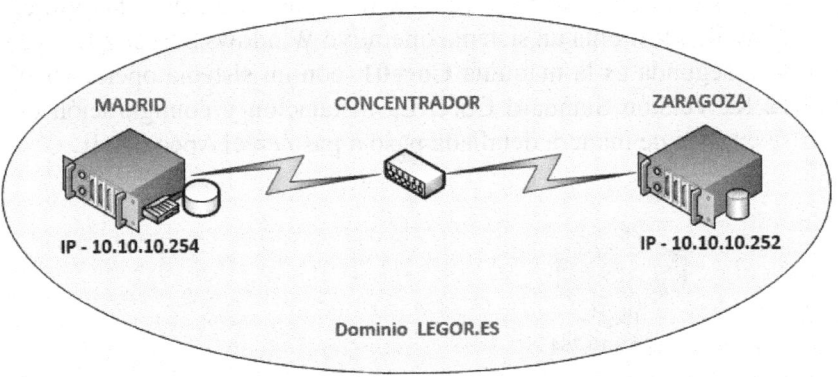

Tipo IV

Con esta infraestructura podrá realizar los ejercicios prácticos de la lección 11 que tratan el tema de la alta disponibilidad aplicando la tecnología AlwaysOn.

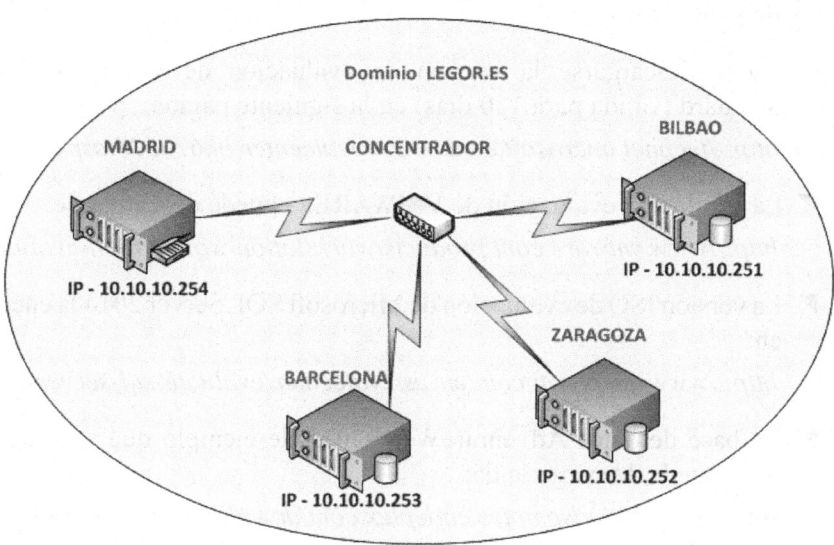

La instalación y configuración de esta infraestructura se explica de manera detallada paso a paso en el Apéndice IV.

En el caso de que decida utilizar máquinas virtuales puede usar una de estas cuatro opciones:

1. Si su máquina tiene instalado el sistema operativo Windows 8 profesional o superior, puede activar el rol de Hyper-V para desplegar las máquinas virtuales.

2. Si su máquina tiene instalado el sistema operativo Windows 2012 Standard o superior, puede activar el rol de Hyper-V para desplegar las máquinas virtuales.

3. Puede usar una versión demo válida por 30 días de **VMWARE**, que puede descargar de la página *http://www.vmware.com/products/workstation/workstation-evaluation*

4. Utilizar VirtualBox, la página oficial de descarga es *https://www.virtualbox.org/*

Descargas de programas

▸ Puede descargarse la versión de evaluación de Windows 2012 R2 Standard (válida para 180 días) en la siguiente página:

http://technet.microsoft.com/es-ES/evalcenter/hh670538.aspx

▸ La versión de evaluación de VMWARE la puede descargar de:

http://www.vmware.com/products/workstation/workstation-evaluation

▸ La versión ISO de evaluación de Microsoft SQL Server 2014 la encontrará en:

http://www.microsoft.com/en-us/evalcenter/evaluate-sql-server-2014

▸ La base de datos AdventureWorks2012 de ejemplo que se usa en este libro puede descargarla de:

http://msftdbprodsamples.codeplex.com/downloads/get/417885

ⓘ **NOTA IMPORTANTE**

La base de datos AdventureWorks2012 tiene varias versiones, que además son diferentes; si no descarga la base que se le indica en el enlace, no le funcionarán muchos de los ejemplos y ejercicios prácticos de este libro. En el tema 2 hay un apartado específico donde se explica paso a paso la descarga e instalación de AdventureWorks2012. Es recomendable que siga sus instrucciones.

Código fuente del libro

Accediendo a la ficha del libro en **www.ra-ma.es** encontrará todo el código fuente de los proyectos desarrollados en el libro en forma de un archivo zip que se puede descargar en cualquier momento.

ⓘ **NOTA IMPORTANTE**

Dentro de los archivos de código fuente se incluye una versión de la base de datos NorthWind, especialmente configurada para que funcione con Microsoft SQL Server 2014. Descárguela y configúrela como se indica en el tema 2. Esta base, junto con AdventureWorks2012, se utiliza en muchos de los ejemplos y ejercicios prácticos de este libro.

1

CONFIGURACIÓN E INSTALACIÓN DE SQL SERVER 2014

Este primer capítulo da una visión general de Microsoft SQL Server 2014, explicando las características de cada una de las versiones que existen, así como los requerimientos mínimos de software y hardware necesarios para instalarlo en un sistema. Para ello se han desarrollado los siguientes apartados:

- Versiones de SQL Server 2014.
- Requisitos de hardware y software para instalar SQL Server 2014.
- Tecnologías que incluye Microsoft SQL Server 2014.
- Cuentas de servicio.
- Modos de autenticación.
- Las instancias en SQL Server.
- Instalar SQL Server 2014 en un controlador de dominio.
- Actualizar de una edición anterior a SQL Server 2014.
- Instalación de Microsoft SQL Server 2014 en un Server Core.
- SQL Server Management Studio.

Los temas anteriores van acompañados de los siguientes ejercicios prácticos:

- Crear una cuenta de servicio.
- Instalar la característica Net Framework 3.5.
- Instalar y configurar una instancia de SQL Server.
- Ejecutar el Asesor de Actualizaciones de SQL Server 2014.
- Actualización desde SQL Server Standard 2008 R2 a SQL Server 2014.
- Configuración de superficie para permitir el acceso remoto al motor de la base de datos.

- ▶ Instalar Net Framework 3.5 en la máquina Windows Core Standard 2012 R2.
- ▶ Instalar SQL Server 2014 en Windows 2012 R2 Core Standard.
- ▶ Configuración de superficie para permitir el acceso remoto al motor de la base de datos en un servidor Core.
- ▶ Acceder remotamente al motor de base de datos del servidor Core01.

1.1 INFRAESTRUCTURA NECESARIA

Para los cuatro primeros ejercicios prácticos, necesita configurar la máquina MADRID como se indica en el Apéndice I. Está máquina utilizará el sistema operativo Windows 2012 Standard R2. No obstante, si lo prefiere existe la opción de sustituir la máquina MADRID por su propia máquina, si instala en ella Microsoft SQL Server 2014 como se indica en el ejercicio práctico 1.11.

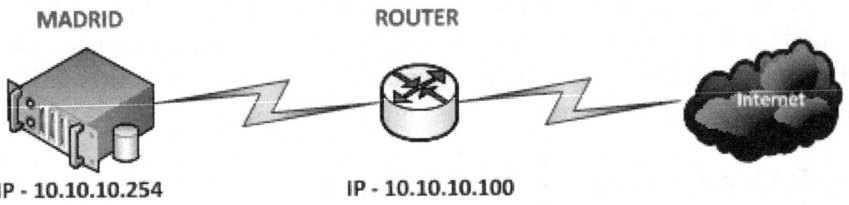

Los parámetros básicos de configuración de la máquina **MADRID** son:

- ▶ Nombre de la máquina: **MADRID**
- ▶ IP: **10.10.10.254**
- ▶ Máscara: **255.255.255.0**
- ▶ Servidor DNS preferido: **8.8.4.4** (DNS de Google)
- ▶ Puerta de enlace: **10.10.10.100** (IP del router que utilizo en el ejemplo)

Para los cuatro últimos ejercicios necesita, además de la máquina MADRID, desplegar una segunda máquina (Core01), configurada como se explica en el Apéndice II. Esta máquina utilizará el sistema operativo Windows 2012 Core Standard R2.

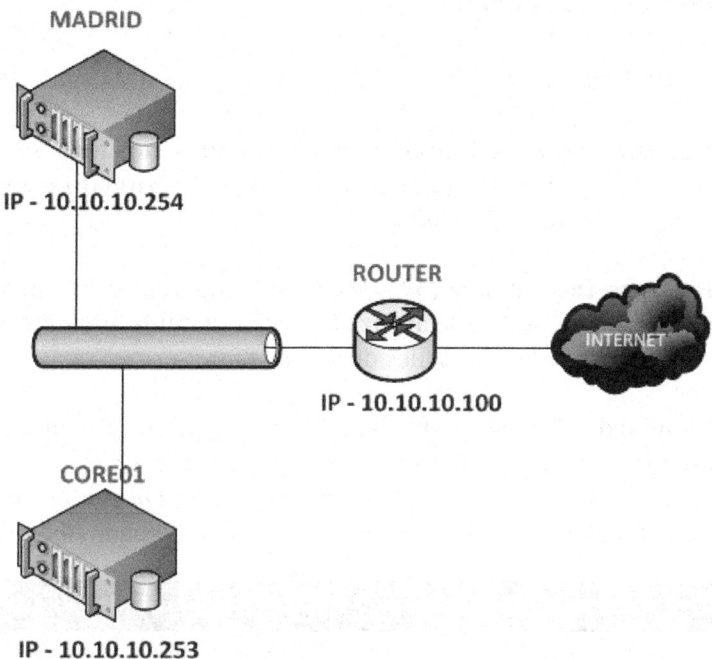

Los parámetros básicos de configuración de la máquina **Core01** son:

- Nombre de la máquina: **Core01**
- IP: **10.10.10.253**
- Máscara: **255.255.255.0**
- Servidor DNS preferido: **8.8.4.4** (DNS de Google)
- Puerta de enlace: **10.10.10.100** (IP del router)

Las IP que se muestran son orientativas y puede adaptarlas al entorno donde instale y desarrolle los ejercicios prácticos. Las máquinas están conectadas a Internet, para que puedan descargarse las actualizaciones necesarias durante la instalación.

La versión ISO de evaluación válida por 180 días de SQL 2014 puede descargarla de:

http://www.microsoft.com/en-us/evalcenter/evaluate-sql-server-2014

1.2 VERSIONES DE SQL SERVER 2014

Microsoft SQL Server 2014 está disponible en las siguientes versiones:

▶ **Enterprise (32 y 64 bits)**: diseñada para usuarios finales que necesitan en su centro de datos el máximo rendimiento, virtualización ilimitada y *business intelligence* integral.

▶ **Business Intelligence (32 y 64 bits)**: proporciona al usuario final una plataforma completa y avanzada que lo habilita para crear soluciones seguras, escalables y fáciles de administrar.

▶ **Standard (32 y 64 bits)**: diseñada para la pequeña y mediana empresa, proporciona las herramientas básicas para la administración de las bases de datos normales y de *business intelligence*. Esta versión admite herramientas de desarrollo, tanto en local como en la nube.

PRESTACIONES DE SQL SERVER 2014	ENTERPRISE	BUSINESS I	STANDARD
Número máximo de núcleos	OS Max	16 Cores – BD OS Max – Bi	16 Cores
Capacidad de programación (T-SQL, tipos de datos, FileTable)	X	X	X
Manejabilidad (SQL Server Management Studio, administración basada en directivas)	X	X	X
Alta disponibilidad básica (1)	X	X	X
BI básica corporativa (informes, análisis, modelo semántico multidimensional, minería de datos)	X	X	X
Integración de datos básica (conectores de datos integrados, transformaciones de diseñador)	X	X	X
Business intelligence autoservicio (alertas, Power View, Power Pivot para SharePoint Server)	X	X	
BI corporativa avanzada (modelo semántico BI tabular, análisis e informes avanzados, motor de análisis en memoria, minería de datos avanzada)	X	X	
Administración de datos empresariales (Data Quality Services, Master Data Services)	X	X	
Integración de datos avanzada (agrupación y búsqueda aproximadas, captura de datos modificados)	X		

Seguridad avanzada (auditoría de SQL Server, cifrado de datos transparente)	X		
Almacenamiento de datos (índice de almacén de columnas en memoria, compresión, particiones)	X		
Alta disponibilidad avanzada (AlwaysOn, varios secundarios activos, agrupación en clústeres geográficos multisitio)	X		

(1) El nivel básico incluye trasvase de registros, creación de reflejo de la base de datos, compatibilidad con Windows Server Core y clústeres de conmutación por error de dos nodos.

Tabla1.1. Prestaciones de las diferentes versiones de SQL Server 2014

▶ **Web (32 y 64 bits)**: versión especialmente diseñada para dar servicio a los *hosting* en la Web.

▶ **Developer (32 y 64 bits)**: creada para los desarrolladores, incluye toda la funcionalidad de la versión Enterprise. La licencia de esta versión solo permite usarla en sistemas de pruebas y desarrollo.

CARACTERÍSTICA	ENTERPR	BUSINESS INTELLIG	STAND	WEB	EXPRESS ADVAN	EXPRESS HERRAM	EXPRESS
Capacidad máxima de cálculo utilizada por una instancia base de datos SQL Server	Máx. SO.	16 *cores*	16 *cores*	16 *cores*	4 *cores*	4 *cores*	4 *cores*
Capacidad máxima de cálculo utilizada por una instancia Analysis Services / Reporting Services	Máx. SO.	Máx. SO.	16 *cores*	16 *cores*	4 *cores*	4 *cores*	4 *cores*
Memoria máxima usada motor base de datos	Máx. SO.	64 GB	64 GB	64 GB	1 GB	1 GB	1 GB
Memoria máxima usada por Analysis Services	Máx. SO.	Máx. SO.	64 GB	N/D	N/D	N/D	N/D
Memoria máxima usada por Reporting Services	Máx. SO.	Máx. SO.	64 GB	64 GB	4 GB	N/D	N/D
Tamaño máximo de una base de datos	524 TB	524 TB	524 TB	524 TB	10 GB	10 GB	10 GB

Tabla1.2. Capacidad de cálculo de las distintas versiones de SQL Server 2014

- **Express (32 y 64 bits)**: edición gratuita de SQL Server 2014, ideal para probar el producto y aprender a manejarlo. También lo puede utilizar en pequeños negocios para albergar las bases de datos. Presenta las siguientes limitaciones:
  - Puede usar hasta 1 GB de memoria RAM.
  - Permite hasta 10 GB de almacenamiento.
  - Puede usar un solo procesador físico.

1.3 REQUISITOS DE HARDWARE Y SOFTWARE PARA INSTALAR SQL SERVER 2014

1.3.1 Requisitos mínimos de hardware

Los requisitos mínimos de hardware requeridos para poder instalar SQL Server 2014 son:

- **Sistemas de 32 bits**: equipo con procesador Intel o compatible a 1 GHz o superior (se recomiendan 2 GHz o superior), 1 GB de memoria RAM como mínimo (se recomiendan 6 GB o más).

- **Sistemas de 64 bits**: equipo con procesador Intel o compatible a 1,4 GHz o superior (se recomiendan 2 GHz o más), 1 GB de memoria RAM como mínimo (se recomiendan 8 GB o más).

En ambos sistemas, el espacio en disco duro necesario para la instalación depende de la configuración y de las características que quiera instalar, pero por norma general compruebe que al menos tiene 6 GB de espacio en disco. La tabla 1.4 muestra los requerimientos de espacio en disco de las distintas características de Microsoft SQL Server 2014.

REQUERIMIENTOS	32 bits	64 bits
Procesador	Pentium III o superior	AMD Opteron, AMD Athlon 64, Intel Xenon compatible con Intel EM64T, Intel Pentium IV compatible con EM64T
Velocidad del procesador	1 GHz	1,4 GHz
Memoria RAM	1 GB	1 GB
Espacio disco duro	Según características	Instaladas

Tabla1.3. Requerimientos mínimos de hardware

▶ **Unidad óptica**: para instalar SQL Server 2014 desde un disco se necesita un DVD.

▶ **Pantalla**: se requiere una resolución mínima de 800 × 600 o mayor.

ⓘ **NOTA**

Los requisitos mínimos que recomienda Microsoft están bien para un entorno de test, por ejemplo para desarrollar los ejercicios prácticos de este libro. Si está pensando en implementar en su empresa un servidor de bases de datos SQL Server 2014, las necesidades de memoria RAM y procesador de la máquina aumentarán en proporción directa al número de usuarios que ataquen la base de datos simultáneamente y al tipo de consultas que hagan.

1.3.2 Sistemas operativos sobre los que se puede instalar SQL Server 2014

SQL Server 2014 soporta versiones de 32 y 64 bits de Microsoft Windows. Las versiones de SQL Server de 64 bits únicamente se pueden instalar en sistemas operativos de 64 bits, mientras que las versiones de SQL Server de 32 bits se pueden instalar en sistemas operativos de 32 y 64 bits.

Los sistemas operativos que soportan las versiones de SQL Server 2014 Enterprise y Business Intelligence son:

▶ Windows Server 2012 R2 Enterprise, Standard, Essentials y Foundation.

▶ Windows Server 2012 SP1 Enterprise, Standard, Essentials y Foundation.

▶ Windows Server 2008 R2 SP2 Datacenter, Enterprise, Standard, Foundation y Web.

▶ Windows Server 2008 SP2 Datacenter, Enterprise, Standard, Foundation y Web.

ⓘ **NOTA**

Windows 2012 y 2008 R2 solo existe en versión 64 bits, mientras que Windows 2008 (sin R2) existe en versión 32 y 64 bits.

Los sistemas operativos que soportan la versión SQL Server 2014 Standard son:

▼ Windows Server 2012 R2 Enterprise, Standard, Essentials y Foundation.

▼ Windows Server 2012 SP1 Enterprise, Standard, Essentials y Foundation.

▼ Windows Server 2008 R2 SP2 Datacenter, Enterprise, Standard, Foundation y Web.

▼ Windows Server 2008 SP2 Datacenter, Enterprise, Standard, Foundation y Web.

▼ Windows 8 Enterprise, Profesional.

▼ Windows 7 SP2 Ultimate, Enterprise y Profesional.

1.3.3 Requisitos mínimos de software

A continuación paso a enumerarle los requisitos mínimos necesarios para cualquier instalación de Microsoft SQL Server 2014.

▼ **Framework 3.5**: para instalar el motor de base de datos, Reporting Services, Replication, Data Quality Services, Master Data Services o SQL Server Management Studio, es necesario instalar previamente Framework .Net 3.5 SP1, este requisito no está incluido en el programa de instalación.

▼ **Framework 4.0**: Microsoft SQL Server 2014 lo instala automáticamente, excepto si está instalando la versión Express, en cuyo caso el programa de instalación conecta con el Centro de Descargas de Microsoft para descargar y a continuación instalar el Framework 4.0.

▼ **Windows PowerShell**: no está incluido en el programa de instalación. Sin embargo, Windows PowerShell 2.0 es un requisito previo, y si no está incluido en su sistema operativo, puede descargarlo e instalarlo siguiendo las instrucciones de la página *http://go.microsoft.com/fwlink/?LinkId=186214*

▼ **Disco duro**: las necesidades de disco duro variarán según las características que se instalen. En la tabla 1.4 se muestra un resumen de las necesidades de espacio en disco de cada característica.

CARACTERÍSTICA	ESPACIO
Motor de base de datos, replicación, búsqueda texto y DQS	811 MB
Reporting Services y Administrador de informes	304 MB
Analysis Services y archivos de datos	345 MB
Integration Services	591 MB
Master Data Services	243 MB
Componentes cliente	1823 MB
Libros en pantalla	200 MB

Tabla 1.4. Requerimientos de espacio en disco duro

1.4 TECNOLOGÍAS QUE INCLUYE MICROSOFT SQL SERVER 2014

El paquete Microsoft SQL Server incluye las siguientes tecnologías: motor de base de datos, Analysis Services, Reporting Services, Integration Services y Master Data Services. Durante el proceso de instalación, la página **Selección de características** permite la elección de los distintos componentes que desee incluir en la instalación.

▼ **Motor de base de datos**: es el servicio principal de Microsoft SQL Server 2014. Sirve para almacenar, procesar y proteger los datos. Con el motor de base datos puede crear bases de datos relacionales, tablas para almacenar datos, índices, vistas y procedimientos almacenados para ver, administrar y proteger sus datos.

▼ **Analysis Services**: proporciona soluciones para crear e implementar bases de datos analíticas que se usan como respaldo para la toma de decisiones en aplicaciones tipo Excel, Performance Point, Reporting Services y otras soluciones de *business intelligence*. Esta versión presenta un método de modelado tabular (incorporado en la versión SQL Server 2012) que permite modelar en el origen de datos, importarlos, ordenarlos, filtrarlos y relacionarlos hasta llegar a un formato compatible para ser analizado con Excel.

▼ **Reporting Services**: se utiliza para generar informes empresariales, el contenido se puede extraer de uno o varios orígenes de datos relacionales y permite publicar los informes en distintos formatos. La herramienta tiene capacidad para administrar la seguridad y las suscripciones de manera centralizada. Los informes creados se pueden ver mediante una conexión web o como parte de una aplicación de Microsoft Windows o un portal de SharePoint.

▼ **Integration Services (SSIS)**: se utiliza para la creación de soluciones empresariales de transformación e integración de datos de alto rendimiento, lo que incluye paquetes que proporcionan procesos de extracción, transformación y carga, en el almacenamiento de datos.

▼ **Master Data Services**: solución de Microsoft SQL Server para administrar datos maestros. Una solución basada en Master Data Services ayuda a asegurar que los informes y los análisis se basan en informaciones correctas. Esto se logra creando un almacén central de datos maestros, que se audita y protege a medida que estos cambian.

▼ **Replicación**: es un conjunto de tecnologías destinadas a la copia, distribución de datos y de objetos de una base de datos a otra, el propósito final es sincronizar ambas bases para que sean coherentes. Esta tecnología permite distribuir datos a diferentes ubicaciones, a usuarios remotos o locales haciendo uso de una red de área local o de una Wan.

1.5 CUENTAS DE SERVICIO

Todos los componentes de SQL Server 2014 mencionados en el punto anterior se ejecutan como servicios y como tales necesitan una cuenta con determinados privilegios para administrar los procesos de autenticación entre SQL Server y el sistema operativo Windows. SQL Server, durante el proceso de instalación, crea una cuenta diferente para cada servicio al objeto de aislar y reducir la superficie de ataque del mismo; no obstante, es conveniente crear una cuenta administrativa para cada uno de los dos componentes fundamentales de SQL Server: el motor de base de datos y el agente SQL Server. Para cada uno de estos componentes debería crear una cuenta administrativa diferente, con pocos privilegios, para establecer y controlar su seguridad (este tema se verá en el ejercicio práctico 1.1 *Crear una cuenta de servicio*).

1.6 MODOS DE AUTENTICACIÓN

Al instalar una nueva instancia en SQL Server 2014 hay que establecer el modo en que SQL Server controlará las conexiones permitidas. Esto se hace seleccionando uno de los dos tipos de autenticación disponibles:

▼ **Autenticación Windows**: utiliza la seguridad integrada de Windows. Es el Administrador del sistema el que otorga los privilegios a las cuentas y grupos de Windows. De esta manera SQL Server 2014 solo tiene que asegurarse de que el inicio de sesión que se le ha proporcionado tiene acceso al servidor y a la base de datos.

▼ **Autenticación mixta**: usa simultáneamente la seguridad integrada de Windows y las cuentas creadas en SQL Server 2014 para iniciar sesión en la instancia de Microsoft SQL Server. Cuando se solicita una conexión usando este tipo de autenticación, Microsoft SQL Server 2014 recibe un identificador de entrada y una contraseña que valida contra la lista de identificadores proporcionada por el administrador del sistema.

1.7 LAS INSTANCIAS EN SQL SERVER

Cada instancia en Microsoft SQL Server 2014 es un contenedor único, que almacena sus propias bases de datos, usuarios, credenciales y parámetros de configuración.

SQL Server 2014 soporta una instancia predeterminada y cuarenta y nueve con nombre (50 instancias en total). Para conectar con la instancia predeterminada tiene que escribir el nombre de la máquina que tiene la instancia instalada **[nombre equipo]**.

Solo puede haber una instancia predeterminada, por defecto será la primera que instale y se le asignará el nombre **MSSQLSERVER**. A las 49 instancias siguientes (en el caso de que las instale) tendrá que asignarles un nombre para diferenciarlas. Para conectar con una instancia con nombre use la combinación **[nombre equipo]** \ **[nombre instancia]**.

Instalar más de una instancia es poco frecuente, debido a que una misma instancia puede mantener el conjunto de todas las bases de datos que integran su organización. No obstante, hay escenarios en los sí que puede resultar útil instalar más de una instancia, como en el caso de las empresas que alquilan espacio en la Web y ofrecen servicio de motor de bases de datos SQL Server. Hay *hosting* que instalan por servidor las 50 instancias y a cada cliente que contrata con ellos le asignan una; de esta manera, cada instancia tiene sus propios recursos de disco, memoria RAM y CPU.

> ⓘ **NOTA**
>
> Si instala más de una instancia en su servidor, asegúrese de dimensionarlo correctamente. Recuerde que cada instancia utiliza sus propios recursos de CPU, memoria RAM y de disco.

Cada vez que instala una instancia se instalarán los componentes motor de base de datos, Analysis Services y Reporting Services, estos son independientes para cada una de ellas. El resto de los componentes, como por ejemplo SQL Management Studio, se comparten entre todas las que instale.

1.8 INSTALAR SQL SERVER 2014 EN UN CONTROLADOR DE DOMINIO

Microsoft no recomienda instalar SQL Server 2014 en un controlador de dominio por motivos de seguridad. Si aun así usted decide hacerlo, tenga en cuenta las siguientes limitaciones:

▸ No se pueden ejecutar los servicios SQL Server en un controlador de dominio, con una cuenta de servicio local.

▸ Una vez que haya instalado SQL Server en un equipo miembro de un dominio, no se puede cambiar este a controlador de dominio (ni viceversa). Tiene que desinstalar antes SQL Server para hacer el cambio.

▸ No se admite una instalación de clúster de conmutación por error de SQL Server en la que los nodos sean controladores de dominio.

▸ El programa de instalación de SQL Server no puede crear grupos de seguridad ni cuentas de servicio en un RODC (controlador de dominio de solo lectura).

1.9 EJERCICIO PRÁCTICO: CREAR UNA CUENTA DE SERVICIO

En este ejercicio creará una cuenta de servicio que usará en la práctica 1.11 para iniciar los servicios de motor de base de datos y agente SQL. La nueva cuenta de servicio se denominará **ServiciosSQL** y usará la contraseña **123Contraseña**. Use la máquina **MADRID** para completar el ejercicio.

1. En la barra de tareas de Windows, haga clic con el botón derecho del ratón en el botón **Inicio** → **Administración de equipos** → despliegue el nodo **Herramientas del sistema** (1) → **Usuarios y grupos locales** (2) → seleccione el nodo **Usuarios** (3) → haga clic con el botón derecho del ratón sobre él y en el menú contextual elija la opción **Usuario nuevo** (4).

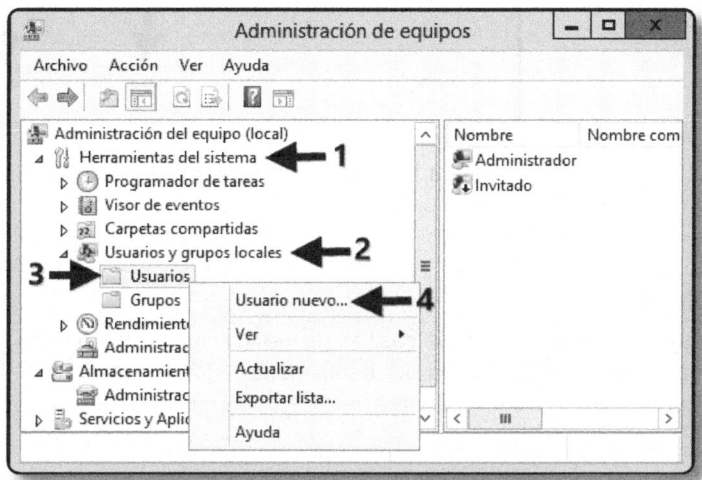

Captura 1.1. Crear un nuevo usuario en Windows 2012 R2 (I)

2. Complete la ventana **Usuario nuevo**. En el cuadro de texto **Nombre de usuario** escriba "ServiciosSQL" (5) → escriba dos veces la contraseña para la cuenta de usuario **ServiciosSQL**, en el ejemplo se ha usado la palabra **123Contraseña** (6) → active las casillas de verificación **El usuario no puede cambiar la contraseña** (7) y **La contraseña nunca expira** (8). Por último, haga clic sobre el botón **Crear** (9). Cierre la ventana **Usuario nuevo**, pulsando el botón **Cerrar** (10).

Captura 1.2. Crear un nuevo usuario en Windows 2012 R2 (II)

ⓘ **NOTA**

Es muy importante activar las casillas de verificación de los puntos 7 y 8 para que la cuenta no quede desactivada accidentalmente e impida el inicio de los servicios que tenga asociados.

1.10 EJERCICIO PRÁCTICO: INSTALAR LA CARACTERÍSTICA NET FRAMEWORK 3.5

Net Framework 3.5 es un requisito previo que hay que desplegar antes de proceder a la instalación de Microsoft SQL Server 2014. En esta práctica se muestra el procedimiento para instalarlo. Use la máquina **MADRID** para completarlo.

1. Para instalar la característica, abra el **Administrador del servidor**. Para ello, haga clic en su icono en la barra de tareas (1) → en la barra de herramientas haga clic en el menú **Administrar** (2) → seleccione el menú **Agregar roles y características** (3).

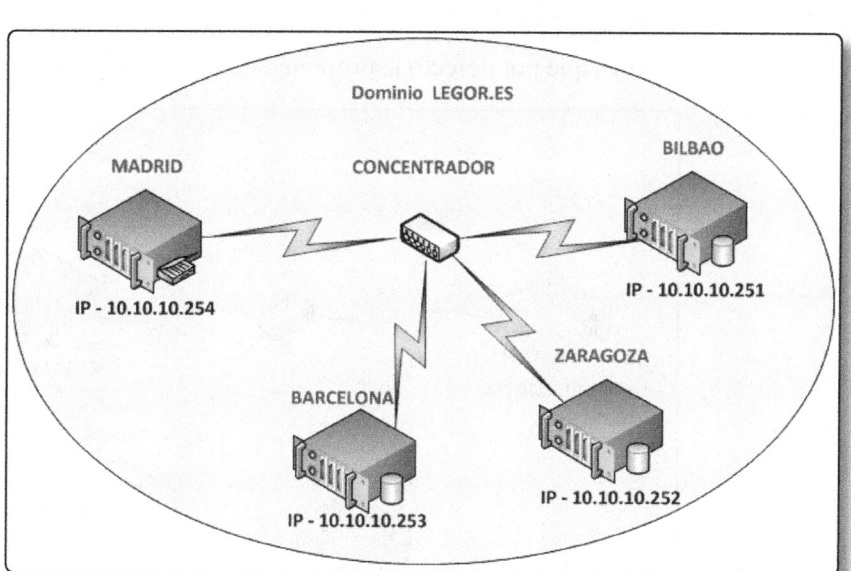

Captura 1.3. Instalar la característica Net Framework 3.5 (I)

La acción anterior inicia el **Asistente para agregar roles y características**.

2. Página **Antes de comenzar**: le explica que el asistente le ayuda y guía en la instalación de los diferentes roles y características de Windows 2012. Lea atentamente la explicación que muestra la ventana y a continuación haga clic en el botón **Siguiente**.

   - Página **Seleccionar tipo de instalación**: debe especificar dónde va a realizar la instalación. Si es en un equipo físico, en una máquina virtual o en un disco virtual (VHD). Seleccione el botón de radio **Instalación basada en características o en roles**. A continuación haga clic en el botón **Siguiente**.

   - Página **Seleccionar servidor de destino**: seleccione la máquina donde desea instalar la característica; en el ejemplo, **MADRID**. A continuación haga clic en el botón **Siguiente**.

   - Página **Seleccionar roles de servidor**: en ella se seleccionan el rol o roles que se desea instalar; en este caso, como no se instalará ninguno, haga clic en el botón **Siguiente**.

   - Página **Seleccionar características**: active la casilla de verificación **Características de .Net Framework 3.5.1** (4) → haga clic en el botón

Siguiente (5). Para finalizar la instalación de la característica acepte los valores que por defecto le propone el asistente, **Siguiente → Instalar**.

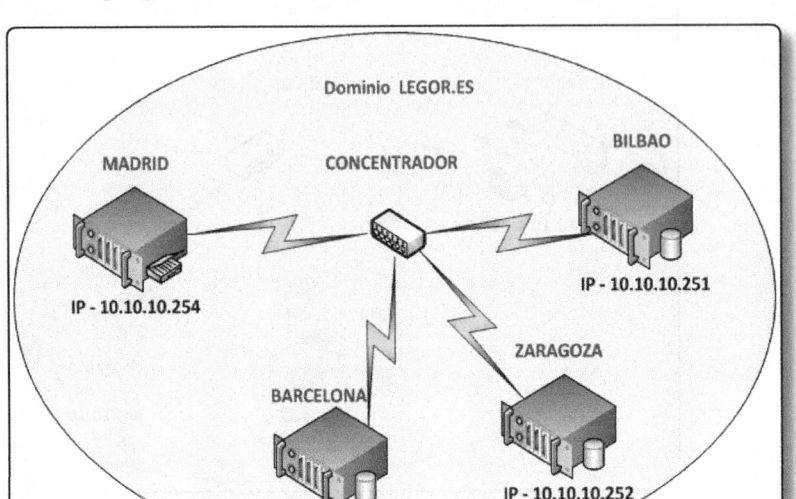

Captura 1.4. Instalar la característica Net Framework 3.5 (II)

1.11 EJERCICIO PRÁCTICO: INSTALAR Y CONFIGURAR UNA INSTANCIA DE SQL SERVER

En este ejercicio práctico se le mostrará el procedimiento para instalar la primera instancia (predeterminada) de SQL Server 2014 con los servicios de motor de base de datos, Analysis Services y Reporting Services utilizando el asistente de instalación, en la máquina **MADRID**. Aunque hay versiones de escritorio como Windows 7 o Windows 8 que soportan la versión de 32 bites de SQL Server 2014, el ejercicio se ha desarrollado íntegramente sobre una máquina instalada con Windows 2012 R2 versión Standard, tal y como se explica en el Apéndice I.

1. Comience insertando el disco de instalación de SQL Server en el lector óptico de su ordenador. En la carpeta raíz, haga doble clic en el archivo **Setup.exe**. En el caso de que haya descargado de la web de Microsoft la imagen de evaluación del producto, para iniciar la instalación haga doble clic sobre ella para montarla y a continuación haga doble clic sobre el archivo **Setup.exe**.

2. Se inicia el asistente para la instalación de SQL Server. En el panel izquierdo elija la opción **Instalación** (1) y a continuación haga clic en **Nueva instalación independiente de SQL Server o agregar características a una instalación existente** (2).

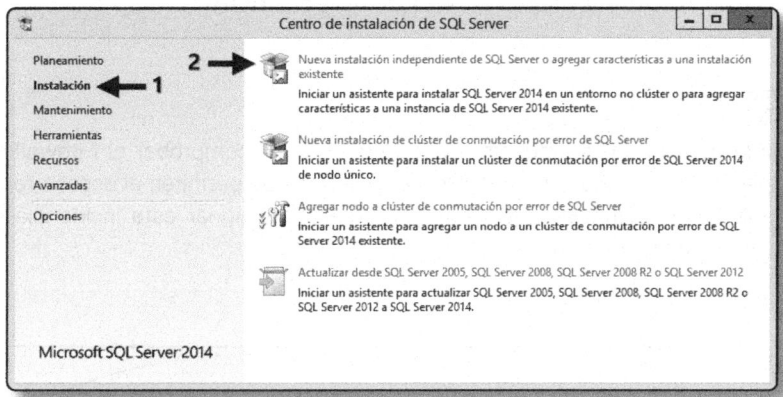

Captura 1.5. Inicio del asistente de instalación de SQL Server 2014

3. Página **Clave de producto**. Si está instalando la versión de evaluación, automáticamente obtendrá una licencia para probar el producto válida por 180 días. En caso contrario tendrá que escribir la clave del producto cuya licencia haya adquirido; o también puede optar por instalar la versión gratuita SQL Express 2012 (seleccionando esta opción en la lista desplegable). Para la ejecución del ejercicio práctico se ha instalado la versión de evaluación.

4. Página **Términos de licencia**. Microsoft le muestra un contrato licencia para el uso de SQL Server, una vez que lo haya revisado, active la casilla de verificación **Acepto los términos de la licencia**. Esta página también contiene otra casilla de verificación que al activarla permite que su máquina envíe informes a Microsoft para ayudarle a mejorar el producto. Mi opinión es que es una buena práctica hacerlo. Haga clic en el botón **Siguiente** para continuar con el asistente de instalación.

5. Página **Microsoft Update**. Muestra las actualizaciones más recientes de SQL Server disponibles. Cuando no hay actualizaciones pendientes de incluir en la instalación de SQL Server, se visualiza un *check* verde con el mensaje "No se encontró ninguna actualización de SQL Server en línea".

6. Página **Instalar reglas**. Indica problemas que no son determinantes pero que en un momento dado pueden complicarle futuras tareas administrativas después de completar la instalación. En la captura 1.6 del ejemplo señala que el Firewall de Windows está habilitado. Para continuar haga clic en el botón **Siguiente**.

ⓘ **NOTA**

En la captura 1.6 se muestra una advertencia al comprobar el Firewall de Windows, para recordarle que tiene que abrir los puertos que permiten el acceso remoto al motor de la base de datos. El procedimiento para solucionar esta incidencia se verá más adelante en este tema.

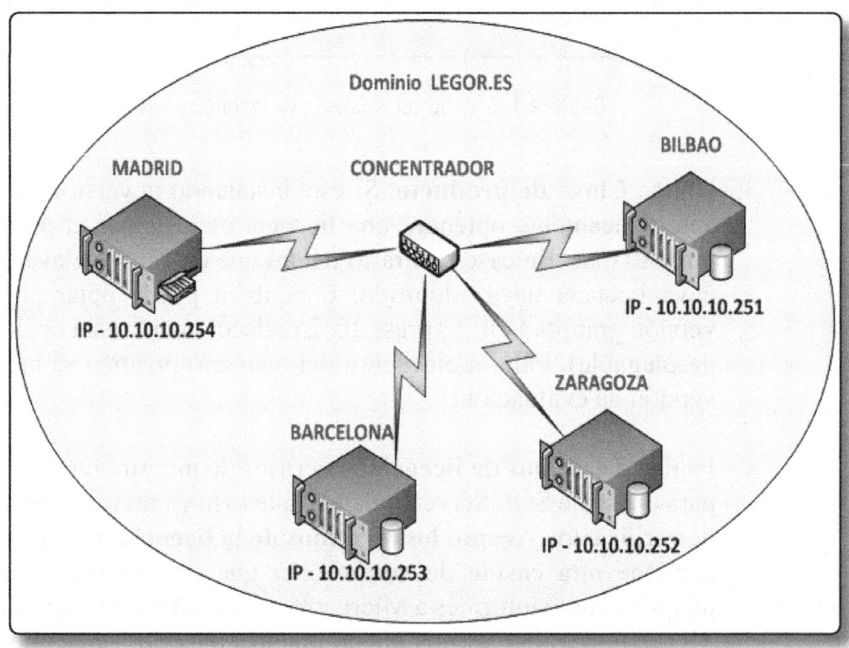

Captura 1.6. Comprobación de las reglas globales del programa de instalación de SQL Server 2014

7. Página **Rol de instalación**. Presenta tres opciones: la primera instala SQL Server de la manera tradicional, la segunda opción (**PowerPivot para SharePoint**) permite hacer análisis de datos en memoria, esta solución está enfocada a temas de inteligencia de negocios y toma de decisiones. La tercera opción instala todas las características de SQL

Server de forma casi automática, el instalador se encarga de decidir, entre otras cosas, qué cuentas se usarán para iniciar los distintos servicios. Seleccione la primera opción (**Instalación de características de SQL Server**), para habilitar la instalación de los servicios de motor de base de datos de SQL Server, Analysis Services, Reporting Services e Integration Services. A continuación haga clic en el botón **Siguiente**.

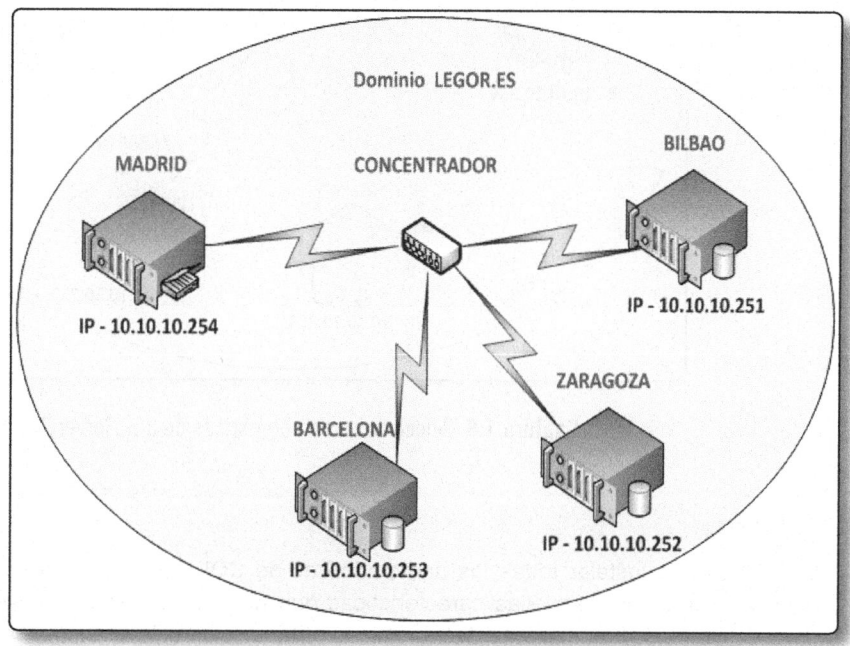

Captura 1.7. Ventana de selección de los roles de instalación

8. Página **Selección de características**. En ella se seleccionan los componentes que se van a instalar. Al seleccionar una característica, en el desplegable **Descripción de la característica** se especifica una descripción de la misma explicando su funcionalidad. Los requisitos previos de las características a medida que se seleccionan se muestran en el desplegable **Requisitos previos de las características seleccionadas** (el programa de instalación de SQL Server instalará los requisitos que no se hayan instalado todavía). Haga clic en el botón **Seleccionar todo** (3), compruebe que se seleccionan todas las características (4). Respete los directorios que por defecto le propone el instalador para las características compartidas de SQL (5). Para continuar haga clic en el botón **Siguiente**.

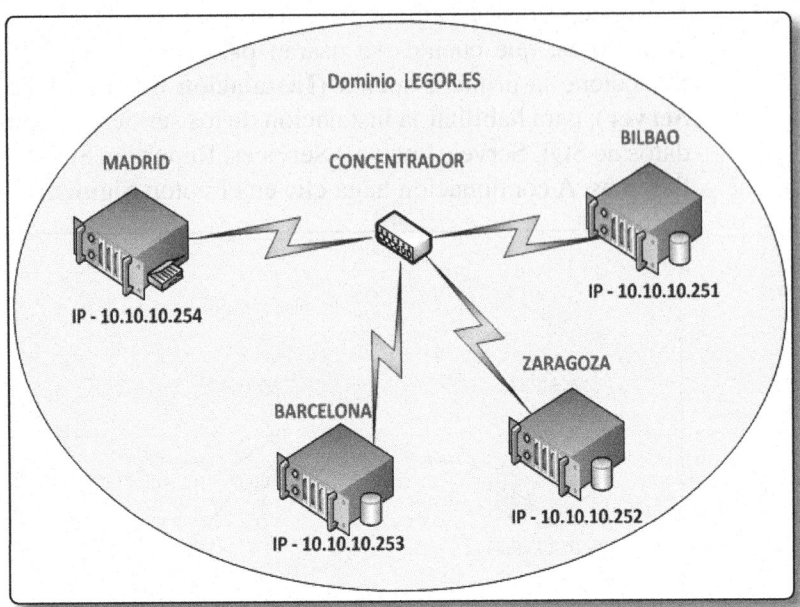

Captura 1.8. Selección de características de SQL Server 2014

ⓘ NOTA

Se recomienda instalar todas las características de SQL Server. Puede deshabilitar el servicio que inicia aquellas características que no vaya a utilizar. Siguiendo este procedimiento, si más adelante deciden en su organización utilizar alguna de ellas, por ejemplo Reporting Services, en vez de tener que ejecutar el programa de instalación de nuevo, únicamente tendrá que habilitar el inicio automático del servicio.

---

9. Página **Configuración de instancia**. Al ser la primera instancia que instala, el asistente le permite elegir entre instalar una instancia predeterminada o una instancia con nombre. Seleccione **Instancia predeterminada**, a continuación haga clic en el botón **Siguiente**. En relación con la configuración de las instancias debe tener en cuenta las siguientes observaciones:

   ● Para la instancia predeterminada, el nombre de identificador es **MSSQLSERVER**.

   ● El directorio raíz de la instancia de manera predeterminada es **C:\ Archivos de programa\Microsoft SQL Server\MSSQL12. MSSQLSERVER**.

- Todos los Service Pack y actualizaciones de SQL Server que desde ahora instale se aplican a todas las instancias instaladas.

- Si ya tiene una instancia predetermina instalada en el equipo, tiene que instalar una instancia con nombre.

10. Página **Configuración del servidor (I)**. La pestaña **Cuentas de servicio** permite especificar las cuentas de inicio de sesión para los servicios de SQL Server que esté instalando. Los servicios que se configuran en esta página varían según las características de SQL Server que instale. Puede asignar una misma cuenta de inicio de sesión para todos los servicios o configurar una cuenta individual para cada uno de ellos. Microsoft recomienda configurar una cuenta individual para cada servicio y asignarle los permisos mínimos para que realicen sus cometidos. Para simplificar la instalación, asigne a los servicios agente SQL y motor de base de datos la cuenta **ServiciosSQL** que creó en la práctica 1.9 (6). Para ello, escriba la contraseña de esta cuenta para cada servicio en el ejemplo **123Contraseña** (7). En esta página también puede especificar si los servicios se inician o no de forma automática (8).

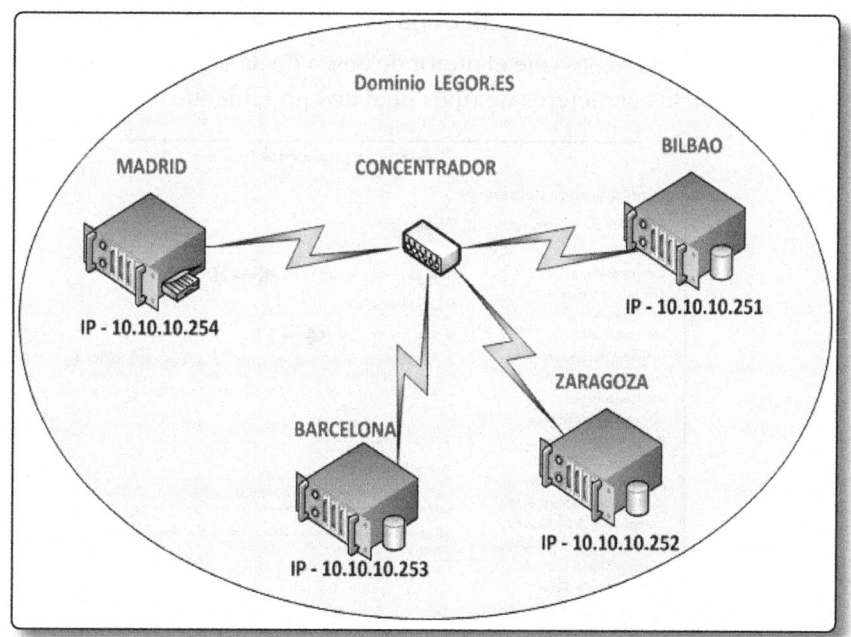

Captura 1.9. Configuración de las cuentas de los servicios de SQL Server 2014

Recuerde que en la página anterior, **Selección de características** (captura 1.8), se marcaron todas las características disponibles para ser instaladas en el servidor SQL Server; no obstante, también se le indicó que algunas de ellas como Analysis Services, Reporting Services, Integration Services, Distributed Replay Client, Distributed Replay Controller y SQL Server Browser, aunque por el momento no se iban a utilizar, se instalaban conjuntamente con el motor de la base de datos y que deshabilitaríamos los servicios que las inician (9) mientras no sea necesario utilizarlas. Configure esta página como se muestra en la captura 1.9. No haga clic todavía en el botón **Siguiente**.

11. Página **Configuración del servidor (II)**, la pestaña **Intercalación** (10) define el tipo de caracteres que las bases de datos de su organización usarán. Es aconsejable que use una intercalación que admita la configuración regional del sistema operativo Windows sobre el que está instalando el servidor SQL Server. Por defecto el programa de instalación de SQL Server detecta la intercalación de sistema operativo Windows donde está instalando el servidor SQL Server. En el ejemplo se ha seleccionado la intercalación **Modern_Spanish_CI_AS** (11). Las intercalaciones en SQL Server 2014 controlan lo siguiente:

- La página de códigos que se utiliza para almacenar datos no Unicode.
- Las reglas que el motor de bases de datos usa para ordenar y comparar los caracteres de tipos de datos no Unicode.

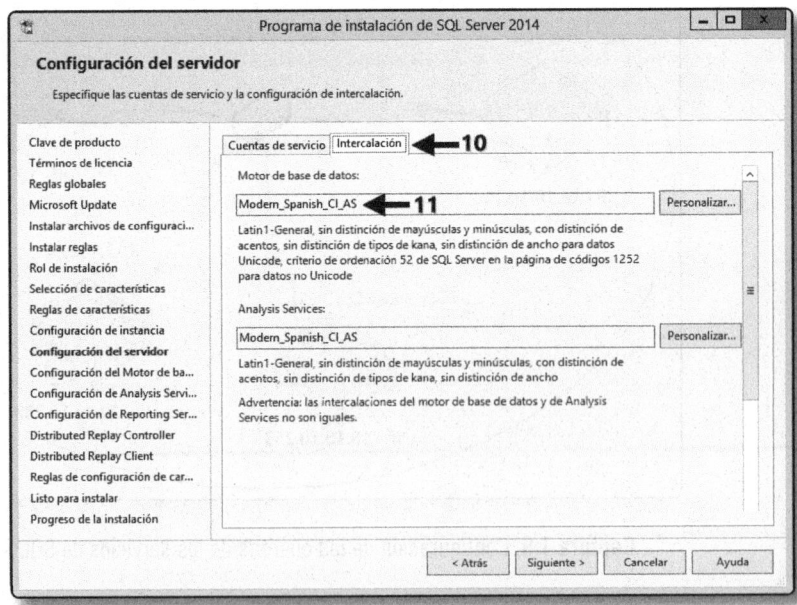

Captura 1.10. Configuración de la intercalación en SQL Server 2014

> **ⓘ NOTA**
>
> Revise cuidadosamente la intercalación que le propone el asistente para evitar futuros problemas difíciles de corregir. Por ejemplo, imagine que está instalando un servidor SQL Server sobre un sistema operativo Windows 2012 Standard R2 con la configuración regional establecida en **Inglés americano**. Lo más seguro es que la intercalación que le propondrá el asistente no sea compatible al cien por cien con todos los caracteres que utiliza el idioma español, por ejemplo puede tener problemas con la *ñ*. En caso de duda, use la intercalación **Modern_Spanish_CI_AS**, que es compatible con el español de Argentina, Bolivia, Chile, Colombia, República Dominicana, Costa Rica, Ecuador, El Salvador, Guatemala, Honduras, México, Nicaragua, Panamá, Paraguay, Perú, Puerto Rico y España.

12. Página **Configuración del Motor de base de datos (I)**. En ella se configura el modo de seguridad que se usará en la autenticación y quiénes serán los administradores del motor de la base de datos. Para ello, comience seleccionando la pestaña **Configuración del servidor** (12) y a continuación realice el procedimiento que se indica:

- **Modo de autenticación**: puede elegir entre autenticación Windows y autenticación mixta. Al seleccionar esta última opción, debe escribir una contraseña para la cuenta de administrador del sistema de SQL Server, conocida como **sa** (*system administrator*). Seleccione **Modo mixto (autenticación de SQL Server y Windows)** (13) y a continuación escriba una contraseña (**123Contraseña**) para **sa** (14).

- **Administradores de SQL**: debe especificar al menos un administrador del sistema para la instancia SQL. La opción que se utiliza en el ejemplo es agregar la cuenta del usuario que ejecuta el programa de instalación de SQL Server 2014. Para ello, haga clic en el botón **Agregar usuario actual** (15). También puede agregar o quitar cuentas de la lista de administradores del sistema haciendo clic en los botones **Agregar** o **Quitar**. Cuando finalice la configuración de la lista de administradores, haga clic en el botón **Aceptar** y a continuación en el botón **Siguiente**.

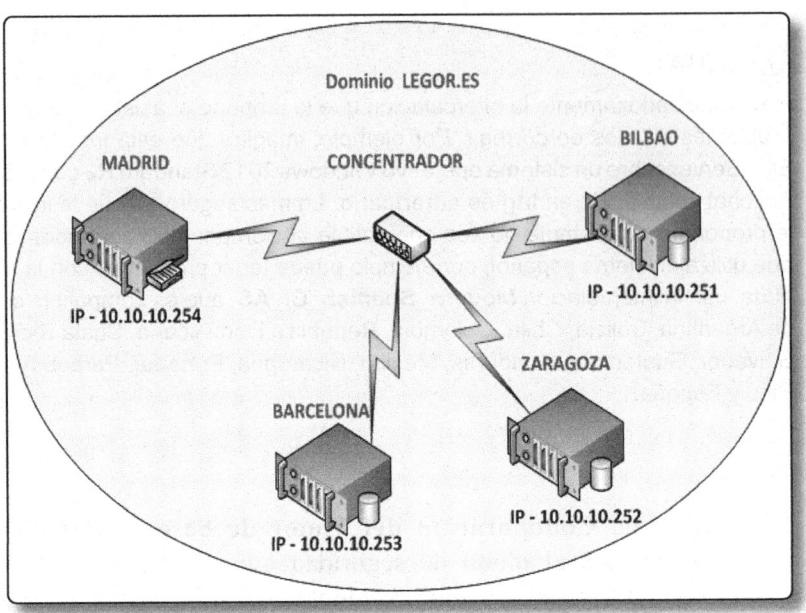

Captura 1.11. Página Configuración del Motor de base de datos

13. Página **Configuración del Motor de base de datos (II)**, seleccionando la pestaña **Directorio de datos** (16) se accede a la página que le permite configurar dónde ubicará cada una de las bases de datos de su organización. Nótese que se diferencian dos tipos de bases de datos: las de usuario y la base de datos temporal. Cada base de datos de usuario (17) tiene dos archivos diferentes: uno, el archivo de datos principal; y otro, el archivo del registro de transacciones; si su servidor tiene más de una unidad de disco, puede aumentar el rendimiento de sus bases de datos de usuario situando el archivo principal y el de registro de transacciones en discos diferentes, de esta manera, mientras se está escribiendo en el *log* de transacciones de una base de datos, se puede estar escribiendo en paralelo en su archivo de datos. Respecto a la base de datos temporal (18), debe saber que es la base en la que se apoya SQL Server para hacer cualquier tipo de operación en las bases de datos de usuario. Cuando hace un Update, Insert o Delete en una base de datos de usuario, todas las operaciones intermedias necesarias se producen en la base de datos temporal. Por este motivo se recomienda instalar la base de datos temporal en discos diferentes a los que usen las bases de datos de usuario, así incrementará la velocidad de las operaciones intermedias y mejorará el rendimiento general de su servidor SQL Server. Por último, el punto (19) indica el directorio donde se realizarán por defecto las

copias de seguridad. En la captura del ejemplo se han ubicado todas las bases de datos en el disco C: porque la máquina **MADRID** tiene solo un disco. La figura 1.1 muestra cómo se realizaría un despliegue de bases de datos de usuario y del sistema en una máquina con cinco discos.

ⓘ **NOTA**

Del archivo principal y del registro de transacciones se hablará en el tema 2.4 en el apartado *El registro de transacciones*.

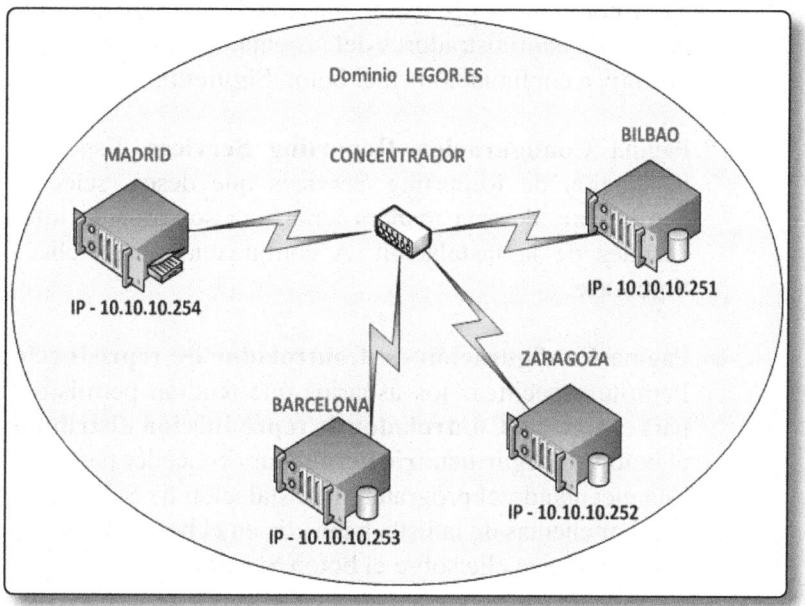

Captura 1.12. Directorios donde se ubicarán las bases de datos

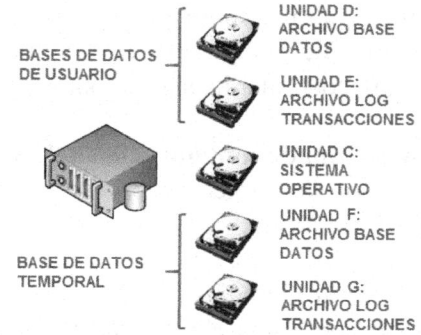

Figura 1.1. Propuesta de configuración de un Servidor SQL con 5 discos

14. Página **Configuración de Analysis Services**. Especifica el modo servidor y las cuentas que tendrán permisos de administrador para Analysis Services. El modo servidor determina los subsistemas de memoria y de almacenamiento que se utilizan en el servidor. Se ejecutan tipos de solución diferentes en modos de servidor diferentes. Para ejecutar bases de datos multidimensionales en el servidor, elija la opción predeterminada, seleccione **Modo multidimensional y minería de datos**. En lo que respecta a los permisos de administrador, debe especificar al menos un administrador del sistema para Analysis Services. Para agregar la cuenta con la que se ejecuta el programa de instalación de SQL Server, haga clic en el botón **Agregar usuario actual**. Para agregar o quitar cuentas de la lista de administradores del sistema, haga clic en el botón **Agregar** o **Quitar**, a continuación en el botón **Siguiente**.

15. Página **Configuración Reporting Services**. Especifique el tipo de instalación de Reporting Services que desea, seleccione **Instalar y configurar**, de esta manera tendrá un servidor de informes operativo después de la instalación. A continuación haga clic sobre el botón **Siguiente**.

16. Página **Configuración de Controlador de reproducción distribuida**. Permite especificar los usuarios que tendrán permisos administrativos para el servicio **Controlador de reproducción distribuida**. Haga clic en el botón **Agregar usuario actual** para conceder permisos al usuario que está ejecutando el programa de instalación de SQL Server. Para agregar o quitar cuentas de la lista, haga clic en el botón **Agregar** o **Quitar**. Para continuar haga clic sobre el botón **Siguiente**.

17. Página **Cliente de reproducción distribuida**. Sirve para especificar el nombre del equipo controlador y las ubicaciones de los directorios de trabajo. Como nombre de equipo escriba **MADRID**; respecto a los directorios de trabajo, respete los que el instalador le propone por defecto. Para continuar haga clic sobre el botón **Siguiente**.

18. El **Comprobador de configuración del sistema** validará la configuración del equipo con las características de SQL Server que ha elegido en el proceso de instalación.

19. Página **Listo para instalar**. Muestra una vista en forma de árbol (20) con las opciones que usted eligió para instalar. Si está conforme con ellas, haga clic en el botón **Instalar** (21). El programa de instalación de SQL

Server instalará los requisitos previos necesarios para las características seleccionadas y a continuación comenzará con la instalación de características.

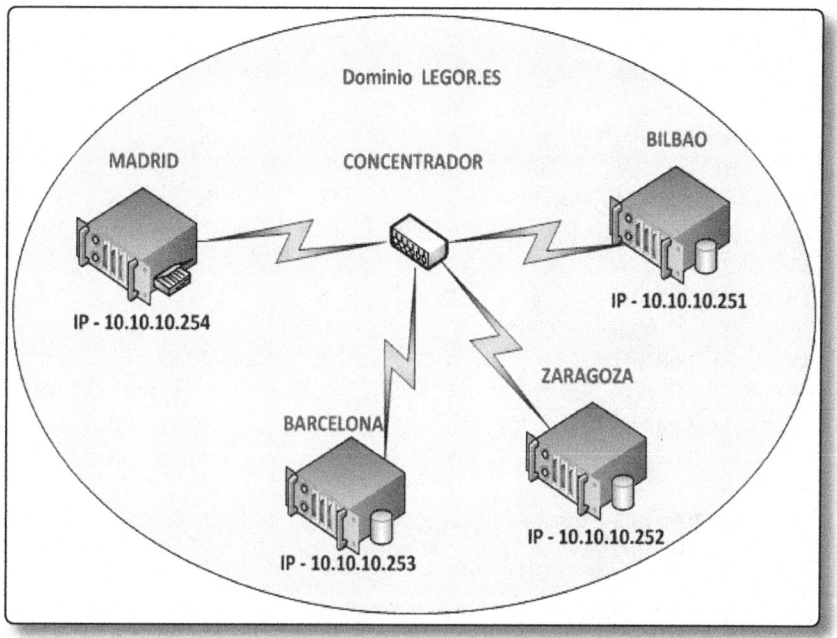

Captura 1.13. Página "Listo para instalar" con las opciones seleccionadas por el usuario

20. Página **Progreso de la instalación**. Permite supervisar el progreso de la instalación, mientras se ejecuta el programa de instalación.

21. Una vez que finalice la instalación, reinicie su equipo

1.12 ACTUALIZAR DE UNA EDICIÓN ANTERIOR A SQL SERVER 2014

Se pueden actualizar instancias de SQL Server 2005, SQL Server 2008, SQL Server 2008 R2 y SQL Server 2012 a Microsoft SQL Server 2014. Antes de iniciar una actualización es conveniente que compruebe que la máquina sobre la que va a realizar el proceso reúne los requisitos previos. Para ello puede usar el **Asesor de actualizaciones** de SQL Server.

A continuación le muestro una tabla con las diferentes versiones de SQL Server, anteriores a la versión 2014, y el tipo de actualización que admite cada una de ellas.

Versión anterior	Versión de SQL 2014 admitida					
	Enterprise	B. Intellig.	Standard	Web	Express	Developer
SQL Server 2005 SP4 Enterprise	X	X				
SQL Server 2005 SP4 Standard	X	X	X			
SQL Server 2005 SP4 Workgroup	X	X	X	X		
SQL Server 2005 SP4 Express	X	X	X	X	X	
SQL Server 2005 SP4 Developer						X
SQL Server 2008 SP3 Enterprise	X	X				
SQL Server 2008 SP3 Standard	X	X	X			
SQL Server 2008 SP3 Web	X	X	X	X		
SQL Server 2008 SP3 Workgroup	X	X	X	X		
SQL Server 2008 SP3 Express	X	X	X	X	X	
SQL Server 2008 SP3 Developer						X
SQL Server 2008 R2 SP2 Enterprise	X	X				
SQL Server 2008 R2 SP2 Standard	X	X	X			
SQL Server 2008 R2 SP2 Web	X	X	X	X		
SQL Server 2008 R2 SP2 Workgroup	X	X	X	X		
SQL Server 2008 R2 SP2 Express	X	X	X	X	X	
SQL Server 2008 R2 SP2 Developer						X
SQL Server 2012 SP1 Enterprise	X	X				
SQL Server 2012 SP1 Business I.	X	X				
SQL Server 2012 SP1 Standard	X	X	X			
SQL Server 2012 SP1 Web	X	X	X	X		
SQL Server 2012 SP1 Express	X	X	X	X	X	
SQL Server 2012 SP1 Developer						X

Tabla1.5. Versiones anteriores de SQL Server actualizables

1.12.1 El Asesor de actualizaciones de SQL Server

El **Asesor de actualizaciones** de SQL Server 2014 analiza los componentes instalados de versiones anteriores de SQL Server y genera un informe con los problemas que debe solucionar antes o después de la instalación. Desde la página de inicio del Asesor puede realizar las siguientes operaciones:

- ► Ejecutar el asistente para análisis del Asesor de actualizaciones.
- ► Ver informes del Asesor de actualizaciones.
- ► Iniciar el programa de ayuda del Asesor de actualizaciones.

El Asesor analiza los siguientes componentes de SQL Server:

- ► Motor de base de datos.
- ► Analysis Services.
- ► Reporting Services.
- ► Integration Services.

El proceso de análisis examina objetos como *scripts*, procedimientos almacenados, desencadenadores y archivos de seguimiento.

El Asesor de actualizaciones está incluido en la página de inicio del programa de instalación de SQL Server 2014, en la opción **Instalar Asesor de actualizaciones**.

1.13 EJERCICIO PRÁCTICO: EJECUTAR EL ASESOR DE ACTUALIZACIONES DE SQL SERVER 2014

En esta práctica se le enseñará a instalar y ejecutar el Asesor de actualizaciones de SQL Server en una máquina en producción que tiene instalado el motor de SQL Server Standard 2008 R2 SP2 con varias bases de datos, Analysis Services, Reporting Services e Integration Services.

1. Comience insertando el disco de instalación de SQL Server en el lector óptico de su ordenador. En la carpeta raíz, haga doble clic en el archivo **Setup.exe**. En el caso de que haya descargado de la web de Microsoft la imagen de evaluación del producto, para iniciar la instalación haga doble clic sobre ella para montarla y a continuación haga doble clic sobre el archivo **Setup.exe**.

2. Se inicia el asistente para la instalación de SQL Server. En el panel izquierdo elija la opción **Planeamiento** (1) y a continuación haga clic en **Instalar Asesor de actualizaciones** (2).

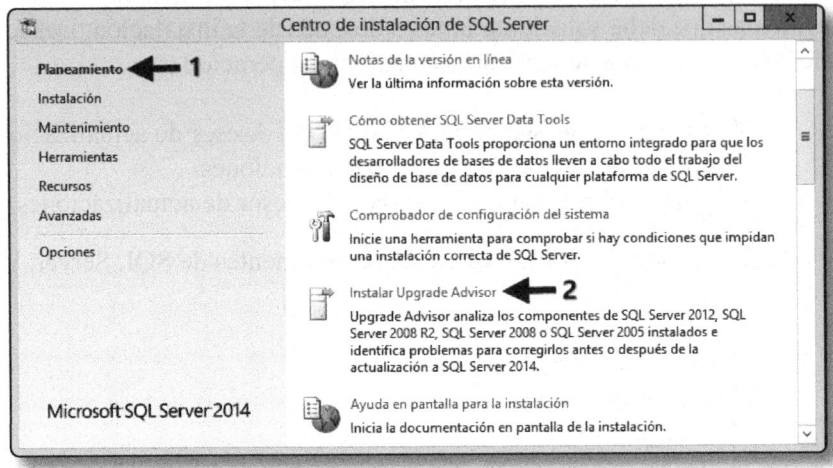

Captura 1.14. Instalar el Asesor de actualizaciones

3. Se inicia el **Asistente para la instalación del Asesor de actualizaciones de Microsoft SQL Server 2014**. Haga clic en el botón **Siguiente**.

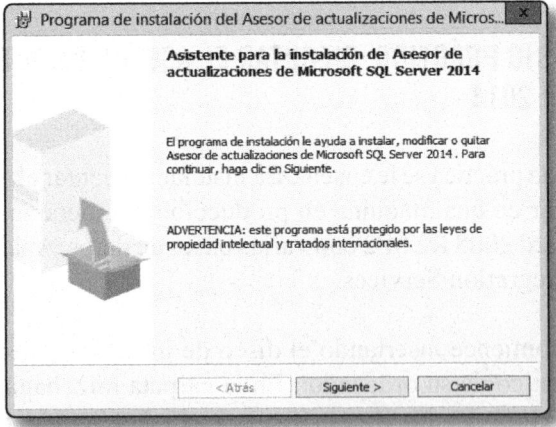

Captura 1.15. Página de inicio del asistente para instalar el Asesor de actualizaciones

4. Página **Contrato licencia**. Visualiza los términos de licencia del software, para continuar active el botón de radio **Acepto los términos del contrato licencia**, a continuación haga clic en el botón **Siguiente**.

5. Página **Selección de características**. Contiene únicamente una característica, que es, precisamente, el **Asesor de actualizaciones**. Respete los valores por defecto que le propone la página y haga clic en el botón **Siguiente**.

6. Página **Preparado para instalar**. Le indica que el programa de instalación está preparado y que cuando haga clic en el botón **Instalar** comenzará la instalación. Haga clic en el botón **Instalar**.

7. Página **Instalando Asesor de actualizaciones de Microsoft SQL Server 2014**. Muestra el progreso de la instalación del **Asesor**.

8. Página **Finalización de la instalación del Asesor de actualizaciones de Microsoft SQL Server 2014**. Le indica que el proceso de instalación ha finalizado, en caso de que la instalación hubiese sido incorrecta se lo notificaría. Haga clic en el botón **Finalizar**.

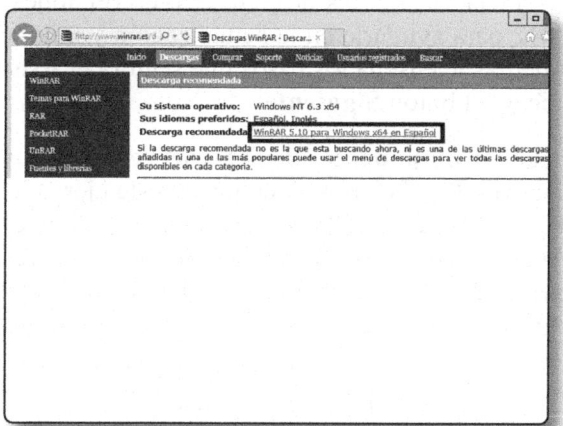

Captura 1.16. Página que indica el final de la instalación del Asesor de actualizaciones

9. Una vez instalado el **Asesor de actualizaciones**, para iniciarlo siga el procedimiento que a continuación se le indica. Sitúese en el escritorio de Windows y pulse simultáneamente las teclas **Windows** ⊞ + **C** (3) para abrir la herramienta de búsqueda 🔍 de Windows. En el cuadro de texto introduzca la palabra **ADVISOR** (4). Haga clic en el resultado de la búsqueda **SQL Server 2014 Upgrade Advisor** (5).

Captura 1.17. Uso de la herramienta Buscar en Windows 2012 R2

10. Cuando visualice la ventana principal del Asesor de actualizaciones de SQL Server 2014, haga clic en el enlace **Iniciar el Asistente para análisis del Asesor de actualizaciones**.

11. Página **Bienvenida**. En ella le indica que el Asistente analiza las instancias existentes de SQL Server versiones 2005, 2008, 2008 R2 y 2012 para ayudarle en la actualización y migración a SQL Server 2014. Además le enseña los pasos que seguirá el Asistente en el proceso, haga clic en el botón **Siguiente**.

12. Página **Componentes de SQL Server**. Elija los componentes que desee analizar. En el ejemplo que ilustra este ejercicio se desea migrar un SQL Server Standard 2008 R2, que tiene instalado el motor de base de datos, Analysis Services, Reporting Services e Integration Services, a SQL Server 2014, por este motivo se han marcado los cuatro componentes. A continuación haga clic sobre el botón **Siguiente**.

Captura 1.18. Componentes que analizará el Asesor de actualizaciones

13. Página **Parámetros de conexión**. En el cuadro de texto **Nombre de instancia** escriba el nombre de la instancia que quiere analizar; si es la instancia predeterminada, el nombre será MSSQLSERVER. También tiene que elegir el tipo de autenticación que usará para conectarse a la instancia (recuerde que hay dos tipos: **Autenticación de Windows** y **Autenticación de SQL Server**). Si elige esta última, tiene que escribir la contraseña del usuario de SQL Server que utilice para iniciar sesión. A continuación haga clic en el botón **Siguiente**.

Captura 1.19. Parámetros de conexión con la instancia que queremos analizar

14. Página **Parámetros de SQL Server**. Especifique qué objetos someterá a análisis, marque analizar **Todas las bases de datos**. Para continuar haga clic en el botón **Siguiente**.

15. Página **Parámetros de Reporting Services**. Respete los valores que por defecto propone el asistente. Para continuar haga clic en el botón **Siguiente**.

16. Página **Parámetros de Analysis Services**. Deje los valores que por defecto propone el asistente. Para continuar haga clic en el botón **Siguiente**.

17. Página **Parámetros de SSIS**. Respete los valores que por defecto propone el asistente. Para continuar haga clic en el botón **Siguiente**.

18. Página **Confirmar configuración Asesor actualizaciones**. Compruebe que el Asesor está configurado para analizar los objetos que desea migrar a la nueva versión de SQL Server 2014. Para continuar haga clic en el botón **Ejecutar**.

19. Página **Progreso del Asesor de actualizaciones**. Muestra el progreso del análisis de los objetos seleccionados. Una vez que haya finalizado el examen haga clic sobre el botón **Iniciar informe** (6) para comprobar que no hay ningún problema pendiente de resolver antes de comenzar la actualización.

Captura 1.20. Progreso del Asesor de actualizaciones

1.14 EJERCICIO PRÁCTICO: ACTUALIZACIÓN DESDE SQL SERVER STANDARD 2008 R2 A SQL SERVER 2014

Para realizar este ejercicio necesita tener instalada una versión anterior de Microsoft SQL Server (2005, 2008, 2008 R2 o 2012) y haber realizado el ejercicio 1.13.

En este ejercicio práctico le mostraré el procedimiento para actualizar una instancia de SQL Server 2008 R2 Standard, con motor de base de datos, Analysis Services, Reporting Services e Integration Services a una nueva instancia de SQL Server 2014. Para ello siga los pasos que a continuación se indican:

1. Comience insertando el disco de instalación de SQL Server en el lector óptico de su ordenador. En la carpeta raíz, haga doble clic en el archivo **Setup.exe**. En el caso de que haya descargado de la web de Microsoft la imagen de evaluación del producto, para iniciar la instalación haga doble clic sobre ella para montarla y a continuación haga doble clic sobre el archivo **Setup.exe**.

2. Se inicia el Asistente para la instalación de SQL Server. En el panel izquierdo elija la opción **Instalación** (1) y a continuación haga clic en **Actualización desde SQL Server 2005, SQL Server 2008, SQL Server 2008 R2 o SQL Server 2012** (2).

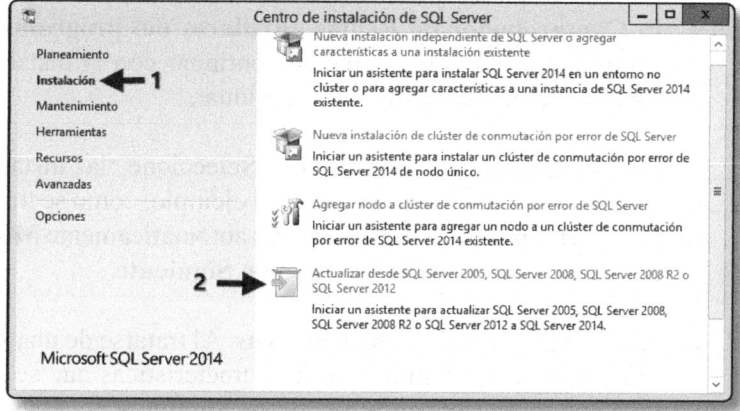

Captura 1.21. Actualizar desde una versión anterior a SQL Server 2014

3. Se ejecuta automáticamente el **Comprobador de Reglas auxiliares del programa de instalación**. Para continuar, haga clic en **Aceptar**.

4. Página **Clave del producto**. Escriba la clave del producto para activar su licencia de SQL Server. A continuación haga clic en el botón **Siguiente**.

5. Página **Términos de licencia**. Microsoft le muestra un contrato de licencia para el uso de SQL Server, una vez que lo haya revisado, active la casilla **Acepto los términos de la licencia** y a continuación haga clic sobre el botón **siguiente**.

6. Página **Reglas globales**. El asistente comprueba posibles problemas que pueden surgir durante la instalación por falta de alguna actualización, reinicio de la máquina, falta de privilegios, etc. Cualquier error que se

detecte debe ser corregido antes de continuar con la instalación. Haga clic en el botón **Siguiente**.

7. Página **Microsoft Update**. Muestra las actualizaciones más recientes de SQL Server disponibles. Cuando no hay actualizaciones pendientes de incluir en la instalación SQL Server, se muestra un *check* verde con el mensaje "No se encontró ninguna actualización de SQL Server en línea".

8. Página **Instalar archivos de configuración**. El programa de instalación automáticamente descarga, extrae e instala los archivos necesarios de instalación.

9. El **Comprobador de Reglas auxiliares del programa de instalación** comprueba su sistema antes de continuar con la instalación. Haga clic sobre el botón **Siguiente** para continuar.

10. Página **Seleccionar instancia**. Seleccione la instancia que desee actualizar a SQL Server 2014; en el ejemplo, como se trata de la instancia predeterminada, se ha seleccionado automáticamente **MSSQLSERVER**. Para continuar haga clic en el botón **Siguiente**.

11. Página **Selección de características**. Al tratarse de una actualización, no se permite hacer cambios en las características que se van a actualizar. Para continuar haga clic en el botón **Siguiente**.

12. Página **Configuración de instancia**. Respete los valores que por defecto le propone el Asistente de actualización. Para continuar haga clic en el botón **Siguiente**.

13. Página **Configuración del servidor**. Permite especificar las cuentas de inicio de sesión para los servicios de SQL Server. Al tratarse de una actualización lo habitual es respetar los valores que por defecto le propone el Asistente de actualización, que usará las mismas cuentas que utilizaba en la versión anterior para iniciar los servicios. Para continuar haga clic en el botón **Siguiente**.

14. Página **Actualización de texto completo**. Active el botón de radio **Importar**. Para continuar haga clic en el botón **Siguiente**.

15. El **Comprobador de Reglas de actualización** comprueba su sistema antes de continuar con la instalación. Haga clic sobre el botón **Siguiente** para continuar.

16. Página **Listo para actualizar**. Desde esta página puede verificar las características que se van a actualizar a SQL Server 2014, antes de que empiece el proceso. Una vez que haya revisado la página, haga clic sobre el botón **Actualizar**.

17. Página **Progreso de la actualización**. Permite supervisar el progreso de la actualización, mientras se ejecuta el programa de actualización.

18. Página **Operación completada**. Además de informarle si la actualización se ha realizado con éxito, contiene un enlace que abre el archivo de registro del proceso de actualización donde puede comprobar todas las vicisitudes ocurridas durante el proceso. Para finalizar la actualización haga clic en **Cerrar**.

19. Reinicie su equipo.

1.15 EJERCICIO PRÁCTICO: CONFIGURACIÓN DE SUPERFICIE PARA PERMITIR EL ACCESO REMOTO AL MOTOR DE LA BASE DE DATOS

Para poder acceder a Microsoft SQL Server 2014 remotamente, hay que configurar previamente los requisitos que a continuación se enumeran:

- Crear una excepción en el Firewall de Windows, para el puerto TCP 1433.
- Comprobar que los servicios de Microsoft SQL Server están iniciados.
- Habilitar TCP/IP en la instancia de SQL Server.

En esta práctica le mostraré cómo configurar los requisitos enumerados, en la máquina **MADRID**, para permitir el acceso remoto al motor de la base de datos.

1.15.1 Configurar una excepción en el Firewall de Windows

El Firewall de Windows ayuda a evitar el acceso no autorizado a los recursos de su máquina, por defecto está activado. Para acceder remotamente al motor de base de datos de Microsoft SQL Server 2014 se hace uso del puerto TCP 1433, que no está abierto por defecto, por este motivo hay que abrirlo en la máquina que contenga la base de datos a la que se quiere acceder remotamente, en el caso del ejercicio se trata de la máquina **MADRID**.

Para abrir el puerto TCP 1433 en la máquina **MADRID** siga las instrucciones que a continuación se detallan:

En la barra de tareas haga clic sobre el icono de **PowerShell** (1):

Captura 1.22. Inicio de PowerShell

En la consola de PowerShell escriba las siguientes instrucciones:

```
netsh
advfirewall firewall
add rule name="Permite SQLServer por puerto TCP
1433"dir=in action=allow protocol=TCP localport=1433
```

Captura 1.23. Crear una excepción en el Firewall de Windows desde PowerShell

Una vez que haya creado la excepción, compruébelo visualmente, para ello sitúese en la barra de tareas de la máquina **MADRID** y haga clic con el botón derecho del ratón en **Inicio** → **Panel de Control** → cambie el modo de visión de los iconos en **Ver por** a **Iconos pequeños** → **Firewall de Windows**.

En la ventana **Firewall de Windows**, en su parte superior izquierda, busque el enlace **Permitir un programa o una característica a través de Firewall de Windows**, haga clic sobre él: visualizará la ventana **Aplicaciones permitidas**.

Busque la regla que creó desde la consola de PowerShell **Permite SQLServer por puerto TCP 1433** (2), selecciónela y a continuación haga clic en el botón **Detalles** (3), la acción anterior abre la ventana **Modificar un puerto**, donde puede comprobar que la regla usa el puerto número **1433** (4) y el protocolo **TCP** (5).

> ### ⓘ NOTA
>
> Desde la ventana **Aplicaciones permitidas** puede configurar visualmente las excepciones y puertos que permite el Firewall de Windows.

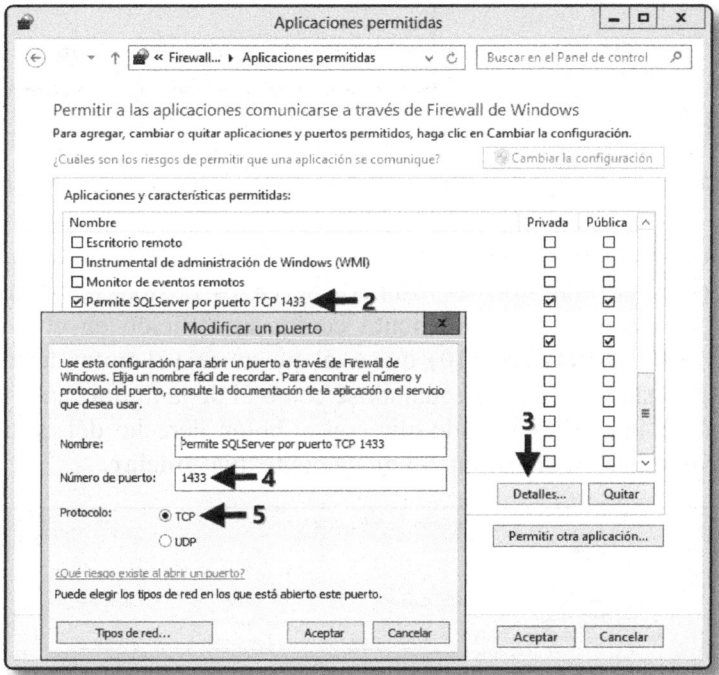

Captura 1.24. Ventana "Aplicaciones permitidas" del Firewall de Windows

1.15.2 Comprobar que el servicio MSSQL Server está iniciado

Dependiendo del uso que haga de Microsoft SQL Server 2014, necesitará tener más o menos servicios en ejecución. Los servicios de SQL Server se pueden administrar desde la consola de **Administración de configuración de SQL Server**, para acceder a ella utilice el procedimiento que a continuación se detalla:

Desde la barra de tareas de la máquina **MADRID**, haga clic con el botón derecho del ratón en **Inicio** (6) → en el menú contextual que se visualiza elija la opción **Ejecutar** (7) → en el cuadro de texto de la herramienta **Ejecutar** escriba **SQLServerManager12.msc** (8) → haga clic en el botón **Aceptar** (9).

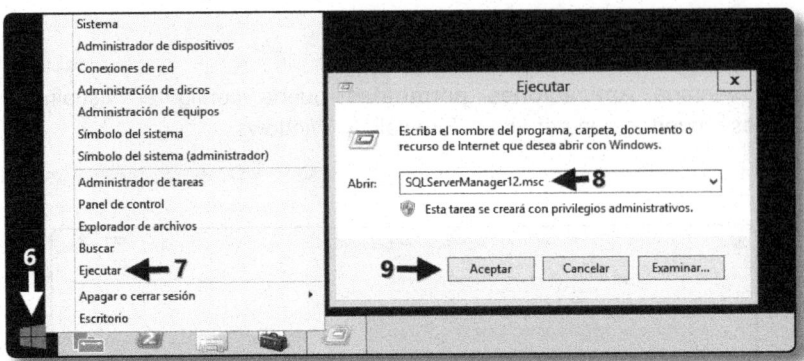

Captura 1.25. Acceso a Administración configuración SQL desde la herramienta Ejecutar

La acción anterior muestra la consola de **Administración de configuración de SQL Server**, en ella se visualizan los servicios de todas las características instaladas y su estado. Por el momento centre su atención en el servicio **SQL SERVER (MSSQL SERVER)** (10), que es el que maneja el motor de base de datos, compruebe que está iniciado y ejecutándose como el de la figura. En el caso de que no sea así puede iniciarlo haciendo clic con el botón derecho del ratón sobre él y eligiendo a continuación la opción del menú contextual **Iniciar**.

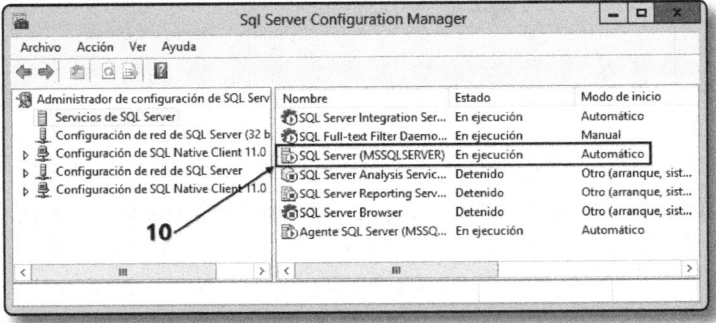

Captura 1.26. Servicios de SQL Server

1.15.3 Habilitar TCP/IP

Para habilitar TCP/IP abra la consola de **Administración de configuración de SQL Server** (véase la práctica 1.15.2), seleccione el nodo **Configuración de red de SQL Server** (11) → **Protocolos de MSSQLSERVER** (12) → haga clic con el botón derecho del ratón en la opción **TCP/IP** (13) → en el menú contextual elija la opción **Habilitar** (14).

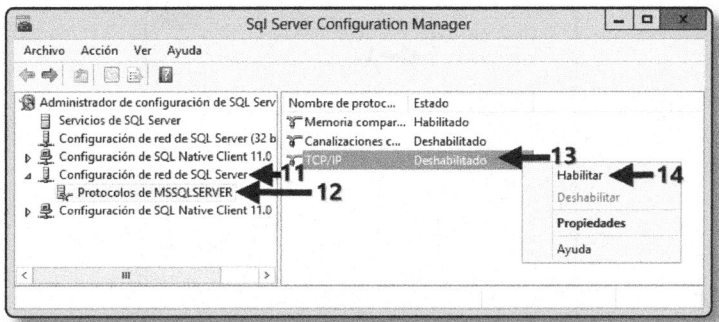

Captura 1.27. Habilitar TCP/IP (I)

Cuando habilita TCP/IP se muestra un mensaje que le informa de que –para que los cambios tengan efecto– tiene que reiniciar el servicio de **MSSQLSERVER**. **No reinicie el servicio todavía**.

A continuación configurará el adaptador de red por el que permitirá el protocolo TCP/IP, en el caso de la máquina **MADRID**, la tarjeta por la que se permitirá el tráfico TCP/IP es la que tiene la **IP - 10.10.10.254**, desde la consola de **Administración de configuración de SQL Server** seleccione el protocolo **TCP/IP** (15) que acaba de habilitar, haga clic sobre él con el botón derecho del ratón y elija **Propiedades** (16): visualizará la ventana **Propiedades TCP/IP**.

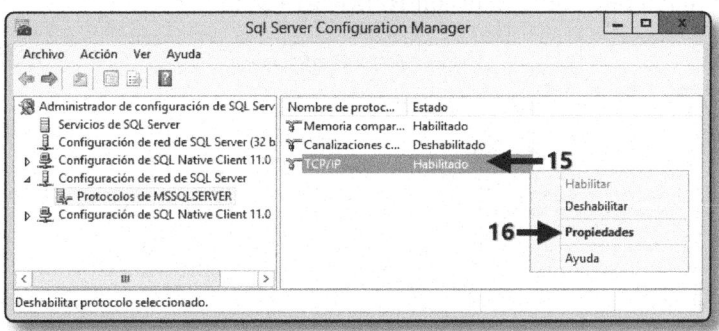

Captura 1.28. Habilitar TCP/IP (II)

Seleccione la pestaña **Direcciones IP** (17) → busque la dirección **IP - 10.10.10.254** (18) → en el apartado **Habilitado** (19) cambie el valor a **SÍ** (20) → haga clic en el botón **Aceptar** (21).

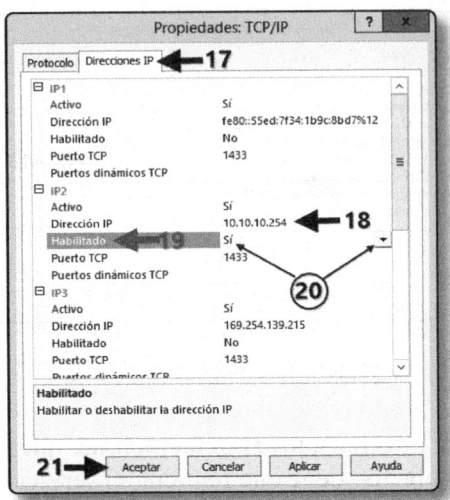

Captura 1.29. Habilitar TCP/IP (II)

Nuevamente se muestra un mensaje que informa de que los cambios no surtirán efecto hasta que no detenga y reinicie el servicio **MSSQLSERVER**.

Para reiniciar el servicio **MSSQLSERVER**, haga clic en el nodo **Servicios de SQL Server** (22), seleccione el servicio **SQL Server (MSSQLSERVER)** (23), a continuación haga clic sobre el botón **Reiniciar** (24).

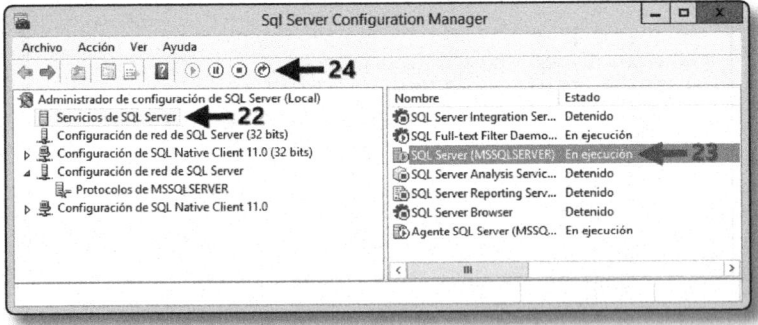

Captura 1.30. Reiniciar el servicio MSSQLSERVER

Desde este momento ya están habilitadas las conexiones remotas en el motor de la base de datos de Microsoft SQL Server 2014 en **MADRID**, en el ejercicio práctico 1.20 se muestra cómo comprobar que están habilitadas las conexiones.

1.16 INSTALACIÓN DE MICROSOFT SQL SERVER 2014 EN UN SERVER CORE

SQL Server 2014 **solo se puede instalar en un servidor Windows Server 2008 R2 Core SP1 o en un Windows Server 2012 Core** (no se puede instalar en versiones anteriores como Windows 2008 Server Core versiones Standard, Enterprise o Datacenter). La instalación de SQL Server en un Server Core proporciona un entorno mínimo para ejecutar unos roles de servidor en concreto, circunstancia que le ayuda a reducir la superficie de ataque y las tareas administrativas de su servidor.

CARACTERÍSTICA	PERMITIDA
Motor de base de datos	S
Replicación de SQL Server	S
Búsqueda de texto completo	S
Analysis Services	S
Reporting Services	N
Herramientas de datos de SQL Server (SSDT)	N
Conectividad con las herramientas de cliente	S
Integration Services	S
Compatibilidad con versiones anteriores herramientas cliente	N
SDK de las herramientas de cliente	N
Libros en pantalla	N
Herramientas administración: básica	S (1)
Herramientas de administración completas	S (1)
Distributed Replay Controller	N
Cliente reproducción distribuida	S (1)
SDK de conectividad de cliente SQL	N
Microsoft Synchronization Framework	S (2)
Master Data Services	N
Data Quality Services	N

(1) Aunque la instalación de estas características no está permitida en Windows Server 2008 R2 Core o Windows Server 2012 Core, existe la posibilidad de instalarlas en un servidor diferente y conectarse a las características de SQL Server, instaladas en el Server Core.

(2) Microsoft Sync Framework no se incluye en el paquete de instalación de Microsoft SQL Server 2014. Puede descargar la versión adecuada de Sync Framework de esta página del Centro de descarga de Microsoft (*http://go.microsoft.com/fwlink/?LinkId=221788*) e instalarla en un equipo que ejecute Windows Server 2008 R2 Server Core SP1 o Windows 2012 Core.

Tabla 1.6. Características de SQL Server instalables en un Server Core

Respecto a las características de SQL Server que se pueden instalar en un servidor Windows Server 2008 R2 Core o en un Windows Server 2012 Core, se detallan en la tabla 1.6.

En cuanto a los requisitos previos necesarios para la instalación de SQL Server 2014 son:

Net Framework 2.0 SP2, .Net Framework 3.5 SP1 Full Profile, .Net Framework 4 Server Core Profile, Windows Installer 4.5 y Windows PowerShell 2.0. Todos estos requisitos están incluidos en Windows Server 2008 R2 Core SP1 y 2012, de manera que si no están habilitados, el programa de instalación los habilita automáticamente.

1.16.1 Instalación desde la línea de comandos

La sintaxis para instalar SQL Server 2014 en un Server Core es la que a continuación se muestra:

```
Setup.exe /qs /ACTION=[<Install | Unistall>]                            (1)
 /FEATURES= [<SQLEngine, Replication, Fultext,AS,IS,Conn>]              (2)
 /INSTANCENAME= <Nombre Instancia> /INSTANCEID=<Identificador de Instancia">(3)
[</Cuenta de Servicio 1= <NombreDominio\NombreUsuario>
</password Cuenta servicio 1=password>]                                 (4)
[</Cuenta de Servicio 2= <NombreDominio\NombreUsuario>
</password Cuenta servicio 2=password>]                                 (5)
.......................................................................
[</Cuenta de Servicio N= <NombreDominio\NombreUsuario>
</password Cuenta servicio N=password>]                                 (6)
/SQLSYSADMINACCOUNTS="<NombreDominio\Cuenta Administrador SQL Server>"   (7)
[/SECURITYMODE="SQL" /SAPWD= <password sa>]                             (8)
/IAcceptSQLServerLicenseTerms="True"                                    (9)
```

1. Inicia el programa de instalación, el modificador "**/qs**" sirve para mostrar el progreso, las acciones disponibles son instalar/desinstalar.

2. "**/FEATURES**" aquí se indicarán las características que se desea instalar, a continuación le muestro una lista de las características disponibles con su abreviatura:

   • SQLENGINE: instala el motor de base de datos.

   • REPLICATION: instala el componente de replicación junto con el motor de base de datos.

- FULLTEXT: instala el componente **Texto completo**, junto con el motor de base de datos.

- AS: instala Analysis Services.

- IS: instala Integration Services.

- CONN: instala componentes de conectividad.

3. En esta línea especifique el nombre de la instancia y su identificador.

4. , (5), (6) especifique qué cuentas usarán los distintos servicios que instale de Microsoft SQL Server 2014 Core.

7. Especifique qué cuenta de Windows usará el administrador de Microsoft SQL Server 2014.

8. Al añadir esta línea está indicando que el modo de autenticación de Microsoft SQL Server 2014 es mixto, es decir, usará la autenticación Windows y la autenticación de SQL Server. El modificador "/**SAPWD**" sirve para indicar cuál será la contraseña del *superadministrator* (**sa**).

9. El parámetro **/IACCEPTSQLSERVERLICENSETERMS="True"** sirve para indicar que acepta los términos de la licencia.

Al finalizar la instalación, hay que configurar el acceso remoto a SQL Server 2014 Core. La instalación y configuración posterior de SQL 2014 en un Server Core se explican en las prácticas siguientes.

1.17 EJERCICIO PRÁCTICO: INSTALAR NET FRAMEWORK 3.5 EN LA MÁQUINA CORE01

Este ejercicio se realizará en la máquina Core01, cuya instalación y configuración se explican en el Apéndice II. Antes de proceder a instalar SQL Server 2014 en un servidor Windows Core, es necesario habilitar la característica Net Framework 3.5. Para ello se utilizará la herramienta de líneas de comandos DISM, que, entre otras cosas, sirve para instalar, desinstalar y actualizar características y paquetes.

1. Inserte el DVD de instalación de Windows 2012 en el lector óptico de la máquina Core01.

2. Suponiendo que la unidad del lector óptico es la D:\ escriba en el símbolo del sistema la siguiente instrucción:

```
dism.exe /online /enable-feature /all /
featurename:NetFX3 /Source:D:\sources\sxs /LimitAccess
```

- **Online**: establece como destino el sistema operativo que se está ejecutando.

- **/Enable-Feature /FeatureName:NetFx3**: especifica que desea habilitar .NET Framework 3.5

- **/All**: habilita todas las características principales de .NET Framework 3.5.

- **/LimitAccess**: evita que DISM establezca contacto con Windows Update.

- **/Source**: especifica la ubicación de los archivos necesarios para habilitar la característica (en este ejemplo, el directorio D:\sources\sxs).

3. Cuando finalice la instalación de la característica, si todo ha ido bien, observará un mensaje en la línea de comandos en el que se le indicará que "La operación se completó correctamente".

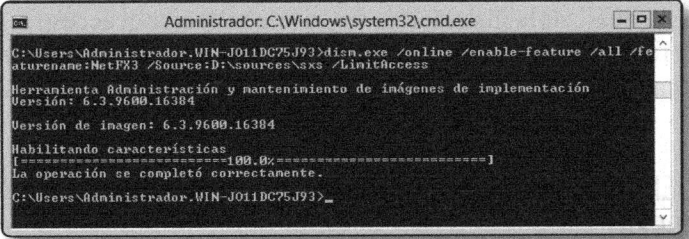

Captura 1.31. Habilitar la característica Net Framework 3.5 en un Server Core

---

(i) **NOTA**

La herramienta DISM hay que ejecutarla con PowerShell. Si necesita información de cómo activar el uso de PowerShell en el símbolo del sistema consulte el ejercicio práctico 1.19.1 de este mismo tema (*Iniciar PowerShell en la máquina Core01*).

1.18 EJERCICIO PRÁCTICO: INSTALAR SQL SERVER 2014 EN WINDOWS 2012 R2 CORE STANDARD

En esta práctica le mostraré cómo instalar las características motor de base de datos, Integration Services y componentes de conectividad de Microsoft SQL Server 2014 en una máquina Windows 2012 R2 Core Standard. Para realizar esta práctica tiene que instalar y configurar la máquina **Core01** según se indica en el Apéndice II, y haber finalizado el ejercicio práctico 1.17. En la instalación se usará la autenticación mixta, asignará al usuario **sa** (*superadministrator*) la contraseña **123ContraseñadelSA**.

1. Inicie sesión en la máquina Core01, con la cuenta Administrador, nótese que en el escritorio solo se muestra la pantalla del **símbolo del sistema**.

Introduzca en la unidad óptica de Core01 el DVD de instalación de SQL Server 2014. Usando comandos de Ms-Dos, sitúese en la unidad del lector óptico, en el ejemplo del libro, **D:**; a continuación, para iniciar la instalación escriba la instrucción:

```
Setup.exe /qs /ACTION=Install /FEATURES=SQLEngine,IS,Conn
/INSTANCENAME=MSSQLSERVER /INSTANCEID="MSSQLSERVER"
/ASSVCACCOUNT="core01\ServiciosSQL" /
ASSVCPASSWORD="123Contraseña" /CLTSVCACCOUNT="core01\
ServiciosSQL" /CLTSVCPASSWORD="123Contraseña"
/CTLRSVCACCOUNT="core01\ServiciosSQL"
/CTLRSVCPASSWORD="123Contraseña"
/FTSVCACCOUNT="core01\ServiciosSQL"
/FTSVCPASSWORD="123Contraseña"
/ISSVCACCOUNT="core01\ServiciosSQL"
/ISSVCPASSWORD="123Contraseña" /RSSVCACCOUNT="core01\
ServiciosSQL" /RSSVCPASSWORD="123Contraseña"
/SQLSVCACCOUNT="core01\ServiciosSQL"
/SQLSVCPASSWORD="123Contraseña" /AGTSVCACCOUNT="core01\
ServiciosSQL" /AGTSVCPASSWORD="123Contraseña"
/SQLSYSADMINACCOUNTS="core01\administrador"
/SECURITYMODE="SQL" /SAPWD="123ContraseñadelSA"
/IAcceptSQLServerLicenseTerms="True"
```

> **(i) NOTA**
>
> La cuenta Administrador es la cuenta que por defecto propone Windows como administrador del sistema con todos los privilegios; mientras que la cuenta ServiciosSQL es una cuenta de usuario normal del sistema, que usará para iniciar los servicios de Microsoft SQL Server 2014 que instale.

> **(i) NOTA**
>
> En el Apéndice II se explica cómo se crea la cuenta ServiciosSQL, conjuntamente con la instalación y configuración de la máquina Core01.

2. En la instrucción anterior se han elegido para instalar las siguientes características: motor de base de datos, Integration Services y componentes de conectividad. Se instalarán en la instancia por defecto **MSSQLSERVER** y todos los servicios usarán la cuenta **ServiciosSQL**. El modo de autenticación será mixto (Windows y SQL) y la contraseña que usará el *superadministrator* (**sa**) es **123ContraseñadelSA**.

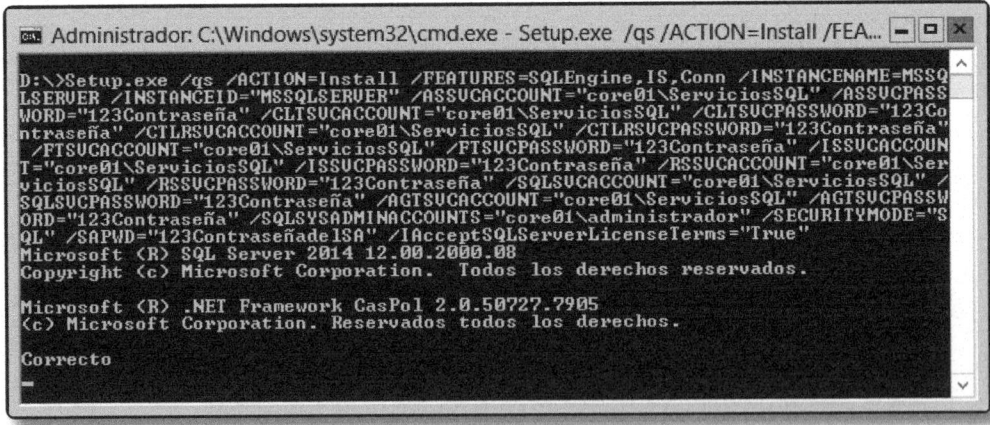

Captura 1.32. Instrucción de instalación desatendida de SQL Server 2014 en un server Core

3. Unos segundos después de que comience la instalación visualizará una ventana en la que se le pedirá que espere mientras el programa de instalación se inicia.

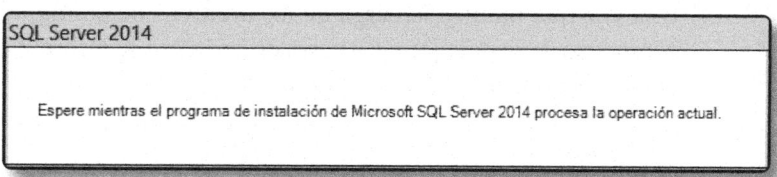

Captura 1.33. Ventana informativa que indica que el programa de instalación se va a iniciar

4. El programa de instalación carga los archivos de configuración y requisitos previos.

Tarea	Estado
Buscar actualizaciones de producto	Completado
Descargar archivos del programa de instalación	Omitido
Extraer archivos del programa de instalación	Omitido
Instalar archivos del programa de instalación	Omitido

Captura 1.34. Instalando los archivos de configuración

5. Una vez que finaliza la carga de los archivos de configuración comienza el proceso de instalación. La barra de progreso le informa del componente que se está instalando en cada momento.

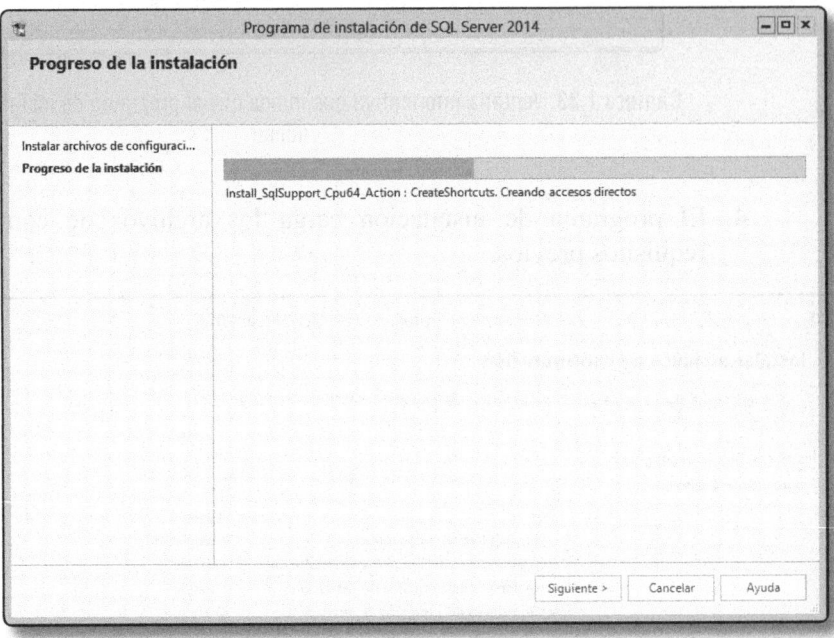

Captura 1.35. Progreso de la instalación

6. Cuando termine la instalación reinicie la máquina. Para ello, escriba la instrucción:

```
Shutdown /r /t 0
```

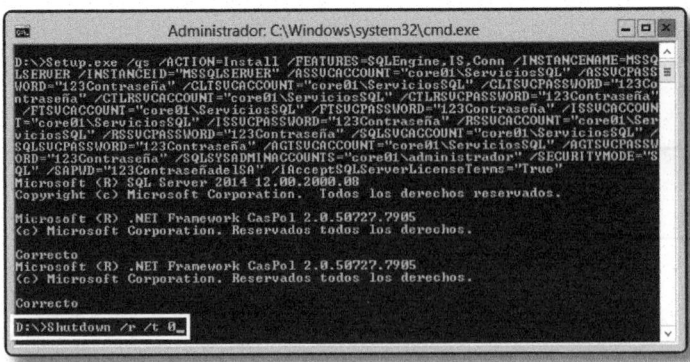

Captura 1.36. Reinicio de la máquina usando la orden Shutdown

1.19 EJERCICIO PRÁCTICO: CONFIGURACIÓN DE SUPERFICIE PARA PERMITIR EL ACCESO REMOTO AL MOTOR DE LA BASE DE DATOS EN UN SERVIDOR CORE

Para poder acceder a Microsoft SQL Server 2014 remotamente, hay que configurar previamente los requisitos que a continuación se enumeran:

▶ Comprobar que los servicios de Microsoft SQL Server están iniciados.
▶ Crear una excepción en el Firewall de Windows para el puerto TCP 1433.
▶ Habilitar las conexiones remotas.
▶ Habilitar TCP/IP en la instancia de SQL Server.

En esta práctica le mostraré cómo configurar los requisitos enumerados, en la máquina **Core01**, para permitir el acceso remoto al motor de la base de datos.

1.19.1 Ejercicio práctico: Iniciar PowerShell en la máquina Core01

Antes de comenzar la configuración de la máquina **Core01**, para permitir el acceso remoto, iniciará la herramienta **PowerShell** desde la que se ejecutarán todas las instrucciones de configuración de los ejercicios prácticos siguientes.

Para iniciar **PowerShell** hay que situarse en la ruta física donde se encuentra su ejecutable, para ello escriba la instrucción que a continuación le indico:

```
CD  %systemroot%\system32\windowsPowerShell\v1.0
```

Una vez situado en el directorio del ejecutable de **PowerShell**, escriba la siguiente instrucción para iniciarlo:

```
PowerShell.exe
```

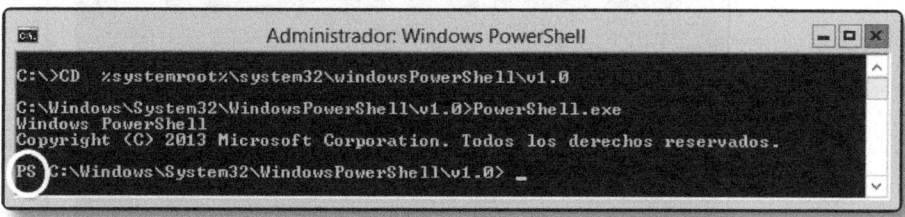

Captura 1.37. Inicio de PowerShell en un Server Core

Sabrá que ha iniciado **PowerShell** porque en la consola del símbolo del sistema ahora se muestra, en el **Promt**, la letra **PS**.

1.19.2 Ejercicio práctico: Comprobar que los servicios de Microsoft SQL Server están iniciados

Desde la consola de PowerShell, escriba la siguiente instrucción:

```
Get-Service *SQL* | Format-List
```

La instrucción anterior devuelve una lista con todos los servicios que contienen la palabra **SQL**, observe que hay tres servicios: **MSSQLServer** (1) que está iniciado, **SQLBrowser** (2) sin iniciar y **SQLServerAgent** (3) sin iniciar. Escriba las instrucciones que a continuación se indican para iniciarlos:

```
Set-Service -Name "MSSQLSERVER" -StartupType
"Automatic"
Start-Service -Name "MSSQLSERVER"

Set-Service -Name "sqlSERVERAGENT" -StartupType
"Automatic"
Start-Service -Name "sqlSERVERAGENT"

Set-Service -Name "SQLBROWSER" -StartupType "Automatic"
Start-Service -Name "SQLBROWSER"
```

Para comprobar su estado puede volver a ejecutar la instrucción:

```
Get-Service *SQL* | Format-List
```

Captura 1.38. Comprobando los servicios de SQL Server con PowerShell

1.19.3 Ejercicio práctico: Crear una excepción en el Firewall de Windows para el puerto 1433

Para permitir el acceso remoto al motor de la base de datos de Microsoft SQL Server 2014, hay que crear una excepción en el Firewall de Windows que permita el tráfico por el puerto **TCP 1433**, para ello desde la consola de PowerShell ejecute las instrucciones que a continuación se muestran:

```
netsh
advfirewall firewall
add rule name="PERMITE SQLServer puerto TCP 1433"
dir=in action=allow protocol=TCP localport=1433
Exit
```

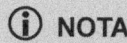

Captura 1.39. Crear una excepción en el Firewall de Windows

> (i) **NOTA**
>
> Si desea permitir el acceso remoto al motor de la base de datos Microsoft SQL Server 2014, a través de Internet, tiene que configurar, además de la excepción anterior, su router abriendo el puerto **TCP 1433** y redirigiendo todo su tráfico a la IP de la máquina **Core01 – IP - 10.10.10.253**.

1.19.4 Ejercicio práctico: Habilitar las conexiones remotas

Para habilitar las conexiones remotas usará de nuevo la PowerShell y la herramienta **SQLCMD**.

> (i) **NOTA**
>
> SQLCMD es una herramienta que permite ejecutar instrucciones y secuencias de comandos Transact-SQL (T-SQL) desde el símbolo del sistema.

(i) **NOTA**

Si inicia SQLCMD sin especificar credenciales de autenticación, la herramienta conectará por defecto con la instancia predeterminada.

Para poder usar **SQLCMD** debe situarse en la ruta: **C:\Program Files\ Microsoft SQL Server\Client SDK\ODBC\110\tools\binn**, que es donde se encuentra el ejecutable de **SQLCMD**. Para ello, escriba la siguiente instrucción:

```
CD "C:\Program Files\Microsoft SQL Server\Client SDK
ODBC\110\tools\binn"
```

Para habilitar las conexiones remotas siga el procedimiento que a continuación le indico:

```
PS C:\Program Files\Microsoft SQL Server\Client SDK
ODBC\110\tools\binn> .\SQLCMD.EXE
1> EXEC sys.sp_configure N'remote access', N'1'
2> GO
```

Se ha cambiado la opción de configuración 'remote access' de 1 a 1. Ejecute la instrucción RECONFIGURE para instalar:

```
1> RECONFIGURE WITH OVERRIDE
2> GO
1> EXIT
```

Captura 1.40. Habilitar las conexiones remotas usando SQLCMD

1.19.5 Ejercicio práctico: Habilitar TCP/IP en la instancia de SQL Server

En un servidor Core es posible ejecutar algunas consolas visualmente, una de ellas es la del **Editor de registro**. En este ejercicio práctico le enseñaré cómo modificar una clave del registro de Windows para habilitar TCP/IP en la instancia predeterminada de Microsoft SQL Server 2014.

Desde la consola de PowerShell ejecute la siguiente instrucción:

```
Regedit
```

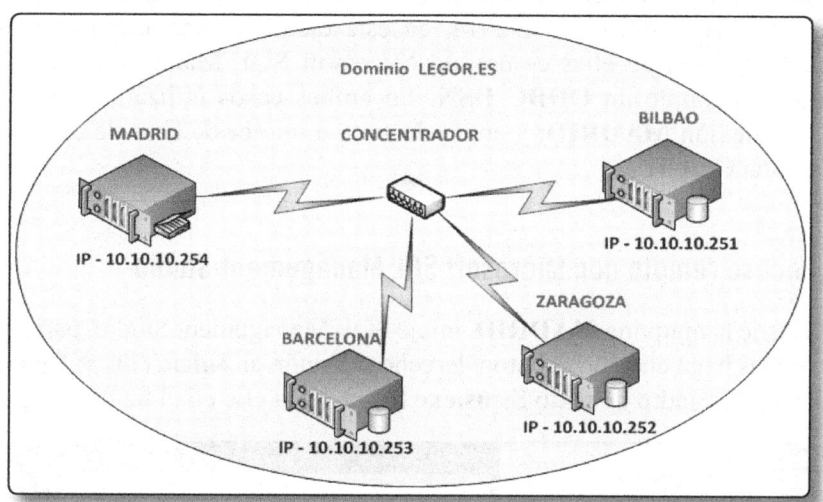

Captura 1.41. Habilitar TCP/IP desde la consola del Editor de registro

Una vez que se abra la ventana del **Editor de registro** busque la siguiente rama:

```
HKEY_LOCAL_MACHINE\SOFTWARE\Microsoft\Microsoft SQL
Server\MSSQL12.MSSQLSERVER\MSSQLServer\SuperSocketNe
tLib\Tcp\IP1
```

Haga doble clic en el registro **Enabled** (1) para editarlo y modifique su valor a **1** (2).

Reinicie la máquina **Core01**, para ello ejecute desde la consola de PowerShell:

```
Shutdown /r /t 0
```

1.20 EJERCICIO PRÁCTICO: ACCEDER REMOTAMENTE AL MOTOR DE BASE DE DATOS DEL SERVIDOR CORE01

Una vez que reinicie la máquina **Core01**, compruebe que todos los servicios de Microsoft SQL Server 2014 se han iniciado correctamente; para ello, desde PowerShell ejecute la instrucción:

```
Get-Service *SQL* | Format-List
```

Hay muchas maneras de comprobar el acceso remoto al motor de base de datos de Microsoft SQL Server 2014, en este ejercicio práctico le mostraré dos maneras, la primera de ellas es usando Microsoft SQL Management Studio y la segunda configurando un **ODBC DSN**. En ambos casos utilizará como máquina origen de conexión **MADRID**; y como destino, el motor de base de datos ubicado en la máquina **Core01**.

1.20.1 Acceso remoto con Microsoft SQL Management Studio

Desde la máquina **MADRID**, inicie SQL Management Studio, para ello en la barra de tareas haga clic con el botón derecho del ratón en **Inicio** (1) → **Ejecutar** (2) → escriba en el cuadro de texto **Ssms.exe** (3) → haga clic en el botón **Aceptar** (4).

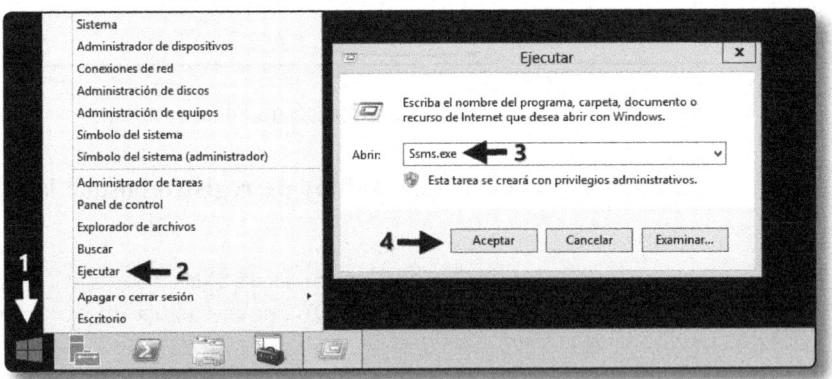

Captura 1.42. Iniciar SQL Management Studio con la herramienta Ejecutar

Complete la ventana **Conectar con el servidor** usando los siguientes datos:

- Tipo de servidor: **Motor de base de datos**
- Nombre del servidor: **10.10.10.253** (IP de la máquina Core01)
- Autenticación: **Autenticación de SQL Server**
- Usuario: **sa**

▼ Contraseña: **123ContraseñadelSA**
▼ Haga clic en el botón **Conectar**

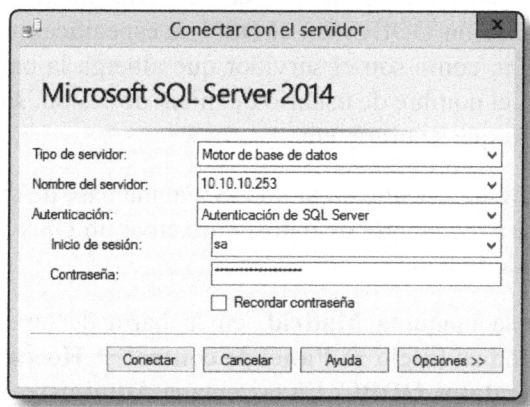

Captura 1.43. Pantalla en la que se solicitan las credenciales de conexión

Al cabo de unos instantes se realizará la conexión y se mostrará en el SQL Management Studio el motor de Microsoft SQL Server 2014, que instaló en la máquina **Core01 IP - 10.10.10.253**.

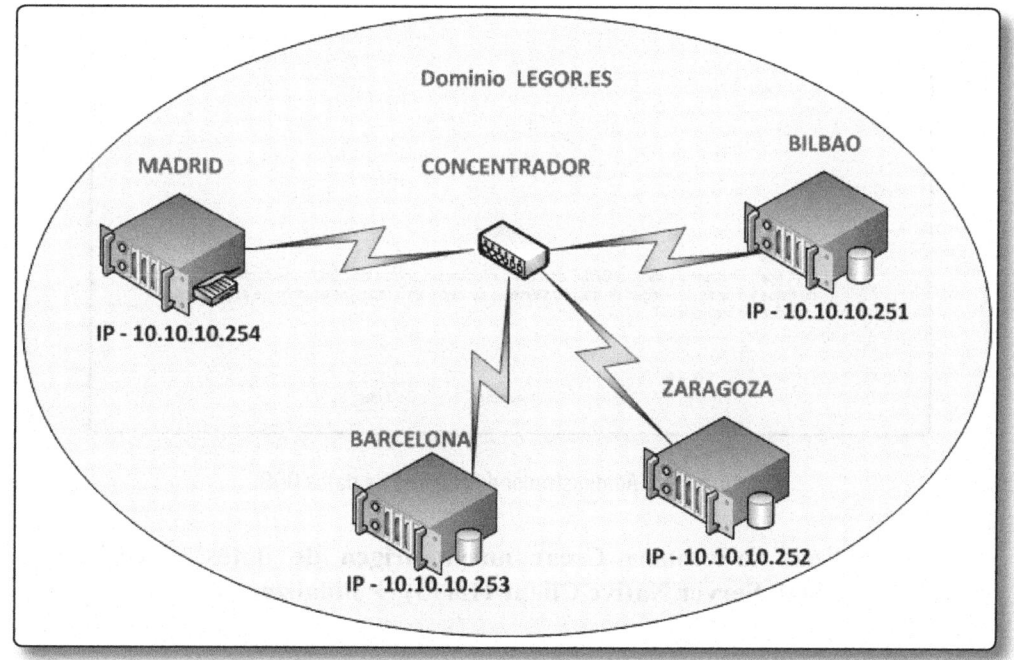

Captura 1.44. SQL Management Studio de la máquina MADRID, muestra el motor de la base datos de Core01

1.20.2 Ejercicio práctico: Acceso remoto con ODBC DSN

DSN (*data source name*) son nombres que hacen referencia a bases de datos usando una conexión ODBC. En el **DSN** se especifican todos los datos necesarios para la conexión, como son el servidor que alberga la base de datos con la que se desea conectar, el nombre de usuario de inicio de sesión, su contraseña, el proveedor de base de datos que se usará, etc.

Windows le permite crear un DSN a una base de datos y utilizar ese nombre para conectarse a dicha base de datos. Para crear un DSN siga el procedimiento que a continuación le indico:

Desde la máquina **Madrid**, en la barra de tareas haga clic en el botón derecho del ratón en **Inicio** → **Panel de control** → **Herramientas administrativas** → **Orígenes de datos ODBC**. En la ventana **Administrador de orígenes de datos ODBC**, active la pestaña **DSN de sistema** (1) → **Agregar** (2).

Captura 1.45. Administrador de orígenes de datos ODBC

Visualizará la ventana **Crear nuevo origen de datos**, seleccione el controlador de **SQL Server Native Client 11.0** (3) → **Finalizar** (4).

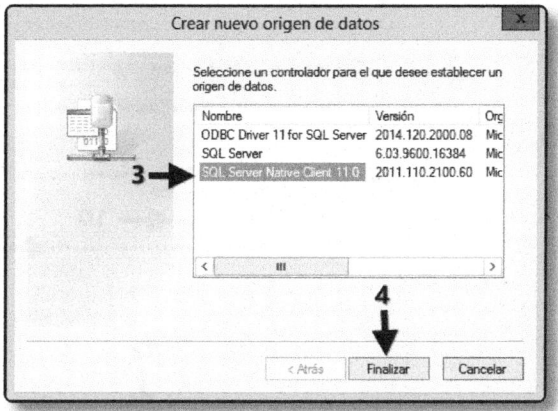

Captura 1.46. Ventana Crear nuevo origen de datos (I)

La acción anterior inicia el asistente para **Crear un nuevo origen de datos para SQL Server**, complete la ventana como se indica a continuación:

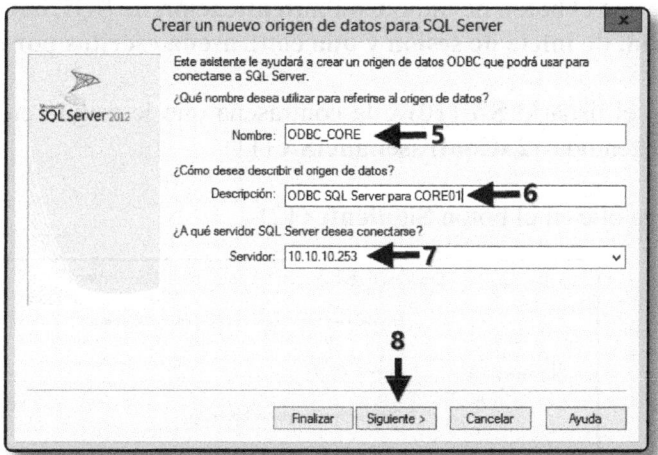

Captura 1.47. Ventana Crear nuevo origen de datos (II)

- Nombre: **ODBC_CORE** (5)
- Descripción: **ODBC SQL Server para CORE01** (6)
- Servidor: **10.10.10.253** (7)
- Haga clic en el botón **Siguiente** (8) para indicar el modo que usará para autenticar el inicio de sesión

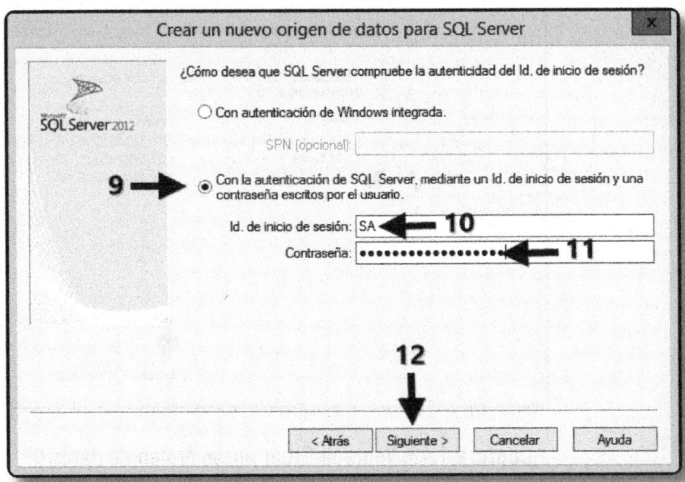

Captura 1.48. Ventana Crear nuevo origen de datos (III)

▶ Marque el botón de radio **Con autenticación de SQL Server, mediante un Id. de inicio de sesión y una contraseña escritos por el usuario** (9).

▶ Use el usuario **SA** (10) y la contraseña que le asignó en la instalación desatendida **123ContraseñadelSA** (11).

▶ Haga clic en el botón **Siguiente** (12).

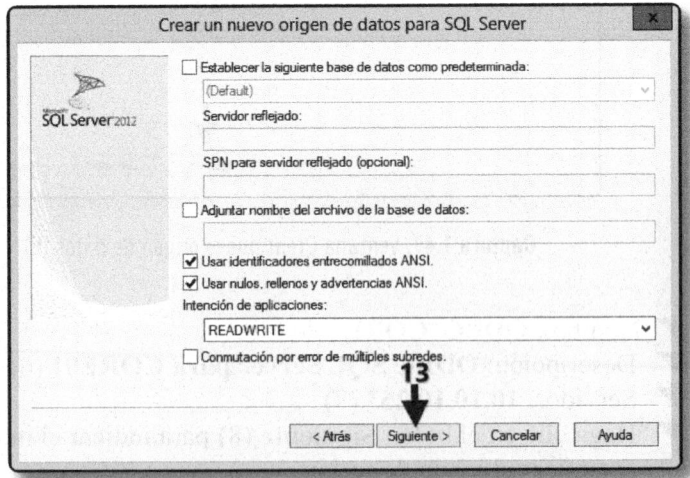

Captura 1.49. Ventana Crear nuevo origen de datos (IV)

En la ventana de la captura 1.49 deje los valores que por defecto le propone el asistente. Haga clic en el botón **Siguiente** (13).

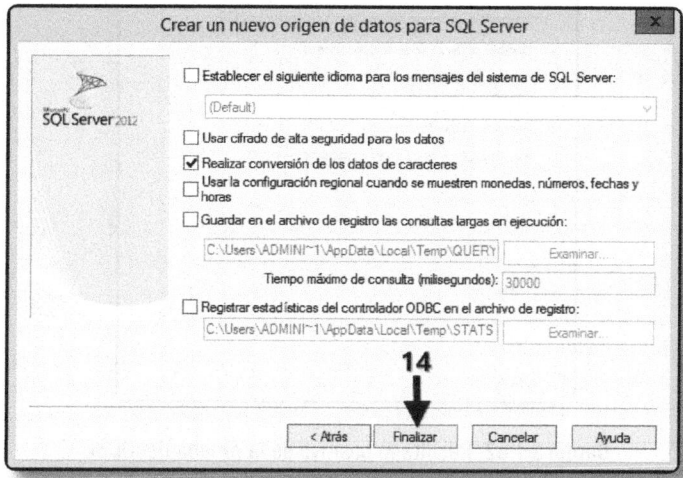

Captura 1.50. Ventana Crear nuevo origen de datos (V)

Haga clic en el botón **Finalizar** (14) para terminar el asistente.

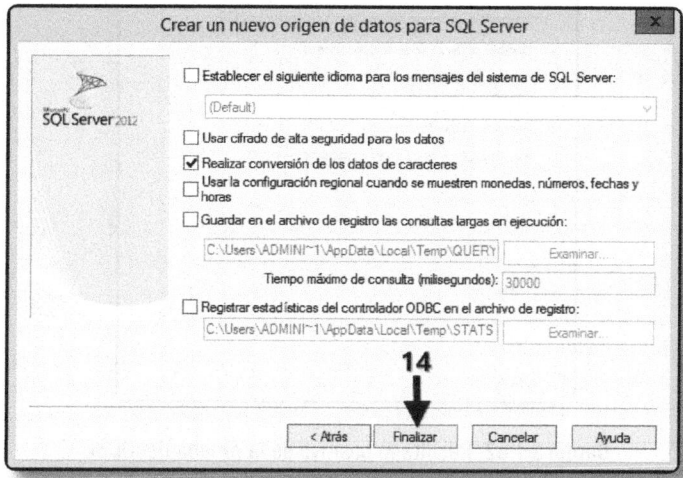

Captura 1.51. Probar el ODBC

Haga clic sobre el botón **Probar origen de datos** (15), para probar que el ODBC funciona correctamente antes de crearlo.

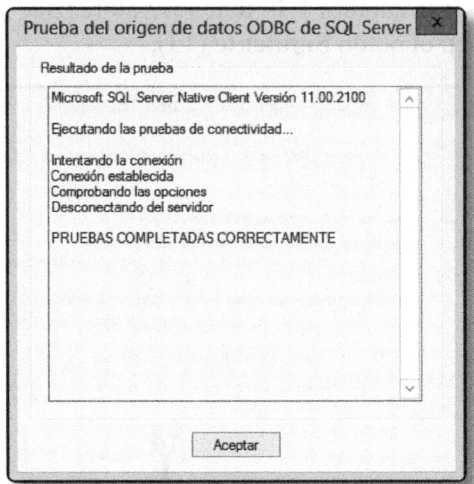

Captura 1.52. Resultado positivo de la prueba del ODBC

El resultado de la prueba es positivo, esto quiere decir que ha conseguido conectar con el motor de la base de datos en **Core01** desde la máquina **MADRID**.

Para finalizar haga clic en **Aceptar** → **Aceptar** → **Aceptar**.

Estas tres últimas acciones crearán definitivamente el ODBC.

ⓘ **NOTA**

Usando el ODBC adecuado es posible acceder a una base de datos SQL Server 2014 desde una máquina cliente que tenga instalado Microsoft Access y usar todas sus herramientas y filtros visuales de búsqueda.

1.21 SQL SERVER MANAGEMENT STUDIO

SQL Server Management Studio es el *smart hub* (centro de operaciones) de su servidor Microsoft SQL Server 2014. Esta herramienta proporciona una única interfaz que permite administrar muchas de las funciones de su servidor de bases de datos, desde un entorno visual que además es muy intuitivo. Básicamente, desde este entorno podrá:

▶ Crear, modificar y eliminar bases de datos.

▶ Crear, modificar y eliminar objetos de las bases de datos.

▶ Crear, planificar y programar copias de seguridad.

▶ Crear, planificar, programar trabajos y tareas de mantenimiento de las bases de datos.

▶ Administrar la seguridad, inicios de sesión, etc.

▶ Administrar los parámetros de configuración del servidor.

Todas estas funciones y características de SQL Management Studio se explican en los distintos temas de este libro a medida que se estudian.

Para facilitar el inicio de SQL Management Studio, ancle su acceso directo a la barra de tareas. Para ello, proceda como a continuación le indico:

Puse simultáneamente las teclas **Windows** ⊞ + **C** y a continuación haga clic en la opción **Buscar** 🔍.

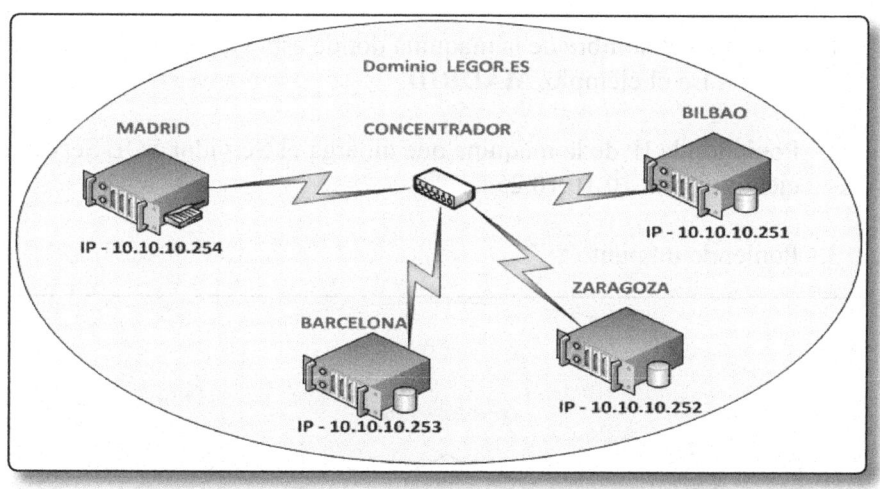

Captura 1.53. Uso de la herramienta Buscar en Windows 2012 R2

La acción anterior visualiza el tapiz **Buscar** (1) → escriba en el cuadro de texto **SQL MANAGEMENT** (2) → la herramienta de búsqueda automáticamente presenta el resultado, que es el acceso directo a la aplicación **SQL Server 2014 Management Studio**, haga clic sobre el acceso con el botón derecho del ratón (3) → en el menú contextual que se visualiza elija la opción **Anclar a la barra de tareas** (4) → compruebe que el acceso directo a **SQL Management Studio** se ancla a la barra de tareas (5).

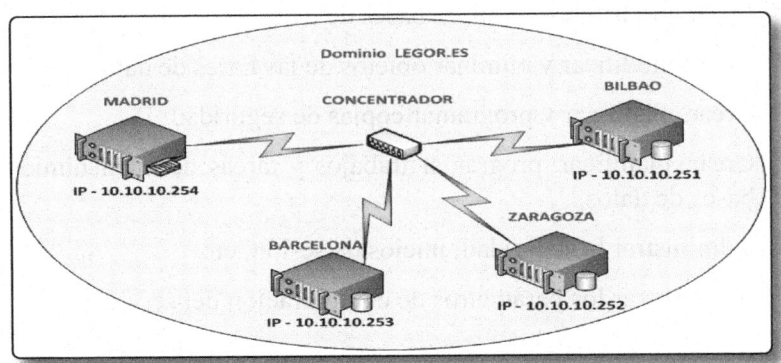

Captura 1.54. Anclar SQL Management Studio a la barra de tareas

Para iniciar SQL Management Studio, desde la barra de tareas de Windows, haga clic sobre el icono de SQL Server Management Studio. Conéctese con autenticación Windows, como se muestra en la captura 1.55. En el cuadro de texto **Nombre del servidor** puede rellenarlo de las siguientes maneras:

1. Poniendo el nombre de la maquina donde está instalado el Servidor SQL Server. En el ejemplo, **MADRID**.

2. Poniendo la IP de la máquina que alberga el Servidor SQL Server. En el ejemplo sería 10.10.10.254.

3. Poniendo un punto "·".

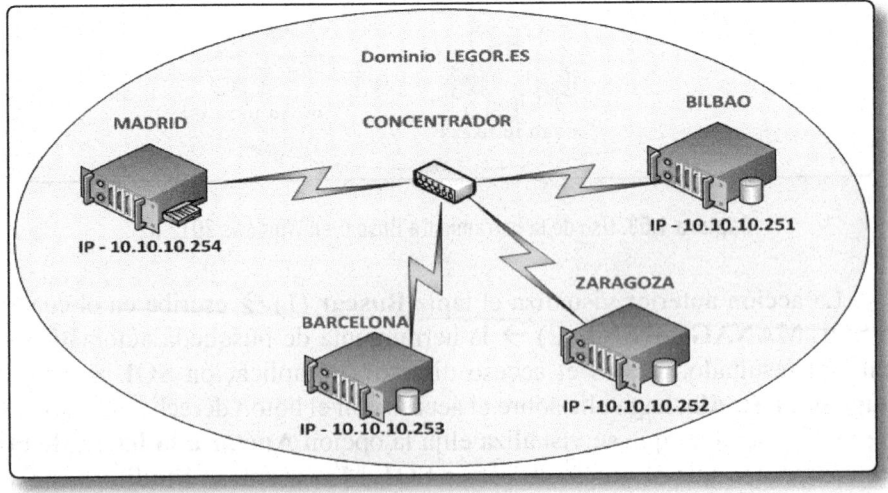

Captura 1.55. Inicio de SQL Management Studio con autenticación Windows

La primera vez que se conecte a SQL Management Studio visualizará el **Explorador de objetos** (captura 1.56), que tiene forma de árbol y se organiza en nodos. Los nodos del Explorador de objetos son:

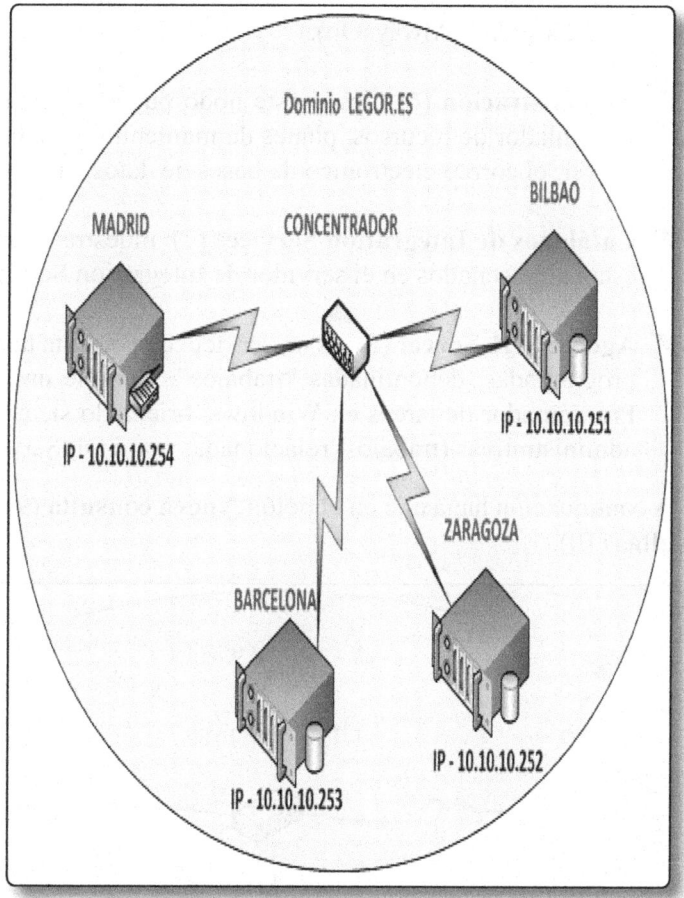

Captura 1.56. Árbol de SQL Management Studio

▼ **Bases de datos** (1): dentro de él se encuentran las bases de datos del sistema, las bases de datos de los usuarios y las vistas.

▼ **Seguridad** (2): aglutina todo lo relativo a la seguridad que afecta a todo el servidor.

▼ **Objetos de servidor** (3): contiene ajustes varios relacionados con el servidor, como son los dispositivos de copia de seguridad, los extremos, los servidores vinculados y los desencadenadores.

▼ **Replicación** (4): ofrece una herramienta que centraliza, organiza y administra las publicaciones y suscripciones.

▼ **Alta disponibilidad** (5): gestiona la nueva tecnología de alta disponibilidad (AlwaysOn).

▼ **Administración** (6): desde este nodo puede administrar las directivas, el regulador de recursos, planes de mantenimiento, los registros de SQL Server, el correo electrónico de bases de datos, etc.

▼ **Catálogos de Integration Services** (7): muestra la lista de paquetes que están almacenados en el servidor de Integration Services.

▼ **Agente SQL Server** (8): es un servicio que ejecuta tareas administrativas programadas, denominadas "trabajos". Cumple una función similar al Programador de tareas en Windows, orientado siempre a realizar tareas administrativas (trabajos) relacionadas con SQL Server 2014.

A continuación haga clic en el botón **Nueva consulta** (9) para abrir el **Panel de consultas** (10).

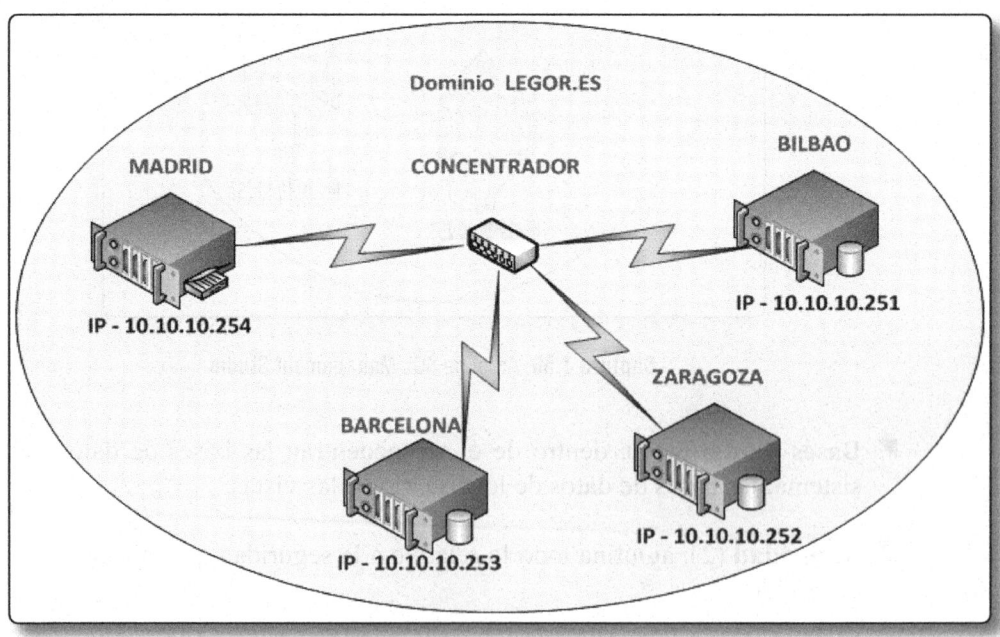

Captura 1.57. Panel de consultas

Desde el Panel de consultas se pueden ejecutar instrucciones T-SQL, que es el lenguaje nativo de Microsoft SQL Server 2014. Este lenguaje es muy similar al lenguaje SQL.

Para mostrarle cómo funciona el panel de consultas, escriba en el **Panel de consultas** (10) la instrucción que a continuación le muestro:

```
SELECT * FROM [dbo].[MSreplication_options] (10)
```

La instrucción anterior recupera toda la información de la tabla **MSreplication_options** de la base de datos del sistema **master**. Para ejecutar la consulta haga clic en el botón **Ejecutar** (11). El resultado de la consulta se muestra en el **Panel de resultados** (12). La consulta ha devuelto una tabla con tres filas.

Considere este apartado como una breve introducción al **Explorador de objetos** de SQL Management Studio, en el que se pretende que conozca:

- Cómo se inicia SQL Management Studio.
- La estructura arbórea del Explorador de objeto.s
- Cómo se inicia el **Panel de consultas** y cómo se ejecuta una consulta.

A medida que progrese en la lectura del contenido del libro, se irá familiarizando con el uso de esta herramienta, que desde ya le avanzo que utilizará en cada uno de los ejercicios prácticos.

2

CREACIÓN Y CONFIGURACIÓN DE UNA BASE DE DATOS

La creación de una base de datos implica una serie de tareas previas de planificación, entre las que podemos citar el cálculo del tamaño final de la base de datos, cuántos archivos de datos y cuántos archivos de registro se necesitarán para implementar la base, cuántos esquemas usaremos, diseño de las tablas que implementaremos, etc. Dependiendo del nivel en el que nos movamos, la creación de una base de datos puede necesitar mayor o menor planificación.

En este tema se estudiarán los siguientes apartados:

- Bases de datos de servicio del sistema.
- Archivos y grupos de archivos (*file groups*).
- Cálculo del tamaño de una base de datos y dimensionamiento de discos.
- Aspectos que se han de tener en cuenta en la creación de una base de datos.
- Creación de bases de datos con TSQL.
- Opciones de configuración de una base de datos.
- Los esquemas.
- La resolución de nombres.
- Instalar la base de ejemplo: AdventureWorks2012.
- Adjuntar la base de ejemplo NorthWind.
- Las instantáneas.
- Obtención de metadatos.
- Estados de la base de datos.
- Modificación de una base de datos.
- Eliminar una base de datos.

Los temas anteriores van acompañados de los siguientes ejercicios prácticos:

- Crear una base de datos usando SQL Management Studio.
- Crear una base de datos usando T-SQL.
- Crear un esquema.
- Crear una instantánea.
- Cómo obtener metadatos usando las vistas de catálogo.
- Explorar metadatos usando las funciones de datos.
- Examinar metadatos usando los procedimientos almacenados.
- Modificar las propiedades de una base de datos.
- Crear un nuevo archivo de datos.
- Eliminar la base de datos Test2.

2.1 INFRAESTRUCTURA NECESARIA

Los ejercicios prácticos de este tema necesitan configurar una máquina como se indica en el Apéndice I. Es posible sustituir la máquina del Apéndice I por su propia máquina si instala en ella Microsoft SQL Server 2014 como se indica en el ejercicio práctico 1.11.

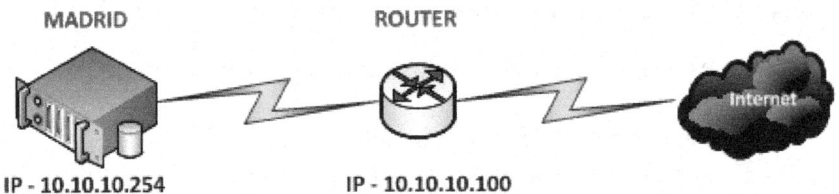

Los parámetros básicos de configuración de la máquina **MADRID** son:

- Nombre de la máquina: **MADRID**
- IP: **10.10.10.254**
- Máscara: **255.255.255.0**
- Servidor DNS preferido: **8.8.4.4** (DNS de Google)
- Puerta de enlace: **10.10.10.100** (IP del router que utilizo en el ejemplo)

Las IP que se muestran son orientativas y puede adaptarlas al entorno donde instale y desarrolle los ejercicios prácticos.

2.2 BASES DE DATOS DE SERVICIO DEL SISTEMA

Microsoft SQL Server 2014 autogestiona los datos que almacena. Para ello usa una serie de bases de datos que denominamos **bases de datos del sistema**. Las bases del sistema son **master**, **msdb**, **model** y **tempdb**.

Microsoft SQL Server 2014 no permite a los usuarios actualizar directamente información de las bases de datos del sistema (tablas, vistas, procedimientos almacenados, etc.). Para ello SQL Server proporciona una serie de herramientas como **SQL Management Studio**, cuyo uso se estudiará detalladamente más adelante en este libro. Las bases de datos del sistema tampoco pueden ubicarse en recursos compartidos.

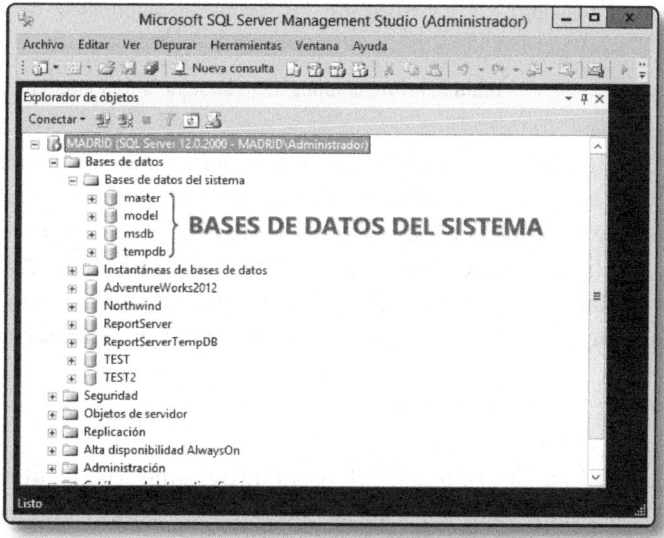

Captura 2.1. Bases de datos de servicio del sistema

MASTER

Como su nombre indica, es la base maestra. En ella se almacenan una serie de recursos que son vitales para el funcionamiento de un Servidor de Microsoft SQL Server 2014, entre ellos se pueden enumerar las cuentas de inicio de sesión, los extremos (*end-points*), servidores vinculados, la existencia de las bases de datos de usuario, la ubicación de los archivos de las bases de datos de usuarios, información de inicialización de SQL Server, etc. Si ocurre un desastre en **master**, es muy posible que no pueda iniciar su servidor de SQL Server. En la tabla 2.1 se muestran las propiedades de la base de datos **master**.

Cuando trabaje con la base de datos **master**, tenga siempre una copia de seguridad actualizada y procure hacer una copia lo antes posible cuando realice una de estas acciones:

- ▼ Elimine, modifique o cree una base de datos.
- ▼ Cree o modifique cuentas de inicio de sesión.
- ▼ Cambie valores de configuración de la base de datos.

Archivo	Nombre lógico	Nombre físico	Crecimiento archivo
Datos	master	Master.mdf	Crecimiento automático. Incremento 10 % hasta alcanzar tamaño disco
Registro	mastlog	Mastlog.ldf	Crecimiento automático. Incremento 10 % hasta alcanzar 2 TB

Tabla 2.1. Propiedades de la base de datos master

Las siguientes operaciones no están permitidas en **master**: agregar archivos o grupos de archivos, cambiar la intercalación, cambiar el propietario, crear un catálogo de texto completo, crear desencadenadores en las tablas, eliminar la base **master**, habilitar el mecanismo de captura de cambio de datos, reflejar **master** (*mirror*), quitar el grupo de archivos principal, cambiar el nombre de la base de datos, cambiar el estado de **master** a **offline** y cambiar **master** a modo **read_only**.

MSDB

La utiliza el Agente SQL para programar o ejecutar alertas y trabajos planificados. **Msdb** también guarda un histórico con el resultado de la ejecución de los trabajos planificados. Otras características, como Service Broker y el correo electrónico de bases de datos, también se apoyan en **msdb**. En la tabla 2.2 se muestran las propiedades de la base de datos **msdb**.

Archivo	Nombre lógico	Nombre físico	Crecimiento archivo
Datos	MSDBData	MSDBData.mdf	Crecimiento automático de 256 KB, hasta alcanzar tamaño disco
Registro	MSDBLog	MSDBLog.ldf	Crecimiento automático de 256 KB hasta alcanzar 2 TB

Tabla 2.2. Propiedades de la base de datos msdb

Las siguientes operaciones no están permitidas en **msdb**: cambiar intercalaciones, eliminar **msdb**, eliminar el usuario **invitado**, habilitar el mecanismo de captura de cambio de datos, reflejar **msdb** (*mirror*), quitar el grupo de archivos principal, cambiar el nombre de la base de datos, cambiar el estado de **msdb** a **offline** y establecer el grupo de archivos principal como **read_only**.

MODEL

Todas las bases de datos de usuarios se basan en **model**, por tanto se puede definir como una base de datos plantilla, que aglutina las tablas de sistema necesarias para crear una nueva base de datos. Además de guardar las tablas del sistema, es posible crear permisos, tablas, funciones y procedimientos almacenados personalizados, que posteriormente heredarán las bases de usuario que cree, basándose en la base de datos **model** personalizada. En la tabla 2.3 se muestran las propiedades de la base de datos **model**.

Archivo	Nombre lógico	Nombre físico	Crecimiento archivo
Datos	modeldev	model.mdf	Crecimiento automático. Incremento 10 % hasta alcanzar tamaño disco
Registro	modelLog	modelLog.ldf	Crecimiento automático. Incremento 10 % hasta alcanzar 2 TB

Tabla 2.3. Propiedades de la base de datos model

Las siguientes operaciones no están permitidas en **model**: agregar archivos, cambiar intercalaciones, cambiar propietario, eliminar **model**, eliminar el usuario **invitado**, habilitar el mecanismo de captura de cambio de datos, reflejar **model** (*mirror*), quitar el grupo de archivos principal, cambiar el nombre de la base de datos, cambiar el estado de **model** a **offline**, cambiar **model** a modo **read_only** y crear procedimientos almacenados o vistas con la opción **WITH ENCRYPTION**.

TEMPDB

Sirve como espacio de almacenamiento temporal, disponible para ser usado por todos los usuarios conectados a una instancia de SQL Server. Se utiliza para almacenar lo siguiente:

▶ Objetos de usuario temporales, como tablas temporales, procedimientos almacenados temporales y cursores.

▶ Objetos creados por el motor de SQL Server, como tablas de trabajo para almacenar resultados intermedios para colas u ordenación.

▶ Versiones de fila generadas por transacciones de modificación de datos en una base de datos, que usan transacciones de lectura confirmada y transacciones de aislamiento de control de versiones de filas o de aislamiento de instantáneas.

La base de datos **tempdb** se vuelve a crear cada vez que se inicia SQL Server, esto quiere decir que guarda información de forma temporal, eliminándose las tablas y procedimientos almacenados temporales al desconectarse el sistema. Cuando se inicia de nuevo el sistema, **tempdb** se inicia con una copia limpia de la base de datos. En la tabla 2.4 se muestran las propiedades de la base de datos **tempdb**.

Archivo	Nombre lógico	Nombre físico	Crecimiento archivo
Datos	tempdev	tempdev.mdf	Crecimiento automático. Incremento 10 % hasta alcanzar tamaño disco
Registro	templog	templog.ldf	Crecimiento automático. Incremento 10 % hasta alcanzar 2 TB

Tabla 2.4. Propiedades de la base de datos tempdb

Las siguientes operaciones no están permitidas en **tempdb**: agregar archivos, realizar copias de seguridad, cambiar intercalaciones, cambiar propietario, crear una instantánea, eliminar **tempdb**, eliminar el usuario **invitado**, habilitar el mecanismo de captura de cambio de datos, reflejar **tempdb** (*mirror*), quitar el grupo de archivos principal, cambiar el nombre de la base de datos, ejecutar DBCC CHECKALLOC, ejecutar DBCC CHECKCATALOG, cambiar el estado de **tempdb** a **offline** y cambiar **tempdb** a modo **read_only**.

Puede mejorar el rendimiento de **tempdb** de la siguiente manera:

▶ Optimice el tamaño de crecimiento de **tempdb**. Si es demasiado pequeño, el sistema puede perder tiempo procesando el crecimiento automático de la base de datos. Estudie sus necesidades y si es preciso aumente el tamaño de **tempdb**.

▶ Almacene las tablas y las variables de tabla en caché, de esta manera las operaciones que quitan y crean objetos temporales se ejecutarán más rápidamente.

> **NOTA**
>
> Respecto a la base de datos temporal **tempdb** debe saber que es la base en la que se apoya SQL Server para hacer cualquier tipo de operación en las bases de datos de usuario. Cuando hace un Update, Insert o Delete en cualquiera de las bases de datos de usuario, todas las operaciones intermedias necesarias se producen en la base de datos temporal. Por este motivo se recomienda instalar la base de datos temporal en discos diferentes a los que usen las bases de datos de usuario, así incrementará la velocidad de las operaciones intermedias y mejorará el rendimiento general de su servidor SQL Server.

2.3 ARCHIVOS Y GRUPOS DE ARCHIVOS (FILE GROUPS)

2.3.1 Archivos

SQL Server 2014 guarda los datos de cada una de las bases de datos en un conjunto de archivos, que son únicos para cada base de datos. Los archivos de las bases de datos se clasifican en tres tipos:

- **Archivos de datos principales**: son el punto de partida de la base de datos y apuntan a los demás archivos (secundarios y registro). Siempre tiene que existir un archivo principal en cada base de datos. La extensión que por defecto se asigna a estos archivos es ***.mdf**.

- **Archivos de datos secundarios**: son todos los archivos de datos de la base, excluyendo el principal. Podemos crear bases de datos que no tengan archivos secundarios, que tengan uno o más de uno. La extensión que por defecto se asignará a este tipo de archivos es ***.ndf**.

- **Archivos del registro**: almacenan toda la información de registro que se utiliza para recuperar una base de datos. Como mínimo tiene que haber un archivo de registro en cada base de datos, aunque cabe la posibilidad de crear varios. La extensión que por defecto se asigna a este tipo de archivos es ***.ldf**.

> **ⓘ NOTA**
>
> Microsoft SQL Server 2014 asigna por defecto las extensiones *.mdf, *.ndf y *.ldf a los archivos de datos, para ayudarle a identificarlos.

Cada uno de los archivos (principales, secundarios y transacciones) de una base de datos de SQL Server 2014 tiene dos nombres:

- ▼ **Nombre de archivo lógico** (logical_file_name): lo utilizan todas las instrucciones Transact-SQL. Por este motivo tiene que cumplir las reglas de los identificadores de SQL Server y ser único entre los nombres de archivos lógicos de la base de datos.

- ▼ **Nombre de archivo físico** (os_file_name): es el nombre del archivo físico que incluye la ruta de acceso al directorio.

Los archivos de datos se componen de páginas, que están numeradas secuencialmente comenzando por el cero (0). Además cada archivo de una base de datos tiene un identificador único asignado, de esta forma es fácil identificar una página en un archivo de una base de datos: cada página se identifica por el identificador numérico del archivo de datos al que pertenece y por el número secuencial que se asigna a cada página.

Figura 2.1. Páginas de un archivo de datos

Otro aspecto importante de los archivos de datos es su tamaño y la forma en que crecerá el archivo. Cuando se crea un archivo se puede definir un tamaño inicial y cómo se incrementará este tamaño a medida que el archivo lo necesite. También se puede asignar un tamaño fijo al archivo (no puede crecer) o asignar un tamaño máximo al archivo, en este último caso el archivo puede crecer hasta que llegar al máximo establecido.

2.3.2 Grupos de archivos

Un grupo de archivos es un conjunto lógico de archivos de datos que permite a los administradores controlar todos los archivos del grupo como un elemento único. Existen los siguientes tipos de grupos de archivos:

▼ **Grupo de archivos principal**: contiene el archivo principal de datos con las tablas del sistema, normalmente tiene la extensión *.**mdf**.

▼ **Grupo de archivos definido por el usuario**: son archivos de datos agrupados con fines de asignación y administrativos, se conocen como "secundarios" y normalmente tienen la extensión *.**ndf.**

(i) **NOTA**

No se pueden poner archivos de registro de transacciones en grupos de archivo. El espacio del registro de transacciones se administra por separado del espacio de datos.

Las razones para usar grupos de archivo son dos: **mejorar el rendimiento** y **controlar la ubicación física de los datos**. Esto se consigue:

▼ Separando los datos de lectura/escritura de los de solo lectura.

▼ Almacenando los índices en discos distintos de aquellos en que se almacenan las tablas.

▼ Haciendo copias de seguridad de grupos de archivos individuales en lugar de tener que hacer copias de la base de datos entera.

▼ Restaurando grupos de archivos en caso de desastre en vez de tener que restaurar la base de datos entera.

▼ Separando las tablas de usuario, y otros objetos de la base de datos, de las tablas del sistema que se encuentran en el grupo de archivos principal.

2.4 EL REGISTRO DE TRANSACCIONES

SQL Server 2014 registra todas las transacciones y modificaciones que se realizan en una base de datos, en un registro de transacciones de escritura anticipada, que sirve para mantener la coherencia de la base de datos y en caso de error puede ser útil para poner la base de datos en un estado coherente. Por este motivo el registro de transacciones nunca debe eliminarse.

Como he indicado en el párrafo anterior, el registro de transacciones es un registro de escritura anticipada. Considere al registro como una zona de almacenamiento de datos, en la que se registran los cambios que se producen en la base de datos, antes de que se graben en disco. Este es el proceso:

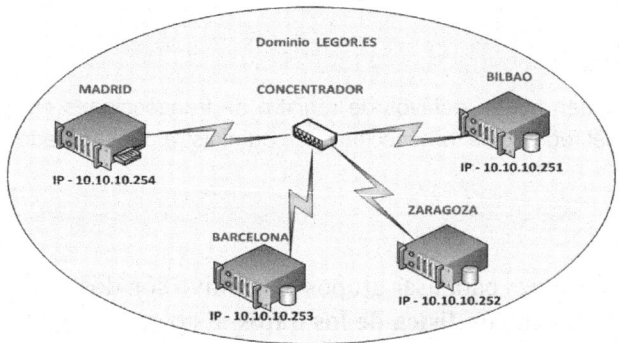

Figura 2.2. Funcionamiento del log de transacciones

1. Llega una orden de inserción, actualización o borrado a una tabla de una base de datos.

2. Las páginas de datos, si no están cargadas, se cargan en el buffer. Y es aquí **donde se modifican**.

3. Las modificaciones se graban en el registro de transacciones.

4. Periódicamente, el punto de control escribe las transacciones confirmadas en la base de datos.

> (i) **NOTA**
> Ponga el registro de transacciones en una unidad de disco diferente para mejorar el rendimiento.

Debe saber que el registro de transacciones se implementa como un archivo separado de la base de datos y que Microsoft aconseja que el tamaño sea aproximadamente el 25 % del de la base de datos.

Otro aspecto que se debe tener en cuenta respecto al registro de transacciones es que SQL Server 2014, de forma predeterminada, trabaja en modo confirmación automática. Esto significa que una transacción se confirma después de la instrucción **COMMIT TRANSACTION**. Dicho de otra forma, la transacción se confirma si se ejecuta completamente con éxito; de lo contrario se deshacen todos los cambios.

2.5 CÁLCULO DEL TAMAÑO DE UNA BASE DE DATOS Y DIMENSIONAMIENTO DE DISCOS

Para calcular las necesidades de almacenamiento de una base de datos, tiene que examinar los requerimientos de espacio de cada una de las tablas que forman la base y sumarlos. Puede comenzar calculando el espacio que necesita cada tabla individualmente. Una forma de hacerlo consiste en elegir una tabla y sumar el espacio que requiere cada tipo de datos que forma parte de ella, de esta manera se obtiene el espacio requerido por una fila, a continuación se calculan el número de filas estimadas que contendrá la tabla y con unas pocas operaciones aritméticas puede hacer un cálculo bastante aproximado de su tamaño final.

A continuación desarrollaremos un pequeño ejemplo que ilustra cómo calcular el espacio en disco requerido por la tabla de la captura 2.2 cuando tenga 1.500.000 de registros.

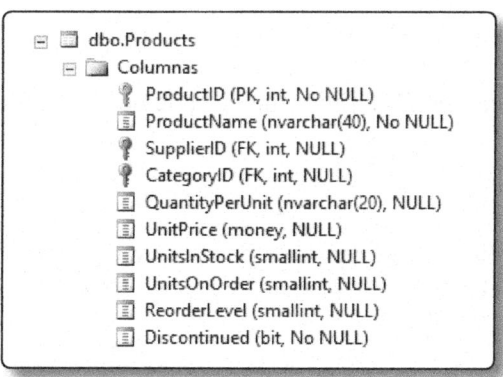

Captura 2.2. Tabla Productos

Tipo dato	Bytes
TinyInt	1
SmallInt	2
Int	4
Real	4
Float	8
SmallDatetime	4
Datetime	8
Smallmoney	4
Money	8
Char	1

Tabla 2.5. Bytes de los principales tipos de datos

La tabla Productos tiene diez campos definidos:

▼ Tres campos **INT** [ProductID, SupplierID y CategoryID]; cada uno de ellos ocupa 4 bytes.

▼ Dos campos **VARCHAR** [ProductName y QuantityPerUnit] que ocupan 46 bytes (véase el cálculo de la página siguiente).

▼ Tres campos **SMALLINT** [UnitsInStock, UnitsOnOrder y RecordLevel]; cada uno de ellos ocupa 2 bytes.

▼ Un campo **MONEY** [UnitPrice] que ocupa 8 bytes.

▼ Un campo **BIT** [Discounted] que ocupa 1 byte.

ⓘ **NOTA**

Puede consultar los distintos tipos de datos y los recursos que necesita cada uno de ellos en el tema 3 y también en la página *http://msdn.microsoft.com/es-es/library/ms172424(v=sql.100).aspx.*

Cada fila de la tabla tiene un gasto añadido de espacio producido por los **null bit maps** (siempre que acepte el uso de **null** en el diseño de la tabla). Para calcular el espacio requerido por los **null bit maps** usará la siguiente fórmula:

null_bitmap = 2 + ((número de columnas + 7) / 8)
Null_bitmap = 2 + ((10 + 7) / 8) = 4,125

El resultado decimal se desprecia, siendo **4 bytes el gasto de los null_ bitmap** en cada fila de la tabla.

A continuación calculará el espacio requerido por las variables **Varchar**. Para ello usará la siguiente fórmula:

Tamaño_Variables_VarChar = 2 + (num_columnas_Varchar × 2) + max_varchar_size
Tamaño_Variables_VarChar = 2 + (2 × 2) + 40 = 46

Observe que los dos campos **Varchar** ocupan 46 bytes en la tabla (no 60 bytes).

El último paso consiste en averiguar el tamaño total de fila. Para ello, haga este cálculo:

3 × INT (4 bytes) =	12 bytes
2 Varchar =	46 bytes
3 SmallInt (2 bytes) =	06 bytes
1 Money (8 bytes) =	08 bytes
1 Bit (1 bytes) =	01 bytes
TOTAL	**73 bytes**

Debido a que la cabecera de la fila utiliza 4 bytes debe sumar esta cantidad al tamaño estimado de la fila.

Tamaño estimado de la fila = bytes de la fila + null_bitmap + cabecera
Tamaño estimado de la fila = 73 + 4 + 4 = **81 bytes**

Una vez que ha obtenido el total de bytes utilizados por una fila, hay que calcular el número de filas que caben en una página. Dado que cada página es de 8 KB, descontando el tamaño de la cabecera, cada página tiene libres **8.096** bytes aproximadamente para el almacenamiento de datos. Para calcular el número total de filas contenidas en una página haremos la siguiente operación:

8.096 / (tamaño fila + 2)

> 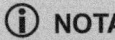 **NOTA**
>
> **Índices agrupados**: si hay un índice agrupado en la tabla con un factor de relleno del 80%, los datos se reorganizan de forma que las páginas solo se pueden completar hasta un 80%. Esto significa, en el caso de nuestro ejemplo, que en lugar de **8.096** bytes, tendríamos para utilizar **6.475** bytes.

En el ejemplo que estamos desarrollando sería: 8.096 / (81 + 2) = 97,54 → **97 filas por página**.

Si usted espera que la tabla tenga 1.500.000 filas, el cálculo del espacio requerido sería:

1.500.000 / 97 = 15.463,91 páginas

Redondeando a la unidad superior, necesitamos **15.464 páginas**.

Por último, multiplique el número de páginas requeridas por el tamaño real de una página:

14.706 × 8.192 = 126.681.088 bytes

El resultado es que la tabla anterior con 1.500.000 de registros ocupará aproximadamente **121 MB**.

> **NOTA**
>
> Para obtener más información sobre el tema visite la página *http://msdn.microsoft.com/es-es/library/ms187445.aspx.*

Recuerde que en sus cálculos debe incluir, en caso de tener índices la tabla, el factor relleno. En el ejemplo anterior, en el caso de que tuviéramos un índice agrupado con un factor relleno del 80%, esto implicaría que los datos que caben en la página, en vez de ser 8.096 bytes, serían 6.476 bytes.

Una vez que haya calculado el crecimiento de la base de datos, esta no debe superar el 85% del espacio disponible en disco.

Si su base de datos llegara a tener al final de su vida útil 90 GB, debe tener al menos un almacenamiento de 106 GB (90 / 0,85 = 105,88 GB). Esto afecta al modelo de almacenamiento RAID de la siguiente manera:

▸ **RAID 1**: este tipo de almacenamiento se basa en dos discos, en el que uno es espejo del otro; deberá elegir dos discos iguales con al menos 106 GB de capacidad.

▸ **RAID 5**: la capacidad en RAID 5 es igual a la suma de las capacidades de todos los discos excepto uno. En el caso de montar el RAID 5, con discos de 50 GB de capacidad necesitaría cuatro discos ($3 \times 50 = 150$ GB).

▸ **RAID 10**: es una combinación de los dos anteriores, por este motivo se necesita el doble de discos que en el RAID 5.

2.6 ASPECTOS A TENER EN CUENTA EN LA CREACIÓN DE UNA BASE DE DATOS

Hasta ahora hemos visto y estudiado para qué sirven las distintas bases de datos del sistema, cómo planificar los requerimientos de espacio de una base de datos y los distintos tipos de archivos que forman una base de datos.

Cuando usted crea una base de datos de usuario desde SQL Management Studio o con Transact-SQL sucede lo siguiente:

▸ Se crea un archivo de datos y otro para el registro de transacciones de la nueva base de datos de usuario. El archivo de datos (principal) toma como nombre predeterminado el **nombre_basedatos.mdf** y se guarda en la carpeta de datos de la instancia. En caso de tratarse de la instancia predeterminada (MSSQL), la ruta donde se guarda el archivo es: **C:\ Program Files\Microsoft SQL Server\MSSQL12.MSSQLSERVER\ MSSQL\DATA**. Respecto al archivo del registro de transacciones, toma por defecto el nombre **nombre_basedatos.ldf** y se guarda en la misma carpeta que el anterior.

▸ El usuario que quiera crear la base de datos tiene que tener permisos en la base de datos del sistema **master**, porque guarda información de todas las bases de datos de usuarios que se creen en el servidor SQL Server 2014.

▼ Hay que definir el nombre de la base de datos, las propiedades (tamaño, crecimiento de archivos, tamaño máximo e intercalación) y la ubicación de los archivos, si finalmente desea ubicarla en otra ruta que no sea: **C:\ Program Files\Microsoft SQL Server\MSSQL12.MSSQLSERVER\ MSSQL\DATA.**

▼ Cuando se está creando la nueva base de datos de usuario, se usa la base **model** como plantilla de ella, se copian las tablas de sistema y cualquier otra opción o configuración que tenga establecida.

▼ Por último se rellena la base de datos hasta completar su tamaño con páginas vacías.

2.7 EJERCICIO PRÁCTICO: CREAR UNA BASE DE DATOS CON SQL MANAGEMENT STUDIO

En esta práctica aprenderá cómo se crea una base de datos en SQL Server 2014. Creará una base de datos que tendrá las siguientes propiedades:

▼ **Nombre**: Test.

▼ **Propietario**: sa.

▼ **Tamaño crecimiento de los archivos (principal y registro)**: 20%.

▼ **Tamaño máximo**: 200 MB.

▼ **Intercalación**: la predeterminada del servidor.

▼ **Modo de recuperación**: completa.

Para completar la práctica siga las instrucciones que a continuación se detallan:

1. Abra SQL Management Studio haciendo clic en el acceso directo de la barra de tareas (este acceso se creó en el apartado *SQL Server Management Studio* del tema 1.21) → conéctese con el servidor de SQL Server usando la autenticación Windows.

2. En el **Explorador de objetos**, expanda el servidor **MADRID**.

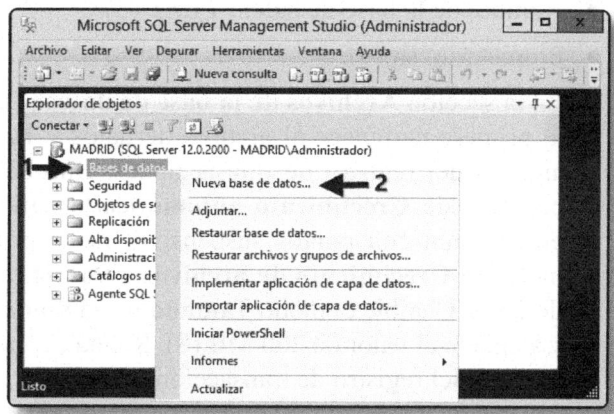

Captura 2.3. Crear la base Test desde SQL Management Studio (I)

3. Haga clic con el botón derecho del ratón sobre el nodo **Bases de datos** (1) → en el menú contextual seleccione la opción **Nueva base de datos** (2).

4. Visualizará la ventana **Nueva base de datos** (3). En el panel **Seleccionar una página**, situado a la izquierda de la ventana, seleccione la página **General** (4) y complete la ventana como a continuación se describe:

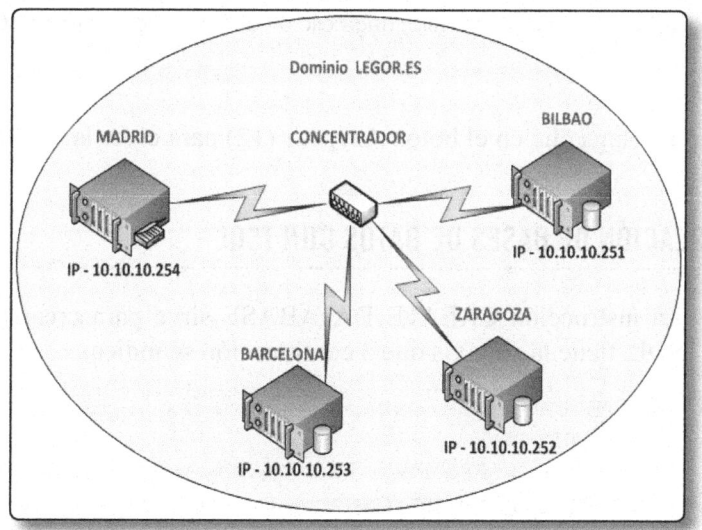

Captura 2.4. Crear la base Test desde SQL Management Studio (II)

- Nombre de la base de datos: **TEST** (5).

- Propietario: **sa** (6).

- En la sección **Archivos de la base de datos** (7), visualizará dos filas, la primera pertenece al archivo de datos y la segunda pertenece al archivo del registro de transacciones. Busque en estas dos filas la columna de **Crecimiento automático/tamaño máximo**. Haga clic en el botón con puntos suspensivos de la primera fila. Cambie el modo de **Crecimiento de archivos** a **Porcentaje** y asígnele el valor de 20%. Cambie el modo **Tamaño máximo del archivo** a **Limitado** y asígnele el valor de 200 MB (8). Repita la operación para la fila del archivo del registro de transacciones (9).

5. Continúe en la ventana **Nueva base de datos** y cambie a la página **Opciones** (10):

   - **Intercalación**: predeterminada.

   - **Modelo de recuperación**: completa.

ⓘ **NOTA**

Obtener sentencia TSQL desde SQL Management Studio: antes de pulsar el botón **Aceptar** para crear la base de datos, una vez que ya tiene todas las propiedades configuradas en SQL Management Studio, puede capturar la instrucción TSQL que crea la base de datos. Para ello, haga clic en el botón **Generar script** (11).

---

6. Haga clic en el botón **Aceptar** (12) para crear la base de datos Test.

2.8 CREACIÓN DE BASES DE DATOS CON TSQL

La instrucción CREATE DATABASE sirve para crear una base de datos desde TSQL, tiene la sintaxis que a continuación se indica:

```
CREATE DATABASE database_name
    [ ON
        { [ PRIMARY ] [ <filespec> [ ,...n ]
        [ , <filegroup> [ ,...n ] ]
    [ LOG ON { <filespec> [ ,...n ] } ] }
    ]
    [ COLLATE collation_name ]
    [ WITH <external_access_option> ]
```

```
]
[;]
To attach a database
CREATE DATABASE database_name
    ON <filespec> [ ,...n ]
    FOR { ATTACH [ WITH <service_broker_option> ]
        | ATTACH_REBUILD_LOG }
[;]
<filespec> ::=
{
(
    NAME =logical_file_name,
    FILENAME = { 'os_file_name' | 'filestream_path' }
        [ , SIZE =size [ KB | MB | GB | TB ] ]
        [ , MAXSIZE = { max_size [ KB | MB | GB | TB ]
| UNLIMITED } ]
        [ , FILEGROWTH =growth_increment [ KB | MB | G
 | TB | % ] ]
) [ ,...n ]
}
<filegroup> ::=
{
FILEGROUP filegroup_name [ CONTAINS FILESTREAM ] [
EFAULT ]
    <filespec> [ ,...n ]
}
<external_access_option> ::=
{
  [ DB_CHAINING { ON | OFF } ]
  [ , TRUSTWORTHY { ON | OFF } ]
}
<service_broker_option> ::=
{
    ENABLE_BROKER
  | NEW_BROKER
  | ERROR_BROKER_CONVERSATIONS
}
Create a database snapshot
CREATE DATABASE database_snapshot_name
    ON
    (
        NAME = logical_file_name,
        FILENAME ='os_file_name'
    ).[ ,...n ]
    AS SNAPSHOT OF source_database_name[
;]
```

- **database_name**: es el nombre de la base de datos, debe ser único en la instancia, puede tener hasta 128 caracteres.

- **ON**: especifica el grupo de archivos en el que se crea un archivo de datos.

- **PRIMARY**: que sigue a **ON**, sirve para crear el archivo de datos principal.

- **LOG ON**: especifica dónde se crea el archivo del registro de transacciones.

- **COLLATE** collaction_name: especifica la intercalación que se aplicará a la base de datos.

- **FOR ATTACH**: con esta opción puede crear una base de datos adjuntando directamente los archivos *.**mdf** (archivo principal de datos) y *.**ldf** (archivo del registro de transacciones) de una base de datos existente.

- **FOR ATTACH_REBUILD_LOG**: como en la opción anterior, sirve para crear una base de datos adjuntando directamente los archivos de datos. La diferencia es que esta opción no necesita todos los archivos; por ejemplo, puede obviar la copia de archivos *.**ndf** si desea mantener en otro servidor una copia de solo lectura de una base de datos.

- **NAME**: especifica el nombre lógico de la base de datos.

- **FILENAME**: ruta completa de acceso a la base de datos en el disco duro.

- **SIZE**: tamaño con el que se creará el archivo de datos de la base.

- **MAXSIZE**: tamaño máximo que puede alcanzar el archivo de datos.

- **UNLIMITED**: con esta opción puede permitir el crecimiento del archivo de datos hasta que llene el disco.

- **FILEGROWTH**: indica cuánto aumenta en tamaño el archivo de datos cada vez que es necesario. El incremento se puede programar por porcentaje o por una cantidad determinada de MB.

- **FILEGROUP**: nombre lógico del grupo de archivos donde se crea el archivo.

- **DB_CHAINING {ON | OFF}**: si se especifica ON, la base de datos puede ser el origen o destino de una cadena de propiedad entre bases de datos. Si es OFF, la base de datos no puede participar en encadenamientos de propiedad entre bases de datos. El valor predeterminado es OFF. El vínculo entre la vista y las tablas se denomina cadena de propiedad.

▼ **TRUSTWORTHY {ON | OFF}**: cuando se especifica ON, los módulos de base de datos (por ejemplo, vistas, funciones definidas por el usuario o procedimientos almacenados) que utilicen un contexto de suplantación pueden tener acceso a recursos externos a la base de datos.

▼ **ENABLE_BROKER**: habilita o deshabilita Service Broker en la base de datos.

▼ **NEW_BROKER**: crea un nuevo service_broker_guid en sys.databases.

▼ **Database_snapshot_name**: es el nombre que se asigna a una nueva instantánea.

▼ **ON (NAME=logical_file_name, FILENAME='os_file_name') [,.....n]**: para la creación de una instantánea de base de datos, hay que especificar una lista de archivos de la base de datos de origen. Para que la instantánea funcione, todos los archivos de datos deben especificarse individualmente. No se permiten archivos de registro para las instantáneas de base de datos.

▼ **AS SNAPSHOT OF source_database_name**: especifica que la base de datos que se va a crear es una instantánea de la base de datos de origen especificada en source_database_name. La instantánea y la base de datos de origen deben estar en la misma instancia.

2.9 EJERCICIO PRÁCTICO: CREAR UNA BASE DE DATOS CON T-SQL

En esta práctica aprenderá cómo crear la base de datos Test2 con las mismas opciones con que creó la base de datos Test en la práctica 2.7 usando Transact-SQL.

1. Abra SQL Management Studio, haciendo clic en el acceso directo de la barra de tareas (este acceso se creó en el apartado *SQL Server Management Studio* del tema 1.21) → conéctese con el servidor de SQL Server usando la autenticación Windows.

2. En el **Explorador de objetos**, haga clic en la barra de herramientas en el botón **Nueva consulta** (1).

3. A continuación, asegúrese de que está seleccionada la base de datos **master** (2).

4. Escriba la siguiente instrucción para crear la base de datos **Test2** (3).

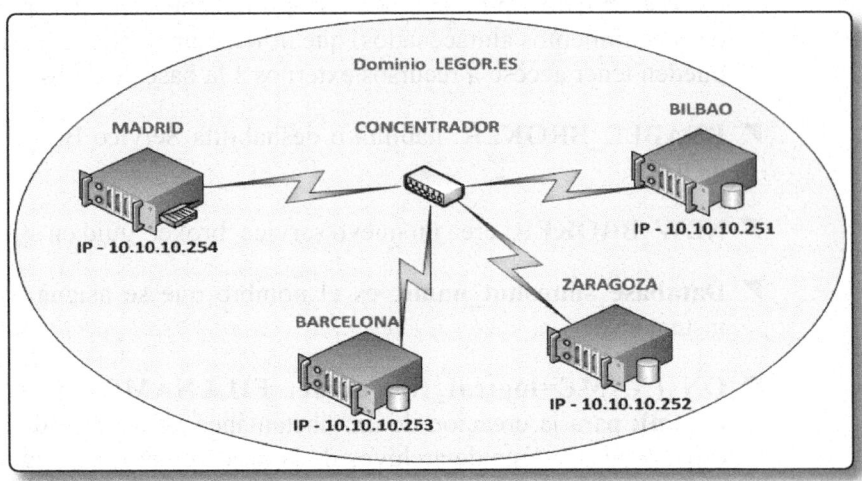

Captura 2.5. Crear la base Test2 con T-SQL

```
CREATE DATABASE [TEST2]
 CONTAINMENT = NONE
 ON  PRIMARY
 (
  NAME = N'TEST2', FILENAME =
  N'C:\Program Files\Microsoft SQL Server\MSSQL12.
SSQLSERVER\MSSQL\DATA\TEST2.mdf',
  SIZE = 5120KB , MAXSIZE = 204800KB , FILEGROWTH = 20%
  )
 LOG ON
 (
  NAME = N'TEST2_log', FILENAME =
  N'C:\Program Files\Microsoft SQL Server\MSSQL12.
SSQLSERVER\MSSQL\DATA\TEST2_log.ldf',
  SIZE = 1024KB , MAXSIZE = 204800KB , FILEGROWTH
 20480KB
 )
```

5. Haga clic en el botón **Ejecutar** (4).

6. Refresque el árbol del servidor SQL Server (pulsando la tecla **F5**) y compruebe que se ha creado la base de datos **Test2** (5).

2.10 OPCIONES DE CONFIGURACIÓN DE UNA BASE DE DATOS

Las opciones de configuración de una base de datos le permiten especificar cómo se comportará la base de datos ante determinadas situaciones. Las opciones se pueden configurar utilizando SQL Management Studio o haciendo uso de la instrucción T-SQL **ALTER DATABASE**.

Puede configurar varias opciones a la vez *de una misma base de datos*; si quiere que las opciones que modifique afecten a todas las bases de datos que cree nuevas, a partir de ese momento tiene que modificar las opciones de la base de datos **model**.

Para hacer una primera toma de contacto con las opciones de configuración, le mostraré cómo visualizar las de la base de datos Test, que creó en la práctica 2.7.

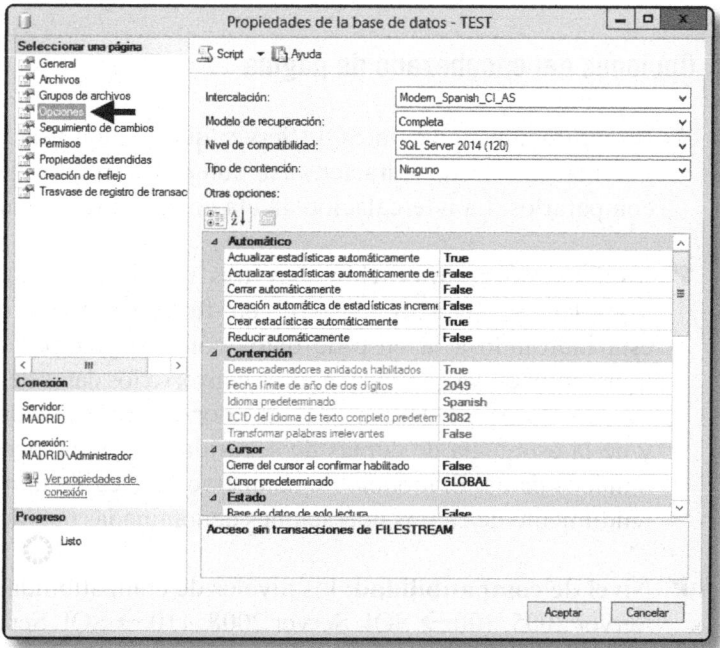

Captura 2.6. Opciones de configuración de la base de datos Test

1. Abra SQL Management Studio, haciendo clic en el acceso directo de la barra de tareas (este acceso se creó en el apartado *SQL Server Management Studio* del tema 1.21) → conéctese con el servidor de SQL Server usando la autenticación Windows.

2. En el **Explorador de objetos**, expanda el árbol del servidor SQL Server, busque la base de datos **Test** y selecciónela.

3. Haga clic con el botón derecho del ratón sobre la base de datos **Test** y seleccione **Propiedades**.

4. Ventana **Propiedades de la base de datos – Test**, en el panel **Seleccionar una página**, situado a la izquierda de la ventana, seleccione la página **Opciones**, como se muestra en la captura 2.6.

En la página **Opciones** se muestran, primero, las cuatro opciones más importantes [Intercalación, Modelo de recuperación, Nivel de compatibilidad y Tipo de contención] y a continuación, en el apartado **Otras opciones**, el resto agrupadas por categorías. A continuación le explicaré las opciones más importantes.

2.10.1 Opciones del encabezado de página

▶ **Intercalación**: indica a SQL Server qué idioma usará para representar y almacenar cada carácter, así como las reglas para ordenarlos y compararlos. La intercalación afecta únicamente a campos de texto.

▶ **Modelos de recuperación**: hay tres modos de recuperación [Simple, Completa y Registro masivo], en función de la opción que elija, está indicando a la base de datos cómo se comportará el registro de transacciones, ya que cada modelo conserva los datos de diferente manera. En caso de error o desastre del servidor, dependiendo del modelo elegido y de la estrategia de copias de seguridad aplicada, podrá recuperar más o menos datos. El modelo de recuperación elegido también influye en el rendimiento de ciertas operaciones denominadas operaciones de registro.

▶ **Nivel de compatibilidad**: los niveles de compatibilidad son [90 → SQL Server 2005, 100 → SQL Server 2008, 110 → SQL Server 2012 y 120 → SQL Server 2014], cuando aplica uno de estos niveles a una base de datos de usuario, se configuran determinados comportamientos de la misma, para que sea compatible con el servidor de bases de datos de su nivel.

▶ **Tipo de contención**: tiene dos opciones [Ninguno y Parcial]. Si elige la opción **Ninguno**, se deshabilitan las opciones del grupo **Contención**. Al elegir la opción **Parcial**, se habilitan las opciones del grupo **Contención** y permite crear bases de datos independientes.

> **ⓘ NOTA**
>
> Una base de datos totalmente independiente incluye todas las opciones de configuración y metadatos necesarios para definirla y no tiene dependencias de configuración en la instancia de motor de base de datos de SQL Server donde está instalada.

2.10.2 Grupo Automático

▰ **Actualizar estadísticas automáticamente**: actualiza automáticamente estadísticas obsoletas. El valor predeterminado es **True**.

▰ **Actualizar estadísticas automáticamente de forma asíncrona**: actualiza asíncronamente y automáticamente estadísticas obsoletas. El valor predeterminado es **False**.

▰ **Cerrar automáticamente**: si se establece a **True**, cierra automáticamente una base de datos cuando sale el último usuario. El valor predeterminado es **False**.

▰ **Crear estadísticas automáticamente**: crea automáticamente cualquier estadística que falte o que se necesite en una consulta. El valor predeterminado es **True**.

▰ **Reducir automáticamente**: si establece el valor a **True**, los archivos de la base de datos se intentarán reducir periódicamente. El valor predeterminado es **False**.

2.10.3 Grupo Contención

Las opciones de este grupo solo es posible aplicarlas a bases de datos independientes.

▰ **Desencadenadores anidados habilitados**: permite que los desencadenadores activen otros desencadenadores. Los desencadenadores pueden anidarse hasta un máximo de 32 niveles.

▰ **Fecha límite de año de dos dígitos**: indica el número de año más alto que se puede escribir con dos dígitos. El año que se muestra y los 99 anteriores se pueden escribir con formato de dos dígitos. Todos los demás años se deben escribir con formato de cuatro dígitos.

▼ **Idioma predeterminado**: especifica el idioma predeterminado para todos los usuarios de bases de datos independientes, a menos que se especifique otro.

▼ **LCID del idioma de texto completo predeterminado**: especifica un idioma predeterminado para las columnas indizadas de texto completo. El valor predeterminado de esta opción es el idioma del servidor.

▼ **Transformar palabras irrelevantes**: suprime un mensaje de error si las palabras irrelevantes hacen que una operación booleana en una consulta de texto completo devuelva cero filas.

2.10.4 Grupo Cursor

▼ **Cierre del cursor al confirmar habilitado**: cierra automáticamente los cursores abiertos cuando se confirma una transacción. Valor predeterminado **False**, esto quiere decir que cuando la transacción se confirma los cursores siguen abiertos.

▼ **Cursor predeterminado**: tiene dos opciones [**Global** y **Local**], cada una de ellas limita el ámbito del cursor.

2.10.5 Grupo Estado

▼ **Base de datos de solo lectura**: especifica que la base de datos es de solo lectura. Los valores posibles son [**true** y **false**]. Si se establece el valor a **true**, los usuarios pueden leer datos de la base de datos, pero no pueden hacer modificaciones.

▼ **Cifrado habilitado**: cuando el valor se establece a **true**, se habilita el cifrado en la base de datos.

▼ **Estado de la base de datos**: muestra el estado actual de la base de datos.

▼ **Restringir el acceso**: sirve para especificar los usuarios que tendrán acceso a la base de datos, los valores posibles son:

- **MULTI_USER**: valor por defecto; permite que varios usuarios tengan acceso a la base de datos a la vez.

- **SINGLE_USER**: se utiliza para tareas de mantenimiento, solo puede acceder un usuario a la base.

- **RESTRICTED_USER**: solo pueden acceder los miembros db_owner, db_creator y sysadmin.

2.10.6 Grupo Recuperación

▼ **Comprobación de páginas**: esta opción se utiliza para descubrir e informar sobre transacciones de E/S incompletas debidas a errores de E/S de disco. Los valores posibles son [**None**, **TornPageDetection** y **Checksum**].

2.10.7 Grupo Varios

▼ **Advertencias ANSI habilitadas**: admite los valores [**true**, **false**]. Si se activa el valor **true**, se generan mensajes de advertencia cuando aparecen valores **null** en funciones de agregado (SUM, AVG, MAX, MIN, etc.).

▼ **Anulación aritmética habilitada**: admite los valores [**true**, **false**]. Si activa el valor **true**, un error producido por un desbordamiento o de división por cero terminará la consulta; si la consulta está en una transacción, esta se revierte. Cuando el valor es **false**, aparece una advertencia pero la consulta continúa.

▼ **Anulación exacta numérica**: admite los valores [**true**, **false**]. Si activa el valor **true** se genera un error cuando se produce la pérdida de la precisión en una expresión.

▼ **Concatenar valores NULL produce NULL**: sirve para especificar el comportamiento cuando se concatenen valores **null**. Si asignamos el valor **true**, **string + null = null**. Si asignamos el valor **false**, **string + null = string**.

▼ **De confianza**: opción de solo lectura. Cuando se asigna el valor **true**, indica que SQL Server permite el acceso a los recursos fuera de la base de datos en un contexto de suplantación establecido en la base de datos. Los contextos de suplantación se pueden establecer en la base de datos mediante la instrucción del usuario EXECUTE AS o mediante la cláusula EXECUTE AS en módulos de base de datos.

▶ **Desencadenadores recursivos habilitados**: admite los valores [**true, false**]. Si asigna el valor **true**, entonces habilita la activación recursiva de desencadenadores.

▶ **Encadenamiento de propiedad entre bases de datos habilitado**: opción de solo lectura. Cuando se asigna el valor **true**, indica que SQL Server puede ser el origen o el destino de una cadena de propiedad entre bases de datos.

▶ **Formato de almacenamiento VarDecimal habilitado**: opción de solo lectura. Cuando se asigna el valor **true**, indica que SQL Server está habilitado para el formato de almacenamiento VarDecimal. Por defecto, todas las bases de datos están habilitadas para este formato.

▶ **Identificadores entre comillas habilitados**: especifica si se pueden utilizar las palabras clave de SQL Server como identificadores, delimitadas por comillas. Los valores posibles son [**true** o **false**].

▶ **Instantánea de lectura confirmada activa**: admite los valores [**true, false**], especifica el nivel de aislamiento de transacción permitido en bases de datos habilitadas con **FILESTREAM**.

▶ **Optimización de correlación de fechas habilitada**: admite [**true, false**]. Con **true**, SQL Server mantiene estadísticas de correlación entre dos tablas de la base de datos que estén vinculadas mediante una restricción **FOREIGN KEY** y tengan columnas **datetime**.

▶ **Parametrización**: con el valor SIMPLE, las consultas se parametrizan en función del comportamiento predeterminado de la base de datos. Con el valor FORZADA, SQL Server parametriza todas las consultas de la base de datos.

▶ **Permitir aislamiento de instantáneas**: admite los valores [**true, false**]. Cuando una base de datos se establece para permitir el nivel de aislamiento de instantáneas, Microsoft SQL Server 2014 debe mantener un registro de las modificaciones realizadas en cada fila de una base de datos. Cada vez que se modifica una fila, se registra una copia de la fila anterior a la modificación en un almacén de versiones de filas en la base temporal **tempdb**.

▼ **Relleno ANSI habilitado**: admite los valores [**true, false**]. Especifica si el relleno ANSI está activado o desactivado.

▼ **Valor ANSI NULL predeterminado**: admite los valores [**true, false**]. Especifica el comportamiento predeterminado de los operadores de comparación "es igual a" (=) y "no es igual a" (<>) cuando se utilizan con valores **NULL**.

▼ **Valores NULL ANSI habilitados**: admite los valores [**true, false**]. Especifica el comportamiento de los operadores de comparación "es igual a" (=) y "no es igual a" (<>) cuando se utilizan con valores **NULL**. Con el valor **True**, el resultado de todas las comparaciones con un valor **NULL** es UNKNOWN. Con el valor **False**, el resultado de las comparaciones de valores que no sean Unicode con un valor NULL es **True** si los dos valores son **NULL**.

2.11 LOS ESQUEMAS

Un esquema es un espacio de nombres que contiene objetos de la base de datos (como tablas, vistas, procedimientos, etc.). Se encuentra incluido dentro de la base de datos; por lo tanto, el nombre completo de un objeto dentro de una base de datos tiene la siguiente forma:

Nombre_Servidor . Nombre_Base_Datos . Esquema . Objeto

Tipo de asegurable	Clase
Colección esquemas XML	XML SCHEMA COLLECTION
Tabla	OBJECT
Vista	OBJECT
Procedimiento	OBJECT
Función	OBJECT
Agregado	OBJECT
Restricción	OBJECT
Sinónimo	OBJECT
Cola	OBJECT
Estadística	OBJECT

Tabla 2.6. Objetos asegurables de un esquema

Los objetos que deben encontrarse dentro de un esquema reciben el nombre de asegurables y son los que se muestran en la tabla 2.6.

> **ⓘ NOTA**
>
> Un esquema es un contenedor y un espacio de nombres. Como tal, el nombre completo de un asegurable, contenido en un esquema, debe ser un nombre único.

Cualquier usuario puede ser propietario de un esquema y es posible transferir la propiedad del esquema a otro usuario. La posibilidad de transferencia de la propiedad trae consigo una serie de consecuencias:

▸ La propiedad de los esquemas y de los elementos que contienen (asegurables) se puede transferir.

▸ Se pueden mover objetos entre esquemas.

▸ Un mismo esquema puede contener objetos que sean propiedad de varios usuarios de la base de datos.

▸ Varios usuarios de la base de datos pueden compartir un esquema predeterminado.

▸ Permiten la administración de permisos más sencilla, ya que se pueden otorgar permisos en el ámbito del esquema y estos se heredan a los objetos (asegurables) que contiene el esquema.

▸ Cualquier entidad de seguridad de la base de datos puede ser propietaria del esquema, incluyendo funciones y funciones de aplicación.

▸ Se puede eliminar un usuario en la base de datos sin necesidad de eliminar objetos en el esquema correspondiente.

> **ⓘ NOTA**
>
> **El esquema dbo**: todas las bases de datos contienen el esquema **dbo**, que funciona como esquema predeterminado para todos los usuarios que no tienen definido un esquema explícitamente.

2.12 EJERCICIO PRÁCTICO: CREAR UN ESQUEMA

En este ejercicio práctico se le mostrará cómo crear un esquema (al que llamará **Entrada**) en la base de datos Test usando SQL Management Studio. A continuación creará otro esquema (al que llamará **Salida**) usando T-SQL en la misma base de datos.

2.12.1 Crear el esquema ENTRADA en la base de datos Test usando SQL Management Studio

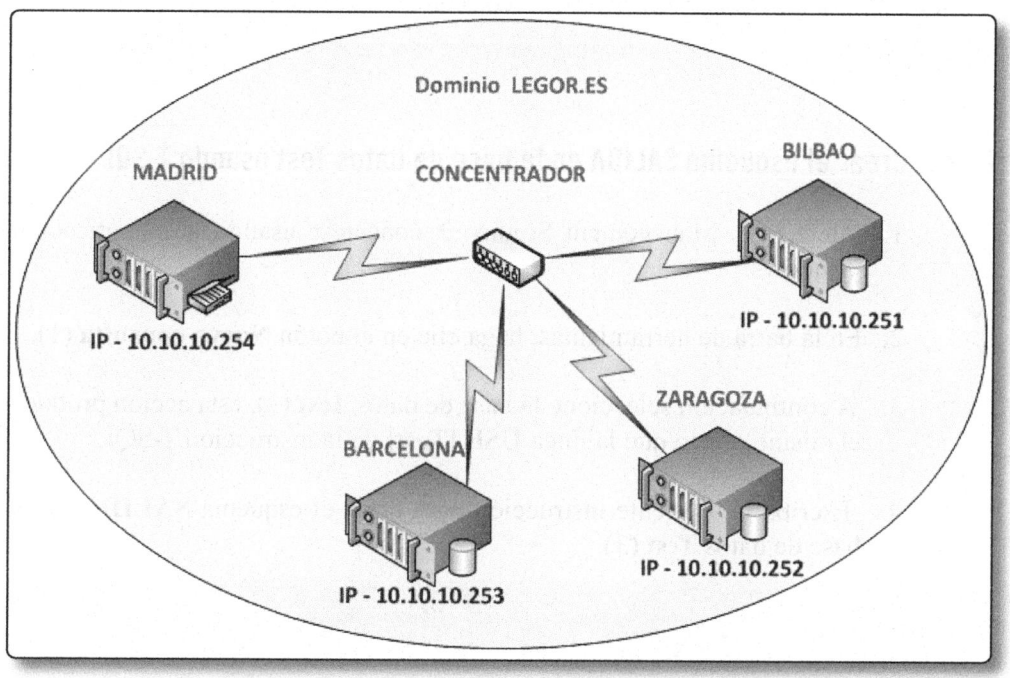

Captura 2.7. Creación de un esquema con SQL Management Studio

1. Inicie SQL Management Studio → conéctese usando la autenticación Windows.

2. En el **Explorador de objetos**, expanda el árbol del servidor SQL Server → sitúese en el en el nodo **Bases de datos** (1) → busque el nodo de la base de datos **TEST** (2) → dentro de él se encuentra el subnodo **Seguridad** (3), ábralo.

3. Seleccione con el botón derecho del ratón el nodo **Esquemas** (4) → elija la opción **Nuevo** (5) → **Esquema…**

4. Ventana **Esquema – Nuevo** (6), en el cuadro de texto **Nombre del esquema** escriba **ENTRADA** (7), a continuación haga clic en el botón **Aceptar** (8).

ⓘ **NOTA**

En la ventana **Esquema – Nuevo**, al dejar en blanco el cuadro de texto **Propietario del esquema**, la propiedad se asigna por defecto a **dbo**.

2.12.2 Crear el esquema SALIDA en la base de datos Test usando T-SQL

1. Inicie SQL Management Studio → conéctese usando la autenticación Windows.

2. En la barra de herramientas, haga clic en el botón **Nueva consulta** (1).

3. A continuación seleccione la base de datos **Test** (2), esta acción produce el mismo efecto que la línea **USE [Test]** de la instrucción T-SQL.

4. Escriba la siguiente instrucción para crear el esquema **SALIDA** en la base de datos **Test** (3).

```
USE [Test]
GO
CREATE SCHEMA [SALIDA]
GO
```

5. Haga clic en el botón **Ejecutar** (4).

6. Una vez que finaliza la ejecución de la orden T-SQL, el panel de resultados visualiza el mensaje "Comandos completados correctamente" (5).

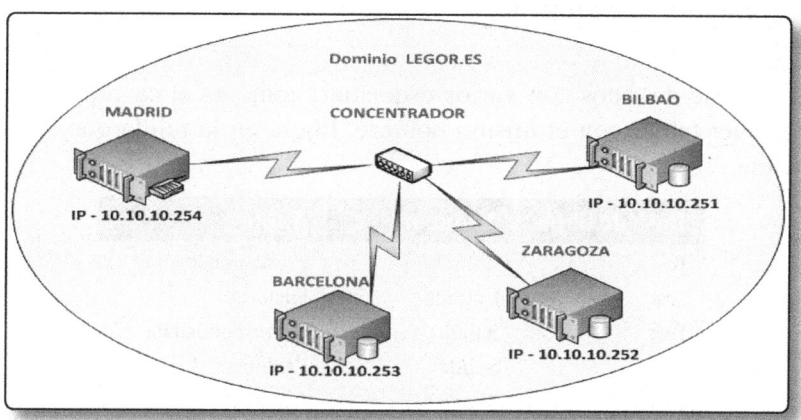

Captura 2.8. Creación de un esquema desde T-SQL

2.12.3 Comprobar que los esquemas se han creado correctamente

Por último compruebe que los esquemas **Entrada** y **Salida** se han creado correctamente. Para ello, seleccione el nodo **Test** (1) → **Seguridad** (2) → seleccione el nodo **Esquemas** (3), haga clic con el botón derecho del ratón sobre él y a continuación sobre el menú **Actualizar**. Finalmente expanda el nodo **Esquemas**, y compruebe que visualiza, entre otros, los esquemas **Entrada** (4) y **Salida** (5).

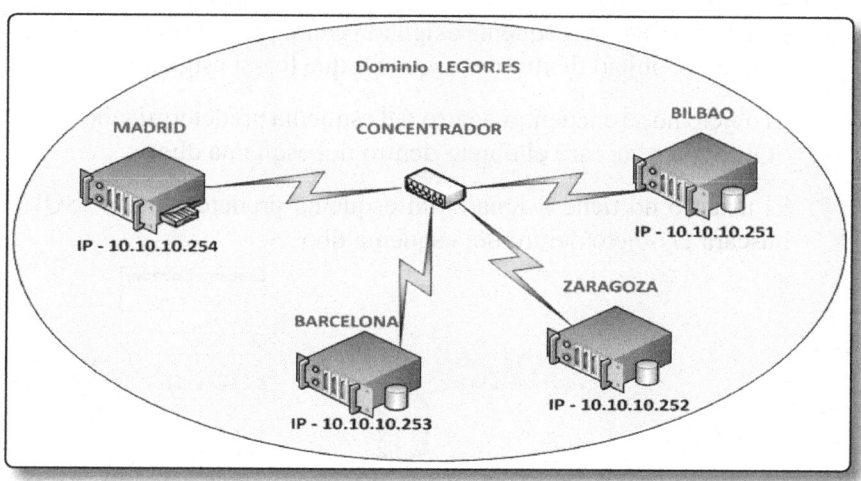

Captura 2.9. Visualizar los esquemas recién creados

2.13 LA RESOLUCIÓN DE NOMBRES

Una base de datos con varios esquemas, como es el caso de la base **Test**, podría contener tablas con el mismo nombre. Fíjese en la rejilla que se muestra a continuación.

Base de datos	Esquema	Tabla
Test	Entrada	Correspondencia
Test	Entrada	Facturas
Test	Salida	Correspondencia
Test	Salida	Facturas
Test	dbo	Otras tablas

Tabla 2.7. Propuesta de esquemas y tablas en la base de datos Test

La base de datos Test tiene cuatro tablas cuyos nombre cualificados son inequívocos; por ejemplo, para las tablas **Correspondencia** son **Entrada.Correspondencia** y **Salida.Correspondencia**. El uso de un nombre ambiguo, como llamar a la tabla **Correspondencia** sin anteponer su esquema, puede producir resultados inesperados. Por este motivo es una buena práctica asignar a los usuarios a un esquema predeterminado, para que se resuelvan automáticamente los nombres de objetos incompletos.

La resolución de nombres funciona de la siguiente manera:

1. El usuario tiene un esquema asignado como predeterminado: SQL Server buscará el objeto dentro del esquema que tenga asignado el usuario.

2. El objeto no se encuentra dentro del esquema predeterminado del usuario: SQL Server buscará el objeto dentro del esquema dbo.

3. El usuario no tiene asignado un esquema predeterminado: SQL Server buscará el objeto dentro del esquema dbo.

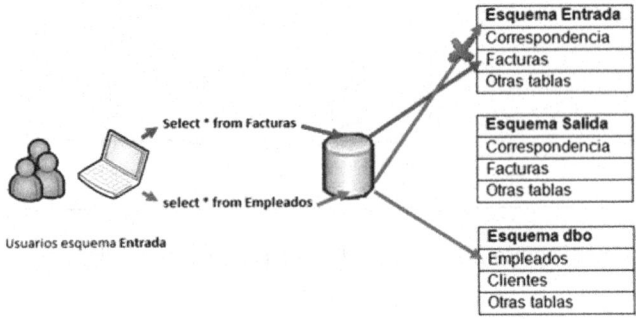

Figura 2.3. Resolución de nombres de tabla

En la figura 2.3 se muestra cómo un grupo de usuarios que pertenecen al esquema **Entrada** hacen dos consultas. La primera de ellas es un SELECT * a la tabla **Facturas**. SQL Server busca la tabla dentro de su esquema, la encuentra y realiza la consulta. La segunda consulta es un SELECT * a la tabla **Empleados**. SQL Server la busca en su esquema; como no la encuentra, a continuación la busca en el esquema por defecto **dbo**, aquí la halla y, a continuación, hace la consulta.

2.14 INSTALAR LA BASE DE EJEMPLO: ADVENTUREWORKS2012

Adventure Works Cicles es la empresa ficticia (fabrica bicicletas) en la que se basa la base de datos **AdventureWorks2012**. Esta base de datos la utilizará en muchos de los ejemplos que se muestran en este libro. La puede descargar del siguiente enlace: *http://msftdbprodsamples.codeplex.com/downloads/get/417885*.

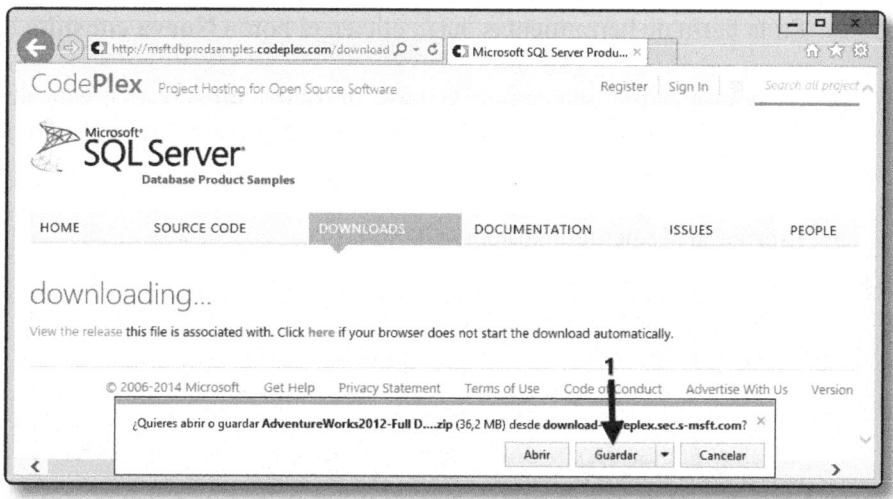

Captura 2.10. Enlace de descarga de la base de datos AdventureWorks

Al escribir la URI, en la barra de direcciones de su explorador automáticamente se lanza la descarga de **AdventureWorks2012-Full Database**. Haga clic en el botón **Guardar** (1) y guárdela en la ruta **C:\ AdventureWorks2012-Full Database Backup.bak** de la máquina **MADRID**. El archivo que ha descargado se denomina **AdventureWorks2012-Full Database Backup.bak**, y se trata de una copia de seguridad completa de la base de datos **AdventureWorks**. Para poner operativa **AdventureWorks** en la máquina **MADRID**, restáurela. Para ello ejecute los pasos que a continuación le detallo:

1. El archivo que contiene la copia de seguridad debe estar ubicado en **C:\ AdventureWorks2012-Full Database Backup.bak** de la máquina **MADRID**, porque el *script* T-SQL que a continuación le presento está preparado para esta ruta.

> ### ⓘ NOTA
> Si el archivo lo descarga en formato comprimido *.ZIP, descomprímalo en C:\ con el nombre indicado y la extensión *.bak.

2. Inicie SQL Management Studio → conéctese usando la autenticación Windows.

3. En la barra de herramientas, haga clic en el botón **Nueva consulta** (2).

4. A continuación seleccione la base de datos **master** (3), esta acción produce el mismo efecto que la línea **USE [master]** de la instrucción T-SQL.

5. Escriba la siguiente instrucción T-SQL (4).

```
USE [master]
RESTORE DATABASE [AdventureWorks2012] FROM  DISK
 N'C:\AdventureWorks2012-Full Database Backup.bak'
WITH  FILE = 1,  MOVE N'AdventureWorks2012_Data'
TO N'C:\Program Files\Microsoft SQL Server\MSSQL12.M
SSQLSERVER\MSSQL\DATA\AdventureWorks2012_Data.mdf',
MOVE N'AdventureWorks2012_Log'
TO N'C:\Program Files\Microsoft SQL Server\MSSQL12.
SSQLSERVER\MSSQL\DATA\AdventureWorks2012_log.ldf',
NOUNLOAD,  REPLACE,  STATS = 5
GO
```

6. Haga clic en el botón **Ejecutar** (5).

7. En el panel de resultados (6) visualizará los mensajes que le indican el tanto por ciento del proceso de restauración realizado. Sea paciente, tarda un poco.

8. Cuando finalice la consulta, compruebe que la restauración de la base de datos se ha ejecutado correctamente (7).

9. Actualice SQL Management Studio pulsando la tecla **F5** → expanda el nodo **Bases de datos** (8) → compruebe que en su interior se encuentra la base de datos **AdventureWorks2012** (9).

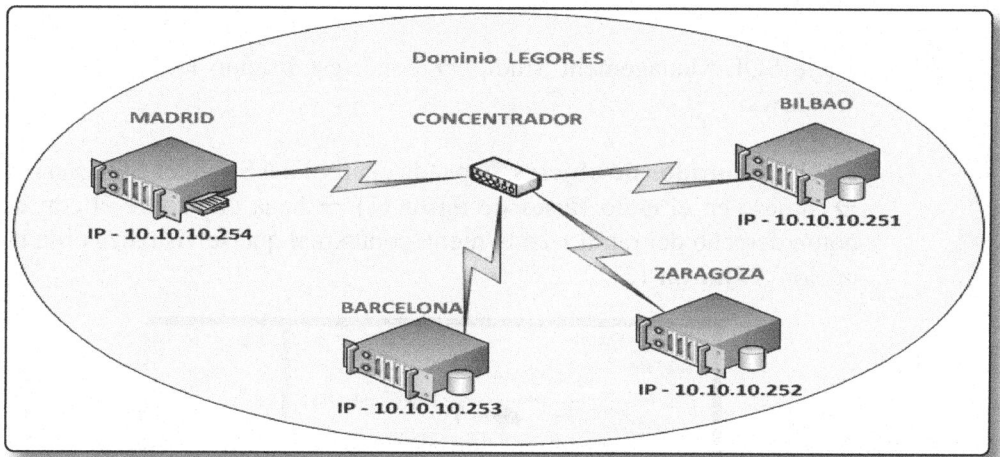

Captura 2.11. Instrucción T-SQL para restaurar la base de datos AdventureWorks

ⓘ **NOTA**

El capítulo 7 de este libro está dedicado íntegramente al tema de las copias de seguridad: consúltelo si encuentra algún problema o tiene alguna duda relacionada con la restauración de la base AdventureWorks2012.

2.15 ADJUNTAR LA BASE DE EJEMPLO NORTHWIND CON SQL MANAGEMENT STUDIO

En este apartado aprenderá cómo adjuntar la base de ejemplo NorthWind, que utilizará en muchos de los ejemplos que se muestran en este libro. Este procedimiento se usa cuando tenemos los archivos de datos y del registro de transacciones (los dos) de una base de datos y queremos ponerla en producción en un servidor de Microsoft SQL Server 2014.

ⓘ **NOTA**

En del sitio web de RA-MA EDITORIAL, dentro de la zona de descargas de la ficha del libro, encontrará todo el código fuente de los ejemplos desarrollados, en forma de un archivo ZIP que se puede descargar en cualquier momento. Dentro de este archivo hallará la base de ejemplo NorthWind.

1. Para comenzar la operación pegue, usando el explorador, los archivos Northwind.MDF y Northwind.LDF, en la ruta siguiente: **C:\Program Files\Microsoft SQL Server\MSSQL12.MSSQLSERVER\MSSQL\ DATA**.

2. Inicie SQL Management Studio → conéctese usando la autenticación Windows.

3. En el **Explorador de objetos**, expanda el árbol del Servidor SQL Server → sitúese en el nodo **Bases de datos** (1) → haga clic sobre él con el botón derecho del ratón y en el menú contextual que se visualiza elija la opción **Adjuntar** (2).

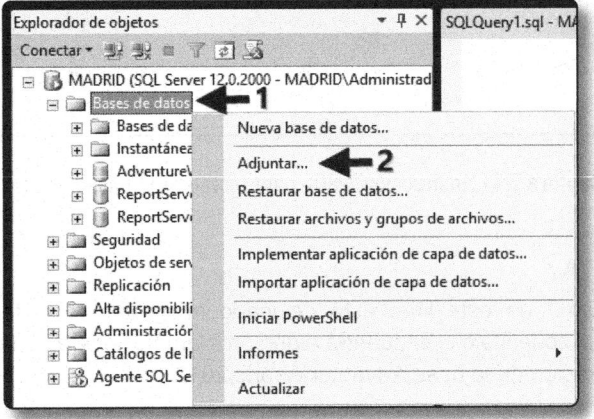

Captura 2.12. Adjuntar NorthWind (I)

4. Visualizará la ventana **Adjuntar bases de datos** (3) → haga clic en el botón **Agregar** (4).

5. En la ventana **Buscar archivos de bases de datos** → **MADRID** (5) se encuentran todos los archivos contenidos en el directorio **C:\ Program Files\Microsoft SQL Server\MSSQL12.MSSQLSERVER\ MSSQL\DATA**, que es precisamente donde se copiaron los archivos Northwind.MDF y Northwind.LDF.

6. Seleccione el archivo de datos **Northwind.MDF** (6) → haga clic en el botón **Aceptar** (7) → **Aceptar** (8), para terminar de adjuntar NorthWind.

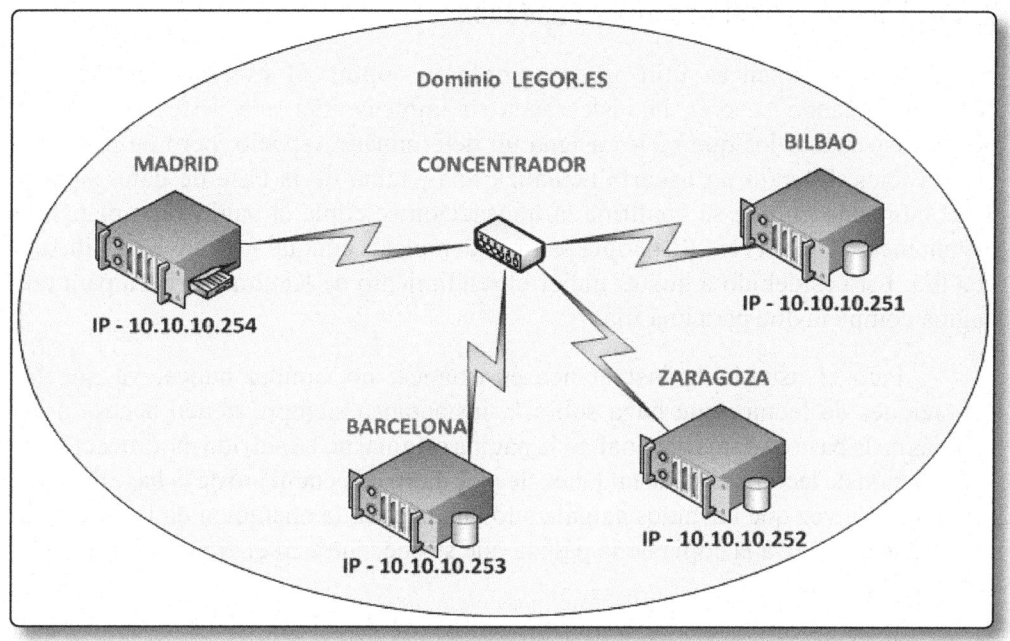

Captura 2.13. Adjuntar NorthWind (II)

7. Pulse la tecla **F5** para actualizar el árbol del **Explorador de objetos** → compruebe que en la lista de bases de datos se ha añadido **NorthWind** (9).

2.16 LAS INSTANTÁNEAS

Una instantánea es una vista de solo lectura de una base de datos, que no puede cambiarse después de su creación. Las instantáneas de una base de datos dependen de la base de datos de la que son originarias y tienen que ubicarse en la misma instancia en que se encuentre la base de datos origen. Tenga en cuenta que en el momento en que la base de datos deje de estar disponible por cualquier motivo, también dejarán de estar disponibles las instantáneas.

Las instantáneas son muy útiles en muchas situaciones, por ejemplo:

▼ Sirven para crear informes.

▼ Como punto de restauración rápido, para revertir la base de datos origen al estado en que se encontraba cuando se creó la instantánea.

▼ Para crear un historial de datos.

▼ Para garantizar el acceso a datos lectura a un servidor secundario.

2.16.1 Funcionamiento de una instantánea

Las instantáneas utilizan la tecnología **copiar al escribir**, esto quiere decir que cuando se crea la instantánea se implementan una serie de archivos NTFS dispersos a los que se les asigna un determinado espacio, pero en principio están vacíos. Cuando un usuario actualiza una página de la base de datos origen, en el momento en que se confirma la transacción se copia la página completa a la instantánea. SQL Server 2014 copia páginas completas aunque solo haya modificado una fila. Esto es debido a que es mejor el rendimiento de lectura/escritura para una página completa que para una fila.

Para el usuario la instantánea es estática, no cambia nunca, ya que las operaciones de lectura que haga sobre la instantánea siempre tienen acceso a las páginas de la base de datos original. Si la página original no ha sufrido modificaciones, la operación de lectura en la instantánea, lee los datos directamente de la base de datos original. Una vez que hayamos actualizado una página, la operación de lectura en la instantánea accede a la copia de la página que se encuentra en el archivo disperso de la instantánea

2.16.2 Limitaciones en la base de datos origen

▼ La base de datos no se puede quitar, separar o restaurar.

▼ Se reduce el rendimiento por el aumento de entradas y salidas en la base de datos origen. Tenga en cuenta que cada vez que modifica un registro hay que copiar la página a la que pertenece el registro en la instantánea.

▼ No se pueden quitar archivos de la base de datos de origen ni de las instantáneas.

▼ La base de datos origen debe estar en línea, a menos que sea una base de datos reflejada.

2.16.3 Limitaciones de las instantáneas

▼ Las instantáneas son de solo lectura.

▼ No se pueden crear instantáneas de las bases de datos de servicio del sistema (model, master y tempdb).

▼ No se pueden crear copias de seguridad ni restaurar instantáneas de bases de datos.

▶ No se pueden adjuntar ni separar.

▶ No se pueden crear instantáneas en particiones FAT 32.

▶ Hay que quitar todas las instantáneas de una base de datos antes de eliminar la base de datos de origen.

▶ Las instantáneas heredan las restricciones de seguridad de la base de datos de origen.

2.16.4 Crear una instantánea de base de datos

Antes de crear una instantánea es conveniente que observe algunas buenas prácticas:

▶ **Asígnele un nombre único**: cada instantánea de base de datos debe tener un nombre único. Es conveniente usar una nomenclatura que identifique a la instantánea; por ejemplo, una combinación de **Nombre_BD+ Instantanea+Fecha(AAAAMMDD)**.

▶ **Limite el número de instantáneas**: cada instantánea que cree se conserva hasta que decida quitarla. Tenga en cuenta que cada modificación que haga en la base de datos origen hace que aumente el tamaño de las instantáneas que tenga guardadas. Esto puede crearle problemas de espacio de disco en su sistema, una manera de evitar este problema es limitando el número de instantáneas que guarda.

Una instantánea de una base de datos no se puede crear desde SQL Management Studio, hay que crearla con T-SQL. Cualquier usuario puede crear una instantánea de una base de datos (mientras no se trate de una base de datos reflejada, en cuyo caso hay que ser miembro de la función **sysadmin**). Para crear una instantánea de una base de datos:

1. Obtenga el tamaño de la base de datos origen y compruebe que tiene espacio en disco suficiente para crear la instantánea. Recuerde que el tamaño máximo que puede alcanzar una instantánea es el tamaño de la base de datos origen en el momento de la creación de la instantánea.

2. Utilice la instrucción **CREATE DATABASE** para crear una instantánea con T-SQL

2.17 EJERCICIO PRÁCTICO: CREAR UNA INSTANTÁNEA

Este ejercicio práctico muestra cómo crear una instantánea de la base de datos AdventureWorks. La instantánea se nombra siguiendo la nomenclatura Nombre_BD+Instantanea+Fecha. Es decir: AdventureWorks_Instantanea_20140518.ss; y se guardará en **C:\Program Files\Microsoft SQL Server\MSSQL12. MSSQLSERVER\MSSQL\DATA\ AdventureWorks_Instantanea_20140518.ss**.

A continuación le muestro la sintaxis de la instrucción T-SQL para crear la instantánea.

```
USE [AdventureWorks2012]                                          --1
CREATE DATABASE AdventureWorks_Instantanea_20140518 ON      --2
( NAME = AdventureWorks2012_Data,                           --3
FILENAME =                                                  --4
'C:\Program Files\Microsoft SQL Server\MSSQL12.MSSQLSERVER\
MSSQL\DATA\AdventureWorks_Instantanea_20140518.ss')         --5
AS SNAPSHOT OF [AdventureWorks2012]                         --6
GO
```

1. Indica que se use en la ejecución de la instrucción la base de datos **AdventureWorks2012**.

2. Nombre del archivo físico que se creará para contener la instantánea.

3. Nombre lógico del archivo de la base de datos origen (AdventureWorks).

4. Ruta física donde se ubicará la instantánea (1.ª línea).

5. Ruta física donde se ubicará la instantánea (2.ª línea).

6. Nombre de la base de datos origen de la instantánea.

Para crear la instantánea siga el procedimiento que a continuación se indica:

1. Inicie SQL Management Studio → conéctese usando la autenticación Windows.

2. En la barra de herramientas de SQL Management Studio, haga clic en el botón **Nueva consulta**.

3. A continuación seleccione la base de datos **AdventureWorks2012**, esta acción produce el mismo efecto que la línea **USE [AdventureWorks2012]** de la instrucción T-SQL.

4. Escriba en el panel de consultas la instrucción T-SQL, que se indica al principio de este ejercicio práctico.

5. Haga clic en el botón **Ejecutar**.

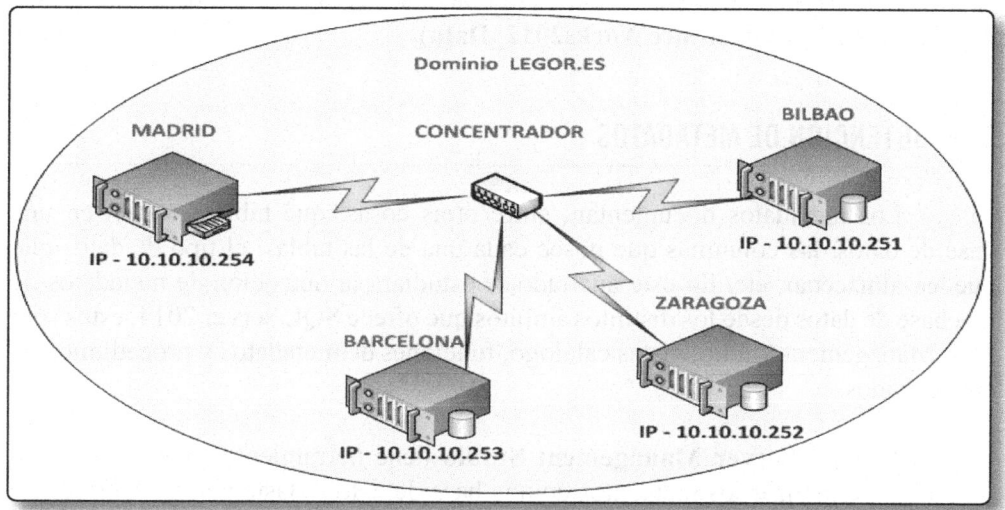

Captura 2.14. Crear una instantánea de AdventureWorks

ⓘ **NOTA**

La ruta física donde se ubicará la instantánea (líneas 4 a 5) debe escribirse en una única línea, en la captura ocupa tres líneas por motivos didácticos y de formato.

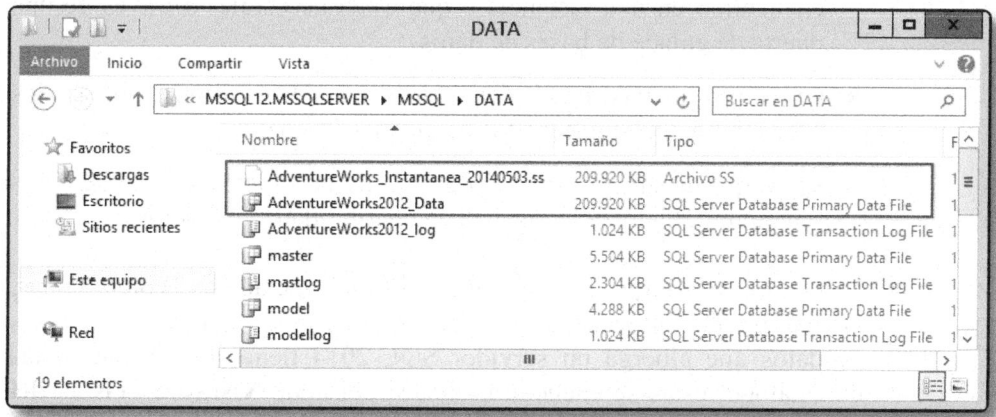

Captura 2.15. Archivo físico de la instantánea

Una vez que cree la instantánea, se creará un archivo con el nombre y la ruta que se asignaron en los apartados (2) y (4). Este archivo tendrá el mismo tamaño que la base de datos origen en el momento de su creación. En la captura 2.15 se observa el archivo **AdventureWorks_Instantanea_20140503.ss** con un tamaño de 209.920 KB, que se corresponde con el tamaño del archivo de datos de la base AdventureWorks (**AdventureWorks2012_Data**).

2.18 OBTENCIÓN DE METADATOS

Los metadatos documentan, entre otras cosas, qué tablas existen en una base de datos, las columnas que posee cada una de las tablas, el tipo de datos que pueden almacenar, etc. En este apartado se estudiará la obtención de metadatos de una base de datos desde los distintos ámbitos que ofrece SQL Server 2014, estos son: SQL Management Studio, vistas catálogo, funciones de metadatos y procedimientos almacenados.

▶ **SQL Server Management Studio** tiene herramientas que le permiten visualizar los metadatos de una base de datos. Basta con que seleccione una base de datos y haga clic con el botón derecho del ratón sobre ella para abrir sus propiedades; dependiendo del objeto que seleccione se mostrarán unos metadatos u otros.

▶ **Procedimientos almacenados**. SQL Server le proporciona una lista de procedimientos almacenados con los que puede recuperar metadatos, los más utilizados son sp_databases, sp_stored_procedures y sp_help.

   • **sp_databases** devuelve una lista con las bases de datos que se encuentran en una instancia o que están accesibles a través de una puerta de enlace de bases de datos.

   • **sp_stored_procedures** devuelve una lista con todos los procedimientos almacenados de una base de datos.

   • **sp_help** muestra información acerca de un objeto de base de datos (cualquier objeto de la vista de compatibilidad sys.sysobjects).

▶ **Vistas de catálogo**. Sirven para consultar metadatos, como tablas, procedimientos almacenados, restricciones, etc. Cada una de las bases de datos que alberga un servidor SQL 2014 tiene sus propias vistas de catálogo, estas se encuentran dentro del nodo **Vistas → Vistas del sistema**. Hay más de 200 vistas de sistema. A continuación se muestra una tabla resumen con las más importantes:

Vista	Uso
sys.databases	Devuelve una lista con todas las bases de datos del servidor
sys.database_files	Devuelve una lista con cada uno de los archivos de una base de datos
sys.columns	Devuelve una lista con columna de un objeto que contenga columnas
sys.events	Devuelve una lista con cada evento para el que se activa un desencadenador
sys.indexes	Devuelve una lista con cada índice o motón de un objeto tabular
sys.tables	Devuelve una lista con cada tabla de la base de datos
sys.views	Devuelve una lista con cada vista de la base de datos
sys.schemas	Devuelve una lista con cada esquema definido en la base de datos
sys.database_permissions	Devuelve una lista con cada permiso definido en la base de datos
sys.database_principals	Devuelve una lista con cada entidad de seguridad de la base de datos

Tabla 2.8. Resumen vistas de catálogo más importantes

▼ **Funciones de metadatos**. La diferencia existente entre las funciones y las **vistas de catálogo** es que las vistas devuelven varias filas de información, mientras que las **funciones de metadatos** devuelven un valor. Las funciones de metadatos más importantes son:

- **DB_ID**, devuelve el número de identificador (ID) de una base de datos.

- **DB_NAME**, devuelve el nombre de una base de datos para un ID especificado.

- **FILE_ID**, devuelve el ID de archivo para un nombre de archivo lógico especificado.

- **FILE_NAME**, devuelve el nombre de archivo lógico para el ID de archivo indicado.

- **FILEGROUP_ID**, devuelve el ID del grupo de archivos para un grupo de archivos especificados.

- **FILEGROUP_NAME**, devuelve el nombre de grupo de archivos para el ID del grupo especificado.

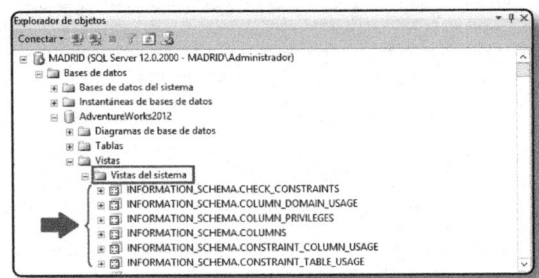

Captura 2.16. Vistas del sistema de la base de datos AdventureWorks

2.19 EJERCICIO PRÁCTICO: EXPLORAR METADATOS CON LAS VISTAS CATÁLOGO

En este ejercicio práctico le mostraré cómo explorar los metadatos usando las vistas catálogo. Para ello se ejecutarán nueve consultas, cada una de ellas visualizará en la ventana de resultados información diferente.

```
use [AdventureWorks2012]
select * from sys.databases              --1°
select * from sys.database_files         --2°
select * from sys.tables                 --3°
select * from sys.columns                --4°
select * from sys.events                 --5°
select * from sys.indexes                --6°
select * from sys.schemas                --7°
select * from sys.database_permissions   --8°
select * from sys.database_principals    --9°
```

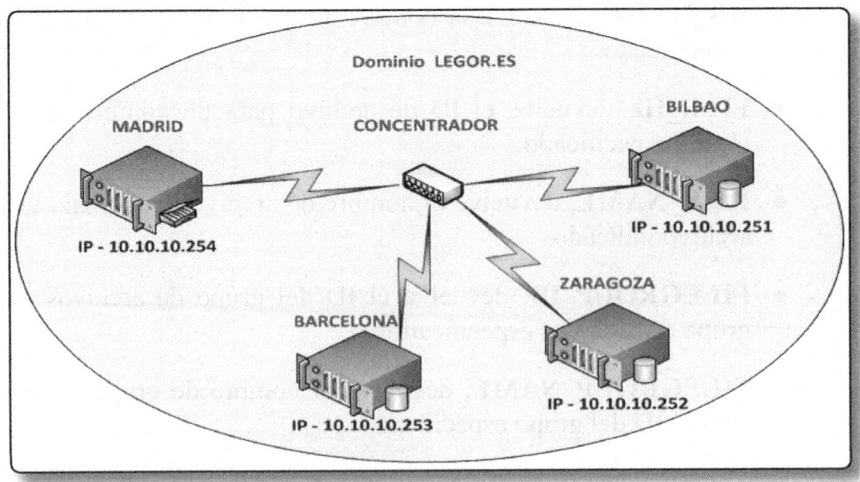

Captura 2.17. Ejecución de consultas de metadatos a las vistas catálogo

Nótese que la primera instrucción es **use [AdventureWorks2012]**. Sirve para que las consultas que se escriben a continuación se dirijan a esta base de datos. Copie una a una las instrucciones y ejecútelas en su SQL Management Studio, deténgase después de ejecutar cada una de ellas y observe los distintos resultados que devuelve cada consulta. En la captura 2.17 se visualizan los resultados obtenidos de las tres primeras consultas que analizamos en los puntos siguientes:

1. Vista **sys.databases**, devuelve una lista con todas las bases de datos que contiene la instancia. En la captura, la vista devuelve las cuatro bases de sistema [master, tempdb, model y msdb], las dos bases que por defecto se crean al instalar el servidor de informes [ResportServer y ReportServerTempDB], las bases que se crearon en los ejercicios prácticos 2.7 y 2.9 [Test y Test2], la base AdventureWorks2012 que se instaló en el apartado anterior y la instantánea de AdventureWorks2012 que se creó en el ejercicio práctico 2.17.

2. Vista **sys.database_files**, devuelve una lista que contiene (entre otras cosas) el nombre lógico y la ubicación física del archivo principal y del archivo del *log* de transacciones de la base de datos seleccionada; en el ejemplo, AdventureWorks2012.

3. Vista **sys.tables**, devuelve la lista de las tablas que componen AdventureWorks2012. En la captura del ejemplo puede comprobar que esta base tiene 71 tablas. Además del nombre de cada una de las tablas, se lista la fecha en que se crearon, la fecha en que se modificaron, el esquema al que pertenece cada una de ellas, etc.

2.20 EJERCICIO PRÁCTICO: EXPLORAR METADATOS CON FUNCIONES DE METADATOS

En el siguiente ejercicio práctico aprenderá a explorar los metadatos usando **Funciones de metadatos**. A continuación se muestra una transcripción de las consultas que se han ejecutado en la captura 2.18.

```
USE [AdventureWorks2012]
select  DB_ID()          --1°
select DB_ID('Master')  --2°
select DB_NAME()         --3°
select DB_NAME(1)        --4°
```

Como puede comprobar, la primera instrucción es **USE [AdventureWorks2012]**, que sirve para que las consultas que a continuación se escriben se dirijan a esta base de datos. Copie una a una las instrucciones y ejecútelas en el panel de consultas de SQL Management Studio, deténgase después de ejecutar cada una de ellas y observe los distintos resultados que le devuelve cada una de las consultas.

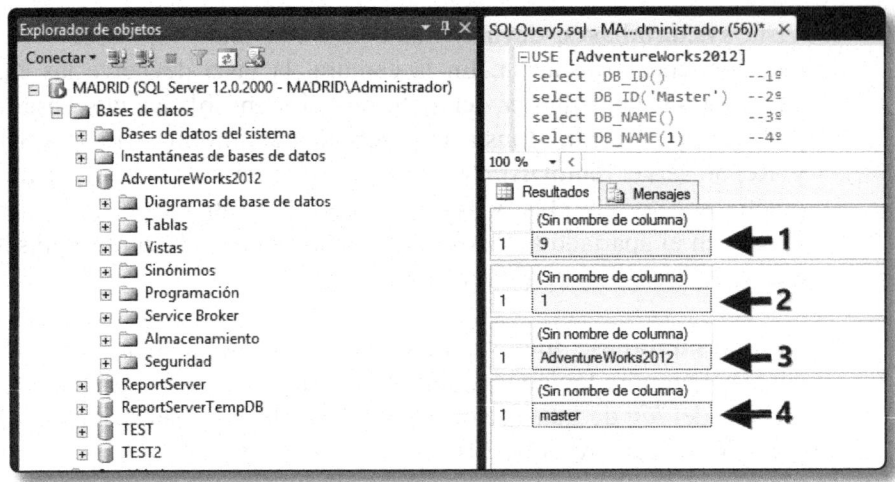

Captura 2.18. Ejecución de consultas de metadatos con funciones de metadatos

1. La primera consulta devuelve el ID de la base de datos actual, que es AdventureWorks2012. Esto es así porque no se ha especificado ninguna base de datos en la consulta y se ha usado la cláusula **USE [AdventureWorks2012]**, el ID devuelto para AdventureWorks2012 es **9**.

2. La segunda consulta devuelve el ID de la base de datos Master. Esto es así porque se ha especificado "Master" en la consulta, el ID de Master es **1**.

3. La tercera consulta devuelve **AdventureWorks2012** porque no ha especificado el nombre de ninguna base de datos en la consulta.

4. La cuarta devuelve **Master** porque ha especificado el ID = 1 en la consulta.

2.21 EJERCICIO PRÁCTICO: EXPLORAR METADATOS CON PROCEDIMIENTOS ALMACENADOS

En el siguiente ejercicio práctico le mostraré cómo explorar los metadatos usando **procedimientos almacenados**. Para ello se ejecutarán tres consultas, cada una de ellas visualizará en la ventana de resultados información diferente.

```
USE [AdventureWorks2012]
EXEC sp_databases                        --1°
EXEC sp_stored_procedures                --2°
EXEC sp_help'[Sales].[CreditCard]'       --3°
```

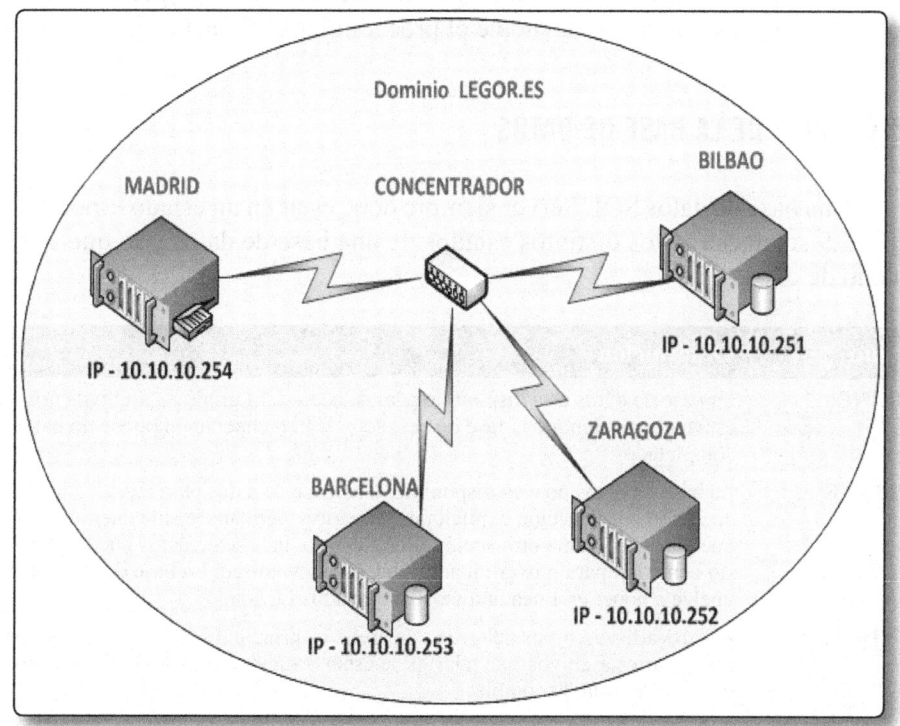

Captura 2.19. Ejecución de consultas de metadatos con procedimientos almacenados

Nótese que la primera instrucción (**USE [AdventureWorks2012]**) sirve para que las consultas que se escriben a continuación se dirijan a esta base de datos. Copie una a una las instrucciones y ejecútelas en su SQL Management Studio, deténgase después de ejecutar cada una de ellas y observe los distintos resultados que devuelve cada consulta. En la captura 2.19 se visualizan los resultados obtenidos en las tres consultas que analizamos en los puntos siguientes:

1. La primera consulta devuelve una lista de todas las bases de datos que tiene en su instancia de SQL Server.

2. La segunda consulta devuelve una lista de todos los procedimientos almacenados de la base de datos AdventureWorks2012, que es la que actualmente está seleccionada.

3. En la tercera consulta observará que al procedimiento **sp_help** se le ha pasado el parámetro "**[Sales].[CreditCard]**", que es el nombre de una de las tablas de la base de datos AdventureWorks2012. El procedimiento devuelve información detallada de la tabla "**[Sales].[CreditCard]**". Es conveniente que se detenga un momento en este punto y revise la información que le devuelve el procedimiento almacenado.

2.22 ESTADOS DE LA BASE DE DATOS

Una base de datos SQL Server siempre debe estar en un estado específico. En la tabla 2.9 se muestran los distintos estados de una base de datos y lo que significa cada uno de ellos.

Estado	Descripción
ONLINE	La base de datos está disponible para su acceso. El grupo de archivos principal está en línea, aunque la fase de deshacer de la recuperación puede no haberse completado
OFFLINE	La base de datos no está disponible. Una base de datos pasa a estar sin conexión por la acción explícita del usuario y permanece sin conexión hasta que el usuario toma otra acción. Por ejemplo, la base de datos puede dejarse sin conexión para mover un archivo a un nuevo disco. La base de datos se vuelve a poner en línea una vez completado el traslado
RESTORING	Uno o varios archivos del grupo de archivos principal se están restaurando, o uno o varios archivos secundarios se están restaurando sin conexión. La base de datos no está disponible
RECOVERING	Se está recuperando la base de datos. El proceso de recuperación es un estado transitorio, la base de datos se pone automáticamente en línea si la recuperación tiene éxito. Si la recuperación no tiene éxito, la base de datos pasa a ser sospechosa. La base de datos no está disponible
RECOVERY PENDING	SQL Server ha encontrado un error relacionado con un recurso durante la recuperación. La base de datos no está dañada pero pueden faltar archivos, o bien limitaciones de recursos del sistema pueden estar impidiendo que se inicie. La base de datos no está disponible. Se necesita una acción adicional por parte del usuario para resolver el error y permitir que se complete el proceso de recuperación

SUSPECT	Como mínimo un grupo de archivos principal es sospechoso y puede estar dañado. La base de datos no se puede recuperar durante el inicio de SQL Server. La base de datos no está disponible. Se requiere una acción adicional por parte del usuario para resolver el problema
EMERGENCY	El usuario ha cambiado la base de datos y ha establecido el estado en EMERGENCY. La base de datos está en modo de usuario único y se puede reparar o restaurar. La base de datos está marcada como READ_ONLY, el registro está deshabilitado y el acceso está limitado a miembros de la función fija de servidor sysadmin. EMERGENCY se utiliza principalmente para solucionar problemas

Tabla 2.9. Resumen de los estados posibles de una base de datos

El estado en que se encuentra una base de datos se puede cambiar con la instrucción ALTER DATABASE.

▶ Para poner una base de datos en modo ONLINE utilice esta instrucción:

```
ALTER DATABASE [AdventureWorks2012] SET ONLINE
```

▶ Para poner una base de datos en modo OFFLINE utilice esta instrucción:

```
ALTER DATABASE [AdventureWorks2012] SET OFFLINE
```

▶ Para poner una base de datos en modo EMERGENCIA utilice esta instrucción:

```
ALTER DATABASE [AdventureWorks2012] SET EMERGENCY
```

Aspecto que presenta el icono de una base de datos en el explorador de SQL Management, dependiendo del estado en que se encuentre:

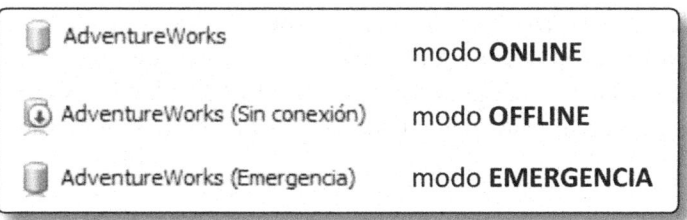

Figura 2.4. Estados de una base de datos

2.23 MODIFICACIÓN DE UNA BASE DE DATOS

En este apartado se le mostrará cómo modificar el tamaño de una base de datos y cómo añadir un archivo de datos. Muchas de estas operaciones además de poderse hacer desde SQL Management Studio, también es posible hacerlas desde el panel de consultas, usando T-SQL con la instrucción **ALTER DATABASE**. A continuación se muestra la sintaxis de esta instrucción.

```
ALTER DATABASE database_name
{
  | MODIFY NAME =new_database_name
  | COLLATE collation_name
  | <file_and_filegroup_options>
  | <set_database_options>
}
[;]

<file_and_filegroup_options >::=
    <add_or_modify_files>::=  <filespec>::=  <ad
_or_modify_filegroups>::=  <filegroup_updatabili
ty_option>::=<set_database_options>::=  <options
pec>::=  <auto_option> ::=  <change_tracking_option>
::=  <cursor_option> ::=  <database_mirroring_option>
::=  <date_correlation_optimization_option> ::=  <db_
encryption_option> ::=  <db_state_option> ::=  <db_up
date_option> ::=  <db_user_access_option> ::=  <ex
ternal_access_option> ::=  <parameterization_option>
::=  <recovery_option> ::=  <service_broker_option> ::=
<snapshot_option> ::=  <sql_option> ::=  <termination>
::=
```

ALTER DATABASE es una instrucción extensa que se utiliza para configurar muchas propiedades y opciones de las bases de datos, por este motivo, a medida que surjan las distintas variantes de **ALTER DATABASE**, se explicará el funcionamiento de la instrucción orientada al tema que se esté estudiando en ese momento.

2.23.1 Modificar el tamaño y crear nuevos archivos de datos con T-SQL

A continuación se le muestra la sintaxis específica que debe tener una instrucción T-SQL para modificar el tamaño inicial, el tamaño máximo y el factor de crecimiento del archivo de datos principal de una base de datos.

```
ALTER DATABASE [Nombre base de datos]
MODIFY FILE
(
 NAME = Nombre lógico archivo principal datos,
 SIZE = Nuevo tamaño inicial archivo principal en KB
 MAXSIZE = Tamaño máximo del archivo principal en KB ,
 FILEGROWTH = factor de crecimiento del archivo KB
)
```

En el caso de que quisiera añadir un nuevo archivo de datos a una base de datos existente, debe utilizar la instrucción ALTER DATABASE con la sintaxis que a continuación le indico. Nótese que a la instrucción se le pasan como parámetros el nombre lógico del nuevo archivo de datos que va a crear, el nombre físico con la ruta completa donde se creará el nuevo archivo de datos, el tamaño inicial, el factor de crecimiento y el grupo de archivos al que pertenecerá.

```
ALTER DATABASE [Nombre base de datos]
ADD FILE
(
 NAME = Nombre lógico del archivo que se añade,
 FILENAME = ruta completa archivo físico,
 SIZE = Tamaño inicial en KB del archivo que añade,
 FILEGROWTH = factor de crecimiento del archivo en KB
)
 TO FILEGROUP [Grupo de archivos al que pertenecerá]
GO
```

2.23.2 Modificar el tamaño y crear nuevos archivos de datos con SQL Management Studio

Las operaciones que se han explicado en el apartado anterior también se pueden realizar desde SQL Management Studio. Para ello, abra el explorador de objetos de SQL Management, despliéguelo hasta que encuentre la base de datos que desea modificar. A continuación, haga clic sobre la base de datos con el botón derecho del ratón y elija el menú **Propiedades**. Como la modificación afecta a los archivos de la base de datos, en la página **Propiedades de la base de datos**, seleccione la página **Archivos**.

Dentro de esta página tiene la posibilidad de:

▼ Modificar el nombre lógico, el tamaño inicial, el factor de crecimiento y la ruta física de un archivo de datos.

▼ Crear un nuevo archivo de datos.

2.24 ELIMINAR UNA BASE DE DATOS

Antes de eliminar una base de datos tiene que tener en cuenta lo siguiente:

▶ Si elimina una base de datos, perderá la información que contiene. Considere la posibilidad de hacer una copia de seguridad completa antes de eliminarla.

▶ Recuerde que antes de eliminar una base de datos primero hay que eliminar todas sus instantáneas.

La eliminación de una base de datos se puede hacer tanto desde SQL Management Studio como con una instrucción DROP DATABASE de T-SQL.

Para eliminar una base de datos o una instantánea de una base de datos, con T-SQL use la instrucción **DROP DATABASE**, la sintaxis es la que se muestra a continuación.

```
DROP DATABASE { Nombre base de datos |
Nombre instantánea }]
```

2.25 EJERCICIO PRÁCTICO: MODIFICACIÓN DE LAS PROPIEDADES DE LOS ARCHIVOS DE UNA BASE DE DATOS

En este ejercicio práctico modificará las propiedades del archivo principal de datos de la base de datos **Test**, introduciendo los siguientes cambios:

▶ El tamaño inicial del archivo pasará de 5 Mb a 25 Mb.

▶ Disminuirá el factor de crecimiento del archivo al 10%, y limitará el tamaño máximo del archivo a 1Gb.

Esta práctica se desarrollará en primer lugar desde SQL Management Studio y a continuación con una instrucción T-SQL.

2.25.1 Desde SQL Management Studio

1. Abra SQL Management Studio, conéctese usando la autenticación Windows.

2. En el **Explorador de objetos**, expanda el servidor MADRID y a continuación el nodo **Bases de datos**.

3. Haga clic con el botón derecho del ratón sobre el nodo de la base de datos **Test** y seleccione **Propiedades**.

4. Página **Propiedades de la base de datos - Test**, seleccione la página **Archivos** (1). Nótese que la base de datos Test tiene dos archivos. El primero de ellos, con nombre lógico **Test**, es el archivo principal de datos. Se encuentra en el grupo de archivos **PRIMARY**, tiene establecido un tamaño inicial de 5 MB, un factor de crecimiento del 20 % y está limitado su crecimiento a 200 MB.

5. Para modificar la propiedad tamaño inicial del archivo **Test**, haga clic en el cuadro de texto **Tamaño inicial** (2), advertirá que se habilita la edición y se visualizan dos botones para incrementar o disminuir el valor del tamaño inicial, modifíquelo hasta llegar a 25 MB.

6. Para disminuir el factor de crecimiento y el tamaño máximo que puede alcanzar la base de datos, en el cuadro de texto **Crecimiento automático / tamaño máximo** (3), haga clic en el botón.

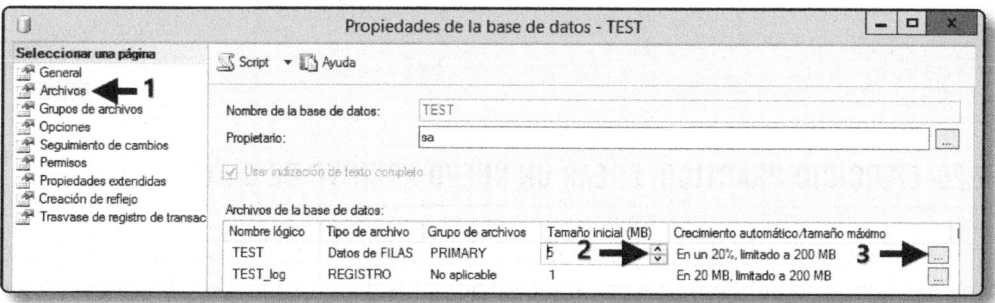

Captura 2.20. Propiedades archivo principal de datos

7. Visualizará la ventana **Cambiar crecimiento automático para Test**. Modifique los valores como se indica en la captura 2.21 y haga clic en el botón **Aceptar**.

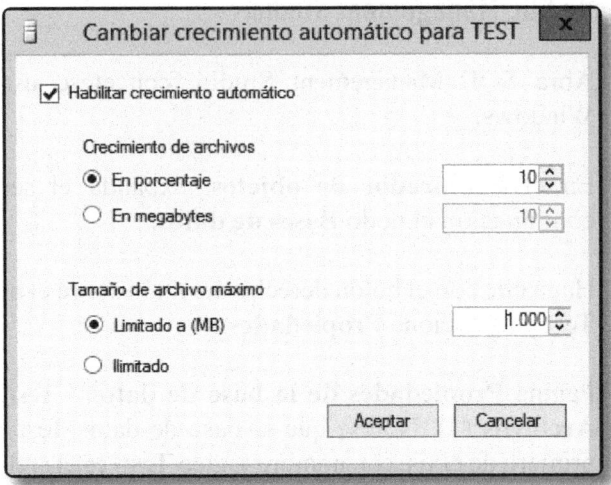

Captura 2.21. Propiedades archivo principal de datos (II)

8. Haga clic en el botón **Aceptar** para terminar.

2.25.2 Desde T-SQL

Escriba la siguiente instrucción:

```
USE [master]
GO
ALTER DATABASE [Test] MODIFY FILE ( NAME = N'Test',
SIZE = 25600KB , MAXSIZE = 1024000KB ,
FILEGROWTH = 10%)
GO
```

2.26 EJERCICIO PRÁCTICO: CREAR UN NUEVO ARCHIVO DE DATOS

Muchas veces es útil tener más de un archivo de datos. Las bases de datos, con el transcurso del tiempo, van almacenado datos de años pasados, hasta que llega un momento en que se encuentra con un archivo principal de datos con un tamaño de varios gigabytes, difícil de mantener. Si analiza este archivo, probablemente contenga información estática de años anteriores que no va a sufrir modificaciones (facturas recibidas, facturas emitidas, contabilidades, contratos, etc.). Este escenario es candidato para crear un nuevo archivo de datos donde almacenar los datos históricos.

En esta práctica le mostraré cómo crear en la base de datos **Test** un nuevo archivo de datos que tendrá las siguientes características:

- Nombre lógico: Test_Historico.
- Nombre físico: Test_Historico.ndf.
- Tamaño inicial: 100 MB.
- Crecimiento: 10%.
- Tamaño máximo archivo: ilimitado.

2.26.1 Desde SQL Management Studio

1. Abra SQL Management Studio, conéctese usando la autenticación Windows.

2. En el **Explorador de objetos**, expanda el servidor **MADRID** y a continuación expanda el nodo **Bases de datos**.

3. Haga clic con el botón derecho del ratón sobre el nodo de la base de datos **Test** y seleccione **propiedades**.

4. Página **Propiedades de la base de datos - Test**, seleccione la página **Archivos** (1) y a continuación haga clic en el botón **Agregar** (2), debajo de la fila "Test_log" se agrega una nueva fila (3).

5. Escriba el nombre lógico del nuevo archivo **Test_Historico** (4).

6. Modifique el tamaño inicial, escriba **100 MB** (5).

7. Modifique el factor de crecimiento al **10%** y en el botón de radio **Tamaño máximo archivo** marque **Ilimitado**. Estas opciones se encuentran dentro de la ventana **Cambiar crecimiento automático**, a la que se accede haciendo clic en el botón que se encuentra en el cuadro de texto (6).

8. Escriba el nombre físico que usará el nuevo archivo de datos, **Test_Historico.ndf** (7).

9. Para finalizar haga clic en el botón **Aceptar** (8).

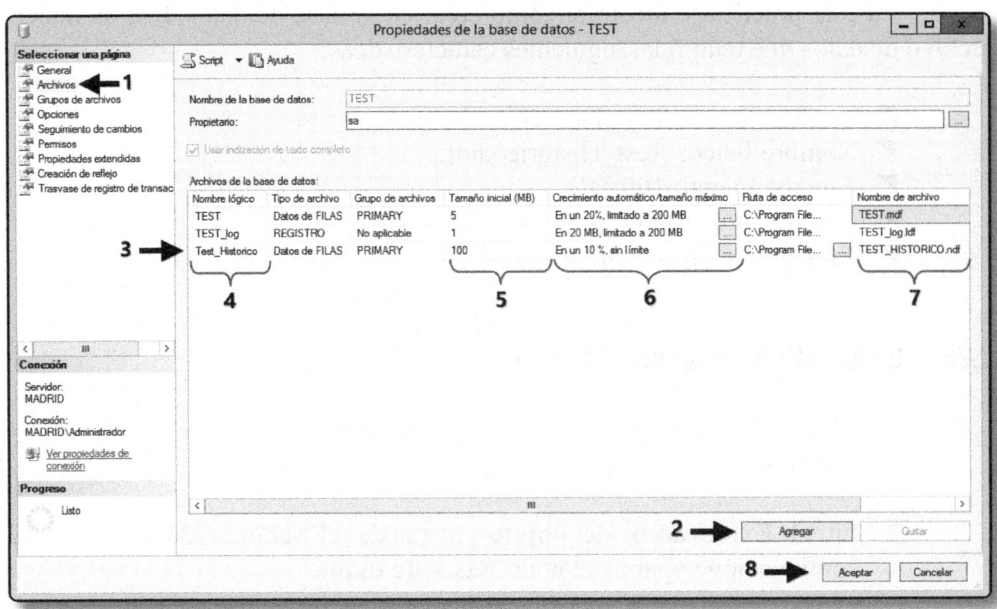

Captura 2.22. Agregar nuevo archivo de datos

2.26.2 Desde T-SQL

Escriba la siguiente instrucción:

```
USE [master]
GO
ALTER DATABASE [TEST] ADD FILE
( NAME = N'Test_Historico', FILENAME =
N'C:\Program Files\Microsoft SQL
Server\MSSQL12.MSSQLSERVER\MSSQL\DATA\TEST_
HISTORICO.ndf ', SIZE = 102400KB ,
FILEGROWTH = 10%) TO FILEGROUP [PRIMARY]
GO
```

2.27 EJERCICIO PRÁCTICO: ELIMINAR LA BASE DE DATOS TEST2

En este ejercicio práctico se le enseñará cómo eliminar la base de datos Test2. Primero se realizará la demostración usando el gestor de SQL Management Studio y a continuación desde el panel de consultas usando una instrucción T-SQL.

2.27.1 Desde SQL Management Studio

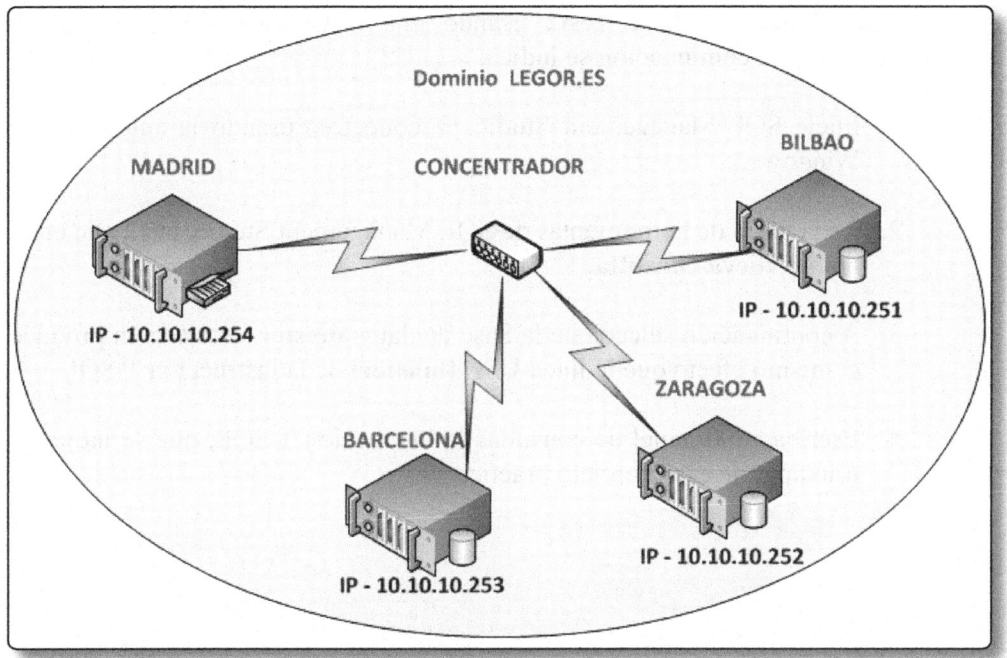

Captura 2.23. Página Eliminar objeto

1. Abra SQL Management Studio → conéctese usando la autenticación Windows.

2. En el **Explorador de objetos**, expanda el servidor y a continuación el nodo **Bases de datos** (1).

3. Haga clic con el botón derecho del ratón sobre el nodo de la base de datos que desea eliminar; en el ejemplo, **Test2** (2) → en el menú contextual elija la opción **Eliminar** (3).

4. En la ventana **Eliminar un objeto** (4) → marque la casilla de verificación **Cerrar conexiones existentes** (5) → haga clic en el botón **Aceptar** (6).

2.27.2 Desde T-SQL

Para eliminar la base **Test2** usando una instrucción T-SQL utilice el procedimiento que a continuación se indica:

1. Inicie SQL Management Studio → conéctese usando la autenticación Windows.

2. En la barra de herramientas de SQL Management Studio, haga clic en el botón **Nueva consulta**.

3. A continuación seleccione la base de datos **master**, esta acción produce el mismo efecto que la línea **USE [master]** de la instrucción T-SQL.

4. Escriba en el panel de consultas la instrucción T-SQL, que se indica al principio de este ejercicio práctico.

```
USE [master]
GO
DROP DATABASE [TEST2]
GO
```

5. Haga clic en el botón **Ejecutar**.

3

TABLAS

Las bases de datos están compuestas por muchos elementos, entre ellos están las tablas, que son, con diferencia, el elemento más importante de los que componen la base de datos. Microsoft SQL Server 2014 es una base de datos relacional, que guarda y organiza la información en tablas. Una tabla es una colección de filas y columnas ordenadas que almacenan información en la que cada columna tiene un conjunto de reglas que se aplican sobre el tipo de datos que guarda.

En este tema se estudiarán los siguientes apartados:

- Tipos de datos en SQL Server 2014.
- Tipos de datos grandes.
- Tipos de datos personalizados.
- Columnas calculadas.
- Propiedades de las columnas de una tabla.
- La normalización.
- Integridad de datos.
- Restricciones Unique.
- La integridad referencial en cascada.
- Relaciones.
- Tablas con particiones.
- Diagramas de bases de datos.

Los temas anteriores van acompañados de los siguientes ejercicios prácticos:

- Crear un tipo de dato personalizado.
- Crear una tabla con SQL Management Studio.
- Crear una tabla con T-SQL.
- Crear una restricción CHECK de integridad de dominio.

▼ Crear de una restricción DEFAULT de integridad de dominio.
▼ Crear una integridad de entidad con clave principal.
▼ Uso de la integridad referencial – Foreign Key.
▼ Uso de la integridad referencial en cascada.

3.1 INFRAESTRUCTURA NECESARIA

Los ejercicios prácticos de este tema necesitan configurar una máquina como se indica en el Apéndice I. Es posible sustituir la máquina del Apéndice I por su propia máquina si instala en ella Microsoft SQL Server 2014 como se indica en el ejercicio práctico 1.11.

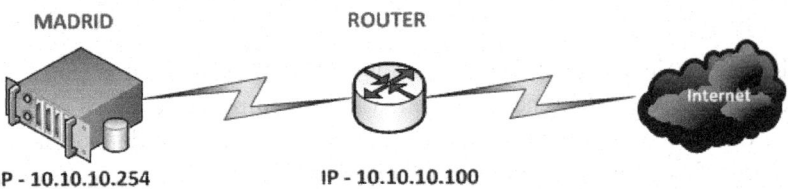

Los parámetros básicos de configuración de la máquina **MADRID** son:

▼ Nombre de la máquina: **MADRID**
▼ IP: **10.10.10.254**
▼ Máscara: **255.255.255.0**
▼ Servidor DNS preferido: **10.10.10.254** (máquina **MADRID**)
▼ Servidor DNS secundario: **8.8.4.4** (DNS de Google)
▼ Puerta de enlace: **10.10.10.100** (IP del router que se utiliza en el ejemplo)

Las IP que se muestran son orientativas y puede adaptarlas al entorno donde instale y desarrolle los ejercicios prácticos.

3.2 TIPOS DE DATOS EN SQL SERVER 2014

Al crear una tabla, hay que definir las columnas que forman parte de la tabla. Por este motivo debe conocer los tipos de datos de Microsoft SQL Server 2014, para qué sirven y los bytes de almacenamiento que consume cada uno de ellos. En las tablas 3.1, 3.2, 3.3, 3.4, 3.5, 3.6 y 3.7 se resumen los principales tipos de datos de Microsoft SQL Server 2014.

3.2.1 Tipos de datos numéricos exactos que utilizan datos enteros

Tipo de dato	Intervalo	Almacenamiento
bigint	De -9.223.372.036.854.775.808 a 9.223.372.036.854.775.807	8 bytes
bit	Valores 0, 1 y NULL. 1 = TRUE. 0 = FALSE	1 byte
Decimal/numeric	Los valores válidos se sitúan entre - $10^{\wedge}38$ +1 y $10^{\wedge}38$. Decimal(Precisión(P), Escala(E)) P= Número total de dígitos, máximo 38. E= Número máximo de dígitos decimales	
int	De -2.147.483.648 a 2.147.483.647	4 bytes
smallint	De -32.768 a 32.767	2 bytes
tinyint	De 0 a 255	1 byte

Tabla 3.1. Datos numéricos exactos

3.2.2 Tipos de datos que representan valores monetarios o de moneda

Los tipos de datos **money** y **smallmoney** tienen una precisión de una diezmilésima de las unidades monetarias que representan.

Tipo de dato	Intervalo	Almacenamiento
money	De -922.337.203.685.477,5808 a 922.337.203.685.477,5807	8 bytes
smallmoney	De - 214.748,3648 a 214.748,3647	4 bytes

Tabla 3.2. Datos numéricos de moneda

3.2.3 Números aproximados

Los tipos de datos numéricos aproximados se utilizan con datos numéricos de coma flotante. Los datos de coma flotante son aproximados; por tanto, no todos los valores del intervalo del tipo de datos se pueden representar con exactitud.

Tipo de dato	Intervalo	Almacenamiento
float	De - 1,79E+308 a -2,23E-308, 0 y de 2,23E-308 a 1,79E+308	
real	De - 3,40E + 38 a -1,18E - 38, 0 y de 1,18E - 38 a 3,40E + 38	4 bytes

Tabla 3.3. Datos numéricos aproximados

La sintaxis de **float** es **float(n)**, donde n es el número de bits que se utilizan para almacenar la mantisa del número.

▶ Si el valor de n se encuentra entre [1 - 24], la variable float, utiliza 4 bytes de almacenamiento.

▶ Si el valor de n se encuentra entre [25 – 53], la variable float, utiliza 8 bytes de almacenamiento.

3.2.4 Fecha y hora

Tipo de datos	Intervalo	Almacenamiento
Date	Define una fecha. De 0001-01-01 a 9999-12-31 (AAAA-MM-DD)	3 bytes
Datetime	Define fecha + hora. Desde el año 1753. AAAA-MM-DD hh:mm:ss	8 bytes
Datetime2	Igual datetime con precisión de 100 nanosegundos	8 bytes
Smalldatetime	Igual que datetime. Fecha desde 1 enero de 1900	8 bytes
TimeStamp	Sirve para marcar un registro con la hora en el momento de su inserción/modificación	8 bytes
Time	Guarda una hora con precisión de 100 nanosegundos. Va desde 00:00:00.0000000 23:59:59.9999999	

Tabla 3.4. Datos de fecha y hora

3.2.5 Binarios

Tipo de datos	Intervalo
binary(n)	Datos binarios de longitud fija. Valores entre [1 – 8000]
varbinary(n)	Datos binarios de longitud variable. Valores entre [1 – 8000]

Tabla 3.5. Datos binarios

Datos binarios:

▶ Utilice **binary** cuando los tamaños de datos de la columna no varíen.

▶ Utilice **varbinary** cuando los tamaños de datos de la columna varíen mucho.

▶ Utilice **varbinary(max)** cuando los datos de las columnas superen los 8000 bytes.

3.2.6 Cadenas de caracteres NO Unicode

Tipo de datos	Intervalo
Char(n).	Datos caracteres NO Unicode longitud fija. Valores entre [1 – 8000]
Varchar(n)	Datos caracteres NO Unicode longitud variable entre [1 – 8000]
Text	Datos NO Unicode de longitud variable de la página de códigos del servidor y con una longitud máxima de 2^31-1 (2.147.483.647) caracteres

Tabla 3.6. Datos de caracteres NO Unicode

3.2.7 Cadenas de caracteres Unicode

Unicode es un estándar que permite asignar puntos de código con caracteres y se ha diseñado para cubrir todos los caracteres de todos los idiomas del mundo. No es preciso usar páginas de códigos diferentes para controlar los distintos juegos de caracteres. Microsoft SQL Server 2014 admite el estándar Unicode versión 3.7. (Más información en *http://msdn.microsoft.com/es-es/library/ms143726.aspx*).

La forma más fácil de administrar datos de carácter en bases de datos internacionales es utilizar siempre datos Unicode **nchar**, **nvarchar** y **nvarchar(max)** en lugar de sus equivalentes no Unicode, **char**, **varchar** y **text**.

Tipo de dato	Intervalo
nChar(n)	Datos caracteres Unicode longitud fija. Valores entre [1 – 4000]
nVarchar(n)	Datos caracteres Unicode longitud variable entre [1 – 4000]
nText	Datos Unicode de longitud variable con una longitud máxima de 2^30 - 1 (1.073.741.823) caracteres

Tabla 3.7. Datos de caracteres Unicode

3.2.8 Otros tipos de datos

▶ **Uniqueidentifier**: almacenan identificadores únicos que se crean con la función **NEWID ()**.

▶ **Xml**: este tipo de dato puede guardar fragmentos XML o documentos XML enteros. Admite desde 0 hasta 2 gigabytes de almacenamiento.

▼ **Geography**: sirve para guardar datos geográficos, almacena datos elípticos (globo), como las coordenadas de latitud y longitud del sistema GPS.

▼ **Geometry**: guarda datos espaciales planos, es decir, representa datos en un sistema de coordenadas euclideo.

▼ **Image**: tipo de dato de longitud variable. Se emplea para almacenar gráficos, es un tipo de dato obsoleto. Utilice **varbinary(max)** en su lugar.

3.3 TIPOS DE DATOS "GRANDES"

La página es la unidad básica de almacenamiento de una base de datos Microsoft SQL Server 2014, y una página puede almacenar hasta 8 Kb. Partiendo de la base de que una fila nunca puede ser más grande que una página, esta circunstancia limita el almacenamiento de los denominados datos grandes.

Los datos grandes son:

▼ **text**: (tabla 3.6) este tipo de dato es capaz de almacenar hasta 2.147.483.647 caracteres.

▼ **nText**: (tabla 3.7) este tipo de dato puede almacenar hasta 1.073.741.823 caracteres.

▼ **image**: puede contener entre 0 y 2.147.483.647 bytes de datos binarios.

▼ **varchar(max)**: (tabla 3.6) pueden almacenar hasta 231-1 bytes de datos.

▼ **nVarchar(max)**: (tabla 3.7) pueden almacenar hasta 231-1 bytes de datos.

▼ **varbinary(max)**: (tabla 3.5) pueden almacenar hasta 231-1 bytes de datos.

Estos datos superan la capacidad de almacenamiento de una página. Para almacenarlos, Microsoft SQL Server 2014 recurre a su almacenamiento fuera de las tablas en una estructura de archivos. Para ello crea un puntero que almacena en la fila de datos y apunta al archivo que los contiene.

> **ⓘ NOTA**
>
> El especificador MAX se puede utilizar con los tipos de datos **varchar**, **nvarchar** y **varbinary**. El uso del especificador permite almacenar más de 8.000 bytes. Convierte a estos tipos de datos en "datos grandes".

3.4 TIPOS DE DATOS PERSONALIZADOS

Los tipos de datos personalizados se basan en datos suministrados por el sistema, que se modifican para adaptarlos a alguna especificación. Son especialmente útiles cuando necesita que un tipo de dato tenga un formato en concreto.

Los datos personalizados se definen en una base de datos concreta y deben tener un nombre único dentro de la base de datos.

> **ⓘ NOTA**
>
> Si crea un tipo de datos personalizado en la base de datos **model**, este se incluirá automáticamente en todas las bases de datos que cree.

3.5 EJERCICIO PRÁCTICO: CREAR UN TIPO DE DATO PERSONALIZADO

En esta práctica se le mostrará cómo crear un dato personalizado en la base de datos Test, que usará para guardar los códigos postales. Al dato lo llamará CP (código postal), se basará en el tipo **nChar**, tendrá una longitud de 5 y permitirá valores nulos. La práctica se desarrollará primero con SQL Management Studio y a continuación con T-SQL.

3.5.1 SQL Management Studio

1. Inicie SQL Management Studio → conéctese con autenticación Windows.

2. En el Explorador de objetos del servidor MADRID, expanda el nodo de la base de datos **Test** (1) → seleccione el nodo **Programación** (2) → despliegue el nodo **Tipos** (3).

3. Haga clic con el botón derecho del ratón en el nodo **Tipos de datos definidos por el usuario** (4) → en el menú contextual elija la opción **nuevo tipo de datos definido por el usuario** (5).

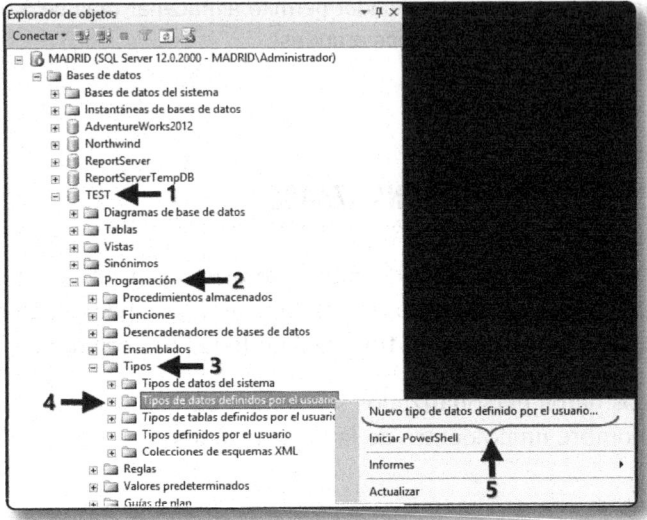

Captura 3.1. Definir tipo dato personalizado (I)

4. Complete la ventana **Nuevo tipo de datos definido por el usuario**, rellénelo como se indica en la captura 3.2.

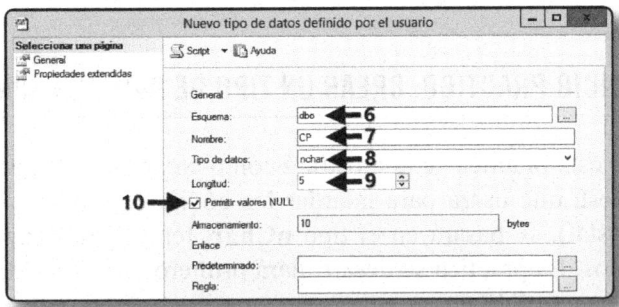

Captura 3.2. Definir tipo dato personalizado (II)

- Esquema (6): dbo.
- Nombre (7): CP.
- Tipo de datos (8): nChar.
- Longitud (9): 5.
- Marcar la casilla de verificación **Permitir valores NULL** (10).

5. Para finalizar haga clic en el botón **Aceptar**.

3.5.2 Desde T-SQL

Use la instrucción **CREATE TYPE**, que sirve para crear un tipo de datos definido por el usuario en la base de datos actual. Para más información: *http://msdn.microsoft.com/es-es/library/ms175007.aspx*.

Para completar la práctica, escriba esta instrucción en el **Editor de consultas**.

```
USE [Test]
GO
CREATE TYPE [dbo].[CP] FROM [nchar](5) NULL
GO
```

1. La primera línea indica que se use la base de datos **Test**.

2. La tercera línea hace uso de la instrucción **CREATE TYPE**, para crear el tipo de datos personalizado **CP**, dentro del esquema **dbo**. El nuevo tipo usará el tipo de datos primitivo **nChar** con una longitud fija de 5 y permitirá valores nulos.

3.6 COLUMNAS CALCULADAS

Las columnas calculadas son columnas especiales que no contienen datos propios y se calculan a partir de una expresión u operación matemática que puede utilizar otras columnas de la misma tabla. Si no se especifica lo contrario, las columnas calculadas son columnas virtuales que no se almacenan físicamente en la tabla. Para que se almacenen físicamente en la tabla tiene que establecer el valor **PERSISTENTE** a **SÍ**.

Para ilustrar el funcionamiento de las columnas calculadas le mostraré una columna calculada que se encuentra en la tabla **Sales.SalesOrderHeader** de la base de datos **AdventureWorks2012**:

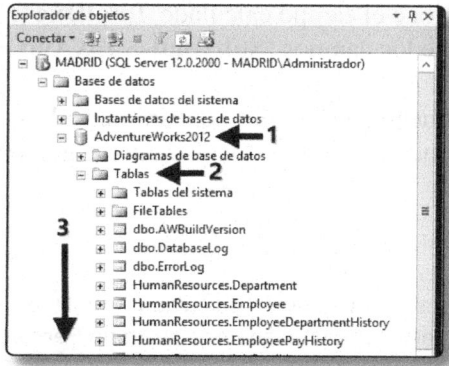

Captura 3.3. Buscando la tabla SalesOrderHeader

1. Abra el explorador de objetos, expanda el nodo de la base de datos **AdventureWorks2012** (1) → **Tablas** (2).

2. Dentro del nodo **Tablas** desplácese hacia abajo (3) y busque la tabla **SalesOrderHeader**.

3. Seleccione la tabla **Sales.SalesOrderHeader** (4) → haga clic sobre ella con el botón derecho del ratón → elija el menú **Diseño**.

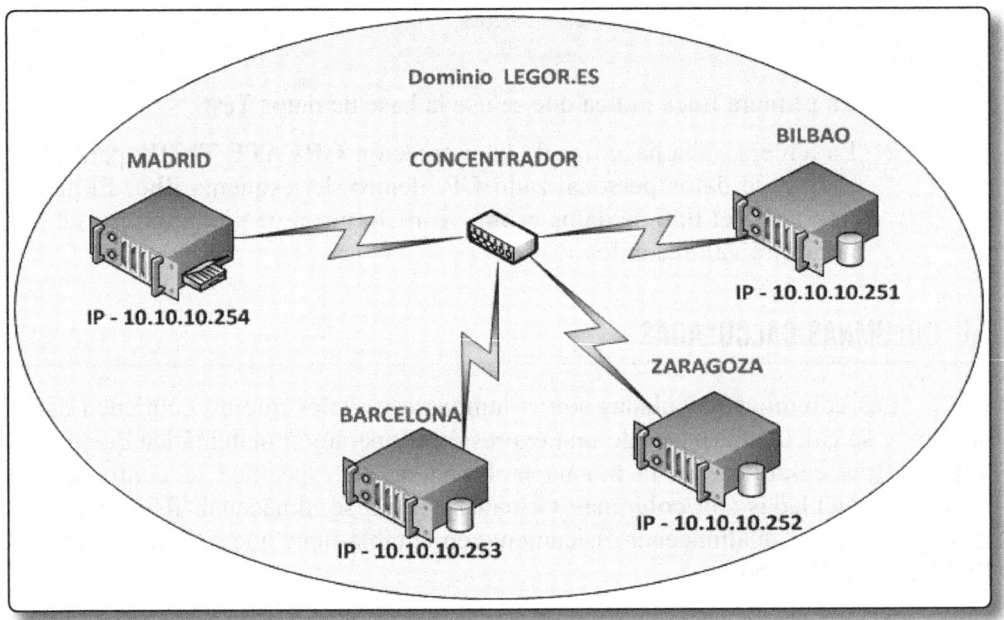

Captura 3.4. Columna calculada TotalDue

4. Seleccione el campo calculado **TotalDue** (5), nótese que se obtiene de la suma de los campos [**SubTotal** + **TaxAmt** + **Freight**] (6).

5. Compruebe que el valor del parámetro **Persistente** (7) = **No**. Esto quiere decir que la columna calculada no se guarda físicamente en la tabla

ⓘ **NOTA**

Para que los datos de la columna calculada **TotalDue** se guarden físicamente en la tabla, cambie el valor de la propiedad de columna **Persistente** a **Sí**.

3.7 PROPIEDADES DE LAS COLUMNAS DE UNA TABLA

3.7.1 Precisión y escala

La precisión es el número total de dígitos de un número. La escala es el número de dígitos situados a la derecha de la coma, es decir, el total de decimales. La precisión y la escala se utilizan fundamentalmente con los datos Decimal y Float.

Una columna de una tabla a la que le asigne el tipo **decimal (10,2)** tiene una precisión de 10 dígitos y una escala de 2 dígitos, podría guardar un número comprendido entre [0,01 y 99999999,99].

3.7.2 Valores nulos

Al definir la tabla es posible especificar si se aceptan valores nulos o no, en cada una de las columnas que se definen en la tabla. Esta opción se encuentra en las propiedades de la columna y se denomina **Permitir valores NULL**, tiene dos valores posibles [**Sí, No**].

3.7.3 Intercalación

Se utiliza para comparar valores de la columna con valores de otra columna o constantes. También indica cómo se ordenarán los datos de la columna. Cuando cree una columna, por defecto tomará la intercalación que haya establecido en la base de datos. Los órdenes de intercalación que se pueden establecer para la columna son [**Distinguir mayúsculas de minúsculas**, **Distinguir acentos**, **Distinguir kana, Distinguir ancho**, **Caracteres adicionales**]. Esta opción se encuentra en las propiedades de la columna, en el subgrupo **Diseñador de tablas**, y se denomina **Intercalación**.

3.7.4 Identidad

La propiedad **identidad** acepta los valores [**Sí, No**] y solo se puede aplicar a tipos de datos numéricos [decimal, int, numeric, smallint, bigint, tinyint]. Al activar el valor **Sí** en una columna, por cada registro que se inserte en la tabla, en la columna **identidad** se genera automáticamente un valor numérico secuencial (1, 2, 3,…, n-1, n). Se pueden especificar los valores de inicialización de la columna y el incremento (semilla), el valor predeterminado de ambos es 1. Este tipo de columnas no aceptan valores **Null** ni **Default**.

> (i) **NOTA**
>
> Una columna **Identidad** suele utilizarse para valores de clave principal. En una columna **Identidad** en la que se hagan eliminaciones frecuentes, quedarán espacios entre los valores de identidad, ya que los registros eliminados no se vuelven a utilizar.

Esta opción se encuentra en las propiedades de la columna, en el subgrupo **Diseñador de tablas**, y se denomina **Especificación de identidad**.

3.8 LA NORMALIZACIÓN

La normalización es la forma de diseñar lógicamente una base de datos en un modelo relacional y consiste en la descomposición de los datos en varias tablas diferentes.

Los motivos por los que hay que normalizar una base de datos son:

- Evitar la redundancia de datos.
- Proteger la integridad de los datos.
- Evitar problemas de actualización de los datos en las tablas.

Para conseguir los objetivos de los tres puntos anteriores existen las **formas normales**, de las que a continuación se explican las tres primeras.

3.8.1 Primera forma normal (1FN)

Una relación está en primera forma normal si y solo si la intersección de cada una de sus filas y columnas contiene un valor único o valor atómico.

Una tabla no puede tener distintos valores en cada columna, ya que los datos no son atómicos, esto quiere decir que si a un valor **X** le pertenece un valor **Y**, a un valor **Y** le pertenece el valor **X**. Para ilustrar la 1FN, cree la típica tabla de un almacén que suministra mercancías a proveedores.

La tabla **Almacén** es un ejemplo típico de creación de una tabla partiendo de un archivo plano que incumple la 1FN, ya que casi todos sus registros contienen más de un valor (8 cadenas, 3 manillares...) en el campo **Pieza**. A continuación modificamos la tabla para comenzar su adaptación a la 1FN.

Tabla Almacén			
IdPedido	**Cliente**	**Pieza**	**Fecha**
1	Ciclos Juan	1 rueda, 2 timbres, 2 manillares	21/04/2013
2	Ciclos Fernández	1 espejo	10/07/2013
3	Ciclos Medina	8 cadenas, 2 espejos, 3 manillares	01/08/2014

Figura 3.1. Tabla Almacén

Tabla Almacén								
IdPedido	**Cliente**	**Ud**	**Pieza**	**Ud**	**Pieza**	**Ud**	**Pieza**	**Fecha**
1	Ciclos Juan	1	Rueda	2	Timbre	2	Manillar	21/04/2013
2	Ciclos Fernández	1	Espejo					10/07/2013
3	Ciclos Medina	8	Cadena	2	Espejo	3	Manillar	01/08/2014

Figura 3.2. Comienzo de la normalización de la tabla Almacén

Con esta nueva distribución la tabla ha mejorado, pero sigue siendo poco operativa y resulta difícil extraer datos de ella. Además, hay que añadir una columna por cada pieza que pida un cliente. Imagine que un cliente pide 50 piezas y el siguiente pide tres piezas, esto significaría que quedarían 47 columnas libres sin utilizar.

Tabla Almacén				
IdPedido	**Cliente**	**Ud**	**Pieza**	**Fecha**
1	Ciclos Juan	1	Rueda	21/04/2013
1	Ciclos Juan	2	Timbre	21/04/2013
1	Ciclos Juan	2	Manillar	21/04/2013
2	Ciclos Fernández	1	Espejo	10/07/2013
3	Ciclos Medina	8	Cadena	01/08/2014
3	Ciclos Medina	2	Espejo	01/08/2014
3	Ciclos Medina	2	Manillar	01/08/2014

Figura 3.3. Tabla Almacén en 1FN

La figura 3.3 muestra la tabla **Almacén**. En 1 FN contiene los mismos registros que los dos primeros diseños de la tabla. Sin embargo, en este último se simplifica notablemente la forma de trabajar con los datos.

3.8.2 Segunda forma normal

Una relación se encuentra en segunda forma normal si y solo si está en primera forma normal y todos los atributos no clave dependen de la clave primaria. De este modo, al añadir nuevos registros no se repetirán innecesariamente los mismos valores de un registro a otro.

Si analiza el diseño de la tabla **Almacén** de la figura 3.3, aparece repetida la información del "Cliente" y "Pieza" en varios registros, cuando únicamente debería aparecer una vez. Para solucionar este problema y que la base de datos cumpla con la segunda forma normal, los campos propios del pedido los almacenaré en una tabla que nombraré **Pedidos**, y los detalles de cada pedido los almacenaré en otra tabla que nombraré **Detalle Pedido**. Esta división aumentará la eficiencia de la base de datos. En la tabla **Pedidos**, el campo **IdPedido** será la clave principal de la nueva tabla. De ella dependen los campos [Clientes, Fecha].

ⓘ **NOTA**

En la segunda forma normal, los datos que no dependen directamente de la clave principal de la tabla deben moverse a otra tabla.

Los datos que son propios del pedido [IdPedido, Cliente, Fecha] se asignarán a una nueva tabla (**Pedidos**). Mientras que la información relativa a las piezas se asignará a una nueva tabla (**Detalle Pedido**).

Tabla Pedidos		
IdPedido	Cliente	Fecha
1	Ciclos Juan	21/04/2013
2	Ciclos Fernández	10/07/2013
3	Ciclos Medina	01/08/2014

Figura 3.4. Tabla Pedidos en 2FN

Tabla Detalle Pedido			
IdPedido	Pieza	Ud	IdPieza
1	Rueda	1	21
1	Manillar	2	18
1	Timbre	2	10
2	Espejo	1	15
3	Cadena	8	22
3	Espejo	2	14
3	Manillar	2	17

Figura 3.5. Tabla Detalle Pedido en 2FN

La tabla **Pedidos** tiene una relación **1:N** con la tabla **Detalle Pedido** (un pedido puede contener una o más líneas). El campo **IdPedido** es la clave principal de la tabla **Pedidos** y cada uno de los campos de la tabla **Detalle Pedido** depende de un **IdPedido**, que aparece una sola vez en la tabla **Pedidos**, por cada pedido realizado.

3.8.3 Tercera forma normal

Una relación se encuentra en tercera forma normal si y solo si está en segunda forma normal y si, además, cada atributo no clave:

▼ Es mutuamente independiente, es decir, no existe ningún atributo no clave que dependa funcionalmente de alguna combinación del resto de atributos no clave.

▼ Cada atributo no clave es completamente dependiente de la clave primaria.

Básicamente, consiste en eliminar todos aquellos campos que pueden obtenerse a partir de campos existentes en la tabla que estamos normalizando o en otras tablas de la base de datos.

Por ejemplo, cuando diseñó la tabla **Pedidos** podía haber añadido un campo que nos detallara el importe de cada pedido. Esta información se puede calcular multiplicando el número de las distintas piezas de cada pedido por su importe y haciendo la suma del total. En realidad, con la teoría en la mano, no debemos añadir el campo **Importe** a la tabla **Pedidos**, pero si recuerda el apartado *Columnas calculadas* de este tema, si en una columna calculada le asigna al parámetro **Persistente** el valor **No**, la columna será virtual y no se almacenará en la tabla.

Dependiendo del uso que le dé a la base de datos, es aconsejable tener datos calculados **Persistentes** (físicamente en la tabla ocupando espacio), especialmente cuando el dato calculado es fruto de un proceso largo y laborioso que se hace previamente, por ejemplo por la noche, para que al día siguiente el dato esté disponible, y otros cálculos derivados que utilicen este dato se desarrollen ágilmente.

> ⓘ **NOTA**
>
> **Otros niveles de normalización**: aunque existen niveles más altos de normalización, como la forma normal de Boyce-Codd, la cuarta forma normal y la quinta forma normal, la mayoría de las veces es más que suficiente con normalizar hasta la 3FN.

3.9 EJERCICIO PRÁCTICO: CREAR UNA TABLA CON SQL MANAGEMENT STUDIO

Antes de crear una tabla debe saber que se pueden crear hasta 1.024 columnas por tabla y que los nombres de las columnas deben ser únicos dentro de la tabla (recuerde la resolución de nombres que se trató en el tema 2.13).

A continuación le mostraré cómo crear la tabla **Productos** en la base de datos **Test** con SQL Server Management Studio. La tabla tendrá las siguientes especificaciones:

Tabla Productos				
Nombre Columna	Tipo datos	Longitud	Precisión	Propiedades
IdProducto	Int			No Null
NombreProducto	nVarchar	40		No Null
IdCategoria	Int			Null
PrecioUd	Money			Null
UdStock	Smallint			Null

Figura 3.6. Tabla Productos

1. Abra el explorador de objetos, despliegue el nodo de la base de datos **Test** (1), busque el nodo **Tablas** (2), haga clic con el botón derecho del ratón sobre él, a continuación elija el menú **Nuevo** (3) → **tabla** (4).

2. En el diseñador de tablas, en la primera fila debajo de **Nombre de columna**, escriba **IdProducto** (5).

3. A continuación pulse la tecla tabulación o haga clic sobre el cuadro de texto **Tipo de datos**, observe que este cambia a modo edición, en el desplegable elija el tipo de dato **int** (6)

4. Pulse de nuevo la tecla tabulación para situarse en **Permitir valores NULL**, desmarque la casilla de verificación (7). Nótese que en las propiedades de columna que se encuentran en la parte inferior del diseñador de tablas (8), se han asignado los valores de las propiedades **Nombre de columna** (5), **Tipo de datos** (6) y **Permitir valores NULL** (7) que se asignaron en el panel superior del diseñador.

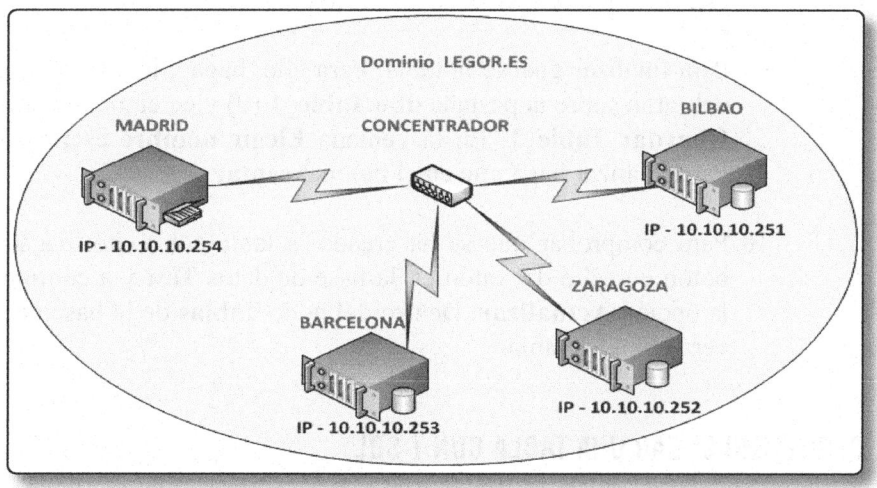

Captura 3.5. Crear la tabla Productos desde SQL Management Studio

5. Con el ratón o pulsando la tecla tabulación sitúese en la segunda fila, en la columna **Nombre de columna** escriba **NombreProducto**, pulse la techa tabulación para situarse en modo edición en la columna **Tipo de datos**. Asigne a esta columna el tipo de dato **nVarchar(40)**. Pulse la tecla tabulación para situarse en la tercera columna (**Permitir valores NULL**) y desmarque la casilla de verificación.

6. Sitúese en la tercera fila, en la columna **Nombre de columna**, escriba **IDCategoria**, pulse la techa tabulación para situarse en modo edición en la segunda columna (**Tipo de datos**) y asígnele el tipo de dato **int**. Pulse la tecla tabulación para situarse en la tercera columna (**Permitir valores NULL**) y asegúrese de que está activada la casilla de verificación.

7. Sitúese en la cuarta fila. En la columna **Nombre de columna** escriba **PrecioUd**, pulse la tecla tabulación para situarse en modo edición en la columna **Tipo de datos**. Asigne a esta columna el tipo de dato **money**. Pulse la tecla tabulación para situarse en la columna **Permitir valores NULL** y asegúrese de que está activada la casilla de verificación.

8. Con el ratón o pulsando la tecla tabulación sitúese en la quinta fila. En la columna **Nombre de columna** escriba **UdStock**, pulse la techa tabulación para situarse en modo edición en la columna **Tipo de datos**. Asigne a esta columna el tipo de dato **smallint**. Pulse la tecla tabulación para situarse en la columna **Permitir valores NULL** y asegúrese de que está activada la casilla de verificación.

9. Para finalizar guarde la tabla. Para ello, haga clic con el botón derecho del ratón sobre la pestaña **dbo.Table_1** (9) y en el menú contextual elija **Guardar Table_1**. En la ventana **Elegir nombre** escriba **Productos**. Para finalizar haga clic en el botón **Aceptar**.

10. Para comprobar que se ha creado la tabla con éxito, haga clic con el botón derecho del ratón en la base de datos **Test** y a continuación elija la opción **Actualizar**. Dentro del nodo **Tablas** de la base de datos **Test**, verá la nueva tabla.

3.10 CÓMO CREAR UNA TABLA CON T-SQL

Es posible crear una tabla en Microsoft SQL Server 2014, con T-SQL usando la instrucción **Create Table**. La sintaxis básica de la instrucción es la siguiente:

```
CREATE TABLE
[Nombre_base_datos.[Nombre_esquema].| Nombre_esquema.]
Nombre_tabla
( Nombre_columna <Tipo_dato> [ NULL | NOT NULL ]
[ ,...n ]
```

- **Nombre_base_datos**: es el nombre de la base de datos en la que se crea la tabla. Si no se especifica el nombre de una base de datos, se utilizará de manera predeterminada la base de datos sobre la que se esté trabajando.

- **Nombre_esquema**: nombre del esquema al que pertenecerá la nueva tabla.

- **Nombre_tabla**: es el nombre de la nueva tabla. Los nombres de tablas tienen que seguir las reglas de los identificadores y pueden contener un máximo de 128 caracteres.

- **Nombre_columna**: es el nombre de una columna de la tabla. Los nombres de columna tienen que seguir las reglas de los identificadores y ser únicos en la tabla. Puede contener hasta 128 caracteres.

- **Tipo_dato**: este argumento especifica el tipo de datos que contendrá la columna.

- **NULL | NOT NULL**: esta opción especifica si la columna aceptará o no valores NULL. Un valor NULL no es sinónimo de cero, blanco o vacío, significa que es un valor desconocido.

3.11 EJERCICIO PRÁCTICO: CREAR UNA TABLA CON T-SQL

A continuación le mostraré cómo crear la tabla **Categorías** en la base de datos **Test**, usando T-SQL. La tabla tendrá las siguientes especificaciones:

Tabla Categorías				
Nombre Columna	Tipo datos	Longitud	Precisión	Propiedades
IdCategoria	Int			No Null
NombreCategoria	nVarchar	15		No Null
Descripcion	nText			Null
Imagen	Image			Null

Figura 3.7. Tabla Categorías

Para realizar el ejercicio práctico siga el procedimiento que a continuación se detalla:

1. Inicie SQL Management Studio → conéctese con autenticación Windows.

2. En la barra de herramientas haga clic en el botón **Nueva consulta** (1).

3. A continuación asegúrese de que está seleccionada la base de datos **Test** (2). La instrucción **USE [Test]** (2) produce el mismo resultado.

4. En el **Editor de consultas** escriba la siguiente instrucción para crear la base de datos **Test** (3).

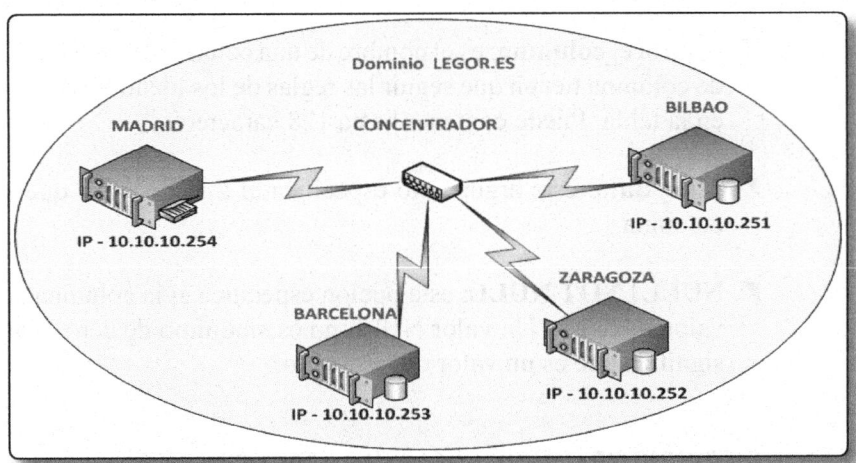

Captura 3.6. Crear la tabla Categorías desde T-SQL

```
USE [Test]
CREATE TABLE [dbo].[Categorias]
(
[IdCategoria] [int] NOT NULL,
[NombreCategoria] [nvarchar](15) NOT NULL,
[Descripcion] [ntext] NULL
)
```

- **CREATE TABLE [dbo].[Categorias]**: crea la tabla **Categorías** en el esquema predeterminado **dbo**.

- **[IdCategoria] [int] NOT NULL**: crea la columna **IdCategoria**, con el tipo de dato **INT**, la columna no acepta valores NULL.

- **[NombreCategoria] [nvarchar](15) NOT NULL**: crea la columna **NombreCategoría**, con un tipo de dato **nVarchar**, de longitud **15**, la columna no acepta valores NULL.

- **[Descripcion] [ntext] NULL**: crea la columna **Descripción**, con un tipo de dato **nText**; la columna acepta valores NULL.

5. Haga clic en el botón **Ejecutar** (4) para crear la nueva tabla.

6. Para comprobar que se ha creado la tabla, haga clic con el botón derecho del ratón en la base de datos **Test** y a continuación en **Actualizar**. Dentro del nodo **Tablas** de la base de datos **Test**, verá la nueva tabla **Categorías** (5).

3.12 INTEGRIDAD DE DATOS

La integridad de datos es un proceso por el cual se restringen los datos que los usuarios pueden introducir en las distintas tablas de la base de datos. La integridad garantiza la calidad de los datos, evitando datos redundantes o innecesarios. Estas restricciones se pueden aplicar a distintos niveles:

▼ **Integridad de dominio**: restringe los datos que se pueden insertar en una columna determinada. Se puede restringir el tipo de datos que se aceptan mediante la asignación de un tipo de datos a la columna y configurando el formato de los datos mediante reglas y restricciones **CHECK** (limitan los valores que se pueden introducir en una columna a partir de una expresión lógica) o definiciones **DEFAULT** (asignan un valor predefinido a las nuevas filas de datos que se agregan a la tabla, cuando el usuario no inserta ningún valor en ellas).

▼ **Integridad de entidad**: garantiza que una fila de una tabla es una entidad única, es decir que no hay registros duplicados en la tabla. Esto se consigue mediante el uso de restricciones **Primary Key** o **Unique**.

▼ **Integridad referencial**: protege las relaciones definidas entre las tablas cuando se crean o eliminan filas. Esto se consigue vinculando la clave principal de una de las tablas con una clave externa de otra tabla. Para ello se usan restricciones **Foreign Key** y **CHECK**. Cuando se exige la integridad referencial, SQL limita:

- Insertar o modificar una fila en la tabla hija si no hay una fila asociada en la tabla padre.

- Modificar valores en la tabla padre que creen filas huérfanas en la tabla hija.

- Eliminar filas en la tabla padre cuando tenga filas hijas relacionadas.

3.13 EJERCICIO PRÁCTICO: CREACIÓN DE UNA RESTRICCIÓN CHECK DE INTEGRIDAD DE DOMINIO

Una restricción tipo CHECK se encuentra vinculada a un campo y, como su nombre indica, chequea los datos que se pueden introducir en el mismo de acuerdo con unas condiciones que previamente se han definido (expresión lógica). En esta práctica creará una restricción CHECK que vinculará al campo **NombreCategoria** de la tabla **Categorías**, que creó en el ejercicio práctico 3.11. Este campo almacenará los nombres de las distintas categorías de piezas que componen una bicicleta, que se han definido de la siguiente manera: ['Cambios', 'Cables', 'Cuadros', 'Manetas', 'Manillares', 'Ruedas', 'Otros']. El objeto de aplicar la restricción CHECK al campo **NombreCategoria**, es restringir la entrada de datos a los definidos en este ejercicio.

3.13.1 Desde SQL Management Studio

Para realizar el ejercicio práctico siga el procedimiento que a continuación se detalla:

1. Inicie SQL Management Studio → conéctese con autenticación Windows.

2. En el Explorador de objetos, expanda los siguientes nodos: **Bases de datos → Test → Tablas → dbo.Categorias → Restricciones**.

3. Haga clic con el botón derecho del ratón sobre el nodo **Restricciones** y elija el menú **Nueva restricción…**

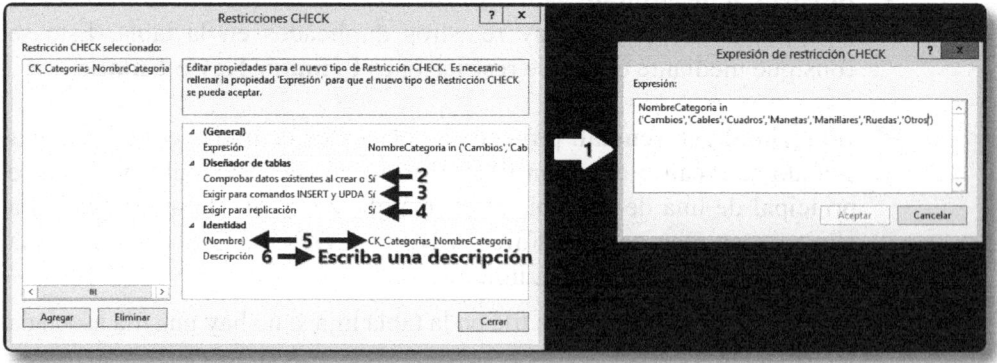

Captura 3.7. Crear una restricción CHECK con SQL Management Studio

4. complete la ventana **Restricciones CHECK**, como se muestra en la captura 3.7.

   - Expresión (1): **NombreCategoria in ('Cambios','Cables','Cuadros', 'Manetas','Manillares', 'Ruedas','Otros')**. Esta expresión está limitando el valor de los datos que se pueden introducir en la columna **NombreCategoria** a los valores que se indican dentro de la cláusula **IN**.

   - Comprobar datos existentes al crear o al habilitar de nuevo (2): **Sí**. Al activar esta característica se prueba la restricción con los datos existentes en la tabla; en caso de que la prueba se supere, se crea la restricción.

   - Exigir para comandos INSERT y UPDATE (3): **Sí**. Cuando se actualice o inserte un nuevo registro en la tabla se probará la restricción, si el INSERT o UPDATE no superan la prueba no se realizan.

   - Exigir para replicación (4): **Sí**. La restricción se probará siempre que se realice una operación de replicación en la tabla.

   - Nombre (5): Cambie el que le propone por defecto (**CK_Categorias***) por **CK_Categorias_NombreCategoria** (CK_NombreTabla_NombreCampo).

   - Descripción (6): Escriba una descripción que le sirva para recordar el propósito de la restricción.

5. Haga clic en el botón **Cerrar** y para terminar haga clic en el botón **Guardar**.

3.13.2 Con instrucción T-SQL

Para realizar el mismo ejercicio práctico usando T-SQL, siga el procedimiento que a continuación se detalla:

1. Inicie SQL Management Studio → conéctese con autenticación Windows.

2. En la barra de herramientas haga clic en el botón **Nueva consulta**.

3. A continuación, asegúrese de que está seleccionada la base de datos **Test** (la instrucción **USE [Test]** produce los mismos resultados).

4. En el **Editor de consultas**, escriba la siguiente instrucción para crear la restricción:

```
USE [Test]
ALTER TABLE [dbo].[Categorias]
ADD CONSTRAINT CK_Categorias_NombreCategoria
CHECK (NombreCategoria in
('Cambios','Cables','Cuadros','Manetas','Manillares',
'Ruedas','Otros'))
```

Haga clic sobre el botón **Ejecutar**.

- **ALTER TABLE [dbo].[Categorias]**: indica que se va a modificar la tabla **Categorías**.

- **ADD CONSTRAINT CK_Categorias_NombreCategoria**: indica que la nueva restricción, se nombrará CK_Categorias_NombreCateg oria(CK_+NombreTabla_+NombreCampo).

- **CHECK (NombreCategoria in (·····)**: indica que la restricción es de tipo CHECK y se aplica en el campo NombreCategoria, y solo aceptara los valores ['Cambios', 'Cables', 'Cuadros', 'Manetas', 'Manillares', 'Ruedas', 'Otros'].

3.13.3 Probar la restricción

Para probar la restricción introduzca dos registros en la tabla **Categorías**, desde el **Editor de consultas**.

El primero de ellos contendrá, en el campo **NombreCategoria**, el valor **Chasis**. Como este valor no se encuentra dentro de los valores permitidos en la restricción, fallará la inserción. La instrucción INSERT sería:

```
USE [Test]
INSERT INTO [dbo].[Categorias]
(IdCategoria,NombreCategoria,Descripcion)
VALUES
(3,'Chasis','Marco Aluminio XXL')
```

Al ejecutar la instrucción, en el panel resultados se muestra una advertencia que le indica que no se ha realizado el INSERT porque la restricción lo ha impedido:

```
Mens. 547, Nivel 16, Estado 0, Línea 8
Instrucción INSERT en conflicto con la restricción CHECK
"CK_Categorias_NombreCategoria". El conflicto ha
aparecido en la base de datos "TEST", tabla "dbo.
Categorias", column 'NombreCategoria'.
Se terminó la instrucción.
```

A continuación, cambie en el INSERT anterior el valor **Chasis** por el valor **Cuadros**, que sí está contemplado dentro de la restricción CHECK, **CK_Categorias_NombreCategoria**. Además añadiremos el resto de las filas que formarán la tabla **Categorías**.

```
INSERT INTO [dbo].[Categorias]
(IdCategoria
,NombreCategoria
,Descripcion)
VALUES
(1,'Cambios','Piñones platos y otros'),
(2,'Cables','Todo tipo de sirgas y fundas'),
(3,'Cuadros','Cuadros desde L hasta XXL'),
(4,'Manetas','Manetas de hierro, aluminio y plastico'),
(5,'Manillares','Manillares carretera, campo ,trial'),
(6,'Ruedas','Ruedas Campo, trial, carretera'),
(7,'Otros','No contemplado anteriores')
```

Al ejecutar la instrucción, en el panel **Resultados**, se muestra el siguiente mensaje:

```
(7 filas afectadas)
```

Para ver el contenido de la tabla **Categorías**, en el Explorador de objetos, haga clic sobre ella con el botón derecho del ratón y en el menú contextual elija la opción **Editar las 200 primeras filas**.

Captura 3.8. Contenido de la tabla Categorías

3.14 EJERCICIO PRÁCTICO: CREACIÓN DE UNA RESTRICCIÓN DEFAULT DE INTEGRIDAD DE DOMINIO

Una restricción **DEFAULT** especifica un valor por defecto para un campo, cuando se deja en blanco, al no incluirlo en una instrucción INSERT. Solo se permite una restricción DEFAULT por campo y no es compatible con la propiedad IDENTITY. Una tabla puede tener más de una restricción DEFAULT, cada una de ellas asignada a un campo distinto.

Por ejemplo, imagine que es propietario de una tienda de bicicletas y tiene que dar de alta en su base de datos un pedido de repuestos que tiene en su almacén para la venta al público. Para ello tiene que insertar los datos en la tabla **Productos**, que creó en el ejercicio práctico 3.9. Como todavía no sabe el precio de muchos de los artículos, quiere que en la fila PRECIO se inserte, por defecto, el valor cero (0) si no ingresa el precio del producto.

3.14.1 Desde SQL Management Studio

Para realizar el ejercicio práctico siga el procedimiento que a continuación se detalla:

1. Inicie SQL Management Studio → conéctese con autenticación Windows.

2. En el Explorador de objetos, expanda los siguientes nodos: **Bases de datos → Test → Tablas → Productos**.

3. Haga clic con el botón derecho del ratón sobre el nodo **Productos** (1) → elija el menú **Diseño** (2).

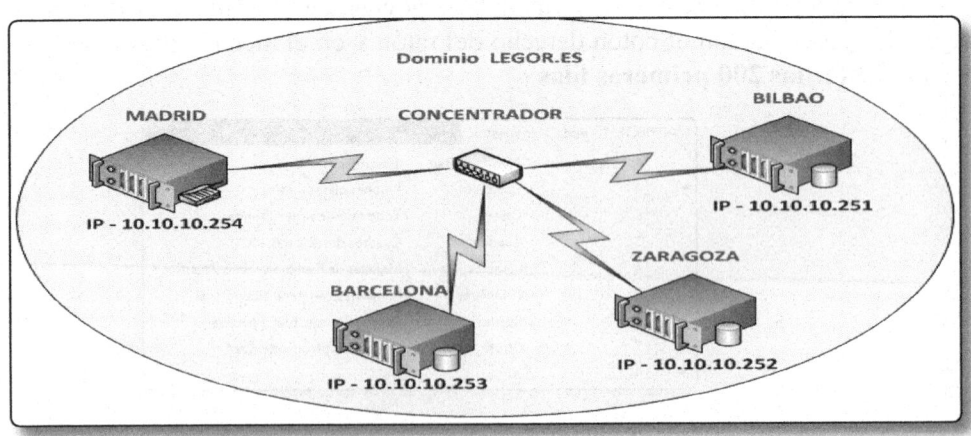

Captura 3.9. Crear una restricción DEFAULT con SQL Management Studio

4. La tabla **Productos** se abre en modo diseño; en la mitad superior del panel se muestran los distintos campos que componen la tabla, así como el tipo de datos asignados a cada uno de ellos y si se permiten o no los valores NULL. En la mitad inferior se muestran las propiedades del campo seleccionado en la mitad superior.

5. Seleccione en la mitad superior del panel el campo **PrecioUd** (3).

6. Nótese que en la mitad inferior se visualizan las propiedades del campo seleccionado, busque la propiedad **Valor o enlace predeterminado** (4) y asígnele el valor cero.

7. Para finalizar guarde los cambios que ha hecho en la tabla. Para ello, haga clic con el botón derecho del ratón sobre la pestaña **Productos** (5) y en el menú contextual elija la opción **Guardar Productos**.

3.14.2 Con instrucción T-SQL

La tabla **Productos** tiene el campo **IdCategoria**, cuyo valor debe ser uno de los valores incluidos en el campo **IdCategoria** de la tabla **Categorías** (véase la captura 3.8). Por este motivo se desea que en caso de que el campo **Productos.IdCategoria** esté vacío, se le asigne por defecto el valor **7** que se corresponde con la descripción "No contemplado anteriores".

Para realizar el ejercicio práctico siga el procedimiento que a continuación se detalla:

1. Inicie SQL Management Studio → conéctese con autenticación Windows.

2. En la barra de herramientas, haga clic en el botón **Nueva consulta**.

3. A continuación asegúrese de que está seleccionada la base de datos **Test** (la instrucción **USE [Test]** produce los mismos resultados). Escriba en el Editor de consultas esta instrucción:

```
USE [Test]
ALTER TABLE [dbo].[Productos]
ADD CONSTRAINT [DF_Productos_IdCategoria]
DEFAULT 7
FOR IdCategoria
```

- **ALTER TABLE [dbo].[Productos]**: indica que se va a modificar la tabla **Productos**.

- **ADD CONSTRAINT DF_Productos_IdCategoria**: indica que la nueva restricción se nombrará DF_Productos_IdCategoria.

- **DEFAULT 7**: indica que la restricción es de tipo DEFAULT e insertará el valor '7' en el campo que se especifica en **FOR** cuando se cree una nueva fila y esta carezca de valor.

- **FOR**: Nombre del campo sobre el que se aplica la restricción.

> ⓘ **NOTA**
>
> Una restricción CHECK se nombra con el prefijo CK_ + Nombre de la Tabla_ + Nombre del campo donde se aplica. En nuestro ejemplo, CK_Categorias_NombreCategoria.

> ⓘ **NOTA**
>
> Una restricción DEFAULT se nombra con el prefijo DF_ + Nombre de la Tabla_ + Nombre del campo donde se aplica. En nuestro ejemplo, DF_Productos_IdCategoria.

3.14.3 Probar la restricción

Para probar las dos restricciones DEFAULT, de la tabla **Productos**, insertará un artículo del cual desconoce su precio y su IdCategoria. Por este motivo se han suprimido estos dos campos de la instrucción INSERT. Las restricciones DEFAULT [DF_Productos_IdCategoria, DF_Productos_PrecioUd] se encargarán de asignarles el valor preestablecido.

Para realizar la comprobación, siga el procedimiento que a continuación se detalla:

1. Inicie SQL Management Studio → conéctese con autenticación Windows.

2. En la barra de herramientas, haga clic en el botón **Nueva consulta**.

3. A continuación asegúrese de que está seleccionada la base de datos **Test** y escriba en el **Editor de consultas** esta instrucción:

```
INSERT INTO [dbo].[Productos]
([IdProducto],[NombreProducto],[UdStock])
VALUES
(1,'bolsa neopreno para cuadro',8)
```

Para ver el contenido de la tabla **Productos** en el Explorador de objetos, haga clic sobre ella con el botón derecho del ratón y en el menú contextual elija la opción **Editar las 200 primeras filas**.

	IdProducto	NombreProducto	IdCategoria	PrecioUd	UdStock
▶	1	bolsa neopreno para cuadro	7	0,0000	8
*	NULL	NULL	NULL	NULL	NULL

MADRID.TEST - dbo.Productos ✕

Captura 3.10. Contenido de la tabla Productos

La captura 3.10 muestra que las dos restricciones DEFAULT han funcionado como se esperaba:

▼ **DF_Productos_IdCategoria**: ha asignado el valor **7** al campo **IdCategoria**.

▼ **DF_Productos_PrecioUd**: ha asignado el valor **0,0000** al campo **PrecioUd**.

3.15 EJERCICIO PRÁCTICO: CREAR UNA INTEGRIDAD DE ENTIDAD CON CLAVE PRINCIPAL

Cuando crea una integridad de entidad haciendo uso de una clave principal (**Primary Key**), asigna un identificador único para cada fila de la tabla. Las *Primary Keys* tienen las siguientes características:

▼ Solo se admite una por tabla.
▼ El valor debe ser único en las columnas que lo forman.
▼ No se permiten valores nulos en las columnas que lo componen.

A continuación se muestra cómo crear una clave principal en la tabla **Categorías**. La columna apropiada para crear la clave es **IdCategoria**, si ha completado los ejercicios prácticos anteriores, esta columna contiene 7 registros numerados correlativamente por el campo **IdCategoria**.

Para realizar el ejercicio práctico siga el procedimiento que a continuación se detalla:

1. Inicie SQL Management Studio → conéctese con autenticación Windows.

2. En el Explorador de objetos, expanda los siguientes nodos: **Bases de datos** (1) → **Test** (2) → **Tablas** (3) → **Categorías** (4).

3. Haga clic con el botón derecho del ratón sobre **Categorías** → **Diseño** (5).

4. En el diseñador de tablas, haga clic con el botón derecho del ratón en la fila **IdCategoria** (6) y a continuación elija el menú **Establecer clave primaria** (7). Comprobará que la fila se marca con una llave de color amarillo (8), esto indica que es clave primaria.

5. A partir de este momento no se pueden insertar valores repetidos en la columna IdCategoria. Una forma de autogestionar automáticamente esta columna es activar la propiedad de Identidad. Para ello, con la columna **IdCategoria** seleccionada en el diseñador de tablas, asigne el valor **SÍ** a la propiedad Identidad (9).

6. Al activar la Identidad, automáticamente se establece el incremento de identidad a **1** (10) y la inicialización de identidad a **1** (11). Estos valores se pueden variar. Para nuestro ejemplo conserve los valores por defecto.

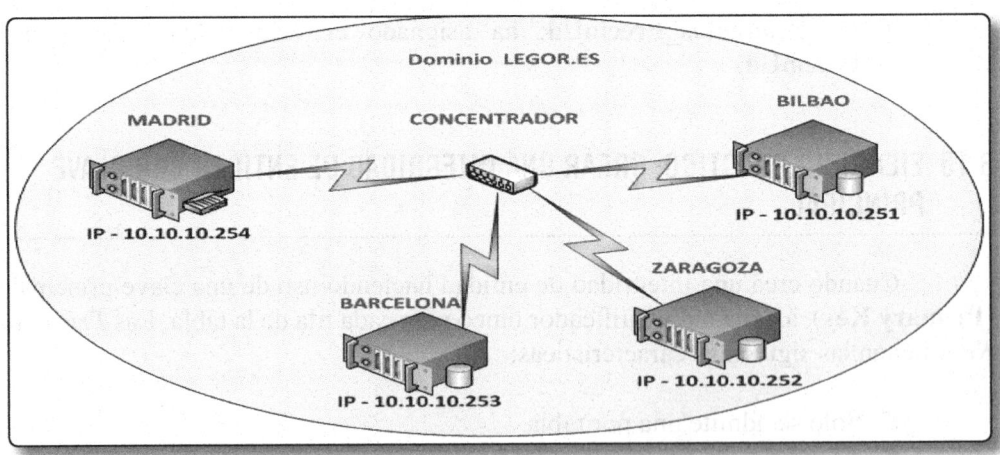

Captura 3.11. Contenido de la tabla Productos

7. Por último, para que los cambios en la tabla sean efectivos, haga clic con el botón derecho del ratón sobre la pestaña **Categorías** (12) y en el menú contextual elija la opción **Guardar**.

> (i) **NOTA**
>
> SQL Server 2014 no permite guardar por defecto cambios que requieran quitar y volver a crear tablas, como es el caso de la práctica anterior. Para cambiar la configuración y permitir guardar los cambios, diríjase al menú **Herramientas** → **Opciones** → **Diseñadores** → **Diseñadores de tablas y bases de datos** → desmarque la casilla de verificación **Impedir guardar cambios que requieran volver a crear tablas**.

3.15.1 Práctica suplementaria

Con la misma filosofía que se ha mostrado en el ejercicio práctico 3.15, haga las siguientes modificaciones en la tabla **Productos**:

1. Establezca como Primary Key la columna **IdProducto**.

2. **NO** active la propiedad **Identidad** de la columna **IdProducto**, debe estar sin activar para poder completar prácticas posteriores.

3.16 RESTRICCIONES UNIQUE

La restricción Unique, junto con la Primary Key, pertenece al ámbito de la entidad. Son similares porque sirven para establecer un valor único en una columna.

Básicamente, existen tres diferencias entre las restricciones Primary Key y Unique:

▶ Una restricción Primary Key se usa como clave externa para forzar la integridad referencial, no es el caso de las restricciones Unique.

▶ Una tabla puede tener varias restricciones Unique (en diferentes columnas), mientras que solo puede tener una Primary Key.

▶ Las restricciones Unique admiten valores NULL, las Primary Key no.

La restricciones Unique se deben utilizar cuando la tabla contenga columnas que no forman parte de la clave principal pero que, individualmente o como unidad, deban contener valores únicos.

3.17 EJERCICIO PRÁCTICO: USO DE LA INTEGRIDAD REFERENCIAL - FOREIGN KEY

Una Foreign Key es una columna o conjunto de columnas que se utilizan para crear y requerir una relación entre dos tablas de una misma base de datos. La restricción Foreign Key puede definir una referencia a:

▶ Una columna de la misma tabla, en cuyo caso esta columna tiene que tener una restricción Unique.

▶ Una columna de una tabla diferente, en cuyo caso esta columna tiene que tener una restricción Primary Key.

Es conveniente crear una restricción Foreign Key cuando:

▶ Los datos de una columna solo pueden contener valores que se encuentran en otra columna de otra tabla o de la misma tabla.

▶ Las filas de una tabla no se pueden eliminar mientras haya registros en otra tabla que dependan de ella.

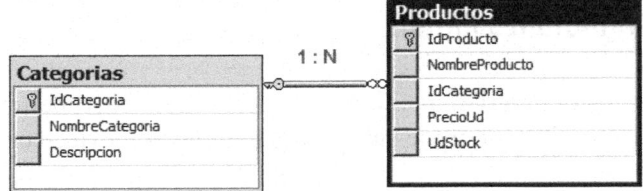

Captura 3.12. Relación 1:N entre las tablas Categorías y Productos

En esta práctica creará una relación de integridad referencial Foreign Key entre las tablas **Productos** y **Categorías**. La tabla **Categorías** tiene el campo **IdCategoria** establecido como Primary Key, y la tabla **Productos** tiene el campo **IdCategoria**, en el que solo queremos almacenar valores contenidos en **Categorías. IdCategoria**. La relación entre **Categorias.IdCategoria** y **Productos.IdCategoria** es de 1:N.

El campo **Categorias.IdCategoria** se usará como clave principal; y el campo **Productos.IdCategoria**, como clave externa que relaciona las dos tablas.

3.17.1 Desde SQL Management Studio

Para realizar el ejercicio práctico siga el procedimiento que a continuación se detalla:

1. Inicie SQL Management Studio → conéctese con autenticación Windows.

2. En el Explorador de objetos, despliegue los nodos **Bases de datos** (1) → **Test** (2) → **Tablas** (3) → **Productos** (4) → **Claves** (5).

3. Haga clic con el botón derecho del ratón en **Claves** (5), en el menú contextual elija la opción **Nueva clave externa** (6).

4. En la ventana **Relaciones de clave externa** (7) → sitúese en el cuadro de texto **Nombre** (8) y escriba: **FK_Productos_Categorias**.

5. Complete el cuadro de texto **Descripción** (9): **FK entre las tablas Productos y Categorías relación establecida por el campo IdCategoria**.

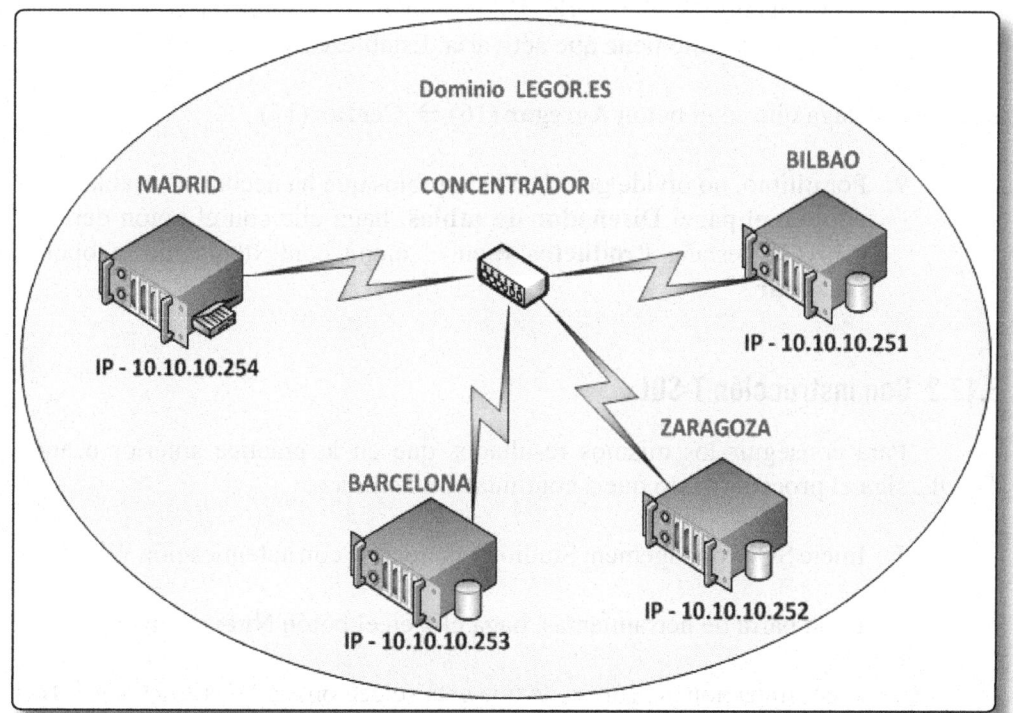

Captura 3.13. Establecer una Foreign Key entre las tablas Categorías y Productos

6. Haga clic dentro del cuadro de texto **Especificación de tablas y columnas** (10) para ponerlo en modo edición → visualizará la ventana **Tablas y columnas** (11), rellénela como se muestra en la captura para establecer la relación entre las tablas **Categorías** y **Productos** por el campo **IdCategoria**. Cuando termine haga clic sobre el botón **Aceptar** (12), para volver a la ventana **Relaciones de clave externa** (7).

7. En la ventana **Relaciones de clave externa** (7) existen tres opciones interesantes:

   • **Comprobar datos externos al crear o al habilitar de nuevo** (13): comprueba que los datos existentes en las tablas implicadas en la restricción cumplen con ella, cada vez que se cree o habilite la restricción. Establezca su valor a **Sí**.

   • **Exigir para replicación** (14): indica que cuando copie una base de datos de un servidor a otro también se copie la restricción. Establezca su valor a **Sí**.

   • **Exigir restricción de clave externa** (15): deshabilita la restricción sin tener que eliminarla. De esta manera si en el futuro la vuelve a necesitar solo tiene que activarla. Establezca su valor a **Sí**.

8. Haga clic en el botón **Agregar** (16) → **Cerrar** (17).

9. Por último, no olvide guardar los cambios que ha hecho en la tabla. Para ello, en el panel **Diseñador de tablas**, haga clic con el botón derecho sobre la pestaña **Productos** y en el menú contextual elija la opción **Guardar**.

3.17.2 Con instrucción T-SQL

Para conseguir los mismos resultados que en la práctica anterior usando T-SQL, siga el procedimiento que a continuación le indico:

1. Inicie SQL Management Studio → conéctese con autenticación Windows.

2. En la barra de herramientas, haga clic en el botón **Nueva consulta**.

3. A continuación asegúrese de que está seleccionada la base de datos **Test** y escriba en el **Editor de consultas** esta instrucción:

```
ALTER TABLE dbo.Productos
ADD CONSTRAINT FK_Productos_Categorias
Foreign Key(IdCategoria)
REFERENCES dbo.Categorias(IdCategoria)
```

- **ALTER TABLE dbo.Productos**: indica el nombre de la tabla que se va a modificar.

- **ADD CONSTRAINT FK_Productos_Categorias**: nombre que asigna a la restricción.

- **Foreign Key(IdCategoria)**: campo de la tabla **Productos** al que se le aplica la restricción foránea.

- **REFERENCES dbo.Categorias(IdCategoria)**: nombre de la tabla y campo (que es clave primaria, en la tabla **Categorías**) al que hace referencia la clave foránea.

3.18 LA INTEGRIDAD REFERENCIAL EN CASCADA

La ventana **Relaciones de clave externa** (del ejercicio práctico 3.17) presenta la propiedad **Especificación de INSERT y UPDATE**, que sirve para definir las acciones que Microsoft SQL Server 2014 realizará cuando se elimine o actualice un registro que apunte a una clave externa.

> ⓘ **NOTA**
>
> La integridad referencial en cascada permite que cualquier cambio realizado en el valor de una columna que define una restricción Unique o Primary Key se propague a todos los valores de clave externa que hagan referencia al mismo.

Las opciones configurables de la propiedad **Especificación de INSERT y UPDATE** son:

Sin acción

▼ *Regla actualización*. No permite actualizar un registro de una tabla principal cuya clave hace referencia claves externas de una o más filas de otras tablas. Se genera un error y se deshace la instrucción UPDATE.

▼ *Regla eliminación*. No permite eliminar un registro de una tabla principal cuya clave hace referencia claves externas de una o más filas de otras tablas. Se genera un error y se deshace la instrucción DELETE.

Cascada

▼ *Regla actualización*. Al actualizar un registro de una tabla principal, cuya clave hace referencia a claves externas de una o más filas de otras tablas, se actualizan automáticamente todas las dependencias.

▼ *Regla eliminación*. Al eliminar un registro de una tabla principal, cuya clave hace referencia a claves externas de una o más filas de otras tablas, se eliminan automáticamente todas las dependencias.

Establecer en NULL

▼ *Regla actualización*. Al actualizar un registro de una tabla principal, cuya clave hace referencia a claves externas de una o más filas de otras tablas, se actualizan automáticamente todas las dependencias a NULL. Por este motivo todas las columnas de la clave externa deben aceptar valores NULL.

▼ *Regla eliminación*. Al eliminar un registro de una tabla principal, cuya clave hace referencia a claves externas de una o más filas de otras tablas, se actualizan automáticamente todas las dependencias a NULL. Por este motivo todas las columnas de la clave externa deben aceptar valores NULL.

Establecer predeterminado

▼ *Regla actualización*. Al actualizar un registro de una tabla principal, cuya clave hace referencia a claves externas de una o más filas de otras tablas, se actualizan a un valor predeterminado. Por este motivo todas las columnas de la clave externa deben tener un valor predeterminado.

▼ *Regla eliminación*. Al eliminar un registro de una tabla principal, cuya clave hace referencia a claves externas de una o más filas de otras tablas, se actualizan a un valor predeterminado. Por este motivo todas las columnas de la clave externa deben tener un valor predeterminado.

3.19 EJERCICIO PRÁCTICO: USO DE LA INTEGRIDAD REFERENCIAL EN CASCADA

En esta práctica le enseñaré cómo funciona la integridad referencial en cascada. Para realizarla es necesario que haya completado las prácticas anteriores y que la tabla **Categorías** esté cargada con datos. A continuación cargará la tabla **Productos**. Para ello, desde el **Editor de consultas**, ejecute la siguiente instrucción:

```
USE [Test]
GO
INSERT INTO [dbo].[Productos]
([NombreProducto]
,[IdCategoria]
,[PrecioUd]
,[UdStock])
VALUES
('piñon del 2',1,10,8),
('piñon del 3',1,11,3),
('piñon del 4',1,12,5),
('cable freno delantero',2,1.5,100),
('cable freno trasero',2,1.75,100),
('cable cambio plato',2,1.25,80),
('cable cambio piñones',2,1.5,75),
('cuadro talla L',3,150,10),
('cuadro talla XL',3,160,5),
('cuadro talla XXL',3,175,5),
('manetas delantera derecha',4,5,20),
('manillar talla L',5,10,15),
('manillar talla XL',5,10,15),
('manillar talla XXL',5,10,15),
('camara talla L',6,3,100),
('camara talla XL',6,3.2,100),
('camara talla XXL',6,3.75,100)
```

Continúe modificando las propiedades de la restricción **PK_Productos_Categorias**, para añadir a la propiedad **Especificación de INSERT y UPDATE** la siguiente configuración:

▼ Regla de actualización → Cascada.

▼ Regla de eliminación → Cascada.

3.19.1 Desde SQL Management Studio

Para realizar el ejercicio práctico siga el procedimiento que a continuación se detalla:

1. Inicie SQL Management Studio → conéctese con autenticación Windows.

2. En el **Explorador de objetos**, despliegue los nodos: **Bases de datos →
   Test → Tablas → Productos**.

3. Haga clic con el botón derecho del ratón en la tabla **Productos**. En el
   menú contextual elija la opción **Diseño**.

4. Visualizará el panel de diseño a la derecha del **Explorador de objetos**,
   con la tabla **Productos** en su mitad superior y en su mitad inferior las
   propiedades de la columna que en ese momento se encuentre seleccionada.
   Seleccione (en la mitad superior) la columna que está ligada a la clave
   externa de la relación que se desea modificar, **IdCategoria** (1), y haga
   clic sobre ella con el botón derecho del ratón → en el menú contextual
   elija la opción **Relaciones** (2).

5. En la ventana **Relaciones de clave externa** (3), dentro del grupo
   Diseñador de tablas, despliegue la opción **Especificación de INSERT
   y UPDATE** (4).

6. En **Regla de actualización** elija **Cascada** (5).

7. En **Regla de eliminación** elija **Cascada** (5).

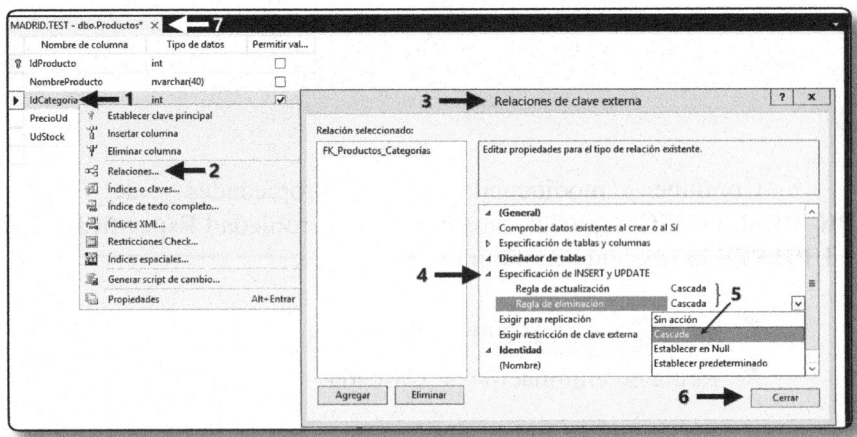

Captura 3.14. Establecer integridad referencial en cascada

8. Haga clic en el botón **Cerrar** (6).

9. Haga clic con el botón derecho del ratón en la pestaña **dbo.Productos** (7) y en el menú contextual elija la opción **Guardar Productos** para hacer efectivos los cambios que ha hecho en la tabla.

3.19.2 Con instrucción T-SQL

Para realizar el ejercicio práctico anterior usando T-SQL, siga el procedimiento que a continuación se detalla:

1. Inicie SQL Management Studio → conéctese con autenticación Windows.

2. En la barra de herramientas, haga clic en el botón **Nueva consulta**.

3. A continuación, asegúrese de que está seleccionada la base de datos **Test** (la instrucción **USE [Test]** produce los mismos resultados). Escriba en el **Editor de consultas** esta instrucción:

```
ALTER TABLE dbo.Productos
DROP CONSTRAINT FK_Productos_Categorias
ALTER TABLE dbo.Productos
ADD CONSTRAINT FK_Productos_Categorias
Foreign Key(IdCategoria)
REFERENCES dbo.Categorias(IdCategoria)
ON DELETE CASCADE
ON UPDATE CASCADE
```

- **ALTER TABLE dbo.Productos**: indica el nombre de la tabla que se va a modificar.

- **DROP CONSTRAINT FK_Productos_Categorias**: elimina la restricción FK_Productos_Categorias.

- **ALTER TABLE dbo.Productos**: indica el nombre de la tabla que se va a modificar.

- **ADD CONSTRAINT FK_Productos_Categorias**: nombre que asigna a la restricción que se va a crear.

- **Foreign Key(IdCategoria)**: campo de la tabla **Productos** al que se aplica la restricción foránea.

- **REFERENCES dbo.Categorias(IdCategoria)**: nombre de la tabla y campo (que es clave primaria) al que hace referencia la clave foránea.

- **ON DELETE CASCADE**: acción que se realizará en las claves externas al borrar un registro de la tabla principal. En este caso borrará en cascada.

- **ON UPDATE CASCADE**: acción que se realizará en las claves externas al actualizar un registro de la tabla principal. En este caso actualizará en cascada.

ⓘ **NOTA**

Nótese que la modificación de una restricción existente pasa por borrarla y volver a crearla con las nuevas características deseadas.

3.19.3 Probar la integridad referencial en cascada

Para comprobar la integridad referencial en cascada utilizará las tablas **Categorías** y **Productos**. Para ello, escriba las consultas que a continuación se indican:

```
SELECT COUNT(*) FROM [dbo].[Categorias] -- > 7 filas
SELECT COUNT(*) FROM [dbo].[Productos] -- > 19 filas
```

El resultado de la primera consulta informa de que la tabla **Categorías** tiene 7 filas; y el de la segunda, de que la tabla **Productos** tiene 19 filas.

Como estableció en la práctica anterior, la propiedad **ON UPDATE CASCADE** sí modifica un registro de **Categorias.IdCategoria**. Esta modificación tiene que reflejarse en **Productos.IdCategoria**. A continuación modificará **Categorias.IdCategoria**, cambiará el valor **3** de la categoría **Cuadros** por el valor **8**. Este cambio afectará a todas las filas de la tabla **Productos.IdCategoria** cuyo valor sea **3**, que será actualizado automáticamente a **8**.

Escriba las consultas que a continuación se indican:

```
UPDATE [dbo].[Categorias] SET [IdCategoria]=8 WHERE
[IdCategoria]= 3
SELECT * FROM [dbo].[Productos]
```

La primera instrucción hace una actualización en la tabla **Categorías**, cambiando el valor **3** de todos los registros del campo **IdCategoria** por el valor **8**. Con la segunda instrucción comprobamos que en la tabla **Productos** se han actualizado automáticamente los valores **3** de todos los registros del campo **IdCategoria** al valor **8**.

Para probar la propiedad **ON DELETE CASCADE**, borre en la de la tabla **Categorías** el registro cuyo **IdCtegoria = 8**. Esta acción tiene que eliminar en cascada todos los registros de la tabla **Productos** cuyo **IdCategoria = 8**.

Para hacer la prueba, escriba las consultas que a continuación se indican:

```
DELETE FROM dbo.Categorias WHERE IdCategoria= 8
                                               --CONSULTA 1°
SELECT COUNT(*) FROM [dbo].[Categorias]    --CONSULTA 2°
SELECT COUNT(*) FROM [dbo].[Productos]     --CONSULTA 3°
SELECT * FROM dbo.Productos                --CONSULTA 4°
```

▶ La consulta 1° elimina los registros de la tabla **Categorías** cuyo **IdCategoria = 8**.

▶ La consulta 2° le informa de que la tabla **Categorías** tiene 6 registros. Nótese que antes de ejecutar la consulta 1° tenía 7 registros.

▶ La consulta 3° le informa de que la tabla **Productos** tiene 16, que son tres menos que antes de ejecutar la consulta 1°.

▶ La consulta 4° le permite visualizar los 16 registros de la tabla **Productos** y comprobar que no existe ninguno cuyo **IdCategoria = 8**.

3.20 RELACIONES

Microsoft SQL Server 2014 es una base de datos relacional. Una relación entre tablas, en la mayoría de los casos, se basa en ligar columnas que no son claves en una tabla (clave externa) con columnas que son claves en otra tabla (clave principal), tal y como se explicó en el apartado de la integridad referencial. Existen tres tipos de relaciones entre tablas:

▶ **Relación uno a uno**. Sean dos tablas "A" y "B", diremos que existe una relación uno a uno, y la representaremos **1:1**, cuando cada fila de la tabla "A" tenga una única fila coincidente en la tabla "B". Para que esto ocurra las dos columnas que se relacionan tienen que ser Primary Key o tener asignada una restricción Unique.

▶ **Relación uno a varios**: Sean dos tablas "A" y "B", diremos que existe una relación uno a varios, y la representaremos **1: N**, cuando cada fila de la tabla "A" puede relacionarse con una o más filas en la tabla "B". Para que esto ocurra la fila de la tabla "A" tiene que ser Primary Key o tener asignada una restricción Unique.

▶ **Relación varios a varios**: Sean dos tablas "A" y "B", diremos que existe una relación varios a varios, y la representaremos **N:N**, cuando cada fila de la tabla "A" puede relacionarse con una o más filas en la tabla "B" y viceversa. Microsoft SQL Server 2014 no dispone de un método para establecer una relación N:N; por este motivo hay que crear una tercera tabla "C". En la tabla "C" tiene que crear una Primary Key, que estaría formada por las claves externas de las tablas "A" y "B".

3.21 TABLAS CON PARTICIONES

Las tablas con particiones fragmentan un conjunto de datos en varios subconjuntos, que se almacenan físicamente en distintas ubicaciones.

Tienen las siguientes características:

▶ Las filas de la tabla se dividen en partes como si fueran tablas individuales.
▶ Todas las filas pertenecen a una misma tabla lógica.
▶ Se pueden particionar tablas, índices y vistas indexadas.
▶ Un registro o fila es la unidad mínima de una tabla particionada.
▶ Solo es posible particionar una tabla horizontalmente.

Con esta filosofía se consigue dividir tablas "grandes" en varias unidades más pequeñas que son más fáciles de mantener y administrar; y de las que los clientes pueden recuperar los datos más rápidamente, ya que se mejora notablemente el rendimiento.

Cuando se particiona una tabla los datos se separan horizontalmente, por filas completas. Las particiones se guardan físicamente en grupos de archivos. Para poder particionar una tabla hay que definir previamente una **función de partición** y un **esquema de partición**.

3.21.1 Función de partición

La función de partición define cómo se particionará la tabla. Los campos numéricos y de fechas son perfectos para este cometido. Por ejemplo, para la tabla **Productos** puede definir una función partición basándose en rangos numéricos por el campo **IdCategoria**.

Puede establecer los siguientes valores límites: 2, 4 y 6. Esta elección partirá la tabla en cuatro grupos. En el primer grupo estarán los valores menores de 2, en el segundo los valores comprendidos entre [2,4], en el tercero los valores comprendidos entre [4,6] y en el cuarto los valores mayores que 6. ¿Qué ocurre con los valores 2, 4 y 6? ¿A qué partición pertenecen, a la de su derecha o a la de su izquierda?

Captura 3.15. Elección de un campo numérico para particionar la tabla

Para solucionar este problema existen los parámetros **LEFT** y **RIGHT**, para configurar la función. Si utiliza el parámetro **LEFT**, los valores coincidentes con el límite van a la partición de la izquierda; por el contrario, si utiliza el parámetro **RIGHT**, los valores coincidentes con el límite van a la partición de la derecha.

Para crear una función de partición, use esta instrucción:

```
USE [Test]
CREATE PARTITION FUNCTION funcion_Particion(int)
                                          --1ª instrucción
AS RANGE RIGHT                            --2ª instrucción
FOR VALUES(2,4,6)                         --3ª instrucción
```

▶ La 1.ª instrucción crea la función de partición que nombramos **función_Particion** del tipo **INT**.

▶ La 2.ª instrucción indica que los valores coincidentes pasan a la partición de la derecha. El **2** pertenece a la 2.ª partición, el **4** pertenece a la 3.ª partición y el **6** pertenece a la 4.ª partición.

▶ La 3.ª instrucción indica los valores que se tomarán para realizar las particiones.

- 1.ª partición: valores < 2
- 2.ª partición: valores >= 2 y < 4
- 3.ª partición: valores >=4 y < 6
- 4.ª partición: valores >= 6

3.21.2 Crear los grupos de archivos

El esquema que creó en el apartado anterior dividirá la tabla en cuatro grupos. Por este motivo tiene que crear el lugar físico donde se almacenarán las particiones de la tabla. Para el caso que nos ocupa necesitamos cuatro particiones o **File Groups**, que nombrará: [FG01_Productos, FG02_Productos, FG03_Productos, FG04_Productos], cada una de esta particiones hay que crearla con su archivo de datos [ProductosB_1.ndf', ProductosB_2.ndf', ProductosB_3.ndf', ProductosB_4.ndf'].

Ejecute esta instrucción para crear los archivos de datos con sus correspondientes grupos de almacenamiento.

```
USE [master]
GO
ALTER DATABASE [Test] ADD FILEGROUP [FG01_Productos]
ALTER DATABASE [Test] ADD FILE ( NAME =
N'ProductosB_1',
FILENAME = N'C:\Program Files\Microsoft SQL Server\MS
SQL12.MSSQLSERVER\MSSQL\DATA\ProductosB_1.ndf',SIZE =
5120KB , FILEGROWTH = 1024KB ) TO FILEGROUP [FG01_Pro
ductos]

ALTER DATABASE [Test] ADD FILEGROUP [FG02_Productos]
ALTER DATABASE [Test] ADD FILE ( NAME =
N'ProductosB_2',
FILENAME = N'C:\Program Files\Microsoft SQL Server\MS
SQL12.MSSQLSERVER\MSSQL\DATA\ProductosB_2.ndf',SIZE =
5120KB , FILEGROWTH = 1024KB ) TO FILEGROUP [FG02_Pro
ductos]
```

```
ALTER DATABASE [Test] ADD FILEGROUP [FG03_Productos]
ALTER DATABASE [Test] ADD FILE ( NAME =
N'ProductosB_3',
FILENAME = N'C:\Program Files\Microsoft SQL Server\MS
SQL12.MSSQLSERVER\MSSQL\DATA\ProductosB_3.ndf',SIZE =
5120KB , FILEGROWTH = 1024KB ) TO FILEGROUP [FG03_Pro
ductos]

ALTER DATABASE [Test] ADD FILEGROUP [FG04_Productos]
ALTER DATABASE [Test] ADD FILE ( NAME =
N'ProductosB_4',
FILENAME = N'C:\Program Files\Microsoft SQL Server\MS
SQL12.MSSQLSERVER\MSSQL\DATA\ProductosB_4.ndf',SIZE =
5120KB , FILEGROWTH = 1024KB ) TO FILEGROUP [FG04_Pro
ductos]
GO
```

3.21.3 El esquema de partición

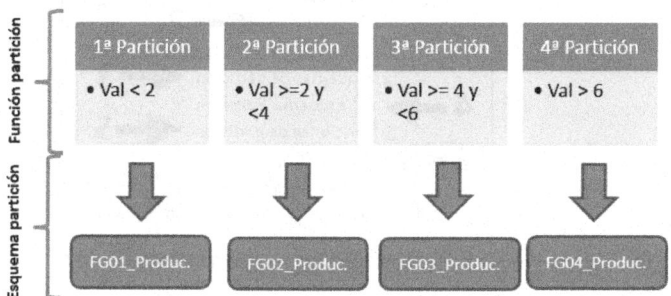

Figura 3.8. Configuración de las tablas con particiones

El esquema de partición tiene como finalidad hacer que se corresponda cada una de las particiones que se han establecido en la función de partición con los grupos de archivos donde se almacenarán los datos físicamente.

En el ejemplo que se está desarrollando, en la función de partición creó cuatro particiones; ahora tiene que asignar a cada una de ellas un grupo de archivos.

```
USE TEST
CREATE PARTITION SCHEME esquema_Particion
AS PARTITION funcion_Particion
TO(FG01_Productos,FG02_Productos,FG03_Productos,
FG04_Productos)
```

Tanto los esquemas de particiones como las funciones de particiones se pueden examinar y administrar desde el Explorador de objetos de Microsoft SQL Server 2014. Para examinar ambos objetos:

1. En el Explorador de objetos, despliegue los siguientes nodos: **Bases de datos → Test** (1) → **Almacenamiento** (2).

2. Para ver el esquema de partición expanda el nodo **Esquemas de partición** (3), verá el **esquema_Particion** (4).

3. Para ver la función de partición despliegue el nodo **Funciones de partición** (5), verá la **Funcion_Particion** (6).

Captura 3.16. Ubicación de los esquemas y funciones de partición

3.21.4 Crear la tabla particionada

Una vez que ha creado la función de partición, el almacenamiento físico y el esquema de partición, solo le resta crear la tabla que se particionará. Para ello creará una tabla clon de la tabla **Productos**, a la que llamará **ProductosP**. Esta tabla, al crearla, le asignará el esquema de partición **esquema_Particion** usando el campo **IdCategoria**.

```
USE [Test]
CREATE TABLE [dbo].[ProductosP]
(
[IdProducto] [int] IDENTITY(1,1) NOT NULL,
```

```
[NombreProducto] [nvarchar](40) NOT NULL,
[IdCategoria] [int] NOT NULL,
[PrecioUd] [money] NULL,
[UdStock] [smallint] NULL,
)
ON esquema_Particion(IdCategoria)
```

Una vez creada la tabla clon inserte los datos en ella ejecutando esta instrucción:

```
USE [Test]
GO
INSERT INTO [dbo].[ProductosP]
([NombreProducto]
,[IdCategoria]
,[PrecioUd]
,[UdStock])
VALUES
('piñon del 2',1,10,8),
('piñon del 3',1,11,3),
('piñon del 4',1,12,5),
('cable freno delantero',2,1.5,100),
('cable freno trasero',2,1.75,100),
('cable cambio plato',2,1.25,80),
('cable cambio piñones',2,1.5,75),
('cuadro talla L',3,150,10),
('cuadro talla XL',3,160,5),
('cuadro talla XXL',3,175,5),
('manetas delantera derecha',4,5,20),
('manetas delantera izquierda',4,5,20),
('manillar talla L',5,10,15),
('manillar talla XL',5,10,15),
('manillar talla XXL',5,10,15),
('camara talla L',6,3,100),
('camara talla XL',6,3.2,100),
('camara talla XXL',6,3.75,100)
```

3.21.5 Operaciones varias con tablas particionadas

```
-- Ver metadatos de la partición (rows de cada una)
SELECT * FROM sys.Partitions
WHERE [object_id] = OBJECT_ID('dbo.ProductosP')
```

	partition_id	object_id	index_id	partition_number	hobt_id	rows
1	72057594041335808	885578193	0	1	72057594041335808	3
2	72057594041401344	885578193	0	2	72057594041401344	7
3	72057594041466880	885578193	0	3	72057594041466880	5
4	72057594041532416	885578193	0	4	72057594041532416	3

Captura 3.17. Metadatos de la tabla particionada

```
-- Ver datos con número de partición
SELECT NombreProducto, IdCategoria,
$Partition.funcion_Particion(IdCategoria) PartitionNo
FROM dbo.ProductosP
```

	NombreProducto	IdCategoria	PartitionNo
1	piñon del 2	1	1
2	piñon del 3	1	1
3	piñon del 4	1	1
4	cable freno delantero	2	2
5	cable freno trasero	2	2
6	cable cambio plato	2	2
7	cable cambio piñones	2	2
8	cuadro talla L	3	2
9	cuadro talla XL	3	2
10	cuadro talla XXL	3	2
11	manetas delantera derecha	4	3
12	manetas delantera izquierda	4	3
13	manillar talla L	5	3
14	manillar talla XL	5	3
15	manillar talla XXL	5	3
16	camara talla L	6	4
17	camara talla XL	6	4
18	camara talla XXL	6	4

Captura 3.18. Ver datos de la tabla y a qué partición pertenecen

```
-- Comprobar el valor máximo de cada partición
SELECT MAX(IdCategoria) IdCategoria, $Partition.
funcion_
Particion(IdCategoria) PartitionNo
FROM dbo.ProductosP
GROUP BY $Partition.funcion_Particion(IdCategoria)
ORDER BY PartitionNo
```

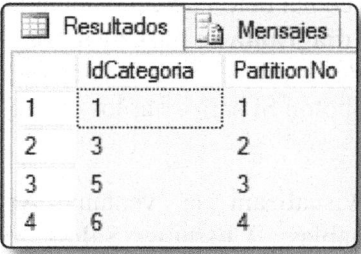

Captura 3.19. Valores máximos de cada partición

3.22 DIAGRAMAS DE BASES DE DATOS

Es una herramienta totalmente configurable que permite ver, diseñar y mantener una base datos desde un entorno gráfico. Puede añadir nuevas tablas, modificar o eliminar las existentes, administrar sus relaciones, etc.

Para crear un diagrama de la base de datos **AdventureWorks2012**, en el Explorador de objetos, expanda su nodo y haga clic con el botón derecho del ratón en el nodo **Diagramas de base de datos** → **Nuevo diagrama de base de datos**.

Si instaló la base de datos de ejemplo AdventureWorks2012 como se indicó en el tema 2.14, visualizará el error de la captura 3.20 al intentar crear un nuevo diagrama de base de datos. Este error se produce cuando la base de datos carece de propietario.

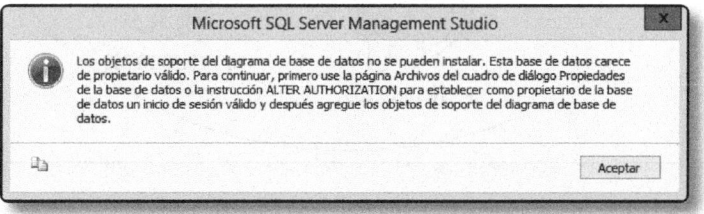

Captura 3.20. Error al crear un diagrama de base de datos

Para solucionarlo, haga clic con el botón derecho del ratón sobre el nombre de la base de datos **AdventureWorks2012** → **Propiedades** → **Archivos**.

En el cuadro de texto **Propietario**, busque un propietario válido, en el ejemplo se ha usado **Administrador**; por último haga clic en el botón **Aceptar**.

Vuelva a hacer clic con el botón derecho del ratón sobre el nodo **Diagramas de base de datos** → **Nuevo diagrama de base de datos**, se mostrará una advertencia indicándole que la base de datos carece de varios objetos necesarios para poder crear el diagrama, haga clic en el botón **Sí** para crear los objetos que faltan y poder diseñar un nuevo diagrama.

A continuación visualizará la ventana **Agregar tabla**, busque y agregue las siguientes tablas: **Customer(Sales)**, **SalesOrderHeader(Sales)**, **SalesOrderDetail(Sales)**. Para ello, seleccione las tablas una a una y haga clic sobre el botón **Agregar**. Cuando termine de añadirlas haga clic sobre el botón **Cerrar**.

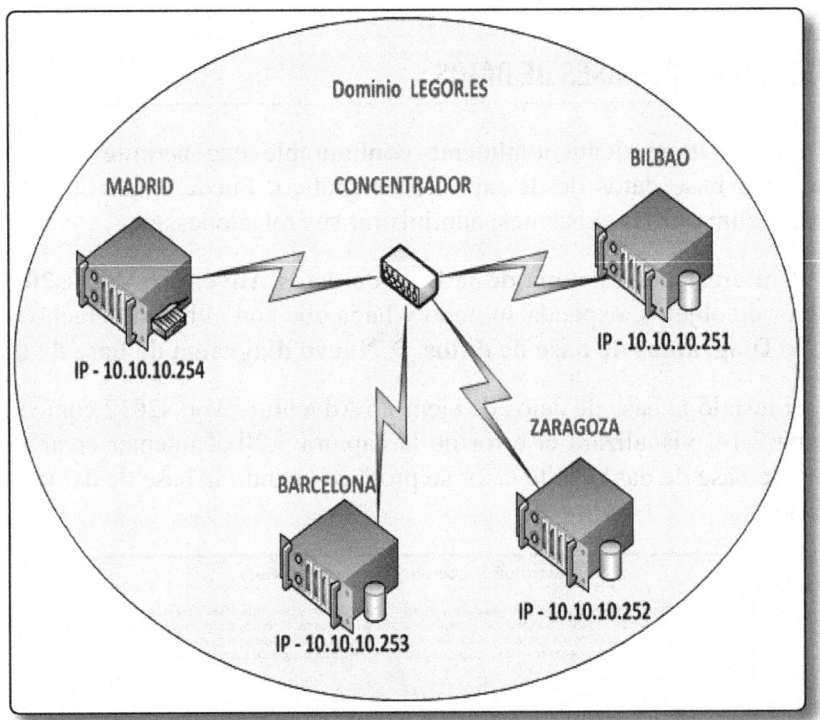

Captura 3.21. Diagrama de base de datos

Lo mejor de esta herramienta es que puede crear tantos diagramas de una base de datos como desee y en cada diagrama puede agregar las tablas que necesite. De esta manera es más fácil explorar y administrar bases de datos grandes reduciendo el ámbito de trabajo a las tablas que esté usando en ese momento.

A continuación se detallan algunas de las operaciones que es posible realizar desde el diseñador de diagramas de bases de datos de Microsoft SQL Server 2014.

▼ Modificar la información que presenta cada una de las tablas: nótese que en la captura 3.21 no presenta la misma información la tabla **SalesOrderHeader(Sales)** (1) que la tabla **SalesOrderDetail(Sales)** (3). En la primera únicamente se muestra una columna con los nombres de cada uno de los campos que componen la tabla. Mientras que en la segunda se muestran tres columnas, en las que se visualizan los nombres de los campos que componen la tabla, el tipo de datos definido para cada campo de la tabla y, por último, si están permitidos o no los valores nulos. Para cambiar el modo en que se visualiza una tabla haga clic en su título con el botón derecho del ratón (3). A continuación, en el menú contextual haga clic en **Vista de tabla**, elija el modo que más le convenga [**Estándar, Nombre de columna…**].

▼ El punto dos muestra una relación tipo **Foreign Key** entra las tablas **Customer(Sales)** y **SalesOrderHeader(Sales)** (1:N), en la que la clave primaria se encuentra en **Customer.CustomerID** y la clave externa en **SalesOrderHeader. CustomerId**. Haga clic con el botón derecho del ratón sobre el enlace visual (2) y elija **Propiedades** en el menú contextual. Esta última acción abre la ventana **Propiedades**, desde la que puede administrar la relación.

▼ Añadir una columna a una tabla: es posible añadir una columna a una tabla desde el diseñador gráfico de diagramas. Para ello "agrande" la tabla **SalesOrderDetail(Sales)** (3), y debajo de la última fila haga clic en el botón derecho del ratón en el espacio en blanco, en el menú contextual elija **Insertar columna**. Introduzca el nombre de la nueva columna (4), el tipo de datos que aceptará la columna (5) y active la casilla de verificación (6) si desea permitir valores NULL en la nueva columna.

▼ Crear una nueva tabla en la base de datos: para ello, haga clic con el botón derecho del ratón en un espacio libre del diagrama de base de datos y en el menú contextual elija **Nueva tabla**: visualizará una ventana en la que se le solicita el nombre de la nueva tabla, rellénela y pulse el botón **Aceptar**. Emergerá la nueva tabla en modo edición, lista para empezar a añadirle columnas.

▼ Eliminar una tabla de la base de datos: permite quitar una tabla de la base de datos, selecciónela y haga clic con el botón derecho del ratón sobre su barra de título. A continuación, elija el menú **Eliminar tablas de la base de datos.** Confirme que quiere eliminar la tabla.

Hay muchas más operaciones que se pueden realizar desde el diagrama de una base de datos, pero tenga en cuenta que para que todas las operaciones que realice sean efectivas tiene que guardar al final los cambios. Al cerrar el diagrama se muestra una ventana donde tiene que confirmar que desea guardar los cambios realizados.

4

ÍNDICES

Los índices en Microsoft SQL Server 2014 son objetos de la base de datos que sirven para mejorar el rendimiento de las consultas. Un índice bien diseñado disminuye notablemente los tiempos de ejecución de consultas y recuperación de datos. No ocurre lo mismo cuando un índice está mal diseñado: en este caso solo sirve para ocupar espacio e incrementar los tiempos de ejecución de las consultas. Este capítulo le enseñará cuándo debe usar un índice, qué tipo de índice debe usar y cómo crearlos y mantenerlos. Ello se hará a través de los siguientes apartados:

- ▶ Índices y acceso a datos.
- ▶ Índice agrupado.
- ▶ Índice no agrupado.
- ▶ Índice de almacén de columnas (ColumnStore).
- ▶ Índices únicos.
- ▶ Sintaxis para crear un índice desde T-SQL.
- ▶ Mantenimiento de los índices.
- ▶ Reorganizar índices desde SQL Management Studio.
- ▶ Generar índices desde SQL Management Studio.
- ▶ Creación de índices con el asistente para la optimización del motor de la base de datos.

Los temas anteriores van acompañados de los siguientes ejercicios prácticos:

▶ Crear un índice agrupado usando SQL Management Studio.

▶ Crear un índice único no agrupado, filtrado.

▶ Comprobar la fragmentación de los índices de una tabla.

▶ Comprobar la fragmentación de todos los índices de la base de datos AdventureWorks2012.

▶ Reorganizar un índice de una tabla.

▶ Reconstruir un índice de una tabla.

▶ Crear índices usando el asistente para la optimización del motor de la base de datos.

▶ Crear un índice de almacén de columnas (ColumnStore).

4.1 INFRAESTRUCTURA NECESARIA

Los ejercicios prácticos de este tema necesitan configurar una máquina como se indica en el Apéndice I. Es posible sustituir la máquina del Apéndice I por su propia máquina si instala en ella Microsoft SQL Server 2014 como se indica en el ejercicio práctico 1.11.

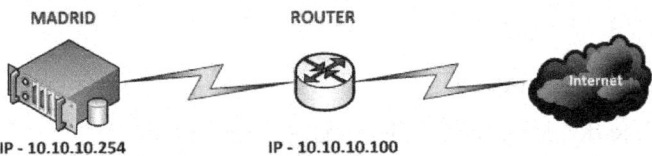

Los parámetros básicos de configuración de la máquina **MADRID** son:

▶ Nombre de la máquina: **MADRID**
▶ IP: **10.10.10.254**
▶ Máscara: **255.255.255.0**
▶ Servidor DNS preferido: **10.10.10.254** (máquina **MADRID**)
▶ Servidor DNS 2.º: **8.8.4.4** (DNS de Google)
▶ Puerta de enlace: **10.10.10.100** (IP del router que se utiliza en el ejemplo)

Las IP que se muestran son orientativas y puede adaptarlas al entorno donde instale y desarrolle los ejercicios prácticos.

4.2 ÍNDICES Y ACCESO A DATOS

Un índice es un conjunto de páginas asociadas a una tabla que sirven para acelerar la ejecución de consultas y la recuperación de datos. Cuando ejecuta una consulta con Microsoft SQL Server 2014, el motor de la base de datos tiene tres métodos para recuperar los datos:

▼ **Revisar la tabla**: consiste en recorrer una a una todas las filas que forman parte de una tabla e ir incluyendo en el conjunto de resultados las filas que cumplan con los criterios de búsqueda. Su uso está recomendado en la recuperación de datos en tablas pequeñas.

▼ **Usar índices tradicionales**: consiste en recorrer la estructura de un árbol hasta el dato que se corresponde con los criterios de búsqueda; y a continuación se extraen únicamente los registros que cumplen con los criterios de la consulta. Como en este caso los datos están ordenados, el motor de la base de datos sabe cuándo ha llegado al final de la búsqueda y finaliza la ejecución de la consulta.

▼ **Usar índices de almacén de columnas**: los ColumnStore son los nuevos índices desarrollados por Microsoft que fueron presentados en la versión SQL Server 2012, se diferencian de los índices tradicionales en que los ColumnStore agrupan y guardan los datos en una columna. Mientras que el índice tradicional es *horizontal* (se basa en filas), el ColumnStore es *vertical* (se basa en columnas).

ⓘ **NOTA**

Ventajas de los índices. Los índices aceleran el rendimiento de las consultas, disminuyendo los tiempos de recuperación de datos. Son útiles con tablas grandes que contienen miles de registros para realizar operaciones de ordenación (ORDER BY) o de agrupamiento (GROUP BY) y cuando en una consulta interviene más de una tabla.

ⓘ **NOTA**

Inconvenientes de los índices. Los índices ocupan espacio en disco y hay que mantenerlos.

SQL Server 2014 usa dos tipos de índices tradicionales diferentes: agrupado y no agrupado. Un índice agrupado determina el orden en el que se almacenan físicamente las filas en una tabla. Mientras que un índice no agrupado es un objeto separado dentro de la base de datos que apunta a filas específicas dentro de una tabla, pero no determina cómo se almacenan las filas.

4.3 ÍNDICE TRADICIONAL AGRUPADO

Un índice agrupado es similar a un índice alfabético, tiene las siguientes características:

▼ Solo puede haber un índice agrupado por tabla, porque este tipo de índice ordena físicamente los datos de una tabla y las filas de una tabla solamente pueden tener un orden físico.

▼ El nivel hoja del índice es donde se guardan los datos físicos de la tabla. Este tipo de índice ordena los datos de una tabla y los guarda en el mismo orden físico que establece los criterios de ordenación del índice.

▼ Cualquier registro nuevo que se inserte en la tabla lo hará respetando el orden físico que establezca el índice agrupado. Si hay que insertar un nuevo registro, y se produce una división de una página, los datos de la mitad inferior de la página original pasarán a la página de nueva creación y el nuevo registro se insertará en la página que le corresponda (que puede ser la nueva o la antigua).

Hay una serie de tipos de datos que no pueden usarse para generar un índice agrupado, estos son: ntext, text, nvarchar(max), varchar(max), varbinary(max), xml o image.

> ⓘ **NOTA**
>
> **Restricciones Primary Key**. Cuando crea en una tabla una restricción Primary Key, automáticamente se crea un índice agrupado, formado por las columnas que forman parte de la restricción.

4.3.1 Cuándo hay que utilizar un índice agrupado

▼ Cuando la consulta sea de intervalos. Es decir, se utilizan operadores del tipo BETWEEN, <, <=, > y >=.

▼ Cuando en el resultado de la consulta se esperan datos ordenados (ORDER BY) o agrupados (GROUP BY), en este caso el índice libera al motor de la base de datos de las tareas de ordenación o agrupación.

▼ Cuando en la consulta intervengan varias tablas (más de una) que estén relaccionadas entre sí por una **Foreign Key**.

4.3.2 Consideraciones a tener en cuenta al definir un índice agrupado

▼ Cuando defina un índice agrupado procure utilizar el menor número de columnas posibles en la clave. Tenga en cuenta que cuantas menos columnas use al definir la clave, más filas del índice entrarán en una página. Esto se traduce en un aumento del rendimiento del índice.

▼ Los índices más adecuados son aquellos cuyas columnas tienen definidas restricciones tipo **Unique** o la propiedad **Identity**, de esta manera se facilita el trabajo al motor de Microsoft SQL Server 2014. Si hay registros repetidos dentro de un índice, el motor tiene que perder tiempo y recursos en diferenciar estos registros.

4.3.3 No utilice índices agrupados

▼ Cuando los datos de las columnas que forman parte de la clave del índice se modifiquen con frecuencia, si indiza este tipo de columnas obligará al motor de la base de datos a ordenar físicamente la tabla cada vez que se produzca un cambio.

4.3.4 Exploración del árbol B (balanceado) en un índice agrupado

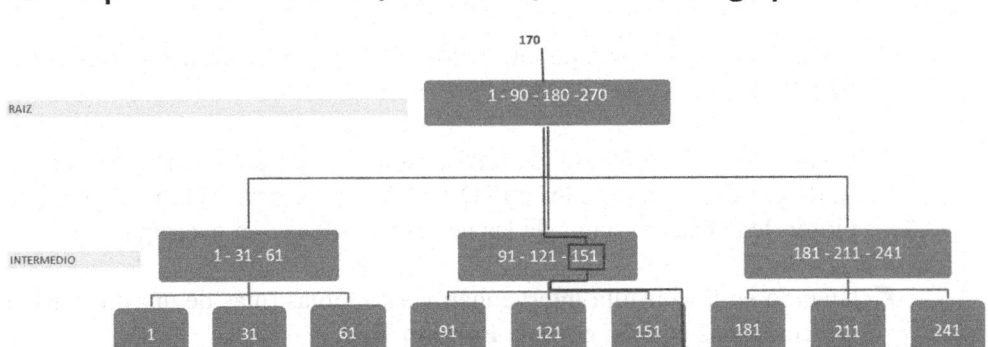

Figura 4.1. Estructura de árbol

La estructura de árbol B, es la que usa el motor de base de datos de Microsoft SQL Server 2014 para mantener índices tradicionales de acceso a una base de datos. La estructura de árbol es similar a un árbol invertido y comienza en el nodo superior o nodo raíz. En tablas pequeñas, el nodo raíz puede apuntar directamente a la ubicación física de los datos, pero lo normal es que el nodo raíz apunte a los nodos intermedios. Este tipo de nodos, como su nombre indica, se encuentran entre el nodo raíz y el nodo hoja. La misión del nodo intermedio consiste en apuntar a otros nodos intermedios o a un nodo hoja. Por último, el nodo hoja es el último nivel del árbol y en un índice agrupado este tipo de nodos contienen la página de datos de la tabla subyacente.

En la figura 4.1 se muestra una estructura de árbol B de un índice agrupado, en el que se almacenan las páginas ordenadas por el valor de la clave numérica, en el nodo hoja. Se muestra el procedimiento para extraer el valor **170**.

ⓘ **NOTA**

Nodo raíz: para localizar el nodo raíz, el motor de SQL Server, consulta la tabla **sys.partitions**, que contiene una fila por cada índice y tabla de la base de datos que esté usando.

4.3.5 Ventajas que ofrece este tipo de estructura

▼ Todos los nodos de hoja tienen la misma profundidad. Esto implica que la recuperación de cualquier registro tarda aproximadamente lo mismo.

▼ Los árboles B se autobalancean, es decir, equilibran sus nodos automáticamente (cada nodo tiene aproximadamente el mismo número de datos).

▼ Los árboles B proporcionan un buen rendimiento para consultas exactas entre rangos y ordenadas.

▼ El rendimiento de los árboles es bueno en tablas pequeñas y en tablas grandes. Y no se degrada a medida que la tabla crece.

4.4 ÍNDICE NO AGRUPADO

Los índices no agrupados tienen una estructura separada de las filas de datos. Un índice no agrupado contiene los valores de clave de índice no agrupado y cada entrada de valor de clave tiene un puntero a la fila de datos que contiene el valor clave.

El puntero de una fila de índice no agrupado hacia una fila de datos se denomina localizador de fila. La estructura del localizador de filas depende de si las páginas de datos están almacenadas en un montón (véase en el punto siguiente la definición del concepto de montón) o en una tabla agrupada. Si están en un montón, el localizador de filas es un puntero hacia la fila. Si están en una tabla agrupada, el localizador de fila es la clave de índice agrupada.

Por este motivo, dentro de los índices no agrupados hay que distinguir entre los índices no agrupados en un montón y los índices no agrupados en una tabla agrupada.

4.4.1 Índices no agrupados en un montón

Un montón es una tabla que no usa índices agrupados y cuyas filas se almacenan sin guardar ningún orden en concreto. La forma en que Microsoft SQL Server 2014 mantiene los montones es usando páginas **IAM** [Index (índice), Allocation (asignación), Map (mapa)]. Las páginas IAM se asignan cuando los objetos las necesitan y se ubican en forma aleatoria. La tabla del sistema **sys.partitions** almacena un puntero a la primera página IAM del motón, las demás páginas están enlazadas a la primera.

Los montones se deben utilizar cuando:

▼ No se define un índice agrupado en la tabla.

▼ Cuando la tabla sufra modificaciones importantes en cortos espacios de tiempo. Si tiene una tabla donde constantemente está realizando modificaciones (inserts, updates y deletes), si además le añade un índice agrupado, probablemente el rendimiento de la tabla se ralentizará.

▼ Cuando use tablas pequeñas con poca cantidad de datos.

▼ Cuando la tabla contenga datos duplicados. Si hay registros repetidos dentro de un índice, el motor de la base de datos tiene que perder tiempo y recursos en diferenciar estos registros.

Los índices no agrupados en un montón funcionan de manera similar a los índices agrupados hasta el nivel intermedio, a partir del cual existen algunas diferencias notables:

▼ El nivel hoja no coincide con el nivel de datos físicos, como ocurría en los índices agrupados. Este nivel tiene un puntero que informa de dónde se ubican los datos físicos.

▼ En un índice agrupado, las filas se encuentran físicamente ordenadas (nivel hoja), esto significa que cuando se hacen consultas de rangos de datos, los datos se encuentran agrupados uno detrás del otro. Mientras que en un montón los datos no tienen un orden físico, no existe ordenación física de ningún tipo, esto hace que el único vínculo existente entre ellos sea el índice no agrupado. Por este motivo el rendimiento de un índice no agrupado suele ser inferior al de un índice agrupado.

4.4.2 Índices no agrupados en una tabla agrupada

Los índices no agrupados en una tabla agrupada funcionan de manera similar a los índices agrupados, aunque existen algunas diferencias a partir del nivel intermedio. Cuando llega al nivel hoja no se encuentra con los datos físicos, como ocurre en los índices agrupados; o con el puntero que le dirige a los datos, como en el caso de los índices no agrupados en montón. En el nivel hoja de un índice no agrupado, en tabla agrupada, se encuentra una **clave agrupada**, es decir, un puntero que apunta a un **índice agrupado**. Es en última instancia el índice agrupado el que localizará los datos solicitados en la consulta.

4.4.3 Cuándo hay que utilizar un índice no agrupado

▼ Cuando los resultados de las consultas extraigan conjuntos pequeños de datos.

▼ En tablas grandes con pocas actualizaciones.

▼ Cuando necesite mejorar el rendimiento de consultas tipo JOIN o GROUP BY, entre tablas. Para ello, primero cree índices no agrupados con las columnas que intervengan en la consulta en cada una de las tablas y a continuación cree un índice agrupado en la columna de la clave externa.

▼ Para indizar columnas que participan como condición dentro de una cláusula WHERE.

▼ Cuando necesite extraer datos de una tabla, usando diferentes campos con diferentes consultas. Recuerde que aunque el índice agrupado es el ideal, solo es posible crear un índice agrupado por tabla. Imagine que tiene una tabla que necesita consultar por más de un campo y ya tiene un índice agrupado en la tabla, necesitará indizar las demás columnas que quiera utilizar para consultar, usando índices no agrupados.

4.4.4 Consideraciones a tener en cuenta al definir un índice no agrupado

▼ El máximo rendimiento de un índice no agrupado se obtiene cuando el índice contiene todas las columnas que intervienen en la consulta.

▼ Reduzca el uso de índices no agrupados cuando la tabla se actualice con relativa frecuencia. Los índices no agrupados afectan al rendimiento de instrucciones tipo INSERT, UPDATE o DELETE, porque además de actualizar la tabla hay que actualizar también los índices.

4.5 ÍNDICE DE ALMACÉN DE COLUMNAS (COLUMNSTORE)

Los nuevos índices **ColumnStore** agrupan y almacenan los datos de cada columna por separado. Son muy diferentes de los índices tradicionales, que tienen estructura de filas de datos en forma de árboles B. Observe la tabla de ejemplo **Productos** (tabla 4.1).

ProductID (int)	NomProduc (varchar)	IdCategoria (int)	IdProveedor (int)	PrecioUd (money)	Descuento (bit)
1	Cadena	3	23	18	1
2	Rueda	2	18	23	0
....	....	....	....	....	....
525	Timbre	7	4	5	1

Tabla 4.1. Tabla Productos

Un índice tradicional no agrupado de las filas [**ProductId, NomProduct, Descuento**] se puede representar con el siguiente formato:

1	Cadena	1	(1ª fila)
2	Rueda	0	(2ª fila)
X	......	......	(3ª fila)
525	Timbre	1	(525ª filas)

Figura 4.2. Estructura de un índice tradicional

```
1    Cadena    1              (1ª fila)
2    Rueda     0              (2ª fila)
X    . . .   . . .      . .   (Xª fila)
525  Timbre    1              (525ª fila)
```

Al completarse una página, se crearía una nueva y se continuaría llenando de filas de datos. Este proceso se repetiría hasta completar todas las filas que componen el índice.

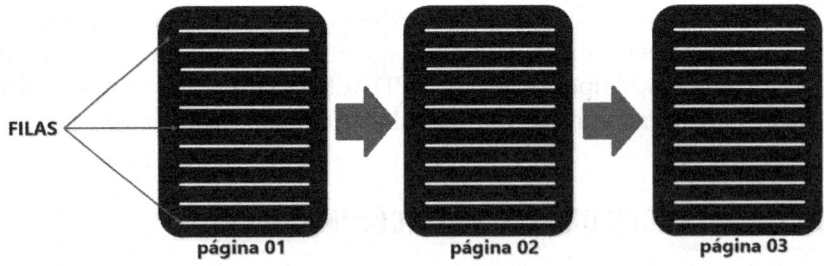

Figura 4.3. Llenado de páginas en un índice tradicional

Los nuevos índices **ColumnStore**, para el mismo ejemplo, organizan los datos en columnas con el siguiente formato:

Figura 4.4. Estructura de un índice ColumnStore

```
1          2          X          525        (1ª columna)
Cadena     Rueda      . . .      Timbre     (2ª columna)
1          0          . . .      1          (3ª columna)
```

Mientras que el índice tradicional es *horizontal* (se basa en filas), el **ColumnStore** es *vertical* (se basa en columnas).

Los índices **ColumnStore** almacenan cada columna en un conjunto de páginas diferentes. En realidad es como si cada columna tuviera su propio índice. Cuando se completan todas las columnas, se unen para configurar un índice general, como un único conjunto. Esta nueva forma de almacenamiento hace que mejore su rendimiento hasta diez veces respecto a un índice tradicional en las mismas condiciones. Respecto a la compresión de datos, esta llega a ser siete veces mayor que en los índices tradicionales.

ⓘ **NOTA**

Los índices ColumnStore, agrupados verticales o índice ColumnStore clúster no estaban permitidos en la versión anterior Microsoft SQL Server 2012, únicamente se permitían los no agrupados.

ⓘ **NOTA**

Los índices ColumnStore están disponibles en las versiones Enterprise, Developer y Evaluación de Microsoft SQL Server 2014.

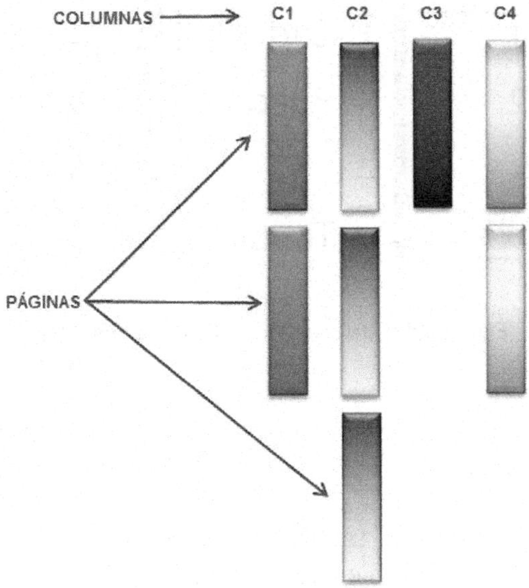

Figura 4.5. Llenado de páginas en un índice ColumnStore

4.5.1 Características de los índices ColumnStore

Las principales características de los índices **ColumnStore** son las siguientes:

▶ Los datos tienen formato de columna. Como se ha explicado anteriormente, la organización de los índices tradicionales se basa en filas, en los nuevos índices **ColumnStore** se basa en columnas.

▶ Se obtienen mejores rendimientos en las consultas por los siguientes motivos:

- Los datos que se guardan una misma columna son datos homogéneos, es decir, son todos del mismo tipo, circunstancia que no suele ocurrir en los datos que se guardan de una misma fila (índices tradicionales). Esto hace que el nivel de compresión de datos sea mucho más alto.

- Al estar las columnas muy comprimidas, se reducen las operaciones de acceso a disco.

- Los datos transferidos del disco a la memoria también se reducen, se necesita menos memoria para ejecutar la consulta.

- Cuando un usuario extrae datos de una tabla usando un índice ColumnStore, Microsoft SQL Server 2014 únicamente lleva a memoria las columnas que afectan a la consulta.

▼ Los índices **ColumnStore** no tienen columnas clave, esto elimina las limitaciones que tienen los índices tradicionales a 16 columnas claves.

▼ Si la tabla madre tiene un índice **clúster**, todas las columnas que formen parte de este índice tienen que formar parte también del índice **ColumnStore** (si se olvida de agregar alguna de estas columnas al crear el índice, se agregará automáticamente).

▼ El procesamiento de las consultas se hace por lotes para aprovechar la orientación de las columnas de datos y mejorar el rendimiento.

4.5.2 Utilice índices ColumnStore

▼ En tablas que sufren pocas actualizaciones y se utilicen para extraer datos.

▼ En tablas muy grandes de millones de registros.

4.5.3 No utilice índices ColumnStore

▼ Cuando la tabla sufre actualizaciones frecuentes.

▼ Cuando las consultas sean normalmente pequeñas.

▼ Y, evidentemente, cuando compare el rendimiento con un índice tradicional y este sea inferior.

4.5.4 Tipos de datos que pueden formar parte de un índice ColumnStore

▼ char y varchar.

▼ nchar y nvarchar [excepto varchar(max) y nvarchar(max)].

▼ decimal y numeric cuando la precisión no supera los 18 dígitos.

▼ int, bigint, smallint y tinyint.

▼ float y real.

▼ Bit.

▼ money y smallmoney.

▼ Todos los tipos de datos de fecha y hora, excepto datetimeoffset con escala mayor que 2.

4.6 ACTUALIZACIÓN DE DATOS EN UNA TABLA CON ÍNDICES COLUMNSTORE

Las tablas que usan índices **ColumnStore** no se pueden actualizar directamente, para actualizarlas siga uno de los procedimientos que a continuación le indico:

▶ Quite el índice **ColumnStore**, actualice los datos realizando las operaciones necesarias (INSERT, DELETE, UPDATE…), cuando termine de actualizar la tabla, vuelva a crear el índice. Este procedimiento necesita una ventana (período de tiempo) para realizar las labores de mantenimiento, período durante el cual la tabla no estará disponible.

▶ Utilice dos tablas con la misma estructura para guardar los datos, la primera de ellas almacenará los datos "históricos", es decir, aquellos que en teoría no hay que modificar. En esta tabla aplique el índice **ColumnStore**. En la segunda guarde los datos más recientes que son susceptibles de ser modificados. En esta tabla cree índices tradicionales. Cuando tenga que extraer datos consulte ambas tablas y combine los resultados con la cláusula **UNIONALL**. De esta manera, la consulta hecha a la tabla histórica (que suele ser la que tiene mayor número de registros) aprovechará las ventajas y rapidez del nuevo índice **ColumnStore** y la tabla de datos recientes podrá ser actualizada *online* sin problemas.

4.7 ÍNDICES ÚNICOS

Un índice único garantiza que todos los datos de la columna indizada son únicos. Dicho de otra manera, asegura que cualquier intento de duplicar valores clave fracasará. Básicamente, el índice único comprueba que cada fila que se intente insertar en la tabla no contenga valores duplicados, si es así se deshace la inserción. Esto quiere decir que una transacción que inserte 1.000 registros simultáneamente en una tabla indizada, en el caso de que uno solo de ellos tuviera valores duplicados, revertiría la transacción completa (no se insertaría ninguna fila). Existe la opción **IGNORE_DUP_KEY** (se estudia en el apartado 4.9 *Sintaxis para crear un índice desde T-SQL*), que permite configurar cómo actuará una transacción en caso de contener valores duplicados.

Cómo se implementan los índices únicos:

▶ Al crear una restricción **Primary Key** se crea automáticamente un índice **agrupado único** en las columnas que forman la clave.

▼ Al crear una restricción **Unique** se crea automáticamente un índice **no agrupado único**.

▼ Es posible crear varios índices **no agrupado únicos** en una misma tabla.

Cuándo crear un índice único:

▼ Cuando el dato por definición sea único (CIF, DNI, número de la Seguridad Social, etc.).

▼ Cuando a una columna se le pueda exigir integridad de entidad.

4.8 EJERCICIO PRÁCTICO: CREAR UN ÍNDICE AGRUPADO ÚNICO USANDO SQL MANAGEMENT STUDIO

En esta práctica le mostraré cómo crear un índice agrupado único, con las opciones básicas por defecto, con la herramienta SQL Management Studio. Para ello borrará un índice existente en una tabla de la base de datos AdventureWorks2012 y a continuación lo volverá a crear. La práctica, para su ejecución, se divide en dos partes:

4.8.1 Eliminar un índice agrupado de la tabla Sales.SalesOrderDetail

1. Inicie SQL Management Studio → conéctese con autenticación Windows.

2. En el Explorador de objetos del servidor **MADRID**, seleccione la base de datos **AdventureWorks2012** (1) → expanda el nodo tablas (2).

3. Sitúese en la tabla **Sales.SalesOrderDetail** (3) → despliegue el nodo **Índices** (4) dentro se encuentra el índice agrupado (clúster) [PK_SalesOrderDetail_SalesOrderID_SalesOrderDetailID] y dos índices no agrupados (no clúster) [AK_SalesOrderDetail_rowguid, IX_SalesOrderDetail_ProductID].

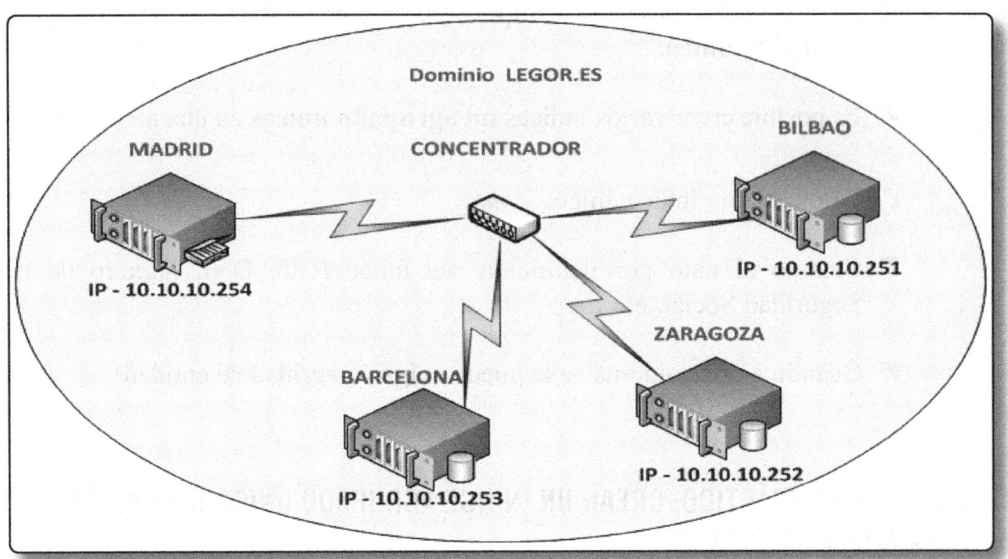

Captura 4.1. Índices de la tabla Sales.SalesOrdersDetail

4. Seleccione el índice agrupado **PK_SalesOrderDetail_SalesOrderID_ SalesOrderDetailID** (5) → haga clic con el botón derecho del ratón sobre él, en el menú contextual elija la opción **Eliminar** (6).

5. Visualizará la ventana **Eliminar objeto**, en ella se le indica que está a punto de eliminar el índice **PK_SalesOrderDetail_SalesOrderID_ SalesOrderDetailID**. Para eliminar el índice definitivamente haga clic en el botón **Aceptar**. Para comprobar que el índice ha sido eliminado, pulse **F5** para actualizar el nodo **Índices** de la tabla **Sales.SalesOrderDetail**, a continuación compruebe que el índice agrupado ha desaparecido del nodo **Índices** de la citada tabla.

4.8.2 Volver a crear el índice agrupado de la tabla Sales.SalesOrderDetail

1. Inicie SQL Management Studio → conéctese con autenticación Windows.

2. En el **Explorador de objetos** del servidor **MADRID**, seleccione la base de datos **AdventureWorks2012**, despliegue el nodo **Tablas**.

3. Sitúese en la tabla **Sales.SalesOrderDetail** (1) → nodo **Índices** (2) → haga clic con el botón derecho del ratón sobre el nodo **Índices** → en el menú contextual elija la opción **Nuevo índice** (3) → **Índice clúster** (4).

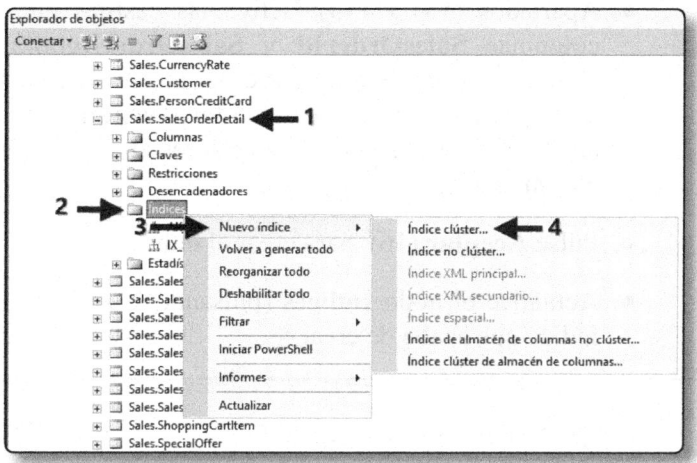

Captura 4.2. Crear un índice agrupado en la tabla Sales.SalesOrdersDetail (I)

4. Visualizará la ventana **Nuevo índice** (5), que contiene cuatro páginas [General, Opciones, Almacenamiento, Propiedades extendidas].

5. Asegúrese de que en la sección **Seleccionar una página**, que se encuentra en la esquina superior izquierda de la ventana, está seleccionada la página **General** (6).

6. Rellene la página **General** como a continuación se describe:

   • Apartado (7): indica el nombre de la tabla donde está creando el índice, es un cuadro de texto de solo lectura.

   • Apartado (8): introduzca el nombre del nuevo índice, **PK_ SalesOrderDetail_SalesOrderID_ SalesOrderDetailID**.

   • Apartado (9): informa de que el tipo de índice que está creando en el ejemplo es un índice **Agrupado** (clúster).

   • Apartado (10): active la casilla de verificación para indicar que el índice es único.

   • Apartado (11): haga clic sobre el botón **Agregar**. La acción anterior abre la ventana **Seleccionar columnas de 'Sales.SalesOrderDetail'** (12). Desde esta ventana se eligen las columnas que formarán parte del índice.

- Apartados (13) y (14): active las casillas de verificación de las columnas **SalesOrderId** y **SalesOrderDetail**, que son las dos columnas que formarán parte del índice. A continuación, dentro de esta ventana, haga clic en el botón **Aceptar**. Compruebe que se han añadido las dos columnas anteriores en la sección **Clave de índice columnas** (15).

- Pulse **Aceptar** (16) para crear el índice.

- Actualice el nodo **Índices** (pulsando la tecla **F5**) para visualizar el índice que acaba de crear.

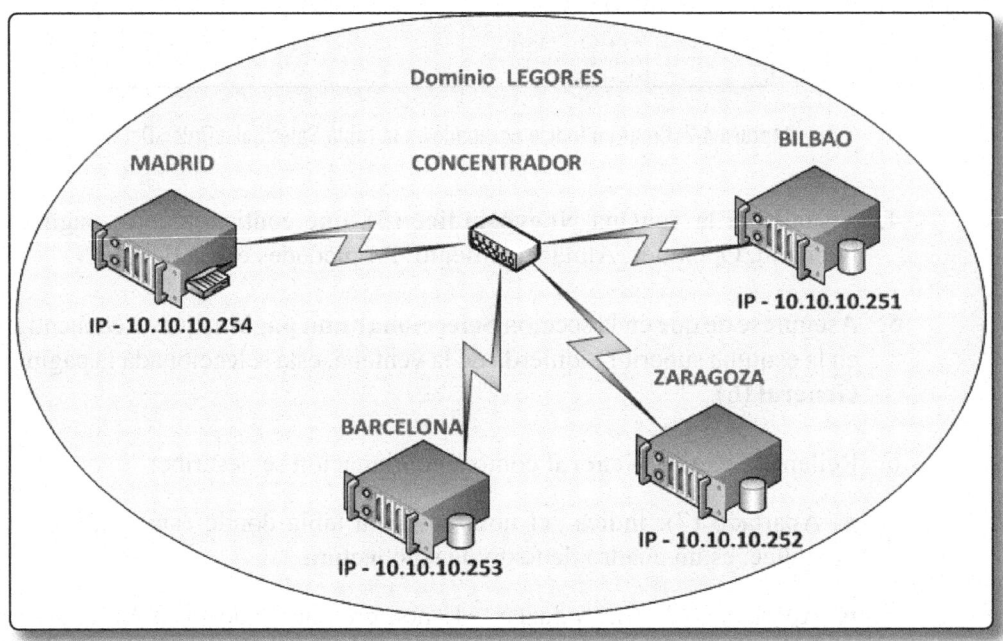

Captura 4.3. Crear un índice agrupado en la tabla Sales.SalesOrdersDetail (II)

> (i) NOTA
>
> **Crear un índice**: en las páginas **Opciones**, **Almacenamiento** y **Propiedades extendidas**, se localizan opciones de configuración de los índices. El funcionamiento de cada una de ellas se explica en el siguiente apartado (*Sintaxis para crear un índice desde T-SQL*).

4.9 SINTAXIS PARA CREAR UN ÍNDICE DESDE T-SQL

La sintaxis básica para crear un índice desde T-SQL es la siguiente:

```
CREATE [ Unique ] [ CLUSTERED | NONCLUSTERED ]
INDEX <nombre del índice>
ON <nombre tabla> ( <columna>[ ASC | DESC ] [ ,...n ] )
[ INCLUDE ( <nombre columna> [ ,...n ] ) ]
[ WHERE ( <Predicado> ]
[ WITH
[ PAD_INDEX = { ON | OFF }]
[ FILLFACTOR = <factor de relleno> ]
[ SORT_IN_TEMPDB = { ON | OFF } ]
[ IGNORE_DUP_KEY = { ON | OFF }]
[ STATISTICS_NORECOMPUTE = { ON | OFF }]
[ DROP_EXISTING = { ON | OFF }]
[ ONLINE = { ON | OFF }]
[ ALLOW_ROW_LOCKS = { ON | OFF }]
[ ALLOW_PAGE_LOCKS = { ON | OFF }]
[ MAXDOP = <grado máximo de paralelismo ]
[ DATA_COMPRESSION = { NONE | ROW | PAGE}]
[ ON ( { <grupo de archivos> | <nombre esquema
partición> | DEFAULT } ]
```

A continuación le explicaré para qué sirve cada una de las opciones de la sintaxis anterior.

▶ **ASC / DESC**: permiten indicar cómo se ordenarán las columnas del índice: ascendentemente o descendentemente.

▶ **INCLUDE**: se aplica a los índices no agrupados. Las columnas que incluya dentro de esta opción se agregan al nivel hoja del índice. Recuerde que cada fila en el nivel hoja se corresponde con una fila de datos. Aunque en teoría el uso de esta opción mejora el rendimiento del índice, al incluir muchas columnas está aumentando el tamaño del nivel hoja, esto implica que en cada página quepan menos filas y, por consiguiente, se necesitan más recursos para ver el mismo número de filas. Los índices que utilizan esta opción se conocen también como **índices compuestos** y le pueden ayudar a reducir el número de índices que se crean en una tabla.

▶ **WHERE**: sirve para filtrar las filas que formarán parte del índice. Un índice filtrado debe ser único y no agrupado.

▼ **PAD_INDEX**: el valor predeterminado es **OFF**. Para que esta opción funcione tiene que establecer el valor de **PAD_INDEX** a **ON** y a continuación configurar la opción **FILLFACTOR** (que se explica a continuación). Cuando **PAD_INDEX** está configurado determina el porcentaje de relleno de las páginas del nivel intermedio del índice, el porcentaje coincidirá con el que establezca en **FILLFACTOR**.

▼ **FILLFACTOR**: establece el porcentaje de relleno del índice [0 – 100]; el valor 0, que es el predeterminado, indica que las páginas se llenarán al completo de su capacidad (es lo mismo que establecer FILLFACTOR = 100). Tenga en cuenta que si está haciendo una inserción en una tabla indizada y el FILLFACTOR = 100, el motor de SQL Server tiene que crear una nueva página de índice y balancear los datos, con el consiguiente coste en el rendimiento. Por este motivo es muy importante que adapte el FILLFACTOR dependiendo del uso que vaya a dar a la tabla indizada:

● Utilizar un valor de relleno bajo, un 65 – 70 % aproximadamente, en entornos OLTP (procesamiento de transacciones en línea) cuando la tabla indizada tenga frecuentes modificaciones.

● Utilizar un valor alto, en entornos OLAP (procesamiento analítico en línea) cuando haya pocas o ninguna modificación.

▼ **SORT_IN_TEMPDB**: guarda las operaciones de ordenación intermedias que genera un índice en la base de datos tempdb. El valor predeterminado es **OFF**. Considere activar esta opción si guarda la base de datos tempdb en una unidad de disco diferente de donde se encuentre la tabla indizada. De lo contrario ralentizará el rendimiento de su motor de base de datos, porque al estar su base de datos con la tabla indizada y tempdb en el mismo disco, ambas bases competirán en los procesos de lectura/escritura en disco.

▼ **IGNORE_DUP_KEY**: sirve para lanzar un mensaje de error cuando se insertan valores duplicados en un índice único. El valor predeterminado de esta opción es **OFF**. Un índice único no permite la inserción de valores duplicados; imagine una transacción en la que se insertan 100.000 filas, en la que 5 filas están repetidas, si tiene la opción **IGNORE_DUP_KEY** establecida a **ON**, las cinco filas que contienen valores duplicados en el índice generarán un error, pero no revertirán la transacción, es decir, las otras 99.995 filas, que están bien, se insertarán. En el ejemplo anterior si tiene establecida la opción **IGNORE_DUP_KEY** a **OFF**, en cuanto intente insertar una fila con valores duplicados, se revertirá la transacción completa y no se insertará ninguna fila.

▼ **STATISTICS_NORECOMPUTE**: con esta opción puede especificar si se vuelven a calcular las estadísticas. El valor predeterminado es **OFF**, que indica que se habilita el cálculo automático de las estadísticas. No es recomendable deshabilitar esta opción (se hace estableciendo el valor de **STATISTICS_NORECOMPUTE a ON**): las estadísticas las utiliza el optimizador de consultas para verificar si el índice es adecuado o no para una determinada consulta.

▼ **DROP_EXISTING**: sirve para especificar qué comportamiento seguirá el índice agrupado o sin agrupar que esté creando, en el caso de que ya exista. El valor predeterminado es **OFF**.

- **ON**: el índice existente se quita y se vuelve a crear. El nombre del índice debe ser el mismo, aunque su definición se puede modificar.

- **OFF**: se muestra un error si intenta crear un índice que ya existe.

▼ **ONLINE**: especifica si la tabla indizada está disponible mientras se realizan tareas de mantenimiento de los índices (por ejemplo, una reconstrucción del índice). El valor predeterminado es **OFF**, la tabla se bloquea durante las operaciones de mantenimiento del índice. Esta opción únicamente está disponible cuando se trata de índices agrupados y para las ediciones Enterprise y Developer.

▼ **ALLOW_ROW_LOCKS**: especifica si se permiten bloqueos de fila. El valor predeterminado es **ON**, que quiere decir que se permiten los bloqueos de fila, al acceder al índice.

▼ **ALLOW_PAGE_LOCKS**: especifica si se permiten los bloqueos de página. El valor predeterminado es **ON**, que quiere decir que se permiten los bloqueos de página, al acceder al índice.

▼ **MAXDOP**: establece el número de procesadores que se utilizarán en la construcción del índice. Los valores que se pueden asignar a esta opción son:

- 1: no se generan planes paralelos.

- > 1: limita el número de procesadores que se utilizarán en la construcción del índice al número especificado.

- 0: valor predeterminado, utiliza el número real de procesadores o un número inferior dependiendo de la carga de trabajo del sistema.

- **DATA_COMPRESSION**: especifica si se comprimen los datos del índice. Las opciones son:
  - NONE: No se comprime el índice.
  - ROW: el índice se comprime usando el método compresión de fila.
  - PAGE: el índice se comprime usando el método compresión de página.
- **ON**: especifica dónde se creará el índice (en qué grupo de archivos o en qué esquema de partición), la opción **default** crea el índice en el grupo de archivos predeterminado.

4.10 EJERCICIO PRÁCTICO: CREAR UN ÍNDICE ÚNICO NO AGRUPADO FILTRADO

Los índices filtrados agilizan consultas que devuelven un subconjunto bien definido de datos de una tabla. En esta práctica se le enseñará cómo crear un índice único no agrupado, filtrado, en la tabla **dbo.Orders** de la base de datos Northwind. La idea es que cuando un operador de la base extraiga datos de esta tabla usando alguno de los predicados que a continuación se detallan, mejore el rendimiento de la consulta.

Predicados: *WHERE ShipCountry = 'USA', WHERE ShipCountry = 'Spain', WHERE ShipCountry = 'Germany'* o *WHERE ShipCountry = IN ('USA', 'Spain', 'Germany').*

Usando T-SQL

Para completar la práctica, escriba esta instrucción en el **Editor de consultas**.

```
USE [Northwind]
CREATE Unique NONCLUSTERED                          --lINEA 1ª
INDEX [PK_Orders_OrderID]                           --lINEA 2ª
ON [dbo].[Orders]                                   --lINEA 3ª
(
  [OrderID] ASC                                     --lINEA 4ª
)
INCLUDE ([ShipCountry])                             --lINEA 5ª
WHERE (ShipCountry IN (('USA'), ('Spain'),
('Germany')))                                       --lINEA 6ª
WITH (                                              --lINEA 7ª
DROP_EXISTING=OFF,                                  --lINEA 8ª
```

```
PAD_INDEX = ON,                                  --lINEA 9ª
STATISTICS_NORECOMPUTE = OFF,                    --lINEA 10ª
SORT_IN_TEMPDB = OFF,                            --lINEA 11ª
ONLINE = OFF,                                    --lINEA 12ª
ALLOW_ROW_LOCKS = ON,                            --lINEA 13ª
ALLOW_PAGE_LOCKS = ON,                           --lINEA 14ª
FILLFACTOR = 75,                                 --lINEA 15ª
IGNORE_DUP_KEY = OFF,                            --lINEA 16ª
MAXDOP=0                                         --lINEA 17ª
)
ON [PRIMARY]                                     --lINEA 18ª
```

▸ Será un índice único, no agrupado. **Línea 1**.

▸ El índice lo llamará, PK_Orders_OrderID. **Línea 2**.

▸ El índice se creará en la tabla dbo.Orders. **Línea 3**.

▸ Como clave de índice de columnas use OrderID, ordenada ascendentemente. **Línea 4**.

▸ Incluirá la columna ShipCountry, que se agregará al nivel hoja del índice. **Línea 5**.

▸ Se usará un filtro para delimitar las filas que componen el índice, que serán todos los **ShipCountry** cuyo valor sea USA, Spain o Germany. **Línea 6**.

▸ Añada la opción DROP_ EXISTING=OFF. Porque el índice todavía no existe y al intentar bórralo provocaría un error. **Línea 8**.

▸ Asignará a la opción PAD_INDEX el valor ON. De esta manera, las páginas intermedias tendrán el porcentaje de relleno que se indique en el FILLFACTOR (para este ejemplo, el 75 %). **Línea 9**.

▸ Asignará a la opción STATISTICS_NORECOMPUTE el valor OFF, que indica que se habilita el cálculo automático de las estadísticas. **Línea 10**.

▸ Asignará a la opción SORT_IN_TEMPDB el valor OFF. Ya que no va a guardar las operaciones intermedias de ordenación del índice en la base tempdb. **Línea 11**.

▼ Asignará a la opción ONLINE el valor OFF. Que indica que la tabla indizada no estará disponible mientras se realicen tareas de mantenimiento del índice. **Línea 12**.

▼ Se permitirán bloqueos a nivel fila al acceder al índice. **Línea 13**.

▼ Se permitirán bloqueos a nivel página al acceder al índice. **Línea 14**.

▼ Establecerá el factor de relleno del índice al 75 %. **Línea 15**.

▼ Asignará a la opción IGNORE_DUP_KEY el valor OFF, para no permitir valores duplicados en el índice. **Línea 16**.

▼ Asigne el valor 0 a la opción MAXDOP. **Línea 17**.

▼ El índice se creará dentro del grupo de archivos primario. **Línea 18**.

Usando SQL Management Studio

A continuación se le mostrará cómo crear el índice anterior desde SQL Management Studio, para que observe el paralelismo entre las propiedades establecidas en T-SQL y el diseñador visual.

Previamente, antes de crear el índice hay que borrarlo, porque desde el diseñador visual no se puede establecer la propiedad DROP_EXISTING=ON, que, como recordará, borra un índice antes de volver a crearlo.

Para borrar el índice PK_Orders_OrderID, siga las instrucciones que a continuación se detallan.

1. Inicie SQL Management Studio → conéctese con autenticación Windows.

2. Seleccione la base de datos **Northwind** (1) → despliegue el nodo **Tablas** (2).

3. Sitúese en la tabla **dbo.Orders** (3) → despliegue el nodo **Índices** (4).

4. Seleccione el índice único, no agrupado, filtrado **PK_Orders_OrderID** (5) → haga clic con el botón derecho del ratón sobre él, en el menú contextual que se muestra elija la opción **Eliminar** (6).

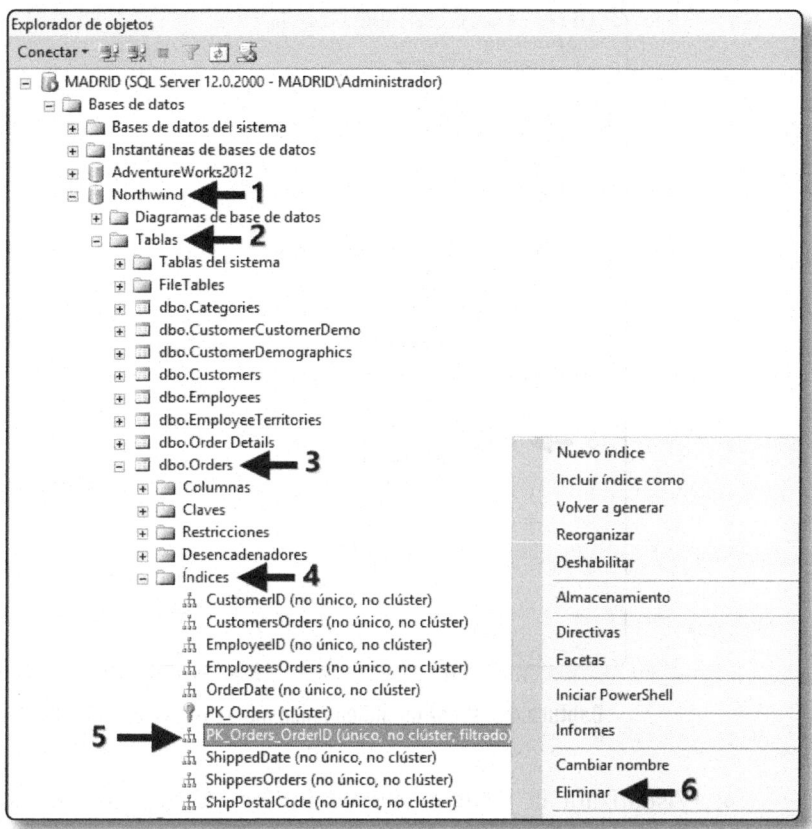

Captura 4.4. Eliminar el índice PK_Orders_OrderID

Una vez eliminado el índice PK_Orders_OrderID, podemos iniciar el procedimiento para volver a crearlo usando SQL Management Studio.

1. Inicie SQL Management Studio → conéctese con autenticación Windows.

2. En el Explorador de objetos, seleccione la base de datos **Northwind** (1).

3. Sitúese en la tabla **dbo.Orders** (2) → despliegue el nodo **Índices** (3) → haga clic con el botón derecho del ratón sobre el nodo **Índices**, en el menú contextual elija la opción **Nuevo índice** (4) → **Índice no clúster** (5) (se corresponde con la línea 1 de T-SQL).

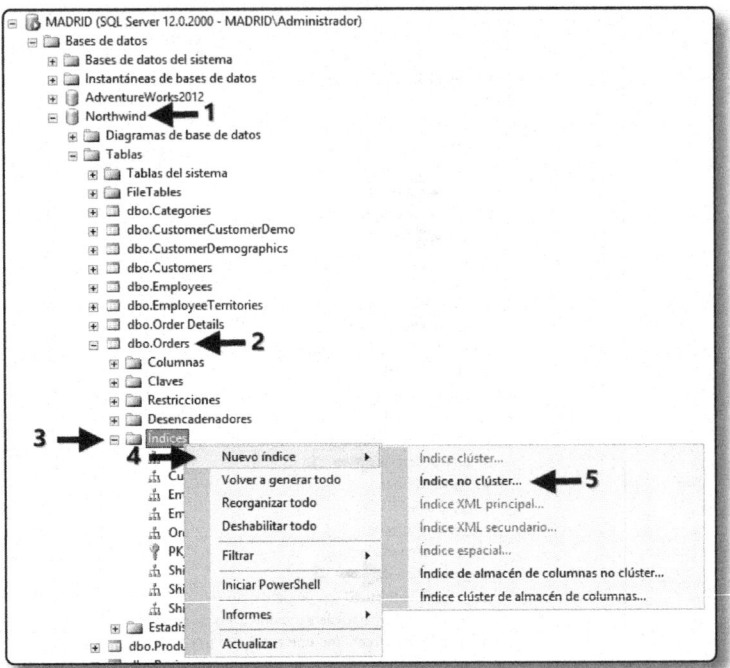

Captura 4.5. Crear un índice único, no agrupado en la tabla dbo.Orders

4. Visualizará la ventana **Nuevo índice**. A continuación, configurará la página **General** (6):

- Nombre del índice (7): **PK_Orders_OrderID** (se corresponde con la línea 2 de T-SQL).

- Tipo de índice (8): active la casilla de verificación **Único** (se corresponde con la línea 1 de T-SQL).

- Pestaña **Clave de índice columnas** (9): añada como columna clave del índice, **OrderID**. Para ello haga clic sobre el botón **Agregar** (11), se mostrará la ventana **Seleccionar columnas de 'dbo.Orders'**, active la casilla de verificación correspondiente a la columna **OrderID**, a continuación haga clic en el botón **Aceptar** para cerrar esta ventana y volver a la ventana **Nuevo índice** (se corresponde con la línea 4 de T-SQL).

- Seleccione la pestaña **Incluido columnas** (10): añada en esta sección la columna **ShipCountry**. Para ello haga clic sobre el botón **Agregar** (11), visualizará la ventana **Seleccionar columnas de 'dbo.Orders'**, active la casilla de verificación correspondiente a la columna

ShipCountry, a continuación haga clic en el botón **Aceptar** para cerrar la ventana y volver a la ventana **Nuevo índice** (se corresponde con la línea 5 de T-SQL).

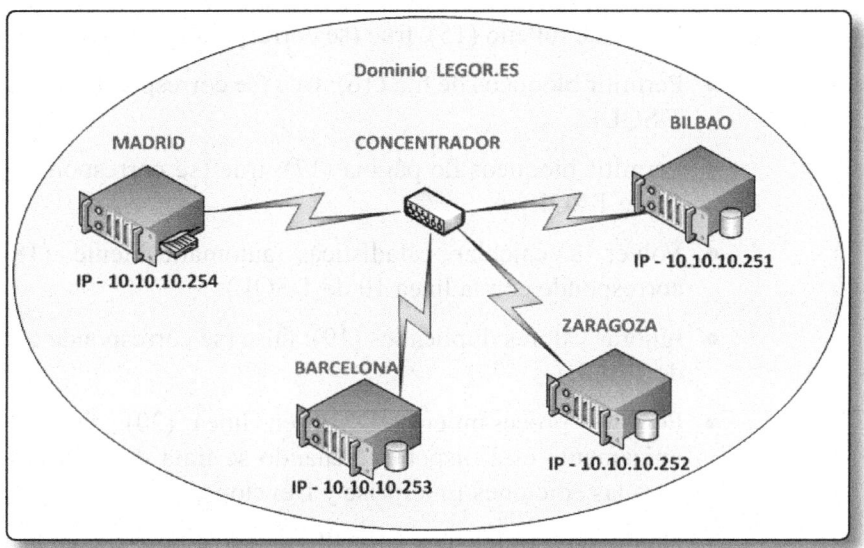

Captura 4.6. Crear un índice único no agrupado, página General

5. Configure la página **Opciones** (12).

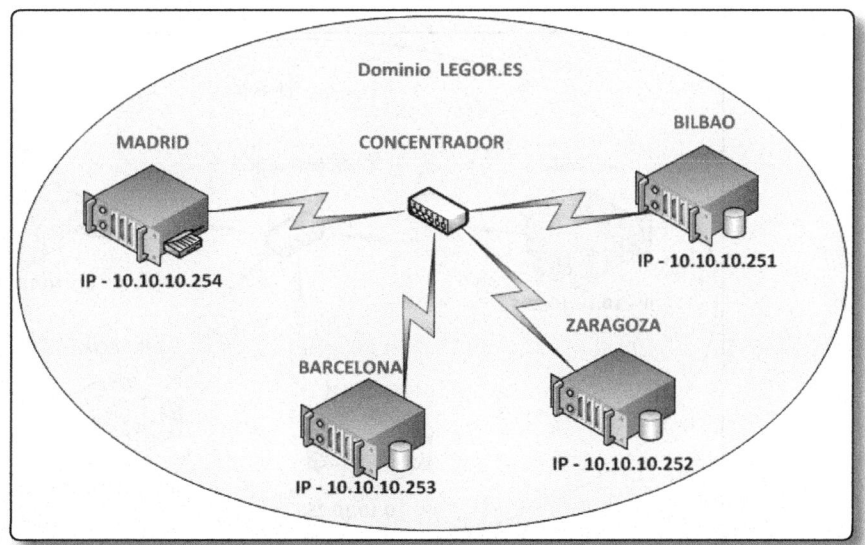

Captura 4.7. Crear un índice único no agrupado, página Opciones

- Ordenar en tempdb (13): false (se corresponde con la línea 11 de T-SQL).

- Factor relleno (14): 75 (se corresponde con la línea 15 de T-SQL).

- Índice de relleno (15): true (se corresponde con la línea 9 de T-SQL).

- Permitir bloqueos de fila (16): true (se corresponde con la línea 13 de T-SQL).

- Permitir bloqueos de página (17): true (se corresponde con la línea 14 de T-SQL).

- Volver a calcular estadísticas automáticamente (18): true (se corresponde con la línea 10 de T-SQL).

- Ignorar valores duplicados (19): false (se corresponde con la línea 16 de T-SQL).

- Permitir procesamiento DML en línea (20): false. Esta opción únicamente está disponible cuando se trata de índices agrupados y para las ediciones Enterprise y Developer.

- Grado de paralelismo (21): 0 (se corresponde con la línea 17 de T-SQL).

- Página **Almacenamiento** (22): asegúrese de que está marcado el botón de radio **Grupo de archivos** y en la lista desplegable elija el grupo de archivos **PRIMARY** (23) (se corresponde con la línea 18 de T-SQL).

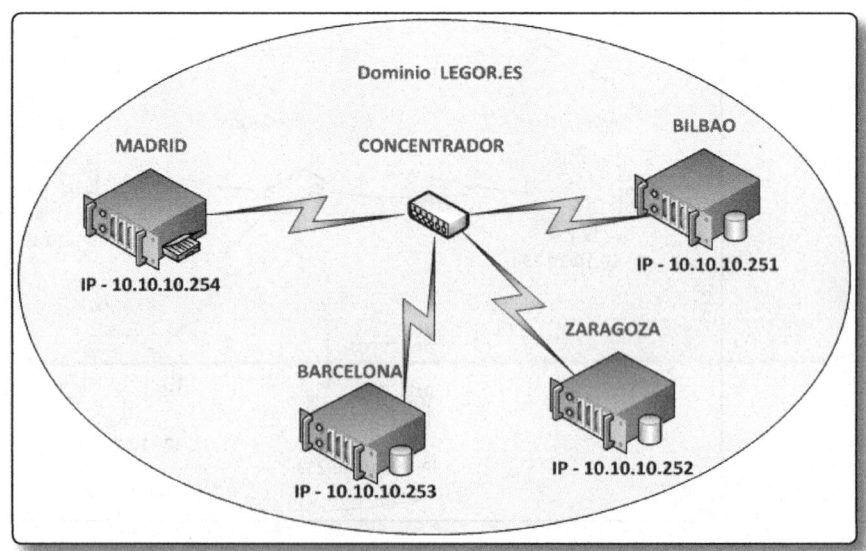

Captura 4.8. Crear un índice único no agrupado, página Almacenamiento

6. Para finalizar configure la página **Filtro** (24). Dentro del cuadro de texto **Expresión de filtro** (25), escriba la expresión **(ShipCountry IN (('USA'), ('Spain'), ('Germany')))** (se corresponde con la línea 6 de T-SQL).

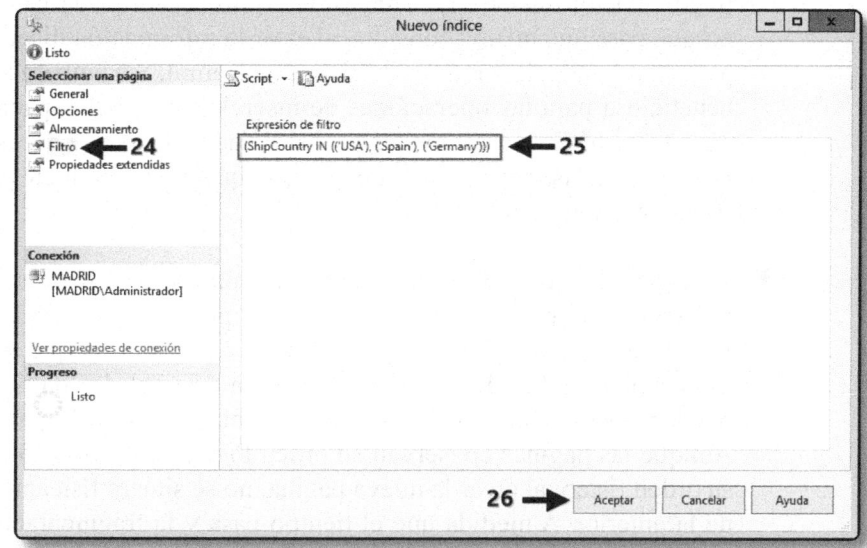

Captura 4.9. Crear un índice único no agrupado, página Filtro

7. Haga clic sobre el botón **Aceptar** (26) para crear el índice.

4.11 MANTENIMIENTO DE LOS ÍNDICES

Cuando una aplicación inserta, borra o actualiza datos en una tabla indizada también se modifican los índices. Cuando se insertan datos en una tabla, muchas veces es necesario crear nuevas páginas para añadirlos (recuerde el tema del balanceo de los árboles B); y al contrario, cuando se borran datos, se libera espacio de algunas páginas del índice, dejando estas incompletas. El resultado de todas estas operaciones es que la información del índice cada vez se encuentra más dispersa, perdiendo parte de su efectividad. En el argot de los índices, a la dispersión de datos se la denomina **fragmentación** y ocurre cuando el índice tiene páginas en las que su ordenación lógica, basada en el valor de una clave, no coincide con la ordenación física de los datos.

Existen dos tipos de fragmentación:

▼ **Interna**: ocurre cuando las páginas del índice no están completas, es decir, pueden albergar más datos de los que contienen. Este tipo de fragmentación incide en el rendimiento del motor de la base de datos, porque para una misma consulta, al estar la información dispersa en más páginas, se necesitan más operaciones de lectura. Sin embargo, puede ser beneficiosa para las operaciones de inserción: al tener espacio libre sin ocupar las páginas, hay menos probabilidades de que se necesite dividir la página al insertar datos. La operación que suele producir este tipo de fragmentación es el borrado.

▼ **Externa**: cuando se realiza una inserción de registros en una tabla indizada, si la página correspondiente no puede almacenar los datos de las columnas indizadas, se crea una nueva página a la que se le suelen asignar la mitad de los datos de la página original, los datos nuevos se pueden insertar bien en la página original, o bien en la página nueva. Aunque las páginas conservan su orden lógico, no ocurre lo mismo con su orden físico; al crear la nueva página, no se situará físicamente al lado de la anterior. A medida que el tiempo pasa y la fragmentación externa aumenta, la lectura/escritura se ralentiza debido a que aumenta el tiempo necesario para que los cabezales del disco se muevan entre los fragmentos de información dispersa en el disco.

4.11.1 Detectar la fragmentación

La función del sistema **sys.dm_db_index_physical_stats** devuelve información de la fragmentación de los índices. La sintaxis es la siguiente:

```
sys.dm_db_index_physical_stats(
{ database_id | NULL | 0 | DEFAULT }
, { object_id | NULL | 0 | DEFAULT }
, { index_id | NULL | 0 | -1 | DEFAULT }
, { partition_number | NULL | 0 | DEFAULT }
, { mode | NULL | DEFAULT }
)
```

A continuación le explicaré los argumentos que acepta esta función:

▼ **database_id | NULL | 0 | DEFAULT**: acepta un valor del tipo **smallint**, que se corresponde con el identificador de una base de datos. Si asigna el valor 0, NULL o DEFAULT, la función devolverá información, de todas las bases de datos existentes en la instancia de SQL Server. A este argumento se le puede pasar la función **DB_ID (['Nombre Base Datos'])** que devuelve el identificador de la base de datos.

▼ **object_id | NULL | 0 | DEFAULT**: acepta un valor del tipo **int**, que se corresponde con el número de identificador de una tabla. Si asigna el valor 0, NULL o DEFAULT, la función devolverá información de todas las tablas y vistas de la base de datos especificada. A este argumento se le puede pasar la función **OBJECT_ID ([NombreBaseDatos]. [NombreTabla])** que devuelve el número de identificador del objeto que se le pase.

▼ **index_id | 0 | NULL | -1 | DEFAULT**: acepta un valor **int**, y es el identificador de un índice. Si asigna el valor DEFAULT, -1 o NULL, la función devolverá información de todos los índices.

▼ **partition_number | NULL | 0 | DEFAULT**: este argumento acepta un valor **int**, e indica el número de particiones de un índice o montón. Si asigna el valor 0, -1 o NULL, la función devolverá información de todas las particiones del objeto propietario.

▼ **mode | NULL | DEFAULT**: especifica el modo en el que el motor de base de datos mostrará los resultados. Las entradas válidas son [DEFAULT, NULL, LIMITED, SAMPLED, DETAILED].

- **LIMITED**: es el modo más rápido, solamente se examinan las páginas primarias del árbol B.

- **DETAILED**: recorre todas las páginas y devuelve todas las estadísticas.

- **SAMPLED**: para obtener un valor estimado de la compresión del índice.

4.11.2 Cómo se desfragmenta un índice

Como le he explicado anteriormente, la función **sys.dm_db_index_physical_ stats** devuelve información de la fragmentación, dependiendo del porcentaje fragmentado se recomienda una de estas dos acciones: reorganizar o volver a generar. La tabla 4.2 le muestra las opciones para desfragmentar el índice.

% fragmentado	Qué hacer	Instrucción
<=30%	Reorganizar	ALTER INDEX REORGANIZE
> 30%	Volver a generar	ALTER INDEX REBUILD WITH (ONLINE = ON)*

Tabla 4.2. Opciones para desfragmentar índices

▼ **Reorganizar un índice**: desfragmenta un índice a nivel hoja (tanto en los agrupados como en los no agrupados). Básicamente, ordena físicamente las páginas a nivel hoja de manera que coincidan con la ordenación lógica de los nodos de la hoja. Cuando las páginas están ordenadas, se recorren más rápidamente, mejorando el rendimiento del índice. El índice se reorganiza dentro de las páginas existentes (no se crean nuevas páginas) y las páginas que se quedan vacías durante este proceso se eliminan.

▼ **Volver a generar el índice**: quita el índice desfragmentado y lo crea de nuevo. Esta acción tiene dos consecuencias, elimina la fragmentación y se recupera espacio en disco, las páginas se compactan siguiendo la configuración especificada en el FILL FACTOR.

La sintaxis para reorganizar un índice es:

```
ALTER INDEX NombreIndice on NombreTabla
REORGANIZE;
```

La sintaxis para volver a generar un índice es:

```
ALTER INDEX NombreIndice on NombreTabla
REBUILD;
```

Tenga en cuenta lo siguiente:

▼ Los índices se fragmentan durante las operaciones de INSERT, DELETE y UPDATE, disminuyendo el rendimiento.

▼ La fragmentación interna sucede cuando las páginas de índice no están completas hasta la capacidad indicada por el factor de relleno.

▼ La fragmentación externa sucede cuando el orden físico de las páginas de índices no es igual que el orden lógico.

4.12 EJERCICIO PRÁCTICO: COMPROBAR LA FRAGMENTACIÓN DE LOS ÍNDICES DE UNA TABLA

En esta práctica le mostraré cómo usar la función **sys.dm_db_index_physical_ stats** para comprobar la fragmentación de los índices de la tabla **Sales.SalesOrderDetail**, de la base de datos AdventureWorks2012.

Para completar la práctica, escriba esta instrucción en el **Editor de consultas**.

```
USE AdventureWorks2012
SELECT a.index_id "ID",
name "INDICE",
avg_fragmentation_in_percent [ FRAGMENTACIÓN MAX 10 %],
avg_page_space_used_in_percent [ ESPACIO USADO
MIN 75 %]
FROM sys.dm_db_index_physical_stats -- Inicio función
(
DB_ID('AdventureWorks2012'),
OBJECT_ID(N'Sales.SalesOrderDetail'),
NULL, NULL, 'SAMPLED'
) AS a -- Fin función
JOIN sys.indexes AS b
ON a.object_id = b.object_id
AND a.index_id = b.index_id;
```

El corazón de esta consulta se encuentra en la inscripción "Inicio función", en esta línea se llama a la función **sys.dm_db_index_physical_stats** y se le pasan los argumentos:

▶ **database_id=DB_ID('AdventureWorks2012')**: DB_ID('AdventureWorks2012') devuelve el identificador de la base de datos AdventureWorks20102, que en el caso del ejemplo es **7**. Para comprobar cuál es el ID de su base de datos escriba en el **Editor de consultas** "select DB_ID('AdventureWorks2012')".

▶ **object_id= OBJECT_ID(N'Sales.SalesOrderDetail')**: OBJECT_ID(N'Sales. SalesOrderDetail') devuelve el identificador numérico de la tabla Sales. SalesOrderDetail, que en el caso del ejemplo es **1154103152**. Para comprobar cuál es el identificador numérico de la tabla Sales. SalesOrderDetail, en su base de datos, escriba "select OBJECT_ID(N'Sales.SalesOrderDetail')".

▶ **index_id=NULL**: para que devuelva información de todos los índices de la tabla.

▶ **partition_number=NULL**: para que devuelva información de todas las particiones de la tabla.

▶ **Mode=SAMPLED**: para que devuelva información estimada de la compresión de todos los índices de la tabla.

El resultado de la consulta es una lista que contiene los tres índices de la tabla **Sales.SalesOrderDetail**, con expresión de "FRAGMENTACIÓN MAX 10%" (fragmentación interna) y "ESPACIO USADO MIN 75%" (fragmentación externa) de cada uno de los índices. Nótese que la fragmentación externa de los índices está cercana al valor 100, mientras que la fragmentación interna está próxima a cero, presenta valores prácticamente coincidentes con el factor de relleno de la tabla. Esta tabla no tiene los índices fragmentados.

	ID	INDICE	FRAGMENTACIÓN MAX 10 %	ESPACIO USADO MIN 75 %
1	1	PK_SalesOrderDetail_SalesOrderID_SalesOrderDet...	0,08110300081103	99,7286632073141
2	2	AK_SalesOrderDetail_rowguid	0,221729490022173	99,6771312083025
3	3	IX_SalesOrderDetail_ProductID	0,3690036900369	99,5299728193724

Captura 4.10. Fragmentación de la tabla Sales.SalesOrderDetail

4.13 EJERCICIO PRÁCTICO: COMPROBAR LA FRAGMENTACIÓN DE TODOS LOS ÍNDICES DE LA BASE DE DATOS ADVENTUREWORKS2012

En la práctica anterior se le mostró cómo usar la función **sys.dm_db_index_physical_stats**, para comprobar la fragmentación de los índices de la tabla **Sales.SalesOrderDetail**, de la base de datos AdventureWorks2012. En esta práctica se le mostrará cómo usar la misma función para comprobar la fragmentación de **todos** los índices de la base de datos AdventureWorks2012. Para completar la práctica, escriba esta instrucción en el **Editor de consultas**.

```
USE AdventureWorks2012
SELECT a.index_id "ID",
name "INDICE",
avg_fragmentation_in_percent [ FRAGMENTACIÓN MAX 10 %],
avg_page_space_used_in_percent [ ESPACIO USADO
MIN 75 %]
FROM sys.dm_db_index_physical_stats -- Inicio función
```

```
(
DB_ID('AdventureWorks'),
NULL,
NULL,
NULL,
'SAMPLED'
) AS a
JOIN sys.indexes AS b
ON a.object_id = b.object_id
AND a.index_id = b.index_id;
```

La consulta es prácticamente igual que la de la práctica 4.12, con la diferencia de que al argumento **object_id** se le ha pasado el valor **NULL**, en vez del valor de una tabla de la base de datos. Esto hace que la consulta devuelva todos los índices de la base de datos.

	ID	INDICE	FRAGMENTACIÓN MAX 10 %	ESPACIO USADO MIN 75 %
3	1	PK_SalesOrderHeader_SalesOrderID	0	99.1491228070175
4	2	AK_SalesOrderHeader_rowguid	0	99.0670990857425
5	3	AK_SalesOrderHeader_SalesOrderNumber	0	99.8363355572029
6	5	IX_SalesOrderHeader_CustomerID	0	98.9285025945145
7	6	IX_SalesOrderHeader_SalesPersonID	0	98.9285025945145
8	1	PK_StoreContact_CustomerID_ContactID	20	83.7039782554979
9	2	AK_StoreContact_rowguid	66.6666666666667	83.7039782554979
10	3	IX_StoreContact_ContactID	50	51.1428218433407

Captura 4.11. Fragmentación de todos los índices de AdventureWorks

El resultado de la consulta es una lista con todos los índices de la base de datos AdventureWorks2012, con expresión de la fragmentación interna y externa de cada uno de ellos.

4.14 EJERCICIO PRÁCTICO: REORGANIZAR UN ÍNDICE DE UNA TABLA

A continuación se le mostrará cómo reorganizar el índice **IX_SalesOrderDetail_ProductID** de la tabla Sales.SalesOrderDetail, de la base de datos AdventureWorks2012.

Para completar la práctica, escriba esta instrucción en el **Editor de consultas**.

```
USE [AdventureWorks2012]
ALTER INDEX IX_SalesOrderDetail_ProductID on Sales
SalesOrderDetail
REORGANIZE;
```

4.15 EJERCICIO PRÁCTICO: RECONSTRUIR UN ÍNDICE DE UNA TABLA

A continuación se le mostrará cómo reconstruir el índice **IX_SalesOrderDetail_ProductID** de la tabla Sales.SalesOrderDetail, de la base de datos AdventureWorks2012.

Para completar la práctica escriba esta instrucción en el **Editor de consultas**.

```
USE [AdventureWorks2012]
ALTER INDEX IX_SalesOrderDetail_ProductID on Sales.
SalesOrderDetail
REBUILD;
```

4.16 REORGANIZAR ÍNDICES DESDE SQL MANAGEMENT STUDIO

Es posible reorganizar un índice o todos los índices de una tabla desde SQL Management Studio. La reorganización de índices consume pocos recursos del sistema, los desfragmenta a nivel hoja y compacta a nivel página.

4.16.1 Reorganizar un índice de una tabla

1. Abra SQL Management Studio. Conéctese con autenticación Windows.

2. En el **Explorador de objetos** seleccione la base de datos **AdventureWorks2012**.

3. Busque la tabla donde se encuentre el índice que quiere volver a reorganizar y despliéguela.

4. Sitúese en el nodo **Índices** y haga clic con el botón derecho del ratón sobre el índice que quiere reorganizar. En el menú contextual elija la opción **Reorganizar**.

5. Visualizará la ventana **Reorganizar índices**. Para iniciar la operación haga clic en el botón **Aceptar**.

4.16.2 Reorganizar todos los índices de una tabla

1. Inicie SQL Management Studio. Conéctese con autenticación Windows.

2. En el **Explorador de objetos** seleccione la base de datos **AdventureWorks2012**.

3. Busque la tabla donde se encuentren los índices que quiere volver a reorganizar.

4. Haga clic con el botón derecho del ratón en el nodo **Índices** y en el menú contextual elija la opción **Reorganizar todo**.

5. Visualizará la ventana **Reorganizar índices**. Para iniciar la operación haga clic en el botón **Aceptar**.

4.17 GENERAR ÍNDICES DESDE SQL MANAGEMENT STUDIO

Es posible generar un índice o todos los índices de una tabla desde SQL Management Studio. Recuerde que cuando se genera un índice este se elimina y se vuelve a crear. De esta manera se recupera el espacio sin usar y se desfragmenta.

4.17.1 Generar un índice de una tabla

1. Inicie SQL Management Studio. Conéctese con autenticación Windows.

2. Despliegue el **Explorador de objetos** y seleccione la base de datos **AdventureWorks2012**.

3. Sitúese en la tabla donde se encuentre el índice que quiere volver a generar y expándala.

4. En el nodo **Índices**, haga clic con el botón derecho del ratón sobre el índice que quiere volver a generar. En el menú contextual elija la opción **Volver a generar**.

5. Visualizará la ventana **Volver a generar**. Para iniciar la operación haga clic en el botón **Aceptar**.

4.17.2 Generar todos los índices de una tabla

1. Inicie SQL Management Studio. Conéctese con autenticación Windows.

2. Despliegue el **Explorador de objetos** y seleccione la base de datos **AdventureWorks2012**.

3. Sitúese en la tabla donde se encuentren los índices que quiere volver a generar.

4. Haga clic con el botón derecho del ratón en el nodo **Índices** y en el menú contextual elija la opción **Volver a generar todo**.

5. Visualizará la ventana **Volver a generar**. Para iniciar la operación haga clic en el botón **Aceptar**.

4.18 CREACIÓN DE ÍNDICES CON EL ASISTENTE PARA LA OPTIMIZACIÓN DEL MOTOR DE LA BASE DE DATOS

Microsoft SQL Server 2014 pone a su disposición lo que se conoce como herramientas de rendimiento. A este grupo pertenecen dos aplicaciones: SQL Profiler y el Asistente para la optimización del motor de la base de datos.

4.18.1 SQL Profiler

SQL Profiler es una herramienta gráfica que muestra los pasos que ejecuta el motor de la base de datos de Microsoft SQL Server 2014 para resolver una consulta. Para ello detalla qué instrucciones T-SQL envía al servidor de bases de datos y la manera en que este accede a la base de datos para extraer los resultados.

Puede utilizar SQL Profiler en los siguientes casos:

▸ Buscar las consultas con peor rendimiento.
▸ Identificar las causas de interbloqueos.
▸ Supervisar el rendimiento de procedimientos almacenados.
▸ Auditar la actividad de SQL Server.
▸ Supervisar la actividad T-SQL de un usuario.
▸ Recopilar una muestra de eventos para optimizar el diseño físico de la base de datos.

Para iniciar **SQL Profiler** siga el procedimiento que a continuación le indico: desde el tapiz **Inicio** → abra la **barra de acceso rápido del menú de Inicio** (pulse simultáneamente las teclas **Windows** ⊞ + **C**) → haga clic en el icono **Buscar** 🔎 → en el panel **Buscar** escriba en el cuadro de texto la frase **SQL Profiler** → Windows 2012 le mostrará el icono de acceso directo a la aplicación → haga clic sobre el icono para iniciar **SQL Profiler**.

Imagine que acaba de implementar una base de datos con sus tablas, relaciones e índices. A continuación llena las tablas con datos para someterla a pruebas de estrés. Prepara una consulta, que puede afectar a una o varias tablas, para ver cómo responde el motor de la base de datos. Cuando ejecuta una consulta directamente en el Editor de consultas, ve, en el apartado de resultados, si se ha ejecutado bien o mal y el tiempo que ha tardado, pero no obtiene ningún dato adicional.

SQL Profiler funciona como una cámara que graba todas las acciones que realiza el motor de la base de datos. Esta grabación se puede programar para que se guarde en un archivo que se denomina **carga de trabajo**.

Volviendo al principio lo ideal es diseñar una consulta que será utilizada normalmente por los usuarios de la base de datos y escribirla en el Editor de consultas. A continuación se inicia el programa SQL Profiler; al iniciarlo comienza a grabar cualquier acción que realiza el motor de base de datos. Acto seguido, con la aplicación SQL Profiler grabando, ejecute la consulta desde el Editor de consultas. Cuando finalice la ejecución de la consulta, detenga SQL Profiler, todo habrá quedado registrado en el archivo **carga de trabajo**.

4.18.2 Asistente para la optimización del motor de la base de datos

Después de usar SQL Profiler, usted tiene un archivo con la carga de trabajo de la consulta que ejecutó en el Editor de consultas. El Asistente para la optimización del motor de la base de datos es una aplicación capaz de leer este archivo y, entre otras cosas, calcular qué columnas se pueden indizar para realizar la consulta con mayor rapidez y qué índices mal diseñados debe quitar. Lo mejor de todo es que además de calcular los índices que debe crear o quitar, también le facilita la instrucción T-SQL para crearlos o quitarlos.

Para iniciar el **Asistente para la optimización del motor de la base de datos** siga el procedimiento que a continuación le indico: desde el tapiz **Inicio** → abra la **barra de acceso rápido del menú de Inicio** (pulse simultáneamente las teclas **Windows** ⊞ + **C**) → haga clic en el icono **Buscar** 🔎 → en el panel **Buscar** escriba en el cuadro de texto la frase **motor base de datos** → Windows 2012 le mostrará el icono de acceso directo a la aplicación → haga clic sobre el icono para iniciar el **Asistente para la optimización del motor de la base de datos**.

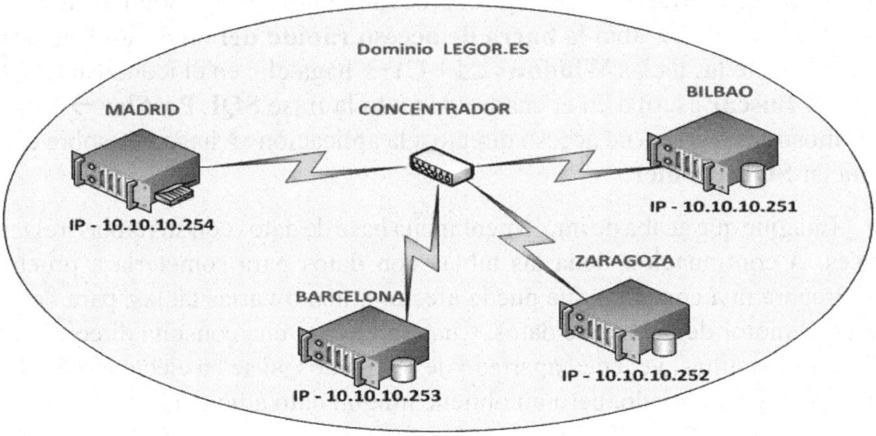

Figura 4.6. Funcionamiento del Optimizador de bases de datos

4.19 EJERCICIO PRÁCTICO: CREAR ÍNDICES USANDO EL ASISTENTE PARA LA OPTIMIZACIÓN DEL MOTOR DE LA BASE DE DATOS

En este ejercicio se le enseñará cómo optimizar los índices de varias tablas implicadas en una consulta, de la base de datos AdventureWorks2012, usando el Asistente para la optimización del motor de base de datos.

Para realizar el ejercicio realizará los siguientes pasos:

1. Abrir el Editor de consultas de SQL Management Studio y preparar una consulta SQL.

2. Iniciar SQL Profiler.

3. Ejecutar la consulta T-SQL desde el Editor de consultas.

4. Detener SQL Profiler.

5. Iniciar el Asistente para la optimización del motor de bases de datos con la carga de trabajo generada por SQL Profiler.

4.19.1 Abrir el Editor de consultas de SQL Management Studio y preparar una consulta SQL

En el **Editor de consultas** escriba solamente la consulta T-SQL que a continuación se indica, no la ejecute todavía. La consulta tiene las siguientes características:

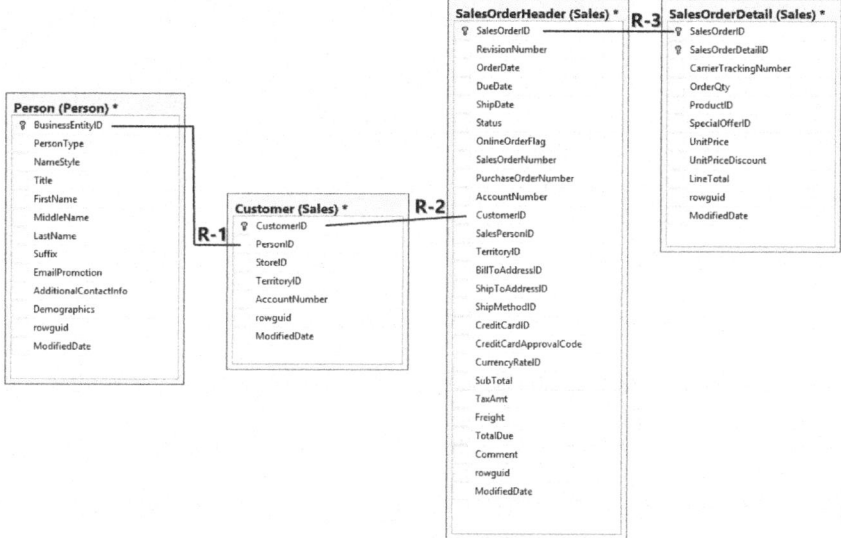

Figura 4.7. Esquema de las tablas que intervienen en la consulta PIVOT

▶ Es una consulta tipo PIVOT que se basa en las tablas del esquema 4.7.

▶ Extrae datos mediante la unión de las tablas [**Person.Person**, **Sales.Customer**, **Sales.SalesOrderHeader** y **Sales.SalesOrderDetail**] de la base de datos AdventureWorks2012.

▶ La consulta extrae en forma de tabla Excel el nombre de cada cliente y el importe de las compras que ha realizado totalizado por años.

ⓘ **NOTA**

La construcción, desarrollo y funcionamiento de la consulta PIVOT que a continuación se propone se explican en el ejercicio práctico 5.35.2 (*Ejemplos de consultas PIVOT*) del tema 5 de este libro (*Gramática T-SQL*).

El propósito de la consulta es hacer trabajar al motor de base de datos Microsoft SQL Server 2014 para que use los índices y recursos que tenga a su alcance.

```
USE [AdventureWorks2012]
SELECT "NOMBRE CLIENTE",   --Columna No-PIVOT
[2005],[2006],            --1° y 2° columna PIVOT
[2007],[2008]             --3° y 4° columna PIVOT
[2009]                    -- 5° columna PIVOT


FROM
(
SELECT                --CONSULTA BASE
YEAR(OH.ModifiedDate) AS AÑO,
P.LastName AS "NOMBRE CLIENTE",
(OD.UnitPrice*OD.OrderQty) AS "TOTAL VENDIDO"
FROM
Person.Person P INNER JOIN Sales.Customer
C ON P.BusinessEntityID =
C.PersonID --R1
INNER JOIN Sales.SalesOrderHeader OH ON C.CustomerID =
OH.CustomerID --R2
INNER JOIN Sales.SalesOrderDetail OD ON OH.
SalesOrderID =
OD.SalesOrderID --R3
)
AS TBOrigen         --ALIAS DE LA CONSULTA BASE
PIVOT
(
SUM("TOTAL VENDIDO") --FUNCIÓN DE AGREGADO
FOR AÑO
IN ( [2005],[2006],[2007],[2008],[2009])
--COLUMNA CONTIENE VALORES
--ENCABEZADO
) AS TBPivot --ALIAS DE LA TABLA PIVOT
```

4.19.2 Iniciar SQL Profiler

1. Inicie **SQL Profiler** (si tiene dudas de cómo hacerlo puede consultar el método que se explicó en el apartado 4.18.1 *Creación de índices con el Asistente para la optimización del motor de la base de datos*).

2. Una vez que inicie la aplicación, cree un nuevo seguimiento. Para ello haga clic en el menú **Archivo** → **Nuevo seguimiento**. Conéctese con autenticación Windows.

3. En la ventana **Propiedades de seguimiento** tiene dos pestañas: **General** (1) y **Selección de eventos** (2).

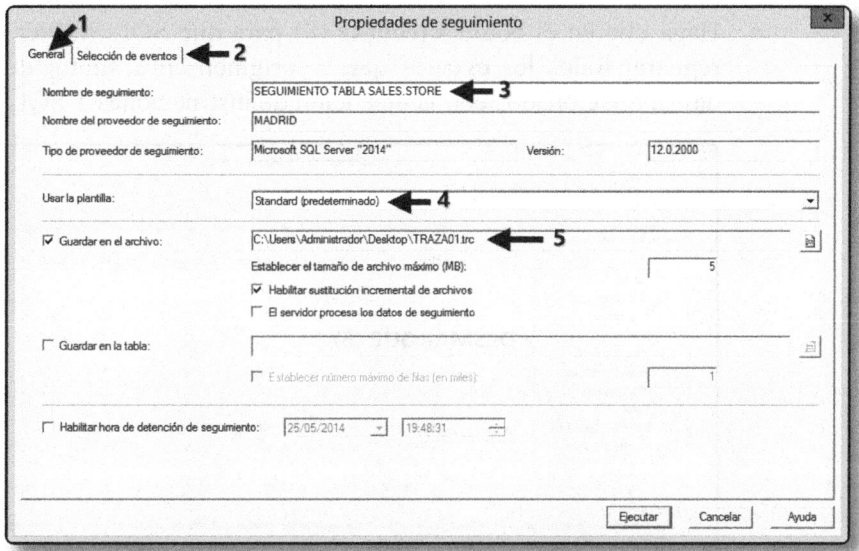

Captura 4.12. Pestaña General de la ventana Propiedades de seguimiento

4. Asegúrese de que está seleccionada la pestaña **General** (1) y configúrela como a continuación se indica:

- Nombre de seguimiento (3): escriba "SEGUIMIENTO TABLA SALES.STORE".

- Usar la plantilla (4): elija en la lista desplegable la plantilla **Standard (predeterminado)**.

- Guardar archivo (5): active la casilla de verificación **Guardar en el archivo**, a continuación elija el nombre y lugar donde guardará el archivo con la carga de trabajo; para este ejemplo se ha usado la ruta y archivo **C:\Users\Administrador\ Desktop\TRAZA01.trc**.

5. Haga clic en la pestaña **Selección de eventos** (2). Recuerde que el propósito de la práctica es estudiar el comportamiento del motor de la base de datos ante la ejecución de la sentencia SQL y que solo queremos

auditar los eventos **SQL**. Deje marcadas las casillas de verificación del grupo T-SQL [SQL BatchCompleted y SQL BatchStarting] (7). Desmarque las casillas de verificación Security Audit [Audit Login, Audit Logout], Sessions [Exiting Connection, Stored Connection] y Stored Procedures [RPC Completed] (6), tal y como se muestra en la captura 4.13.

6. Haga clic en el botón **Ejecutar** (8) para que SQL Profiler comience a registrar todos los eventos que se originen en el motor de la base de datos, relacionados con la ejecución de instrucciones T-SQL.

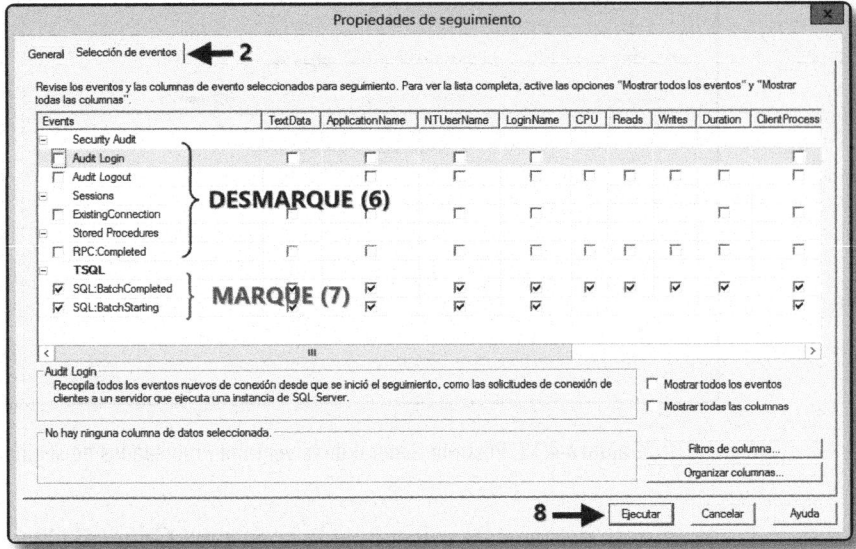

Captura 4.13. Pestaña Selección de eventos de la ventana Propiedades de seguimiento

4.19.3 Ejecutar la consulta T-SQL desde el Editor de consultas

	NOMBRE CLIENTE	2005	2006	2007	2009
1	Abel	NULL	NULL	58909,498	55341,768
2	Abercrombie	84036,5213	230735,6775	151109,6335	53539,4484
3	Acevedo	37621,7783	25256,6923	7385,2256	930,30
4	Achong	4049,988	65806,1317	61907,1681	NULL
5	Ackerman	NULL	NULL	110572,3152	144485,2776
6	Adams	93944,1876	131770,7199	259132,6772	231645,0799

DRID (12.0 RTM)   MADRID\Administrador (55)   AdventureWorks2012   00:00:00   859 filas

Captura 4.14. Resultado de la consulta T-SQL

1. Diríjase de nuevo al Editor de consultas de T-SQL Management Studio y haga clic sobre el botón **Ejecutar**. El resultado de la consulta es la extracción de 859 filas (captura 4.14).

4.19.4 Detener SQL Profiler

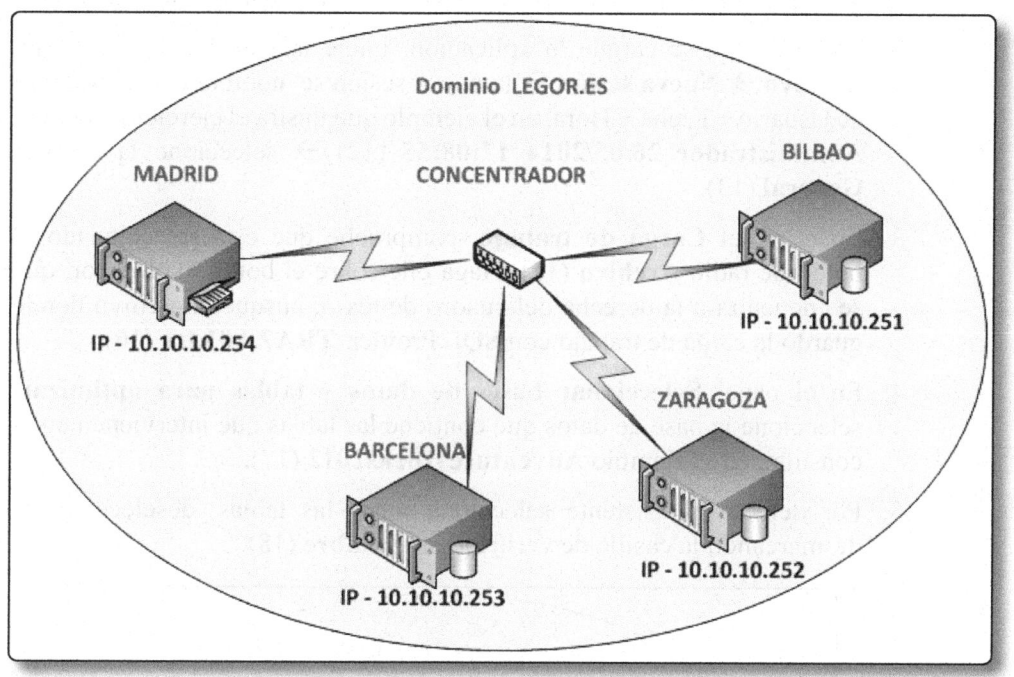

Captura 4.15. Captura de eventos realizada por SQL Profiler

Cuando ejecutó la instrucción T-SQL en el Editor de consultas, SQL Profiler ya estaba activado registrando eventos. En la captura 4.15 puede observar el momento en que se registra la consulta SQL desde el editor (9) y el detalle de la misma en la parte inferior de la captura (10).

1. Como SQL Profiler ya ha registrado los eventos que interesan en esta práctica, deténgalo haciendo clic en el botón **Detener seguimiento** (11).

2. Para cerrar SQL Profiler use el menú **Archivo → Cerrar**.

4.19.5 Iniciar el Asistente para la optimización del motor de bases de datos con la carga de trabajo generada por SQL Profiler

1. Inicie el **Asistente para optimización del motor de la base de datos** (si tiene dudas de cómo hacerlo utilice el método que se explicó en el apartado 4.18.2 *Creación de índices con el Asistente para la optimización del motor de la base de datos*). Conéctese con autenticación Windows.

2. Una vez que se cargue la aplicación, inicie una nueva sesión: menú **Archivo → Nueva sesión →** la nueva sesión se nombra con el Nombre de Usuario + Fecha + Hora, en el ejemplo que ilustra el ejercicio práctico, **Administrador 26/05/2014 17:08:55** (12) → seleccione la pestaña **General** (13).

3. En el panel **Carga de trabajo**, compruebe que está seleccionado el botón de radio **Archivo** (15). Haga clic sobre el botón explorador, que se encuentra a la derecha del cuadro de texto, busque el archivo donde guardó la carga de trabajo con SQL Profiler, **TRAZA01.trc** (16).

4. En el panel **Seleccionar bases de datos y tablas para optimizar**, seleccione la base de datos que contiene las tablas que intervienen en la consulta, en el ejemplo **AdventureWorks2012** (17).

5. Por defecto el asistente selecciona todas las tablas, deselecciónelas desmarcando la casilla de verificación **Nombre** (18).

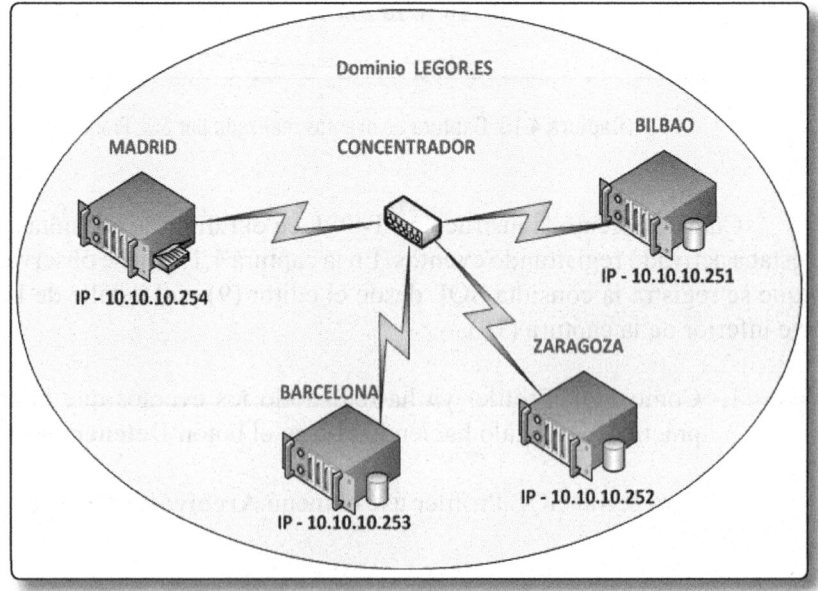

Captura 4.16. Página General

6. Active únicamente la casilla de verificación de las tablas que intervienen en la consulta [**Person.Person**, **Sales.Customer**, **Sales.SalesOrderHeader** y **Sales.SalesOrderDetail**] (19).

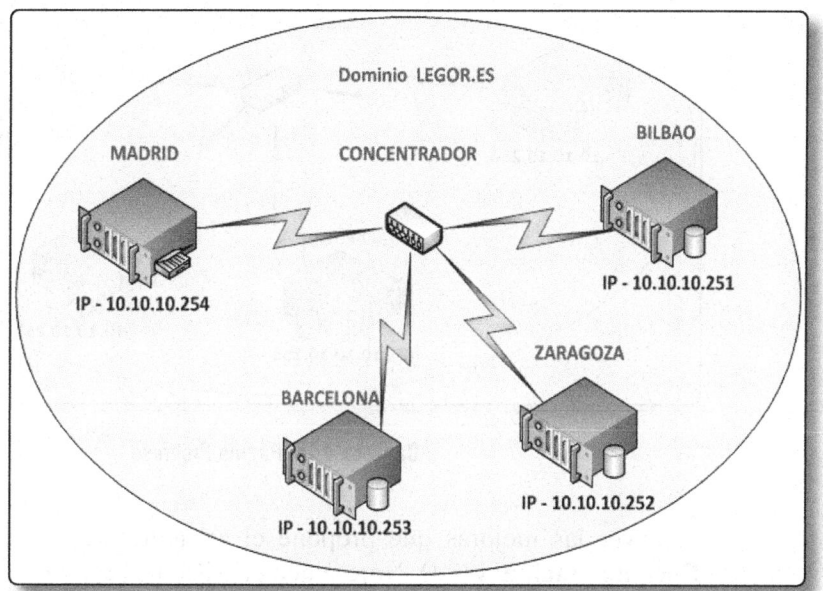

Captura 4.17. Página Opciones de optimización

7. Seleccione la pestaña **Opciones de optimización** (14) y compruebe que están marcadas las mismas opciones que en la captura.

8. En la barra de tareas, haga clic en el botón **Iniciar el análisis** (captura 4.17, apartado 20). Observe que dentro de la sesión **Administrador 26/05/2014 17:08:55**, se añaden nuevas pestañas, entre ellas la de **Progreso** (captura 4.18, apartado 21). Seleccione la pestaña de **Progreso** (21), la acción anterior visualizará el panel **Progreso de la optimización**, donde puede supervisar todas las acciones que se llevan a cabo durante el proceso de optimización (22). Una vez que finaliza el proceso se informa del resultado; en el caso del ejemplo, **Correcto** (23).

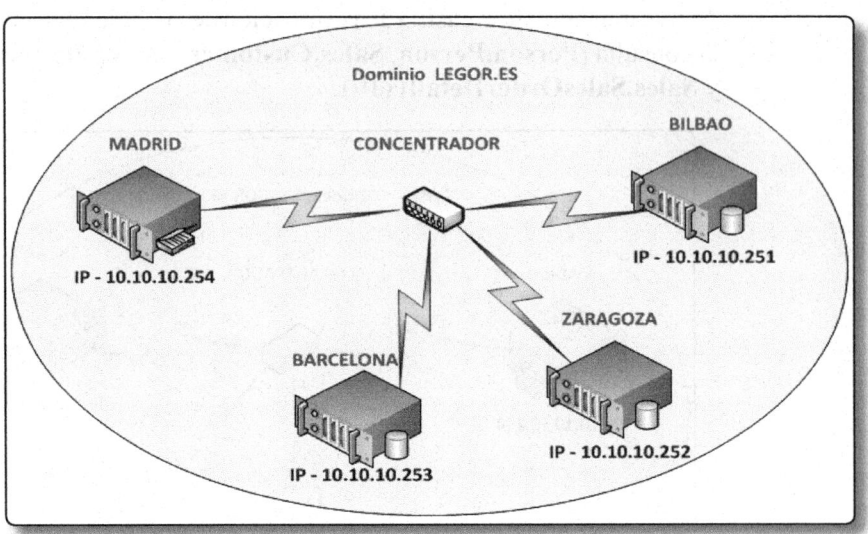

Captura 4.18. Página Progreso

9. Para ver las mejoras que propone el asistente, seleccione la pestaña **Recomendaciones** (24). Nótese que el asistente propone seis mejoras:

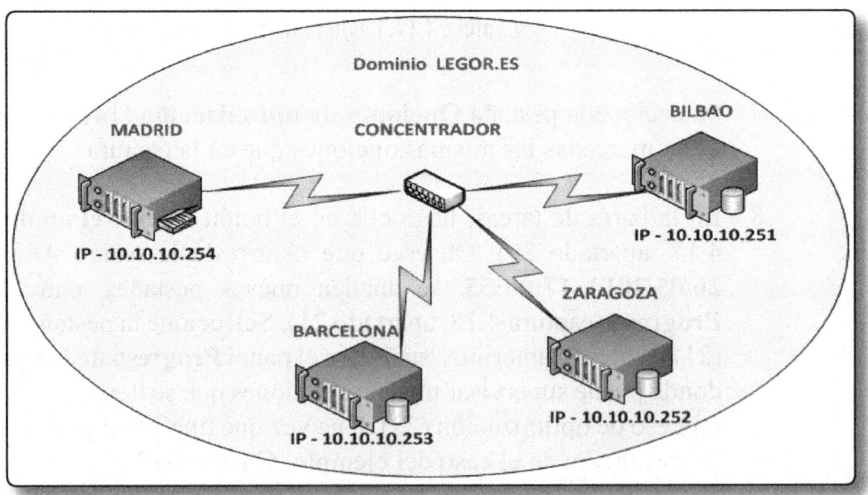

Captura 4.19. Página Recomendaciones

- (25) informa de que, al aplicar los cambios propuestos, mejorará el rendimiento de la consulta un 28%.

- (26) la recomendación va dirigida a los índices.

- (27) el asistente propone que cree el índice *_dta_index_ Person_7_1765581328__K1_K7* en la tabla **Person.Person**.

- (28) el asistente propone que cree el índice *_dta_stat_997578592_1_2* en la tabla **Sales.Customer**.

- (29) el asistente propone que cree el índice *_dta_index_ Customer_7_997578592__K2_K1* en la tabla **Sales.Customer**.

- (30) el asistente propone que cree el índice *_dta_index_ SalesOrderDetail_7_1154103152__K1_4_7* en la tabla **Sales.OrderDetails**.

- (31) el asistente propone que cree el índice *_dta_stat_1266103551_1_1* en la tabla **Sales.OrderHeader**.

- (32) el asistente propone que cree el índice *_dta_index_ SalesOrderHeader_7_1266103551__K11_K1_26* en la tabla **Sales.OrderHeader**.

- (33) el asistente facilita un enlace para generar el *script* de cada una de sus propuestas; por ejemplo, para crear el índice *_dta_index_ Customer_7_997578592__K2_K1* haga clic sobre el enlace que señala el punto (33), esta acción abre una ventana con el *script* para crear el índice propuesto.

- (34) haga clic sobre el botón **Copiar al portapapeles** para copiar el *script* y péguelo en una nueva consulta del Editor de consultas de SQL Management Studio.

```
CREATE NONCLUSTERED INDEX [_dta_index_
Customer_7_997578592__K2_K1] ON [Sales].[Customer]
(
    [PersonID] ASC,
    [CustomerID] ASC
)WITH (SORT_IN_TEMPDB = OFF, DROP_EXISTING = OFF,
ONLINE = OFF) ON [PRIMARY]
```

4.20 EJERCICIO PRÁCTICO: CREAR UN ÍNDICE DE ALMACÉN DE COLUMNAS (COLUMNSTORE)

La creación de los índices ColumnStore es similar a la creación de los índices tradicionales, se puede hacer desde la interfaz gráfica SQL Management Studio o usando T-SQL desde el Panel de consultas.

Captura 4.20. Estructura de la tabla Person.Person

En esta práctica le enseñaré cómo crear un índice de almacenamiento de columnas no clúster (ColumnStore), en la tabla Person.Person de la base de datos AdventureWorks2012, en el que configurará las siguientes características:

4.20.1 Usando SQL Management Studio

▶ Será un índice de almacenamiento de columnas no clúster (ColumnStore).

▶ Lo nombrará "NonClusteredColumnStoreIndex-20140526-184942".

▶ Se creará en la tabla Person.Person.

▶ Incluirá las columnas BusinessEntityID, PersonType, Title, Suffix, EmailPromotion, ModifiedDate.

1. Inicie SQL Management Studio. Conéctese con autenticación Windows.

2. En el Explorador de objetos, seleccione la base de datos **AdventureWorks2012** (1).

3. Sitúese en la tabla **Person.Person** (2) → despliegue el nodo **Índices** (3) y haga clic sobre él con el botón derecho del ratón → en el menú contextual elija la opción **Nuevo índice** (4) → **Índice de almacenamiento de columna no clúster** (5).

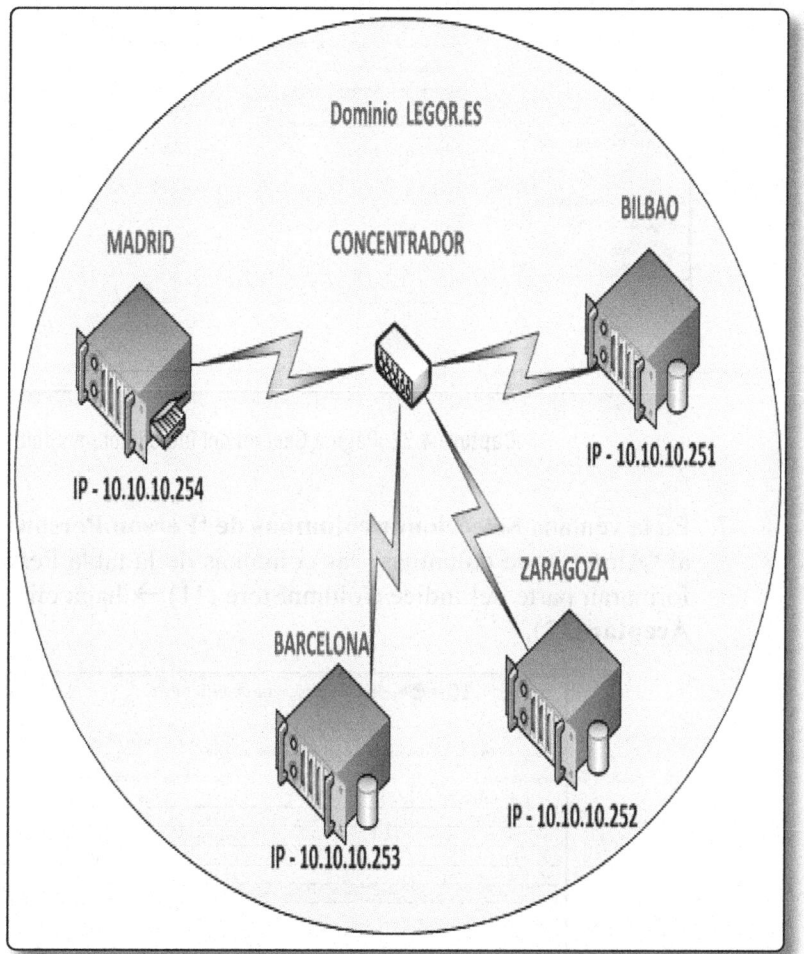

Captura 4.21. Nuevo índice de almacenamiento de columna no clúster (ColumnStore)

4. En la ventana **Nuevo índice** (6) seleccione la página **General** (7):

5. Nombre índice (8): NonClusteredColumnStoreIndex-20140526-184942.

6. Haga clic sobre el botón **Agregar** (9) para visualizar la ventana que le permitirá añadir columnas al almacén.

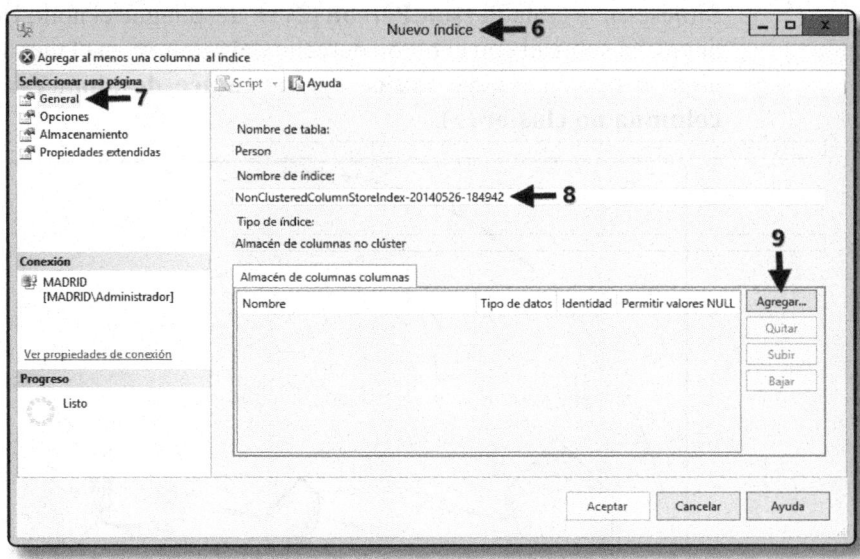

Captura 4.22. Página General del índice ColumnStore

7. En la ventana **Seleccionar columnas de 'Person.Person'** (10) → añada al "Almacén de columnas" las columnas de la tabla Person.Person que formarán parte del índice ColumnStore (11) → haga clic sobre el botón **Aceptar** (12).

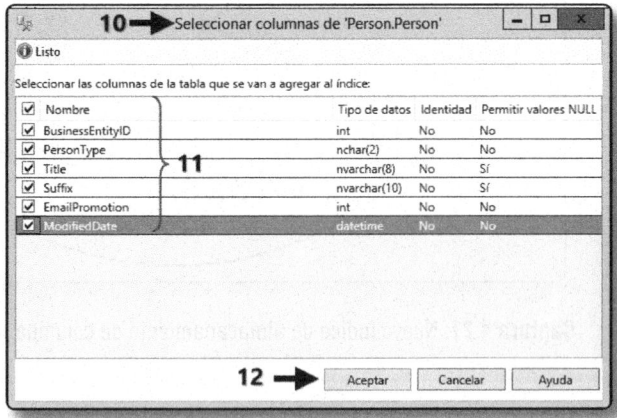

Captura 4.23. Columnas que formarán parte del índice ColumnStore

8. La acción anterior cierra la ventana **Seleccionar columnas de 'Person.Person'** (10) → mostrándose únicamente en el escritorio

la ventana **Nuevo índice** con las columnas seleccionadas añadidas al **Almacén de columnas** (13) → para terminar de crear el índice haga clic en el botón **Aceptar** (14).

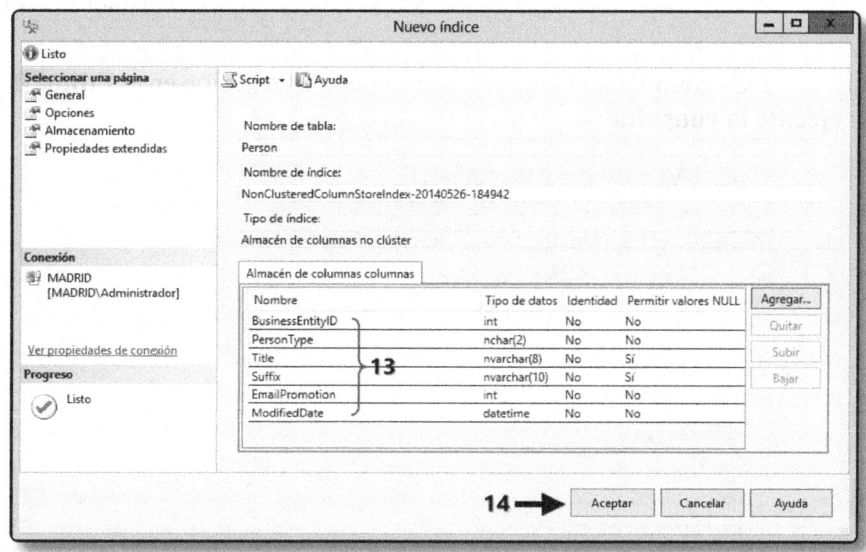

Captura 4.24. Configuración final del índice ColumnStore

4.20.2 Usando T-SQL

A continuación se le mostrará cómo crear el mismo índice usando una consulta T-SQL desde el Editor de consultas. Le recuerdo que las características del índice que va a crear son:

▶ Será un índice de almacenamiento de columnas no clúster (ColumnStore). **Línea 1**.

▶ Nombre el índice: "NonClusteredColumnStoreIndex-20140526-184942". **Línea 2**.

▶ El índice se creará en la tabla Person.Person. **Línea 3**.

▶ Incluirá las columnas BusinessEntityID, PersonType, Title, Suffix, EmailPromotion, ModifiedDate. **Líneas [4 a 9]**.

- Como el índice que va a crear ya existe, añada la opción DROP_EXISTING=ON para borrarlo antes de crearlo. **Línea 10**.
- El índice se creará dentro del grupo de archivos primario. **Línea 11**.

Para completar la práctica, escriba esta instrucción en el **Editor de consultas y ejecute la consulta**

```
USE [AdventureWorks2012]
CREATE NONCLUSTERED COLUMNSTORE                    --(1)
INDEX [NonClusteredColumnStoreIndex-
20140526-184942]                                   --(2)
ON [Person].[Person]                               --(3)
(
[BusinessEntityID],                                --(4)
[PersonType],                                      --(5)
[Title],                                           --(6)
[Suffix],                                          --(7)
[EmailPromotion],                                  --(8)
[ModifiedDate]                                     --(9)
)
WITH (DROP_EXISTING = ON)                          --(10)
ON [PRIMARY]                                       --(11)
```

5

GRAMÁTICA T-SQL

T-SQL es una variedad del *lenguaje de consultas estructurado* (*Structured Query Language*) conocido por las siglas SQL. Aunque T-SQL es un lenguaje único diseñado para el motor de bases Microsoft SQL Server, no ocurre los mismo con las instrucciones que utiliza, que sí son compatibles con ANSI SQL. El lenguaje T-SQL está dividido en tres categorías:

▶ Lenguaje de Descripción de Datos (**DDL**): su finalidad es definir la estructura de la base de datos (tablas, índices, vistas, etc. Ya ha visto algo en temas anteriores).

▶ Lenguaje de Manipulación de Datos (**DML**): permite manipular y modificar los datos contenidos en la estructura de la base de datos.

▶ Lenguaje de Control de Datos (**DCL**): controla el acceso a los datos concediendo privilegios a los objetos existentes.

Sobre gramática T-SQL se podría escribir un libro entero, este tema pretende dar un *baño* al lector sobre el **DML** o Lenguaje de Manipulación de Datos. Para ello se estudiarán los siguientes apartados:

▶ Instrucción SELECT.
▶ Cláusula WHERE.
▶ Cláusula ORDER BY.
▶ Funciones de agregado.
▶ GROUP BY.
▶ HAVING.
▶ DISTINCT.

- Crear listas con SELECT.
- SELECT… INTO.
- INSERT INTO.
- UPDATE.
- DELETE.
- JOIN.
- PIVOT.

Los temas anteriores van acompañados de los siguientes ejercicios prácticos:

- Instrucción SELECT.
- Instrucción SELECT usando nombres de columnas Alias.
- Instrucción SELECT + WHERE + OPERADORES.
- Uso de la cláusula ORDER BY.
- Uso de las funciones de agregado.
- Uso GROUP BY, CUBE, ROLLUP.
- Uso de HAVING.
- Uso de DISTINCT.
- Crear una lista con SELECT.
- Crear una tabla con SELECT… INTO.
- Inserción de datos en tabla.
- Actualización de datos en tabla UPDATE.
- Borrado de datos en tabla DELETE.
- Uniones entre tablas (JOIN).
- Ejemplos de consultas PIVOT.

ⓘ **NOTA**

Todos los ejercicios prácticos desarrollados en este tema usan la base de datos AdventureWorks2012.

5.1 INFRAESTRUCTURA NECESARIA

Los ejercicios prácticos de este tema necesitan configurar una máquina como se indica en el Apéndice I. Es posible sustituir la máquina del Apéndice I por su propia máquina si instala en ella Microsoft SQL Server 2014 como se indica en el ejercicio práctico 1.11.

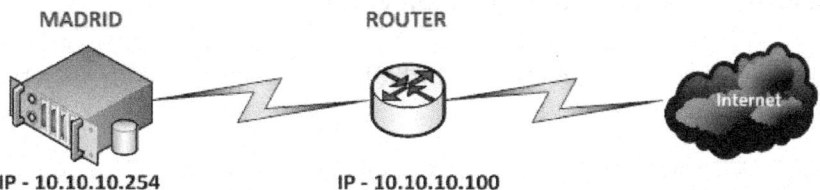

Los parámetros básicos de configuración de la máquina MADRID son:

- Nombre de la máquina: MADRID
- IP: 10.10.10.254
- Máscara: 255.255.255.0
- Servidor DNS preferido: 10.10.10.254 (máquina MADRID)
- Servidor DNS 2.°: 8.8.4.4 (DNS de Google)
- Puerta de enlace: 10.10.10.100 (IP del router que se utiliza en el ejemplo)

Las IP que se muestran son orientativas y puede adaptarlas al entorno donde instale y desarrolle los ejercicios prácticos.

5.2 INSTRUCCIÓN SELECT

Recupera filas de la base de datos. Para ello extrae una o varias filas de una o varias tablas. Esta instrucción no modifica, inserta o borra datos. A continuación se le muestra su sintaxis:

```
SELECT <Lista Columnas>
[ FROM <Tabla/s Origen> ]
[ WHERE <Condición> ]
[ GROUP BY <Columna/s Agrupamiento> ]
[ HAVING <Condición basada en Group By> ]
[ ORDER BY <Columna/s para establecer ordenamiento>
[ ASC | DESC ] ]
```

Todas las instrucciones en T-SQL se componen de un **verbo**, que es la parte de la instrucción que indica lo que se quiere hacer. En la sintaxis anterior el verbo es **SELECT**, indica al motor de base datos que la instrucción va a extraer datos para leerlos. Lo que viene detrás del verbo son las distintas especificaciones (filtros) que se establecen en la consulta para extraer únicamente los datos que necesitamos.

5.3 EJERCICIO PRÁCTICO: INSTRUCCIÓN SELECT

Para completar la práctica, abra SQL Management Studio y escriba en el **Editor de consultas**.

```
SELECT FirstName,LastName,Title
FROM Person.Person
```

El resultado de la consulta muestra que se han extraído 19.972 filas.

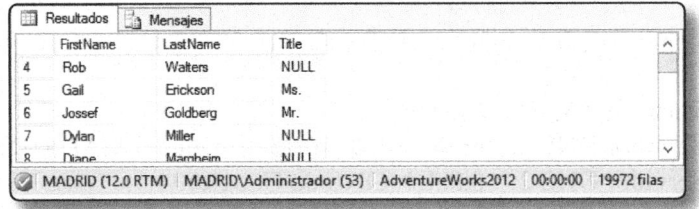

Captura 5.1. Resultado de la instrucción SELECT básica

En la consulta anterior el verbo **SELECT** está indicando que se desea extraer información de las columnas [FirstName, LastName, Title]. La cláusula **FROM** añade una especificación o restricción a la consulta, las columnas seleccionadas deben pertenecer a la tabla **Person.Person**.

5.4 EJERCICIO PRÁCTICO: INSTRUCCIÓN SELECT USANDO NOMBRES DE COLUMNAS ALIAS

Si observa los resultados del ejercicio práctico 5.3, comprobará que en los encabezados de las columnas aparecen nombres poco descriptivos [FirstName, LastName, Title]. Puede intentar hacer que el resultado de la consulta sea más intuitivo cambiando los nombres que se muestran en el resultado por otros más amigables. Se puede reemplazar los nombres de los encabezados de dos formas:

▶ Colocando después del nombre del encabezado la palabra **AS** y a continuación el nuevo nombre alias.

▶ Dejando un espacio en blanco después del nombre del encabezado y poniendo a continuación el nuevo nombre alias.

A continuación le indico las dos formas de cambiar los nombres de los encabezados de las columnas. Se cambiarán de:

- FirtstName → Nombre.
- LastName → Apellido.
- Title → Sexo.

5.4.1 Uso de alias con AS

```
SELECT
FirstName AS Nombre,LastName AS Apellido,Title AS Sexo
FROM Person.Person
```

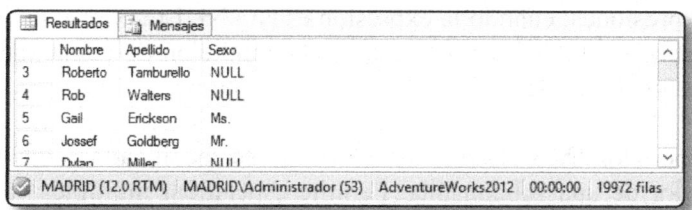

Captura 5.2. Resultado de la instrucción SELECT básica con AS

5.4.2 Uso de alias sin AS

```
SELECT
FirstName Nombre,LastName Apellido,Title Sexo
FROM Person.Person
```

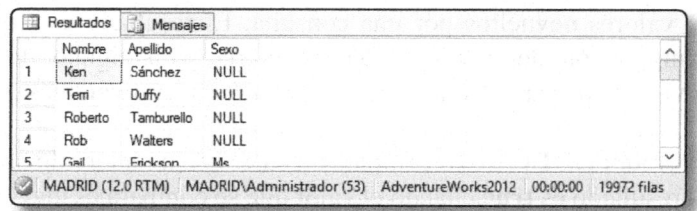

Captura 5.3. Resultado de la instrucción SELECT básica sin AS

Nótese que de las dos formas han obtenido el mismo resultado, renombrando las cabeceras de las columnas a [Nombre, Apellido, Sexo].

5.5 CLÁUSULA WHERE

Sirve para especificar una o más condiciones de búsqueda que restringirán el número de filas que se extraen. La sintaxis es:

```
[ WHERE <condición/es de búsqueda>]
```

Para especificar las condiciones de búsqueda se utilizan operadores. A continuación le muestro una lista de los operadores más usuales que se puede encontrar en una instrucción T-SQL:

▼ Operadores de comparación: [= (igual), > (mayor que), >= (mayor o igual que), < (menor), <= (menor o igual que), <> (distinto), != (no es igual a), !< (no menor que), !> (no mayor que)]. Todos ellos comparan expresiones; cuando la expresión es NO NULL, el resultado es true si el operador de la izquierda cumple la condición de comparación respecto del operador de la derecha.

▼ Operador **IN**: devuelve true si el valor especificado coincide con algún valor de una subconsulta. Permite especificar múltiples valores en una cláusula WHERE.

▼ Operador **AND**: combina dos expresiones booleanas y devuelve true si ambas expresiones son verdaderas.

▼ Operador **ALL**: compara un valor escalar con un conjunto de valores devuelto por una consulta. El resultado es **true** cuando la comparación del valor escalar con todos los valores devueltos por la consulta es verdadera.

▼ Operador **SOME/ANY**: compara un valor escalar con un conjunto de valores devueltos por una consulta. El resultado es **true** cuando la comparación del valor escalar es cierta para alguno de los valores devueltos por la consulta. SOME y ANY son equivalentes.

▼ Operador **BETWEEN**: compara un valor con un intervalo de dos valores. El resultado es **true** cuando el valor que se compara es mayor o igual que el primer valor del intervalo y menor o igual que el segundo valor del intervalo.

▼ Operador **EXISTS**: especifica una consulta dentro de la consulta principal. Si la subconsulta contiene filas, devuelve el valor **true**.

▶ Operador **LIKE**: se utiliza para realizar comparaciones entre cadenas. Para ello se utilizan varios caracteres comodín:

- **%**: representa cualquier *string* (cadena) de cero o más caracteres.

- **_**: representa cualquier carácter.

- **[x,y]**: representa cualquier carácter individual dentro de un intervalo.

- **[^]**: representa cualquier carácter individual que no se encuentre en el intervalo.

- Operador **NOT**: niega una expresión, invirtiendo el valor de la expresión booleana.

- Operador **OR**: combina dos condiciones, devuelve **true** cuando alguna de las condiciones es verdadera.

ⓘ **NOTA**

Los operadores **OR** se evalúan después de los operadores **AND**. El orden en que se evalúan se puede cambiar introduciendo paréntesis.

5.6 EJERCICIO PRÁCTICO: INSTRUCCIÓN SELECT + WHERE + OPERADORES

En este ejercicio práctico se le enseñará cómo usar la instrucción SELECT + WHERE, con los operadores de comparación que habitualmente puede encontrar.

5.6.1 Instrucción SELECT + WHERE + OPERADOR DE COMPARACIÓN igual (=)

Este ejercicio muestra cómo usar el operador de comparación = (igual). La instrucción que a continuación se detalla recupera todas las filas de la tabla **Person.Person** donde la columna **Title** tenga un valor igual a **Ms**.

Para completar la práctica inicie SQL Management Studio y escriba la instrucción en el **Editor de consultas**.

```
SELECT *
FROM Person.Person
WHERE Title='Ms.'
```

El resultado de la consulta es una extracción de 415 filas.

> **ⓘ NOTA**
>
> El * detrás del verbo SELECT funciona como un comodín que selecciona todas las columnas de la tabla.

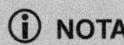

Captura 5.4. Resultado de la instrucción SELECT con el operador igual (=)

5.6.2 Instrucción SELECT + WHERE + OPERADOR LÓGICO IN

Este ejercicio ilustra cómo usar el operador lógico **IN**. La instrucción que a continuación se detalla recupera todas las filas de la tabla **Person.Person** donde la columna **Title** contenga un valor igual a **Ms.** o a **Sra.**

Para completar la práctica, abra SQL Management Studio y escriba la instrucción en el **Editor de consultas**.

```
SELECT *
FROM Person.Person
WHERE Title IN ('Ms.','Sra.')
```

El resultado de la consulta es una extracción de 418 filas.

Captura 5.5. Resultado de la instrucción SELECT con el operador IN

En este caso el trabajo realizado por el operador **IN** es muy similar al del operador igual (=) del ejercicio anterior, la diferencia está en que en la consulta se incluyen las filas que en la columna **Title** contengan un valor igual a **Sra.** A simple vista, el número de filas con Title = Sra. debe ser 3 (418 − 415).

5.6.3 Instrucción SELECT + WHERE + OPERADOR BETWEEN

La instrucción de este ejemplo recupera todas las filas de la tabla **Person.Person** donde la columna **ModifiedDate** tenga un valor comprendido entre las fechas 01/01/2001 y 31/12/2001.

Para completar la práctica, abra SQL Management Studio y escriba la instrucción en el **Editor de consultas**.

```
SELECT BusinessEntityID, NameStyle, FirstName,LastName
FROM Person.Person
WHERE ModifiedDate
BETWEEN '2001-01-01' AND '2001-31-12'
```

El resultado de la consulta es una extracción de 6 filas.

Captura 5.6. Resultado de la instrucción SELECT con el operador BETWEEN

5.6.4 Instrucción SELECT + WHERE + OPERADOR DE NEGACIÓN NOT

El operador de negación **NOT**, en el ejemplo que a continuación se expone, recupera todas las filas de la tabla **Person.Person** donde la columna **ModifiedDate** **NO** tenga un valor comprendido entre las fechas 01/01/2001 y 31/12/2001.

Para completar la práctica, abra SQL Management Studio y escriba la instrucción en el **Editor de consultas**.

```
SELECT BusinessEntityID, NameStyle, FirstName,LastName
FROM Person.Person
WHERE ModifiedDate
NOT BETWEEN '2001-01-01' AND '2001-31-12'
```

Captura 5.7. Resultado de la instrucción SELECT con los operadores BETWEEN y NOT

El resultado de la consulta es una extracción de 19.966 filas.

La suma de las filas extraídas en la consulta de la práctica anterior (5.6.3) más el número de filas extraídas en la consulta de esta práctica es de 19.972 filas, que es el número total de filas que contiene la tabla Person.Person. Para comprobarlo puede ejecutar la siguiente consulta, que le mostrará el número total de filas de la tabla "SELECT COUNT(*) FROM Person.Person".

5.6.5 Instrucción SELECT + WHERE + OPERADOR LIKE

Este ejercicio muestra cómo usar el operador **LIKE**, la práctica se desarrolla con cinco consultas que exponen las distintas variantes del operador.

5.6.5.1 EJEMPLO PRIMERO

La instrucción que a continuación se muestra recupera todas las filas de la tabla **Person.Person** donde los valores de la columna **FirstName** comiencen por la cadena de texto **An**. Para completar la práctica, inicie SQL Management Studio y escriba la instrucción en el **Editor de consultas**.

```
SELECT BusinessEntityID, NameStyle, FirstName, LastName
FROM Person.Person
WHERE FirstName LIKE 'An%'
```

	BusinessEntityID	NameStyle	FirstName	LastName	
1	10314	0	Andrea	Adams	
2	16699	0	Angel	Adams	
3	325	0	Anna	Albright	
4	7458	0	Ana	Alexander	
5	7678	0	Angela	Alexander	

MADRID (12.0 RTM) MADRID\Administrador (53) AdventureWorks2012 00:00:00 461 filas

Captura 5.8. Resultado de la instrucción SELECT con el operador LIKE 'An%'

El resultado de la consulta es una extracción de 461 filas.

(i) **NOTA**

Observe que el operador LIKE 'An%' devuelve todas las filas en las que el registro de la columna FirstName comience con el patrón 'An'. Por este motivo, en el resultado encontrará en la columna FirstName [Anna, Angela, An, Andreas, Andy, Andrew, Anthony, Anton, etc.].

5.6.5.2 EJEMPLO SEGUNDO

La siguiente instrucción recupera todas las filas de la tabla **Person.Person** donde los valores de la columna **FirstName** terminan por la cadena de texto **as**. Escriba en el **Editor de consultas**.

```
SELECT BusinessEntityID, NameStyle, FirstName, LastName
FROM Person.Person
WHERE FirstName LIKE '%as'
```

Captura 5.9. Resultado de la instrucción SELECT con el operador LIKE '%as'

Nótese que el operador toma la forma **LIKE '%as'** y devuelve 251 filas, que son todos los nombres de la columna FirstName que terminan en **as** [Thomas, Douglas, Andreas, Mathias, Lucas, etc.].

5.6.5.3 EJEMPLO TERCERO

Esta instrucción recupera todas las filas de la tabla **Person.Person** donde los valores de la columna **FirstName** contengan la cadena de texto **th**. Escriba en el **Editor de consultas**.

```
SELECT BusinessEntityID, NameStyle, FirstName, LastName
FROM Person.Person
WHERE FirstName LIKE '%th%'
```

El operador toma la forma **LIKE '%th%'** y devuelve 1.264 filas. Todos los nombres de la columna FirstName que contienen la cadena **th** [Catherine, Matthias, Timothy, Mathew, Elizabeth, etc.].

Captura 5.10. Resultado de la instrucción SELECT con el operador LIKE '%th%'

5.6.5.4 EJEMPLO CUARTO

La siguiente instrucción recupera todas las filas de la tabla **Person.Person** donde los valores de la columna **FirstName NO** comiencen por **A**, **G** o **C**.

Escriba en el **Editor de consultas**.

```
SELECT BusinessEntityID, NameStyle, FirstName, LastName
FROM Person.Person
WHERE FirstName LIKE '[^AGC]%'
```

	BusinessEntityID	NameStyle	FirstName	LastName
1	1	0	Ken	Sánchez
2	2	0	Terri	Duffy
3	3	0	Roberto	Tamburello
4	4	0	Rob	Walters
5	6	0	Jossef	Goldberg

MADRID (12.0 RTM) | MADRID\Administrador (53) | AdventureWorks2012 | 00:00:00 | 15648 filas

Captura 5.11. Resultado de la instrucción SELECT con el operador LIKE '[^AGC]%'

El operador toma la forma **LIKE '[^AGC]%'** y devuelve 15.648 filas. Que son todos los nombres de la columna FirstName que no comienzan por **A**, **G** o **C** [Michael, Rob, Scott, Jane, Tracy, etc.].

5.6.5.5 EJEMPLO QUINTO

La instrucción de este último ejemplo recupera todas las filas de la tabla **Person.Person** donde los valores de la columna **FirstName** comiencen por **A** o **C**. Escriba en el **Editor de consultas**.

```
SELECT BusinessEntityID, NameStyle, FirstName,LastName
FROM Person.Person
WHERE FirstName LIKE '[AC]%'
```

El operador toma la forma **LIKE '[AC]%'** y devuelve 3.702 filas. Todos los nombres de la columna FirstName que comienzan por **A** o **C** [Catherine, Carla, Annik, Anna, Cecil, Alberto, Ángela, etc.].

Resultados | Mensajes

	BusinessEntityID	NameStyle	FirstName	LastName
1	33	0	Annik	Stahl
2	37	0	Chris	Okelberry
3	47	0	Andrew	Hill
4	68	0	Charles	Fitzgerald
5	73	0	Carole	Poland

MADRID (12.0 RTM) | MADRID\Administrador (53) | AdventureWorks2012 | 00:00:00 | 3702 filas

Captura 5.12. Resultado de la instrucción SELECT con el operador LIKE '[AC]%'

5.7 CLÁUSULA ORDER BY

Se utiliza para ordenar los datos devueltos por una instrucción SELECT usando una columna específica. La sintaxis para utilizar esta cláusula es:

```
[ ORDER BY
{
<Columna/s para ordenar los datos>
[ ASC | DESC ]
} [ ,...n ]
]
```

Los argumentos que usa esta cláusula son:

▼ **Columna/s para ordenar los datos**: especifica la columna que utilizará la instrucción T-SQL para ordenar los datos. Se pueden especificar varias columnas, el orden en que se especifiquen las columnas definirá cómo será el orden final de los datos extraídos.

▼ **ASC**: los datos de la columna especificada se ordenan de forma ascendente, es decir, de menos a más. Este es el criterio de ordenación predeterminado.

▼ **DESC**: los datos de la columna especificada se ordenan de manera descendente, de mayor a menor.

ⓘ **NOTA**

Valores NULL: con una instrucción ORDER BY se tratan como si fueran los valores más bajos de la columna.

ⓘ **NOTA**

No se puede usar la cláusula ORDER BY con tipos de datos ntext, text, image o xml.

5.8 EJERCICIO PRÁCTICO: USO DE LA CLÁUSULA ORDER BY

Este ejercicio ilustra cómo usar la cláusula **ORDER BY**. La práctica se desarrolla con tres consultas que exponen las distintas variantes. La demostración se hará usando la tabla **Person.Address** de AdventureWorks2012.

5.8.1 Ejemplo primero

Extraer de la tabla **Person.Address** todas las filas de las columnas [AddressID, City, StateProvinceID, PostalCode] ordenadas de forma ascendente (de menor a mayor), por el valor de la columna **PostalCode**. Escriba en el **Editor de consultas**.

```
SELECT AddressID, City, StateProvinceID, PostalCode
FROM Person.Address
ORDER BY PostalCode ASC
```

	AddressID	City	StateProvinceID	PostalCode
1	16050	Dresden	19	01071
2	16501	Dresden	19	01071
3	22892	Dresden	19	01071
4	16488	Dresden	19	01071
5	22017	Dresden	19	01071
6	24846	Dresden	19	01071
7	26147	Dresden	19	01071

MADRID (12.0 RTM) | MADRID\Administrador (55) | AdventureWorks2012 | 00:00:00 | 19614 filas

Captura 5.13. Resultado de aplicar la cláusula ORDER BY PostalCode ASC

La consulta devuelve 19.614 filas ordenadas por la columna **PostalCode** [01071, 01906, 02062, etc.].

Nótese que el orden es ascendente: 01071 < 01906 < 02062. Aunque en esta consulta se ha indicado el orden con el argumento **ASC**, el resultado de la consulta habría sido el mismo si no lo hubiera especificado, porque este es el valor que toma la cláusula ORDER BY por defecto.

5.8.2 Ejemplo segundo

Extraer de la tabla **Person.Address** todas las filas de las columnas [AddressID, City, StateProvinceID, PostalCode] ordenadas de forma descendente (de mayor a menor), por el valor de la columna **AddressID**. Escriba en el **Editor de consultas**.

```
SELECT AddressID, City, StateProvinceID, PostalCode
FROM Person.Address
ORDER BY AddressID DESC
```

	AddressID	City	StateProvinceID	PostalCode
1	32521	Sammamish	79	98074
2	32520	Bellevue	79	98004
3	32519	Seattle	79	98104
4	32518	Redmond	79	98052
5	32517	Sammamish	79	98074
6	32516	Redmond	79	98052
7	32515	Kenmore	79	98028

MADRID (12.0 RTM)   MADRID\Administrador (55)   AdventureWorks2012   00:00:00   19614 filas

Captura 5.14. Resultado de aplicar la cláusula ORDER BY AddressID DESC

La consulta devuelve 19.614 filas, ordenadas por la columna **AddressID** [35 521, 35 520, 35 519, etc.].

Nótese que el orden es descendente (35 521 > 35 520 > 35 519), porque le ha añadido a la cláusula ORDER BY el argumento **DESC**.

5.8.3 Ejemplo tercero

Extraer de la tabla **Person.Address** todas las filas de las columnas [AddressID, City, StateProvinceID, PostalCode] ordenadas de forma ascendente (de menor a mayor), por el valor de la columna **PostalCode**; y a continuación, de forma descendente (de mayor a menor), por el valor de la columna **AddressID**.

Escriba la instrucción en el **Editor de consultas**:

```
SELECT AddressID, City, StateProvinceID, PostalCode
FROM Person.Address
ORDER BY
PostalCode ASC,AddressID DESC
```

	AddressID	City	StateProvinceID	PostalCode
1	29528	Dresden	19	01071
2	29172	Dresden	19	01071
3	28228	Dresden	19	01071
4	27915	Dresden	19	01071
5	27578	Dresden	19	01071
6	27571	Dresden	19	01071
7	27437	Dresden	19	01071

MADRID (12.0 RTM)   MADRID\Administrador (55)   AdventureWorks2012   00:00:00   19614 filas

Captura 5.15. Resultado de aplicar la cláusula ORDER BY con dos columnas

La consulta devuelve 19.614 filas, el orden se establece de la siguiente manera:

▼ Primero se ordenan por la columna **PostalCode** de forma ascendente (de menor a mayor).

▼ Los valores de la columna **PostalCode** que tengan el mismo valor se ordenan por la columna **AddressID** de forma descendente (de mayor a menor).

5.9 FUNCIONES DE AGREGADO

Las funciones de agregado realizan cálculos sobre un grupo de valores y devuelven un resultado. Todas las funciones de agregado, con excepción de **count**, ignoran los valores **null**.

Las funciones de agregado más importantes son:

▼ **AVG**: devuelve el promedio de un grupo de valores. Los valores NULL no intervienen en el cálculo.

▼ **COUNT**: devuelve el número de elementos de un grupo. **COUNT (*)** devuelve el número de filas de una tabla. La función cuenta las filas que contengan valores **NULL**.

▼ **MAX**: devuelve el valor máximo de los elementos de un grupo. Los valores NULL no intervienen en el cálculo.

▼ **MIN**: devuelve el valor mínimo de los elementos de un grupo. Los valores NULL no intervienen en el cálculo.

▼ **SUM**: devuelve la suma de todos los valores de un grupo. Solo se puede utilizar con columnas numéricas. Los valores NULL no intervienen en el cálculo.

5.10 EJERCICIO PRÁCTICO: USO DE LAS FUNCIONES DE AGREGADO

5.10.1 Uso de la función de agregado AVG

En esta práctica le enseñaré cómo funciona la función de agregado AVG, calculará el gasto medio de un cliente en cada compra. Para ello obtendrá la "media de gasto" del cliente con ID = 29825.

Escriba la instrucción en el **Editor de consultas**:

```
SELECT AVG(TotalDue) "Media gasto"
FROM Sales.SalesOrderHeader
WHERE CustomerID =29825
```

La tabla Sales.SalesOrderHeader contiene información general de todas las órdenes de ventas de los clientes. La instrucción anterior devuelve la media de todos los registros **TotalDue** (total adeudado) del cliente con **CustomerID = 29825**.

Captura 5.16. Uso de AVG

5.10.2 Uso de la función de agregado COUNT

Esta práctica ilustra cómo funciona la función de agregado COUNT. Para ello, y siguiendo con el cliente 29825, extraeremos el número de pedidos que ha efectuado el cliente.

Escriba la instrucción en el **Editor de consultas**:

```
SELECT COUNT(*) AS PEDIDOS
FROM Sales.SalesOrderHeader
WHERE CustomerID =29825
```

Lo que hace esta consulta es contar el número de filas de la tabla Sales.SalesOrderHeader, donde, en la columna CustomerID, aparece el cliente 29825, el resultado es 12 pedidos.

Captura 5.17. Uso COUNT

5.10.3 Uso de la función de agregado MAX

En esta práctica le enseñaré cómo funciona la función de agregado MAX. Para ello, siguiendo con el cliente 29825, extraeremos el importe del pedido más caro que ha cursado el cliente.

Escriba la instrucción en el **Editor de consultas**.

```
SELECT MAX(TotalDue) AS Importe
FROM Sales.SalesOrderHeader
WHERE CustomerID =29825
```

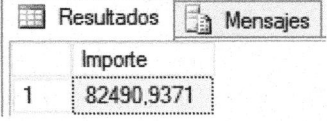

Captura 5.18. Uso de MAX

5.10.4 Uso de la función de agregado MIN

En esta práctica le mostraré cómo funciona la función de agregado MIN. Para ello, siguiendo con el cliente 29825, extraeremos el importe de pedido más barato que ha cursado el cliente.

Escriba la instrucción en el **Editor de consultas**.

```
SELECT MIN(TotalDue) AS Importe
FROM Sales.SalesOrderHeader
WHERE CustomerID =29825
```

Captura 5.19. Uso de MIN

5.10.5 Uso de la función de agregado SUM

En esta práctica le mostraré cómo funciona la función de agregado SUM. Para ello, siguiendo con el cliente 29825, extraeremos la suma del importe de todos los pedidos que ha cursado el cliente.

Escriba la instrucción en el **Editor de consultas**.

```
SELECT SUM(TotalDue) AS Total
FROM Sales.SalesOrderHeader
WHERE CustomerID =29825
```

Captura 5.20. Uso de SUM

ⓘ **NOTA**

El cliente 29825 ha comprado un total de 475.892,04€. En los ejercicios anteriores obtuvo el número de pedidos que hizo el cliente (12 pedidos). Si calcula la media (475.892,04/12 = 39.657,67) comprobará que obtiene el mismo resultado que el calculado por la función AVG.

5.11 GROUP BY

Se usa conjuntamente con una función de agregado para agrupar el conjunto devuelto (por la función de agregado) de acuerdo con los valores de una o más condiciones de búsqueda. Las filas con el mismo valor en los atributos de la cláusula GROUP BY se colocan en el mismo grupo. Su sintaxis es:

```
SELECT <lista de columnas>
FROM <tabla(s) de origen>
WHERE <condición restrictiva>
GROUP BY <Nombre de columna que se utiliza para
agrupar>
ORDER BY<la forma en que ordenamos>
GROUP BY se puede combinar con los operadores
CUBE y ROLLUP.
```

▶ **CUBE**: cuando GROUP BY termina sus operaciones, genera una fila adicional con los resultados totales de los campos agrupados. Esta cláusula es la versión moderna de COMPUTE BY.

▶ **ROLLUP**: es un operador un poco más complejo que CUBE, con él se puede añadir más de una columna a la instrucción GROUP BY, de esta manera la consulta agrupa por más de una condición. Después de cada condición, muestra un subtotal y al final el total definitivo.

5.12 EJERCICIO PRÁCTICO: USO DE GROUP BY

Esta práctica ilustra cómo usar GROUP BY para agrupar los resultados de las órdenes de ventas de la tabla Sales.SalesOrderHeader. Se desea obtener un resumen de las ventas hechas a cada cliente con expresión del importe total de las ventas, importe de la venta máxima, importe de la venta mínima e importe medio de las ventas.

Escriba la instrucción en el **Editor de consultas**:

```
SELECT CustomerID,SUM(TotalDue) AS Total,MAX(TotalDue)
AS Maximo,
MIN(TotalDue) AS Minimo,AVG(TotalDue) AS Media
FROM Sales.SalesOrderHeader
GROUP BY CustomerID
```

La instrucción **SELECT** selecciona todas las filas que interesa extraer; la cláusula **GROUP BY CustomerId** se encarga de agruparlas por el identificador de cliente.

	CustomerID	Total	Maximo	Minimo	Media
1	14324	5659,1783	2535,964	858,9607	1886,3927
2	22814	5,514	5,514	5,514	5,514
3	11407	59,659	59,659	59,659	59,659
4	28387	645,2869	645,2869	645,2869	645,2869
5	19897	659,6408	659,6408	659,6408	659,6408
6	15675	7963,05	2699,9018	2580,1529	2654,35
7	24165	3366,7583	2699,9018	666,8565	1683,3791

MADRID (12.0 RTM) MADRID\Administrador (55) AdventureWorks2012 00:00:00 19119 filas

Captura 5.21. Uso de la instrucción GROUP BY

Aunque ha obtenido los datos deseados, puede ser que quiera ordenarlos para que se muestren primero los mejores clientes (los que hacen más gasto) y en último lugar los clientes que compran menos. Esto lo puede conseguir añadiendo a la instrucción anterior la cláusula **ORDER BY Total DESC**.

Escriba la instrucción en el **Editor de consultas**:

```
SELECT CustomerID,SUM(TotalDue) AS Total,MAX(TotalDue)
AS Maximo,
MIN(TotalDue) AS Minimo,AVG(TotalDue) AS Media
FROM Sales.SalesOrderHeader
GROUP BY CustomerID
ORDER BY Total DESC
```

Captura 5.22. Uso de la instrucción GROUP BY con ORDER BY

Nótese que se ha extraído el mismo número de líneas que en la instrucción anterior (19.119) pero esta vez ordenadas por el "Total", de manera descendente (de mayor a menor).

5.13 USO DE GROUP BY CUBE

En esta práctica le enseñaré cómo usar GROUP BY CUBE para agrupar los resultados de las órdenes de ventas de la tabla Sales.SalesOrderHeader. Se desea obtener un resumen de las ventas hechas a cada cliente con expresión del importe total de las ventas, importe de la venta máxima, importe de la venta mínima e importe medio de las ventas. Además, al final de la consulta se debe visualizar un registro con los resultados totales del campo agrupado; en este caso, el identificador de cliente **CustomerId**.

Escriba la instrucción en el **Editor de consultas**:

```
SELECT CustomerID,SUM(TotalDue) AS Total,MAX(TotalDue)
AS Maximo,
MIN(TotalDue) AS Minimo,AVG(TotalDue) AS Media
FROM Sales.SalesOrderHeader
GROUP BY CUBE(CustomerID)
```

Observe que la instrucción muestra el resultado agrupado de las ventas hechas a cada cliente y al final una fila, donde el valor de la columna CustomerId = NULL, con los totales.

Captura 5.23. Uso de la instrucción GROUP BY CUBE

5.14 USO DE GROUP BY ROLLUP

En esta práctica se le mostrará cómo usar GROUP BY ROLLUP para agrupar las órdenes de ventas de la tabla Sales.SalesOrderHeader por más de una columna, y mostrar los subtotales de cada agrupación. La agrupación se realizará por las columnas ShipMethodID y CustomerID. Después de que se realice la agrupación por cada una de las condiciones, comprobará que se añade una fila con un subtotal; y al final de la consulta, otra fila con el total definitivo.

Escriba la instrucción en el **Editor de consultas**:

```
SELECT CustomerID,ShipMethodID AS F_Envio,
SUM(TotalDue) AS Total,
MAX(TotalDue) AS Maximo,
MIN(TotalDue) AS Minimo,AVG(TotalDue) AS Media
FROM Sales.SalesOrderHeader
GROUP BY ROLLUP(ShipMethodID,CustomerID)
```

(i) **NOTA**

La columna ShipMethodID es un código que identifica el modo de envío de los pedidos. Se encuentra en la tabla Purchasing.ShipMethod. Observe que a esta columna se ha añadido el alias F_Envio.

En la instrucción anterior hemos aplicado **GROUP BY ROLLUP**, primero a la columna **ShipMethodID** (F_Envio) y a continuación a la columna **CustomerID**. El motor de la base de datos extrae todas las órdenes de pedido y las agrupa primero por la columna **ShipMethodID** y a continuación por la columna **CustomerID**.

CustomerID	F_Envio	Total	Maximo	Minimo	Media	
29481	1	3729,364	3729,364	3729,364	3729,364	
29482	1	2264,2536	2264,2536	2264,2536	2264,2536	
29483	1	2264,2536	2264,2536	2264,2536	2264,2536	
NULL	1	32441339,12	3953,9884	2,5305	1172,9035	◄— 1
30116	5	211671,2674	57441,8455	47520,583	52917,8168	
30117	5	919801,8188	112859,9318	14860,6446	76650,1515	
30118	5	313671,5352	49576,7444	27290,9456	39208,9419	
....	....	....	....	....	....	
....	....	....	....	....	....	
NULL	5	90775446,99	187487,825	1,5183	23850,6166	◄— 2
NULL	NULL	123216786,1	187487,825	1,5183	3915,9951	◄— 3

Captura 5.24. Uso de la instrucción GROUP BY ROLLUP

El proceso es el siguiente, el motor de la base de datos extrae todos los pedidos de los clientes cuyo **ShipMethodID** (F_Envio) = 1. Cuando termina la extracción con **ShipMethodID** (F_Envio) = 1, calcula el subtotal de este primer grupo y lo muestra (1), a continuación lista los pedidos de los clientes cuyo **ShipMethodID** (F_Envio) = 5 (porque no existen pedidos con **ShipMethodID** 2, 3 o 4). Cuando termina la extracción de este grupo muestra su subtotal (2) y, por último, cuando acaba la extracción de datos, muestra en la última fila (3) el total definitivo.

5.15 HAVING

Especifica una condición de búsqueda para un grupo o agregado, solo se utiliza si previamente existe una cláusula GROUP BY en la consulta. A diferencia de la cláusula WHERE, que se aplica a todas las filas de la consulta, la cláusula HAVING únicamente se aplica a las filas ya agrupadas.

La sintaxis de esta cláusula es la siguiente:

```
SELECT <lista de columnas>
FROM <tabla(s) de origen>
WHERE <condición restrictiva>
GROUP BY <Nombre de columna que se utiliza para
agrupar>
HAVING <WHERE dentro del GROUP BY>
ORDER BY<la forma en que ordenamos>
```

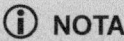

NOTA
La cláusula **HAVING** funciona como un **WHERE** dentro de **GROUP BY**.

5.16 EJERCICIO PRÁCTICO: USO DE HAVING

Esta práctica ilustra cómo funciona la cláusula HAVING. Se desea obtener de la tabla Sales.SalesOrderHeader, de la base de datos AdventureWorks2012, un resumen de las ventas hechas a cada cliente con expresión del importe total de las ventas, importe de la venta máxima, importe de la venta mínima e importe medio de las ventas, cuyo método de envío sea "CARGO TRANSPORT 5" (ShipMethodID=5).

Escriba la instrucción en el **Editor de consultas**:

```
SELECT CustomerID,
SUM(TotalDue) AS Total,
MAX(TotalDue) AS Maximo,
MIN(TotalDue) AS Minimo,AVG(TotalDue) AS Media
FROM Sales.SalesOrderHeader
GROUP BY CustomerID,ShipMethodID
HAVING ShipMethodID=5
```

En esta consulta, una vez que GROUP BY obtiene las filas agrupadas por las columnas CustomerId y ShipMethodId, es cuando entra en acción la cláusula HAVING que filtra el conjunto de valores agrupados por el valor ShipMethodId = 5.

Captura 5.25. Uso de la instrucción GROUP BY con HAVING

El resultado de la consulta es la extracción de 635 filas.

5.17 DISTINCT

Cuando hace una extracción de datos de una tabla usando un SELECT, puede ocurrir que las filas extraídas tengan valores duplicados. La cláusula DISTINCT elimina filas duplicadas de los resultados extraídos por una instrucción SELECT. Su sintaxis es la siguiente:

```
SELECT DISTINCT <nombre columna/s>
FROM <nombre de tabla>
```

5.18 EJERCICIO PRÁCTICO: USO DE DISTINCT

En esta práctica le enseñaré el uso de la cláusula DISTINCT. Para ello extraeremos de la tabla Sales.SalesOrderHeader la lista de los clientes (CustomerId) que utilicen el método de envío 5 (ShipMethodID =5).

Escriba la instrucción en el **Editor de consultas**:

```
SELECT DISTINCT CustomerID
FROM Sales.SalesOrderHeader
WHERE ShipMethodID=5
```

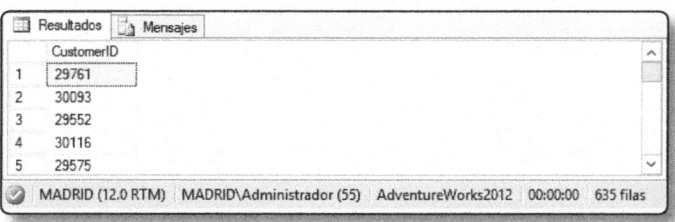

Captura 5.26. Uso de la instrucción DISTINCT

El resultado de la consulta es la extracción de 635 filas, que, curiosamente, coinciden con el número de filas que se extrajeron en la consulta de la práctica 5.16 (cláusula HAVING). Esto es debido a que en la consulta 5.16 agrupó por las columnas CustomerId y ShipMethodId, a continuación, con la cláusula HAVING, filtró el resultado de la agrupación por el valor ShipMethodId = 5, por este motivo el número de filas extraídas coincide en ambas consultas.

5.19 CREAR LISTAS CON SELECT

La creación de listas a partir de datos existentes en una tabla es una práctica común en programación de bases de datos. ¿Quién no ha necesitado extraer alguna vez una lista de empleados, de clientes, etc.? Con Microsoft SQL Server 2014 es fácil obtener una lista de datos a partir de una tabla. Para ello primero tiene que declarar una variable que albergará el resultado de la extracción (lista). Para declarar una variable use esta sintaxis:

```
DECLARE <@nombre_variable tipo>
```

Por ejemplo, si va a extraer una lista de nombres, la variable tendrá que ser un tipo nVarchar. Se declara así:

```
DECLARE @nombre nvarchar(1000)
```

En la línea anterior ha declarado la variable **@nombre**, que es de tipo **nvarchar(1000)**.

ⓘ **NOTA**

Los nombres de las variables en T-SQL siempre van precedidos del carácter @.

A continuación hay que escribir la instrucción **SELECT** con la que extraerá la lista y pasársela a la variable que previamente ha declarado.

La sintaxis de la instrucción para obtener la lista es:

```
DECLARE <@nombre_variable tipo>
SELECT <@nombre_variable = @nombre_variable> +
<resto de la instrucción select>
SELECT <@nombre>
```

5.20 EJERCICIO PRÁCTICO: CREAR UNA LISTA CON SELECT

En esta práctica se le mostrará cómo crear una lista con separadores usando la instrucción SELECT. Se necesita extraer de la tabla Person.Person una lista con todos los [Nombres + espacio + Apellidos + espacio + Separador (coma)]. Escriba la instrucción en el **Editor de consultas**:

```
declare @nombre nvarchar(1000)=''                        --(1)
select @nombre = @nombre + p.FirstName + ' ' +
p.LastName + ', '                                        --(2)
from Person.Person p                                     --(3)
WHERE FirstName LIKE 'A%'                                 --(4)
select @nombre                                           --(5)
```

▼ **(1)**: declara la variable **@nombre** y le asignamos una cadena vacía (' ').

▼ **(2)**: a la variable **@nombre** le pasamos lo que contenga la variable **@nombre** y el resultado de extraer las filas de las columnas **FirstName** y **LastName**. Nótese que se ha aplicado un formato y un separador (',').

▼ **(3)**: la extracción de datos es de la tabla **Person.Person**.

▼ **(4)**: solo se extraerán los datos cuyo **FirstName** comience por la letra 'A'.

▼ **(5)** por último, para que se muestren los resultados de la extracción, se hace un **SELECT** a la variable **@nombre**, que está cargada con los resultados de la selección primera (2).

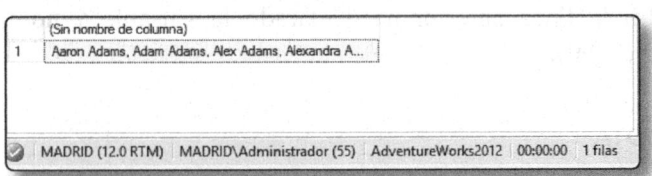

Captura 5.27. Uso de la instrucción SELECT con una lista

El resultado de la extracción es una fila. Si la copia en el portapapeles y después la pega en el Bloc de notas, el resultado es el que se muestra a continuación.

```
Aaron Adams, Adam Adams, Alex Adams, Alexandra Adams,
Allison Adams,
Amanda Adams, Amber Adams, Andrea Adams, Angel Adams,
Alisha Alan, Amy
Alberts, Amy Alberts, Amy Alberts, Anna Albright,
Aaron Alexander,
Abigail Alexander, Aidan Alexander, Alexandra
Alexander, Alexandria
. . . . . . . . . . . . . . . . . . . . . . . . . . . . . . . . .
Andy Alvarez, Anne Alvarez, Armando Alvarez,
Arthur Alvarez, Audrey
Alvarez, Alejandro Anand, Alícia Anand, Alison Anand,
Alvin Anand,
Andrés Anand, April Anand, Arturo Anand, Ashlee Anand,
Alejandro Anders
```

Como puede observar, hemos extraído la lista, pero hay nombres repetidos. Para mejorar los resultados obtenidos utilizaremos una subconsulta, usando el operador **EXIST**, que ya se explicó al comienzo de este tema. Para obtener los nombres sin repetir, añadirá a la subconsulta la cláusula **DISTINCT**.

Escriba la instrucción en el **Editor de consultas**:

```
declare @nombre nvarchar(1000)=''
select @nombre = @nombre + p.FirstName + ' ' +
p.LastName +', '
from Person.Person p
WHERE EXISTS
(
SELECT DISTINCT BusinessEntityID,FirstName,LastName
FROM Person.Person p
WHERE FirstName LIKE 'A%'
)
select @nombre
```

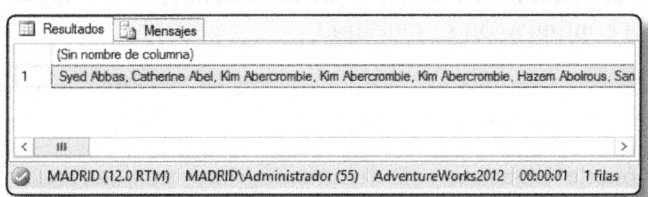

Captura 5.28. Uso de la instrucción SELECT con una lista y una subconsulta

El resultado de la extracción es una fila. Si la copia en el portapapeles y después la pega en el Bloc de notas, el resultado es el que se muestra a continuación.

```
Syed Abbas, Catherine Abel, Kim Abercrombie,
Kim Abercrombie, Kim
Abercrombie, Hazem Abolrous, Sam Abolrous, Humberto
Acevedo, Gustavo
Achong, Pilar Ackerman, Pilar Ackerman, Aaron Adams,
Adam Adams, Alex
Adams, Alexandra Adams, Allison Adams, Amanda Adams,
Amber Adams,
Andrea Adams, Angel Adams, Bailey Adams, Ben Adams,
Blake Adams, Carla
Adams, Carlos Adams, Charles Adams, Chloe Adams, Connor
Adams, Courtney
Adams, Dalton Adams, Devin Adams, Eduardo Adams, Edward
Adams, Elijah
Adams, Eric Adams, Evan Adams, Fernando Adams, Frances
Adams, Gabriel
Adams, Gabriella Adams, Gabrielle Adams, Hailey Adams,
Haley Adams,
Hunter Adams, Ian Adams, Isaac Adams, Isabella Adams,
Isaiah Adams,
Jack Adams, Jackson Adams, Jada Adams, James Adams,
Jason Adams, Jay
Adams, Jay Adams, Jenna Adams, Jennifer Adams, Jeremy
Adams, Jesse
Adams, Jonathan Adams, Jordan Adams, Jordan Adams, Jose
Adams, Julia
Adams, Kaitlyn Adams, Katelyn Adams, Katherine Adams,
Kaylee Adams,
Kevin Adams, Kyle Adams, Logan Adams,
```

Si analiza el resultado obtenido, comprobará que siguen apareciendo nombres duplicados. Por ejemplo, **Kim Abercrombie** está repetido tres veces en la primera línea. ¿Cómo puede suceder esto si ha utilizado la cláusula **DISTINCT**, dentro de la subconsulta con el operador **EXISTS**? Para comprender lo que ha sucedido, ejecute la consulta que a continuación se muestra.

```
SELECT * FROM Person.Person WHERE FirstName='Kim'
AND LastName='Abercrombie'
```

Como puede observar, efectivamente, hay tres personas cuyo nombre concuerda con **Kim Abercrombie**, pero se trata de personas distintas. Vea las diferencias existentes en los campos BusinessEntityID y PersonType.

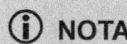

Captura 5.29. Consulta registros Kim Abercrombie

5.21 SELECT... INTO

Es posible crear una nueva tabla basada en una selección con los datos obtenidos de la extracción. La sintaxis es la siguiente.

```
SELECT <lista de columnas>
INTO <Nombre_nueva_tabla>
FROM <tabla(s) de origen>
WHERE <condición restrictiva>
. . . . . . . . . . . . . . . .
```

Si lo que desea es copiar la estructura de una tabla sin datos, utilice la sintaxis que a continuación se le indica:

```
SELECT *
INTO <Nombre_nueva_tabla>
FROM <tabla(s) de origen>
WHERE <condición_imposible>
```

Si se pregunta cuál es la condición imposible, la respuesta es cualquier condición que sea imposible que se cumpla, por ejemplo **1 = 2**.

WHERE 1=2

ⓘ **NOTA**

La sintaxis SELECT * INTO + condición_imposible copia únicamente la estructura de la tabla, sin ninguna información. La copia no incluye índices, restricciones ni claves.

5.22 EJERCICIO PRÁCTICO: CREAR UNA TABLA CON DATOS USANDO SELECT... INTO

En esta práctica se le mostrará cómo usar SELECT... INTO para crear físicamente una nueva tabla en la base de datos AdventureWorks2012. La nueva tabla se llamará **OrdenesVenta01**, y la creará a partir de la consulta hecha en la práctica 5.12, que a continuación se le muestra:

```
SELECT CustomerID,SUM(TotalDue) AS Total,
MAX(TotalDue) AS Maximo,
MIN(TotalDue) AS Minimo,AVG(TotalDue) AS Media
FROM Sales.SalesOrderHeader
GROUP BY CustomerID
```

Recuerde que esta consulta obtenía un resumen de las ventas hechas a cada cliente con expresión del importe total de las ventas, importe de la venta máxima, importe de la venta mínima e importe medio de las ventas.

Para crear la nueva tabla con la instrucción SELECT... INTO, la modificará cómo a continuación se muestra. Escriba la instrucción en el **Editor de consultas**.

```
SELECT CustomerID, SUM(TotalDue) AS Total,
MAX(TotalDue) AS Maximo,
MIN(TotalDue) AS Minimo, AVG(TotalDue) AS Media
INTO OrdenesVenta01
FROM Sales.SalesOrderHeader
GROUP BY CustomerID
```

El resultado de la instrucción afecta a 19.119 filas, que, como intuirá, es precisamente el número de filas que tiene la nueva tabla **OrdenesVenta01**.

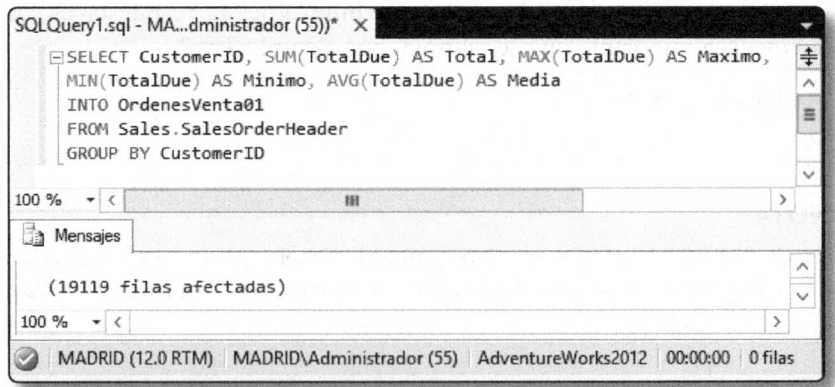

Captura 5.30. Resultado consulta SELECT... INTO

Para comprobar que se ha creado la nueva tabla realice las siguientes operaciones:

1. Abra SQL Management Studio → conéctese con autenticación Windows.

2. En el Explorador de objetos del servidor MADRID, despliegue la base de datos **AdventureWorks2012** (1) → y el nodo **Tablas** (2).

3. Busque la tabla **dbo.OrdenesVenta01** (3) → expanda el nodo **Columnas** (4), compruebe que la tabla tiene las columnas (5) [**CustomerId**, **Total**, **Máximo**, **Mínimo**, **Media**].

4. Para comprobar que tiene todas las filas (19.119) de la consulta SELECT… INTO, escriba en el Editor de consultas la siguiente instrucción (6):

```
SELECT COUNT(*) FROM [dbo].[OrdenesVenta01]
```

Compruebe en el panel de resultados que la tabla tiene 19.119 filas (7).

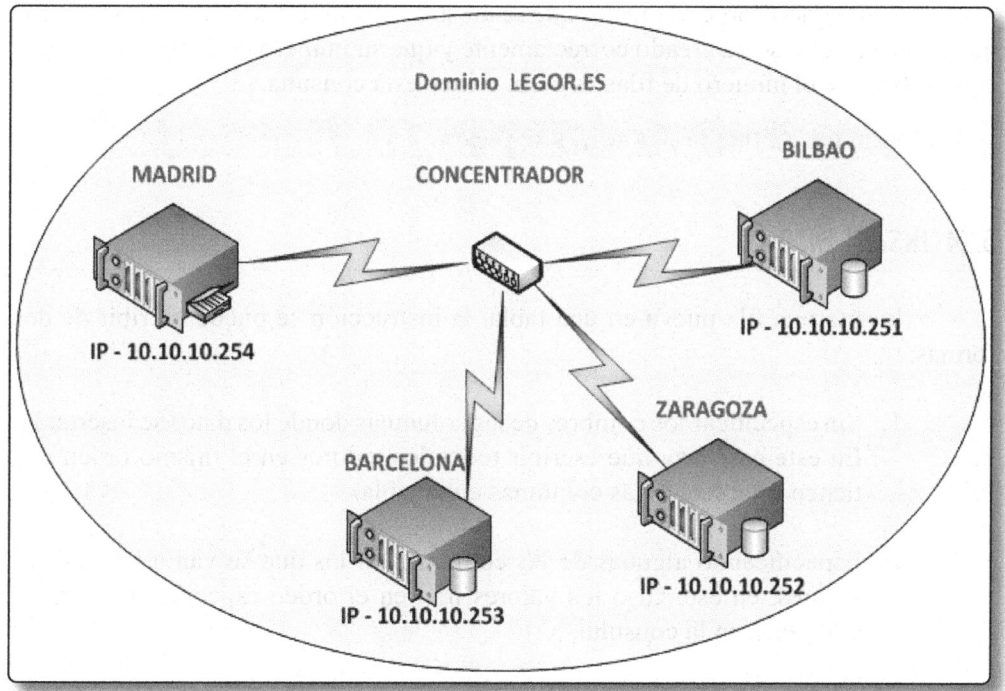

Captura 5.31. Nueva tabla OrdenesVenta01

5.23 CREAR UNA ESTRUCTURA DE TABLA (SIN DATOS) USANDO SELECT... INTO

En esta práctica le enseñaré cómo usar SELECT… INTO para crear, físicamente, una nueva tabla en la base de datos AdventureWorks2012. La nueva tabla se llamará **Person01**, no contendrá datos y clonará físicamente la estructura de la tabla Person.Person.

Para crear la nueva tabla con la instrucción SELECT… INTO, escriba la instrucción en el **Editor de consultas**.

```
SELECT *
INTO Person01
FROM Person.Person
WHERE 1=2 --CONDICIÓN IMPOSIBLE
```

En la consulta anterior, la condición imposible es **WHERE 1=2**, como la condición no se cumple, únicamente se copiará la estructura de la tabla Person.Person en la nueva tabla Person01.

Siguiendo el procedimiento que se mostró en la práctica anterior, compruebe que la nueva tabla se ha creado correctamente y que su número de filas es cero. Para comprobar que el número de filas es cero, utilice esta consulta.

```
SELECT COUNT(*) FROM Person01
```

5.24 INSERT INTO

Inserta una fila nueva en una tabla, la instrucción se puede escribir de dos formas:

1. Sin especificar los nombres de las columnas donde los datos se insertarán. En este caso hay que escribir todos los valores en el mismo orden que tienen establecido las columnas en la tabla.

2. Especificando algunas de las columnas en las que se van a insertar los valores, en este caso los valores irán en el orden especificado para las columnas en la consulta.

La sintaxis básica de esta instrucción es:

```
INSERT [INTO]
Nombre_tabla [ ( Lista_columnas ) ]
{
```

```
VALUES
( { DEFAULT | NULL | expresion } [ ,...n] )
}
```

A continuación se tratarán tres casos típicos de esta instrucción:

- ▶ Insertar bloques de datos con INSERT INTO... SELECT.
- ▶ Insertar el valor por defecto DEFAULT en una columna.
- ▶ Insertar valores en una columna IDENTIDAD.

5.24.1 INSERT INTO... SELECT

Esta instrucción se utiliza para insertar un bloque de datos, una tabla o una consulta heterogénea en otra tabla.

La sintaxis es la siguiente:

```
INSERT INTO <Nombre_tabla>
SELECT <lista de columnas>
FROM <nombre_tabla_origen>
WHERE <condición restrictiva>
```

5.24.2 Insertar el valor por defecto DEFAULT en una columna

Para insertar el valor por defecto en una columna, basta con escribir la palabra reservada **DEFAULT** o dejar en blanco su posición con la instrucción INSERT INTO.

5.24.3 Insertar valores en la columna de Identidad

Al activar la identidad en una columna, automáticamente se asignan valores numéricos, que se incrementan en una unidad en cada registro que añada a la tabla. Pero ¿qué ocurre si usted tiene una tabla con un campo **identity**, que tiene 100 registros, y borra el registro número 59? Simplemente queda ese hueco en la tabla, el que ocupaba el registro 59. Si más adelante decide insertar en esa posición (59) un nuevo registro, el motor de Microsoft SQL Server le devolverá un mensaje como el que se muestra a continuación:

```
Mens. 544, Nivel 16, Estado 1, Línea 1
No se puede insertar un valor explícito en la
columna de identidad de la tabla 'XXXXXX' cuando
IDENTITY_INSERT es OFF.
```

Si lee detenidamente el error, el mismo mensaje muestra cuál es la solución al problema, que pasa por establecer la propiedad **IDENTITY_INSERT = ON**. A continuación puede insertar el registro en la posición libre (la 59). Para finalizar se volvería a establecer la propiedad **IDENTITY_ INSERT = OFF**.

5.25 EJERCICIO PRÁCTICO

En este ejercicio práctico se le enseñará cómo usar las cláusulas para insertar datos **INSERT INTO** e **INSERT INTO… SELECT**. También se le enseñará cómo insertar datos en una fila huérfana de identidad.

5.25.1 Insertar datos en una tabla con INSERT INTO

En este ejercicio práctico se le mostrarán las dos formas que hay para insertar datos en una tabla. La primera de ellas, especificando los nombres de las columnas y a continuación los valores que se insertan. La segunda manera, en la que no se especifican los nombres de las columnas, únicamente los valores que se insertan. Para la práctica se ha utilizado la tabla **Sales.SalesReason**, de la cual le interesa conocer algunos detalles.

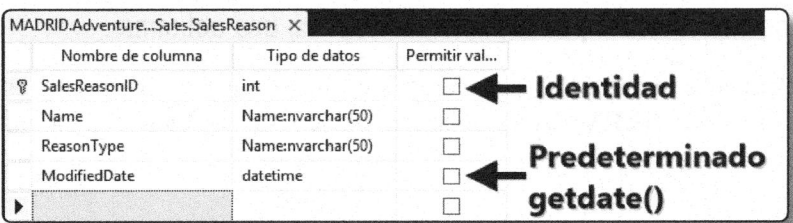

Captura 5.32. Tabla Sales.SalesReason

▸ La columna SalesReasonID es la clave principal de la tabla y, además, columna de identidad.

▸ Ninguna columna permite valores nulos.

▸ La columna ModifiedDate no permite valores nulos, pero tiene definida como valor predeterminado la función **getdate()**, que devuelve la fecha y hora del sistema. De tal forma que si en la instrucción INSERT el valor de esta columna está vacío, la función **getdate()** insertará la fecha y hora del sistema.

5.25.1.1 INSERT ESPECIFICANDO NOMBRES DE COLUMNAS Y VALORES:

La siguiente instrucción inserta una fila en la tabla **Sales.SalesReason**. Para ello se especifican primero las columnas donde se insertarán los datos y a continuación, detrás de la cláusula **VALUES**, los valores de cada columna en la nueva fila. Escriba la instrucción en el **Editor de consultas**.

```
INSERT INTO Sales.SalesReason
( Name,
ReasonType,
ModifiedDate
)
VALUES
(
'FERIA MUESTRAS',
'Marketing',
''
)
```

Dos observaciones sobre la instrucción anterior: la primera es que no contiene, en la lista de columnas, la columna **SalesReasonID**. Esto es debido a que es una columna identidad en la que se insertan automáticamente valores numéricos, que se incrementan en una unidad respecto al valor que les precede.

La segunda observación es para el apartado **VALUES**: el valor de la columna **ModifiedDate** está en blanco. Como la columna tiene asignado como valor predeterminado la función **getdate()**, se insertará en esta columna la fecha y hora del sistema.

5.25.1.2 INSERT ESPECIFICANDO ÚNICAMENTE LOS VALORES

La siguiente instrucción inserta una fila en la tabla **Sales.SalesReason**. Para ello se especifican únicamente los valores que se insertarán. Escriba la instrucción en el **Editor de consultas**.

```
INSERT INTO Sales.SalesReason
VALUES
(
'FERIA MUESTRAS II',
'Marketing',
DEFAULT
)
```

Como en el primer ejemplo, no se ha especificado ningún valor para la columna de identidad **SalesReasonID**. Los tres valores que se especifican debajo de la cláusula **VALUES** [FERIA MUESTRAS II, Marketing, DEFAULT], se corresponden con los valores que quiere insertar en las columnas [Name, ReasonType, ModifiedDate], la única precaución que tiene que tener es la de poner los valores que se insertan en el mismo orden que las columnas.

Nótese el valor asignado a la columna **ModifiedDate = DEFAULT**, esta circunstancia le está indicando que el valor que se debe insertar en esa columna es el establecido por defecto (**getdate()**). Personalmente prefiero poner el valor **DEFAULT** a dejar la instrucción T-SQL en blanco, esto la hace más legible e intuitiva.

5.25.2 Insertar datos en una fila de identidad huérfana

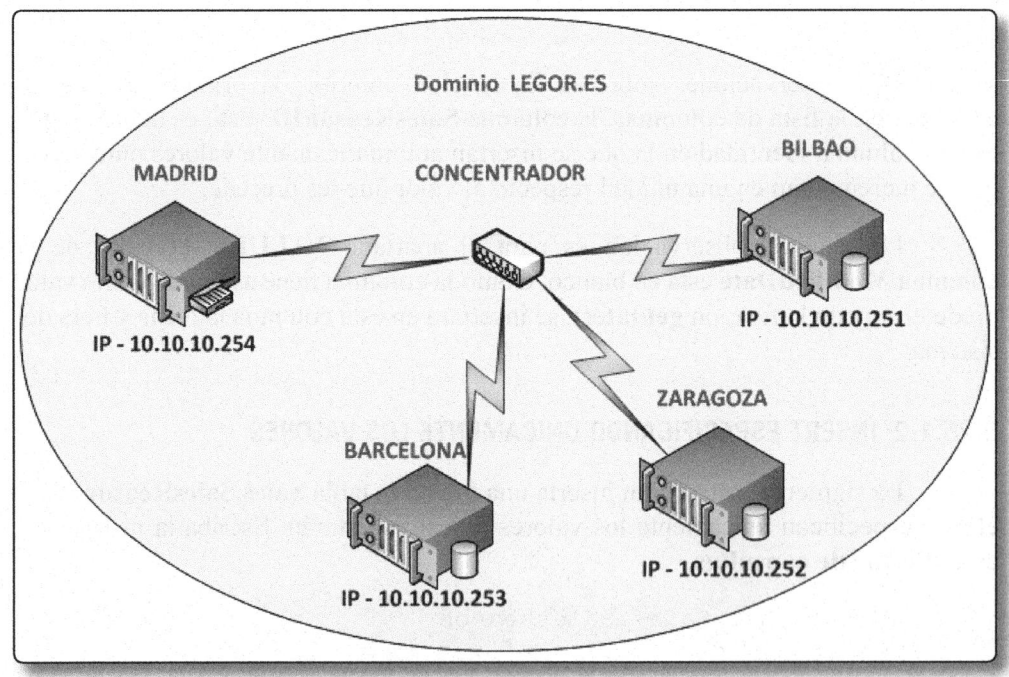

Captura 5.33. Tabla Sales.SalesReason, eliminar una fila

Si ha completado la práctica del apartado anterior, la tabla **Sales.SalesReason** (1) presentará un aspecto similar al de la captura 5.33.

Las dos últimas filas son las que insertó en la práctica anterior. Para completar esta práctica, borre la fila cuyo **SalesReasonID** = **11**. Para ello selecciónela (2), a continuación haga clic con el botón derecho del ratón sobre la selección y en el menú contextual elija la opción **Eliminar** (3)

En estos momentos, en la tabla **Sales.SalesRason** hay un hueco que se corresponde con el registro que acaba de borrar, **SalesReasonID** = **11**. A continuación se le enseñará cómo insertar un registro nuevo con el **SalesReasonID** = **11** dentro de la columna de identidad.

Para insertar el nuevo registro en la posición deseada, escriba la consulta que a continuación se le indica en el **Editor de consultas**.

```
INSERT INTO Sales.SalesReason
( SalesReasonID,
Name,
ReasonType,
ModifiedDate
)
VALUES
(
11,
'FERIA MUESTRAS III',
'Marketing',
DEFAULT
)
```

Al ejecutar la instrucción se muestra el siguiente mensaje de error:

```
Mens. 544, Nivel 16, Estado 1, Línea 1
No se puede insertar un valor explícito en la
columna de identidad de la tabla 'SalesReason' cuando
IDENTITY_INSERT es OFF.
```

El mensaje le está informando de que no se puede insertar un valor en una columna de identidad cuando el valor **IDENTITY_INSERT** = **OFF**. Para insertar el valor en la columna identidad cambie primero el valor **IDENTITY_INSERT** = **ON**, a continuación inserte la columna y, por último, vuelva a cambiar el valor **IDENTITY_INSERT** = **OFF**. Escriba la consulta que a continuación se le indica en el **Editor de consultas**.

```
SET IDENTITY_INSERT Sales.SalesReason ON

INSERT INTO Sales.SalesReason
        ( SalesReasonID,
```

```
                    Name,
                    ReasonType,
                    ModifiedDate
            )
            VALUES
            (
            11,
            'FERIA MUESTRAS III',
            'Marketing',
            DEFAULT
            )

    SET IDENTITY_INSERT Sales.SalesReason OFF
```

5.25.3 Insertar datos con INSERT INTO... SELECT

En esta última práctica de inserción de datos en una tabla, le enseñaré a insertar un bloque de datos en una tabla. El bloque de datos que insertará es el resultado de una consulta a otra tabla o conjunto de tablas. Para realizar el ejercicio, es necesario que previamente haya realizado la práctica 5.23, en la que creó la estructura de la tabla **Person01**, tomando como patrón la tabla **Person.Person**, haciendo uso de la sentencia **SELECT... INTO**.

El ejercicio práctico consistirá en la inserción de las 10 primeras filas (bloque) de la tabla **Person.Person** en la tabla **Person01**. Escriba la consulta que a continuación se le indica en el **Editor de consultas**.

```
INSERT INTO Person01
SELECT TOP 10 *
FROM Person.Person
```

Al ejecutar la consulta anterior está insertando en la tabla **Person01** el resultado de la consulta:

```
SELECT TOP 10 *
FROM Person.Person
```

Compruebe los resultados de la inserción ejecutando simultáneamente las consultas que a continuación se le indican.

```
SELECT COUNT(*) FROM Person01
SELECT * FROM Person01
```

5.26 UPDATE

Se usa para modificar uno o más registros de una tabla. La sintaxis es la siguiente:

```
UPDATE Nombre_tabla
SET {nombre_columna = {expresion|DEFAULT|NULL}}
[ ,...n ]
WHERE < condición_filtrado >
```

▶ Nombre_tabla: nombre de la tabla donde se quieren actualizar los registros.

▶ SET: especifica la columna/s que se va/n a modificar.

▶ Nombre_columna: columna que contiene los datos que se van a actualizar.

▶ WHERE: especifica las condiciones que restringirán el número de filas que se actualizan.

Con las actualizaciones, tenga en cuenta los cuatro puntos siguientes:

1. Las columnas que son de identidad no se pueden actualizar

2. Si no especifica la cláusula WHERE, se actualizarán todas las filas de la tabla.

3. Si la actualización infringe una restricción o una regla, se cancelará la actualización y no se actualizará ningún registro.

4. Una instrucción UPDATE se puede crear a partir de múltiples tablas, pero **solo afecta a una tabla**.

5.26.1 UPDATE VALORES (max)

Es un caso particular de la instrucción UPDATE que sirve para actualizar valores tipo **(max)**, **nvarchar(max)** y **varbinary(max)**.

La sintaxis es la siguiente:

```
UPDATE <Nombre_tabla>
SET nombre_columna = .WRITE (expresión , @Offset ,
@Length)
WHERE <condición_filtrado>
```

▼ WRITE: especifica que un fragmento de la columna **nombre_columna** se va a modificar.

▼ Expresión: es un valor que se copiará dentro de la columna **nombre_ columna**.

▼ @Offset: es el valor de partida o índice en **nombre_columna** a partir del cual se empezará a escribir **Expresión**.

▼ @Length: longitud de la cadena **Expresion** que se escribe.

ⓘ **NOTA**

Si @Offset = NULL y @Length = NULL, la expresión se añadirá al final de lo que haya dentro de nombre_columna.

5.26.2 Ejercicio práctico: Actualización de todas las filas de una tabla

Para realizar el ejercicio es necesario que previamente haya realizado la práctica 5.23, en la que creó la estructura de la tabla **Person01**, y el ejercicio práctico 5.25.3 con el que insertó 10 filas en la tabla.

La tabla **Person01** contiene una columna denominada **Suffix**, que tiene asignado el valor NULL, en todas sus líneas. En esta práctica actualizará el valor de todas las filas de la columna **Suffix** al valor " – ". Escriba la consulta que a continuación se le indica en el **Editor de consultas**.

```
UPDATE dbo.Person01
SET Suffix='-'
```

El resultado de la ejecución de esta instrucción es de 10 filas afectadas. Esto ocurre porque no se ha especificado la cláusula **WHERE**, por este motivo la actualización ha afectado a todas las filas de la tabla **Person01**.

Para comprobar los resultados de la actualización, ejecute la siguiente instrucción:

```
select * from dbo.Person01
```

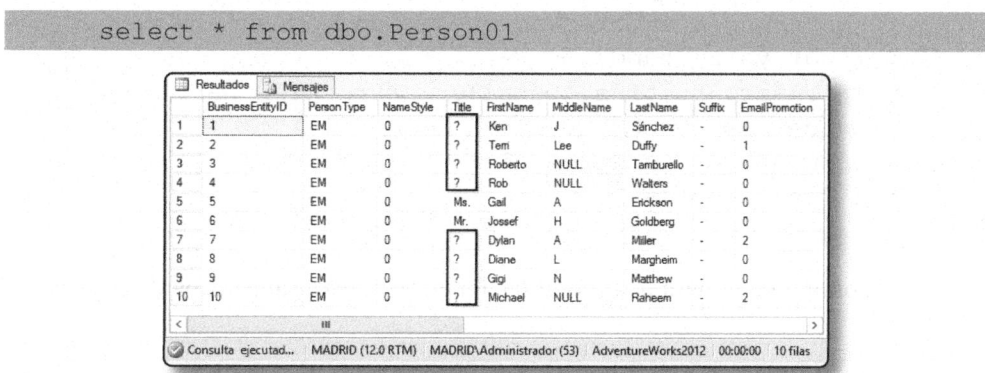

Captura 5.34. Update a la columna Suffix de la tabla Person01

5.26.3 Ejercicio práctico: Actualización de filas de una tabla usando filtro

En este ejercicio práctico actualizará, en la tabla **Person01**, los registros de la columna **Title** que tengan el valor NULL al valor "**?**". Escriba la consulta que a continuación se le indica en el **Editor de consultas**.

```
UPDATE dbo.Person01
SET Title = '?'
WHERE Title IS NULL
```

El resultado de la ejecución de esta instrucción son **8 filas** afectadas. Esto es así porque la cláusula **WHERE** ha filtrado los valores de la columna **Title** que tenían el valor **NULL**, por este motivo la actualización no ha afectado a todas las filas de la tabla **Person01**.

Para comprobar los resultados de la actualización ejecute la siguiente instrucción:

```
select * from dbo.Person01
```

Captura 5.35. Update a la columna Title de la tabla Person01

5.26.4 Ejercicio práctico: Actualización de un valor nVarchar(max)

En este ejercicio práctico le mostraré cómo actualizar en la tabla **Production. Document**, el valor de la columna **DocumentSumary**, que es el del tipo **nVarchar(max)**. Para empezar extraerá el valor de la columna **DocumentSumary** donde la columna **DocumentNode** tenga el valor 0x6B40. Escriba la consulta que a continuación se le indica en el **Editor de consultas**.

```
SELECT DocumentSummary
FROM Production.Document
WHERE DocumentNode = 0x6B40
```

El resultado de la extracción es una fila, que contiene un texto con una serie de recomendaciones y directrices para la lubricación de los componentes de una bicicleta.

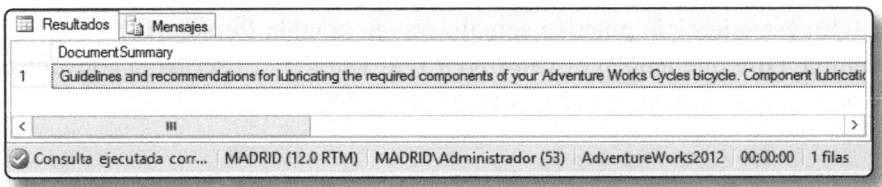

Captura 5.36. Resultado SELECT DocumentSummary con DocumentNode=0x6840

Copie el texto en el portapapeles y péguelo en su Bloc de notas:

```
Guidelines and recommendations for lubricating the
required components
of your Adventure Works Cycles bicycle. Component
lubrication is vital
to ensuring a smooth and safe ride and should be
part of your standard
maintenance routine. Details instructions are
provided for each bicycle
component requiring regular lubrication including
the frequency at
which oil or grease should be applied.
```

A continuación hará dos modificaciones en el texto que acaba de copiar:

Modificación 1

Como en la empresa AdventureWorks2012 hay personas que no dominan el idioma inglés, se desea añadir al final del texto de recomendaciones que extrajo en la consulta anterior, su traducción al idioma español. Escriba la consulta que a continuación se le indica en el **Editor de consultas**.

```
USE [AdventureWorks2012]
DECLARE @strTexto nVarchar(1000)=''
SET @strTexto ='Directrices y recomendaciones para
la lubricación de los componentes necesarios de su
bicicleta de Adventure Works Cycles.
La lubricación de componentes es vital para asegurar
una conducción suave y segura y debe ser parte
de su rutina de mantenimiento estándar.
Las instrucciones se proporcionan detalles para
cada componente de la bicicleta requieren lubricación
periódica incluyendo la frecuencia con
que se debe aplicar aceite o grasa'

UPDATE [Production].[Document]
SET DocumentSummary .WRITE(@strTexto,NULL,NULL)
WHERE DocumentNode = 0x6B40
```

Como el texto de la traducción es un poco extenso, se ha declarado una variable **@strTexto** a la que se le ha asignado el texto traducido, que se quiere añadir al final del texto original.

La instrucción **UPDATE**, parece una instrucción normal, pero no es así, si se fija en la segunda línea, observará algunas diferencias (SET DocumentSummary .WRITE(@strTexto,NULL,NULL)).

▼ No existe el signo =.

▼ **.WRITE**, se utiliza para escribir/actualizar los datos en la columna **nVarchar(max)**.

▼ El primer parámetro de **.WRITE**, es **strTexto**, que contiene la nueva cadena de texto que quiere añadir a la columna.

▼ Los parámetros **@Offset= NULL** y **@Length = NULL**, indican que el texto original se respetará (no sufrirá modificaciones) y el nuevo se añadirá detrás del original.

Modificación 2

Modificará la cadena **Guidelines and recommendations for** por **Guidelines & recommendations for**. Escriba la consulta que a continuación se le indica en el **Editor de consultas**.

```
USE [AdventureWorks2012]
UPDATE [Production].[Document]
SET DocumentSummary .WRITE('&',11,3)
WHERE DocumentNode = 0x6B40
```

En esta instrucción los parámetros que se le pasan a **.WRITE** han cambiado (.WRITE('&',11,3)):

G	u	i	d	e	l	i	n	e	s		a	n	d		r	e	c	o	m
0	1	2	3	4	5	6	7	8	9	10	11	12	13	14	15	16	17	18	19

Tabla 5.1. Índices de la cadena de texto

El primer parámetro de **.WRITE**, es **'&'**, que es la cadena de texto que reemplazará a la cadena de texto **'and'**.

▼ **@Offset= 11**: indica la posición en la que se empezará a escribir el nuevo texto **'&'**.

▼ **@Length = 3**: indica el número de caracteres que sobrescribirá el nuevo texto.

Para comprobar el resultado de las dos modificaciones que acabamos de hacer, escriba la consulta que a continuación se le indica en el **Editor de consultas**.

```
select DocumentSummary from Production.Document where
DocumentNode=0x6B40
```

El resultado de la consulta es una fila:

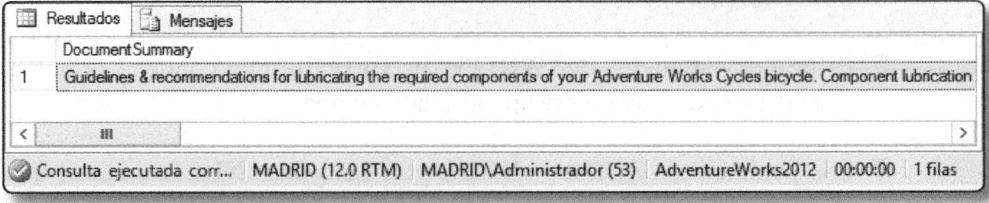

Captura 5.37. Comprobar el contenido de la columna DocumentSummary

Haga clic sobre la fila devuelta y cópiela en el portapapeles, a continuación péguela en el Bloc de notas. Se han destacado en **negrita** los dos cambios que se han hecho en los dos ejercicios anteriores.

```
Guidelines & recommendations for lubricating the
required components
of your Adventure Works Cycles bicycle. Component
lubrication is vital
to ensuring a smooth and safe ride and should be
part of your standard
maintenance routine. Details instructions are provided
for each bicycle
component requiring regular lubrication including the
frequency at
which oil or grease should be applied.

"Directrices y recomendaciones para la lubricación
de los componentes
necesarios de su bicicleta de Adventure Works Cycles.
La lubricación de
componentes es vital para asegurar una conducción
suave y segura y debe
ser parte de su rutina de mantenimiento estándar.
Las instrucciones se
proporcionan detalles para cada componente de la
bicicleta requieren
lubricación periódica incluyendo la frecuencia
con que se debe aplicar
aceite o grasa"
```

5.27 DELETE

La cláusula DELETE se usa para borrar filas de una tabla. La sintaxis es:

```
DELETE
[ FROM ] nombre_tabla
[ WHERE < condición_filtro > ]
```

ⓘ **NOTA**

Si no incluye la cláusula **WHERE** con una condición de filtro, se borrarán todas las filas de la tabla.

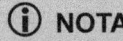 **NOTA**

Otra forma de eliminar todos los registros de una tabla es usando la instrucción TRUNCATE TABLE <nombre_tabla>. Es equivalente a la instrucción DELETE sin la cláusula WHERE y obtiene mejores rendimientos.

5.28 EJERCICIO PRÁCTICO: BORRADO DE DATOS USANDO DELETE

Para realizar el ejercicio, es necesario que previamente haya realizado la práctica 5.28, en la que creó la estructura de la tabla **Person01**, y la 5.25.3 con la que insertó 10 registros en la tabla. El ejercicio práctico constará de dos partes, en la primera se le enseñará a borrar un registro; en la segunda parte se le mostrará cómo borrar el contenido de toda la tabla.

5.28.1 Borrar un registro

Se desea borrar, en la tabla **dbo.Person01**, el registro cuyo **BusinessEntityID = 10** escriba la consulta que a continuación se le indica en el **Editor de consultas**.

```
USE AdventureWorks2012
DELETE FROM dbo.Person01
WHERE BusinessEntityID = 10
```

El resultado de la ejecución de la consulta es el borrado de una fila en la que el valor de la columna **BusinessEntityID** es **10**.

5.28.2 Borrar todo el contenido de una tabla

Se desea borrar todas las filas de la tabla **dbo.Person01**. Escriba la consulta que a continuación se le indica en el **Editor de consultas**.

```
USE AdventureWorks2012
DELETE FROM dbo.Person01
```

El resultado de la ejecución de la consulta anterior es el borrado de nueve filas. La instrucción anterior, al carecer de la cláusula **WHERE**, ha eliminado todas las filas de la tabla.

Este último ejercicio práctico lo podía haber realizado haciendo uso de la instrucción **TRUNCATE TABLE**. En este caso la sintaxis hubiera sido la siguiente:

```
USE AdventureWorks2012
TRUNCATE TABLE dbo.Person01
```

El resultado de esta instrucción es "Comandos completados correctamente" sin especificar el número de filas afectadas.

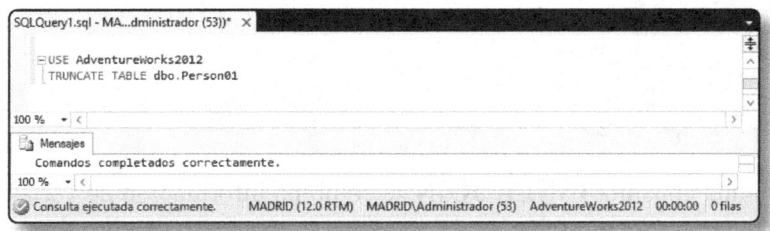

Captura 5.38. Resultado de la instrucción TRUNCATE TABLE

(i) **NOTA**

Aunque la instrucción **TRUNCATE TABLE** es más eficiente, no devuelve el número de filas afectadas, únicamente informa de si la instrucción se ha realizado correctamente o no.

5.29 JOIN

En temas anteriores se explicó el diseño de tablas y la normalización de datos. Recuerde que el propósito de la normalización es evitar la redundancia de datos, proteger su integridad, mejorar el rendimiento e impedir problemas de actualización.

Para conseguir estos objetivos muchas veces es necesario partir tablas grandes en tablas más pequeñas. Esto hace que a la hora de ejecutar una consulta haya que buscar los datos en varias tablas simultáneamente para obtener los resultados deseados.

La cláusula **JOIN** sirve para recuperar información de dos o más tablas y permite realizar varios tipos de combinaciones; entre ellas destacan:

- ▶ Combinaciones internas (INNER JOIN).
- ▶ Combinaciones externas (OUTER JOIN).
- ▶ Combinaciones externas completas (FULL OUTER JOIN).

5.29.1 Combinaciones internas

La cláusula **INNER JOIN** hace una unión entre dos o más tablas y devuelve únicamente aquellas filas para las cuales la condición de unión devuelve el valor **true**. La sintaxis es la siguiente:

```
SELECT <lista selección>
FROM
<1ª tabla>
<INNER JOIN>
<2ª tabla>
ON <condición>
<INNER JOIN>
<tabla n>
ON <condición>
```

En una consulta **INNER JOIN** se combina información de varias tablas (al menos dos), por este motivo hay que especificar que registro de una tabla se combina (desde ahora tabla de la izquierda) con otro registro de una segunda tabla (desde ahora tabla de la derecha). Esto se hace usando el argumento **ON**. Si no existe una correspondencia entre los registros **ON** de la consulta, el registro no se devuelve.

5.29.2 Combinaciones externas

La cláusula **OUTER JOIN** hace una unión entre dos tablas y devuelve todas las filas para una tabla y solo aquellas filas de la segunda que cumplen la condición de la unión. La tabla que se escribe antes de la palabra clave **JOIN** es la tabla de la **izquierda**; la tabla que se escribe a la derecha de la palabra **JOIN** se considera la tabla de la **derecha**. En la cláusula **OUTER JOIN** devolverá diferentes resultados dependiendo de qué tabla (izquierda o derecha) se use en la unión.

▶ **LEFT OUTER JOIN**: muestra toda la información de la tabla que hay a la izquierda de la cláusula **JOIN** y solo las filas de la tabla de la derecha que cumplen la condición de la unión. Está permitido sustituir **LEFT OUTER JOIN** por **LEFT JOIN**.

▶ **RIGHT OUTER JOIN**: muestra toda la información de la tabla que hay a la derecha de la cláusula **JOIN** y solo las filas de la tabla de la izquierda que cumplen la condición de la unión. Está permitido sustituir **RIGHT OUTER JOIN** por **RIGHT JOIN**.

La sintaxis es la siguiente:

```
SELECT <lista selección>
FROM
<1ª tabla>
<LEFT/RIGHT JOIN>
<2ª tabla>
ON <condición>
```

5.29.3 Combinaciones externas completas

FULL OUTER JOIN devuelve todas las filas de las tablas implicadas en la unión, independientemente de que la tabla de la izquierda o la tabla de la derecha devuelvan un valor **true** en la condición de la unión. La sintaxis es la siguiente:

```
SELECT <lista selección>
FROM
<1ª tabla>
<FULL OUTER JOIN>
<2ª tabla>
ON <condición>
```

5.30 EJERCICIO PRÁCTICO: UNIONES ENTRE DOS TABLAS (JOIN)

En esta práctica se mostrará el uso de la cláusula JOIN en sus distintas variantes. Para hacer más comprensibles las instrucciones, estas se acompañarán de diagramas en los que se detallan las tablas implicadas en la consulta y las relaciones existentes entre ellas.

A continuación desarrollaremos cuatro ejemplos básicos con la cláusula INNER JOIN en los que intervienen dos tablas: SalesOrderHeader y SalesOrderDetail.

Captura 5.39. Relación existente entre las tablas SalesOrderHeader y SalesOrderDetail

5.30.1 Inner Join con dos tablas (ejemplo 1)

En este primer ejemplo le enseñaré cómo obtener una lista de clientes (CustomerID) que muestre las distintas órdenes de pedido (SalesOrderID) de cada uno de ellos. Para obtener esta información hay que consultar simultáneamente las tablas **Sales.SalesOrderHeader** y **Sales.SalesOrderDetail**, el campo en común de ambas tablas es **SalesOrderID**.

Aplicando la cláusula **INNER JOIN**, solo se mostrarán los registros de ambas tablas que tengan valores coincidentes en el campo **SalesOrderID** (ON SalesOrderHeader.SalesOrderID = SalesOrderDetail.SalesOrderID). Escriba la consulta que a continuación se le indica en el **Editor de consultas**.

```
USE AdventureWorks2012
SELECT
SalesOrderHeader.CustomerID, SalesOrderDetail.
SalesOrderID
FROM Sales.SalesOrderHeader INNER JOIN Sales.
SalesOrderDetail
ON SalesOrderHeader.SalesOrderID = SalesOrderDetail.
SalesOrderID
```

El resultado de la consulta es 121.317 filas; nótese que el cliente (CustomerID) se muestra repetido tantas veces como órdenes de pedido tenga (SalesOrdeID).

5.30.2 Inner Join con dos tablas (ejemplo 2)

Al objeto de mejorar la consulta anterior, se desea obtener una lista de clientes (sin repetir), que al menos tengan una orden de pedido (SalesOrderID). La consulta es similar a la anterior, se diferencia únicamente en el uso de la cláusula **DISTINC**, que se utiliza para que no se muestren valores repetidos de clientes (CustomerID).

```
USE AdventureWorks2012
SELECT DISTINCT
SalesOrderHeader.CustomerID, SalesOrderDetail.
SalesOrderID
FROM Sales.SalesOrderHeader INNER JOIN Sales.
SalesOrderDetail
ON SalesOrderHeader.SalesOrderID = SalesOrderDetail.
SalesOrderID
El resultado de la consulta es 31.465 filas.
```

5.30.3 Inner Join con dos tablas (ejemplo 3)

Se desea obtener una lista de los clientes (CustomerID) y órdenes de pedido (SalesOrderID) en las que se haya comprado un "HL Mountain Seat/Saddle". Este artículo tiene el ProductID = 910. Como la columna **ProductID** se encuentra dentro de la tabla **SalesOrderDetail**, que pertenece al ámbito del **INNER JOIN** de la consulta, basta con añadir la cláusula **WHERE** para conseguir este filtrado: (WHERE SalesOrderDetail.ProductID = 910).

```
USE AdventureWorks2012
SELECT
SalesOrderHeader.CustomerID, SalesOrderDetail.
SalesOrderID
FROM Sales.SalesOrderHeader INNER JOIN Sales.
SalesOrderDetail
ON SalesOrderHeader.SalesOrderID = SalesOrderDetail.
SalesOrderID
WHERE SalesOrderDetail.ProductID = 910
```

El resultado de la consulta es 222 filas.

5.30.4 Inner Join con dos tablas (ejemplo 4)

A continuación se le mostrará cómo modificar la consulta del ejemplo 3 usando alias en las tablas. Los alias en las tablas reducen la complejidad de la consulta y ayudan a que esta sea más entendible. Los alias que usará son:

▼ Sales.SalesOrderHeader → **OH**
▼ SalesOrderDetail → **OD**

La asignación de los alias a las tablas se hace en esta línea:

```
FROM Sales.SalesOrderHeader OH INNER JOIN Sales.
SalesOrderDetail OD
```

Cuando se usa un alias para una tabla, hay que utilizarlo en todas las partes de la consulta para nombrar a la tabla que sustituye.

```
USE AdventureWorks2012
SELECT
OH.CustomerID, OD.SalesOrderID
FROM Sales.SalesOrderHeader OH INNER JOIN Sales.
SalesOrderDetail OD
ON OH.SalesOrderID = OD.SalesOrderID
WHERE OD.ProductID = 910
```

El resultado de la consulta es 222 filas (el mismo resultado que en el del ejemplo 3).

5.31 EJERCICIO PRÁCTICO: UNIONES ENTRE CUATRO TABLAS (JOIN)

Esta práctica ilustra el uso de la cláusula **JOIN** entre cuatro tablas. Para hacer más comprensibles las instrucciones se acompaña la captura 5.40 con el diagrama de las tablas implicadas en las consultas, así como de las relaciones existentes entre ellas.

De las tablas siguientes debe conocer la función de algunos de sus campos:

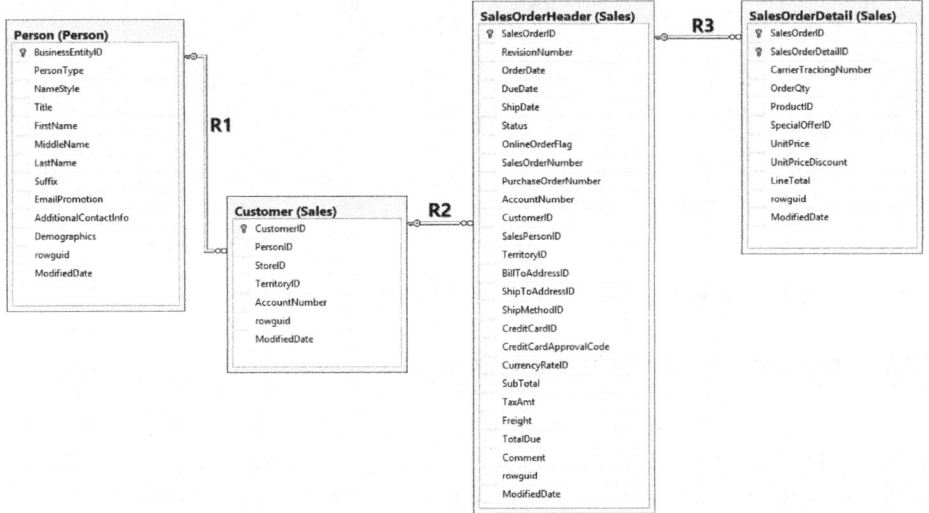

Captura 5.40. Relación existente entre las tablas de la práctica 5.30.2

Tabla SalesOrderHeader

▶ SubTotal = subtotal de la venta. Calculado para cada SalesOrderID como: **SUM(SalesOrderDetail.LineTotal)**.
▶ TaxtAMT = importe de los impuestos.
▶ Freight = costo de envío.
▶ TotalDue= total debido del cliente.

Tabla SalesOrderDetail

▶ OrderQty = cantidad de producto pedida.
▶ UnitPrice = precio de venta de un solo producto.
▶ UnitPriceDiscount = importe del descuento.
▶ LineTotal = subtotal por producto.

Los ejemplos que se muestran a continuación son meramente didácticos y los mismos resultados que se han calculado en las consultas se pueden obtener haciendo una consulta más simple a la tabla **Sales.SalesOrderHeader** en sus columnas [SalesOrderId, SubTotal, TotalDue].

5.31.1 Inner Join con cuatro tablas (ejemplo 1)

Obtener la lista de clientes (Person.LastName), con sus órdenes de pedido (SalesOrderID) valoradas.

Para obtener esta información hay que consultar simultáneamente las tablas **Person.Person**, **Sales.Customer**, **Sales.SalesOrderHeader** y **Sales.SalesOrderDetail**. Los campos comunes entre estas tablas se indican en el diagrama anterior numerados del [R1 al R3]. Escriba la consulta que a continuación se le indica en el **Editor de consultas**.

```
USE [AdventureWorks2012]
SELECT
P.LastName AS NOMBRE,
OH.SalesOrderID AS IdPedido,
SUM(OD.UnitPrice*OD.OrderQty) AS TOTAL
FROM
Person.Person P INNER JOIN Sales.Customer C ON
P.BusinessEntityID =
C.PersonID --R1
INNER JOIN Sales.SalesOrderHeader OH ON C.CustomerID =
OH.CustomerID --R2
INNER JOIN Sales.SalesOrderDetail OD ON OH.
SalesOrderID =
OD.SalesOrderID --R3
GROUP BY P.LastName, OH.SalesOrderID
ORDER BY NOMBRE, TOTAL
```

En la consulta anterior se han utilizado los siguientes alias para las tablas:

▼ Person.Person → P

▼ Sales.Customer → C

▼ Sales.SalesOrderHeader → OH

▼ Sales.SalesOrderDetail → OD

Captura 5.41. Resultado de la consulta de la práctica

La captura 5.41 muestra que el resultado es 31.465 filas. Observe que las cuatro primeras filas muestran los pedidos del cliente Abel, en cada una de las filas se indica el IdPedido y a continuación su valoración.

5.31.2 Inner Join con cuatro tablas (ejemplo 2)

Obtener la lista de clientes (Person.LastName), con sus órdenes de pedido (SalesOrderID) valoradas, con expresión del total de lo que debe cada cliente. Para obtener esta información hay que consultar simultáneamente las tablas **Person.Person**, **Sales.Customer**, **Sales.SalesOrderHeader** y **Sales.SalesOrderDetail**. Los campos comunes entre estas tablas se indican en el diagrama anterior numerados del [R1 al R3]. Escriba la consulta que a continuación se le indica en el **Editor de consultas**.

```
USE [AdventureWorks2012]
SELECT
P.LastName AS NOMBRE,
OH.SalesOrderID AS IdPedido,
SUM(OD.UnitPrice*OD.OrderQty) AS TOTAL
FROM
Person.Person P INNER JOIN Sales.Customer
C ON P.BusinessEntityID =
C.PersonID --R1
INNER JOIN Sales.SalesOrderHeader OH ON C.CustomerID =
OH.CustomerID --R2
INNER JOIN Sales.SalesOrderDetail OD ON OH.
SalesOrderID =
OD.SalesOrderID --R3
GROUP BY CUBE(OH.SalesOrderID,P.LastName)
HAVING P.LastName IS NOT NULL
```

Captura 5.42. Resultado de la consulta de la práctica

Para obtener el total de lo que debe cada cliente, se ha hecho una agrupación en la consulta, usando la cláusula **GROUP BY CUBE**, el resultado son 32.324 filas. En la captura se puede observar la lista de órdenes de pedido del cliente Abel (4 órdenes), valoradas una a una; al final de la lista de órdenes de pedido de este cliente, la cláusula **GROUP BY CUBE** añade una fila más con la suma total de las cuatro órdenes anteriores.

5.32 USO DE LA CLÁUSULA LEFT OUTER JOIN

En esta práctica le enseñaré el funcionamiento de la cláusula **LEFT OUTER JOIN** = **LEFT JOIN**. En la consulta del ejemplo están implicadas las tablas **Production.Product** y **Production.ProductReview**, de las cuales se adjunta un diagrama (captura 5.43).

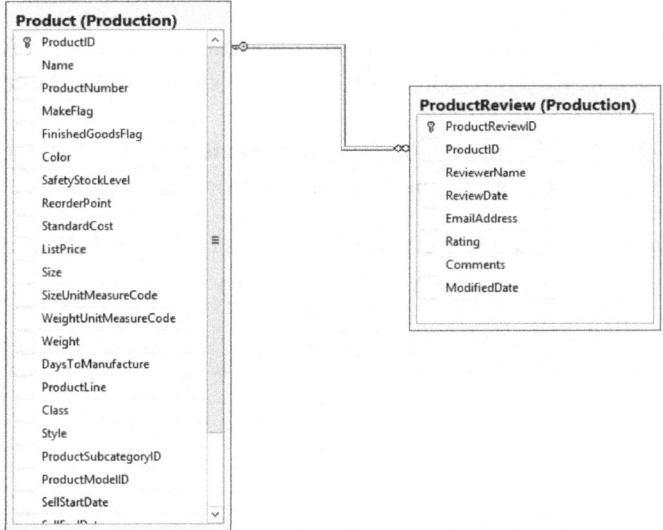

Captura 5.43. Relación existente entre las tablas de la práctica 5.30.3

La tabla **ProductReview** se relaciona a través de la columna **ProductID** (clave foránea), con la tabla **Product** en su columna **ProductId** (clave primaria). Ejecute la consulta siguiente:

```
SELECT P.Name Nombre, R.ProductReviewID Revision
FROM Production.Product P
INNER JOIN Production.ProductReview R
ON P.ProductID = R.ProductID
ORDER BY Revision
```

	Nombre	Revision
1	Mountain Bike Socks, M	1
2	HL Mountain Pedal	2
3	HL Mountain Pedal	3
4	Road-550-W Yellow, 40	4

Consulta ejecutada correctamente.   MADRID (12.0 RTM)   MADRID\Administrador (53)   AdventureWorks2012   00:00:00   4 filas

Captura 5.44. INNER JOIN entre las tablas Product y ProductReview

El resultado de la consulta anterior es de 4 filas, la consulta ha devuelto únicamente las filas de la tabla **Product** y **ProductReview** que tienen coincidencias en la columna común de la unión (ON P.ProductID = R.ProductID).

¿Qué pasaría si la cláusula **INNER JOIN** la sustituye por **LEFT OUTER JOIN**?

1. Se mostrará **toda** la información de la tabla que hay a la izquierda de la cláusula **LEFT OUTER JOIN**; en este caso, la tabla **Product**.

2. De la tabla de la derecha (**ProductReview**) solo se mostrarán las filas que cumplan con la condición de la unión.

Escriba la consulta que a continuación le indico en el **Editor de consultas**:

```
SELECT P.Name Nombre, R.ProductReviewID Revision
FROM Production.Product P
LEFT OUTER JOIN Production.ProductReview R
ON P.ProductID = R.ProductID
ORDER BY Revision
```

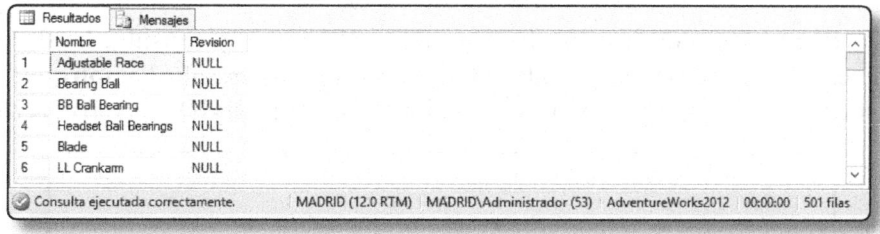

Captura 5.45. LEFT OUTER JOIN entre las tablas Product y ProductReview (I)

El resultado de esta consulta es de 505 filas entre las que están incluidas las 4 filas de la consulta anterior del INNER JOIN. Como puede observar, se ha mostrado **toda** la información de la tabla izquierda y de la tabla derecha únicamente las filas que cumplen con la condición de la unión, las demás se han rellenado con NULL.

Esta instrucción puede ser provechosa para extraer los nombres de los productos que no han pasado revisión. Escriba la consulta que a continuación se le indica en el **Editor de consultas**.

```
SELECT P.Name Nombre, R.ProductReviewID Revision
FROM Production.Product P
LEFT OUTER JOIN Production.ProductReview R
ON P.ProductID = R.ProductID
WHERE R.ProductReviewID IS NULL
ORDER BY Revision
```

Captura 5.46. LEFT OUTER JOIN entre las tablas Product y ProductReview (II)

El resultado de la consulta es una extracción de 501 filas. Observe que en la extracción ya no se encuentran las filas de la tabla derecha que cumplen con la condición de la unión, porque las hemos suprimido al añadir la cláusula **WHERE R.ProductReviewID IS NULL**; por el contrario, se muestran las filas de la columna **Revision** cuyo valor es **NULL** (que son productos sin revisar).

5.33 USO DE LA CLÁUSULA RIGHT OUTER JOIN

Esta práctica ilustra el funcionamiento de la cláusula **RIGHT OUTER JOIN** = **RIGHT JOIN**. En la consulta del ejemplo están implicadas las tablas **Sales.SalesTerritory** y **Sales.SalesPerson**, de las cuales se adjunta diagrama (captura 5.47).

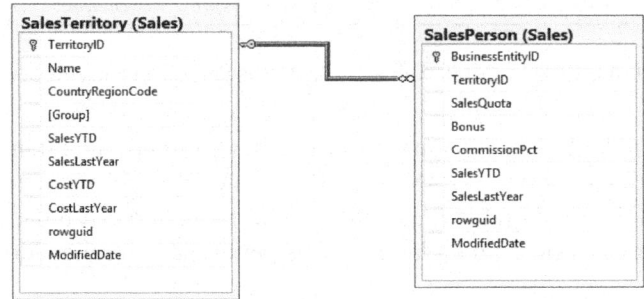

Captura 5.47. Relación existente entre las tablas de la práctica 5.14.4

La tabla **Sales.SalesTerritory** se relaciona, a través de la columna **TerritoryID** (clave primaria), con la tabla **Sales.SalesPerson** en su columna **TerritoryID** (clave foránea). Ejecute la consulta siguiente:

```
SELECT T.Name AS Zona_Ventas, S.BusinessEntityID AS ID
FROM Sales.SalesTerritory T
INNER JOIN Sales.SalesPerson S
ON T.TerritoryID = S.TerritoryID
```

El resultado de la consulta anterior es 14 filas, la consulta ha devuelto únicamente las filas de las tablas **Sales.SalesTerritory** y **Sales.SalesPerson** que tienen coincidencias en la columna común de la unión (ON T.TerritoryID = S.TerritoryID).

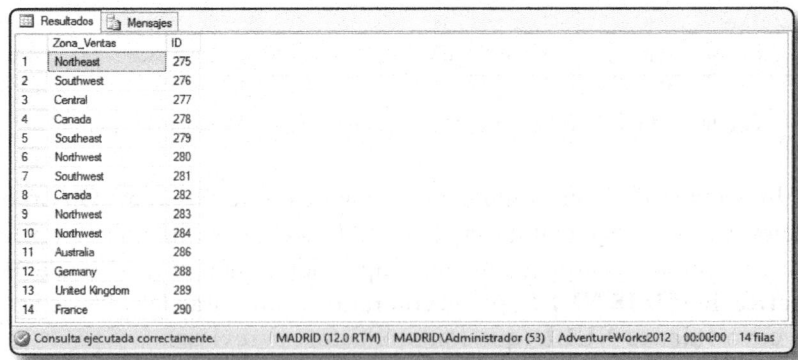

Captura 5.48. INNER JOIN entre las tablas SalesTerritory y SalesPerson

¿Qué pasaría si la cláusula **INNER JOIN** la sustituye por **RIGHT OUTER JOIN**?

1. Se mostrará **toda** la información de la tabla que hay a la derecha de la cláusula **RIGHT OUTER JOIN**; en este caso, la tabla **Sales.SalesPerson**.

2. De la tabla de la izquierda (**Sales.SalesTerritory**), solo se mostrarán las filas que cumplan con la condición de la unión.

Escriba la consulta que a continuación se le indica en el **Editor de consultas**.

```
USE AdventureWorks2012
SELECT T.Name AS Zona_Ventas, S.BusinessEntityID AS ID
FROM Sales.SalesTerritory T
RIGHT OUTER JOIN Sales.SalesPerson S
ON T.TerritoryID = S.TerritoryID
```

	Zona_Ventas	ID
1	NULL	274
2	Northeast	275
3	Southwest	276
4	Central	277
5	Canada	278
6	Southeast	279
7	Northwest	280
8	Southwest	281
9	Canada	282
10	Northwest	283
11	Northwest	284
12	NULL	285
13	Australia	286
14	NULL	287
15	Germany	288
16	United King...	289
17	France	290

Consulta ejecutada correctamente.   MADRID (12.0 RTM)   MADRID\Administrador (53)   AdventureWorks2012   00:00:00   17 filas

Captura 5.49. RIGHT OUTER JOIN entre las tablas SalesTerritory y SalesPerson

El resultado de la consulta es una extracción de 17 filas (3 filas más que en la consulta anterior). Esto es debido a que se han mostrado todas las filas de la tabla de la derecha y hay tres ID que todavía no tienen asignada una zona de ventas.

5.34 PIVOT

La cláusula **PIVOT** sirve para crear informes de tablas cruzadas, "girando" una expresión con valores que son susceptibles de presentarse en un informe del tipo tabla, convirtiéndolos en varias columnas en la salida; además, realiza agregaciones y por tanto puede combinar más de una fila en una sola fila de salida.

La sintaxis de este operador es:

```
SELECT <columna no-pivot>,
[primera columna pivot] AS <nombre columna,
[segunda columna pivot] AS <nombre columna>,
...
[última columna pivot] AS <nombre columna>
FROM
(<SELECT consulta que extrae datos>)
AS <alias de la consulta origen>
PIVOT
(
<function de agregado>(<columna agregada>)
FOR
[<columna que contiene los valores que se
convertirán en los
encabezados de columna>]
IN ( [1ª columna pivot], [2ª columna pivot],
... [última columna pivot])
) AS <alias de la table pivot>
<opcional cláusula ORDER BY>;
```

5.35 EJERCICIO PRÁCTICO: EJEMPLOS DE CONSULTAS PIVOT

En este ejercicio práctico se desarrollarán dos ejemplos completos para ilustrar el funcionamiento de la cláusula PIVOT.

5.35.1 Ejemplo 1

La tabla PurchaseOrderHeader de AdventureWorks2012 contiene información de las compras hechas a proveedores. Las columnas que se utilizan en la práctica son:

▶ **PurchaseOrderID**: clave principal de la tabla, usa datos tipo **int**.

▶ **EmployeeID**: identificador del empleado de AdventureWorks2012 que hace la compra al proveedor.

▶ **VendorID**: identificador del proveedor con el que se contacta para hacer la compra.

Para realizar una consulta **PIVOT** es aconsejable que primero se cree la consulta base desde la que posteriormente se creará la tabla cruzada. La consulta base que se le propone extraerá de la tabla **PurchaseOrderId** el identificador de la orden de pedido hecha al proveedor, el identificador del empleado de AdventureWorks2012 que ha hecho la orden y el identificador del proveedor al que se ha remitido la orden de pedido. Escriba la consulta que a continuación se le indica en el **Editor de consultas**.

```
--CONSULTA BASE
SELECT PurchaseOrderID AS IdORDEN,
EmployeeID AS IdEMPLEADO,
VendorID AS IdPROVEEDOR
FROM Purchasing.PurchaseOrderHeader
```

	IdORDEN	IdEMPLEADO	IdPROVEEDOR
1	1	258	1580
2	2	254	1496
3	3	257	1494
4	4	261	1650
5	5	251	1654
6	6	253	1664
7	7	255	1678

Consulta ejecutada correctamente.   MADRID (12.0 RTM) MADRID\Administrador (54) AdventureWorks2012 00:00:00 4012 filas

Captura 5.50. Resultado de la consulta base (ejemplo 1)

El resultado de la consulta son 4.012 filas. Ahora se desea crear una consulta **PIVOT** que extraiga una lista en la que se muestre el IdProveedor y los nombres de los empleados [250, 251, 256, 257, 260], con expresión del número de pedidos que ha hecho cada uno al proveedor, en formato tabla, como se muestra en la tabla 5.2.

IdPROVEEDOR	Juan	Pedro	María	Carmen	Aurelio
1688	1	5	5	4	5
1690	2	5	4	4	4
.....	.....	.....	.....	.....	.....

Tabla 5.2. Propuesta tabla PIVOT (ejemplo 1)

Para ello, usando la consulta base, se crea la consulta PIVOT (elaborada). Escriba la consulta que a continuación se le indica en el **Editor de consultas**.

```
--CONSULTA PIVOT
SELECT IdPROVEEDOR,                    --Columna No-PIVOT
[250] AS Juan, [251] AS Pedro,      --1° y 2° columna PIVOT
```

```
[256] AS Maria, [257] AS Carmen,    --3° y 4° columna PIVOT
[260] AS Aurelio                    --5° columna PIVOT
FROM
(
SELECT PurchaseOrderID AS IdORDEN, --CONSULTA BASE
EmployeeID AS IdEMPLEADO,
VendorID AS IdPROVEEDOR
FROM Purchasing.PurchaseOrderHeader
)
AS TBOrigen            --ALIAS DE LA CONSULTA ORIGEN BASE
PIVOT
(
COUNT (IdORDEN)        --FUNCIÓN DE AGREGADO
FOR IdEMPLEADO IN      --COLUMNA CONTIENE VALORES ENCABEZADO
( [250], [251], [256], [257], [260] )
) AS TBPivot           --ALIAS DE LA TABLA PIVOT
PIVOT
```

Captura 5.51. Resultado consulta PIVOT (ejemplo 1).

El resultado son **86** filas que se muestran con el formato tabla, de la captura 5.51. Este formato facilita notablemente la creación de informes y gráficos.

5.35.2 Ejemplo 2.

La consulta base de este ejemplo (utiliza el diagrama de la captura 5.40) extrae mediante la unión de las tablas [**Person.Person, Sales.Customer, Sales. SalesOrderHeader** y **Sales.SalesOrderDetail**], el año, el nombre del cliente y el importe de cada orden de pedido. Escriba la consulta que a continuación se le indica en el **Editor de consultas**.

```
--CONSULTA BASE
USE [AdventureWorks2012]
SELECT
YEAR(OH.ModifiedDate) AS AÑO,
P.LastName AS "NOMBRE CLIENTE",
(OD.UnitPrice*OD.OrderQty) AS "TOTAL VENDIDO"
FROM
Person.Person P INNER JOIN Sales.Customer
C ON P.BusinessEntityID =
C.PersonID --R1
INNER JOIN Sales.SalesOrderHeader OH ON C.CustomerID =
OH.CustomerID --R2
INNER JOIN Sales.SalesOrderDetail OD ON OH.
SalesOrderID =
OD.SalesOrderID --R3
```

	Resultados	Mensajes	
	AÑO	NOMBRE CLIENTE	TOTAL VENDIDO
1	2005	Hendergart	2024,994
2	2005	Hendergart	6074,982
3	2005	Hendergart	2024,994
4	2005	Hendergart	2039,994
5	2005	Hendergart	2039,994
6	2005	Hendergart	4079,988
7	2005	Hendergart	2039,994

Consulta ejecutada correctamente.   MADRID (12.0 RTM)   MADRID\Administrador (54)   AdventureWorks2012   00:00:01   121317 filas

Captura 5.52. Resultado consulta base (ejemplo 2).

El resultado de la consulta son 121.317 filas. Ahora se desea crear una consulta **PIVOT** que muestre una lista con el nombre de cada cliente y el importe de sus órdenes de pedido totalizadas por año, como se muestra en la tabla 5.3.

NOMBRE CLIENTE	2005	2006	2007	2008
Becker	3578,27	9834,53	14359,43	15372,66
Beebe	1522,91	3014,72	NULL	NULL
....	....	....	....	....

Tabla 5.3. Propuesta tabla PIVOT (ejemplo 2)

Para ello, usando la consulta base, se crea la consulta **PIVOT** (elaborada), escriba la consulta que a continuación se le indica en el **Editor de consultas**.

```
--CONSULTA PIVOT
SELECT "NOMBRE CLIENTE",      --Columna No-PIVOT
[2005],[2006],               --1° y 2° columna PIVOT
[2007],[2008]                --3° y 4° columna PIVOT
FROM
(
SELECT                        --CONSULTA BASE
YEAR(OH.ModifiedDate) AS AÑO,
P.LastName AS "NOMBRE CLIENTE",
(OD.UnitPrice*OD.OrderQty) AS "TOTAL VENDIDO"
FROM
Person.Person P INNER JOIN Sales.Customer
C ON P.BusinessEntityID =
C.PersonID --R1
INNER JOIN Sales.SalesOrderHeader OH ON C.CustomerID =
OH.CustomerID --R2
INNER JOIN Sales.SalesOrderDetail OD ON OH.
SalesOrderID =
OD.SalesOrderID --R3
)
AS TBOrigen                   --ALIAS DE LA CONSULTA BASE PIVOT
(
SUM("TOTAL VENDIDO")          --FUNCIÓN DE AGREGADO
FOR AÑO
IN ([2005],[2006],[2007],[2008]) --COLUMNA CONTIENE VALORES ENCABEZADO
) AS TBPivot                  --ALIAS DE LA TABLA PIVOT
```

	NOMBRE CLIENTE	2005	2006	2007	2008
64	Beck	6953,26	116826,2824	251219,6514	143367,348
65	Becker	3578,27	9834,5346	14359,4362	15372,66
66	Beebe	1522,9172	3014,7202	NULL	NULL
67	Bell	3578,27	7851,2525	21655,4807	23245,11
68	Belli	54895,9943	97103,8981	60369,7431	NULL
69	Belson	NULL	2071,4196	NULL	1169,46

Consulta ejecutada correctamente.   MADRID (12.0 RTM) MADRID\Administrador (54) AdventureWorks2012 00:00:00 859 filas

Captura 5.53. Resultado consulta PIVOT ejemplo 2°.

El resultado son 859 filas que se muestran con el formato de la captura 5.53.

6

VISTAS

Una vista es una instrucción T-SQL que se usa como fuente de datos. Puede pensar en ellas como una consulta almacenada. Cuando se ejecuta una vista, la instrucción SELECT almacenada crea una tabla virtual que consta de un conjunto de filas y columnas, que no existe físicamente en la base de datos a menos que indique la vista. Lo mejor de todo es que puede crear una vista, con una consulta compleja que incluya varias tablas, y luego llamarla con una instrucción relativamente simple para obtener los datos de forma dinámica. Una instrucción (SELECT, INSERT, UPDATE o DELETE) puede incluir una vista como origen de datos.

Para el estudio de este tema se tratarán los siguientes apartados:

▶ Cuándo se deben utilizar las vistas.
▶ Vistas básicas.
▶ Cuestiones que se han de tener en cuenta con las vistas.
▶ Vistas complejas.
▶ Vistas cifradas.
▶ Vistas indizadas.

Los temas anteriores van acompañados de los siguientes ejercicios prácticos:

▶ Crear una vista básica.
▶ Creación de una vista compleja.
▶ Crear una vista cifrada.
▶ Crear una vista indizada.

6.1 INFRAESTRUCTURA NECESARIA

Para los ejercicios prácticos de este tema, necesita configurar una máquina como se indica en el Apéndice I. Es posible sustituir la máquina del Apéndice I por su propia máquina si instala en ella Microsoft SQL Server 2014 como se indica en el ejercicio práctico 1.11.

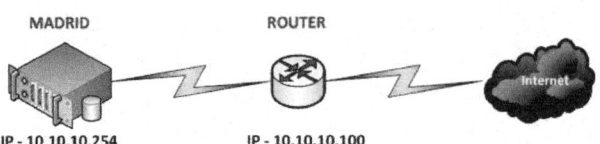

Los parámetros básicos de configuración de la máquina **MADRID** son:

- ► Nombre de la máquina: **MADRID**
- ► IP: **10.10.10.254**
- ► Máscara: **255.255.255.0**
- ► Servidor DNS preferido: **10.10.10.254** (máquina **Madrid**)
- ► Servidor DNS secundario: **8.8.4.4** (DNS de Google)
- ► Puerta de enlace: **10.10.10.100** (IP del router que utilizo en el ejemplo).

Las IP que se muestran son orientativas y puede adaptarlas al entorno donde instale y desarrolle los ejercicios prácticos.

Todas las prácticas de este tema se desarrollan usando la base de datos NorthWind. Para instalar esta base de datos consulte el tema 2.15.

6.2 CUÁNDO SE DEBEN UTILIZAR LAS VISTAS

En esta sección se analiza cuándo es recomendable usar vistas. Como norma general use una vista en las siguientes situaciones:

- ► Cuando necesite presentar a un cliente la información que realmente le interesa, quitando las columnas que no contienen información de interés.

- ► Para no mostrar la estructura de una tabla, es decir, los nombres de las columnas que la componen.

- ► Para indizar una consulta que quiera que aumente su rendimiento.

▶ Para evitar la extracción de datos sensibles de determinadas columnas de una tabla y permitir el acceso a otras columnas de la misma tabla.

▶ Para simplificar consultas complejas a usuarios finales, cambiando los nombres de las columnas seleccionadas con alias más amigables

6.3 VISTAS BÁSICAS

Una vista se puede crear indistintamente desde el Editor de consultas usando código T-SQL o con las herramientas visuales de SQL Management Studio.

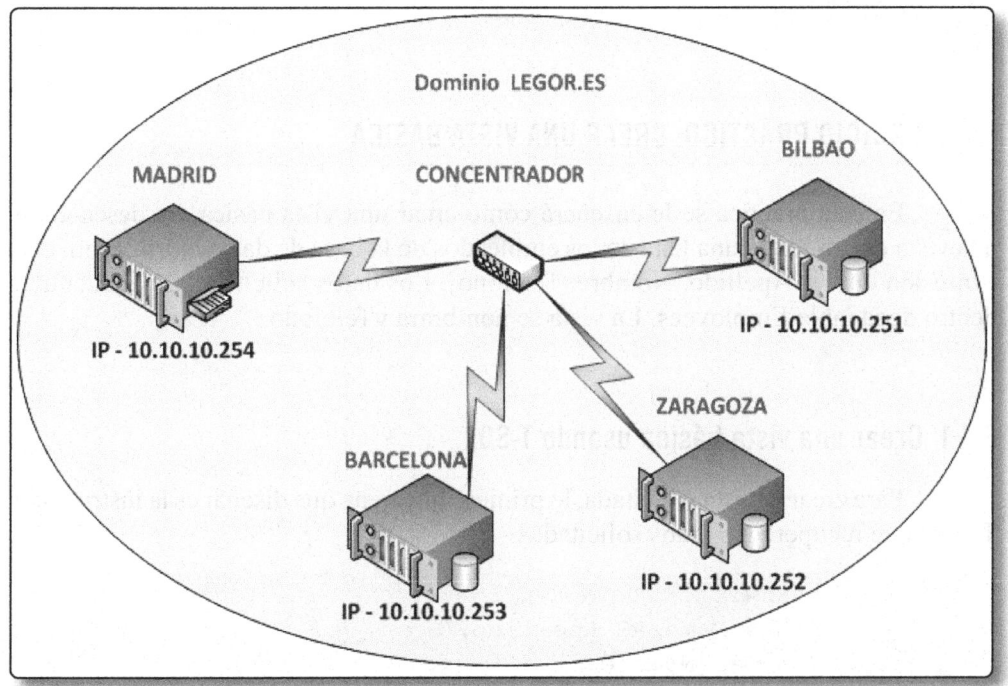

Captura 6.1. Crear una vista desde SQL Management Studio

Para crear una vista usando SQL Management Studio, abra el Explorador de Objetos, expanda el servidor de SQL Server y el nodo **bases de datos** (1). A continuación seleccione el nodo de la base de datos donde quiere crear la vista, localice el nodo **Vista** (2), haga clic sobre él con el botón derecho del ratón y elija el menú **Nueva Vista** (3).

La acción anterior abre el diseñador visual de vistas en el panel derecho, desde el que puede crear la vista. La ventana **Agregar tabla** (4) sirve para agregar todas las tablas implicadas en la consulta que generará la vista. Si agrega más de una tabla, el diseñador automáticamente establecerá las relaciones existentes entre ellas, lo único que tiene que hacer después de haber añadido las tablas es activar en el diseñador los campos que quiere que formen parte de la vista.

La otra forma de crear una vista es usando una instrucción T-SQL, la sintaxis es la siguiente:

```
CREATE VIEW <nombre de la vista>
AS
SELECT <Instruccción T-SQL>
```

6.4 EJERCICIO PRÁCTICO: CREAR UNA VISTA BÁSICA

En esta práctica se le enseñará cómo crear una vista básica. Se desea crear una vista que muestre una lista de los empleados de la base de datos NorthWind, con expresión del [1º Apellido, Nombre, Teléfono]. Los datos solicitados se encuentran dentro de la tabla Employees. La vista se nombrará vTelefono.

6.4.1 Crear una vista básica usando T-SQL

Para crear la vista solicitada, lo primero que tiene que diseñar es la instrucción T-SQL que recupere los datos solicitados.

```
USE Northwind
SELECT LastName AS Apellido,
FirstName as Nombre,
HomePhone AS Telefono
FROM dbo.Employees
```

Copie la instrucción anterior en el Editor de consultas T-SQL y compruebe que la consulta extrae los datos solicitados. En el ejemplo propuesto se extrae el apellido, nombre y teléfono de los nueve empleados de NorthWind.

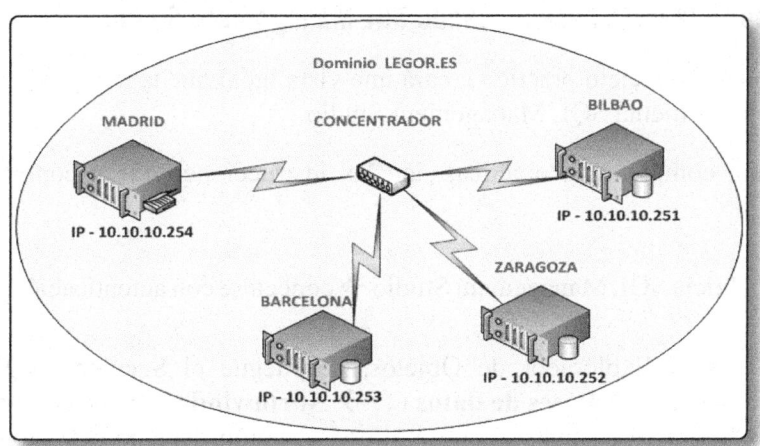

Captura 6.2. Instrucción base de una vista

Una vez que ha comprobado que la instrucción extrae los datos deseados, puede crear la vista:

```
CREATE VIEW vTelefono
AS
SELECT LastName AS Apellido,
FirstName as Nombre,
HomePhone AS Telefono
FROM dbo.Employees
```

Por último, compruebe que la vista funciona como se esperaba y extrae los mismos datos de la consulta base. Para ello, escriba en el Editor de consultas:

```
SELECT * FROM vTelefono
```

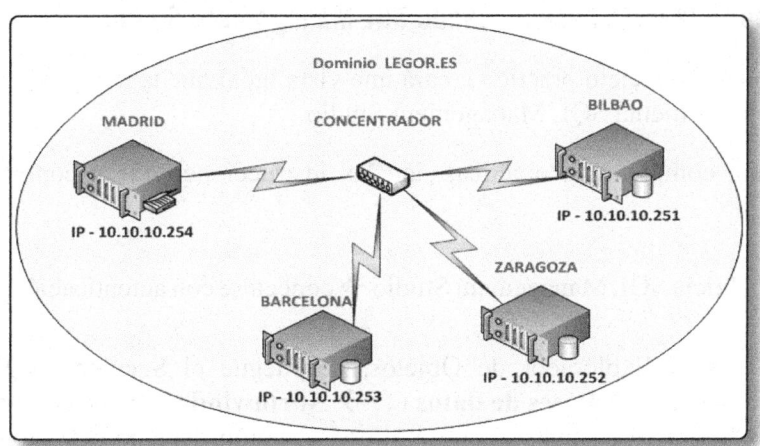

Captura 6.3. Extracción de datos de la vista vTelefono

6.4.2 Crear una vista básica usando SQL Management Studio

En este ejercicio práctico creará una vista igual que la del ejercicio anterior usando la herramienta SQL Management Studio.

Para completar la práctica, siga las instrucciones que a continuación se detallan:

1. Inicie SQL Management Studio → conéctese con autenticación Windows.

2. En el Explorador de Objetos, despliegue el **Servidor SQL Server Madrid** → **Bases de datos** (1) → **Northwind** (2) → seleccione el nodo **Vistas** (3), haga clic sobre él con el botón derecho del ratón → en el menú contextual, elija la opción **Nueva vista** (4).

3. En la ventana **Agregar tabla** (5) → seleccione la tabla **Employees** (6) → haga clic en el botón **Agregar** (7), nótese que la tabla Employees se agrega al diseñador de vistas (8) → haga clic en el botón **Cerrar** (9) para cerrar la ventana **Agregar tabla** (5).

4. Sitúese en el diseñador de vistas en la tabla **Employees** (8) → active las casillas de verificación de las columnas [LastName, FirstName, HomePhone]. Nótese que las columnas se añaden a la rejilla del diseñador (10) y debajo de esta se construye la instrucción T-SQL (11).

5. Escriba los nombres de los **Alias** (12) a la derecha de los nombres de columna [Apellido, Nombre, Teléfono]. Compruebe que la instrucción T-SQL se modifica de nuevo.

6. En la barra de herramientas superior, haga clic en el botón **SQL** (13), para comprobar la sintaxis de la sentencia T-SQL.

7. Para crear la vista haga clic en el botón **Guardar** (14). En la ventana que se muestra cambie el nombre de la vista por **vTelefono2**.

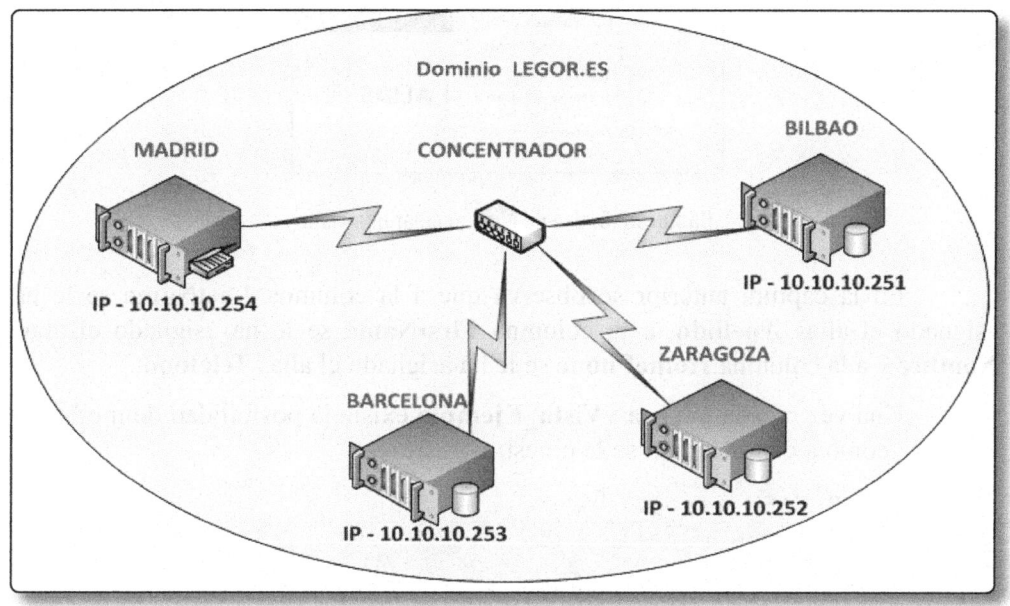

Captura 6.4. Crear la vista vTelefono2

8. Por último, una vez creada la vista compruebe que funciona como se
esperaba

```
SELECT * FROM vTelefono2
```

6.5 CUESTIONES A TENER EN CUENTA CON LAS VISTAS

Ya ha comprobado que el mecanismo para crear una vista y utilizarla es
bastante sencillo. Sin embargo, las vistas tienen unas características propias que
tiene que conocer. Son las siguientes:

- ► Uso de alias en las columnas de una vista.
- ► Uso de la cláusula ORDER BY en una vista.
- ► Limitar actualización de datos usando vistas.

6.5.1 Uso de alias en las columnas de una vista

Las columnas Alias en una vista funcionan de manera similar a las columnas
Alias de una tabla. Normalmente, se usan para simplificar consultas complejas,
cambiando los nombres de todas o algunas de las columnas seleccionadas a un nombre
(alias) más amigable.

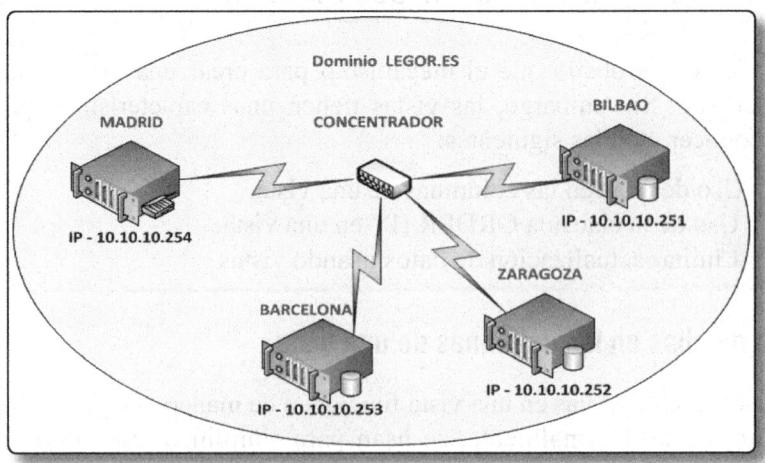

Captura 6.5. Uso de Alias al crear una vista

En la captura anterior se observa que a la columna **LastName** se le ha asignado el alias **Apellido**, a la columna **FirstName** se le ha asignado el alias **Nombre** y a la columna **HomePhone** se le ha asignado el alias **Teléfono**.

Una vez creada la vista **vVista_Ejemplo** existe la posibilidad de modificar los alias, como a continuación se le muestra:

```
ALTER VIEW [dbo].[vVista_Ejemplo]
("1 Ape",Nom,"Telf. Fijo")
AS
SELECT LastName AS Apellido,
FirstName As Nombre,
HomePhone AS Telefono
FROM dbo.Employees
GO
```

Si a continuación hace un SELECT a la vista:

```
SELECT * FROM vVista_Ejemplo
```

Comprobará que en los resultados ya se han incluido los nuevos alias.

Captura 6.6. Ejecutar la vista vVista_Ejemplo

6.5.2 Uso de la cláusula ORDER BY en una vista

Las vistas no soportan en su diseño la inclusión de una cláusula **ORDER BY**; si intenta crear una vista con esta cláusula, el motor de SQL Server mostrará un error y no le permitirá crearla.

```
CREATE VIEW [dbo].[vTelefono3]
AS
SELECT
LastName AS Apellido,
FirstName AS Nombre,
HomePhone AS Telefono
FROM dbo.Employees
ORDER BY LastName
GO

Mens 1033, Nivel 15, Estado 1, Procedimiento
vTelefono3, Línea 7
La cláusula ORDER BY no es válida en vistas, funciones
insertadas, tablas derivadas, subconsultas ni
expresiones de tabla común, salvo que se especifique
también TOP o FOR XML.
```

Sin embargo, si añade la cláusula **TOP** a la instrucción T-SQL sí que podrá crearla.

```
CREATE VIEW [dbo].[vTelefono3]
AS
SELECT TOP 2 LastName AS Apellido,
FirstName as Nombre,
HomePhone AS Telefono
FROM dbo.Employees
ORDER BY LastName
GO
```

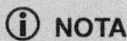 **NOTA**

La cláusula **TOP 2** extrae únicamente los dos primeros registros de la selección.

No obstante, si necesita ordenar los resultados de una vista por una columna en concreto, haga la consulta a la vista y añádale la cláusula **ORDER BY** a continuación.

```
SELECT * FROM vTelefono ORDER BY Nombre
```

> **(i) NOTA**
>
> El proceso es el siguiente: primero se crea la vista, segundo se llama a la vista con una consulta y por último se añade la cláusula **ORDER BY** a la consulta.

Nótese que si en la creación de la vista ha utilizado una columna Alias, tiene que utilizar el alias con la cláusula **ORDER BY**.

6.5.3 Limitar la actualización de datos usando vistas (WITH CHECK OPTION)

Es posible modificar los datos de una tabla subyacente utilizando una vista, teniendo en cuenta las siguientes limitaciones:

▸ Las instrucciones INSERT, UPDATE y DELETE tienen que hacer referencia a las columnas de una única tabla base.

▸ Las columnas que se vayan a modificar en la vista, tienen que hacer referencia directa a los datos subyacentes en las columnas de la tabla base.

▸ Las columnas que se van a modificar no pueden estar afectadas por modificadores del tipo GROUP BY, DISTINC o HAVING.

▸ No se puede usar el modificador TOP con WITH CHECK OPTION.

La opción **WITH CHECK OPTION** proporciona una limitación extra a la hora de permitir modificar datos usando una vista, consistente en que la fila insertada o modificada tiene que satisfacer el criterio establecido por el modificador WHERE.

Para comprender la opción **WITH CHECK OPTION**, primero revise el contenido de la tabla **Employees** de la base de datos NorthWind.

```
SELECT * FROM dbo.Employees
```

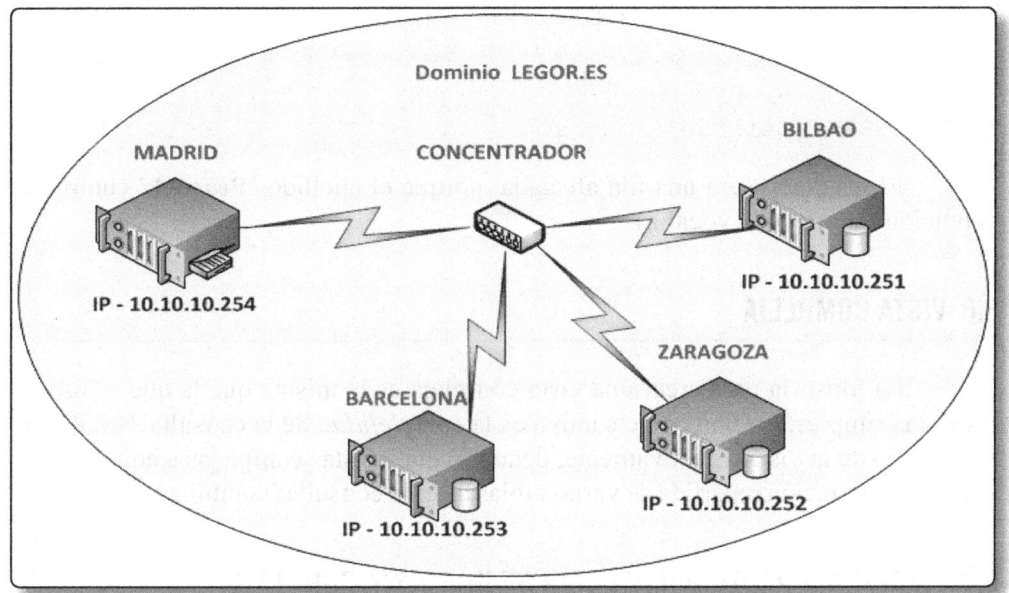

Captura 6.7. Contenido de la tabla Employees

A continuación copie el código T-SQL para crear una nueva vista que denominará **vTelefono4** sobre la tabla **Employees**, que mostrará los nombres de los empleados cuyo "LastName" (Apellido) contenga la vocal **a**.

```
CREATE VIEW [dbo].[vTelefono4]
AS
SELECT LastName AS Apellido,
FirstName as Nombre,
HomePhone AS Telefono
FROM dbo.Employees
WHERE LastName LIKE '%a%'
WITH CHECK OPTION
```

Al usar la opción **WITH CHECK OPTION**, solo podrá actualizar, usando la vista **vTelefono4**, las filas que cumplan la condición [WHERE LastName LIKE '%a%']. Esto quiere decir que si ejecuta la siguiente instrucción:

```
UPDATE vTelefono4
SET Nombre='Roberto'
WHERE Apellido='King'
```

No se producirá ningún resultado porque el apellido '**King**' no cumple la condición (no contiene la vocal **a**).

Sin embargo, si intenta esta actualización:

```
UPDATE vTelefono4
SET Nombre='Margarita'
WHERE Apellido='Peacock'
```

El resultado será una fila afectada, porque el apellido '**Peacock**' cumple la condición (contiene la vocal **a**).

6.6 VISTA COMPLEJA

La filosofía para crear una vista compleja es la misma que la que se usa en las vistas simples. Lo único que cambia es la *complejidad* de la consulta T-SQL que hay debajo de la vista. Efectivamente, denominamos vistas complejas a aquellas que extraen información repartida de varias tablas usando consultas combinadas o **JOINS**.

6.7 EJERCICIO PRÁCTICO: CREACIÓN DE UNA VISTA COMPLEJA

Para ilustrar este apartado, se le propone la siguiente consulta a la base de datos NorthWind, en la que se extraen datos de cinco tablas [Orders (órdenes), Customers (clientes), Employees (empleados), Order Details (detalle de la orden) y Categories (categorías)].

```
USE NORTHWIND
SELECT
Customers.CompanyName AS Cliente, Employees.LastName
As Vendedor,
Orders.OrderID As "Id Pedido", Categories.CategoryID
As IdCategoria,
Categories.CategoryName As Categoria,
[Order Details].UnitPrice * Quantity * (1 - Discount)
AS Importe,
year(Orders.OrderDate) AS "Año venta"
FROM
Orders INNER JOIN Customers ON Orders.CustomerID =
Customers.CustomerID
INNER JOIN Employees ON Orders.EmployeeID = Employees.
EmployeeID
INNER JOIN [Order Details] ON Orders.OrderID = [Order
Details].OrderID
INNER JOIN Products ON [Order Details].ProductID =
Products.ProductID
INNER JOIN Categories ON Products.CategoryID =
Categories.CategoryID
```

Copie la consulta y ejecútela en el Editor de consultas. Obtendrá 2155 filas, en cada una de ellas se muestra un Id de pedido, el cliente que lo ha adquirido, el vendedor que intervino en la operación, el año de la compra, el importe, etc.

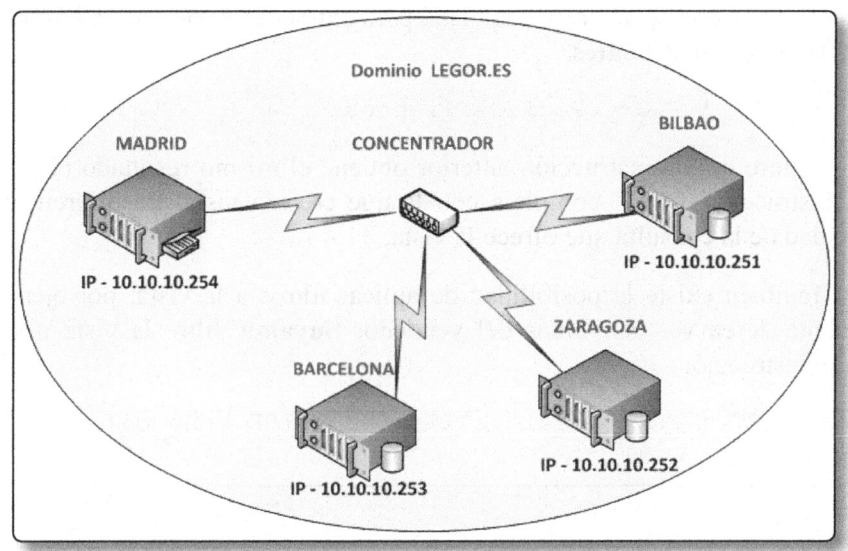

Captura 6.8. Consulta base compleja, para crear una vista

Para crear la vista de la consulta, tiene que proceder de la misma manera que con las vistas sencillas. La instrucción que debe usar para crear la vista **vPedidosClientes** sería:

```
CREATE VIEW vPedidosClientes
AS
SELECT Customers.CompanyName AS Cliente,
Employees.LastName As Vendedor,
Orders.OrderID As "Id Pedido",
Categories.CategoryID As IdCategoria,
Categories.CategoryName As Categoria,
[Order Details].UnitPrice * Quantity * (1 - Discount)
AS Importe,
year(Orders.OrderDate) AS "Año venta"
FROM Orders INNER JOIN Customers ON Orders.CustomerID =
Customers.CustomerID
INNER JOIN Employees ON Orders.EmployeeID =
Employees.EmployeeID
INNER JOIN [Order Details] ON Orders.OrderID =
[Order Details].OrderID
INNER JOIN Products ON [Order Details].ProductID =
```

```
Products.ProductID
INNER JOIN Categories ON Products.CategoryID =
Categories.CategoryID
```

Una vez que se ha creado la vista, para extraer la información basta con un SELECT a **vPedidosClientes**.

```
SELECT * FROM vPedidosClientes
```

Nótese que la instrucción anterior obtiene el mismo resultado (2155 filas) que la instrucción T-SQL compleja con la que creó la vista. La diferencia es la simplicidad de la consulta que ofrece la vista.

También existe la posibilidad de aplicar filtros a la vista; por ejemplo, si únicamente desea ver las ventas del vendedor **Suyama**, filtre la vista usando la siguiente instrucción:

```
SELECT * FROM vPedidosClientes WHERE Vendedor='Suyama'
```

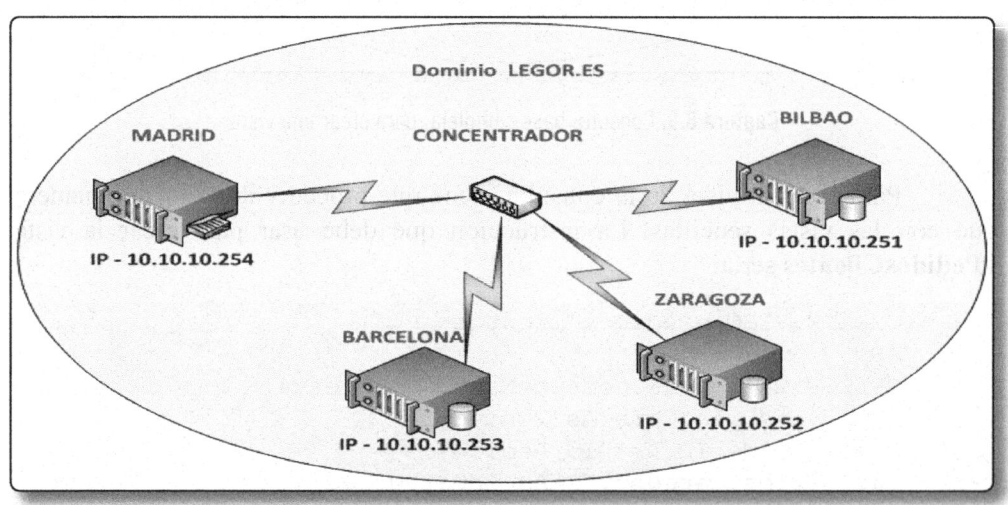

Captura 6.9. Filtrado de datos usando una vista

El resultado es que ahora solo se muestran 168 filas, precisamente en la que ha intervenido en la venta **Suyama**.

Como puede comprobar en este ejercicio, aunque la consulta T-SQL base presenta cierta complejidad, manipular la información usando la vista resulta relativamente sencillo.

6.8 VISTAS CIFRADAS

Existe la posibilidad de cifrar la sentencia T-SQL origen de una vista, para que no caiga en manos de personas no deseadas. Para ello, use el modificador **WITH ENCRYPTION**.

> ⓘ **NOTA**
>
> Cuando cifra una vista, se cifra la instrucción SQL no el resultado de la misma.

Cuando utilice el modificador **WITH ENCRYPTION**, tenga en cuenta que:

▶ El modificador **WITH ENCRYPTION** se escribe entre el nombre de la vista y la palabra clave **AS**.

▶ El modificador **WITH ENCRYPTION** se puede usar con las instrucciones **CREATE VIEW** (crear vista) y **ALTER VIEW** (modificar vista).

▶ El modificador **WITH ENCRYPTION** no utiliza la palabra clave **OPTION**. Esto afecta cuando quiera aplicar a una vista la opción **WITH CHECK OPTION**.

Una vez que el modificador **WITH ENCRYPTION** ha operado sobre una vista y la ha cifrado, no hay marcha atrás. Esto quiere decir que si no ha tenido la precaución de guardar el código T-SQL de la vista, no tiene forma de recuperarlo.

6.9 EJERCICIO PRÁCTICO: CREAR UNA VISTA CIFRADA

El código T-SQL de una vista como la que creó en el ejercicio práctico 6.7 muestra información importante de la base de datos NorthWind, información que por seguridad u otros motivos quizás prefiera ocultar. En este ejercicio práctico se le enseñará cómo cifrar el código T-SQL de la vista **vPedidosClientes**. Para ello usará el modificador **WITH ENCRYPTION** con la instrucción **ALTER VIEW**. Copie la consulta que a continuación se le muestra y ejecútela en el Editor de consultas.

```
USE Northwind
GO
ALTER VIEW vPedidosClientes
WITH ENCRYPTION
AS
SELECT Customers.CompanyName AS Cliente,
Employees.LastName As Vendedor,
Orders.OrderID As "Id Pedido",
Categories.CategoryID As IdCategoria,
Categories.CategoryName As Categoria,
[Order Details].UnitPrice * Quantity *
(1 - Discount) AS Importe,
year(Orders.OrderDate) AS "Año venta"
FROM Orders INNER JOIN Customers ON Orders.CustomerID =
Customers.CustomerID
INNER JOIN Employees ON Orders.EmployeeID =
Employees.EmployeeID
INNER JOIN [Order Details] ON Orders.OrderID =
[Order Details].OrderID
INNER JOIN Products ON [Order Details].ProductID =
Products.ProductID
INNER JOIN Categories ON Products.CategoryID =
Categories.CategoryID
GO
```

Una vez creada la vista compruebe que se ha cifrado con éxito. Para ello siga las instrucciones que a continuación se detallan:

1. Inicie SQL Management Studio → conéctese con autenticación Windows.

2. En el Explorador de Objetos, expanda el servidor **Madrid** → **Bases de datos** → **Northwind** (1). Seleccione el nodo **Vistas** (2) → seleccione la vista **vPedidosClientes** (3) y haga clic sobre ella con el botón derecho del ratón → en el menú contextual elija la opción **Incluir vista como** (4) → **CREATE To** (5) → **Nueva ventana del Editor de consultas** (6)

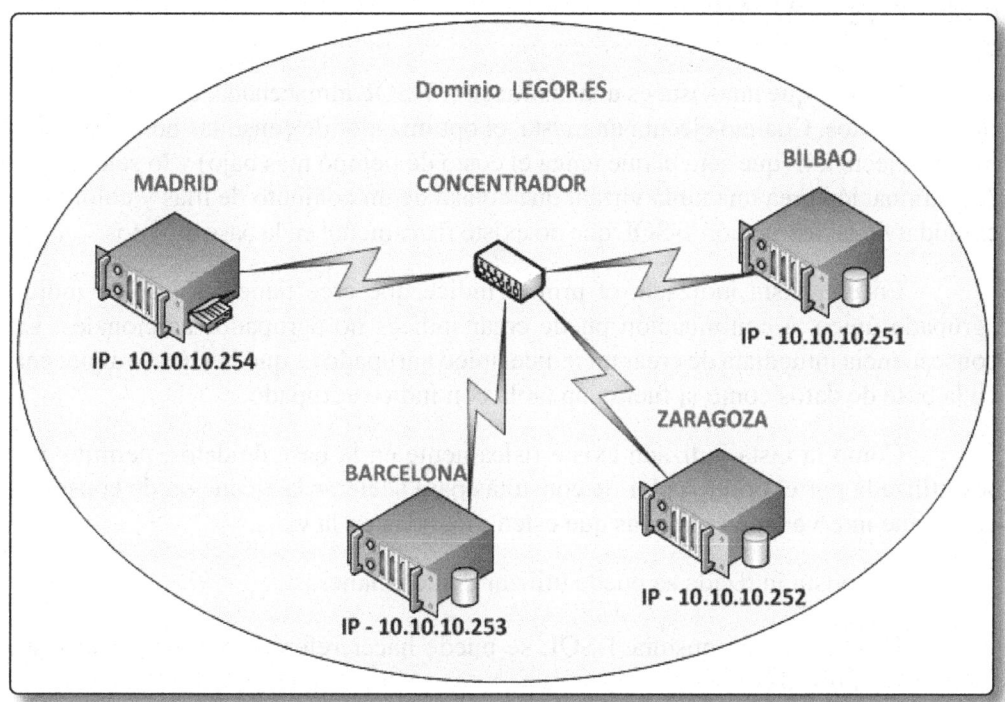

Captura 6.10. Abrir el código fuente de la vista vPedidosClientes

3. La acción anterior en una vista normal debería mostrar su código T-SQL en una ventana del Editor de consultas, pero en este caso se muestra una ventana de aviso (7) que le informa de lo siguiente: "La propiedad TextHeader no está disponible para Vista '[dbo].[vPedidosClientes]'. Puede que no exista para este objeto o que no se pueda recuperar por derechos de acceso insuficientes. **El texto está cifrado**. (Microsoft. SqlServer.Smo)".

ⓘ **NOTA**

Lo que le está indicando la ventana de aviso es que la vista está cifrada y que por este motivo no se visualiza su instrucción T-SQL. Cuando una vista está cifrada en el nodo Vistas se superpone sobre su icono una señal triangular con fondo amarillo (véase punto 3 de la captura 6.10).

6.10 VISTAS INDIZADAS

Ya sabe que una vista es una instrucción T-SQL almacenada, que se usa como fuente de datos. Cuando ejecuta una vista, el optimizador de consultas busca el mejor plan de ejecución (que será el que tenga el costo de tiempo más bajo) y lo selecciona. A continuación crea una tabla virtual que consta de un conjunto de filas y columnas, extraídas de la instrucción T-SQL que no existe físicamente en la base de datos.

En una vista indizada, el primer índice que cree tiene que ser un índice agrupado único, a continuación puede crear índices no agrupados adicionales. La consecuencia inmediata de crear un índice único agrupado es que la vista se almacena en la base de datos como si fuera una tabla con índice agrupado.

Como la vista indizada existe físicamente en la base de datos, permite que sea utilizada por el optimizador de consultas para acelerar la ejecución de consultas en las que intervengan columnas que estén incluidas en la vista.

Una vista indizada se puede utilizar de dos maneras:

▼ Desde una consulta T-SQL se puede hacer referencia directa a la vista indizada.

▼ El optimizador de consultas puede seleccionar la vista si considera que puede sustituirla por la consulta que presente más bajo costo del plan de consultas. En este caso la vista indizada se utilizaría en lugar de las tablas subyacentes y sus índices. No es necesario hacer referencia a la vista indizada para que el optimizador de consultas la utilice de modo propio.

6.10.1 Cuándo utilizar vistas indizadas

Las vistas indizadas pueden mejorar, aún más si cabe, el rendimiento de las consultas que utilizan índices estándar; lo harán de la siguiente forma:

▼ Haciendo uniones de varias tablas y almacenando previamente el conjunto resultante.

▼ Almacenando anticipadamente las combinaciones de las funciones de agregación (AVG, MIN, MAX, SUM…) y uniones.

▼ Calculando las funciones de agregación y almacenándolas en el índice, minimizando de esta manera los cálculos costosos durante la ejecución de consultas.

Como le expliqué en el tema de los índices (véase tema 4), antes de poner en producción una vista indizada debe asegurarse de que realmente hay una mejora de rendimiento. Una vista indizada mal diseñada que no utilice el optimizador de consultas produce, entre otros, los siguientes efectos: gasto inútil de espacio en disco y consumo de tiempo y recursos en las tareas de mantenimiento y optimización.

> ### ⓘ NOTA
>
> El optimizador de consultas de Microsoft SQL Server 2014 analiza, de modo propio, cuándo una vista indizada puede ser utilizada en la ejecución de una consulta. Por este motivo no es necesario hacer referencia directa a la vista en la consulta para que el optimizador la utilice en el plan de ejecución que trace.

6.10.2 Criterios que usa el optimizador a la hora de elegir una vista indizada

El optimizador de consultas tiene en cuenta ciertas condiciones a la hora de determinar si utiliza o no una vista indizada en su plan de ejecución de una consulta. Todas las condiciones están relacionadas con la cláusula FROM de la consulta y son:

▼ Todas y cada una de las tablas que aparezcan detrás de la cláusula FROM de la consulta tienen que estar incluidas en la cláusula FROM de la vista indizada.

▼ Todas y cada una de las uniones que aparezcan en la consulta deben estar incluidas en la vista.

▼ Todas y cada una de las funciones de agregación que aparezcan en la consulta tienen que estar incluidas en la vista.

6.10.3 Requisitos para crear una vista indizada

Para implementar una vista indizada, es necesario reunir una serie de requisitos que a continuación se enumeran:

▼ Compruebe que las opciones SET [ANSI_PADDING, ANSI_WARNINGS, ARITHABORT, CONCAT_NULL_YIELDS_NULL, QUOTED_IDENTIFIER, ANSI_NULLS], están activadas a ON.

▼ Compruebe que la definición de la vista es determinista. Una vista determinista devuelve siempre el mismo resultado cada vez que se invoca con un conjunto específico de valores de entrada.

▼ Compruebe que la vista se encuentra en la misma base de datos que todos los objetos a los que hace referencia (tablas, funciones, etc.).

▼ Compruebe que cualquier función a la que haga referencia la vista es determinista. Las funciones deterministas devuelven siempre el mismo resultado cada vez que se invocan con un conjunto específico de valores de entrada y cuando el estado de la base de datos es el mismo.

▼ Al crear la vista o modificarla use la opción **WITH SCHEMABINDING**.

▼ Cree un índice único agrupado en la vista.

6.11 EJERCICIO PRÁCTICO: CREAR UNA VISTA INDIZADA

En este ejercicio práctico se le enseñará cómo crear una vista indizada que tendrá como base las tablas [Sales.SalesOrderDetails, Sales.SalesOrderHeader] de la base de datos AdventureWorks2012. El ejercicio se desarrollará en las siguientes etapas:

1. Creará una vista sin indizar usando las tablas que anteriormente se han reseñado, vista a la que le dará el nombre **vPedidos**.

2. A continuación comprobará el "plan de ejecución estimado de la vista".

3. Modificará la vista **vPedidos**, indicándole que use la opción **SCHEMABINDING**.

4. Establecerá las opciones **SET** para dar soporte a la vista indizada.

5. Creará un índice único agrupado en la vista **vPedidos**.

6. Probará de nuevo la vista indizada siguiendo su "plan de ejecución".

6.11.1 Crear una vista sin indizar

Cree una vista sin indizar usando las tablas [Sales.SalesOrderDetails, Sales. SalesOrderHeader] de la base de datos AdventureWorks2012.

Para ello utilizará la sentencia base T-SQL que a continuación se le muestra:

```
USE AdventureWorks2012
GO
CREATE VIEW vPedidos
AS
SELECT SUM(UnitPrice*OrderQty*(1.00-UnitPriceDiscount))
AS INGRESOS,
OrderDate AS "FECHA PEDIDO",
ProductID AS "iD producto",
COUNT_BIG(*) AS UNIDADES
FROM Sales.SalesOrderDetail AS SOD
INNER JOIN Sales.SalesOrderHeader AS SOH
ON SOD.SalesOrderID = SOH.SalesOrderID
GROUP BY OrderDate, ProductID;
```

Abra el Editor en SQL Management Studio y ejecute la instrucción anterior.

6.11.2 Visualizar el plan de ejecución de vPedidos

Una vez creada la vista **vPedidos**, visualice su "plan de ejecución". Para ello escriba la siguiente instrucción:

```
USE AdventureWorks2012
SELECT * FROM vPedidos
```

Haga clic en el botón **Mostrar plan de ejecución estimado (CTRL + L)** en la barra de herramientas. Se muestra un gráfico con el plan de ejecución que ha utilizado el motor de la base de datos para ejecutar la consulta anterior.

Captura 6.11. Ver plan de ejecución de la vista vPedidos sin indizar

6.11.3 Modificar la vista vPedidos, indicándole que use la opción SCHEMABINDING

A continuación modifique la vista **vPedidos** para que use la opción **SCHEMABINDING**. En el Editor de consultas, escriba la siguiente instrucción:

```
USE AdventureWorks2012
GO
ALTER VIEW vPedidos
WITH SCHEMABINDING
AS
SELECT SUM(UnitPrice*OrderQty*(1.00-UnitPriceDiscount))
AS INGRESOS,
OrderDate AS "FECHA PEDIDO",
ProductID AS "Id producto",
COUNT_BIG(*) AS UNIDADES
FROM Sales.SalesOrderDetail AS SOD
INNER JOIN Sales.SalesOrderHeader AS SOH
ON SOD.SalesOrderID = SOH.SalesOrderID
GROUP BY OrderDate, ProductID;
GO
```

6.11.4 Establecer las opciones SET a ON

En este apartado se le mostrará cómo establecer las opciones **SET** a **ON** para dar soporte a las vistas indizadas. Desde el Editor de consultas ejecute la siguiente instrucción:

```
USE AdventureWorks2012
GO
SET NUMERIC_ROUNDABORT OFF;SET ANSI_PADDING,
ANSI_WARNINGS,
CONCAT_NULL_YIELDS_NULL, ARITHABORT,
QUOTED_IDENTIFIER, ANSI_NULLS ON;
GO
```

6.11.5 Crear un índice único agrupado en la vista vPedidos

Una vez que ya ha configurado los requisitos previos para una vista indizada, cree un índice único agrupado en la vista **vPedidos**. Para ello, desde el Editor de consultas, ejecute la instrucción que a continuación se le muestra:

```
USE AdventureWorks2012
GO
CREATE UNIQUE CLUSTERED INDEX IDX_vPedidos
ON vPedidos ("FECHA PEDIDO", "Id producto");
GO
```

6.11.6 Visualizar el plan de ejecución de vPedidos (indizado)

Una vez creada la vista **vPedidos** (indizada), visualice su "plan de ejecución". Para ello, escriba la siguiente instrucción:

```
USE AdventureWorks2012
SELECT * FROM vPedidos
```

Haga clic en el botón **Mostrar plan de ejecución estimado (CTRL + L)** en la barra de herramientas. Se muestra un gráfico con el plan de ejecución que ha utilizado el motor de la base de datos para ejecutar la consulta anterior.

Compruebe que en esta ocasión sí ha utilizado el Optimizador de consultas en su plan de ejecución las vista indizada **vPedidos**.

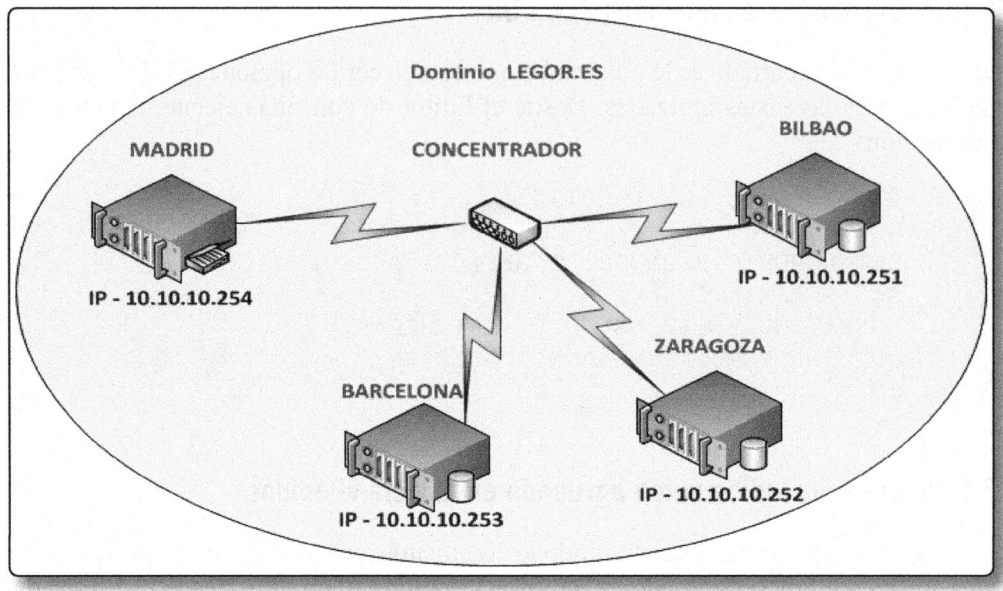

Captura 6.12. Ver plan de ejecución de la vista vPedidos indizada

7

COPIAS DE SEGURIDAD

La copia de seguridad de Microsoft SQL Server 2014 ofrece una solución que permite salvaguardar las bases de datos de su servidor y su posterior recuperación en equipos que ejecuten Microsoft SQL Server 2014. En este tema le mostraré los diferentes tipos de copia de seguridad disponibles en Microsoft SQL Server 2014, sus ventajas e inconvenientes, así como la estrategia de copia de seguridad que debe aplicar en los distintos escenarios de la vida real.

Para ello se estudiarán los siguientes apartados:

- Tipos de copia de seguridad.
- Modelos de recuperación.
- Otros conceptos básicos relacionados con las copias de seguridad.
- Copia de seguridad completa.
- Copia de seguridad del registro de transacciones.
- Copia de seguridad diferencial.
- Restaurar a un momento dado (Escala de tiempo).
- Recuperar datos desde una instantánea.

Los temas anteriores van acompañados de los siguientes ejercicios prácticos:

- Comprobar el modelo de recuperación de una base de datos y modificarlo.
- Crear una copia de seguridad completa.
- Crear una estrategia de copia de seguridad completa y del registro de transacciones.
- Realizar una copia de seguridad diferencial.
- Uso de las instantáneas para recuperar datos.

7.1 INFRAESTRUCTURA NECESARIA

Los ejercicios prácticos de este tema necesitan configurar una máquina como se indica en el Apéndice I. Es posible sustituir la máquina del Apéndice I por su propia máquina si instala en ella Microsoft SQL Server 2014 como se indica en el ejercicio práctico 1.11.

Los parámetros básicos de configuración de la máquina **MADRID** son:

▼ Nombre de la máquina: **MADRID**.
▼ IP: **10.10.10.254**
▼ Máscara: **255.255.255.0**
▼ Servidor DNS preferido: **8.8.4.4** (DNS de Google)
▼ Puerta de enlace: **10.10.10.100** (IP del router que utilizo en el ejemplo)

Las IP que se muestran son orientativas y puede adaptarlas al entorno donde instale.

7.2 CONCEPTOS BÁSICOS RELACIONADOS CON LAS COPIAS DE SEGURIDAD

Este apartado recoge un conjunto de conceptos que se usan a lo largo del capítulo y que son necesarios para comprender la teoría y los ejercicios prácticos que posteriormente se desarrollan.

7.2.1 Dispositivo de copia de seguridad

Se entiende como tal un disco o una unidad de cinta en la que se escriben las copias de seguridad de Microsoft SQL Server 2014 y del que posteriormente se pueden restaurar.

7.2.2 Medio de copia de seguridad

Una o varias cintas o archivos de disco en los que se han escrito una o varias copias de seguridad.

7.2.3 Conjunto de copia de seguridad

Nueva copia de seguridad que se agrega a un conjunto de medios después de haberse realizado correctamente.

> ⓘ **NOTA**
>
> Es importante que repase el concepto de registro de transacciones. Para ello puede revisar el apartado 2.4 (*El registro de transacciones*).

7.3 TIPOS DE COPIA DE SEGURIDAD

Microsoft SQL Server 2014 dispone de diferentes tipos de copia de seguridad que usted tiene que conocer para poder elegir la que mejor se adapta a su escenario empresarial. A continuación se enumeran con una breve explicación de cada una de ellas:

▼ **Copia de seguridad completa**: incluye todos los archivos de datos de una base de datos determinada, así como una parte del registro de transacciones que permite la recuperación total de la base. Microsoft SQL Server 2014 usa en la restauración de la base de datos la parte del registro de transacciones que copió para garantizar la coherencia de los datos y deshacer todas las transacciones no confirmadas que encuentre en la copia del registro de transacciones.

▼ **Copia de seguridad diferencial**: para utilizar esta tecnología es necesario tener primero una copia de seguridad completa. Es a partir de esta copia completa cuando se hacen las copias diferenciales, que únicamente registran los cambios que se han producido desde la última copia de seguridad completa.

▼ **Copia de seguridad del registro de transacciones**: incluye todos los registros implicados en un cambio de la base de datos, que no estén guardados en una copia anterior del registro de transacciones. Este tipo de copias se realizan normalmente junto con una copia completa de la base de datos.

▼ **Copias de seguridad parcial**: son similares a una copia de seguridad completa. Se diferencia en que no contiene todos los grupos de archivo. Este tipo de copia contiene todos los archivos del grupo primario y todos los grupos de archivos que sean de lectura/escritura.

▼ **Copia de seguridad de solo copia**: es una copia de seguridad independiente de la secuencia de copias de seguridad que haya establecido en la recuperación ante desastres. ¿Por qué existe este tipo de copias? La mejor forma de explicarlo es con un ejemplo: suponga que ha realizado una copia de seguridad completa y varias del registro de transacciones. Para restaurar la base de datos, tiene que restaurar primero la copia completa y a continuación cada una de las copias de seguridad del registro de transacciones, en orden cronológico, hasta llegar a la última. Si en medio de una estrategia como la anterior hace otro tipo de copia de seguridad (por ejemplo, una completa), esta afectará a la forma de restaurar las copias de seguridad posteriores; si no quiere que esto ocurra, utilice las copias de seguridad de solo copia. Las copias de seguridad de solo copia no afectan a la secuencia de restauración del resto de copias de seguridad.

7.4 MODELOS DE RECUPERACIÓN

El modelo de recuperación es una propiedad de la base de datos que controla la forma en que se registran los datos en el archivo del registro de transacciones. Dependiendo del modelo de recuperación que elija podrá recuperar más o menos datos en caso de desastre. Existen tres modelos de recuperación: simple, completa y de registro de operaciones masivas.

7.4.1 Modelo de recuperación simple

Se usa en bases de datos pequeñas que sufren pocas modificaciones.

Este modelo no usa copias de seguridad del registro de transacciones, usa copias completas o diferenciales; por este motivo, en caso de desastre solo es posible recuperar los datos hasta el momento en que se realizó la última copia de seguridad (completa o diferencial). Los cambios realizados después de la última copia de seguridad no están protegidos, porque se trunca el registro de transacciones después de cada punto de comprobación.

7.4.2 Modo de recuperación completo

Esta tecnología incluye copias de seguridad completas de la base de datos y copias del registro de transacciones. Si uno de los archivos que contienen datos resulta dañado, Microsoft SQL Server 2014 puede recuperar todos los datos excepto las transacciones que estaban sin confirmar en el momento del error. Además, como este modelo *registra todas las transacciones*, es posible recuperar la base de datos hasta un momento dado en el tiempo. El truncamiento del registro de transacciones se produce después de una copia de seguridad del registro de transacciones.

7.4.3 Modo de recuperación por medio de registros de operaciones masivas

Esta tecnología, igual que el modo de recuperación completo, usa copias de seguridad completas y copias de seguridad del registro de transacciones. La diferencia radica en que se reduce el espacio del registro de transacciones, mediante el registro mínimo de la mayoría de las operaciones masivas. Estas operaciones solo afectan al registro como bits en magnitudes, en lugar de almacenar todos los detalles de la operación en el registro de transacciones. Por este motivo se pueden recuperar datos hasta el final de cualquier copia de seguridad (no admite recuperación de datos hasta un momento dado). El truncamiento del registro de transacciones se produce después de una copia de seguridad del registro de transacciones.

7.5 SINTAXIS DE LA INSTRUCCIÓN BACKUP

La instrucción **BACKUP** hace una copia de seguridad de una base de datos SQL Server. Se incluye su sintaxis porque sirve para comprender las distintas opciones que presenta la herramienta visual SQL Management Studio cuando ordena una copia de seguridad. A medida que se habitúe al lenguaje T-SQL y se incrementen sus labores de administración de bases de datos Microsoft SQL Server 2014, se dará cuenta de que muchas veces es más rápido y da lugar a menos errores ordenar copias de seguridad con pequeños *scripts* T-SQL que tenga previamente preparados.

```
--Copia de seguridad completa de una base de datos
BACKUP DATABASE {Nombre base de datos}
TO DISK {Ruta archivo donde se hará la copia}
[ WITH { DIFFERENTIAL } ]
[;]
```

```
--Copia de seguridad del registro de transacciones
BACKUP LOG {Nombre base de datos}
TO DISK {Ruta archivo donde se hará la copia}
[ WITH { <opciones WITH generales> |
<opciones especificas del Log> }] [;]
```

```
--Opciones Generales de Copias de Seguridad "WITH"
{COPY_ONLY}
| { COMPRESSION | NO_COMPRESSION }
| DESCRIPTION = { descripción copia de seguridad}
| NAME = { nombre copia de seguridad }
| PASSWORD = { contraseña}
| { EXPIREDATE = { fecha expiración}
| RETAINDAYS = [ días antes que expire la copia}
```

```
--Opciones de conjunto de medios
{ NOINIT | INIT }
| { NOSKIP | SKIP }
| { NOFORMAT | FORMAT
```

```
--Opciones de Administración de errores
{ NO_CHECKSUM | CHECKSUM }
| { STOP_ON_ERROR | CONTINUE_AFTER_ERROR }
--Opciones de compatibilidad
RESTART
```

```
--Opciones de supervisión
STATS [ = porcentaje]
--Opciones específicas del Log
{ NORECOVERY | STANDBY = archivo_transacciones_
revertidas}
| NO_TRUNCATE
```

▶ **DATABASE**: indica que se trata de una copia de seguridad completa de una base de datos.

- **LOG**: indica que se realizará una copia de seguridad del registro de transacciones. Esta copia abarca desde la última copia de seguridad completa o del registro de transacciones que se ha ejecutado correctamente hasta el final del registro de transacciones actual.

- **Nombre base de datos**: escriba el nombre de la base de datos de la que quiere obtener la copia de seguridad completa o del registro de transacciones.

- **TO DISK**: especifica la ruta de un archivo en disco donde se guardará la copia.

Opciones generales de WITH:

- **DIFFERENTIAL**: se utiliza con **BACKUP DATABASE** y especifica que se trata de una copia de seguridad **diferencial**. Esta copia solo contendrá los cambios producidos desde la última copia de seguridad completa que se haya efectuado correctamente.

- **COPY_ONLY**: sirve para especificar que la copia de seguridad es *una copia de solo copia*. Este tipo de copias de seguridad es independiente y no afecta a la secuencia normal de otras copias de seguridad.

- **COMPRESSION | NO_COMPRESSION**: habilita o deshabilita la compresión de la copia de seguridad.

- **DESCRIPTION**: texto que describe la copia de seguridad. Puede tener un máximo de 255 caracteres.

- **NAME**: nombre de la copia de seguridad. Puede tener un máximo de 128 caracteres.

- **PASSWORD**: contraseña de la copia de seguridad.

- **EXPIREDATE**: especifica la fecha en que caduca la copia de seguridad, la opción **retaindays** tiene preferencia sobre **expiredate**.

- **RETAINDAYS:** especifica el número de días que tienen que transcurrir para que caduque la copia de seguridad, el valor cero (0) indica que la copia de seguridad nunca caduca.

Opciones de conjunto de medios de WITH:

▶ **NOINIT | INIT**: noInit indica que el conjunto de copia de seguridad se anexa al conjunto de medios especificado, conservándose los conjuntos de copia de seguridad existentes. Init especifica que se pueden sobrescribir todos los conjuntos de copia de seguridad.

▶ **NOSKIP | SKIP**: noSkip comprueba la fecha de caducidad de los conjuntos de copia de seguridad, antes de permitir que se sobrescriban. Skip no comprueba la fecha de caducidad de los conjuntos de copia de seguridad.

▶ **NOFORMAT | FORMAT**: noformat especifica que la copia de seguridad conservará los conjuntos de copias de seguridad. Format crea un conjunto de medios nuevo.

Opciones de administración de errores de WITH:

▶ **NO_CHECKSUM | CHECKSUM**: no habilita o habilita las sumas de comprobación de copia de seguridad.

▶ **STOP_ON_ERROR | CONTINUE_AFTER_ERROR**: indica si la copia de seguridad se detiene o continúa después de encontrar un error en una suma de comprobación de página.

Opciones de supervisión de WITH:

▶ **STACKS**: a este modificador se le asigna un número, que será utilizado como porcentaje para indicar el progreso de la copia de seguridad. Si se omite el número del porcentaje, Microsoft SQL Server 2014 mostrará información del proceso en el panel de mensajes cada 10%.

Opciones específicas del *log* con WITH:

▶ **NORECOVERY | STANDBY** = archivo_transacciones_revertidas.

  • **NORECOVERY**: realiza una copia de seguridad del final del registro y deja la base de datos en el estado RESTORING (restaurando).

  • **STANDBY**: realiza una copia de seguridad del final del registro y deja la base de datos en modo de solo lectura (estado STANDBY). La cláusula STANDBY escribe las transacciones revertidas en el archivo que se especifique en *archivo_transacciones_revertidas*. Este archivo se almacena en el registro de la base de datos, en caso de que exista se sobrescribe y si no existe se crea nuevo. El contenido de este archivo se puede utilizar en operaciones de restauración de la base de datos usando el *log* de transacciones.

▶ **NO_TRUNCATE**: indica que el archivo del registro de transacciones no se va a truncar.

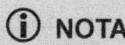 **NOTA**

La compresión de copias de seguridad es una característica que únicamente está disponible en las versiones Enterprise, Business Intelligence y Standard de Microsoft SQL Server 2014.

7.6 SINTAXIS DE LA INSTRUCCIÓN RESTORE

La instrucción RESTORE restaura copias de seguridad de una base de datos hechas con la instrucción BACKUP. A continuación le incluyo su sintaxis, que le ayudará a comprender las distintas opciones que presenta la herramienta visual SQL Management Studio para restaurar una copia de seguridad.

```
--Restaurar base de datos de una copia de seguridad
--completa
RESTORE DATABASE { nombre base de datos }
[ FROM <dispositivo de backup> [ ,...n ] ]
[ WITH
{ RECOVERY | NORECOVERY | STANDBY =
{ archivo_transacciones_revertidas}}
{ MOVE...TO } { REPLACE }][;]
--Restaurar copia de seguridad del registro de
--transacciones
RESTORE LOG { nombre base de datos }
[ FROM <dispositivo de backup> [ ,...n ] ]
[ WITH
{ RECOVERY | NORECOVERY | STANDBY =
{ archivo_transacciones_revertidas}}
{ MOVE...TO } { REPLACE } ] [;]
```

- **DATABASE**: indica que se está restaurando una copia de seguridad completa.

- **LOG**: especifica que se está restaurando una copia de seguridad del registro de transacciones.

- **Nombre base de datos**: escriba el nombre de la base de datos que desea restaurar.

- **RECOVERY**: indica que cuando termine de restaurarse la copia de seguridad, la base de datos debe recuperarse. La recuperación de la base de datos solo se produce si la restauración finaliza con éxito y la deja en un estado coherente; de lo contrario, aunque utilice el modificador **recovery**, el motor de base de datos generará un error y no recuperará la base de datos.

- **NORECOVERY**: especifica que cuando finalice la restauración de la copia de seguridad, no se tiene que promover la recuperación de la base de datos. La base de datos se queda en estado *restaurando*, esta situación permite seguir poniendo al día la base de datos restaurando otras copias de seguridad.

- **MOVE... TO**: modificador que cambia la ubicación de los archivos. Se utiliza cuando se restaura la base de datos en otro servidor.

- **REPLACE**: Microsoft SQL Server 2014 no permite restaurar una base de datos sobre otra base de datos existente si no se realiza un *backup* del final del *log* de transacciones. Esta opción permite restaurar la base de datos sin el *backup* del final del *log*.

7.7 EJERCICIO PRÁCTICO: COMPROBAR EL MODELO DE RECUPERACIÓN DE UNA BASE DE DATOS Y MODIFICARLO

En este ejercicio práctico le mostraré cómo comprobar el modelo de recuperación de la base de datos AdventureWorks2012 y cómo cambiarlo al modo de recuperación **Completo** usando, primero, la herramienta visual de SQL Management Studio; a continuación lo devolverá a su estado inicial empleando una consulta T-SQL.

7.7.1 Ejercicio práctico: Usando SQL Management Studio

En este apartado se le mostrará cómo comprobar el modelo de recuperación de la base de datos AdventureWorks2012 y cómo cambiarlo al modo de recuperación **Completo**, usando SQL Management Studio.

1. Inicie SQL Management Studio → conéctese con autenticación Windows.

2. En el Explorador de objetos, despliegue el servidor **MADRID** → seleccione la base de datos **AdventureWorks2012** (1) → haga clic sobre ella con el botón derecho del ratón y elija el menú **Propiedades** (2).

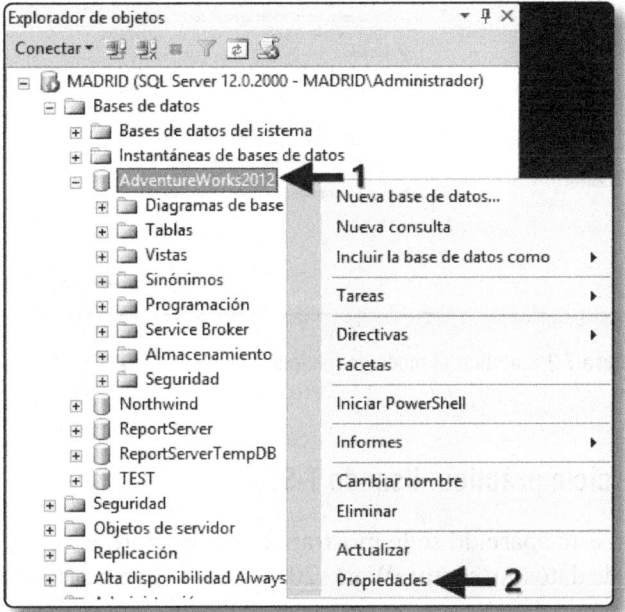

Captura 7.1. Explorar las propiedades de AdventureWorks2012

3. En la ventana **Propiedades de la base de datos - AdventureWorks2012**, sitúese en el panel **Seleccionar una página**, haga clic sobre **Opciones** (3).

4. Compruebe que el modo de recuperación actual de la base de datos es **Simple**; para cambiarlo a **Completa**, haga clic en la flecha de la lista desplegable y marque la opción **Completa** (4).

5. Para finalizar haga clic en el botón **Aceptar** (5).

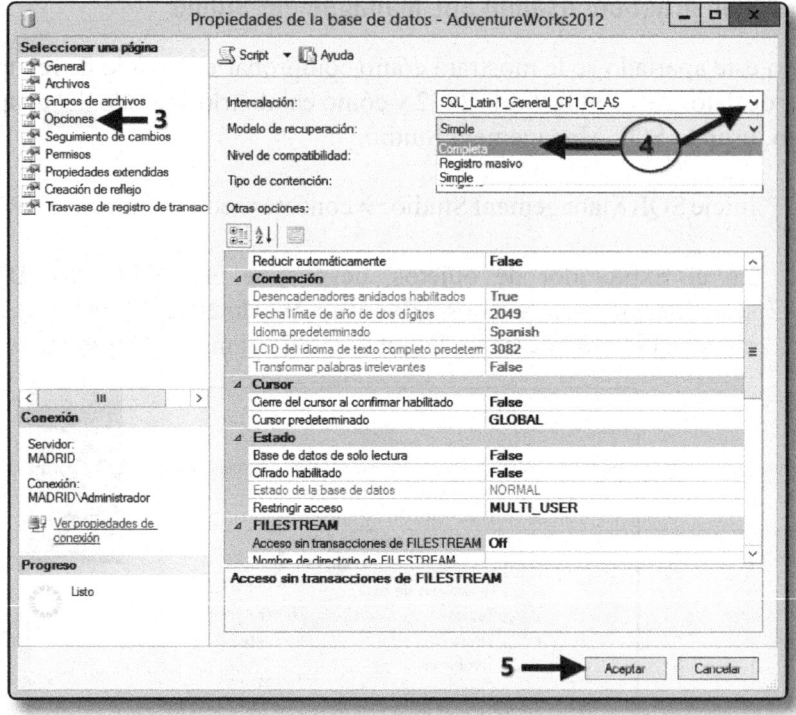

Captura 7.2. Cambiar el modo de recuperación de la base de datos AdventureWorks2012

7.7.2 Ejercicio práctico: Usando T-SQL

En este apartado se le mostrará cómo comprobar el modelo de recuperación de la base de datos AdventureWorks2012 y cómo cambiarlo al modo de recuperación **Simple**, usando T-SQL.

1. En la barra de herramientas de SQL Management Studio haga clic en el botón **Nueva consulta**.

2. En el **Panel de consultas** escriba la siguiente instrucción:

```
SELECT name, recovery_model_desc
FROM sys.databases
WHERE name = 'AdventureWorks2012'
```

3. Haga clic en el botón **Ejecutar**.

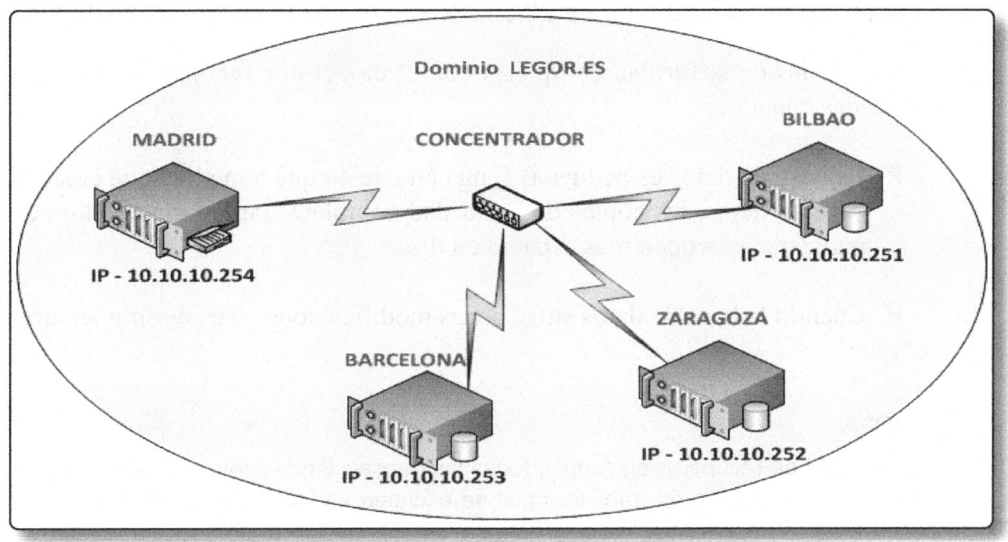

Captura 7.3. Obtener el modo de recuperación de la base de datos AdventureWorks2012 con T-SQL

La consulta anterior usa la vista de catálogo **sys.databases** que devuelve el modo de recuperación de la base de datos AdventureWorks2012: **FULL = COMPLETA**.

4. Para finalizar el ejercicio vuelva a poner la base de datos AdventureWorks2012 en modo de recuperación **Simple**. Para ello escriba la siguiente instrucción:

```
USE master
ALTER DATABASE AdventureWorks2012 SET RECOVERY SIMPLE
```

7.8 COPIA DE SEGURIDAD COMPLETA

Una copia de seguridad completa de una base de datos crea una copia total, que incluye todos los archivos de datos y una copia suficiente de parte del archivo del registro de transacciones, que permita posteriormente restaurar la base de datos al momento en que se realizó la copia de seguridad.

7.8.1 Copias de seguridad completas con el modelo de recuperación simple

Las copias de seguridad completas con el modelo de recuperación simple están indicadas cuando:

▼ La base de datos es pequeña. Tenga en cuenta que a medida que crece la base de datos, las copias de seguridad completas tardan más tiempo en realizarse y ocupan más espacio en disco.

▼ Cuando la base de datos sufre pocas modificaciones o es de solo lectura.

ⓘ **NOTA**

Si usa el modo de recuperación simple, todas las transacciones confirmadas que hay en el archivo del registro de transacciones se escriben en los archivos de datos de la base de datos cuando hay un *checkpoint* y a continuación el archivo del registro de transacciones se trunca. En caso de un desastre, perderá todas las transacciones confirmadas (escritas en el archivo de datos) desde la última copia de seguridad completa.

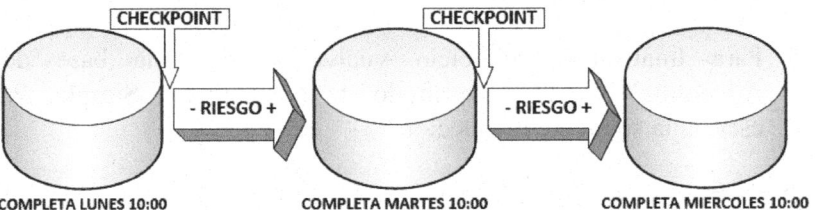

Figura 7.1. Copia seguridad completa con modo recuperación simple

La imagen anterior representa una estrategia de copia de seguridad completa combinada con un modo de recuperación simple.

1. La secuencia de copias de seguridad comienza el lunes a las 10:00 horas.

2. Inmediatamente después de la copia de seguridad se realiza un *checkpoint* en la base de datos, esto hace que se trunque el registro de transacciones.

3. A partir de este momento, el riesgo de pérdida de datos se incrementa a medida que pasa el tiempo. Todos los datos nuevos que se ingresen en la base de datos están expuestos a una pérdida en caso de desastre.

4. A las 10:00 horas del martes se realiza la segunda copia de seguridad completa. En este momento el riesgo de pérdida de datos es cero.

5. Inmediatamente después de la copia de seguridad se realiza otro *checkpoint* que trunca el registro de transacciones.

6. A partir de este momento, el riesgo de pérdida de datos se incrementa a medida que pasa el tiempo. El riesgo mayor de pérdida de datos será justo el instante antes de realizar la copia de datos del miércoles.

7. El miércoles a las 10:00 horas se realiza una nueva copia de seguridad completa. En este instante el riesgo de pérdida de datos vuelve a ser cero.

7.8.2 Copias de seguridad completas con el modelo de recuperación completa

En las copias de seguridad completas, que usan un modelo de recuperación completa o recuperación por medio de registros de operaciones masivas, hay que supervisar y administrar el crecimiento del archivo del registro de transacciones; si no, este crecerá hasta llenarse y dejará la base de datos inoperativa.

Esto se consigue de dos formas:

▸ Cambiando el modo de recuperación de la base de datos a **simple**. De esta manera se confirmarán las transacciones y se truncará el archivo del registro de transacciones. A continuación vuelva a cambiar el modo de recuperación a **completo**.

▸ Intercalando entre las copias de seguridad completas copias de seguridad del registro de transacciones, las copias de seguridad del registro de transacciones minimizan el riesgo de pérdida de datos y truncan el archivo del registro de transacciones.

Las copias de seguridad completas con el modelo de recuperación completo, intercalando copias de seguridad del registro de transacciones, están indicadas cuando:

▼ Se trata de bases de datos grandes en las que las copias de seguridad completas tardan mucho tiempo en hacerse.

▼ La base de datos se modifica frecuentemente.

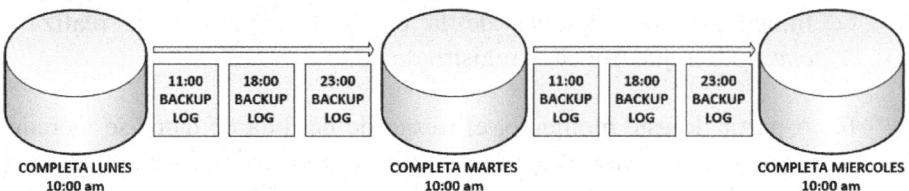

Figura 7.2. Copia seguridad completa con modo recuperación completa

En la imagen anterior se representa una estrategia de copia de seguridad completa combinada con un modo de recuperación completa, con copias del registro de transacciones intercaladas.

1. La secuencia de copias de seguridad comienza con una copia de seguridad completa el lunes a las 10:00 horas.

2. A las 11:00 horas del lunes se realiza la primera copia de seguridad del registro de transacciones.

3. A las 18:00 horas del lunes se realiza la segunda copia de seguridad del registro de transacciones.

4. A las 23:00 horas del lunes se realiza la tercera copia de seguridad del registro de transacciones.

5. El martes a las 10:00 se realiza una copia de seguridad completa de la base de datos.

6. A continuación se repetiría la secuencia de los puntos 2, 3, 4 y 5.

Si ocurriera un desastre en la base de datos a las 23:30 horas del lunes, el proceso de recuperación sería el siguiente:

▼ Restauraría la copia completa del lunes a las 10:00 horas.

▼ A continuación restauraría la copia de registro de transacciones del lunes a las 11:00 horas.

▶ Continuaría restaurando la copia del registro de transacciones del lunes a las 18:00 horas.

▶ Finalizaría el proceso restaurando la copia de seguridad del registro de transacciones del lunes a las 23:00 horas.

Pero ¿qué ocurriría si el fallo se produjese a las 11:20 horas del martes?

La copia de seguridad completa del martes a las 10:00 horas anula toda la secuencia de copias de seguridad anteriores, puesto que ya de por sí, como es una copia de seguridad completa, tiene los datos suficientes para recuperar la base de datos a la misma hora en que se hizo la copia (martes a las 10:00 horas). El proceso de recuperación sería el siguiente:

▶ Restauraría la copia completa del martes a las 10:00 horas.

▶ A continuación restauraría la copia de registro de transacciones del martes a las 11:00 horas.

7.9 EJERCICIO PRÁCTICO: CREAR UNA COPIA DE SEGURIDAD COMPLETA

En esta práctica se le mostrará cómo crear una copia de seguridad completa de la base de datos AdventureWorks2012 que tiene establecido el modo de recuperación simple. La práctica se desarrollará usando la herramienta visual de SQL Management Studio y, a continuación, escribiendo una consulta T-SQL.

7.9.1 Crear una copia de seguridad completa usando SQL Management Studio

Siga las instrucciones que a continuación se indican:

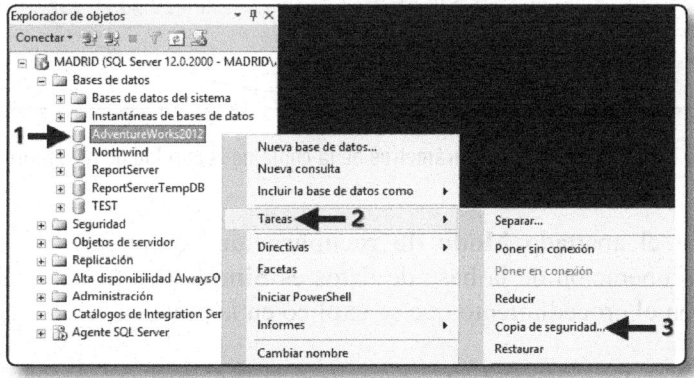

Captura 7.4. Iniciar proceso de copia de seguridad de AdventureWorks2012

1. Inicie SQL Management Studio → conéctese con autenticación Windows.

2. En el servidor **MADRID**, seleccione la base de datos **AdventureWorks2012** (1) → haga clic sobre ella con el botón derecho del ratón y elija el menú **Tareas** (2) → **Copia de seguridad...** (3).

3. La acción anterior abre la ventana **Copia de seguridad de base de datos – AdventureWorks2012**.

4. En la lista desplegable **Base de datos**, compruebe que está seleccionada la base de datos **AdventureWorks2012** (4).

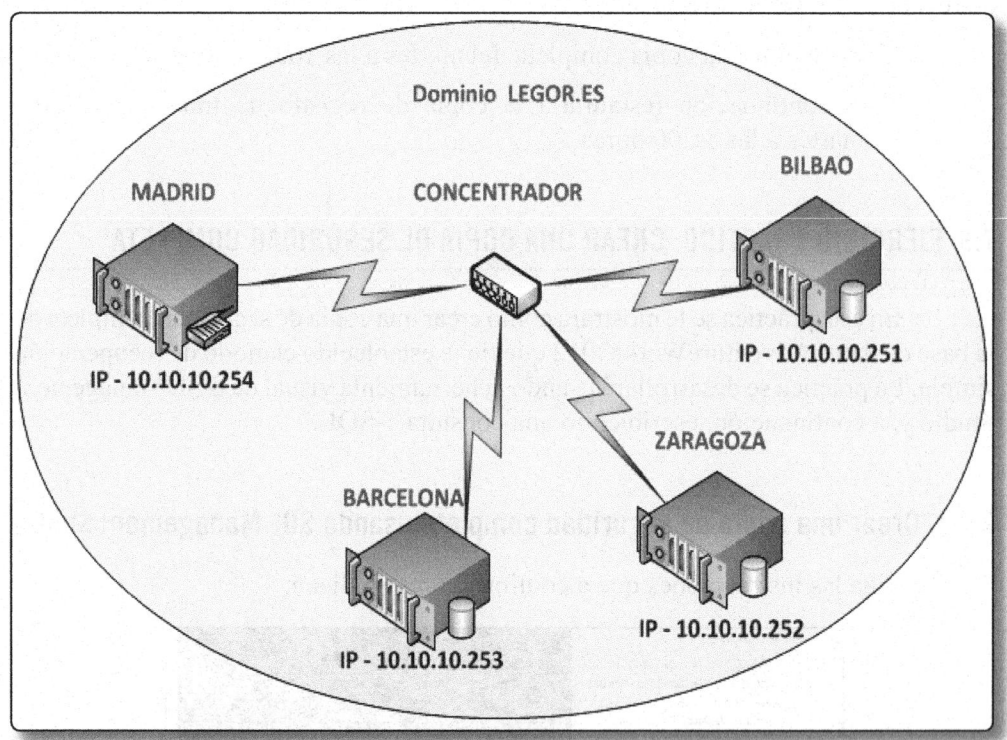

Captura 7.5. Configuración de los parámetros de la copia de seguridad de AdventureWorks2012

5. En el apartado **Modo de recuperación** compruebe que el modo de recuperación de la base de datos es **Simple** (5). Si no es así, cámbielo con el procedimiento que se explicó en la práctica 7.7.

6. En el **Tipo de copia de seguridad**, elija **Completa** (6).

7. Deje sin marcar la casilla de verificación **Copia de seguridad de solo copia** (7). Una **copia de seguridad de solo copia** es una copia de seguridad independiente de otras secuencias de copia de seguridad que pueda tener la base de datos.

8. En **Componente de copia de seguridad** tiene que estar marcado el botón de radio **Base de datos** (8).

9. La sección **Destino** sirve para indicar dónde se guardará la copia de seguridad y qué nombre se le asignará. En este caso, el asistente le propone: **C:\AdventureWorks2012-Full Database Backup.bak** (9) → haga clic sobre el botón **Quitar** (10) para eliminar la ruta y nombre que por defecto propone el asistente → a continuación haga clic en el botón **Agregar** (11).

10. En la ventana **Seleccionar destino de la copia de seguridad** (12) → pulse el botón explorador (13) → asigne a la copia de seguridad el nombre **AdventureWorks2012_COM_20140803** (14) → para cerrar la ventana haga clic en el botón **Aceptar** (15).

11. En la ventana **Copia de seguridad de base de datos – AdventureWorks2012** haga clic en el botón **Aceptar** (16) para iniciar el proceso de copia de seguridad.

ⓘ **NOTA**

Las copias de seguridad se guardan por defecto en el directorio C:\Program Files\ Microsoft SQL Server\MSSQL12.MSSQLSERVER\MSSQL\Backup.

7.9.2 Crear una copia de seguridad completa usando T-SQL

A continuación le enseñaré el procedimiento para crear la misma copia de seguridad del ejercicio práctico anterior, usando una instrucción T-SQL. En la barra de herramientas de SQL Management Studio haga clic en el botón **Nueva consulta** para abrir el Editor de consultas y escriba la siguiente instrucción.

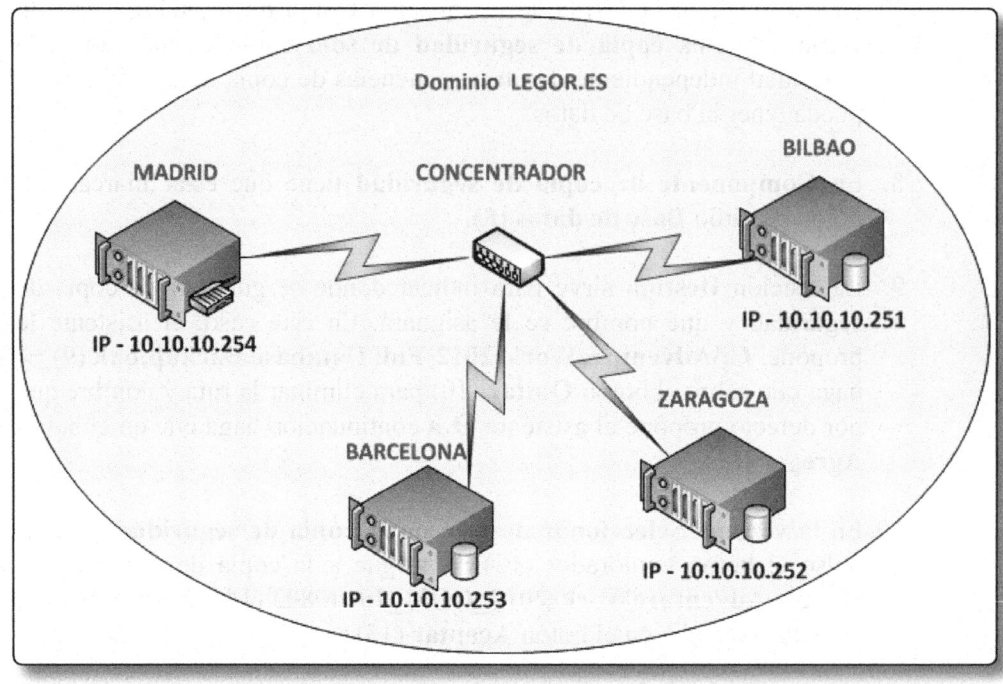

Captura 7.6. Resultado de la consulta BACKUP DATABASE de AdventureWorks2012

```
BACKUP DATABASE [AdventureWorks2012]                    --(1)
TO  DISK = N'C:\Program Files\Microsoft SQL Server\MS
SQL12.MSSQLSERVER\ MSSQL\Backup\AdventureWorks2012.bak'
                                                       --(2)
  WITH  DESCRIPTION = N'Copia completa, modo recupera
ción Simple ',                                         --(3)
  NOFORMAT,                                             --(4)
  NOINIT,                                               --(5)
  NAME = N'AdventureWorks2012_COM_20140803',           --(6)
  SKIP,                                                 --(7)
  STATS = 10                                            --(8)
```

Para crear la copia de seguridad haga clic en el botón **Ejecutar**.

1. El argumento **DATABASE** indica que se realizará una copia de seguridad completa de la base de datos AdventureWorks2012.

2. **DISK** especifica un archivo de disco donde se almacenará la copia de seguridad.

3. **DESCRIPTION** sirve para especificar un texto que describa la copia de seguridad. El tamaño máximo de la descripción son 255 caracteres.

4. **NOFORMAT** especifica que la copia de seguridad conservará los conjuntos de copias anteriores; es decir, especifica que no los sobrescriba.

5. **NOINIT** indica que la nueva copia de seguridad se anexará al conjunto de medios especificados.

6. **NAME** es el nombre que se le asignará a la copia de seguridad.

7. **SKIP** deshabilita las comprobaciones de fecha de caducidad de la copia de seguridad.

8. **STACTS** muestra el progreso de la copia de seguridad en porcentajes. En este caso mostrará el progreso de la copia de seguridad cada 10 %.

7.10 COPIA DE SEGURIDAD DEL REGISTRO DE TRANSACCIONES

Las copias de seguridad del registro de transacciones realizan una copia de las partes del registro de transacciones que se han modificado desde la última copia de seguridad del registro o desde la última copia completa. Aunque basan su existencia en copias de seguridad completas, son independientes de ellas debido a que lo que realmente guardan es la información que hay en el archivo del registro de transacciones.

Cuando utilice los modelos de recuperación completa y de registro masivo, es necesario realizar copias periódicas del registro de transacciones por dos motivos:

▸ Elimina las transacciones confirmadas, es decir, trunca el archivo del registro de transacciones, evitando que crezca sin control y se llene el archivo del registro de transacciones, acción que bloquearía la base de datos. Las copias de seguridad completa y diferencial solo pueden truncar el archivo del registro de transacciones cuando está establecido el modelo de recuperación simple.

▸ Permite recuperar datos hasta el momento del error o hasta un punto concreto en el tiempo.

ⓘ **NOTA**

Checkpoint son puntos de sincronización de datos que escriben en el archivo de datos un conjunto de transacciones que todavía están en memoria. Una página modificada en memoria es denominada *dirty page* (página sucia). Cada *dirty page* contiene el LSN para poder relacionarla con el cambio en el *log* de transacciones. Cuando SQL ejecuta un *checkpoint*, todas las *dirty pages* son escritas en el archivo de datos.

7.10.1 Realizar una copia de seguridad del registro de transacciones después de un desastre

Como usted sabe, las bases de datos Microsoft SQL Server 2014 al menos tienen dos archivos: uno de datos (***.mdf**) y otro que es el del registro de transacciones (***.ldf**). Uno de los escenarios posibles de un desastre se produce al degradarse o perderse el archivo de datos (***.mdf**). En estos casos si tiene implementada una estrategia de copia de seguridad completa con el modo de recuperación completo, puede recuperar su base de datos hasta el momento del error. El procedimiento sería el siguiente:

▼ Haga una copia de seguridad del registro de transacciones para capturar las modificaciones desde la última copia de seguridad completa o del registro de transacciones.

```
BACKUP LOG {Nombre base de datos}
TO DISK {Ruta archivo donde se hará la copia}
WITH { RECOVERY, NO_TRUNCATE }
```

▼ Restaure la copia de seguridad completa usando la opción **NORECOVERY**.

▼ Restaure la copia del registro de transacciones usando la opción **RECOVERY**.

7.10.2 Uso de la instrucción RECOVERY durante el proceso de restauración

Cuando se restaura una copia de seguridad del registro de transacciones (o una copia de seguridad completa), hay que indicar la opción **WITH RECOVERY** o **WITH NORECOVERY** para indicar el estado en que se quedará la base de datos después de restaurar la copia de seguridad.

▼ **WITH RECOVERY**: es la opción por defecto de la instrucción **RESTORE**. Debe usarla cuando restaure la **última** copia de seguridad del registro de transacciones o cuando restaure una copia de seguridad completa y quiera dejar la base de datos después de la restauración lista para su uso. Cuando activa está opción sucede los siguiente:

● El motor de la base de datos de Microsoft SQL Server 2014 deshace cualquier transacción no confirmada y actualiza cualquier transacción confirmada.

- Cuando finaliza el proceso de restauración, la base de datos se encuentra lista para su uso.

▼ **WITH NORECOVERY**: esta opción se usa cuando tiene que restaurar varias copias de seguridad. El proceso comienza restaurando la primera copia de seguridad que puede ser completa o del registro de transacciones con la opción **NORECOVERY**, a continuación se restauran una a una las copias de seguridad (por orden cronológico) usando la opción **NORECOVERY, excepto la última copia de seguridad**. La opción **WITH NORECOVERY** produce dos efectos:

- El motor de Microsoft SQL Server 2014 no deshace ni pone al día las transacciones no confirmadas del registro de transacciones.

- La base de datos se queda en modo "restaurando". Esto permite al usuario seguir restaurando copias de seguridad; por consiguiente, la base no está disponible para su uso.

7.11 EJERCICIO PRÁCTICO: CREAR UNA ESTRATEGIA DE COPIA DE SEGURIDAD COMPLETA Y DEL REGISTRO DE TRANSACCIONES

Las estrategias de copias de seguridad completas que usan el modelo de recuperación completo, necesitan intercalar copias de seguridad del registro de transacciones para evitar que el archivo del registro de transacciones crezca sin control y bloquee la base de datos.

Pero, además, el hacer copias de seguridad del registro de transacciones tiene una ventaja añadida y es que en estas copias quedan registradas todas las operaciones que se realizaron en la base de datos entre dos copias completas. Cuando se implementa esta estrategia para restaurar la base de datos tiene que comenzar restaurando la última copia de seguridad completa, usando la opción **WITH NORECOVERY**. A continuación hay que restaurar en orden cronológico las copias de seguridad del registro de transacciones, usando en cada una de ellas la opción **WITH NORECOVERY**. En la última copia de seguridad del registro de transacciones incluya la opción **WITH RECOVERY** para que la base de datos esté operativa después de restaurarla.

En esta práctica realizará las siguientes acciones:

1. Borrará la instantánea AdventureWorks2012_Instantanea_20140120, que creó en el ejercicio práctico 2.17 para que no interfiera en la recuperación de la base de datos AdventureWorks2012.

2. Cambiará el modo de recuperación de la base de datos AdventureWorks2012, a modo de recuperación completa, usando una instrucción T-SQL desde el Editor de consultas de SQL Management Studio.

3. Creará una copia de seguridad completa de la base de datos AdventureWorks2012, usando el modo de recuperación completo y la herramienta visual SQL Management Studio.

4. Creará una copia de seguridad del registro de transacciones de la base de datos AdventureWorks2012 usando la herramienta visual SQL Management Studio.

5. Creará una segunda copia de seguridad del registro de transacciones de la base de datos AdventureWorks2012, usando una instrucción T-SQL desde el Editor de consultas de SQL Management Studio.

6. Restaurará el conjunto de copias de seguridad anterior usando la herramienta SQL Management Studio.

7. Volverá a restaurar el conjunto de copias de seguridad, usando una instrucción T-SQL desde el Editor de consultas de SQL Management Studio.

7.11.1 Borrar la instantánea AdventureWorks2012_Instantanea_20140518

En el ejercicio práctico 2.17 se creó la instantánea AdventureWorks2012_Instantanea_ 20140518, que a continuación eliminará para que no interfiera en la restauración de las copias de seguridad de la base de datos AdventureWorks2012.

Para borrar la instantánea usando la herramienta SQL Management Studio, abra el Editor de consultas, haga clic en el botón **Nueva consulta** y escriba la siguiente instrucción:

```
USE [master]
GO
DROP DATABASE [AdventureWorks_Instantanea_20140518]
GO
```

7.11.2 Cambiar el modo de recuperación de la base de datos AdventureWorks2012

Para poder implementar una copia de seguridad completa debe establecer el modo de recuperación de la base de datos a **Completa**. A continuación se le enseñará cómo cambiar el modo de recuperación de AdventureWorks2012 de modo **Simple** a modo **Completo** usando T-SQL.

1. En la barra de herramientas de SQL Management Studio haga clic en el botón **Nueva consulta**.

2. En el **Panel de consultas** escriba la siguiente instrucción para cambiar el modo de recuperación de la base de datos AdventureWorks2012 a **Completa** (FULL):

```
USE master
ALTER DATABASE AdventureWorks2012 SET RECOVERY FULL
```

Compruebe que los cambios se han hecho correctamente ejecutando la siguiente instrucción:

```
SELECT name, recovery_model_desc
FROM sys.databases
WHERE name = 'AdventureWorks2012'
```

El panel de resultados tiene que mostrar que el modo de recuperación de la base de datos es **FULL (Completa)**.

7.11.3 Crear una copia de seguridad completa de la base de datos AdventureWorks2012

Una vez establecido el modo de recuperación **Completa** para la base de datos AdventureWorks2012, crearemos una copia de seguridad usando las herramientas visuales de SQL Management Studio.

1. En la máquina **MADRID** cree una carpeta, nómbrela **C: \BackUps**. Esta carpeta la destinará a guardar las copias de seguridad del ejercicio práctico.

2. Inicie SQL Management Studio → conéctese con autenticación Windows.

Captura 7.7. Configuración de parámetros de copia de seguridad completa de AdventureWorks2012

3. Expanda en el Explorador de objetos, en el servidor MADRID seleccione la base de datos **AdventureWorks2012**, haga clic sobre ella con el botón derecho del ratón y elija el menú **Tareas → Copia de seguridad…**

4. La acción anterior abre la ventana **Copia de seguridad de base de datos – AdventureWorks2012**.

5. En la lista desplegable **Base de datos**, asegúrese de que está seleccionada la base de datos **AdventureWorks2012** (1).

6. En el apartado **Modo de recuperación**, compruebe que el modo de recuperación de la base de datos es **COMPLETO** (2).

7. En el **Tipo de copia de seguridad**, elija **Completa** (3).

8. En el apartado **Componente de copia de seguridad**, marque el botón de radio **Base de datos** (4).

9. La sección **Destino** sirve para indicar dónde se guardará la copia de seguridad. En la lista desplegable elija la opción **Disco** (5), haga clic en el botón **Quitar** (6) para eliminar la ruta que le propone el asistente y a continuación haga clic en el botón **Agregar** (7). Visualizará un explorador,

escriba la ruta que a continuación se propone, seguida del nombre del fichero donde se guardará la copia de seguridad con la extensión ***.bak**: **C:\BackUps\AdventureWorks2012_COM_20140803.bak** (8)

10. Para finalizar el asistente haga clic en el botón **Aceptar** (9).

7.11.4 Crear una copia de seguridad del registro de transacciones

La implementación de esta estrategia de copias de seguridad consiste en crear una copia de seguridad completa (ejercicio 7.11.3) y tantas copias del registro de transacciones como se estimen convenientes. A continuación se le enseñará cómo crear la primera copia del registro de transacciones usando la herramienta visual de SQL Management Studio.

1. Inicie SQL Management Studio → conéctese con autenticación Windows.

2. Seleccione la base de datos **AdventureWorks2012**, haga clic sobre ella con el botón derecho del ratón y elija el menú **Tareas → Copia de seguridad…**

3. La acción anterior abre la ventana **Copia de seguridad de base de datos – AdventureWorks2012**.

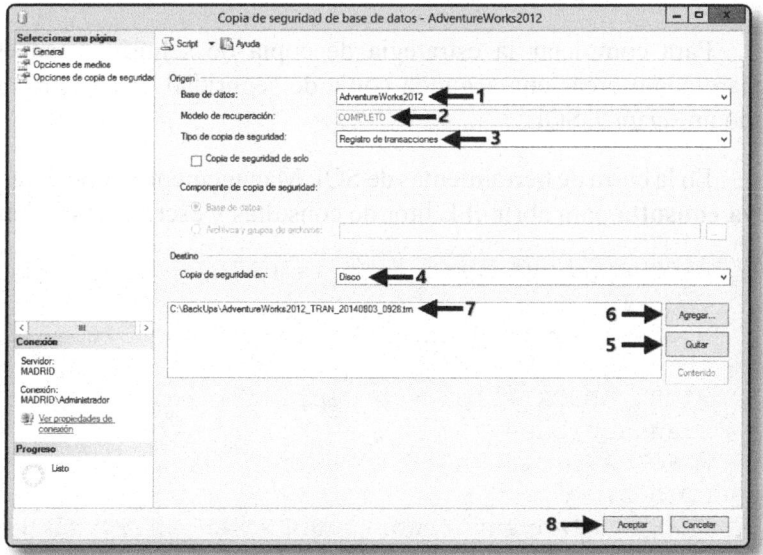

Captura 7.8. Configuración de los parámetros de la copia de seguridad del registro de transacciones

4. En el desplegable **Base de datos** compruebe que está seleccionada la base de datos **AdventureWorks2012** (1).

5. En el apartado **Modo de recuperación** compruebe que el modo de recuperación de la base de datos es **COMPLETO** (2).

6. En el **Tipo de copia de seguridad** seleccione en la lista desplegable **Registro de transacciones** (3).

7. La sección **Destino** sirve para indicar dónde se guardará la copia de seguridad, seleccione en la lista desplegable **Disco** (4), haga clic en el botón **Quitar** (5) para eliminar la ruta que le propone el asistente por defecto, a continuación haga clic en el botón **Agregar** (6), en el explorador que se visualiza, escriba la ruta que a continuación le propongo, seguida del nombre del fichero donde se guardará la copia de seguridad con la extensión ***.trn**: **C:\BackUps\AdventureWorks2012_ TRAN_20140803_0928.trn** (7).

8. Para finalizar el asistente haga clic en el botón **Aceptar** (8).

7.11.5 Crear una segunda copia de seguridad del registro de transacciones de AdventureWorks2012

Para completar la estrategia de copia de seguridad, en este apartado le enseñaré cómo crear una segunda copia de seguridad de registro de transacciones usando un *script* T-SQL.

En la barra de herramientas de SQL Management Studio, haga clic en el botón **Nueva consulta** para abrir el Editor de consultas y escriba la siguiente instrucción:

```
BACKUP LOG [AdventureWorks2012]                              --(1)
TO  DISK =
N'C:\BackUps\AdventureWorks2012_TRAN_20140803_0945.trn'
                                                            --(2)
WITH  DESCRIPTION = N'Copia del registro de
transacciones ',                                            --(3)
NOFORMAT,                                                    --(4)
NOINIT,                                                      --(5)
NAME = N'AdventureWorks2012_TRAN_20140803_0945',  --(6)
SKIP,                                                        --(7)
STATS = 10                                                   --(8)
```

Haga clic en el botón **Ejecutar** de la barra de herramientas para hacer la consulta.

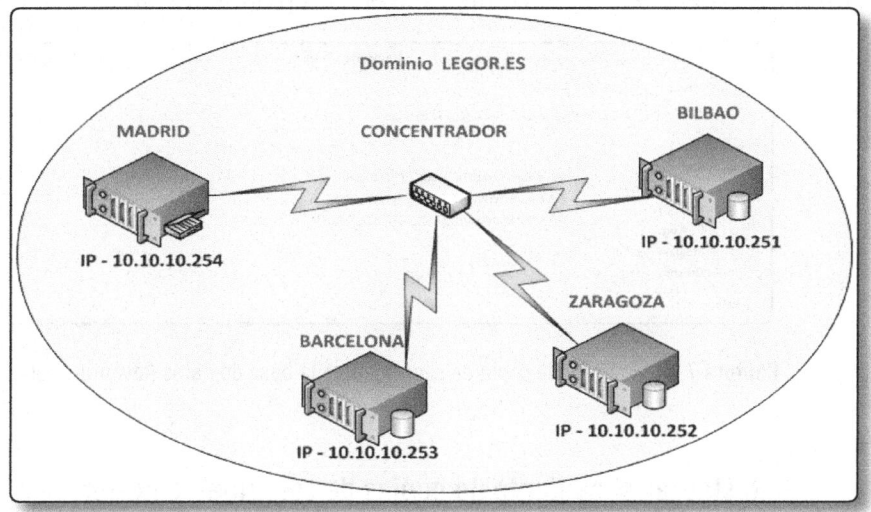

Captura 7.9. Resultado de la consulta BACKUP LOG de AdventureWorks2012

1. El argumento **LOG** indica que se realizará una copia de seguridad del registro de transacciones de la base de datos AdventureWorks2012.

2. **DISK** especifica un archivo de disco donde se almacenará la copia de seguridad.

3. **DESCRIPTION** sirve para especificar un texto que describa la copia de seguridad. El tamaño máximo de la descripción son 255 caracteres.

4. **NOFORMAT** especifica que la copia de seguridad conservará los conjuntos de copias anteriores, es decir que no los sobrescribe.

5. **NOINIT** indica que la copia de seguridad nueva se anexará al conjunto de medios especificados.

6. **NAME** es el nombre que se le asignará a la copia de seguridad.

7. **SKIP** deshabilita las comprobaciones de fecha de caducidad de la copia de seguridad.

8. **STACTS** muestra el progreso de la copia de seguridad en porcentajes. En el ejemplo, cada 10 % se mostrará el progreso.

En estos momentos, si explora la ruta **C:\BackUps**, esta debe contener una copia completa y dos del registro de transacciones de la base de datos AdventureWorks2012, como se muestra en la captura siguiente.

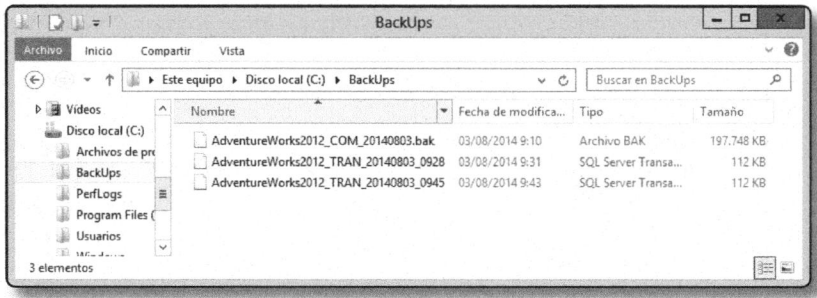

Captura 7.10. Archivos de copia de seguridad de la base de datos AdventureWorks2012

7.11.6 Restaurar el conjunto de copias de seguridad anterior

Como se le indicó al inicio de este ejercicio práctico, la restauración de un servidor Microsoft SQL Server que use este tipo de estrategia de copias de seguridad comienza por restaurar la copia de seguridad completa, usando la opción **WITH NORECOVERY**. A continuación hay que restaurar la primera copia de seguridad del registro de transacciones (la de las 9:28 horas), usando la opción **WITH NORECOVERY**. En la última copia de seguridad del registro de transacciones (la de las 9:45 horas) incluya la opción **WITH RECOVERY** para que la base de datos esté operativa después de restaurarla.

7.11.6.1 RESTAURAR LA COPIA DE SEGURIDAD COMPLETA ADVENTUREWORKS2012_COM_20140803.BAK

1. Inicie SQL Management Studio → conéctese con autenticación Windows.

2. En el Explorador de objetos, despliegue la base de datos **AdventureWorks2012** → haga clic sobre ella con el botón derecho del ratón y elija el menú **Tareas → Restaurar → Base de datos**.

3. La acción anterior muestra la ventana **Restaurar base de datos – AdventureWorks2012**. Nótese que Microsoft SQL Server 2014 le propone, por defecto, restaurar un conjunto de copias de seguridad formado por la copia completa y las dos del registro de transacciones que hizo en las prácticas anteriores.

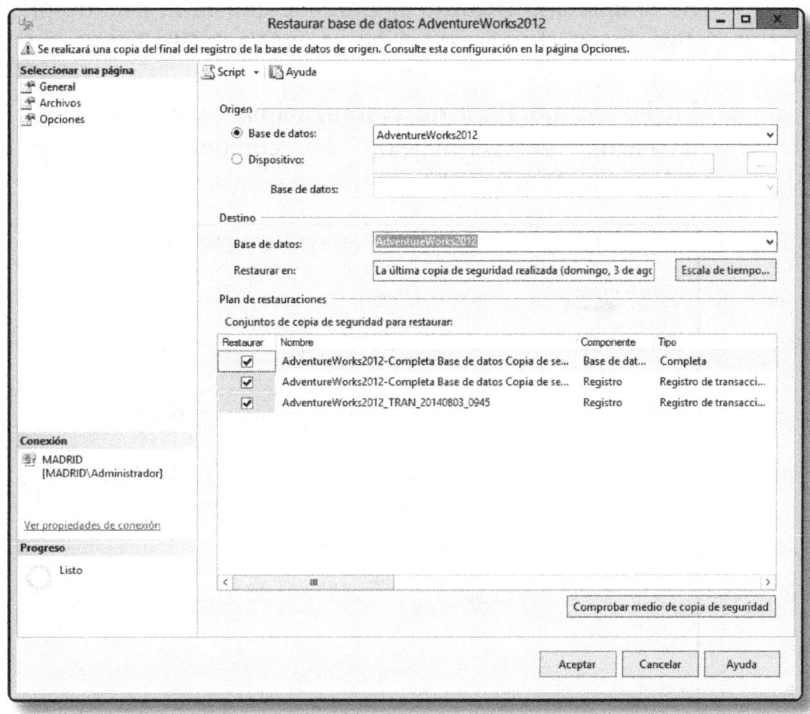

Captura 7.11. Propuesta de conjunto de copia de seguridad para restaurar

4. Si en este momento pulsa el botón **Aceptar**, se restauraría automáticamente la base de datos AdventureWorks2012 con el conjunto de copias de seguridad seleccionado. Para proseguir con el ejercicio práctico y aprender cómo se restaura manualmente un conjunto de copias de seguridad **NO** haga clic sobre el botón **Aceptar** y realice las modificaciones que a continuación se le indican.

5. En el panel **Seleccionar una página** compruebe que está seleccionada la página **General** (1).

6. En la sección **Origen**:

   - Active el botón de radio **Dispositivo** (2), haga clic en el botón (···) (3), se mostrará una ventana con un explorador, seleccione el archivo que contiene la copia de seguridad completa: **C:\BackUps\ AdventureWorks2012_COM_20140803.bak** (4).

   - En el cuadro de texto **Base de datos** seleccione, en la lista desplegable, **AdventureWorks2012** (5).

7. En el apartado **Destino** compruebe que en la lista desplegable **Base de datos** está seleccionada **AdventureWorks2012** (6).

8. En la sección **Plan de restauraciones** compruebe que está marcada la casilla de verificación del conjunto de copia de seguridad **AdventureWorks2012** (7).

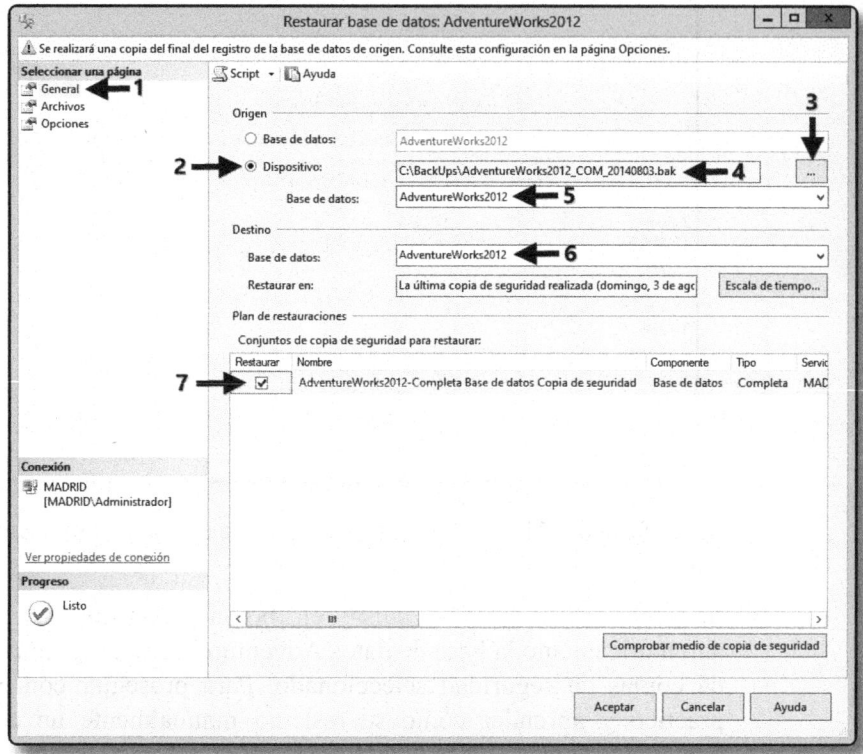

Captura 7.12. Restaurando copia completa de AdventureWorks2012, la página General

9. En el panel **Seleccionar una página** marque la página **Opciones** (8).

10. En la sección **Opciones de restauración**:

- Active la casilla de verificación **Sobrescribir la base de datos existente (WITH REPLACE)** (9).

- En la lista desplegable **Estado de recuperación**, elija la opción **RESTORE WITH NORECOVERY** (10). Esta opción sirve para: "Dejar la base de datos no operativa y no revertir transacciones no confirmadas. [De esta manera] pueden restaurarse registros de transacciones adicionales".

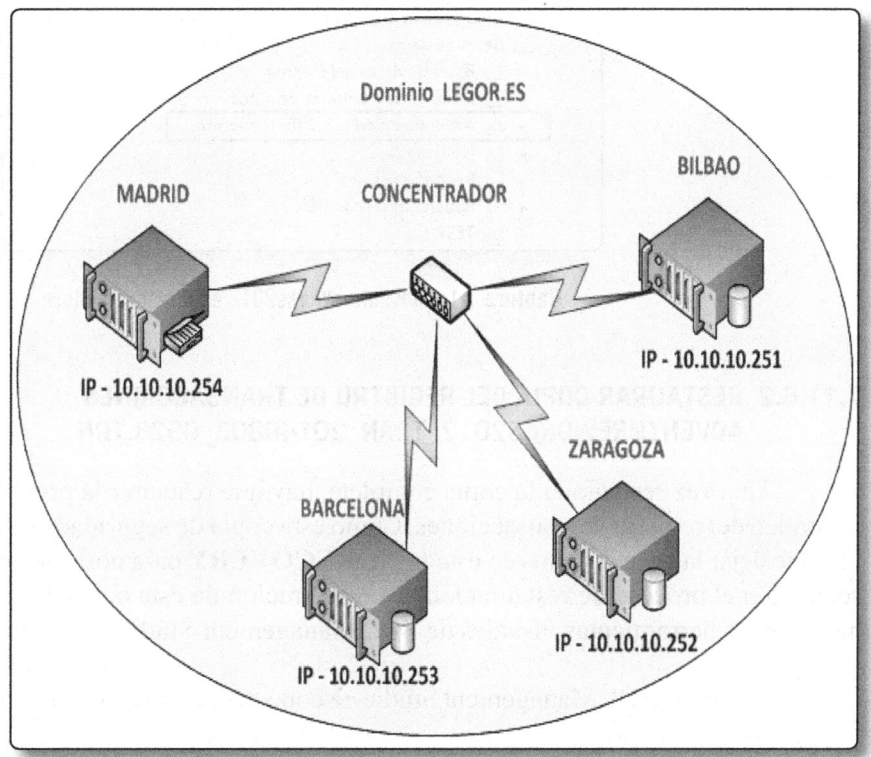

Captura 7.13. Restaurando base AdventureWorks2012, página Opciones

11. Apartado **Copia del final del registro**, desmarque la casilla de verificación **Realizar copia del final del registro de la cola antes de restaurar** (11).

12. Haga clic en el botón **Aceptar** (12). En estos momentos comienza la restauración de la copia de seguridad completa de la base de datos AdventureWorks2012. Cuando finalice, refresque el árbol del servidor y compruebe que la base de datos aparece marcada con una flecha verde y entre paréntesis: le está indicando que está restaurándose (NORECOVERY).

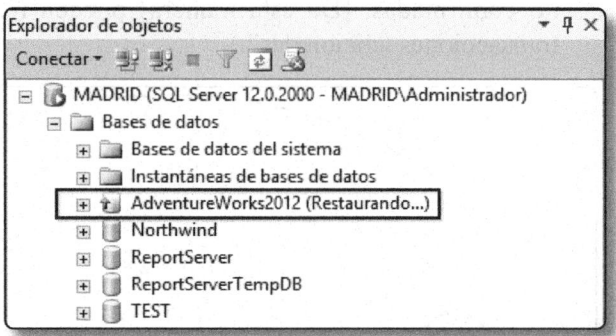

Captura 7.14. AdventureWorks2012 está restaurándose

7.11.6.2 RESTAURAR COPIA DEL REGISTRO DE TRANSACCIONES ADVENTUREWORKS2012_TRAN_20140803_0928.TRN

Una vez restaurada la copia completa, hay que restaurar la primera copia de seguridad del registro de transacciones. Como esta copia de seguridad no es la última, hay que dejar la base de datos en estado **NORECOVERY** para posteriormente poder seguir con el proceso de restauración. La restauración de esta copia de seguridad se hará con las herramientas visuales de SQL Management Studio.

1. Inicie SQL Management Studio → conéctese con autenticación Windows.

2. En el Explorador de objetos, seleccione la base de datos **AdventureWorks2012** → haga clic sobre ella con el botón derecho del ratón y elija el menú **Tareas → Restaurar → Registro de transacciones**.

3. En el panel **Seleccionar una página** compruebe que está seleccionada la página **General** (1).

4. En la lista desplegable **Base de datos** seleccione **AdventureWorks2012** (2).

5. En la sección **Origen de restauración**:

   - Active el botón de radio **Desde dispositivo** (3) → haga clic en el botón (···) (4) → visualizará una ventana con un explorador, seleccione el archivo que contiene la copia de seguridad del registro de transacciones de las 9:28 horas: **C:\BackUp\AdventureWorks2012_ TRAN_20140803_0928.trn** (5).

6. En el apartado **Seleccionar las copias de seguridad del registro de transacciones que se van a restaurar**, compruebe que está seleccionada **AdventureWorks2012_TRAN_20140803_0928.trn** (6).

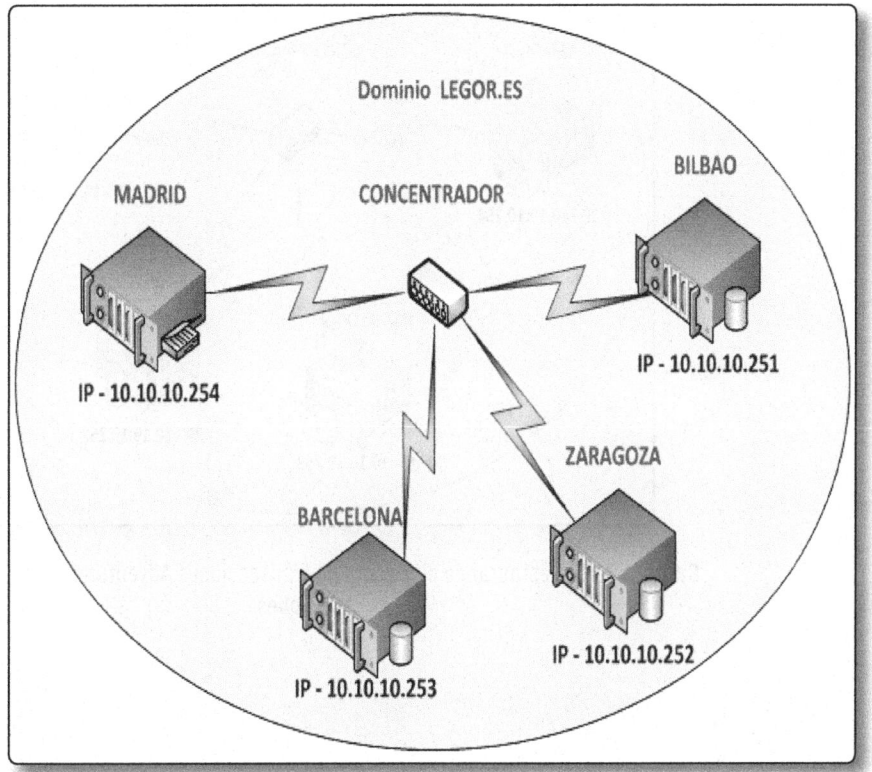

Captura 7.15. Restaurando el registro de transacciones AdventureWorks2012, página General

7. Seleccione la página **Opciones** (8).

8. En la sección **Estado de recuperación**:

   • Active el botón de radio **Dejar la base de datos no operativa y no revertir transacciones no confirmadas. Pueden restaurarse registros de transacciones adicionales (RESTORE WITH NORECOVERY)** (9).

9. Haga clic en el botón **Aceptar** (10) para comenzar la restauración de la copia de seguridad del registro de transacciones de la base de datos AdventureWorks2012.

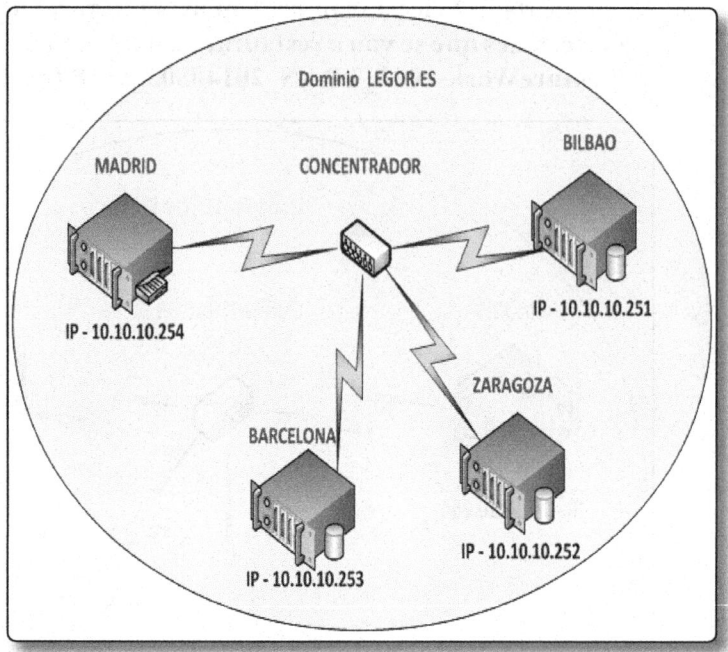

Captura 7.16. Restaurando el registro de transacciones AdventureWorks2012, página Opciones

> ⓘ **NOTA**
>
> Nótese que en las dos restauraciones anteriores, se ha utilizado el modificador **RESTORE WITH NORECOVERY**, que deja la base de datos en modo "restaurando". Situación que permite seguir poniendo al día la base de datos restaurando otras copias de seguridad.

7.11.6.3 RESTAURAR LA COPIA DEL REGISTRO DE TRANSACCIONES ADVENTUREWORKS2012_TRAN_20140803_0945.TRN

Una vez restaurada la primera copia del registro de transacciones, hay que restaurar la segunda. Esta copia de seguridad es la última del conjunto, por este motivo hay que dejar la base de datos en estado **RECOVERY** para ponerla en producción y poder acceder a su contenido. La restauración de la copia de seguridad se hará con las herramientas visuales de SQL Management Studio.

1. Inicie SQL Management Studio → conéctese con autenticación Windows.

2. En el Explorador de objetos, seleccione la base de datos **AdventureWorks2012** → haga clic sobre ella con el botón derecho del ratón y elija el menú **Tareas → Restaurar → Registro de transacciones**.

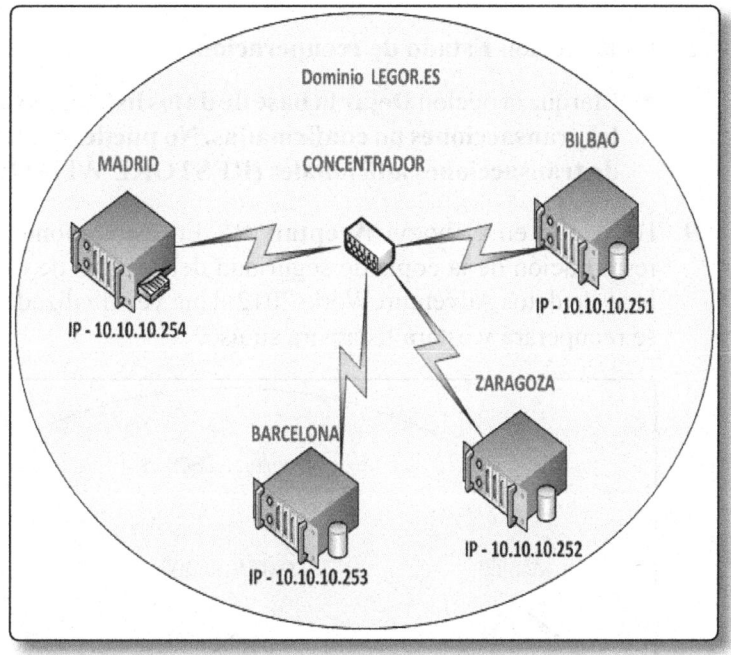

Captura 7.17. Restaurando registro transacciones de la base AdventureWorks2012 con RECOVERY (I)

3. En el panel **Seleccionar una página** compruebe que está seleccionada la página **General** (1).

4. En la lista desplegable **Base de datos**, seleccione **AdventureWorks2012** (2).

5. En la sección **Origen de restauración**:

   • Active el botón de radio **Desde dispositivo** (3), haga clic en el botón (···) (4). Se mostrará una ventana con un explorador, seleccione el archivo que contiene la copia de seguridad completa: **C:\BackUp\ AdventureWorks2012_TRAN_20140803_0945.trn** (5).

6. En el apartado **Seleccionar las copias de seguridad del registro de transacciones que se van a restaurar** compruebe que está activada la casilla de verificación **AdventureWorks2012_TRAN_20140803_0945. trn** (6).

7. En el panel **Seleccionar una página** marque la página **Opciones** (7).

8. En la sección **Estado de recuperación**:

   • Marque la opción **Dejar la base de datos lista para su uso revirtiendo las transacciones no confirmadas. No pueden restaurarse registros de transacciones adicionales (RESTORE WITH RECOVERY** (8).

9. Haga clic en el botón **Aceptar** (9). En estos momentos comienza la restauración de la copia de seguridad del registro de transacciones de la base de datos AdventureWorks2012. Una vez finalizada, la base de datos se recuperará y estará lista para su uso.

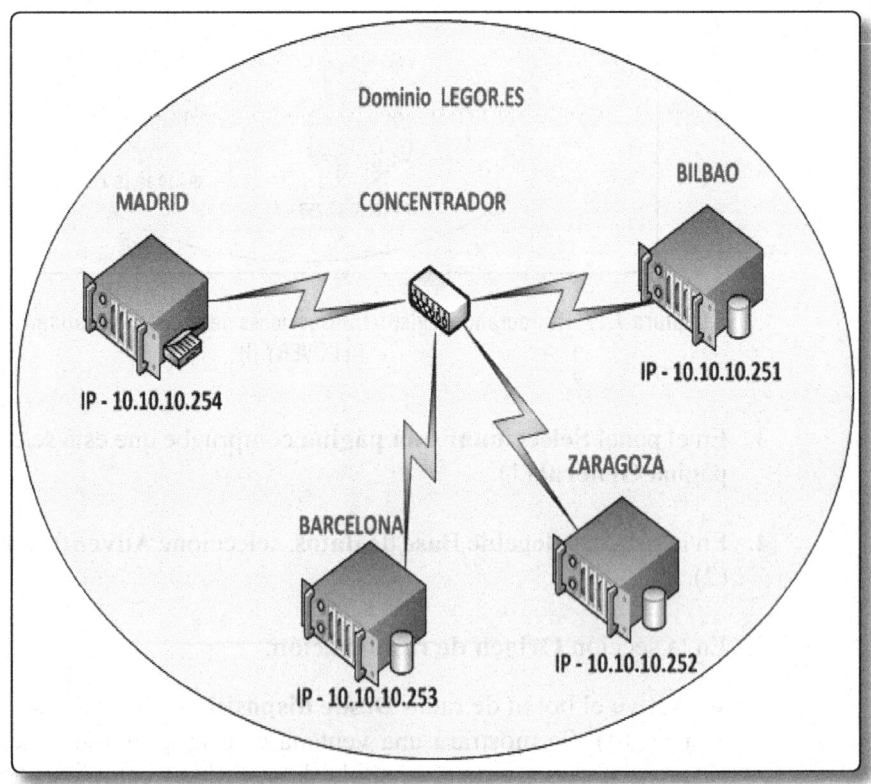

Captura 7.18. Restaurando registro transacciones de la base AdventureWorks2012 con RECOVERY (II)

7.12 EJERCICIO PRÁCTICO: RESTAURAR EL CONJUNTO DE COPIAS DE SEGURIDAD ANTERIOR USANDO UNA INSTRUCCIÓN T-SQL

Todo el proceso de restauración elaborado en el ejercicio 7.11 es posible realizarlo usando tres sencillos *scripts* escritos en T-SQL desde el Editor de consultas.

7.12.1 Restaurar la copia de seguridad completa AdventureWorks2012_COM_20140407.bak

```
--Restaurar copia seguridad completa
--AdventureWorks2012_COM_20140803.bak
USE MASTER
RESTORE DATABASE [AdventureWorks2012]
FROM DISK = N'C:\BackUps\AdventureWorks2012_
COM_20140803.bak'
WITH NORECOVERY, REPLACE, STATS = 10
GO
```

7.12.2 Restaurar la 1.ª copia del registro de transacciones AdventureWorks2012_TRAN_20140407_1010.trn

```
--Restaurar 1° reg transacciones
--AdventureWorks2012_TRAN_20140803_0928.trn
USE MASTER
RESTORE LOG [AdventureWorks2012]
FROM DISK = N'C:\AdventureWorks2012_TRAN_20140803_0928.
trn'
WITH NORECOVERY, STATS = 10
GO
```

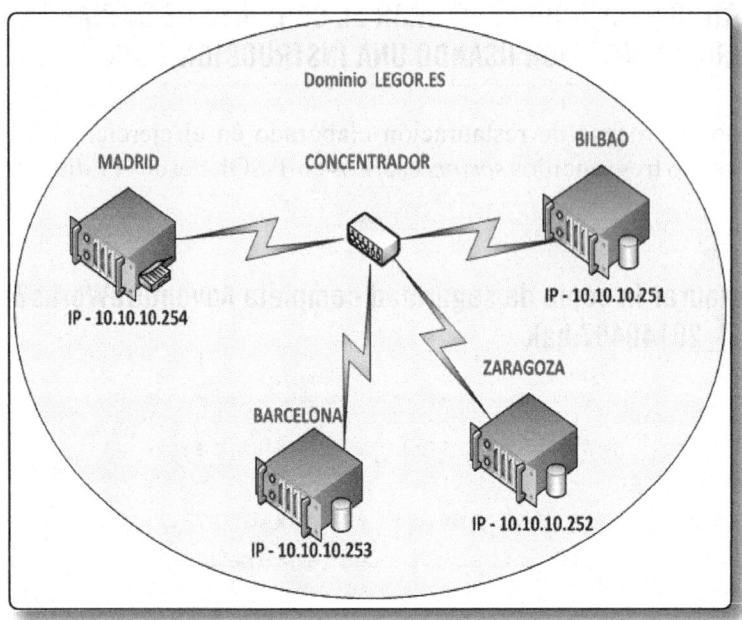

Captura 7.19. Restaurando la base AdventureWorks2012, con instrucciones T-SQL

7.12.3 Restaurar la 2.ª copia del registro de transacciones AdventureWorks2012_TRAN_20140407_1200.trn

```
--Restaurando copia de seguridad del registro de
--transacciones
--AdventureWorks2012_TRAN_20140803_0945.trn
USE MASTER

RESTORE LOG [AdventureWorks2012]
FROM DISK = N'C:\BackUps\ AdventureWorks2012_
TRAN_20140803_0945.trn'
WITH RECOVERY, STATS = 10
GO
```

ⓘ **NOTA**

Nótese que en la primera y segunda restauración se ha usado la opción **WITH NO RECOVERY** para que la base de datos permita seguir restaurando copias de seguridad. Mientras que en la restauración de la última copia de seguridad, del registro de transacciones se ha utilizado la opción **WITH RECOVERY** para dejar la base de datos lista para su uso.

7.13 COPIA DE SEGURIDAD DIFERENCIAL

Las copias de seguridad diferenciales se basan siempre en una copia inicial de seguridad completa. A partir de esta primera copia, se puede comenzar a hacer las copias de seguridad diferenciales.

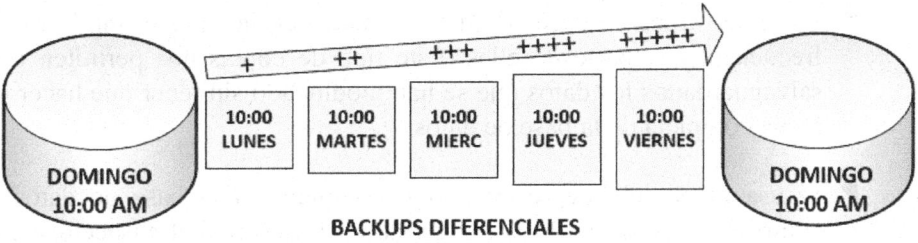

Imagen 7.3. Estrategia de copia de seguridad diferencial

Una copia de seguridad diferencial contiene los datos que han cambiado desde la copia de seguridad completa.

En la figura anterior se muestra una estrategia de copias de seguridad diferenciales que comienza con una copia de seguridad completa el domingo a las 10:00 horas y copias de seguridad diferenciales cada día de la semana de lunes a viernes a las 10:00 horas. La primera copia diferencial del lunes contendrá los cambios realizados en la base de datos desde la última copia de seguridad completa, que fue el domingo a las 10:00 horas. La copia diferencial del martes será más grande porque contendrá los cambios realizados en la base de datos desde el domingo a las 10:00 horas hasta el martes a las 10:00 horas. La copia diferencial del viernes será la más grande de todas porque contendrá todas las modificaciones realizadas en la base de datos desde el domingo a las 10:00, cuando se realizó la última copia de seguridad completa.

Suponga que se produce un desastre a las 11:00 horas del jueves. Para restaurar la base de datos a un estado coherente, tiene que restaurar primero la copia de seguridad completa y a continuación la última copia de seguridad diferencial (en este caso sería la del jueves a las 10:00 horas).

7.13.1 Debe utilizar copias de seguridad diferenciales

▼ Cuando la base de datos se modifica frecuentemente.
▼ Necesite reducir el tiempo utilizado en efectuar las copias de seguridad.

7.13.2 Ventajas de las copias de seguridad diferenciales

▶ Las copias de seguridad diferenciales son muy rápidas porque únicamente registran los datos que han cambiado desde la copia de seguridad completa en la que se basa la diferencial.

▶ Son muy útiles en bases de datos grandes en las que se modifica con frecuencia una parte de ellas. Este tipo de copias nos permiten tener salvaguardados los datos que se han modificado sin tener que hacer una copia completa de la base de datos.

▶ Si usa el modelo de recuperación completa en la base de datos, es compatible con las copias de seguridad del registro de transacciones.

7.13.3 Inconvenientes de las copias de seguridad diferenciales

▶ No deje pasar mucho tiempo entre la copia de seguridad completa y las copias de seguridad diferenciales. Tenga en cuenta que si ha pasado mucho tiempo entre la copia de seguridad completa y la última diferencial, esta puede tener un tamaño considerable y por consiguiente aumentarán los tiempos para hacer la copia de seguridad y también para restaurarla.

7.14 EJERCICIO PRÁCTICO: REALIZAR UNA COPIA DE SEGURIDAD DIFERENCIAL

En este ejercicio práctico le enseñaré cómo realizar una copia de seguridad diferencial de la base de datos AdventureWorks2012. Comprobará que el procedimiento es muy similar al de la copia de seguridad completa. La práctica se desarrollará usando la herramienta visual de SQL Management Studio y a continuación escribiendo una consulta T-SQL.

> ### ⓘ NOTA
> Recuerde que antes de realizar una copia de seguridad diferencial, debe hacer una copia de seguridad completa, que será la copia base o raíz a partir de la cual se despliegue la estrategia de copias de seguridad diferenciales.

Para seguir esta práctica es necesario haber realizado previamente el ejercicio práctico 7.11.3 en el que se creó una copia de seguridad completa de la base de datos AdventureWorks2012.

7.14.1 Ejercicio práctico: Realizar un backup diferencial con SQL Management Studio

1. Inicie SQL Management Studio → conéctese con autenticación Windows.

2. En el Explorador de objetos, seleccione la base de datos **AdventureWorks2012** → haga clic sobre ella con el botón derecho del ratón y elija el menú **Tareas** → **Copia de seguridad**.

3. En la ventana **Copia de seguridad de la base de datos – AdventureWorks2012** → seleccione la página **General** (1) del panel **Seleccionar una página**.

4. Rellene la sección **Origen**:

   - Base de datos: **AdventureWorks2012** (2).
   - Tipo de copia de seguridad: **Diferencial** (3).
   - Componente de copia de seguridad: active el botón de radio **base de datos** (4).

5. Rellene la sección **Destino**:

   - Copia de seguridad en: seleccione en la lista desplegable la opción **Disco** (5).

   - Haga clic en el botón **Quitar** (6) para eliminar la ruta que le propone el asistente por defecto. A continuación haga clic en el botón **Agregar** (7). En el explorador que se muestra, escriba la ruta que a continuación se propone seguida del nombre del fichero donde se guardará la copia de seguridad diferencial con la extensión ***.bak: C:\BackUps\ AdventureWorks2012_DIF_20140805.bak** (8).

6. Haga clic en el botón **Aceptar** (9).

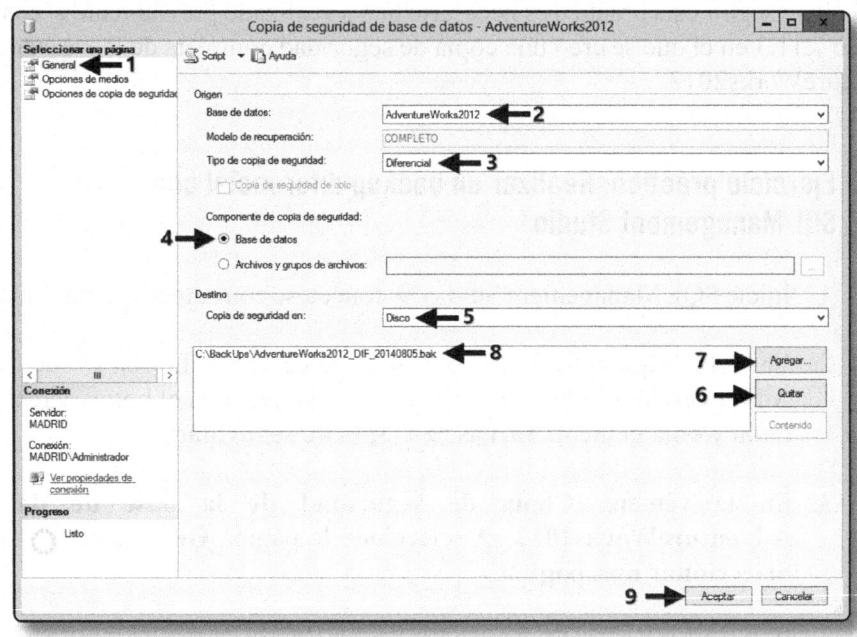

Captura 7.20. Copia de seguridad diferencial de la base de datos AdventureWorks2012

7.14.2 Ejercicio práctico: Realizar un backup diferencial con una instrucción T-SQL

A continuación le mostraré cómo realizar una copia de seguridad diferencial con las mismas características que la realizada en el ejercicio 7.14.1, haciendo uso de un pequeño *script* escrito en T-SQL. Para ello escriba la instrucción que a continuación le indico en el Panel de consultas:

```
BACKUP DATABASE [AdventureWorks2012]                         --(1)
TO DISK = N'C:\BackUps\ AdventureWorks2012_
DIF_20140805.bak'                                            --(2)
WITH DIFFERENTIAL ,                                          --(3)
DESCRIPTION = N'Copia de seguridad Diferencial',            --(4)
NOFORMAT,                                                    --(5)
NOINIT,                                                      --(6)
NAME = N' AdventureWorks2012_DIF_20140805',                 --(7)
SKIP,                                                        --(8)
STATS = 10                                                   --(9)
```

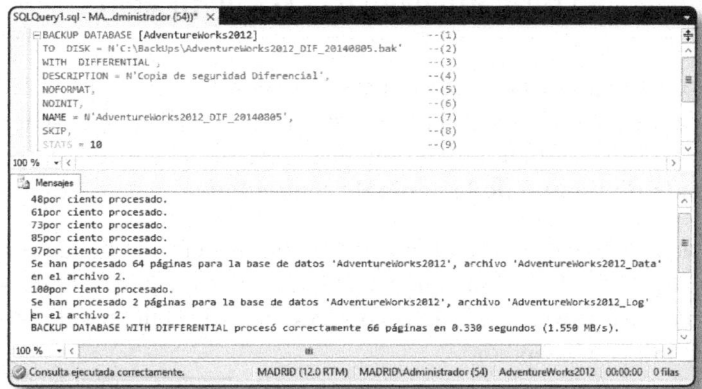

Captura 7.21. Copia de seguridad diferencial de la base de datos AdventureWorks2012

Haga clic en el botón **Ejecutar** de la barra de herramientas para hacer la consulta.

1. El argumento **BACKUP DATABASE** indica que se realizará una copia completa (si además añade a la instrucción el modificador **WITH DIFFERENCIAL** (3) indica que se trata de una copia de seguridad diferencial).

2. **DISK** especifica el archivo en disco donde se almacenará la copia de seguridad.

3. **WITH DIFFERENCIAL**, este modificador únicamente se puede utilizar con **BACKUP DATABASE** (1) e indica que se hará una copia de seguridad diferencial de los datos que han sido modificados desde la última copia de seguridad completa.

4. **DESCRIPTION** sirve para especificar un texto que describa la copia de seguridad. El tamaño máximo de la descripción son 255 caracteres.

5. **NOFORMAT** especifica que la copia de seguridad conservará los conjuntos de copias anteriores, es decir que no los sobrescriba.

6. **NOINIT** indica que la nueva copia de seguridad se anexará al conjunto de medios especificados.

7. **NAME** nombre que se le asignará a la copia de seguridad.

8. **SKIP** deshabilita las comprobaciones de fecha de caducidad de la copia de seguridad.

9. **STACTS** muestra el progreso de la copia de seguridad en porcentajes.

7.15 RESTAURAR A UN MOMENTO DADO (ESCALA DE TIEMPO)

Microsoft SQL Server 2014 introduce una opción muy útil dentro de la herramienta de restauración de copias de seguridad, que permite buscar y especificar las copias que se van a restaurar a un momento determinado en el tiempo. Se trata de la opción **Escala de tiempo de la copia de seguridad**.

Para acceder a esta opción tiene que iniciar la herramienta de restauración de una base de datos desde SQL Management Studio, una vez que se muestre la ventana **Restaurar base de datos…**, en el apartado **Destino**, se encuentra el botón **Escala de tiempo…** que inicia esta opción.

Captura 7.22. Opción Escala de tiempo, para restaurar una base de datos

La ventana **Escala de tiempo de la copia de seguridad** está dividida en tres apartados: **Restaurar en**, **Intervalo de escala de tiempo** y **Leyenda**.

▶ **Leyenda**: presenta tres tipos de símbolos:

- Triangulares, que representan las copias de seguridad completas (triángulo invertido color verde oscuro) y diferenciales (triángulo invertido color blanco).

- Tono verde oscuro, que representa las copias del registro de transacciones, y tono verde claro, que representa las copias del final del registro.

- La línea roja es un indicador que se puede desplazar a lo largo de la escala del tiempo, únicamente donde es posible restaurar. Al mover la línea se ajustan automáticamente la fecha y la hora.

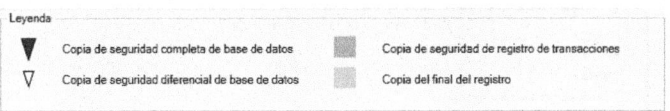

Captura 7.23. Leyenda de la herramienta Escala de tiempo

▼ **Intervalo de escala de tiempo**: visualiza las opciones de restauración en un período de tiempo determinado. Para ello contiene una lista desplegable que le permite seleccionar cómo se mostrará la información. Las opciones son [Hora, Seis horas, Día, Semana]. La captura 7.24 ilustra una estrategia de copias de seguridad que comienza con una copia de seguridad completa a las 08:00 horas (triángulo invertido color verde oscuro) continúa con una copia de seguridad del registro de transacciones a las 15:35 horas (tono verde oscuro de la cinta) y finaliza con una copia de seguridad diferencial a las 16:55 horas (triángulo invertido de color blanco).

▼ **Restaurar en**: desde este apartado puede elegir a qué momento de la escala de tiempo desea restaurar. De forma predeterminada se selecciona la última copia de seguridad. Nótese que en la captura 7.24 la línea roja está marcando una copia seguridad diferencial, representada por el símbolo de un triángulo invertido de color blanco. Para elegir otro momento en la restauración, active el botón de radio **Fecha y hora específicas**. Esta opción permite restaurar a la fecha y hora que elija, observe cómo la línea roja se sitúa en la escala del tiempo a la fecha/hora indicada.

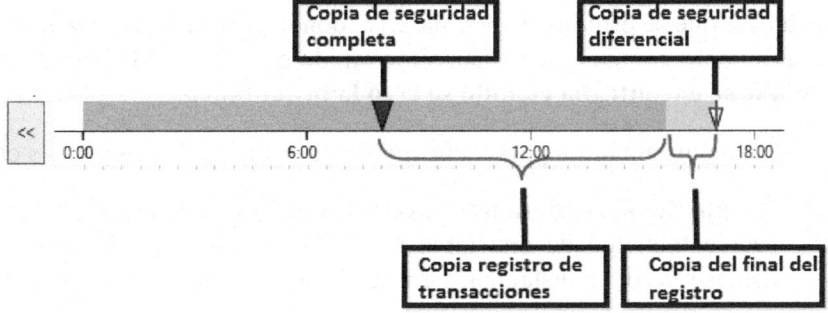

Captura 7.24. Funcionamiento de la herramienta Escala de tiempo

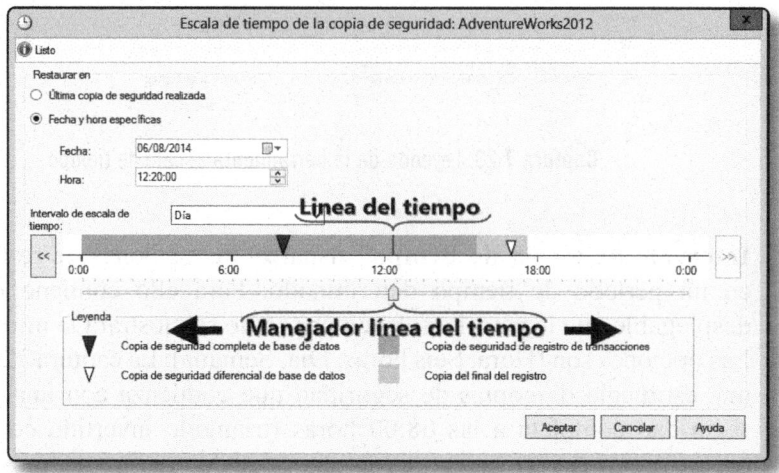

Captura 7.25. Restaurar a un momento dado con la herramienta Escala de tiempo

En la captura 7.25 se indica cómo restaurar la base de datos AdventureWorks2012 a las 12:20 horas del día 06-08-2014. Para ello basta con desplazar el **Manejador de la línea de la tiempo** hasta la fecha y hora indicadas. La herramienta **Escala de tiempo** automáticamente restaurará la copia de seguridad completa y a continuación la copia de seguridad del registro de transacciones hasta la última transacción que se haya realizado en esa fecha y hora.

7.16 RECUPERAR DATOS DESDE UNA INSTANTÁNEA

Antes de comenzar con este apartado es recomendable que repase el concepto de **instantánea**, que se estudió en el tema 2.16, donde aprendió que una instantánea se puede usar como un punto de restauración rápido para revertir la base de datos **al estado en que se encontraba cuando se creó la instantánea**.

El uso de instantáneas para recuperar datos es útil en los siguientes casos:

▶ **Recuperar filas eliminadas accidentalmente**: cuando se eliminan filas accidentalmente de una tabla de la base de datos, puede seleccionar dichas filas de la instantánea e insertarlas de nuevo en la base de datos.

▶ **Recuperar filas mal actualizadas**: cuando se elige un criterio erróneo de actualización de un conjunto de filas de una tabla, se pueden deshacer los cambios, tomando como fuente de datos sin contaminar de la instantánea, seleccionando dichas filas y actualizándolas a continuación en la base de datos.

▶ **Recuperar una tabla que se ha eliminado accidentalmente**: puede recuperar una tabla obteniendo la estructura para crear la tabla de la instantánea, e insertando los datos como se explica en el apartado *Recuperar filas eliminadas accidentalmente*.

▶ **Recuperar una base de datos desde una instantánea**: es posible restaurar una base de datos desde una instantánea y recuperarla como estaba en el momento en que se creó la instantánea.

7.17 EJERCICIO PRÁCTICO: USO DE LAS INSTANTÁNEAS PARA RECUPERAR DATOS

En este ejercicio práctico simulará cuatro errores en la base de datos AdventureWorks2012. Estos coinciden con los cuatro problemas indicados en el apartado anterior. A continuación solucionará cada uno de ellos recuperando los datos de una instantánea.

Las fases de desarrollo del ejercicio son:

1. Creará una tabla clon de la tabla **Production.Product** donde realizará los ejercicios prácticos.

2. Creará una instantánea desde la que pueda recuperar los datos después de cada desastre.

3. Recuperará filas eliminadas accidentalmente.

4. Recuperará filas actualizadas erróneamente.

5. Recuperará una tabla eliminada accidentalmente.

6. Recuperará una base de datos desde una instantánea.

7.17.1 Crear un clon de la tabla Production.Product

En este ejercicio creará un clon de la tabla **Production.Product** que nombrará **dbo.Productos**. Sobre esta tabla clon realizará los ejercicios prácticos en los que se muestran los distintos procedimientos de recuperación ante desastres, usando una instantánea como fuente origen de los datos.

Para crear la tabla **dbo.Productos** a partir de la tabla **Production.Product**, desde el Panel de consultas de SQL Management Studio ejecute la siguiente instrucción.

```
Use AdventureWorks2012
SELECT *
INTO dbo.Productos
FROM Production.Product
```

A continuación, en el Explorador de objetos, seleccione la base de datos AdventureWorks2012, haga clic sobre ella con el botón derecho del ratón y elija el menú **Actualizar**. Despliegue el nodo **Tablas** y compruebe que existe físicamente la tabla **dbo.Productos**.

7.17.2 Crear una instantánea

Para crear una instantánea de la base de datos AdventureWorks2012, use el procedimiento que se indicó en el ejercicio práctico 2.17.

Desde el Panel de consultas de SQL Management Studio ejecute la instrucción que a continuación se le muestra para crear la instantánea.

```
USE [AdventureWorks2012]
CREATE DATABASE AdventureWorks2012_Instantanea_
20140807 ON
( NAME = AdventureWorks2012_Data,
FILENAME =
'C:\Program Files\Microsoft SQL Server\MSSQL12.
MSSQLSERVER\MSSQL\ DATA\AdventureWorks2012_
Instantanea_20140807.ss' )
AS SNAPSHOT OF [AdventureWorks2012]
```

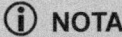 **NOTA**

Las instantáneas solo están disponibles en las versiones Enterprise y Evaluación de Microsoft SQL Server 2014.

7.17.3 Recuperar filas eliminadas accidentalmente

Para implementar este ejercicio eliminará de la tabla **dbo.Productos** todos los registros cuyo **ReorderPoint=600** y a continuación los recuperará desde la instantánea.

7.17.3.1 SIMULAR EL DESASTRE

1. Antes de comenzar cuente los registros de la tabla dbo.Productos.

```
select count(*) from [dbo].[Productos]
```

El resultado de la consulta son 504 registros.

2. Cuente los registros cuyo ReorderPoint=600.

```
select count(*) from [dbo].[Productos] where
[ReorderPoint]=600
```

El resultado de la consulta son 25 registros.

3. Elimine en la tabla dbo.Productos los registros cuyo ReorderPoint=600.

```
DELETE from [dbo].[Productos] where [ReorderPoint]=600
```

El resultado de la consulta es 25 registros afectados.

4. Cuente los registros cuyo ReorderPoint=600.

```
select count(*) from [dbo].[Productos] where
[ReorderPoint]=600
```

El resultado de la consulta son 0 registros.

7.17.3.2 RECUPERAR LOS DATOS DESDE LA INSTANTÁNEA

1. Cree la consulta que recupere los datos eliminados accidentalmente de la instantánea.

```
select * from [AdventureWorks2012_Instanta
nea_20140807].[dbo].[Productos] where
[ReorderPoint]=600
```

El resultado de la consulta son 25 registros.

2. Usando la consulta anterior cree otra consulta que inserte los datos desde la instantánea a la tabla dbo.Productos.

```
SET IDENTITY_INSERT dbo.Productos ON
INSERT INTO [dbo].[Productos]
(ProductID,Name,ProductNumber,MakeFlag,
FinishedGoodsFlag,
Color,SafetyStockLevel,ReorderPoint,
StandardCost,ListPrice,
Size,SizeUnitMeasureCode,WeightUnitMeasureCode,Weight,
DaysToManufacture,ProductLine,Class,Style,
ProductSubcategoryID,ProductModelID,SellStartDate,
SellEndDate,DiscontinuedDate,rowguid,ModifiedDate
)
select * from [AdventureWorks2012_
Instantanea_20140807].[Dbo].[Productos]
where [ReorderPoint]=600
SET IDENTITY_INSERT dbo.Productos OFF
```

El resultado de la consulta es que se han insertado 25 registros.

> ⓘ **NOTA**
>
> La columna **ProductID**, de la tabla **dbo.Productos**, es una columna identidad; para insertar datos en una columna identidad hay que establecer la propiedad **IDENTITY_ INSERT = ON**. A continuación puede insertar los registros deseados en las posiciones libres; para finalizar tiene que volver a establecer la propiedad **IDENTITY_INSERT = OFF**.

> ⓘ **NOTA**
>
> Antes de ejecutar una instrucción de este tipo es aconsejable, para disminuir los tiempos de ejecución de las inserciones, deshabilitar las restricciones, sobre todo cuando copia un número grande de filas. Las restricciones se deshabilitan al inicio de la consulta usando las instrucciones **ALTER TABLE Nombre_Tabla** y **NOCHECK CONSTRAINT Nombre_Restricción**. Una vez que ha finalizado la inserción vuelva a activar la restricción usando las instrucciones **ALTER TABLE Nombre_Tabla** y **CHECK CONSTRAINT Nombre_Restricción**.

3. Cuente los registros cuyo ReorderPoint=600.

```
select count(*) from [dbo].[Productos] where
[ReorderPoint]=600
```

El resultado de la consulta son 25 registros.

4. Cuente los registros de la tabla dbo.Productos.

```
select count(*) from [dbo].[Productos]
```

El resultado de la consulta son 504 registros.

7.17.4 Recuperar filas actualizadas erróneamente

En este ejercicio, en la tabla dbo.Productos, modificará el "Name" del ProductID=341 de "Flat Washer 1" a "Flato" y a continuación, usando la instantánea, recuperará el nombre original.

7.17.4.1 SIMULAR EL DESASTRE

1. Seleccione en la tabla dbo.Productos el "Name" cuyo "ProductId = 341".

```
SELECT Name from [dbo].[Productos] WHERE
ProductId = 341
```

El resultado es "Flat Washer 1".

2. Cambie el "Name" del "ProductId = 341" a "Flato".

```
UPDATE [dbo].[Productos] SET NAME='Flato' WHERE
ProductId = 341
```

El resultado es una fila afectada.

3. Compruebe que la actualización se ha realizado con éxito.

```
SELECT Name from [dbo].[Productos] WHERE
ProductId = 341
```

El resultado es "Flato".

7.17.4.2 RECUPERAR LOS DATOS DESDE LA INSTANTÁNEA

1. Cree la consulta que recupere los datos eliminados accidentalmente de la instantánea.

```
select Name from [AdventureWorks2012_
Instantanea_20140807].[dbo].[Productos]
where ProductId = 341
```

El resultado de la consulta es "Flat Washer 1".

2. Usando la consulta anterior cree otra consulta que actualice los datos desde la instantánea a la tabla dbo.Productos.

```
UPDATE [dbo].[Productos] SET Name=
(
select Name from AdventureWorks2012_
Instantanea_20140807.dbo.Productos where
ProductId = 341
)
WHERE ProductId = 341
```

El resultado de la consulta es una fila afectada.

3. Compruebe que la actualización se ha realizado con éxito.

```
SELECT Name from [dbo].[Productos] WHERE
ProductId = 341
```

El resultado es "Flat Washer 1".

7.17.5 Recuperar una tabla eliminada por error

En esta práctica para simular el desastre, comenzará eliminando la tabla dbo.Productos. A continuación obtendrá el *script* T-SQL para volver a crear la tabla dbo.Productos, desde la instantánea y por último extraerá los datos de la tabla dbo.Productos (instantánea) y los insertará en la tabla dbo.Productos de la base AdventureWorks2012.

7.17.5.1 SIMULAR EL DESASTRE

1. Inicie SQL Management Studio → conéctese con autenticación Windows.

2. En el Explorador de objetos, seleccione la base de datos **AdventureWorks2012** (1) → despliegue el nodo **Tablas** (2) → seleccione la tabla **dbo.Productos** (3) haga clic sobre ella con el botón derecho del ratón → en el menú contextual elija la opción **Eliminar** (4).

3. La acción anterior abre la ventana **Eliminar objeto** (5) → haga clic sobre el botón **Aceptar** (6) para eliminarlo.

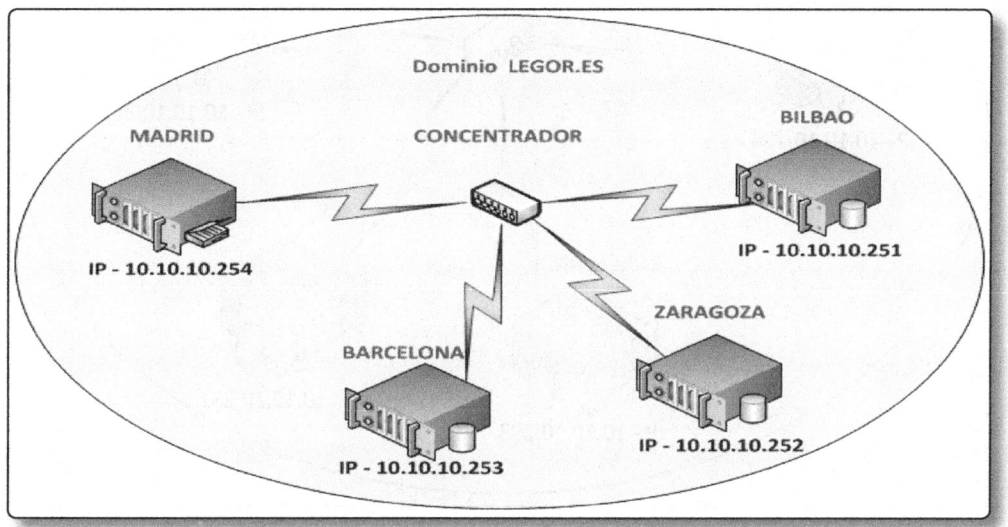

Captura 7.26. Eliminar tabla dbo.Productos

Si lo prefiere, puede eliminar la tabla dbo.Productos ejecutando la siguiente instrucción desde el Panel de consultas.

```
USE [AdventureWorks2012]
DROP TABLE [dbo].[Productos]
```

7.17.5.2 RECUPERAR LOS DATOS DESDE LA INSTANTÁNEA

1. Hay que volver a crear la tabla dbo.Productos. La manera más sencilla es extraer el *script* T-SQL para crear la tabla de la instantánea. Desde el Explorador de objetos despliegue el nodo **Instantáneas de bases de datos** (1) → seleccione la instantánea **AdventureWorks2012_ Instantanea_ 20140807** (2) → despliegue el nodo **Tablas** (3) → busque la tabla **dbo.Productos** (4) y haga clic sobre ella con el botón derecho del ratón → en el menú contextual seleccione la opción **Incluir tabla como** (5) → **CREATE To** (6) → **Nueva ventana del Editor de texto** (7).

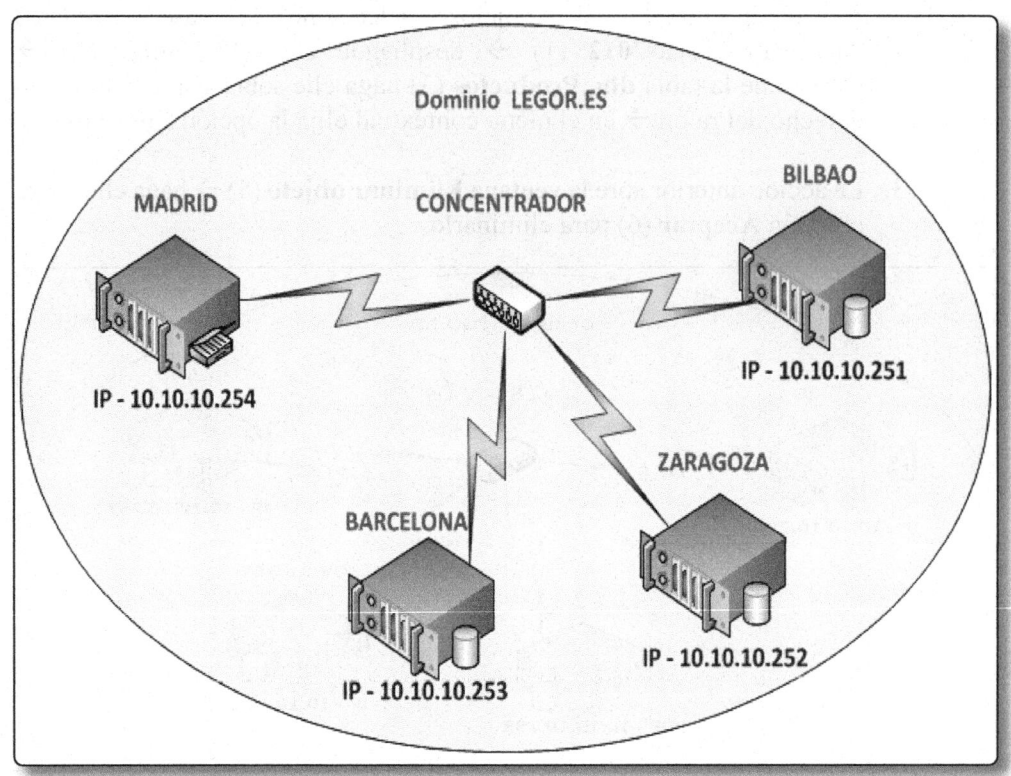

Captura 7.27. Obtener el script CREATE TABLE de dbo.Productos

En el Panel de consultas, visualizará el *script* T-SQL para crear la tabla dbo.Productos (dentro de la instantánea), copie el *script* y modifíquelo como a continuación se indica para crear la tabla dbo.Productos dentro de la base de datos AdventureWorks2012):

```
USE AdventureWorks2012
CREATE TABLE [dbo].[Productos](
[ProductID] [int] IDENTITY(1,1) NOT NULL,
[Name] [dbo].[Name] NOT NULL,
[ProductNumber] [nvarchar](25) NOT NULL,
[MakeFlag] [dbo].[Flag] NOT NULL,
[FinishedGoodsFlag] [dbo].[Flag] NOT NULL,
[Color] [nvarchar](15) NULL,
[SafetyStockLevel] [smallint] NOT NULL,
[ReorderPoint] [smallint] NOT NULL,
[StandardCost] [money] NOT NULL,
[ListPrice] [money] NOT NULL,
[Size] [nvarchar](5) NULL,
```

```
[SizeUnitMeasureCode] [nchar](3) NULL,
[WeightUnitMeasureCode] [nchar](3) NULL,
[Weight] [decimal](8, 2) NULL,
[DaysToManufacture] [int] NOT NULL,
[ProductLine] [nchar](2) NULL,
[Class] [nchar](2) NULL,
[Style] [nchar](2) NULL,
[ProductSubcategoryID] [int] NULL,
[ProductModelID] [int] NULL,
[SellStartDate] [datetime] NOT NULL,
[SellEndDate] [datetime] NULL,
[DiscontinuedDate] [datetime] NULL,
[rowguid] [uniqueidentifier] NOT NULL,
[ModifiedDate] [datetime] NOT NULL
) ON [PRIMARY]
```

En la barra de herramientas de SQL Management Studio, haga clic en el botón **Nueva consulta** y en el Panel de consultas, copie el *script* anterior, a continuación haga clic sobre el botón **Ejecutar**. Refresque el Explorador de objetos y compruebe que AdventureWorks2012 tiene la tabla **dbo.Productos**.

Una vez que ha creado la tabla **dbo.Productos**, en la base de datos AdventureWorks2012, hay que recuperar los datos que contenía. Para ello usaremos una consulta muy similar a la que se utilizó en el ejercicio práctico 7.16.3, para recuperar filas eliminadas accidentalmente.

```
SET IDENTITY_INSERT dbo.Productos ON
INSERT INTO [dbo].[Productos]
(ProductID,Name,ProductNumber,MakeFlag,
FinishedGoodsFlag,
Color,SafetyStockLevel,ReorderPoint,StandardCost,
ListPrice,
Size,SizeUnitMeasureCode,WeightUnitMeasureCode,Weight,
DaysToManufacture,ProductLine,Class,Style,
ProductSubcategoryID,ProductModelID,SellStartDate,
SellEndDate,DiscontinuedDate,rowguid,ModifiedDate
)
select * from [AdventureWorks2012_
Instantanea_20140807].[Dbo].[Productos]
SET IDENTITY_INSERT dbo.Productos OFF
```

En la consulta anterior se han recuperado 504 filas, que son las que contenía la tabla dbo.Productos, en el momento en que se hizo la instantánea.

7.17.6 Restaurar la base de datos AdventureWorks2012 desde una instantánea

En esta práctica para simular el desastre eliminará la tabla **dbo.Productos**, pero en vez de recuperar la información como hizo en la práctica anterior, la recuperará restaurando la base de datos AdventureWorks2012 desde la instantánea.

7.17.6.1 FASE 1: SIMULAR EL DESASTRE

Elimine la tabla dbo.Productos ejecutando la siguiente instrucción desde el Panel de consultas.

```
USE [AdventureWorks2012]
DROP TABLE [dbo].[Productos]
```

Compruebe en el Explorador de objetos que se ha eliminado físicamente la tabla **dbo.Productos** de la base de datos AdventureWorks2012.

7.17.6.2 FASE 2: RECUPERAR LOS DATOS DESDE LA INSTANTÁNEA

Para restaurar la base de datos AdventureWorks2012 desde la instantánea, ejecute la consulta que a continuación se le muestra en el Panel de consultas.

```
USE [master]
RESTORE DATABASE AdventureWorks2012
FROM DATABASE_SNAPSHOT='AdventureWorks2012_
Instantanea_20140807'
GO
```

Compruebe en el Explorador de objetos que se ha restaurado la tabla **dbo. Productos** de la base de datos AdventureWorks2012.

8

SEGURIDAD Y PERMISOS

Cuando alguien llama a la puerta de su casa, antes de abrir y permitir el acceso al interior de su vivienda, comprueba su identidad. Cuando autoriza a una persona (familiar, amigo, técnico de TV, etc.) a entrar en su domicilio ya sabe qué partes de su vivienda puede visitar. Por ejemplo, cuando recibe la visita del técnico de TV, deseará que entre únicamente en la habitación donde se encuentra la TV. Microsoft SQL Server 2014 usa una filosofía similar para proteger su servidor de bases de datos (casa) y cada una de las bases de datos que contiene (habitaciones).

A lo largo de este tema, en numerosas ocasiones se habla de *principales* y de *protegibles*. Los *principales* básicamente son los inicios de sesión, se pueden comparar con las llaves de la puerta de su casa. Los *protegibles* son los elementos que se desean proteger dentro del servidor de SQL Server, entre otros destacan las bases de datos, tablas y roles de aplicación. Se pueden comparar con las distintas habitaciones que hay dentro de su casa.

En el estudio de este tema se tratarán los siguientes apartados:

- Tipos de autenticación en Microsoft SQL Server 2014.
- Propiedades y conceptos básicos de un Inicio de sesión.
- Entidades de seguridad principales.
- Roles de servidor.
- Asignación de usuarios.
- Roles de pertenencia a bases de datos.
- Protegibles de SQL Server.
- Criptografía en SQL Server 2014.

Los temas anteriores van acompañados de los siguientes ejercicios prácticos:

▶ Configurar el modo de autenticación.
▶ Crear inicios de sesión Windows.
▶ Crear un Inicio de sesión SQL Server.
▶ Crear un usuario de sesión base de datos.
▶ Conclusiones varias.
▶ Cifrar datos en una tabla con certificado y clave simétrica.

8.1 INFRAESTRUCTURA NECESARIA

Los ejercicios prácticos de este tema necesitan configurar una máquina como se indica en el Apéndice I. Es posible sustituir la máquina del Apéndice I por su propia máquina si instala en ella Microsoft SQL Server 2014 como se indica en el ejercicio práctico 1.11.

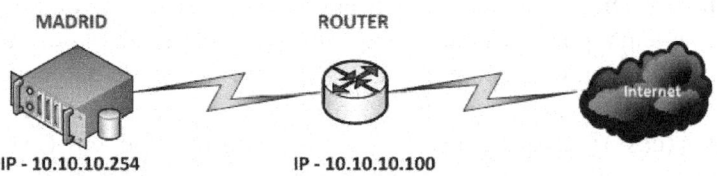

Los parámetros básicos de configuración de la máquina **MADRID** son:

▶ Nombre de la máquina: **MADRID**
▶ IP: **10.10.10.254**
▶ Máscara: **255.255.255.0**
▶ Servidor DNS preferido: **8.8.4.4** (DNS de Google)
▶ Puerta de enlace: **10.10.10.100** (IP del router que utilizo en el ejemplo)

Las IP que se muestran son orientativas y puede adaptarlas al entorno donde instale.

8.2 TIPOS DE AUTENTICACIÓN EN MICROSOFT SQL SERVER 2014

Continuando con el símil entre su vivienda y un servidor de bases de datos de Microsoft SQL Server 2014, la **autenticación** es la llave que permite el acceso a través de la puerta principal de su vivienda. Microsoft SQL Server 2014 tiene dos tipos de autenticación:

▸ Autenticación Windows.
▸ Autenticación mixta.

8.2.1 Autenticación Windows

Cuando un usuario inicia sesión en una máquina, la solicitud de autenticación se envía a un controlador de dominio. El controlador de dominio actúa como *centro de distribución de claves*, se conoce como **KDC** (*key distributtion center*). Después de validar la identidad del usuario, el controlador de dominio concede un *vale de conexión* **TGT** (*ticket granting ticket*). El **KDC** sirve *los vales de sesión* **TGT** (sin necesidad de volver a autenticarse) para acceder a los distintos recursos del dominio. Cuando el usuario quiere acceder a Microsoft SQL Server 2014, el equipo presenta el **TGT** al servidor de Microsoft SQL Server 2014 y este permite el acceso.

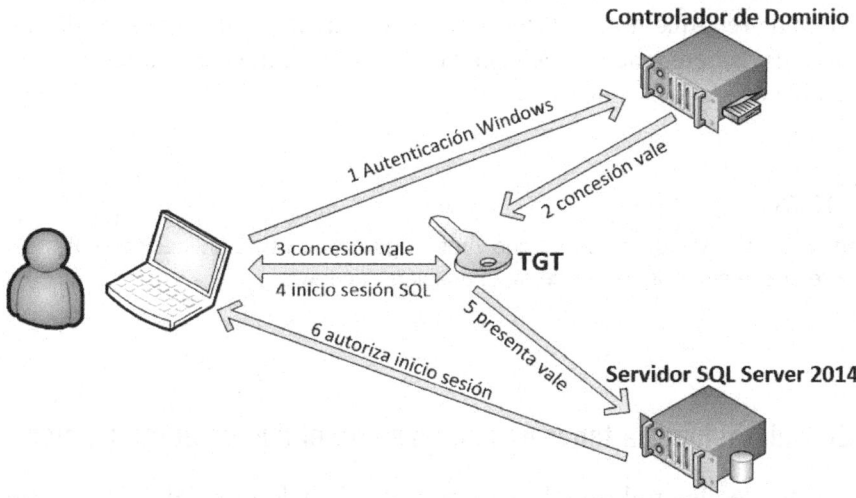

Dibujo 8.1. Funcionamiento de la autenticación Windows

> ⓘ **NOTA**
>
> En este texto se usará la palabra "vale" en vez de "ticket", por dos motivos: es una palabra española y "ticket" no está recogido en el DRAE, a pesar de que su uso es frecuente en el mundo de la informática.

8.2.2 Autenticación mixta

Usa simultáneamente la seguridad integrada de Windows y las cuentas creadas en SQL Server 2014 para iniciar sesión en la instancia de Microsoft SQL Server. Cuando se solicita una conexión usando la autenticación SQL Server, Microsoft SQL Server 2014 recibe un identificador de entrada y una contraseña que valida contra la lista de identificadores proporcionada por el administrador del sistema. La autenticación SQL Server funciona de la siguiente manera:

1. El usuario inicia una conexión con el servidor de SQL Server con unas credenciales distintas de las que usó para tener acceso a la red.

2. Microsoft SQL Server 2014 comprueba las credenciales que presenta el usuario en la base de datos **master**.

3. Si las credenciales presentadas son válidas, permite el acceso.

La principal ventaja de este modo de autenticación es que cualquier usuario de una red, que no sea Windows, puede autenticarse en el servidor de SQL Server usando las credenciales adecuadas. Y la desventaja es que este método de autenticación es menos seguro.

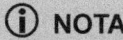

NOTA

La autenticación Windows es mucho más segura que la autenticación SQL Server. Siempre que le sea posible utilice autenticación Windows.

8.2.3 Consideraciones a tener en cuenta sobre el tipo de autenticación

Antes de elegir el tipo de autenticación (Windows o Mixta) en su servidor SQL Server, tenga en cuenta esta lista de ventajas e inconvenientes.

▶ La autenticación Windows proporciona acceso a su máquina y al servidor SQL Server usando únicamente las credenciales de Inicio de sesión de su ordenador.

▶ La autenticación Windows no pasa por la red las credenciales (nombre de usuario y contraseña) para iniciar sesión en el servidor SQL Server. En su lugar utiliza el vale de sesión TGC, esta circunstancia hace más segura la autenticación Windows que la autenticación SQL.

▼ Si usa el modo de autenticación mixto (Windows + SQL Server) aumenta la superficie del sistema, haciéndolo más vulnerable a los ataques.

▼ Es más fácil y requiere menos carga de trabajo administrar los inicios de sesión usando la autenticación Windows. Por ejemplo, si asigna un Inicio de sesión a un grupo local de dominio de Windows, automáticamente todos los miembros de este grupo tendrán acceso al servidor SQL Server.

8.3 EJERCICIO PRÁCTICO: CONFIGURAR EL MODO DE AUTENTICACIÓN

En el apartado anterior se explicó que Microsoft SQL Server 2014 tiene dos modos de autenticación: **Modo de autenticación de Windows** y **Modo de autenticación mixto (Windows y SQL Server)**. La configuración del modo de autenticación rara vez se cambia y, además, se configura en el proceso de instalación del servidor SQL Server. Para cambiar el modo de autenticación de un servidor SQL Server, use el procedimiento que a continuación le indico:

1. Inicie SQL Management Studio → conéctese con autenticación Windows.

2. Despliegue el Explorador de objetos → seleccione el servidor **MADRID** (1) → haga clic sobre él con el botón derecho del ratón y en el menú contextual elija la opción **Propiedades** (2).

3. En la ventana **Propiedades del servidor: MADRID** seleccione la página **Seguridad** (3). En la sección **Autenticación de servidor** (4) se encuentran las opciones para configurar y cambiar el modo de autenticación. Hay dos modos posibles:

   • Modo de autenticación de Windows.
   • Modo de autenticación de Windows y SQL Server.

4. Para cambiar el modo, active el botón de radio de la autenticación deseada (4) → para finalizar haga clic en el botón **Aceptar**. Si ha hecho cambios en el modo de autenticación del servidor, visualizará un mensaje con el siguiente texto "Algunos cambios en la configuración no surtirán efecto hasta que reinicie SQL Server".

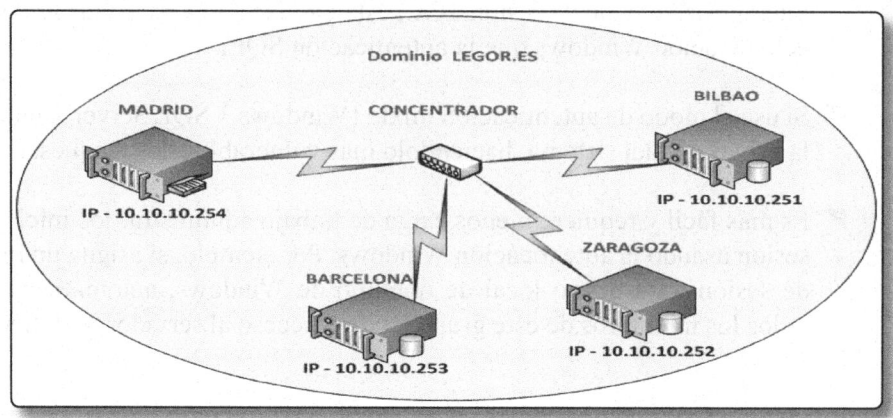

Captura 8.1. Cambio autenticación SQL Server

5. La forma más rápida de reiniciar SQL Server es reiniciar el servicio **MSSQLSERVER**. Para ello, desde la barra de tareas de Windows, inicie PowerShell haciendo clic sobre el icono ⬛ y a continuación escriba las instrucciones.

```
Stop-Service -Name "MSSQLSERVER" -force  #INSTRUCCIÓN 1ª
Start-Service -Name "MSSQLSERVER"        #INSTRUCCIÓN 2ª
Get-Service *MSSQLSERVER* | Format-List  #INSTRUCCIÓN 3ª
```

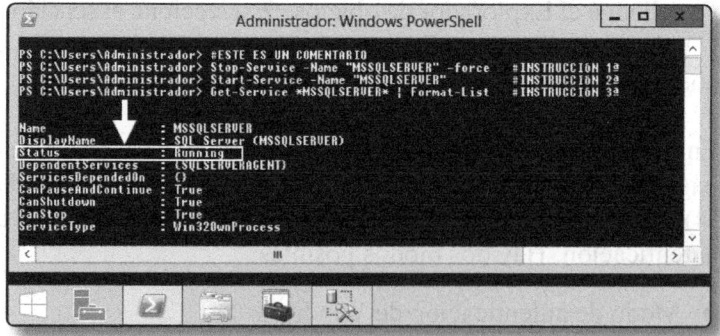

Captura 8.2. Reiniciar el servicio MSSQLSERVER usando PowerShell

- La primera instrucción detiene el servicio **MSSQLSERVER**.

- La segunda inicia el servicio **MSSQLSERVER**.

- La tercera muestra una lista de los servicios que contengan la palabra **MSSQLSERVER**. En la que puede comprobar que el servicio **MSSQLSERVER** se ha iniciado (se encuentra *running*).

8.4 PROPIEDADES Y CONCEPTOS BÁSICOS DE UN INICIO DE SESIÓN

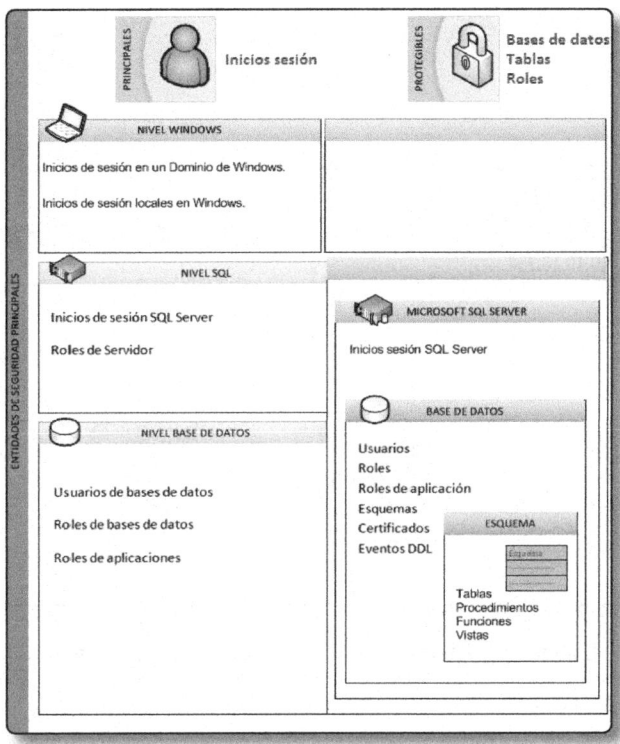

Dibujo 8.2. Seguridad en un servidor Microsoft SQL Server 2014

Hasta ahora ha aprendido que un Inicio de sesión es una *entidad de seguridad principal*, que es necesaria para conectar con un servidor SQL Server. También ha estudiado que hay dos tipos de Inicio de sesión: Windows y mixto (Windows + SQL Server) que se configuran dentro de la página **General** (1). En un Inicio de sesión hay que configurar otras opciones de seguridad, como son los **Roles del servidor** (2), la **Asignación de usuarios** (3), los **Protegibles** (4) y el **Estado** (5). A todas estas opciones se accede desde el panel **Propiedades de Inicio de sesión**. Para configurar las propiedades de seguridad de un Inicio de sesión, en el Explorador de objetos, despliegue el nodo del servidor **MADRID** → seleccione el nodo **Seguridad** → **Inicios de sesión** → haga clic sobre un **Principal (Inicio de sesión)** con el botón derecho del ratón y elija el menú **Propiedades**.

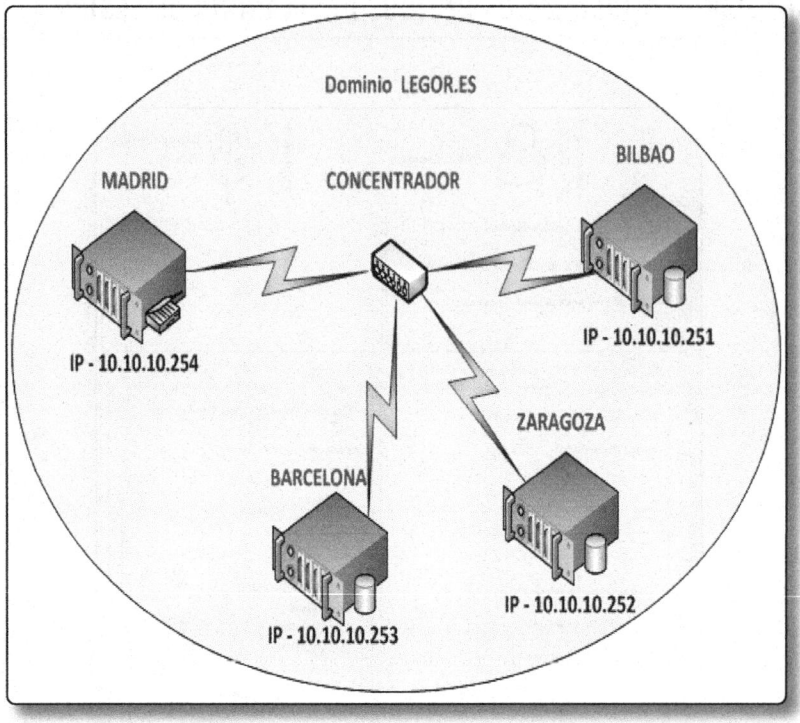

Captura 8.3. Páginas de configuración de un Inicio de sesión

8.5 ENTIDADES DE SEGURIDAD PRINCIPALES

Las entidades de seguridad principales (de ahora en adelante *Principales*) se configuran dentro de la página **General**. Los Principales hacen uso de los recursos de SQL Server, es decir, pueden realizar alguna acción dentro del servidor SQL. Como otros objetos de SQL Server, los Principales se pueden organizar jerárquicamente y su ámbito de influencia dependerá del nivel donde se hayan definido. Dentro de los Principales los hay divisibles (los miembros de un grupo de Windows) e indivisibles (un Inicio de sesión). Los niveles de definición de los Principales son:

► **Nivel Windows**: es el nivel más alto en la jerarquía de los Principales, ya que los objetos de este nivel son entidades de Windows. Este nivel está compuesto por:

  ● Inicios de sesión en un dominio de Windows.
  ● Inicios de sesión locales en Windows.

> (i) **NOTA**
>
> Al configurar un grupo de seguridad local de dominio como un **Principal**, permitirá el acceso a SQL Server a cualquier miembro de dicho grupo, como pueden ser usuarios, equipos y otros grupos locales de dominio.

▼ **Nivel SQL**: normalmente lo usan clientes no Windows para establecer una conexión con SQL Server. El hecho de que un usuario Windows use este tipo de autenticación, no afectará a la capacidad del usuario para acceder al servidor SQL Server con las credenciales de Inicio de sesión SQL Server. Este nivel está compuesto por:

- Inicios de sesión SQL Server.
- Roles de servidor.

▼ **Nivel base de datos**: los dos niveles anteriores sirven para autenticarse ante el servidor de SQL Server. Siguiendo con el símil de la casa, los objetos [Inicios de sesión en un dominio Windows, Inicios de sesión locales en Windows, Inicios de sesión SQL Server y Roles de Servidor] son las llaves que permiten traspasar la puerta principal de su vivienda. A partir de este momento, si quiere acceder a una base de datos (habitación de la vivienda), necesita otra llave o permiso, que es el que se concede en este nivel, el de las bases de datos. Las entidades que pertenecen a este nivel son:

- **Usuarios de bases de datos**: es una persona la que accede a la base de datos. Puede ser un usuario aislado (en cuyo caso deberá autenticarse ante la base y tener permisos de acceso), o bien, pertenecer a un grupo que tenga permisos de acceso a la base.

- **Roles de bases de datos**: un rol o función de base de datos representa un trabajo o tarea que precisa de determinados permisos administrativos para que se pueda llevar a cabo. Consiste en asignar los permisos administrativos necesarios a un rol de la base de datos; de esta manera, cualquier usuario que tenga asignado este rol podrá realizar el trabajo.

- **Roles de aplicaciones**: se utilizan cuando es una aplicación la que necesita realizar una tarea que precisa de determinados permisos administrativos. La aplicación llamará desde su código al rol, que proporcionará los permisos necesarios a la aplicación para realizar una tarea determinada.

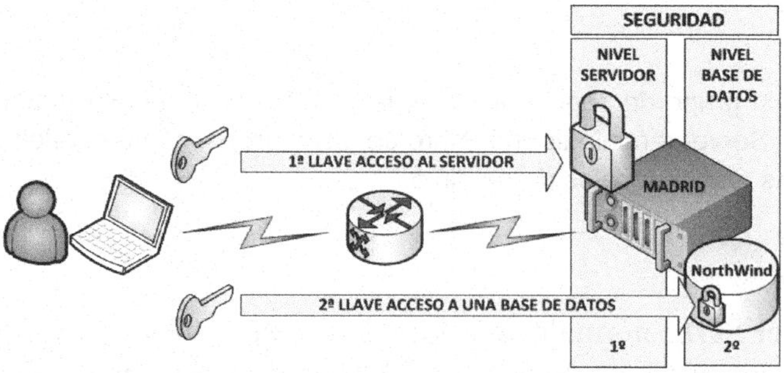

Dibujo 8.3. Llaves de acceso a un servidor SQL Server 2014

> ⓘ **NOTA**
>
> El dibujo 8.3 representa las dos llaves que un usuario utiliza para acceder a una base de datos. La primera llave es la que da acceso al servidor (puerta de su casa) y la utilizan los objetos [Inicios de sesión en un dominio Windows, Inicios de sesión locales en Windows, Inicios de sesión SQL Server y Roles de servidor]. La segunda llave se utiliza una vez que se ha utilizado la primera (ha entrado en su casa) y se encuentra dentro del servidor. Con esta llave podrá acceder a una base de datos determinada (habitación de su casa). Los objetos que la utilizan son [Usuarios de bases de datos, Roles de bases de datos y Roles de aplicación].

- Principales especiales:
  - Inicio sesión (**sa**): significa *system administrator*; como su nombre indica, tiene todos los permisos administrativos dentro de la instancia del servidor de SQL Server y se crea de manera predeterminada cuando instala una instancia de Microsoft SQL Server. Para poder utilizar el usuario **sa** es imprescindible configurar la autenticación mixta en el servidor SQL Server, e iniciar sesión con autenticación SQL Server. Si utiliza este usuario es recomendable que le cambie el nombre y que le asigne una contraseña compleja.

> ⓘ **NOTA**
>
> Una contraseña compleja debe cumplir una serie de requisitos mínimos, entre ellos: ["No deben contener partes significativas del nombre de cuenta del usuario", "Tienen que tener una longitud mínima de seis caracteres", "Deben contener, simultáneamente, letras mayúsculas, letras minúsculas, números y caracteres no alfabéticos"].

> ## ⓘ NOTA
> Si no utiliza la autenticación mixta, es conveniente, para aumentar la seguridad y reducir la superficie de ataque en su servidor, que desactive el usuario **sa**. Esto lo puede hacer desde el Editor de consultas con una instrucción "ALTER login **sa** disable".

▶ **Rol de base de datos public**: cada una de las bases de datos que alberga el servidor SQL Server contiene la función **public**. Todos los usuarios de una base de datos son miembros de la función pública de esa base de datos. Cuando a un usuario no se le han concedido ni denegado permisos expresamente para una base de datos en concreto, *hereda* los permisos que se le hayan concedido a esa base de datos en la función **public**. Por último, debo indicarle que esta función no se puede quitar de las bases de datos.

8.6 ROLES DE SERVIDOR

La página **Roles de servidor** se utiliza para conceder privilegios de seguridad *dentro del servidor* a un Principal, limitando lo que puede hacer una vez que se ha conectado a un servidor de SQL Server. No es posible definir nuevos roles, hay nueve roles predefinidos. Son:

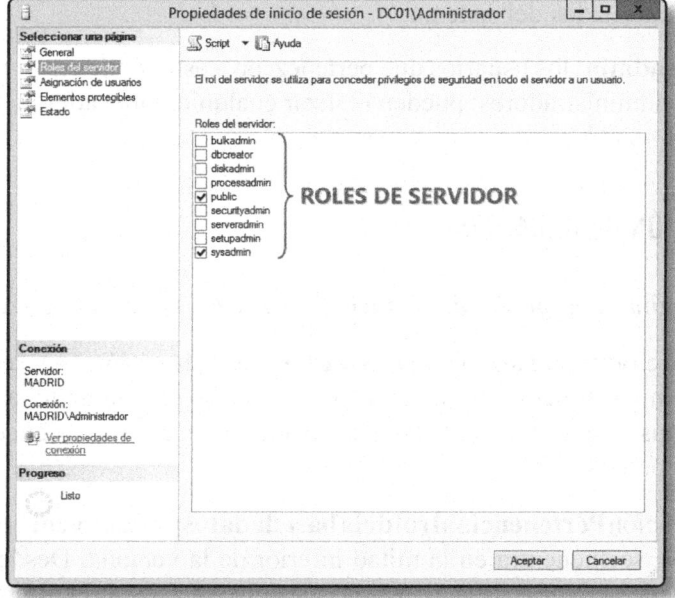

Captura 8.4. Página Roles del servidor

- **bulkadmin**: los miembros de este rol pueden ejecutar la instrucción **BULK INSERT**, que sirve para importar, desde un archivo de texto, datos a una tabla.

- **dbcreator**: los miembros de este rol pueden crear, eliminar, modificar y restaurar cualquier base de datos.

- **diskadmin**: los miembros de este rol pueden administrar archivos en disco; por ejemplo, crear reflejos de bases de datos.

- **processadmin**: los miembros de este rol pueden matar procesos de SQL Server.

- **public**: como se explicó en el apartado *Principales especiales*, todos los usuarios, grupos y roles de SQL Server pertenecen al rol fijo de servidor **public**.

- **securityadmin**: los miembros de este rol administran las conexiones de acceso al servidor.

- **serveradmin**: los miembros de este rol pueden cambiar opciones de configuración del servidor (memoria que se usará, tráfico de paquetes por la red, etc.) y también pueden cerrar el servidor.

- **setupadmin**: los miembros de este rol pueden agregar y quitar servidores vinculados. También pueden ejecutar determinados procedimientos almacenados del sistema.

- **sysadmin**: los usuarios que pertenezcan a este rol tienen la consideración de administradores: pueden realizar cualquier tarea administrativa dentro del servidor.

8.7 ASIGNACIÓN DE USUARIOS

La página **Asignación de usuarios** (1) está dividida en dos secciones:

- Sección **Usuarios asignados a este Inicio de sesión** (A): se encuentra en la mitad superior de la ventana y en ella se enumeran todas las bases de datos de la instancia, si están asignadas o no, usuario asignado y esquema de pertenencia.

- Sección **Pertenencia al rol de la base de datos para AdventureWorks2012** (B): se encuentra en la mitad inferior de la ventana. Desde esta sección puede activar o desactivar los roles que se asignarán al usuario, para la base de datos seleccionada.

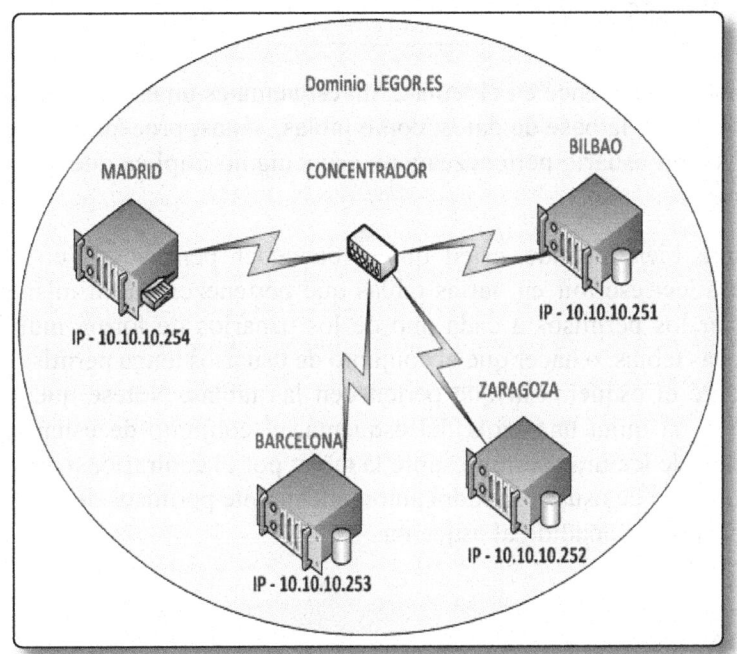

Captura 8.5. Página Asignación de usuarios

Por ejemplo, si está modificando un Inicio de sesión de un Principal (MADRID\Usuario01) y desea que tenga asignada a su Inicio de sesión la base de datos AdventureWorks2012, active la casilla de verificación **Asignar** (2) en la base **AdventureWorks2012** (3) → en la columna **Usuario** (4), automáticamente se incluye el nombre del principal para la base de datos (MADRID\Usuario01) → la columna **Esquema** (5) permite asignar al usuario un esquema de pertenencia que puede ser un **Rol de servidor** o, como en el caso del ejemplo, el esquema **Sales** (esquema de la base de datos AdventureWorks2012), que permitirá al usuario tener acceso a los objetos de dicho esquema (tablas del esquema Sales.*) sin tener que usar el nombre cualificado completo.

En la sección inferior, **Pertenencia al rol de la base de datos para: AdventureWorks2012** (B), puede asignar un **Rol de pertenencia de base de datos** (se explican en el apartado *Roles de pertenencia de bases de datos*); por ejemplo, **db_datareader** (6).

Con la configuración elegida para el Principal MADRID\Usuario01, puede iniciar sesión en el servidor SQL Server, conectarse a la base de datos AdventureWorks2012 y leer datos de todas sus tablas. Este último permiso se lo otorga el rol **db_datareader** (6).

8.8 LOS ESQUEMAS

Como ya le avancé en el tema 2, un esquema es un espacio de nombres que contiene objetos de la base de datos, como tablas, vistas, procedimientos y también **usuarios**. Que un usuario pertenezca a un esquema no implica que al usuario se le asignen permisos.

Ahora bien, cuando usted quiere conceder permisos a un conjunto de usuarios para leer/escribir en varias tablas que pertenezcan a un mismo esquema, puede asignar los permisos a cada uno de los usuarios de forma individual, para cada una de las tablas, o hacer que el conjunto de usuarios tenga permisos de lectura/escritura sobre el esquema al que pertenecen las tablas. Nótese que si elige esta última opción, si quita una tabla del esquema, el conjunto de usuarios dejará de tener permisos de lectura/escritura sobre la tabla; por el contrario, si añade una tabla nueva, el conjunto de usuarios tendrá automáticamente permisos de lectura/escritura sobre la tabla que ha añadido al esquema.

(i) NOTA

Para crear un esquema consulte el ejercicio práctico 2.12.

8.9 ROLES DE PERTENENCIA DE BASES DE DATOS

La página **Roles de pertenencia de bases de datos** se utiliza para conceder privilegios de seguridad *dentro de una base de datos* a un Principal, limitando lo que puede hacer una vez que se ha conectado a una base de datos. Hay diez roles predefinidos. Son:

▼ **db_accessadmin**: los miembros de este rol pueden añadir o eliminar inicios de sesión en la base de datos.

▼ **db_backupoperator**: los miembros de este rol pueden crear copias de seguridad de la base de datos.

▼ **db_datareader**: los miembros de este rol están autorizados a leer datos de todas las tablas de usuarios de la base de datos.

▼ **db_datawriter**: los miembros de este rol están autorizados a añadir, quitar o modificar datos de todas las tablas de usuarios de la base de datos.

▼ **db_ddladmin**: los miembros de este rol pueden ejecutar dentro de la base de datos comandos DDL (CREATE, ALTER y DELETE).

▼ **db_denydatareader**: los miembros de este rol no están autorizados a leer datos de las tablas de usuario de la base de datos.

▼ **db_denydatawriter**: los miembros de este rol no están autorizados a añadir, quitar o modificar datos de todas las tablas de usuarios de la base de datos.

▼ **db_owner**: los miembros de este rol son administradores dentro de la base de datos; por lo tanto, pueden realizar cualquier tarea administrativa dentro de la base de datos, incluyendo su eliminación.

▼ **db_securityadmin**: permite administrar la pertenencia a los roles a nivel base de datos y administrar sus permisos.

▼ **db_public**: En un principio, la idea es que a cada usuario, y de forma personalizada, se le conceden y/o deniegan permisos específicos para acceder a los distintos objetos de una base de datos. Esta asignación no tiene que ser exhaustiva, cuando a un usuario no se le han concedido ni denegado permisos específicos para un objeto protegible, el usuario hereda los permisos concedidos por el rol **public** de la base de datos para esos objetos.

8.10 PROTEGIBLES DE SQL SERVER

Este término engloba todos los objetos de un servidor SQL Server que proporcionan alguna funcionalidad a los usuarios autenticados (base de datos, tablas, roles de aplicación, etc.).

Continuando con el símil entre el domicilio y el servidor de base de datos, el Principal, o Inicio de sesión, es el que tiene las llaves de la puerta de su casa y permite entrar dentro de la casa (servidor SQL), pero no puede entrar a ninguna de sus habitaciones (bases de datos). El Protegible, o usuario de la base de datos, tiene la llave para entrar en una habitación (base de datos) y permite el acceso a esta base de datos.

Nótese que la funcionalidad se proporciona a los usuarios autenticados. Por este motivo, este tipo de objetos son llamados *Protegibles*. Los *Protegibles* se organizan jerárquicamente en ámbitos que, a su vez, son susceptibles de ser protegidos. Los ámbitos son servidor, base de datos y esquema.

▼ Protegibles en el ámbito servidor:

- Bases de datos.
- *Endpoint* (extremos).
- *Login* (inicios de sesión).

▼ Protegibles en el ámbito de la base de datos:

- Usuarios.
- Roles (funciones).
- Roles de aplicación.
- Esquemas.
- Certificados.
- Eventos DDL.

▼ Protegibles en el ámbito de esquema:

- Tablas.
- Procedimientos.
- Funciones.
- Vistas.

8.10.1 Permisos

Microsoft SQL Server 2014 utiliza los permisos para controlar el acceso a los **Protegibles** (base de datos, tablas, roles de aplicación, etc.) desde los **Principales** (inicios de sesión).

Los permisos son el nexo de unión que hay entre los **Principales** y los **Protegibles**. Su función es controlar el acceso a los Protegibles desde los Principales, esto quiere decir que a un Principal hay que concederle permisos para que pueda interactuar con un Protegible.

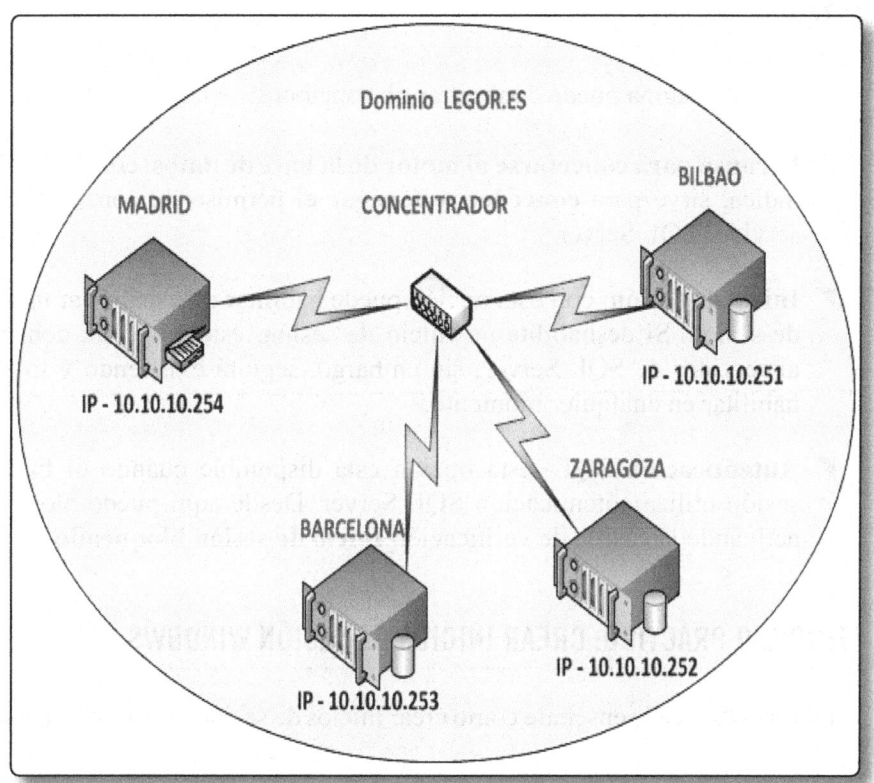

Captura 8.6. Página Elementos protegibles

Los permisos a los Protegibles se establecen desde la página **Elementos protegibles**. Esta página está dividida en dos paneles. En el panel superior se muestran los elementos Protegibles; si desea añadir un Protegible, haga clic en el botón **Buscar**, selecciónelo y añádalo. Para modificar los permisos de un Protegible, selecciónelo en el panel superior y modifique sus permisos en el panel inferior.

El panel inferior tiene dos pestañas: **Explícito** y **Vigente**.

▶ **Explícito**: muestra una lista de todos los permisos que se pueden asignar o modificar en el Protegible. Para ello hay que activar o desactivar las casillas de verificación **Conceder**, **WITH GRANT** y **Denegar**.

▶ **Vigente**: un Inicio de sesión puede recibir permisos de forma individual o colectiva (pertenencia a grupos), esta pestaña muestra el resultado de combinar todos los permisos asignados al Protegible.

8.11 ESTADO

Desde esta página puede configurar tres opciones:

▼ **Permiso para conectarse al motor de la base de datos**: como su nombre indica, sirve para **conceder** o **denegar** el permiso de conexión con el servidor SQL Server.

▼ **Inicio de sesión**: con esta opción puede habilitar o deshabilitar un Inicio de sesión. Si deshabilita un Inicio de sesión, este no podrá conectarse al servidor de SQL Server; sin embargo, seguirá existiendo y lo puede habilitar en cualquier momento.

▼ **Autenticación SQL**: esta opción está disponible cuando el Inicio de sesión utiliza autenticación SQL Server. Desde aquí puede bloquearlo, activando la casilla de verificación **Inicio de sesión bloqueado**.

8.12 EJERCICIO PRÁCTICO: CREAR INICIOS DE SESIÓN WINDOWS

En esta práctica le enseñaré cómo crear inicios de sesión Windows. Para ello:

1. Creará los usuarios de Windows Usuario01, Usuario02, Usuario03 y Usuario04.

2. Creará dos grupos locales, el primero de ellos se denominará GRUPO_01 y a él pertenecerán Usuario01 y Usuario02. El segundo grupo lo nombrará GRUPO_02 y a él pertenecerán Usuario03 y Usurio04.

3. Creará un Inicio de sesión Windows para el Grupo_01, y le asignará los siguientes permisos y configuraciones:

   • Base de datos de Inicio de sesión: AdventureWorks2012.
   • Esquema predeterminado: Sales.

4. Eliminará el Inicio de sesión **MADRID\GRUPO_01** que creó en el punto 3 usando SQL Management Studio.

5. Creará de nuevo el Inicio de sesión con la misma configuración del punto 3, usando una instrucción T-SQL.

6. Conclusiones varias (6 y siguientes).

8.12.1 Crear los usuarios de Windows

En esta práctica creará los usuarios de Windows Usuario01, Usuario02, Usuario03 y Usuario04. A todos ellos les asignará la contraseña "123Contraseña".

1. En la barra de tareas de Windows, haga clic en el botón derecho del ratón sobre el botón **Inicio** (1) → en el menú contextual elija la opción **Administración de equipos** (2).

2. En la consola de **Administración de equipos** (3) → despliegue el nodo **Usuarios y grupos locales** (4) → haga clic con el botón derecho del ratón en el nodo **Usuario** (5) → en el menú contextual elija la opción **Usuario Nuevo...** (6).

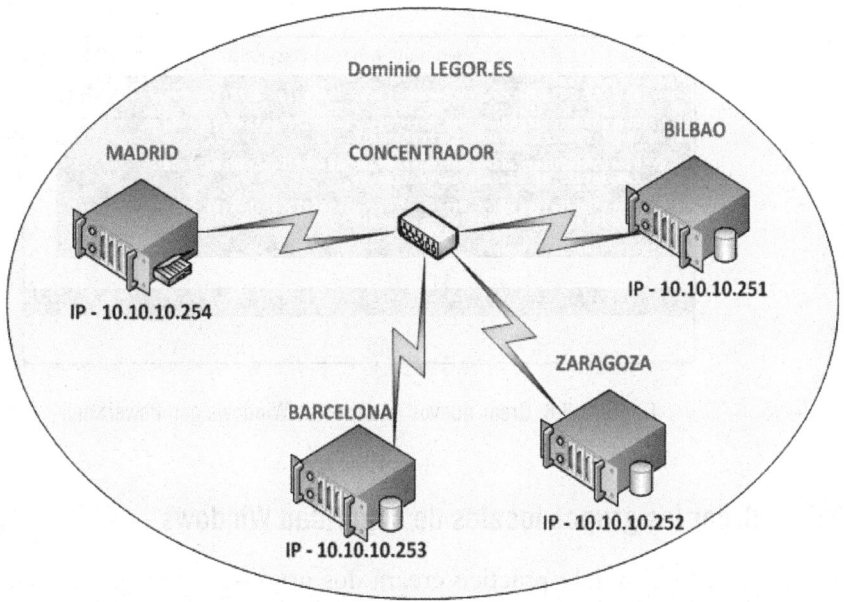

Captura 8.7. Crear nuevo usuario de Windows

3. Complete la ventana **Usuario nuevo** (7) como a continuación se detalla:

- Nombre usuario: **Usuario01** (8).

- Contraseña: **123Contraseña** (9).

- Desactive la casilla de verificación **El usuario debe cambiar la contraseña en el siguiente Inicio de sesión** (10).

- Active la casilla de verificación **El usuario no puede cambiar la contraseña** (11).

- Active la casilla de verificación **La contraseña nunca expira** (12).

- Haga clic en el botón **Crear** (13).

- Haga clic en el botón **Cerrar** (14).

Siguiendo el mismo procedimiento, cree los usuarios Usuario02, Usuario03 y Usuario04. Si lo prefiere puede crear los tres usuarios que faltan desde PowerShell usando las siguientes instrucciones:

```
Net user Usuario02 123Contraseña /add
Net user Usuario03 123Contraseña /add
Net user Usuario04 123Contraseña /add
```

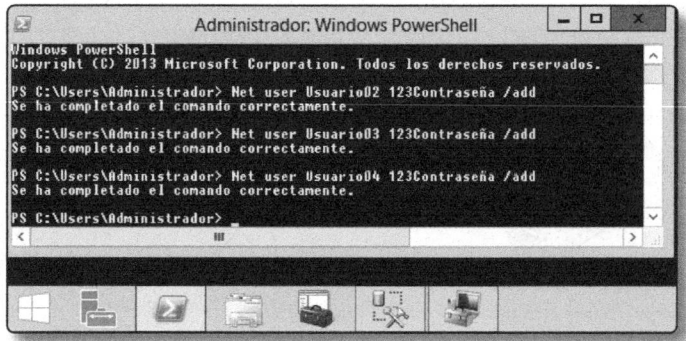

Captura 8.8. Crear nuevos usuarios de Windows con PowerShell

8.12.2 Crear los grupos locales de seguridad Windows

En este ejercicio práctico creará dos grupos locales, el primero de ellos se denominará GRUPO_01 y a él pertenecerán Usuario01 y Usuario02. El segundo grupo lo nombrará GRUPO_02 y a él pertenecerán Usuario03 y Usuario04.

1. En la barra de Tareas de Windows, haga clic en el botón derecho del ratón sobre el botón **Inicio** (1) → en el menú contextual elija la opción **Administración de equipos**.

2. En la consola de **Administración de equipos** (2) → despliegue el nodo **Usuarios y grupos locales** (3) → haga clic con el botón derecho del ratón en el nodo **Grupos** (4) → en el menú contextual elija la opción **Grupo Nuevo...** (5).

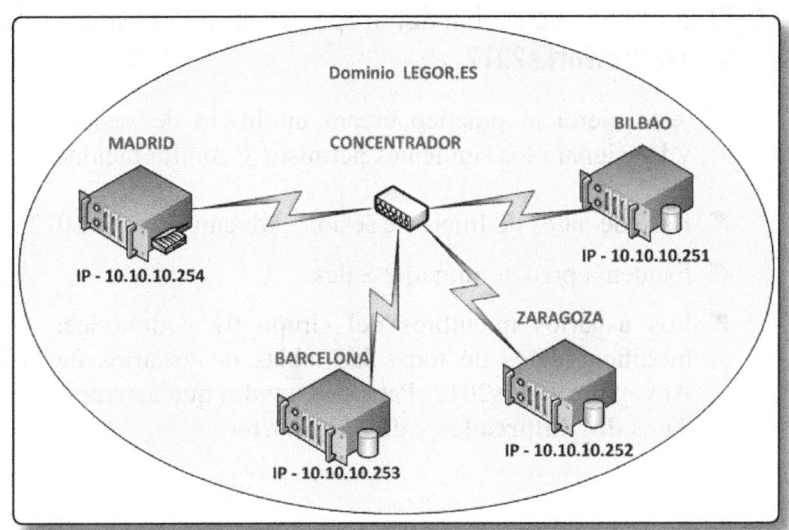

Captura 8.9. Crear un Grupo de Windows

3. Complete la ventana **Grupo nuevo** (6) como a continuación se detalla:

   - Nombre de grupo: **Grupo_01** (7).

   - Descripción: **PERMITE ACCESO BASE DATOS ADVENTUREWORKS2012** (8).

   - Miembros (9): agregue a este grupo los usuarios **Usuario01** y **Usuario02**. Para ello, haga clic en el botón **Agregar** (10), esta acción abre la ventana **Seleccionar usuarios**, donde tiene que buscarlos y seleccionarlos.

   - Haga clic en el botón **Crear** (11).

   - Haga clic en el botón **Cerrar** (12).

4. Siguiendo el procedimiento del apartado anterior, cree otro grupo con la siguiente configuración:

   - Nombre de grupo: **Grupo_02**.

   - Descripción: **Grupo 02 de prácticas**.

   - Panel **Miembros**: agregue a este grupo los usuarios **Usuario03** y **Usuario04**. Para ello haga clic en el botón **Agregar**, que abre la ventana **Seleccionar usuarios**, donde tiene que buscarlos y seleccionarlos.

   - Haga clic en el botón **Crear**.

   - Haga clic en el botón **Cerrar**.

8.12.3 Crear inicios de sesión del Grupo_01 para la base de datos AdventureWorks2012

En este ejercicio práctico creará un Inicio de sesión Windows para el Grupo_01, y le asignará los siguientes permisos y configuraciones:

▶ Base de datos de Inicio de sesión: AdventureWorks2012.

▶ Esquema predeterminado: Sales.

▶ Los usuarios miembros del Grupo_01 podrán leer, añadir, quitar o modificar datos de todas las tablas de usuarios de la base de datos AdventureWorks2012. Para ello, tendrá que activar los roles de base de datos **db_datareader** y **db_datawriter**.

> ### (i) NOTA
> Al crear un Inicio de sesión para el grupo Grupo_01, automáticamente está concediendo permisos de Inicio de sesión a los usuarios que pertenecen a este grupo, es decir, a Usuario01 y Usuario02.

Para realizar esta práctica tiene que iniciar sesión en la máquina MADRID como Administrador.

1. Inicie SQL Management Studio → conéctese con autenticación Windows.

2. En el Explorador de objetos, seleccione el servidor **MADRID** (1) → nodo **Seguridad** (2) haga clic sobre él con el botón derecho del ratón → elija la opción **Nuevo** (3) → **Inicio de sesión** (4).

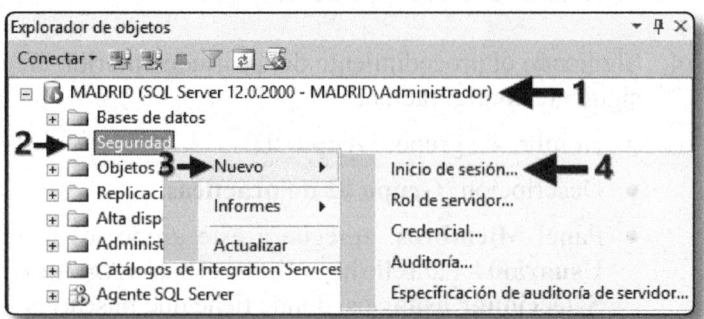

Captura 8.10. Crear nuevo Inicio de sesión. Windows

3. En la ventana **Inicio de sesión – Nuevo** (5), compruebe que está activado el botón de radio **Autenticación de Windows** (6). A continuación rellene el cuadro de texto **Nombre de Inicio de sesión** con el nombre del grupo **MADRID\Grupo_01**. Para ello haga clic sobre el botón **Buscar** (7).

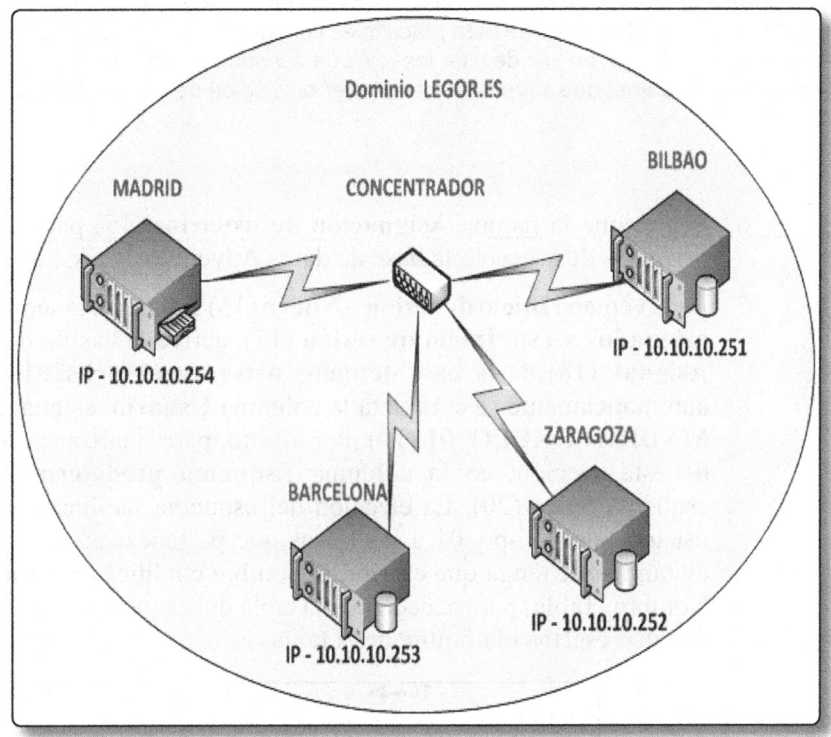

Captura 8.11. Crear nuevo Inicio de sesión. Configurar página General

4. En la ventana **Seleccionar usuario o grupo** (8), haga clic en el botón **Tipos de objeto** (9). En la ventana **Tipos de objeto** (10), asegúrese de que está marcada la casilla de verificación **Grupos** (11), haga clic sobre el botón **Aceptar** (12) para cerrar la ventana. Compruebe que se encuentra de nuevo en la ventana **Seleccionar usuario o grupo** (8), pulse el botón **Opciones avanzadas** (13). En la ventana **Seleccionar usuario o grupo**, haga clic en el botón **Buscar ahora**, seleccione el grupo **Grupo_01** y a continuación haga clic en el botón **Aceptar** dos veces. La acción anterior le devuelve a la ventana **Inicio de sesión – Nuevo** (5), compruebe que en el cuadro de texto **Nombre de Inicio de sesión** aparece **MADRID\GRUPO01** (7).

5. En el apartado **Base de datos predeterminada** elija en la lista desplegable la base de datos **AdventureWorks2012** (14).

> **(i) NOTA**
>
> No aplique ningún cambio en la página **Roles de servidor**. Los roles de servidor surten efecto, como su nombre indica, a nivel servidor. Si usted concede privilegios a nivel servidor, los concede para todas las bases de datos y objetos que hay dentro del servidor. Como el objetivo de esta práctica es configurar los permisos de los usuarios a nivel base de datos, en vez de usar los roles de servidor, usará los roles de pertenencia de bases de datos, que sirven para conceder privilegios de seguridad a nivel de base de datos.

6. Seleccione la página **Asignación de usuarios** (15) para configurar los permisos de acceso a la base de datos AdventureWorks2012.

7. En la ventana **Inicio de sesión – Nuevo** (16) sitúese en la sección **Usuarios asignados a este Inicio de sesión** (17), active la casilla de verificación **Asignar** (18) de la base de datos **AdventureWorks2012**, nótese que automáticamente se completa la columna **Usuario**, asignándole el valor **MADRID\GRUPO_01** (19). Por último, para finalizar la configuración de esta sección, en la columna **Esquema predeterminado** elija el esquema **Sales** (20). La elección del esquema facilita el acceso de los usuarios del Grupo_01 a las tablas que pertenezcan al esquema **Sales**, evitando que tenga que escribir el nombre cualificado (Esquema + "." + Nombre_Tabla) para acceder a una tabla del esquema, en su lugar bastará con que escriba el nombre de la tabla.

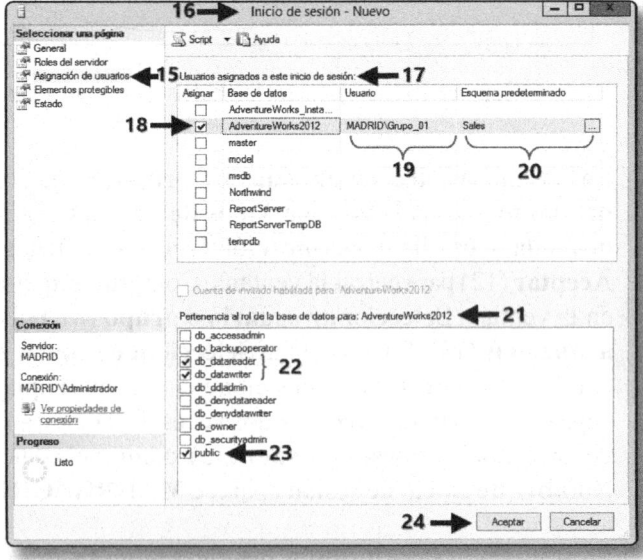

Captura 8.12. Crear nuevo Inicio de sesión. Configurar página Asignación de usuarios

8. A continuación configure la sección **Pertenencia al rol de la base de datos AdventureWorks2012** (21). Para ello active las casillas de verificación de los roles **db_ datareader** y **db_datawriter** (22). De esta manera, los miembros del Grupo_01 estarán autorizados a leer, añadir, quitar o modificar datos de todas las tablas de usuarios de la base de datos AdventureWorks2012.

9. De manera predeterminada, todos los usuarios de una base de datos pertenecen al rol **public** (23) de la base de datos.

10. Haga clic sobre el botón **Aceptar** (24) para crear el nuevo Inicio de sesión.

11. En el punto 8 de esta práctica configuró características y propiedades propias de la base de datos AdventureWorks2012. En efecto, sitúese en el **Explorador de objetos** y despliegue los siguientes nodos: servidor **MADRID** (25) → **Bases de datos** (26) → **AdventureWorks2012** (27) → **Seguridad** (28) → **Usuarios** (29).

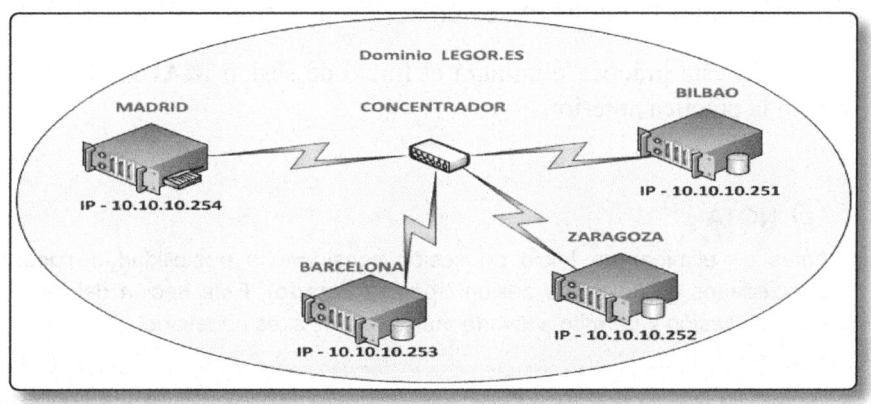

Captura 8.13. Propiedades del usuario MADRID\GRUPO_01 al nivel base de datos

12. Compruebe que existe el usuario **MADRID\GRUPO_01** (30). Selecciónelo y haga clic sobre él con el botón derecho del ratón; elija el menú **Propiedades** (31).

13. La acción anterior abre la ventana **Usuario de la base de datos – MADRID\ GRUPO_01** (32), que se organiza por páginas y, por defecto, cuando se abre visualiza la página **General**. Dentro de la página **General** se encuentra información del tipo de usuario **Windows**, nombre de usuario **MADRID\GRUPO_01**, nombre de Inicio de sesión **MADRID\GRUPO_01** y esquema predeterminado **Sales**.

14. Haga clic sobre la página **Pertenencia** (33), para visualizar qué roles de la base de datos se han asignado al usuario **MADRID\GRUPO_01**. Compruebe que son **db_datareader** y **db_datawriter** (34). Haga clic en el botón **Cancelar** para salir de esta ventana.

> ⓘ **NOTA**
>
> No confunda el nodo de **seguridad a nivel servidor** con el nodo de seguridad a **nivel de base de datos**. Las propiedades que configure en el nodo de seguridad a nivel servidor se reflejarán en el nodo de seguridad del nivel base de datos y surtirán efectos sobre todas las bases de datos de la instancia. No ocurre lo mismo cuando configura propiedades a nivel base de datos, que solo afectarán a la base de datos que esté configurando (no a todas las bases de datos de la instancia del servidor de SQL Server).

8.12.4 Eliminar el inicio de sesión del Grupo_01

En esta práctica eliminará el Inicio de sesión **MADRID\GRUPO_01** que creó en la práctica anterior.

> ⓘ **NOTA**
>
> Antes de eliminar un Inicio de sesión considere la posibilidad de **deshabilitarlo** (propiedades del Inicio de sesión / página **Estado**). Esta opción deja inoperativo el Inicio de sesión y permite activarlo más adelante si es necesario.

Cuando creó el Inicio de sesión MADRID\GRUPO_01, sucedieron dos cosas a nivel servidor:

1. A nivel servidor se creó en el nodo seguridad el Principal **MADRID\GRUPO_01** (B-7), que es un Inicio de sesión.

2. A nivel base de datos se creó el Protegible **MADRID\GRUPO_01** (A-4), que es un usuario de la base de datos AdventureWorks2012.

Para eliminar completamente el Inicio de sesión hay que borrar los dos objetos, el Principal y el Protegible.

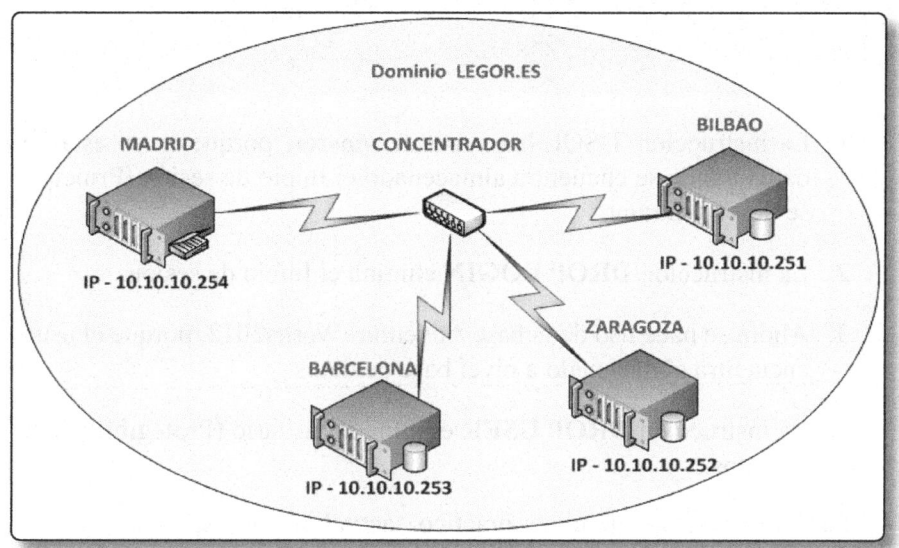

Captura 8.14. Eliminar el Inicio de sesión MADRID\GRUPO_01

Para eliminar el Inicio de sesión (Principal) **MADRID\GRUPO_01** (B-7), en el **Explorador de objetos**, despliegue el nodo **MADRID** → **Seguridad** (B-5) → **Inicios de sesión** (B-6) → haga clic con el botón derecho del ratón sobre el Inicio de sesión **MADRID\GRUPO_01** (B-7) y elija el menú **Eliminar**. La acción anterior abre la ventana **Eliminar objeto**, haga clic sobre el botón **Aceptar** para eliminar el Inicio de sesión.

Para eliminar el usuario (Protegible) **MADRID\GRUPO_01** (A-4), en el **Explorador de objetos**, despliegue el nodo de la base de datos **AdventureWorks2012** (A-1) → **Seguridad** (A-2) → **Usuarios** (A-3) → haga clic con el botón derecho del ratón sobre el nodo **MADRID\GRUPO_01** (A-4) y elija el menú **Eliminar**. Visualizará la ventana **Eliminar objeto**, haga clic sobre el botón **Aceptar** para eliminar el usuario.

Si prefiere eliminar el Inicio de sesión y usuario ejecutando una instrucción T-SQL, desde el **Panel de consultas**:

```
USE [master]                          --(1)
GO
/****** Eliminar Inicio de sesión [MADRID\GRUPO_01]
******/
DROP LOGIN [MADRID\GRUPO_01]    --(2)
GO
USE [AdventureWorks2012]        --(3)
GO
```

```
/****** Eliminar Usuario [MADRID\GRUPO_01] ******/
DROP USER [MADRID\GRUPO_01]    --(4)
GO
```

1. La instrucción T-SQL hace uso de **master**, porque es en esta base de datos donde se encuentra almacenado el Inicio de sesión (Principal) que se desea eliminar.

2. La instrucción **DROP LOGIN** elimina el Inicio de sesión.

3. Ahora se hace uso de la base AdventureWorks2012, porque el usuario se encuentra almacenado a nivel base de datos.

4. La instrucción **DROP USER** elimina un usuario (Protegible) de la base de datos.

Para finalizar el ejercicio práctico, actualice el Explorador de objetos (pulsando la tecla F5) y compruebe que han desaparecido el usuario (A-4) y el Inicio de sesión (B-7).

8.12.5 Crear inicios de sesión del Grupo_01 para la base de datos AdventureWorks2012 usando T-SQL

En este ejercicio práctico volverá a crear el Inicio de sesión **MADRID\GRUPO01** con la misma configuración que usó en el ejercicio 8.12.3, ejecutando una consulta T-SQL desde el Panel de consultas de SQL Management Studio.

Escriba las instrucciones que a continuación le indico.

```
USE [master]                                              --(1)
CREATE LOGIN [MADRID\GRUPO_01] FROM WINDOWS               --(2)
WITH DEFAULT_DATABASE=[AdventureWorks2012]                --(3)
GO
USE [AdventureWorks2012]                                  --(4)
CREATE USER [MADRID\GRUPO_01] FOR LOGIN
[MADRID\GRUPO_01]                                         --(5)
ALTER USER [MADRID\GRUPO_01] WITH DEFAULT_
SCHEMA=[Sales]                                            --(6)
ALTER ROLE [db_datareader] ADD MEMBER
[MADRID\GRUPO_01]                                         --(7)
ALTER ROLE [db_datawriter] ADD MEMBER [
MADRID\GRUPO_01]                                          --(8)
GO
```

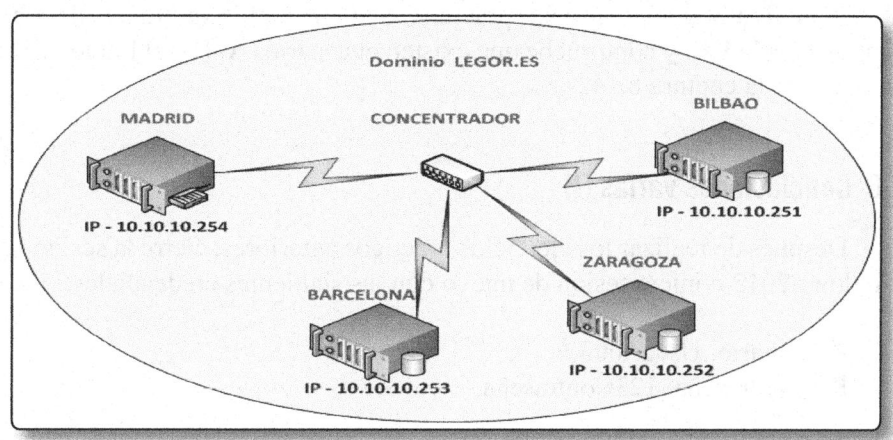

Captura 8.15. Crear el Inicio de sesión MADRID\GRUPO_01 desde T-SQL

1. La instrucción T-SQL comienza haciendo uso de la base **master**, porque a continuación se creará un Inicio de sesión (Principal) a **nivel servidor**.

2. La instrucción **CREATE LOGIN [MADRID\GRUPO_01] FROM WINDOWS** crea un Inicio de sesión de Windows.

3. Asigna como base por defecto para el Inicio de sesión la base de datos AdventureWorks2012.

4. Ahora se hace uso de la base AdventureWorks2012, porque en la instrucción siguiente se creará un usuario (Protegible) a nivel base de datos.

5. Crea el usuario MADRID\GRUPO_01 en la base de datos AdventureWorks2012 para el Inicio de sesión MADRID\GRUPO_01.

6. Asigna al usuario MADRID\GRUPO_01 el esquema **Sales**.

7. Hace miembro al usuario de base de datos MADRID\GRUPO_01 del rol de bases de datos **db_datareader**, que permite leer datos de todas las tablas de usuarios de la base de datos AdventureWorks2012.

8. Hace miembro al usuario de base de datos MADRID\GRUPO_01 del rol de bases de datos **db_datawriter**, que permite añadir, quitar o modificar datos de todas las tablas de usuarios de la base de datos AdventureWorks2012.

Para finalizar el ejercicio práctico, actualice el Explorador de objetos (pulsando la tecla **F5**) y compruebe que existen el usuario (A-4) y el Inicio de sesión (B-7) como en la captura 8.14.

8.12.6 Conclusiones varias (I)

Después de realizar los ejercicios prácticos anteriores, cierre la sesión actual de Windows 2012 e inicie sesión de nuevo con las siguientes credenciales:

▸ Usuario: Usuario03.
▸ Contraseña: 123Contraseña.

A continuación inicie sesión en el servidor SQL Server → cuando visualice la ventana solicitando credenciales **Conectar con el servidor** (1) → conéctese usando autenticación Windows (2), con las credenciales del Principal **MADRID\Usuario03** (3), ¿Qué ocurrirá?

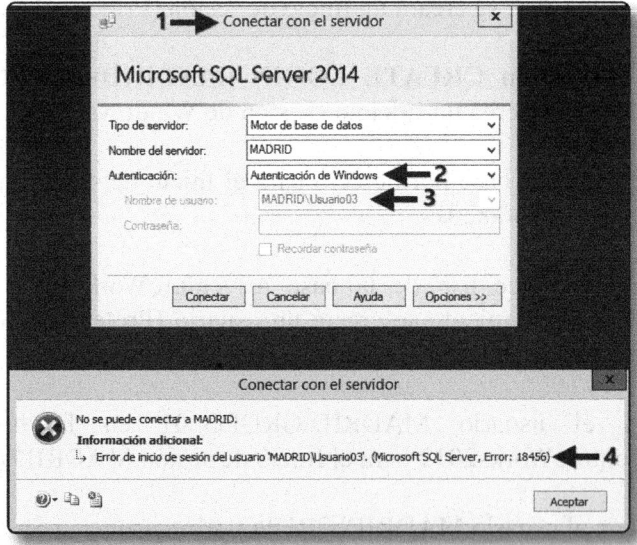

Captura 8.16. Solicitud de autenticación del Usuario03 en el servidor SQL Server

El Inicio de sesión en servidor SQL Server utilizará el vale de sesión TGC, que se asignó al usuario MADRID\Usuario03 cuando inició sesión Windows en la máquina. Como este usuario no tiene creado ningún Inicio de sesión en el servidor SQL Server, fallará la conexión (en la puerta principal). Por este motivo, se visualiza la ventana de error con el texto: "Error de Inicio de sesión del usuario 'MADRID\ Usuario03'" (4).

8.12.7 Conclusiones varias (II)

Cierre la sesión actual de Windows e inicie sesión en MADRID con las siguientes credenciales:

▼ Usuario: Usuario01.
▼ Contraseña: 123Contraseña.

A continuación, inicie sesión en el servidor SQL Server → cuando visualice la ventana solicitando credenciales **Conectar con el servidor**, conéctese usando la autenticación Windows, ¿Qué ocurrirá?

En esta ocasión utilizará el vale de sesión TGC, que se asignó al Principal MADRID\Usuario01 cuando inició sesión Windows en la máquina. Como este usuario pertenece al GRUPO_01 y tiene creado un Inicio de sesión, conectará con el servidor SQL Server sin problemas.

No cierre ninguna ventana de SQL Management Studio.

8.12.8 Conclusiones varias (III)

Para hacer este ejercicio práctico debe haber iniciado sesión en la máquina MADRID con el usuario **Usuario01**.

Abra el Panel de consultas de SQL Management Studio y escriba la siguiente instrucción para eliminar la base de datos **Test**.

```
USE [master]
/****** Eliminar base de datos [Test] ******/
DROP DATABASE [Test]
GO
Mens. 3701, Nivel 11, Estado 1, Línea 3
No se puede quitar la base de datos 'Test' porque no
existe o el
usuario no tiene permiso.
```

¿Qué ocurrirá?

Visualizará un mensaje de error que informa de que el usuario (MADRID\ Usuario01) no tiene permisos para eliminar la base de datos **Test**. Esto sucede porque cuando creó el Inicio de sesión del GRUPO_01 (al que pertenece Usuario01) en la página **Asignación de usuarios**, no le concedió ningún permiso sobre la base de datos **Test**, únicamente concedió permisos de lectura y escritura sobre la base de datos AdventureWorks2012.

> 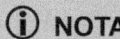 **NOTA**
>
> El resultado habría sido el mismo si en vez intentar eliminar la base de datos Test, hubiera intentado eliminar la base AdventureWorks2012 o NorthWind.

No cierre ninguna ventana de SQL Management Studio.

8.12.9 Conclusiones varias (IV)

Para hacer este ejercicio práctico debe haber iniciado sesión en la máquina MADRID con el usuario **Usuario01**.

En el Panel de consultas de SQL Management Studio, escriba la siguiente instrucción para ordenar una copia completa de seguridad de la base de datos AdventureWorks2012.

```
BACKUP DATABASE [AdventureWorks2012]
TO DISK = N'C:\Backups\AdventureWorks2012.bak'
WITH NOFORMAT, NOINIT,
NAME = N'AdventureWorks2012-Copia de seguridad
completa',
SKIP, NOREWIND, NOUNLOAD, STATS = 10
GO
Mens. 262, Nivel 14, Estado 1, Línea 1
Se ha denegado el permiso BACKUP DATABASE en la base
de datos
'AdventureWorks2012'.
Mens. 3013, Nivel 16, Estado 1, Línea 1
Fin anómalo de BACKUP DATABASE.
```

¿Qué ocurrirá?

Visualizará un mensaje de error que informa de que el usuario (MADRID\Usuario01) no tiene permisos para hacer una copia de seguridad de la base de datos AdventureWorks2012. Esto sucede porque cuando creó el Inicio de sesión del GRUPO_01 (al que pertenece Usuario01) en la página **Asignación de usuarios**, no asignó a GRUPO_01 el rol de base de datos **db_backupoperator**, que es el que le otorgaría permisos para hacer una copia de seguridad de AdventureWorks2012.

8.12.10 Conclusiones varias (V)

Para hacer este ejercicio práctico debe haber iniciado sesión en la máquina MADRID con el usuario **Usuario01**.

En el Panel de consultas de SQL Management Studio escriba las siguientes instrucciones. La primera para leer el contenido de la tabla **Sales. SalesPerson** y la segunda para modificar una fila.

¿Qué ocurrirá?

```
USE [AdventureWorks2012]
SELECT * FROM SalesPerson                              --(1)
UPDATE SalesPerson SET Bonus= 3 where
BusinessEntityID= 274                                  --(2)
```

En este caso, las dos consultas se realizarán correctamente porque cuando creó el Inicio de sesión del GRUPO_01 (al que pertenece Usuario01) en la página **Asignación de usuarios**, asignó a GRUPO_01 los roles **db_datareader** y **db_datawriter**.

ⓘ **NOTA**

Nótese que en las dos consultas anteriores, en vez de escribir el nombre cualificado completo de la tabla Sales.SalesPerson, se ha escrito el nombre sin cualificar SalesPerson y las consultas se han realizado correctamente. Esto es debido a que se asignó como esquema predeterminado para el GRUPO_01 el esquema Sales.

8.13 EJERCICIO PRÁCTICO: CREAR UN INICIO DE SESIÓN SQL SERVER

En esta práctica creará un Inicio de sesión para su servidor de bases de datos usando la autenticación SQL Server, comprobará que el procedimiento es muy similar al de crear un Inicio de sesión para SQL Server con autenticación Windows, la diferencia se presenta en la página General, cuando se elige el tipo de Inicio de sesión.

En el desarrollo del ejercicio práctico realizará las siguientes acciones.

1. Creará un Inicio de sesión básico SQL Server (sin usuario de base de datos) que nombrará HelpDesk01.

2. Se le mostrará una segunda alternativa para crear el Inicio de sesión, usando una instrucción T-SQL.

3. Conclusiones varias.

8.13.1 Crear un Inicio de sesión básico SQL Server

Para realizar el ejercicio práctico inicie sesión en la máquina MADRID como Administrador.

1. Inicie SQL Management Studio → conéctese con autenticación Windows.

2. En el Explorador de objetos, despliegue el servidor **MADRID** → nodo **Seguridad** → haga clic en el botón derecho del ratón sobre el nodo **Inicios de sesión** → en el menú contextual elija la opción **Nuevo inicio de sesión**.

3. En la ventana **Inicio de sesión – Nuevo** (1) → seleccione la página **General** (2) → rellene el cuadro de texto **Nombre de inicio de sesión** con el nombre **HelpDesk01** (3).

4. Active el botón de radio **Autenticación de SQL Server** (4) → en los cuadros de texto **Contraseña** y **Confirmar contraseña** escriba la palabra de paso **123Contraseña** (5).

5. Marque la casilla de verificación **Exigir directivas de contraseña** (6). Las directivas controlan, entre otras cosas, la longitud mínima de la contraseña y que cumplan determinados requisitos de complejidad, como, por ejemplo, que esté formada por mayúsculas, minúsculas, números y símbolos.

6. Marque la casilla de verificación **Exigir expiración de contraseña** (7), que habilita la vigencia máxima de la contraseña (hay que activar previamente la casilla de verificación **Exigir directivas de contraseñas** (6) para que se habilite esta casilla).

7. Desmarque la casilla de verificación **El usuario debe cambiar la contraseña en el siguiente inicio de sesión** (8).

8. Haga clic en el botón **Aceptar** (9) para crear el nuevo Inicio de sesión.

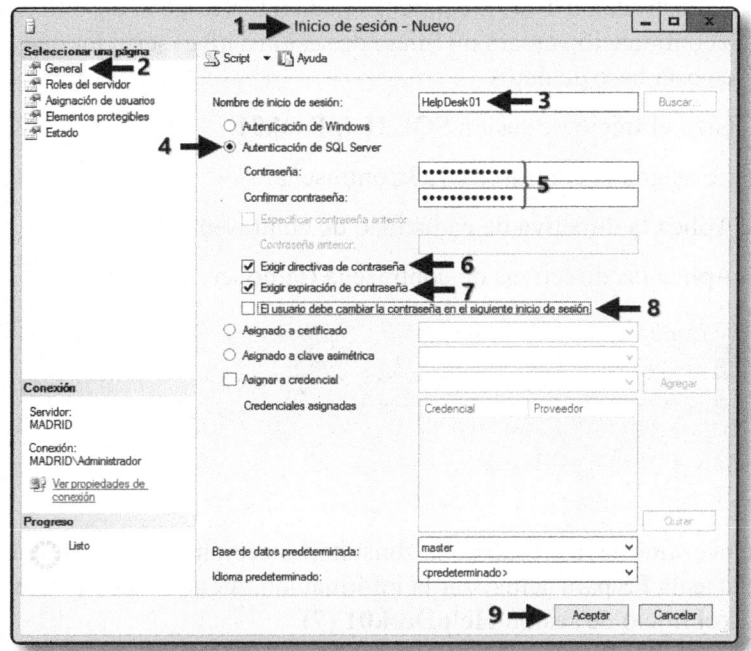

Captura 8.17. Crear un Inicio de sesión, SQL Server, usando SQL Management Studio

8.13.2 Crear un Inicio de sesión básico SQL Server usando T-SQL

Si lo prefiere, puede crear el Inicio de sesión anterior usando una instrucción T-SQL.

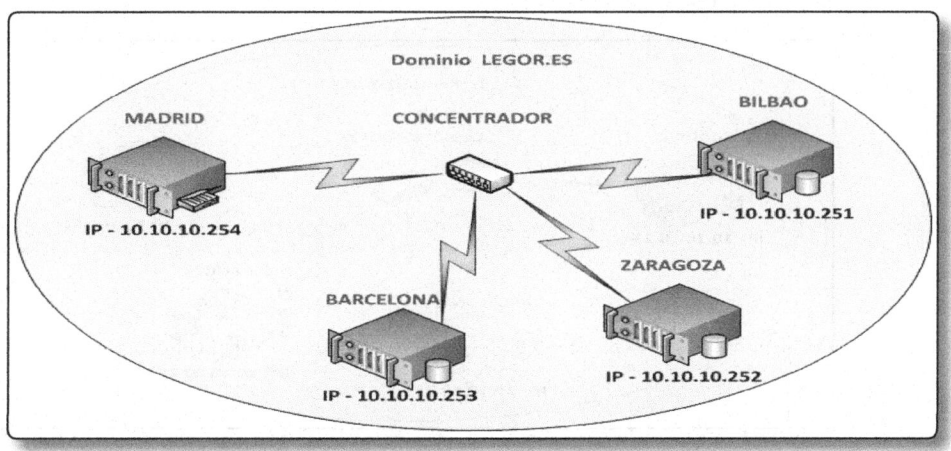

Captura 8.18. Crear un Inicio de sesión, SQL Server, usando instrucción T-SQL

1. La instrucción T-SQL comienza haciendo uso de la base **master**, porque a continuación creará un Inicio de sesión a nivel servidor que se guardará en esta base de datos.

2. Crea el Inicio de sesión SQL **HelpDesk01**.

3. Le asigna la contraseña 123Contraseña.

4. Aplica la directiva de caducidad de contraseñas.

5. Aplica las directivas de contraseña (largo, complejidad, etc.).

```
USE [master]                              --(1)
CREATE LOGIN [HelpDesk01]                 --(2)
WITH PASSWORD=N'123Contraseña',           --(3)
CHECK_EXPIRATION=ON,                      --(4)
CHECK_POLICY=ON                           --(5)
GO
```

Una vez que haya ejecutado la consulta, seleccione el nodo **Inicios de sesión** (6) y pulse la tecla **F5** para actualizar la información. A continuación compruebe que se ha creado el Inicio de sesión **HelpDesk01** (7).

8.13.3 Conclusiones varias.

Desconéctese del servidor de SQL Server.

1. Desde el Explorador de objetos, haga clic con el botón derecho del ratón sobre el nodo del servidor **MADRID** (1) → en el menú contextual elija la opción **Desconectar** (2).

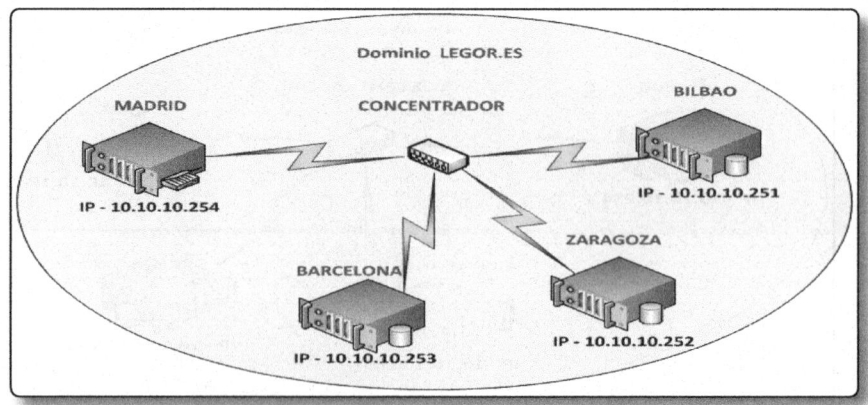

Captura 8.19. Desconectar una sesión SQL Server

2. Visualizará el Explorador de objetos vacío, haga clic en **Conectar** (3) →
   Motor de base de datos (4).

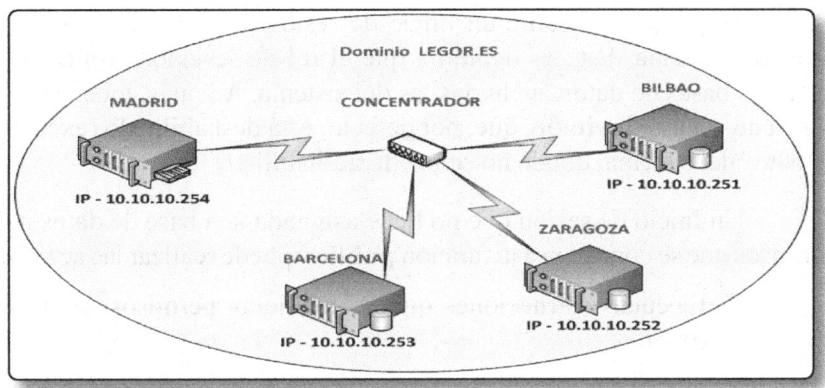

Captura 8.20. Iniciar sesión, con autenticación SQL Server, usuario HelpDesk01

3. Complete la ventana **Conectar con el servidor** (5) como a continuación
   se indica:

   - Autenticación: **Autenticación de SQL Server** (6).
   - Inicio de sesión: **HelpDesk01** (7).
   - Contraseña: **123Contraseña** (8).
   - Haga clic en el botón **Conectar** (9) para iniciar sesión con el usuario
     HelpDesk01.

El HelpDesk01 es un Inicio de sesión, es decir, todavía no tiene asignado
ningún usuario a ninguna base de datos de su servidor SQL Server, siguiendo el símil
de su domicilio y el servidor de base de datos SQL Server, Help-Desk01 tiene las
llaves de la puerta de su domicilio. Puede entrar en de él, pero no tiene la llave de
ninguna de las habitaciones (bases de datos).

1. Despliegue el nodo bases de datos, localice **AdventureWorks2012**
   y haga doble clic sobre ella para ver sus objetos, ¿qué ocurre? Se
   muestra un mensaje de error que le informa de que la base de datos
   AdventureWorks2012 no es accesible.

2. Intente otras acciones, como crear o eliminar una base de datos. No podrá
   realizar ninguna de ellas, porque carece de permisos.

3. Diríjase al nodo **Bases de datos del sistema**, que se encuentra en:
   MADRID → **Bases de datos** → **Bases de datos del sistema**.

4. Intente expandir la base de datos **master**, ¿qué ocurre? Sucede que tiene
   total acceso al contenido de la base de datos **master**.

5. Compruebe que ocurre lo mismo con las bases de datos del sistema **msdb** y **temdb**.

Se preguntará cómo un Inicio de sesión puede tener acceso a las bases de datos del sistema. Esto es debido a que el rol de servidor **public** está definido en todas las bases de datos, incluidas las del sistema. Además, todas las bases de datos tienen un usuario **invitado**, que, por defecto, está deshabilitado (excepto en las bases de datos del sistema, donde no se puede deshabilitar).

Un Inicio de sesión que no tiene asignada una base de datos posee todos los permisos que se conceden a la función **public** y puede realizar las acciones siguientes:

▶ Ejecutar instrucciones que no requieran permisos, como la instrucción **print**.

▶ Ver información de las tablas de sistema y ejecutar ciertos procedimientos almacenados de **master**.

▶ Obtener acceso a cualquier base de datos que tenga la cuenta de invitado habilitada.

Conclusión por motivos de seguridad, deshabilite el usuario invitado de todas las bases de datos de usuarios (no de las bases de datos del sistema).

Para comprobar si el usuario invitado está o no deshabilitado en la base de datos AdventureWorks2012, utilice el siguiente *script* T-SQL:

```
USE [AdventureWorks2012]
SELECT name, hasdbaccess
FROM sys.sysusers
WHERE name = 'guest'
```

Si el resultado es cero (0), quiere decir que el usuario invitado de la base de datos AdventureWorks2012 está deshabilitado. Si el resultado es 1, está habilitado.

Para deshabilitar el usuario invitado de la base de datos AdventureWorks2012, utilice este *script* T-SQL:

```
USE [AdventureWorks2012]
EXECUTE sp_revokedbaccess guest
```

Para habilitar el usuario invitado de la base de datos AdventureWorks2012, utilice este *script* T-SQL:

```
USE [AdventureWorks2012]
EXECUTE sp_grantdbaccess guest
```

8.14 EJERCICIO PRÁCTICO: CREAR UN USUARIO DE SESIÓN BASE DE DATOS

En este ejercicio práctico se le enseñará cómo crear un usuario que utilizará el Inicio de sesión **HelpDesk01** para acceder a la base de datos AdventureWorks2012. El nuevo usuario será el encargado de hacer ciertas tareas administrativas en la base de datos, pero también queremos limitar su acceso a la información que contienen determinadas tablas.

▼ El nuevo usuario se nombrará HelpDesk01_User.

▼ Se desea que se encargue de la política de copias de seguridad de la base de datos AdventureWorks2012.

▼ No debe ser capaz de leer, insertar, eliminar o modificar datos de ninguna de las tablas que pertenecen a los esquemas **HumanResources**, **Purchasing** y **Sales**.

▼ Se desea que en las tablas de los esquemas **Person** y **Production** tenga permisos de lectura, escritura, actualizar y eliminar registros; con las siguientes excepciones:

- En la tabla **Production.Product** podrá leer y actualizar, pero no eliminar filas.

- En la tabla **Person.Person** únicamente estará autorizado a leer su contenido, con la excepción de la columna **BusinessEntityID**, cuya lectura se le niega.

Para realizar este ejercicio práctico debe iniciar sesión Windows en la máquina **MADRID** con el usuario Administrador.

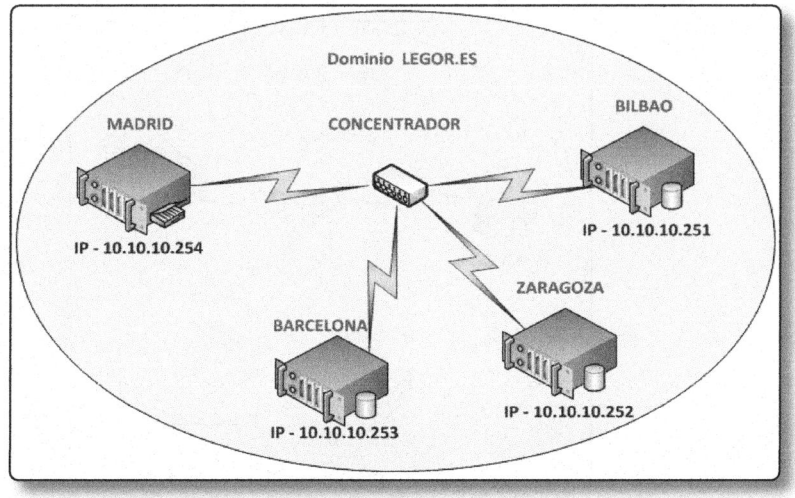

Captura 8.21. Creación de un nuevo usuario de AdventureWorks2012 (I)

1. Inicie SQL Management Studio → conéctese con autenticación Windows.

2. En el Explorador de objetos, despliegue el servidor **MADRID** → nodo **Bases de datos** (1) → **AdventureWorks2012** (2) → **Seguridad** (3) → **Usuarios** (4).

3. Seleccione con el botón derecho del ratón el nodo **Usuarios** (4) → en el menú contextual elija la opción **Nuevo usuario** (5).

4. En la ventana **Usuario de la base de datos – Nuevo** (6) → seleccione la página **General** (7) y complete sus datos como a continuación se indica:
   - Tipo de usuario: **Usuario SQL con un Inicio de sesión** (8).
   - Nombre del usuario: **HelpDesk01_User** (9).
   - Nombre de Inicio de sesión: pulse en el botón y busque el Inicio de sesión que creó en la práctica anterior, **HelpDesk01** (10).

5. Seleccione la página **Pertenencia** (11) y haga miembro al usuario **HelpDesk01_User** de los siguientes roles de pertenencia a base de datos, activando sus casillas de verificación:
   - **db_backupoperator** (permite crear copias de seguridad a nivel base de datos).
   - **db_datareader** (escribir datos a nivel base de datos).
   - **db_datawriter** (permite leer datos a nivel base de datos).

En estos momentos, el usuario **HelpDesk01_User** puede realizar tareas de copia de seguridad en AdventureWorks2012, además de leer y escribir en todas sus tablas. El permiso de leer y escribir en todas las tablas de AdventureWorks2012 hay que limitarlo a las especificaciones del ejercicio práctico.

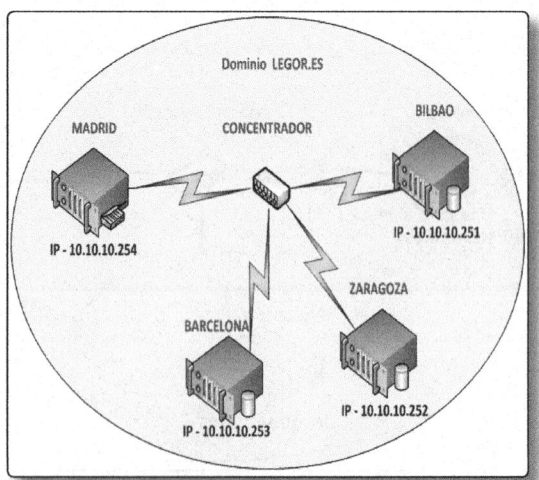

Captura 8.22. Creación de un nuevo usuario de AdventureWorks2012 (II)

6. Seleccione la página **Elementos protegibles** (12) → haga clic en el botón **Buscar** (13) → en la ventana **Agregar objetos** (14)→ seleccione el botón de radio **Objetos específicos** (15) → haga clic en el botón **Aceptar** (16).

7. Visualizará la ventana **Seleccionar objetos** (17) → haga clic en el botón **Tipos de objeto** (18) → en la ventana **Seleccionar tipos de objeto** (19) → active las casillas de verificación correspondientes a **Tablas** (20) y **Esquemas** → a continuación haga clic en el botón **Aceptar** (21) → para volver a la ventana **Seleccionar objetos** (17) → haga clic en **Examinar** (22).

8. La acción anterior abre la ventana **Buscar objetos** (23), donde únicamente se muestran las tablas y esquemas de la base de datos AdventureWorks2012.

    ● Marque las casillas de verificación correspondientes a las tablas **Production.Product** (24) y **[Person].[Person]**.

    ● Marque las casillas de verificación de los esquemas **[HumanResources]** y **[Purchasing]** y **[Sales]**.

9. Haga clic en el botón **Aceptar** dos veces (25) → visualizará la ventana **Varios objetos encontrados** → marque la casilla de verificación de la tabla **Person.Person** (26), para confirmar que es la tabla y no el esquema del objeto que desea seleccionar. Haga clic en el botón **Aceptar** (27).

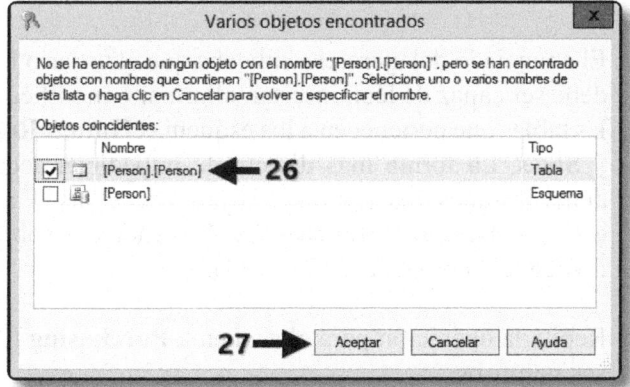

Captura 8.23. Solución de conflicto resolución tabla Person.Person

10. Observe que se encuentra de nuevo en la ventana **Usuario de la base de datos – Nuevo** con la página **Elementos protegibles** (28)

seleccionada. En la sección **Elementos protegibles**, ahora hay cinco elementos: el esquema **HumanResources** (29), el esquema **Purchasing** (30), el esquema **Sales** (31), la tabla **Person.Person** (32) y la tabla **Production.Product** (33).

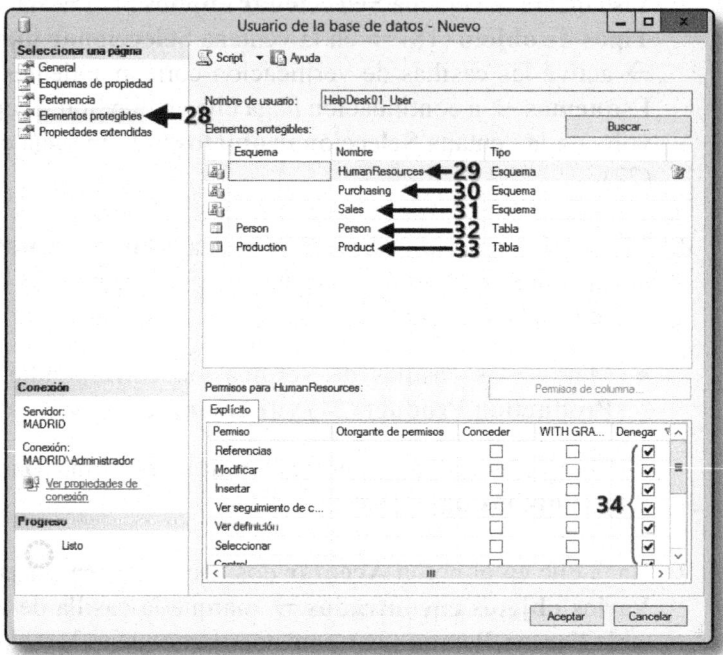

Captura 8.24. Creación de un nuevo usuario de AdventureWorks2012 (III)

11. El enunciado del ejercicio indicaba que el usuario **HelpDesk01_User** no debe ser capaz de leer, insertar, eliminar o modificar datos de ninguna de las tablas que pertenecen a los esquemas **HumanResources**, **Purchasing** y **Sales**. La forma más directa de impedir el acceso a estas tablas es denegar todos los permisos a sus esquemas. Para ello seleccione el esquema **HumanResources** (29) haciendo clic sobre él, y a continuación deniegue todos sus permisos (34).

12. Repita la operación para el esquema **Purchasing** (30), denegando todos sus permisos.

13. Repita la operación para el esquema **Sales** (31), denegando todos sus permisos.

14. Otra de las especificaciones era que "El usuario HelpDesk01_User, en la tabla **Person.Person**, únicamente estará autorizado a leer su contenido, con la excepción de la columna **BusinessEntityID** que le niega su lectura". Tal y como está la situación en estos momentos, nuestro usuario puede leer y escribir datos en todas las tablas de AdventureWorks2012, excepto en las que pertenecen a los esquemas **HumanResources**, **Purchasing** y **Sales**.

15. A continuación le explicaré cómo configurar los permisos de **Person.Person** a *nivel tabla* para que cuando el usuario acceda a ella, se encuentre con las restricciones específicas que se han definido. Para ello seleccione la tabla **Person.Person** (35) y haga clic en **Denegar** permisos por este orden: Eliminar, Insertar, Modificar y Seleccionar (36). Con el permiso **Seleccionar** (37) marcado, pulse el botón **Permisos de columna** (38).

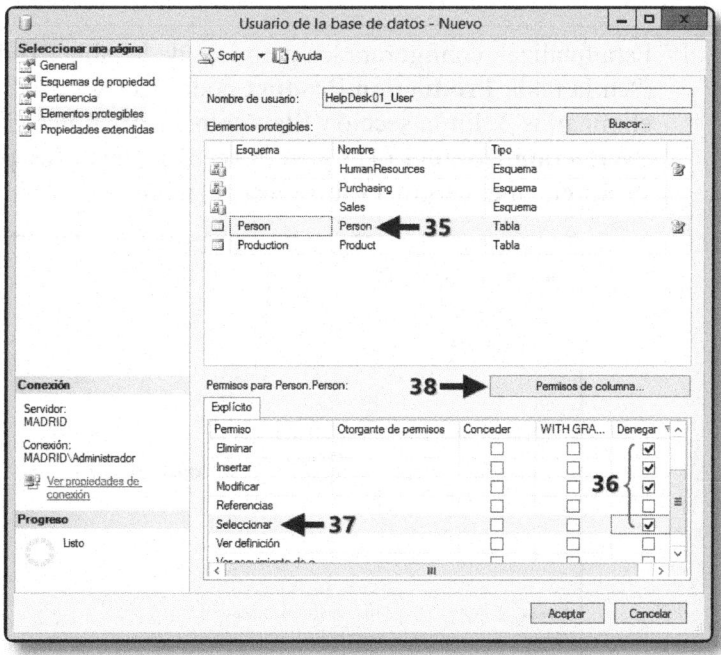

Captura 8.25. Acceder a los permisos de columna, tabla Person.Person

16. Al tener marcado el permiso **Seleccionar**, modificará a nivel columna dicho permiso. Como lo que se pretende es que el usuario no tenga acceso al contenido de la columna **BusinessEntryID** (39), selecciónela y marque el permiso **Denegar** (a nivel columna). Para salir de esta ventana pulse sobre el botón **Aceptar** (40).

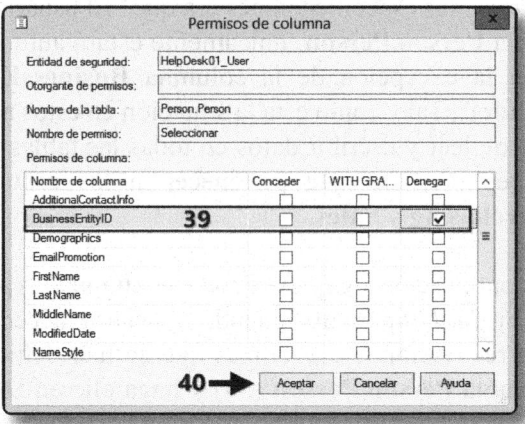

Captura 8.26. Modificar los permisos de columna, tabla Person.Person

17. Para finalizar, configurará los permisos de la tabla **Production.Product**, ("en la tabla **Production.Product** podrá leer y actualizar filas, pero no eliminarlas"). En la sección **Elementos protegibles**, seleccione la tabla **Production.Product** (41) y en la sección **Permisos para Production. Product**, en el permiso **Eliminar** (42) marque la opción **Denegar**.

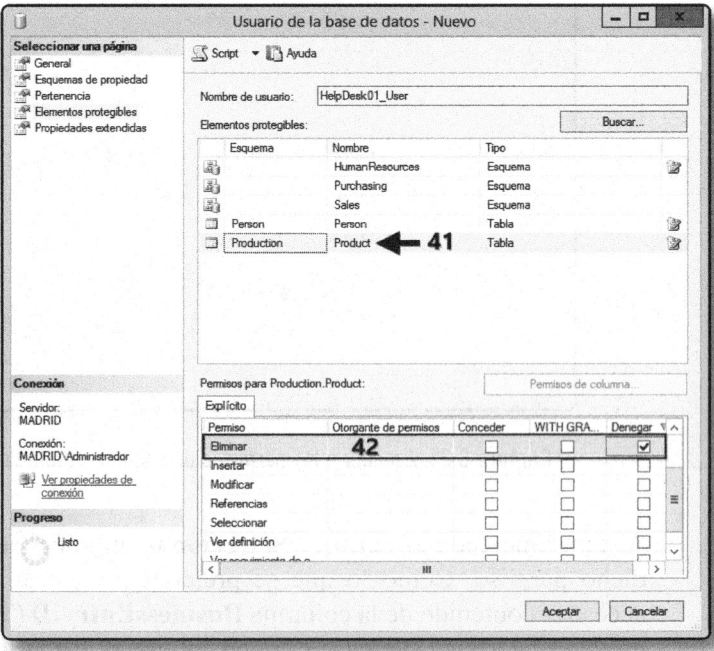

Captura 8.27. Modificar los permisos de columna, tabla Production.Product

8.15 EJERCICIO PRÁCTICO: CONCLUSIONES VARIAS

En este ejercicio práctico realizará una serie de comprobaciones relacionadas con la práctica anterior para probar que las configuraciones que se establecieron funcionan correctamente.

Asegúrese de que ha iniciado sesión Windows en la máquina **MADRID** con el usuario **Administrador**. Para ello, desde la barra de tareas de Windows, inicie PowerShell ☑ haciendo clic sobre el icono en la barra de tareas y a continuación escriba las instrucciones:

```
WHOAMI
```

La consola le responderá **MADRID\Administrador**.

8.15.1 Conclusiones varias (I)

Conecte con el servidor SQL Server. Para ello, inicie SQL Management Studio → cuando visualice la ventana solicitando credenciales, conéctese usando la autenticación SQL Server con las credenciales del Inicio de sesión **HelpDesk01**. ¿Qué ocurrirá?

Como **HelpDesk01** tiene un Inicio de sesión activo podrá iniciar sesión dentro del servidor de SQL Server. Intente ahora, desde SQL Management Studio, ver las tablas de las bases de datos de usuario (AdventureWorks2012, NorthWind y Test). Comprobará que no tiene acceso a las bases de datos Test y NorthWind. Sin embargo, sí podrá examinar las tablas de la base de datos AdventureWorks2012. Nótese que las tablas de los esquemas **HumanResources**, **Purchasing** y **Sales** no se muestran.

Intente hacer un SELECT a alguna de las tablas de estos esquemas ocultos de la base de datos AdventureWorks2012, desde el Editor de consultas de SQL Management Studio:

```
USE [AdventureWorks2012]
SELECT * FROM [HumanResources].[Employee]
SELECT * FROM [Purchasing].[Vendor]
SELECT * FROM [Sales].[SalesPerson]
Mens. 229, Nivel 14, Estado 5, Línea 2
Se denegó el permiso SELECT en el objeto 'Employee',
base de datos
'AdventureWorks2012',
```

```
esquema 'HumanResources'.
Mens. 229, Nivel 14, Estado 5, Línea 3
Se denegó el permiso SELECT en el objeto 'Vendor', base
de datos
'AdventureWorks2012',
esquema 'Purchasing'.
Mens. 229, Nivel 14, Estado 5, Línea 4
Se denegó el permiso SELECT en el objeto 'SalesPerson',
base de datos
'AdventureWorks2012',
esquema 'Sales'.
```

Nótese que no tiene permisos para extraer datos de ninguna de las tablas que forman parte de los esquemas **HumanResources**, **Purchasing** y **Sales**. Aunque asignó al usuario **HelpDesk01_User**, en la página **Pertenencia**, los roles **db_datareader** y **db_datawriter**, posteriormente denegó de manera expresa en la página **Elementos protegibles** todos los permisos sobre los esquemas **HumanResources**, **Purchasing** y **Sales**.

No cierre ninguna ventana de SQL Management Studio.

8.15.2 Conclusiones varias (II)

Cuando asignó al usuario **HelpDesk01_User**, en la página **Pertenencia**, los roles **db_datareader** y **db_datawriter**, también le asignó el rol **db_backupoperator** que permite crear copias de seguridad. Pero estos roles fueron definidos a nivel del Protegible base de datos **AdventureWorks2012**. En este ejercicio práctico intentará primero hacer una copia de seguridad de la base de datos **NorthWind** y a continuación una copia de seguridad de la base de datos **AdventureWorks2012**.

Para realizar la copia de seguridad de la base de datos **NorthWind** use esta instrucción T-SQL:

```
BACKUP DATABASE [Northwind]
TO [NorthWind_Dispositivo]
WITH NOFORMAT, NOINIT,
NAME = N'Copia de seguridad Completa de NorthWind',
SKIP, NOREWIND, NOUNLOAD, STATS = 10
GO
Mens. 916, Nivel 14, Estado 1, Línea 1
La entidad de seguridad de servidor "HelpDesk01" no
puede tener
```

```
acceso a la base de datos "Northwind" en el contexto de
seguridad actual.
Mens. 3013, Nivel 16, Estado 1, Línea 1
Fin anómalo de BACKUP DATABASE.
```

Como ya habrá intuido, la copia de seguridad a la base de datos **NorthWind** fallará porque el usuario no tiene acceso a esta base de datos. Recuerde que el usuario utiliza el Inicio de sesión que se creó a nivel del Protegible para la base de datos AdventureWorks2012 y que por lo tanto solo concede el acceso (la llave) a esta base de datos.

Pruebe ahora a hacer una copia de seguridad de la base de datos **AdventureWorks2012**. Para ello utilice la instrucción que a continuación le muestro:

```
BACKUP DATABASE [AdventureWorks2012]
TO [AdventureWorks2012_Dispositivo]
WITH NOFORMAT, NOINIT,
NAME = N'Copia de seguridad completa
AdventureWorks2012',
SKIP, NOREWIND, NOUNLOAD, STATS = 10
GO
10por ciento procesado.
20por ciento procesado.
30por ciento procesado.
40por ciento procesado.
50por ciento procesado.
60por ciento procesado.
70por ciento procesado.
80por ciento procesado.
90por ciento procesado.
Se han procesado 31912 páginas para la base de datos
'AdventureWorks2012',
archivo 'AdventureWorks2012_Data' en el archivo 2.
100por ciento procesado.
Se han procesado 2 páginas para la base de datos
'AdventureWorks2012', archivo
'AdventureWorks2012_Log' en el archivo 2.
BACKUP DATABASE procesó correctamente 31914 páginas
en 16.520 segundos
(15.092 MB/s).
```

En esta ocasión la copia de seguridad se realiza correctamente.

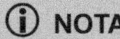 **NOTA**

Nótese que el Inicio de sesión que está utilizando usa un usuario SQL Server **HelpDesk01_User**. Este usuario carece de cualquier permiso dentro del sistema de archivos Windows (no es un usuario Windows), esto quiere decir que para poder hacer una copia de seguridad, además de pertenecer el usuario al rol **db_backupoperator**, debe usar un dispositivo de copia de seguridad para poder guardar en una ubicación física predefinida la copia de seguridad.

No cierre ninguna ventana de SQL Management Studio.

8.15.3 Conclusiones varias (III)

El Inicio de sesión HelpDesk01, que utiliza el usuario HelpDesk01_User, tiene permisos de lectura y escritura en todas las tablas de los esquemas **Person** y **Production**. Pero en la tabla **Person.Person** estableció una restricción a nivel del Protegible tabla, que no permite leer el contenido de la columna **BusinessEntityID**. Compruebe que funciona esta restricción.

Escriba la instrucción que se le muestra a continuación:

```
SELECT * FROM [Person].[Person]
Mens. 230, Nivel 14, Estado 1, Línea 1
Se denegó el permiso SELECT en la columna
'BusinessEntityID' del objeto
'Person', base de datos 'AdventureWorks2012', esquema
'Person'.
```

Se preguntará por qué motivo se visualiza el mensaje de error, la solución se encuentra en el propio mensaje. Al hacer un **SELECT *** a la tabla **Person.Person**, está intentado consultar el contenido de la columna **BusinessEntityID**, cuya lectura se le niega.

Escriba la siguiente instrucción:

```
SELECT [PersonType],[NameStyle],[FirstName],[LastName]
FROM [Person].[Person]
```

En esta ocasión la consulta no ha fallado porque entre las filas de la tabla **Person.Person**, no se ha consultado la columna **BusinessEntityID**.

8.16 CRIPTOGRAFÍA EN SQL SERVER 2014

Casi todas las bases de datos guardan, en alguna de sus tablas, *datos sensibles* que no queremos que caigan en manos no deseadas. La criptografía es un conjunto de técnicas que permiten cifrar la información que contiene datos sensibles, mediante el uso de una clave o contraseña. De tal manera que si alguien accede a ellos, no podrá leer su contenido, si no está en poder de la clave o contraseña de descifrado. El cifrado no resuelve los ataques de acceso al servidor de bases de datos, sin embargo contribuye a aumentar la seguridad, porque, en caso de sustracción de datos, para tener acceso a ellos necesitarán la clave de descifrado.

8.16.1 Claves

Una clave es un valor que controla el funcionamiento de una función criptográfica y sirve para cifrar o descifrar datos. La seguridad de una clave viene determinada por varios factores:

▼ **Longitud**: cuanto mayor sea el número de bits que componen la clave, mayor es el número de combinaciones que tiene que probar un atacante para romperla usando la *fuerza bruta*.

▼ **Caducidad**: para que una clave sea segura hay que renovarla periódicamente.

▼ **Aleatoriedad**: es muy importante que su clave no use palabras que existen en el diccionario, puede ser víctima de un *ataque diccionario*.

8.16.2 Clave simétrica

La clave que se utiliza para cifrar y descifrar es la misma. Este tipo de claves obtienen un rendimiento alto y son adecuadas para el cifrado de datos sensibles de la base de datos. Puede crear una clave simétrica usando la instrucción T-SQL **CREATE SYMETRIC KEY**:

```
CREATE SYMMETRIC KEY <Nombre de la clave simétrica>
WITH ALGORITHM = <Algoritmo usado>
ENCRYPTION BY PASSWORD = <Contraseña de la clave>
```

8.16.3 Clave asimétrica

Hay dos claves diferentes: una para cifrar y otra para descifrar. La clave que se utiliza para cifrar se denomina *pública* (es usada por el público que queremos que cifre los datos); la clave que se utiliza para descifrar se denomina *privada* (que únicamente la debe tener la persona que crea la clave). Con este tipo de claves se obtiene un cifrado más seguro que el simétrico, pero a costa de consumir más recursos de la CPU. Con la misma longitud de clave, es más lento el cifrado asimétrico que el cifrado simétrico.

Puede crear una clave asimétrica usando la instrucción T-SQL **CREATE ASYMETRIC KEY**:

```
CREATE ASYMMETRIC KEY <Nombre de la clave Asimétrica>
WITH ALGORITHM = <Algoritmo usado>
ENCRYPTION BY PASSWORD = <Contraseña de la clave>
```

8.16.4 Cifrado transparente

También denominado **TDT** (*transparent data encryption*), utiliza una clave simétrica que cifra una base de datos completa. Microsoft SQL Server 2014 soporta diferentes tipos de algoritmos de cifrado, entre ellos: DES, Triple DES, TRIPLE_DES_3KEY, RC2, RC4, RC4 de 128 bits, DESX, AES de 128 bits, AES de 192 bits y AES de 256 bits.

8.16.5 Certificados

Un certificado es un objeto firmado digitalmente que asocia una clave pública, a un ente que posee la clave privada. Los certificados se pueden utilizar para cifrar datos y conexiones, y para autenticar usuarios sin tener que crear una contraseña para cada usuario. Microsoft SQL Server 2014 puede generar certificados autofirmados. A continuación se indica la sintaxis para crear un certificado, exportarlo, importarlo y eliminarlo usando T-SQL.

```
--Crear un certificado con firma personal
USE <Nombre base de datos>
CREATE CERTIFICATE <Nombre certificado>
ENCRYPTION BY PASSWORD = <contraseña>
WITH SUBJECT = <tema>,
EXPIRY_DATE = <fecha caducidad>;
GO
-- Exportar un certificado a un archivo
```

```
BACKUP CERTIFICATE <Nombre certificado> TO FILE =
<ruta archivo + "*.cer">;
GO
--Crear un certificado desde un archivo ejecutable
firmado
USE <Nombre base de datos>
CREATE CERTIFICATE <Nombre certificado>
FROM FILE = <ruta archivo + "*.cer">;
GO
--Eliminar el certificado
DROP CERTIFICATE <Nombre certificado>
```

8.17 EJERCICIO PRÁCTICO: CIFRAR DATOS EN UNA TABLA CON CERTIFICADO Y CLAVE SIMÉTRICA

En este ejercicio práctico le mostraré cómo cifrar los datos de una columna de una tabla de la base de datos NorthWind. El ejercicio se realiza en varios pasos:

1. Creará para el Inicio de sesión de Windows [Usuario04] el usuario SQL Server [Usuario04] y una nueva tabla, denominada [Clientes], en la base de datos NorthWind.

2. Asignará permisos (SELECT, INSERT y UPDATE) al usuario [Usuario04] a nivel tabla. [Clientes].

3. Creará una clave principal para la base de datos NorthWind.

4. Creará un certificado [CertificadoTablaClientes] y autorizará su uso al usuario [Usuario04].

5. Creará una clave simétrica [ClaveSimetricaClientes].

6. Insertará datos en la tabla [Clientes] cifrando la columna [ContactName], para ello usará la clave simétrica [ClaveSimetricaClientes] y el certificado.

7. Comprobará que los datos de la columna [ContactName] de la tabla [Clientes] están cifrados, usando el usuario actual hará SELECT * a esta tabla.

8. Usando el usuario [Usuario04], la clave simétrica [ClaveSimetricaClientes] y el certificado [CertificadoTablaClientes] extraerá los datos de la tabla

[Clientes] y comprobará que los datos de la columna [ContactName] están descifrados.

Para completar este ejercicio práctico, siga los pasos que a continuación le indico:

1. Inicie SQL Management Studio → conéctese con autenticación Windows

2. Abra el **Editor de consultas** haciendo clic en el botón **Nueva consulta** y escriba las instrucciones que a continuación le indico.

```
----1° Crear un usuario
USE Northwind
CREATE USER [Usuario04] FOR LOGIN [MADRID\Usuario04]
GO
```

Con la instrucción anterior creará un usuario para el Inicio de sesión Windows **MADRID\Usuario04**, este Inicio de sesión se creó en el ejercicio práctico 8.12.1.

```
--2° Crear la tabla Clientes clonándola de la tabla
--Customers
USE Northwind
SELECT *
INTO Clientes
FROM dbo.Customers
WHERE 1=2
```

Con la instrucción número 2 crea la tabla **Clientes** con la misma estructura que la tabla **Customers**; pero sin datos, porque usa una condición imposible **(WHERE 1=2)**.

```
--3° Asignamos permisos al usuario a nivel tabla
GRANT SELECT, INSERT, UPDATE ON dbo.Clientes
TO Usuario04
```

Con la instrucción número 3 asigna permisos de lectura, escritura y actualización a **Usuario04**, en la tabla **Clientes**.

```
--4° Crea la clave principal para la base de datos
--Northwind
IF NOT EXISTS(SELECT * FROM sys.symmetric_keys WHERE
name =
'ClaveMaestraSimetricaNorthWind')
CREATE MASTER KEY
ENCRYPTION BY PASSWORD = '123Contraseña'
```

En la instrucción 4 se crea una clave maestra para la base de datos Northwind.

```
--5° Creamos un certificado para el usuario Usuario04
CREATE CERTIFICATE CertificadoTablaClientes
AUTHORIZATION Usuario04
WITH SUBJECT = 'Certificado para acceso tabla Clientes'
GO
```

En la instrucción anterior, número 5, se crea un certificado y se autoriza su uso al **Usuario04.**

```
--6° Se crea la clave simétrica
CREATE SYMMETRIC KEY ClaveSimetricaClientes
AUTHORIZATION Usuario04
WITH ALGORITHM = TRIPLE_DES
ENCRYPTION BY CERTIFICATE CertificadoTablaClientes
GO
```

En la instrucción 6 se crea una clave simétrica con el algoritmo **TRIPLE_ DES** para utilizarla con el certificado **CertificadoTablaClientes**. Esta clave servirá para cifrar y descifrar datos. Autorizamos su uso al **Usuario04**.

```
--7° Insertar una linea de datos cifrados
EXECUTE AS USER = 'Usuario04'
OPEN SYMMETRIC KEY ClaveSimetricaClientes DECRYPTION BY
CERTIFICATE CertificadoTablaClientes
INSERT INTO Northwind.dbo.Clientes
(CustomerID,CompanyName,ContactName,ContactTitle,
Address,
City,Region,PostalCode,Country,Phone,Fax)
VALUES
('sms','Legor','Javier',
EncryptByKey(Key_GUID('ClaveSimetricaClientes'),'Jefe
compras'),
'Pol. Ind. Casetas','Zaragoza','Aragón','54555',
'España','976225477','976225477')
CLOSE ALL SYMMETRIC KEYS
REVERT
```

La instrucción número 7 inserta una fila en la tabla **Clientes**. Nótese que los datos que se insertan en la columna **ContactTitle** se cifran.

```
--8° Extraer los datos de la tabla Clientes como el
--usuario
--MADRID\Administrador cuenta integrada de Windows con
--la que se ha iniciado sesión en la practica
```

```
SELECT CustomerID,CompanyName,ContactName,ContactTitle,
Address,
City,Region,PostalCode,Country,Phone,FaX
FROM Northwind.dbo.Clientes
```

El resultado de esta consulta es el siguiente:

Captura 8.28. Resultado consulta, instrucción número 8

Al extraer los datos de la tabla **Clientes** con un usuario distinto a **Usuario04** no podrá obtener en claro los datos de la columna **ContactTitle**: aparecen cifrados (市銑綑箪玞翻).

```
--9° Leer los datos descifrándolos como el usuario
--Usuario04
EXECUTE AS USER = 'Usuario04'
OPEN SYMMETRIC KEY ClaveSimetricaClientes DECRYPTION BY
CERTIFICATE CertificadoTablaClientes
SELECT CustomerID,CompanyName,ContactName,CONVERT(varch
ar,DecryptByKey(
ContactTitle))
AS "Contact Title",
Address,City,Region,PostalCode,Country,Phone,FaX
FROM Northwind.dbo.Clientes WHERE CustomerId='sms'
CLOSE ALL SYMMETRIC KEYS
REVERT
```

Captura 8.29. Resultado consulta, instrucción número 9

En esta ocasión, como la extracción de datos la ha realizado el **Usuario04**, haciendo uso de la clave simétrica y del certificado ha obtenido los datos de la columna **ContactTitle**.

9

AGENTE SQL SERVER

El Agente SQL es una especie de Programador de tareas de Windows adaptado específicamente a las necesidades de Microsoft SQL Server. Se puede definir como un servicio de Microsoft Windows que sirve para ejecutar tareas administrativas programadas (denominadas *trabajos* en SQL Server 2014), activar alertas y habilitar la automatización de algunas tareas administrativas.

Respecto al Correo electrónico de bases de datos, aunque no es una característica del Agente SQL, sí es una herramienta que frecuentemente usa para enviar avisos y notificaciones generados por las tareas. Por esta razón se desarrollan ambos contenidos en el mismo tema.

Todos los conceptos que se explican en este tema se apoyan unos en otros. Por este motivo es aconsejable que aunque no realice todos los ejercicios prácticos, los lea detenidamente. Una vez que consiga tener una visión global de lo que es el Agente SQL y el Correo de base de datos, será capaz de programar muchas tareas administrativas de un servidor SQL Server para que se realicen de manera desatendida.

Para estudio de este tema se tratarán los siguientes apartados:

▶ ¿Qué es el Agente SQL?
▶ Cuenta de inicio de sesión del Agente SQL.
▶ El correo electrónico en las bases de datos.
▶ Los operadores.
▶ Alertas.

Los temas anteriores van acompañados de los siguientes ejercicios prácticos:

- Habilitar el correo electrónico de bases de datos.
- Probar el correo electrónico de bases de datos.
- Crear un operador.
- Crear alertas.
- Crear un trabajo complejo.
- Configurar el Agente SQL Server para que use el Correo electrónico de base de datos.
- Poner en producción la "Alerta log transacciones".
- Comprobar el trabajo "Copia AdventureWorks2012".

9.1 INFRAESTRUCTURA NECESARIA

Los ejercicios prácticos de este tema necesitan configurar una máquina como se indica en el Apéndice I. Es posible sustituir la máquina del Apéndice I por su propia máquina si instala en ella Microsoft SQL Server 2014 como se indica en el ejercicio práctico 1.11.

Los parámetros básicos de configuración de la máquina **MADRID** son:

- Nombre de la máquina: **MADRID**
- IP: **10.10.10.254**
- Máscara: **255.255.255.0**
- Servidor DNS preferido: **8.8.4.4** (DNS de Google)
- Puerta de enlace: **10.10.10.100** (IP del router que utilizo en el ejemplo).

Las IP que se muestran son orientativas y puede adaptarlas al entorno donde instale.

9.2 ¿QUÉ ES EL AGENTE SQL?

El Agente SQL es un servicio que ejecuta tareas administrativas que pueden ser iniciadas por un evento del sistema o por una programación establecida previamente. Entre otras cosas, se encarga de ejecutar trabajos, activar alertas y habilitar la automatización de algunas tareas administrativas.

Para realizar las tareas administrativas, el Agente SQL usa cuatro componentes en los que se apoya y con los que trabaja coordinadamente. Estos son:

▼ **Alertas**: mensaje automático o un evento que proporciona Microsoft SQL Server 2014 ante un suceso determinado.

▼ **Operadores**: usuarios de SQL Server encargados de recibir las notificaciones de las alertas que previamente haya programado. Estas notificaciones normalmente se reciben por correo electrónico. Para enviar las notificaciones se puede usar el **Correo electrónico de base de datos**, que permite a las aplicaciones de la base de datos enviar mensajes de correo electrónico a los usuarios.

▼ **Trabajos**: son una serie de pasos consecutivos que realiza el Agente SQL. Están incluidos dentro de una tarea. Las tareas, se ejecutan de forma desatendida mediante la Programación de Tareas.

▼ **Programaciones**: sirven para planificar la ejecución de uno o más trabajos. La programación se puede basar en el tiempo o porque suceda un evento.

- Programación basada en el tiempo: un trabajo se realiza periódicamente o una sola vez. Es decir, un trabajo se ejecuta a una hora determinada, una fecha específica, una sola vez o con una periodicidad. Por ejemplo, todos los lunes a la 06:30 horas a.m.

- Programación basada en un evento o alerta: en este caso, es el evento el que levanta la ejecución del trabajo. Por ejemplo, se puede programar el Agente SQL para que cuando el *log* de transacciones de una base en concreto supere un tamaño, se ejecute un trabajo de reducción del registro de transacciones.

ⓘ **NOTA**

Todos los componentes del Agente SQL se estudiarán detalladamente a lo largo de este tema.

El dibujo 9.1, sintetiza el funcionamiento del Agente SQL junto con el Correo de bases de datos.

El funcionamiento se resume en las siguientes afirmaciones:

▼ Una alerta puede iniciar un trabajo o directamente un mensaje a operador.

▼ Una programación puede iniciar un trabajo.

▼ El resultado de un trabajo puede iniciar un mensaje a operador.

▼ Los mensajes a operador los transmite el Correo de bases de datos a su destinatario.

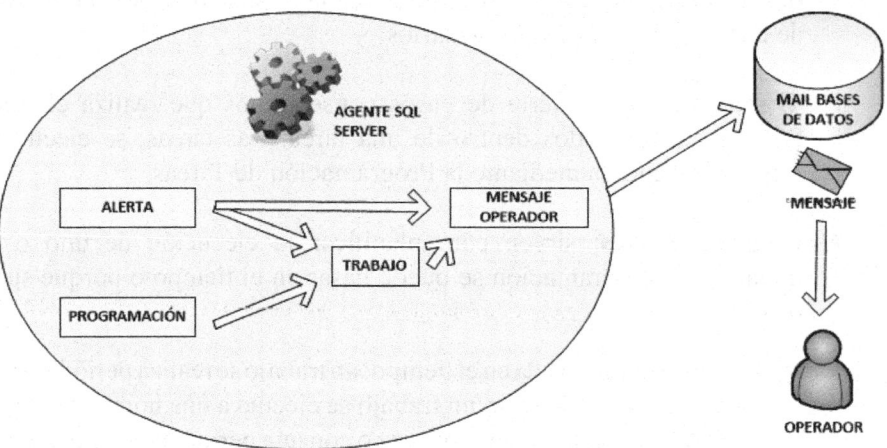

Dibujo 9.1. Esquema funcionamiento Agente SQL Server

ⓘ **NOTA**

Nótese que todos los objetos definidos hasta el momento (trabajos, operadores, alertas, programación y correo de bases de datos), forman parte de un puzle, en el que se necesitan unos a otros para poder realizar una acción.

9.3 CUENTA DE INICIO DE SESIÓN DEL AGENTE SQL

Para que funcione el Agente SQL, es necesario que esté iniciado; su estado se puede comprobar desde el Explorador de objetos de SQL Management Studio.

El Agente SQL es el último de los nodos del Explorador de objetos, cuando está iniciado se visualiza en él una flecha de color verde

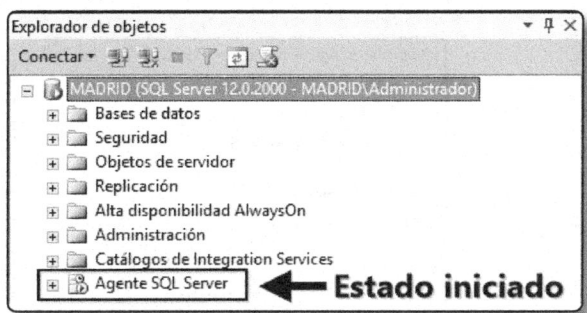

Captura 9.1. Comprobar estado del Agente SQL.

Cuando se producen problemas relacionados con el inicio del Agente SQL, casi siempre tienen su origen en la cuenta que se usa para iniciar el servicio. La cuenta de inicio de sesión del Agente SQL se configura desde la consola de **Administración de configuración de SQL Server**. Inicie la consola, para ello puede utilizar el procedimiento que se explicó en el apartado 1.15.2.

Una vez abierta la consola, para visualizar las propiedades del servicio Agente SQL, haga clic en el nodo del árbol de la izquierda **Servicios de SQL Server** (1). En el panel de detalles visualizará el servicio **Agente SQL Server (MSSQLSERVER)** (2), así como su estado (3), el tipo de inicio del servicio (4) y la cuenta que usa (5).

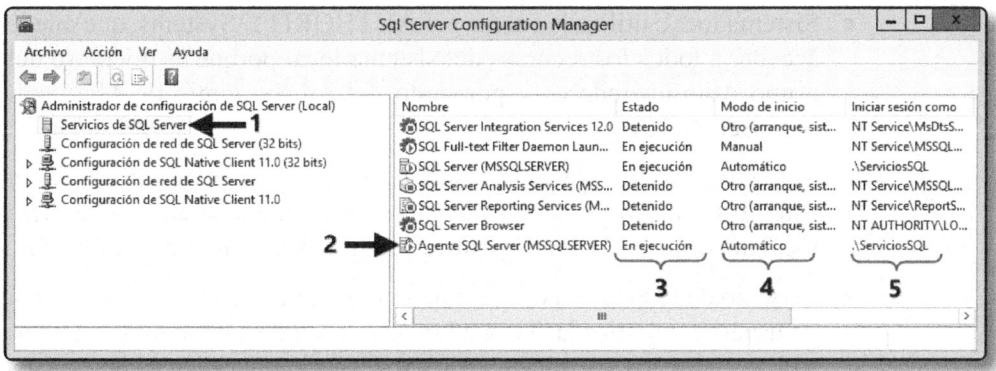

Captura 9.2. Consola SQL Configuration Manager

A continuación haga clic con el botón derecho del ratón sobre el nodo **Agente SQL Server (MSSQLSERVER)** (2) y elija en el menú contextual la opción **Propiedades**.

En la ventana **Propiedades Agente SQL Server (MSSQLSERVER)**, haga clic en la pestaña **Iniciar sesión** para configurar la cuenta de inicio de sesión del servicio.

Captura 9.3. Configuración cuenta Agente SQL

La cuenta de inicio de sesión del Agente SQL es la encargada de iniciar este servicio. Se pueden usar dos tipos de cuenta:

▶ **Cuenta integrada** (6): el desplegable tiene las siguientes opciones:

- Sistema local: utiliza la cuenta NT AUTHORITY\Systems, que puede acceder a todos los recursos del sistema local porque es miembro del grupo Administradores y por tanto del rol Sysadmin de Microsoft SQL Server 2014.

- Servicio local: esta cuenta dispone de los mismos permisos que el usuario local. Los servicios que se ejecutan con la cuenta de servicio local tienen acceso a recursos de red como sesión nula sin credenciales.

- Servicio de red: es una cuenta especial integrada, similar a una cuenta de usuario autenticada. Tiene el mismo nivel de acceso a los recursos y objetos que los miembros del grupo Usuario y acceden a los recursos de red mediante las credenciales de la cuenta de equipo. Microsoft recomienda no usar esta cuenta para el Agente SQL.

▶ **Esta cuenta** (7): permite especificar una cuenta que se usará para ejecutar el servicio Agente SQL. Microsoft recomienda una cuenta que no sea miembro del grupo Administradores con pocos permisos.

> **ⓘ NOTA**
>
> En el ejemplo que ilustra este texto, el servicio Agente SQL tiene asignada la cuenta ServiciosSQL y el tipo de inicio Automático. Esta cuenta se configuró en el tema 1.9.

Una vez que ha seleccionado la cuenta de inicio de sesión puede configurar la forma de inicio del Agente SQL desde la pestaña **Servicio**. Hay tres tipos:

▼ Deshabilitado: el servicio está instalado, pero no se ejecuta actualmente.

▼ Manual: el servicio se ha instalado, pero solo se iniciará a requerimiento de otro servicio, aplicación o acción humana que lo active.

▼ Automático: el sistema operativo inicia automáticamente el servicio, elija esta ultima opción.

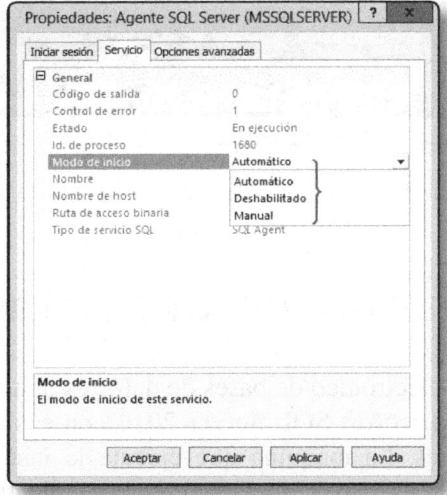

Captura 9.4. Configuración inicio servicio del Agente SQL

Otra forma de configurar el servicio MSSQLSERVER es iniciar la consola de **Servicios de Windows**. Para ello, haga clic con el botón derecho del ratón en **Inicio** → elija el menú **Ejecutar** → en la ventana **Ejecutar** escriba en el cuadro de texto **services.msc**, a continuación pulse **ENTER**. Una vez dentro de la consola busque el servicio **SQL Server (MSSQLSERVER)** y configúrelo.

Por último, se le mostrará la última opción, que consiste en configurar e iniciar el servicio MSSQLSERVER desde PowerShell. Para ello haga clic en el icono de inicio de PowerShell 🔷 que se encuentra en la barra de tareas. A continuación escriba las siguientes instrucciones para iniciar el servicio:

```
Set-Service -Name "sqlSERVERAGENT" -StartupType
"Automatic"
Start-Service -Name "sqlSERVERAGENT"
```

Para comprobar su estado puede ejecutar la instrucción:

```
Get-Service *SQLSERVERAGENT* | Format-List
```

Una vez que ejecute las tres líneas anteriores asegúrese de que el servicio está iniciado (*running*).

Captura 9.5. Configuración inicio servicio del Agente SQL desde PowerShell

9.4 EL CORREO ELECTRÓNICO EN LAS BASES DE DATOS

El correo electrónico de bases de datos es una herramienta que proporciona interactividad a Microsoft SQL Server 2014 con sus usuarios y en particular con sus administradores. La máquina que ejecuta la instancia de SQL Server, y usa esta característica, es capaz de enviar correos electrónicos de alerta o simples notificaciones a los administradores de las bases de datos cuando ocurre un suceso significativo.

El correo electrónico de bases de datos usa el protocolo SMTP para transmitir los mensajes de correo. Cuando se produce un evento programado que necesita enviar un correo electrónico, se almacenan todos los componentes del correo (asunto, cuerpo, destinatario, etc.) en una tabla de la base de datos **msdb**. Periódicamente, el Agente SQL sondea esta tabla y revisa si hay correos electrónicos pendientes de enviar; si es así, los correos se envían usando un perfil previamente configurado.

9.4.1 Perfiles

Un perfil es un objeto que agrupa conjuntos de cuentas de correo electrónico. Los trabajos que usan el Correo de bases de datos utilizan perfiles para mandar correos electrónicos en lugar de una cuenta de usuario determinada. Esta política proporciona tolerancia a fallos. En el dibujo 9.2, el Usuario **A** pertenece al perfil 1, que, a su vez, tiene asignadas las cuentas de correo A, B y D. Cuando este usuario manda un correo electrónico, utiliza el perfil 1, que, a su vez, usa la cuenta A. Si falla la cuenta A, se reintentará el envío por la cuenta B y si esta falla se volverá a reintentar por la cuenta D.

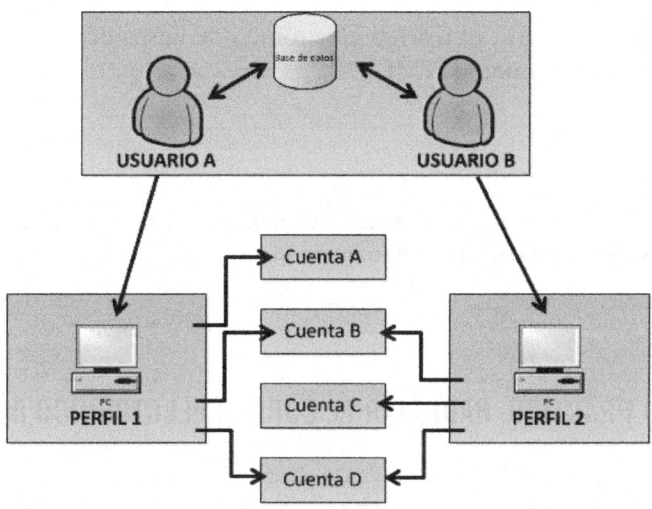

Dibujo 9.2. Funcionamiento de los perfiles del Correo de bases de datos

Los perfiles pueden ser públicos o privados. Para poder utilizar un perfil público, el usuario debe pertenecer al rol **DatabaseMailUserRole** en la base de datos **msdb**. Los perfiles privados se definen para las entidades de seguridad dentro de la base de datos **msdb**.

Respecto a las cuentas de correo electrónico que pertenecen a los perfiles, para que funcionen, Microsoft SQL Server 2014 tiene que tener acceso a los siguientes datos:

- Dirección de correo electrónico de la cuenta.
- Usuario de la cuenta.
- Contraseña de la cuenta.
- Servidor SMTP que usa la cuenta.
- Número de puerto que usa el servidor de correo.

9.4.2 Características integradas en el Correo electrónico de bases de datos

El Correo electrónico de bases de datos proporciona dos características integradas que puede resultarle de utilidad conocer:

▶ Registro y auditoría: toda la actividad (mensajes, adjuntos, etc.) del Correo electrónico de base de datos queda registrada tanto en el Registro de aplicaciones y servicios de Windows como en las tablas de la base de datos **msdb**. Puede auditar el uso del correo electrónico examinado las tablas de **msdb**.

▶ Formato HTML: el Correo electrónico de bases de datos permite enviar correos en formato HTML.

(i) **NOTA**

Todas las tablas de la base de datos **msdb** que usa la herramienta **Correo electrónico de bases de datos** comienzan por **dbo.sysmail**.

9.5 EJERCICIO PRÁCTICO: HABILITAR EL CORREO ELECTRÓNICO DE BASES DE DATOS

En este ejercicio práctico se le enseñará cómo habilitar el Correo electrónico de bases de datos usando SQL Management Studio. Los requisitos previos que necesita son:

▶ Tener instalada la máquina **MADRID**, como se indica en el apartado *Infraestructura necesaria*.

▶ Un proveedor de Internet que le permita configurar al menos dos cuentas de correo SMTP. En el ejercicio se han utilizado dos cuentas de Gmail que se han dado de alta desde la URL *www.google.es/?gws_rd=ssl*. Ambas usan el servidor SMTP *smtp.gmail.com*, SSL y el puerto 587. Las cuentas son:

- *ServidorMadrid.SQLServer2014@gmail.com.*
- *Servidor02Madrid.SQLServer2014@gmail.com.*

1. Inicie SQL Management Studio → conéctese con autenticación Windows.

2. Despliegue el Explorador de objetos en el servidor **MADRID** (1) → **Administración** (2) → clic con el botón derecho del ratón sobre **Correo electrónico de bases de datos** (3) → **Configurar Correo electrónico de base de datos** (4).

3. Se inicia el **Asistente para la configuración de Correo electrónico de base de datos** (5) en la página de **bienvenida**, que le indica las tareas de instalación y mantenimiento que es posible realizar usando el asistente. Lea las instrucciones detenidamente y haga clic en el botón **Siguiente** (6).

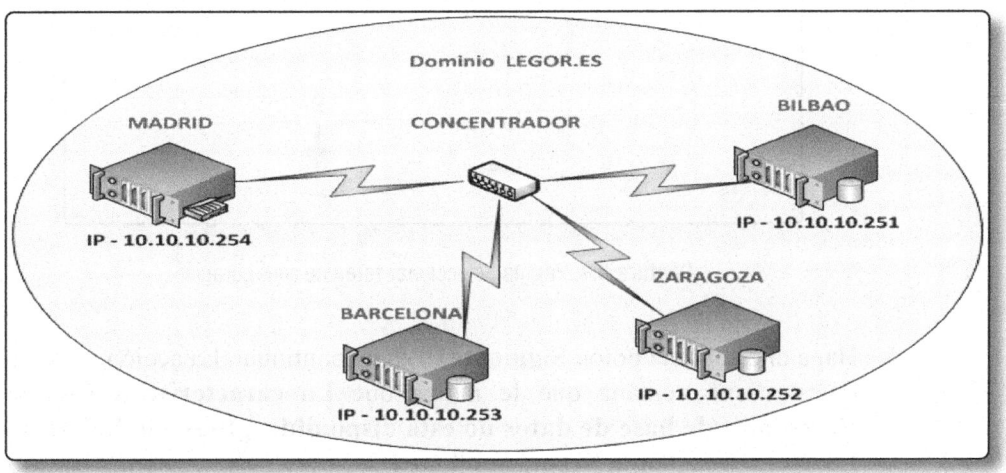

Captura 9.6. Iniciar el asistente de configuración del correo electrónico de base de datos

4. Página **Seleccionar tarea de configuración** (7). Como está instalando por primera vez el Correo electrónico de base de datos, marque el botón de radio **Instalar Correo electrónico de base de datos realizando las siguientes tareas** (8). Las tareas que el asistente le ayudará a realizar para crear el correo de bases de datos son:

   • Crear un perfil de correo, asignándole una o varias cuentas SMTP (correo electrónico).

   • Configurar la seguridad del perfil y otros parámetros del sistema.

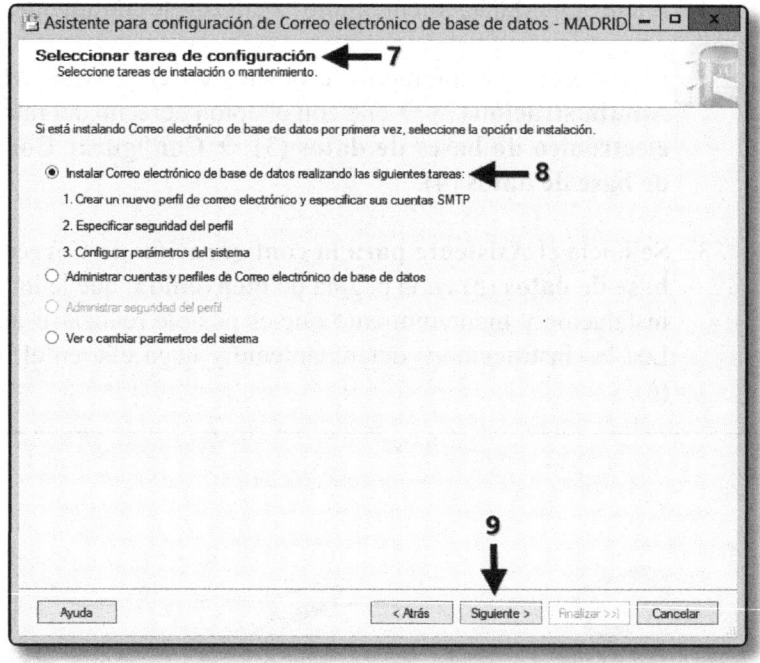

Captura 9.7. Página Seleccionar tarea de configuración

5. Haga clic sobre el botón **Siguiente** (9) para continuar. La acción anterior muestra una ventana que le indica que **La característica Correo electrónico de base de datos no está disponible. ¿Desea habilitarla?** Haga clic en el botón **Sí** para habilitarla.

6. Página **Nuevo perfil**. Sirve para crear un nuevo perfil, recuerde que un perfil es un contenedor lógico que agrupa un conjunto de cuentas de correo electrónico. Por este motivo, en un mismo perfil se suelen añadir varias cuentas para obtener tolerancia a fallos (en caso de que una cuenta no funcione, se utiliza la siguiente que sea miembro del perfil). En el ejemplo que se está desarrollando, las cuentas que se añadirán al perfil son las siguientes: *ServidorMadrid.SQLServer2014@gmail.com* y *Servidor02Madrid.SQLServer2014@gmail.com*. Complete la página como a continuación se indica:

- Nombre de perfil: **P_Correo_Adventure** (10).

- Descripción. Escriba una descripción que identifique de manera inequívoca el propósito del perfil (11). "Perfil que usarán los trabajos de mantenimiento de la base ADVENTUREWORKS2012 para notificar el resultado de los trabajos. Este perfil es público y usará dos cuentas SMTP para darle tolerancia a fallos".

- Cuentas SMTP: *ServidorMadrid.SQLServer2014@gmail.com* (12). Para añadirla pulse el botón **Agregar** (14).

- Cuentas SMTP: *Servidor02Madrid.SQLServer2014@gmail.com* (13). Para añadirla pulse el botón **Agregar** (14).

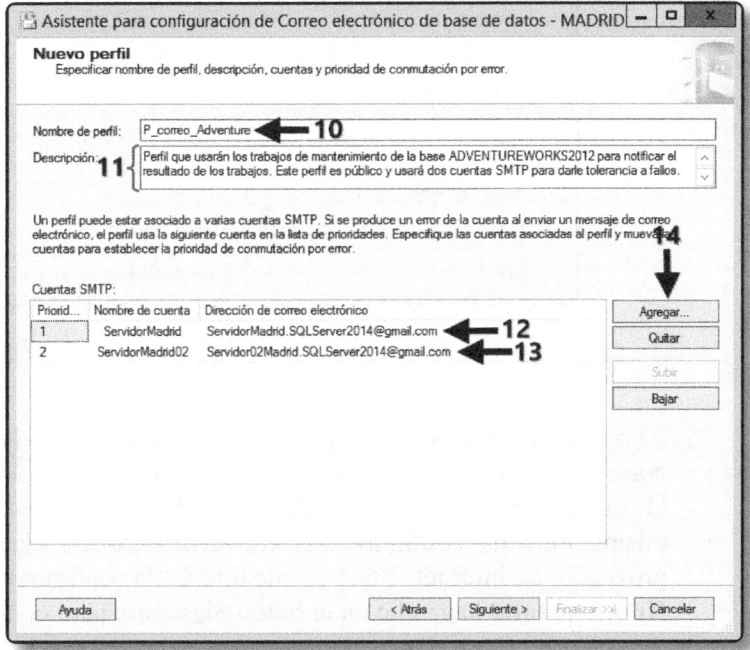

Captura 9.8. Página Nuevo perfil

ⓘ **ATENCIÓN**

Las cuentas de correo electrónico que ilustran este ejemplo son ficticias. Para realizar el ejercicio práctico tiene que usar dos cuentas de correo SMTP configuradas con su proveedor de Internet, de las que necesita saber su contraseña, servidor SMTP, puerto TCP y si requieren una conexión segura SSL. Los parámetros de este ejemplo son válidos para las cuentas de correo del proveedor Gmail.

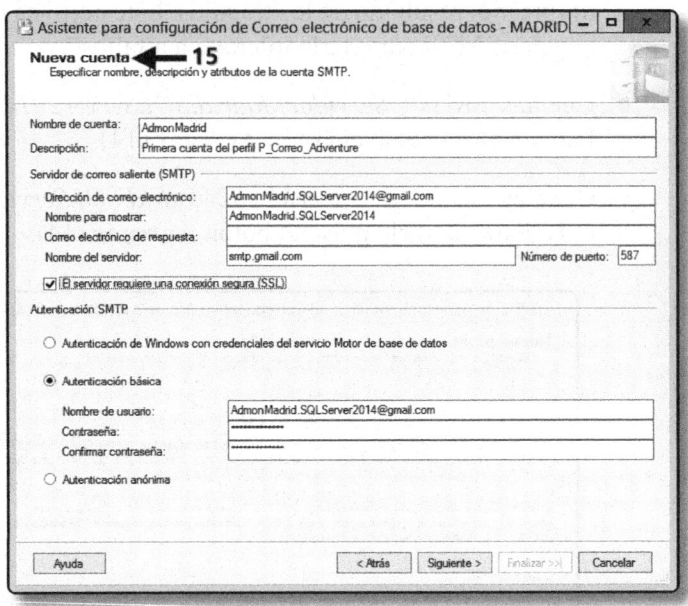

Captura 9.9. Ejemplo de configuración de la cuenta AdmonMadrid.SQLServer2014

7. Al pulsar el botón **Agregar** (14) de la captura 9.8, se visualiza la página **Nueva cuenta** (15) de la captura 9.9, que ilustra cómo se ha configurado la cuenta *AdmonMadrid.SQLServer2014@gmail.com*. Siguiendo la misma filosofía configure dos cuentas de correo electrónico con su proveedor de Internet. Una vez que finalice la configuración de la página **Nueva cuenta**, haga clic en el botón **Siguiente** para continuar.

8. Página **Administrar seguridad del perfil**, sirve para configurar el perfil como público o privado. La diferencia entre ambos es que un perfil público es accesible a cualquier usuario de la base **msdb**, mientras que el perfil privado solo es accesible para determinados usuarios o funciones de **msdb**. Para configurar el perfil **P_Correo_Adventure** como público, seleccione la pestaña **Perfiles públicos** (16) → active la casilla de verificación **Público** (17) → en la lista desplegable **Perfil predeterminado** elija la opción **Sí** (18). Haga clic en el botón **Siguiente** (19) para continuar.

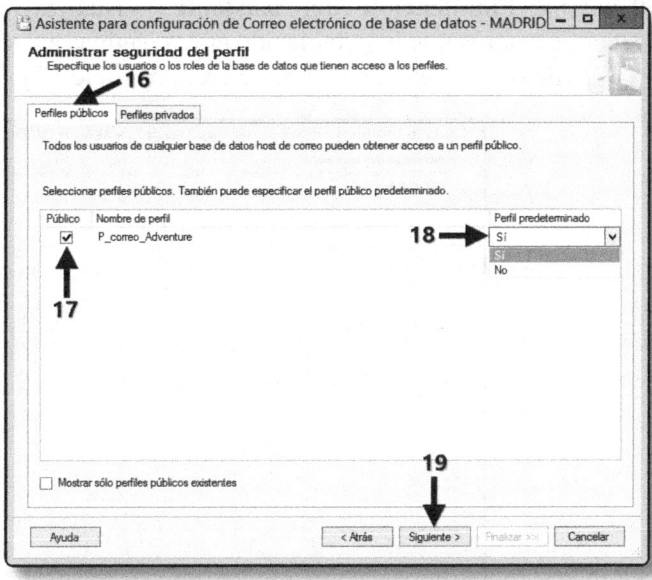

Captura 9.10. Página Administrar seguridad de perfil

9. Página **Configurar parámetros del sistema**. Vale para cambiar algunos parámetros de la configuración del correo. Personalícelos adaptándolos a sus necesidades (captura 9.11). Haga clic en el botón **Siguiente** para continuar.

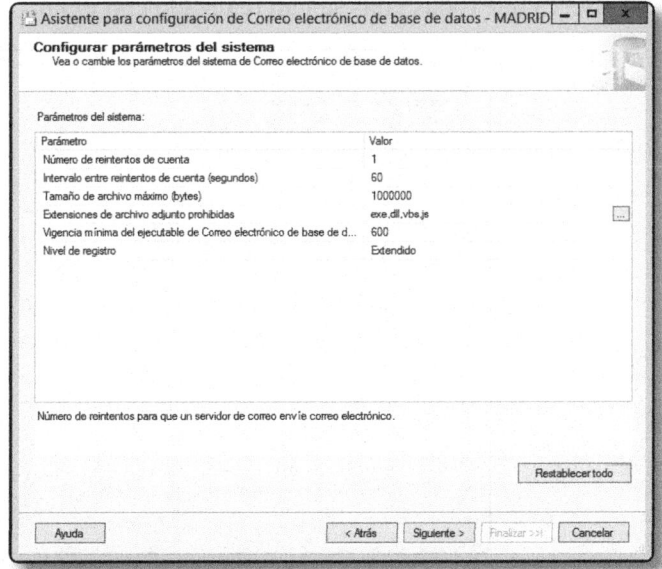

Captura 9.11. Página Configurar parámetros del sistema

10. Página **Finalización del asistente**. Visualiza un resumen de la configuración que ha establecido en las páginas anteriores. Pulse el botón **Finalizar** para aplicar las configuraciones seleccionadas.

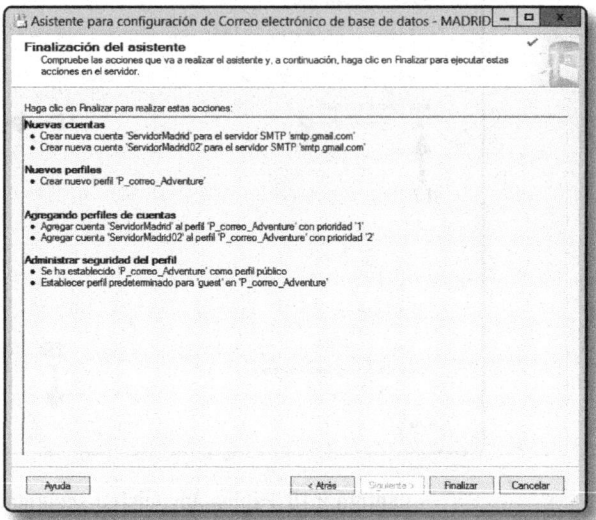

Captura 9.12. Página Finalización del asistente

11. Página **Configurando**. En ella se resume el resultado de las operaciones de configuración que lleva a cabo el asistente. En la captura 9.13 se observa que todas ellas se han realizado con éxito.

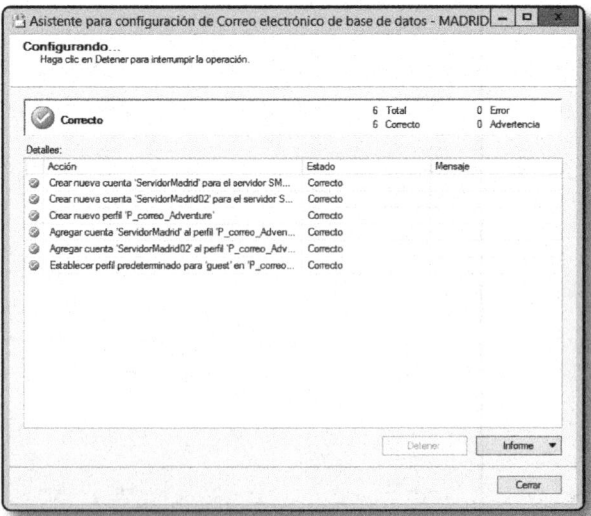

Captura 9.13. Página Configurando

9.6 EJERCICIO PRÁCTICO: PROBAR EL CORREO ELECTRÓNICO DE BASES DE DATOS

Una vez configurado el Correo electrónico de bases de datos, compruebe que funciona correctamente.

1. Inicie SQL Management Studio → conéctese con autenticación Windows.

2. Despliegue en el Explorador de objetos el servidor **MADRID** (1) → **Administración** (2) → clic con el botón derecho del ratón sobre **Correo electrónico de bases de datos** (3) → **Enviar correo electrónico de prueba** (4).

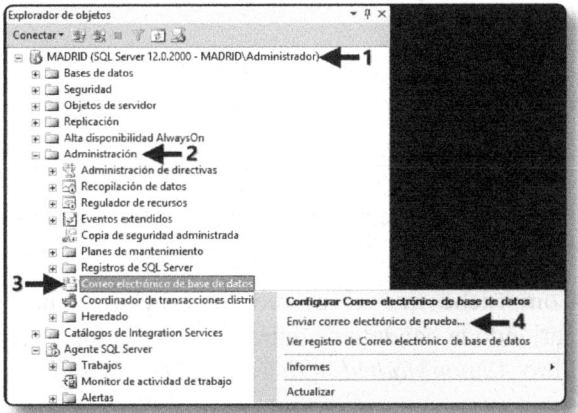

Captura 9.14. Enviar un correo electrónico de prueba

3. En la ventana **Enviar correo electrónico de prueba desde MADRID**, se autocompletan todos los datos excepto el cuadro de texto **Para** (5). Introduzca en el cuadro de texto una dirección de correo electrónico válida, donde quiere recibir la prueba (vale la de su correo personal). Para iniciar la prueba haga clic en el botón **Enviar correo electrónico de prueba** (6).

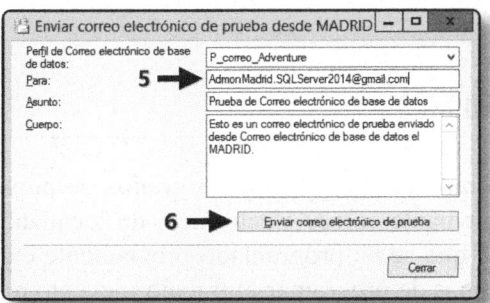

Captura 9.15. Configure el destinatario del correo electrónico de prueba

4. La ventana de la captura 9.16 le informa de que el correo se ha encolado para procesarlo. También le indica que si lo recibe correctamente haga clic en el botón **Aceptar** y si no lo recibe haga clic en el botón **Solucionar problemas**. Esta última opción abre una página de ayuda de Microsoft.

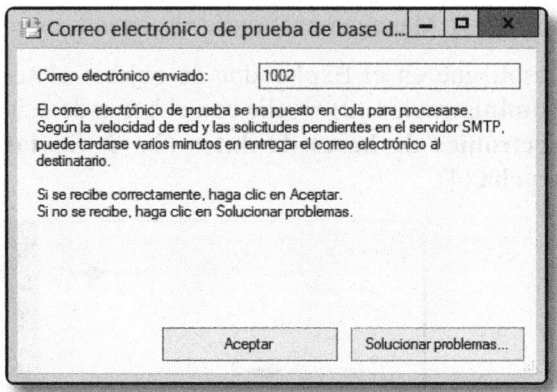

Captura 9.16. Correo electrónico de prueba, encolado

5. Compruebe que el correo de prueba se ha recibido correctamente, abriendo la bandeja de entrada del receptor en el ejemplo que ilustra este libro *AdmonMadrid.SQLServer2014@gmail.com*.

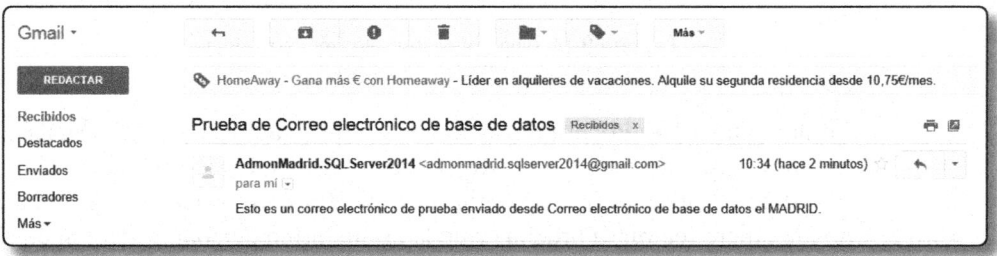

Captura 9.17. Comprobación visual de la recepción del correo de prueba

9.7 LOS OPERADORES

Los operadores son personas o grupos de personas encargados de recibir notificaciones mediante correo electrónico, un localizador o un NET SEND de un trabajo o evento que se ha programado previamente en Microsoft SQL Server. En el operador, además de programar el trabajo o evento que los disparará, también se pueden programar los días de la semana y horas durante los que está activo.

> 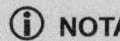 **NOTA**
>
> NET SEND es un comando del sistema operativo Windows que utilizan los operadores para enviar y recibir mensajes usando la red.

Los operadores se configuran desde el nodo **Operadores**, que se encuentra en el Explorador de objetos, dentro de la rama **Agente SQL Server**. Su configuración es bastante sencilla: al elegir **Nuevo operador**, se muestra una página en la que pueden configurar las siguientes propiedades:

▼ **Nombre**: cada operador tiene que tener asignado un nombre único que lo identifique. Los nombres no pueden superar los 128 caracteres.

▼ **Habilitado**: para que el operador esté activo y pueda recibir notificaciones tiene que estar habilitado.

▼ **Opciones de notificación**: para que el operador pueda recibir notificaciones tiene que configurar una de las opciones siguientes:

- **Nombre de correo electrónico**: indica cuál es la dirección de correo electrónico del operador. Desde la aparición de los *smartphones* esta es la opción de configuración más aconsejable, y, además, es muy fácil de implementar.

- **Dirección NET SEND**: para utilizar NET SEND se necesita una dirección de red. Esta opción utiliza Microsoft Windows Messenger. Por este motivo, este servicio debe ejecutarse tanto en el servidor SQL Server como en el equipo del operador.

- **Correo electrónico de buscapersonas**: indica una dirección de correo electrónico que usa el "busca" del operador. Para utilizar esta opción hay que instalar un programa en el servidor de SQL Server que procese el correo entrante y lo transforme al formato de los mensajes del "busca". Desde la aparición de los *smartphones* está prácticamente en desuso.

▼ **Programación de buscapersonas en servicio**: indica los días de la semana y la franja horaria en la que está activo el "busca" del operador.

9.8 EJERCICIO PRÁCTICO: CREAR UN OPERADOR

En este ejercicio práctico se le enseñará cómo crear un operador, que utilizará más adelante para notificarle resultados de trabajos y alertas mediante el uso de correo electrónico. Las características del operador que creará son:

▸ Nombre: **Operador01**.
▸ Nombre de correo electrónico: por ejemplo **AdmonMadrid. SQLServer2014@gmail.com**.

ⓘ **NOTA**

Para realizar este ejercicio práctico necesita tener un proveedor de Internet que le permita configurar al menos una cuenta de correo SMTP, que sustituya a la cuenta ficticia del ejemplo **AdmonMadrid.SQLServer2014@gmail.com**.

---

1. Inicie SQL Management Studio → conéctese con autenticación Windows.

2. En el Explorador de objetos seleccione el servidor **MADRID** (1) → **Agente SQL Server** (2) → clic con el botón derecho del ratón sobre el nodo **Operadores** (3) → **Nuevo operador...** (4).

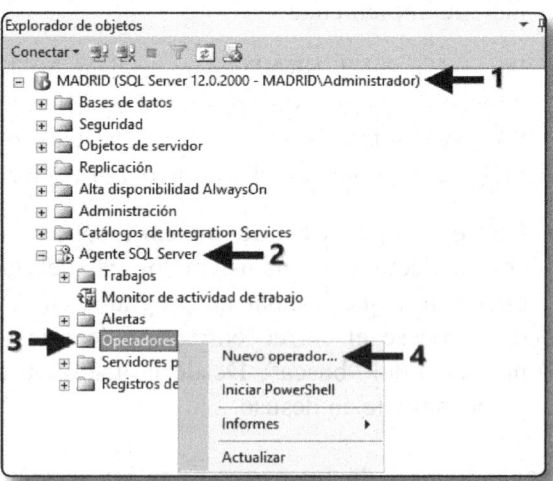

Captura 9.18. Nuevo Operador

3. En la ventana **Nuevo operador** (5) → compruebe que está seleccionada la página **General** (6) y configúrela como a continuación se indica en la captura 9.19:

- Escriba el nombre del operador: **Operador01** (7).

- Active la casilla de verificación para habilitar el operador (8).

- Asigne al operador una dirección de correo electrónico válida, en el ejemplo se ha usado una del proveedor Gmail: *AdmonMadrid. SQLServer2014@gmail.com* (9).

4. Desde la página **Notificaciones** (10) puede comprobar las notificaciones que han sido enviadas al operador.

5. Para finalizar la creación del Operador01 haga clic en el botón **Aceptar** (11).

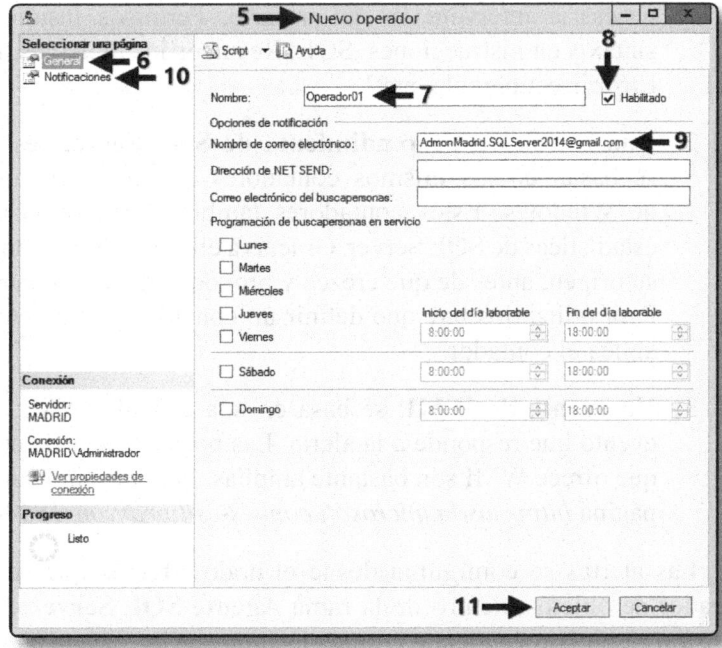

Captura 9.19. Configuración de las propiedades del Operador

6. Actualice el Explorador de objetos y compruebe que en el árbol, bajo el nodo **Operadores**, aparece **Operador01**.

9.9 ALERTAS

Es un mensaje automático que proporciona Microsoft SQL Server 2014 ante un suceso determinado. Para definir una alerta hay que especificar:

- ➤ El nombre de la alerta.
- ➤ El evento o condición que será el desencadenante de la alerta.
- ➤ La respuesta que llevará acabo el Agente SQL cuando se dispare la alerta.

Los sucesos que son capaces de activar una alerta son:

1. **Un evento de SQL Server**: los mensajes de error se graban en el registro de aplicaciones de Microsoft Windows. El Agente SQL lee este registro y compara los eventos escritos en él con las alertas que tiene definidas. Cuando encuentra una coincidencia, se activa la alerta. Dentro de esta categoría se encuentran los siguientes tipos de eventos: [Información diversa del sistema, Notificación información estado, Notificación necesaria intervención del usuario, Permisos insuficientes, Error de sintaxis en instrucciones SQL, Recursos insuficientes, Error en recurso, Error irrecuperable, etc.].

2. **Una condición de rendimiento de SQL Server**: este tipo de alertas se basan en los mismos contadores que monitorizan el rendimiento de Windows. Estos contadores también proporcionan información y estadísticas de SQL Server. Gracias a ellos puede detectar un problema en su origen, antes de que crezca y provoque daños irreparables al sistema. Para utilizarlos hay que definir un contador y el objeto sobre el que se aplica el contador.

3. **Un evento de WMI**: se basa en una consulta WMI, que identifica el evento que responde a la alerta. Las posibilidades de consulta a eventos que ofrece WMI son bastante amplias. Para más información consulte la página *http://msdn.microsoft.com/es-es/library/ms186449.aspx*.

Las alertas se configuran desde el nodo **Alertas** que se encuentra en el Explorador de objetos, dentro de la rama **Agente SQL Server**. Su configuración comienza al elegir **Nueva alerta**. Esta acción muestra la ventana **Nueva alerta**, que, a su vez, tiene tres páginas:

- ➤ **General**: desde esta página se crean y modifican las propiedades básicas de la alerta:
  - • **Nombre**: sirve para asignar un nombre a la alerta.
  - • **Habilitar**: para que una alerta funcione tiene que estar habilitada.

- **Tipo**: sirve para seleccionar el tipo de alerta que se usará [un evento de SQL Server, una condición de rendimiento de SQL Server, un evento de WMI].

▼ **Respuesta**: programa el trabajo que se ejecutará como respuesta a la alerta y los operadores que serán notificados de la alerta.

- **Ejecutar trabajo**: habilita la lista desplegable que se encuentra en la parte inferior, donde puede elegir el trabajo que quiere que se ejecute en caso de que se produzca la alerta.

- **Nuevo trabajo**: este botón se habilita cuando está activada la casilla de verificación **Ejecutar trabajo**. Permite crear un trabajo nuevo para que lo use la alerta que estamos definiendo.

- **Notificar a los operadores**: habilita las opciones que permiten agregar un operador de la alerta.

▼ **Opciones**: desde esta página configurará la tecnología que usará para notificar la alerta al operador [Correo electrónico, Buscapersonas o NET SEND], así como el mensaje que se le enviará.

Es posible configurar las alertas desde el Editor de consultas usando el procedimiento almacenado **sp_add_alert**. La sintaxis es la siguiente:

```
sp_add_alert [ @name = ] 'nombre'
[ , [ @message_id = ] num_Error ]
[ , [ @severity = ] gravedad ]
[ , [ @enabled = ] enabled ]
[ , [ @delay_between_responses = ]
retardo_entre_respuestas ]
[ , [ @notification_message = ]
'mensaje_notificación' ]
[ , [ @include_event_description_in = ]
incluir_descripción_en ]
[ , [ @database_name = ] 'nombre_base_datos' ]
[ , [ @event_description_keyword = ]
'patrón_palabras_claves' ]
[ , { [ @job_id = ] id_trabajo |
[ @job_name = ] 'nombre_trabajo' } ]
[ , [ @performance_condition = ]
'condición_rendimiento' ]
[ , [ @category_name = ] 'categoria' ]
[ , [ @wmi_namespace = ] 'espacio_nombre_wmi' ]
[ , [ @wmi_query = ] 'consulta_wmi' ]
```

▶ **[@name=] 'nombre'**: es el nombre de la alerta.

▶ **[@message_id =] num_Error**: si completa este argumento, la alerta originará el número de mensaje programado. Si usa el argumento **gravedad** para definir la alerta, el **num_Error** tiene que ser igual a cero.

▶ **[@severity =] gravedad**: es un número comprendido en el intervalo [1, 25] que define el nivel de gravedad de la alerta. Si usa el argumento **num_Error** para definir la alerta, **gravedad** tiene que ser igual a cero.

▶ **[@enabled =] enabled**: indica el estado actual de la alerta.

▶ **[@delay_between_responses =] retardo_entre_respuestas**: expresa el intervalo en segundos, entre cada alerta. El valor cero (0) significa que no existe intervalo de espera.

▶ **[@notification_message =] 'mensaje_notificación'**: mensaje personalizado que se envía al operador con la alerta.

▶ **[@include_event_description_in =] incluir_descripción_en**: es un valor numérico (int) que indica si la descripción del error se incluirá como parte del mensaje de la alerta. Puede tomar los siguientes valores (uno o varios simultáneamente usando el operador **OR**).

  • **0**: No se incluye.

  • **1**: Se incluye en el correo electrónico.

  • **2**: Se incluye en el mensaje al "busca".

  • **4**: Se incluye en el NET SEND.

▶ **[@database_name =] nombre_base_datos**: base de datos que supervisa la alerta.

▶ **[@event_description_keyword =] 'patrón_palabras_claves'**: palabras claves que deben aparecer en la descripción del error. Se puede establecer un filtro con la expresión **LIKE** y el nombre del objeto entre %. Por ejemplo **LIKE %patrón_buscado%**.

▶ **[@job_id =] id_trabajo**: identificador numérico del trabajo que se mandará ejecutar como respuesta a la alerta.

▼ **[@job_name** =] **'nombre_trabajo'**: nombre del trabajo que se mandará ejecutar como respuesta a la alerta.

▼ **[@performance_condition** =] **'condición_rendimiento'**: sirve para especificar que la alerta se produce como consecuencia de una condición de rendimiento. En estos casos hay que especificar el contador de rendimiento, el umbral que inicia la alerta.

▼ **[@category_name** =] **'categoría'**: indica el nombre de la categoría de la alerta, por defecto el valor es NULL.

▼ **[@wmi_namespace**=] **'espacio_nombre_wmi'**: es el espacio de nombres WMI, que se usa para buscar eventos WMI.

▼ **[@wmi_query**=] **'consulta_wmi'**: indica la consulta WMI que se utilizará en la alerta.

9.10 EJERCICIO PRÁCTICO: CREAR ALERTAS

En este ejercicio práctico se le enseñará cómo crear los tres tipos de alerta existentes en el Agente SQL Server:

1. Creará una "Alerta de evento SQL" que se active cuando el motor de base de datos se encuentre con recursos insuficientes para llevar a cabo una operación en la base de datos AdventureWorks2012.

2. Creará una "Alerta WMI" que se active cuando el espacio libre en disco sea menor de 75 MB.

3. Creará una "Alerta de condición de rendimiento de SQL Server" que se active cuando el tamaño del archivo del *log* de transacciones de la base de datos AdventureWorks2012 supere el 50% del tamaño del archivo de datos.

Todas estas prácticas se ejecutarán primero usando la herramienta Microsoft SQL Management Studio y a continuación desde el Editor de consultas con una instrucción T-SQL.

Para realizar esta práctica es necesario que previamente complete la práctica 9.8, en la que se creó el Operador01.

9.10.1 Crear una Alerta de evento SQL

En este ejercicio práctico se le enseñará cómo crear una "Alerta de evento SQL", que se activará cuando el motor de base de datos se encuentre con los recursos limitados para realizar una operación en la base de datos AdventureWorks2012. Los datos necesarios para crear la alerta son:

- Nombre: **ALERTA RECURSOS INSUFICIENTES**.
- Tipo: **Alerta de evento de SQL Server**.
- Gravedad **017.- Recursos insuficientes**.
- Base de datos: **AdventureWorks2012**.
- Respuesta: **Notifica por correo electrónico a Operador01**.

9.10.1.1 DESDE SQL MANAGEMENT STUDIO

1. Inicie SQL Management Studio → conéctese con autenticación Windows.

2. En el Explorador de objetos seleccione el servidor **MADRID** (1) → despliegue el nodo del **Agente SQL Server** (2) → haga clic con el botón derecho del ratón sobre **Alertas** (3) → en el menú contextual elija la opción **Nueva alerta…** (4).

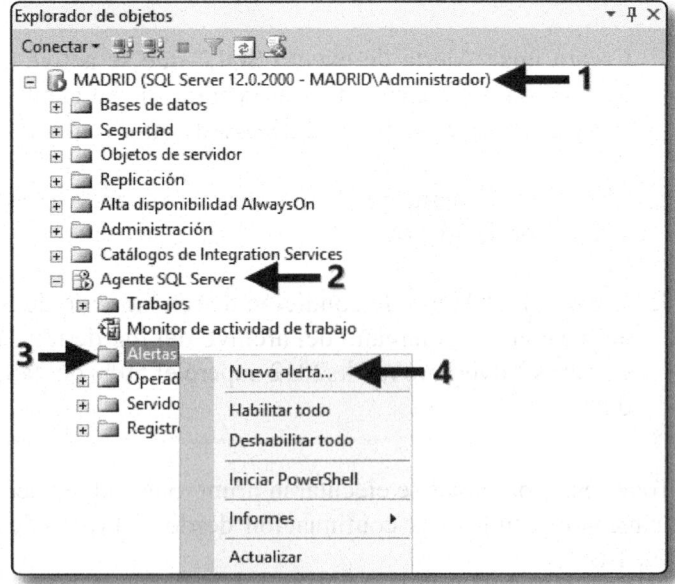

Captura 9.20. Crear una alerta

3. En la ventana **Nueva alerta** (5), compruebe que está seleccionada la página **General** (6). A continuación complétela como se indica en la captura siguiente.

- Nombre: **ALERTA RECURSOS INSUFICIENTES** (7).

- Tipo: **Alerta de evento de SQL Server** (8).

- Base de datos: **AdventureWorks2012** (9).

- Gravedad **017.- Recursos insuficientes** (10).

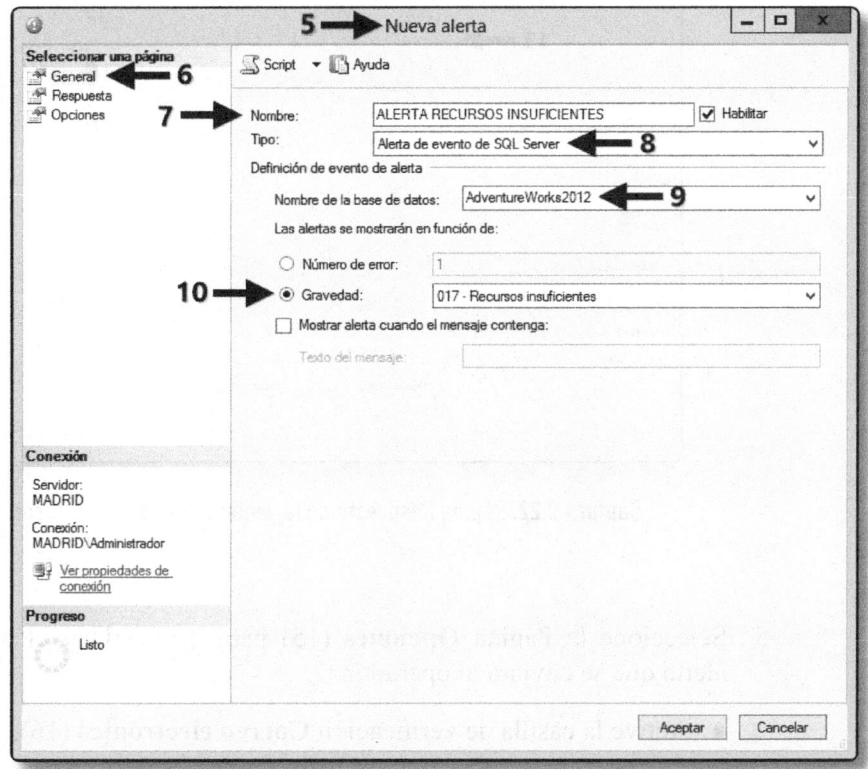

Captura 9.21. Página General de la ventana Nueva alerta, evento SQL

4. Seleccione la página **Respuesta** (11) y configúrela como a continuación se indica:

- Active la casilla de verificación **Notificar a los operadores** (12).

- Seleccione el único operador existente, **Operador01** (13), y active la casilla de verificación de **Correo** (14) para que se le notifique la alerta mediante el correo electrónico.

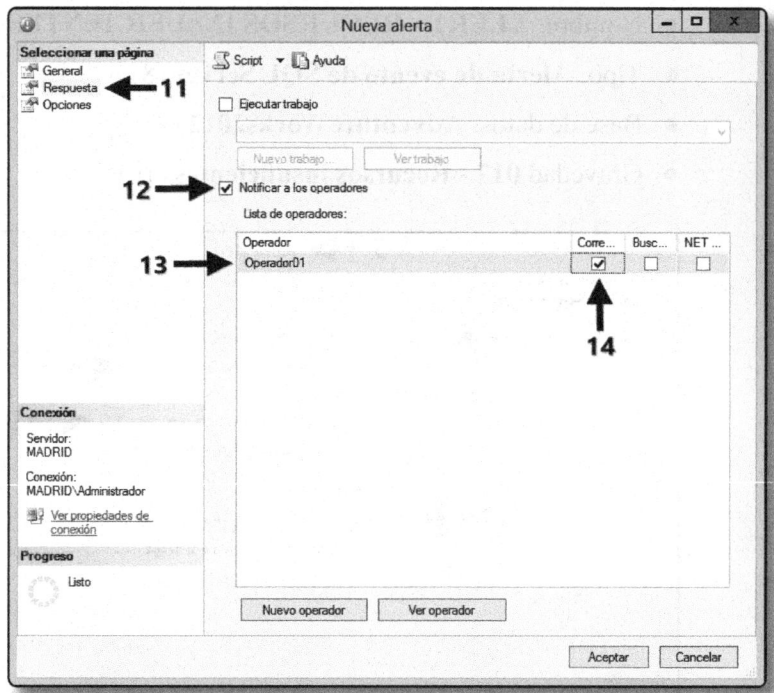

Captura 9.22. Página Respuesta de la ventana Nueva alerta, evento SQL

5. Seleccione la Página **Opciones** (15) para personalizar el mensaje de alerta que se enviará al operador.

- Active la casilla de verificación **Correo electrónico** (16).

- Mensaje adicional de notificación para enviar: **RECURSOS INSUFICIENTES PARA LLEVAR A CABO UNA OPERACIÓN EN LA BASE DE DATOS ADVENTUREWORKS2012** (17).

- Por último, para finalizar el asistente y crear la alerta haga clic en el botón **Aceptar** (18).

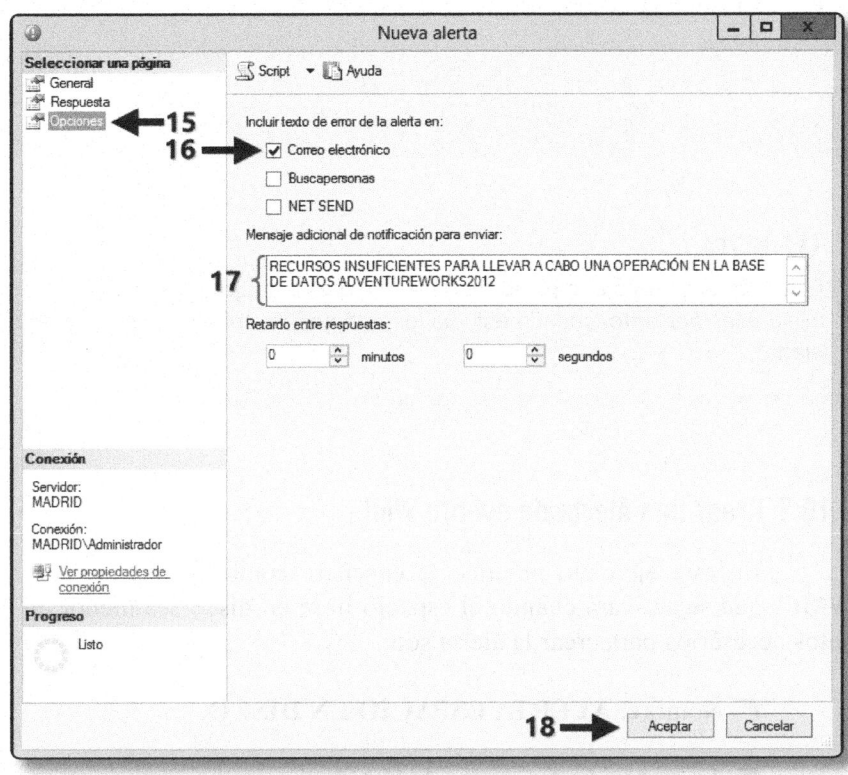

Captura 9.23. Página Opciones de la ventana Nueva alerta, evento SQL

9.10.1.2 USANDO T-SQL Y EL PROCEDIMIENTO ALMACENADO SP_ADD_ALERT

Puede conseguir el mismo efecto que en el apartado anterior si escribe la siguiente consulta en el Editor de consultas. Si tiene alguna duda sobre la sintaxis del procedimiento almacenado **Sp_add_alert**, revise el apartado *Alertas* de este tema.

```
USE [msdb]
GO
EXEC msdb.dbo.sp_add_alert @name=N'ALERTA RECURSOS
INSUFICIENTES',
@message_id=0,
@severity=17,
@enabled=1,
@delay_between_responses=0,
@include_event_description_in=1,
@database_name=N'AdventureWorks2012',
@notification_message=N'RECURSOS INSUFICIENTES PARA
```

```
LLEVAR A CABO UNA OPERACIÓN EN LA
BASE DE DATOS ADVENTUREWORKS2012',
@category_name=N'[Uncategorized]',
@job_id=N'00000000-0000-0000-0000-000000000000'
GO
```

> **(i) NOTA**
>
> Observará que existe la posibilidad de agregar un trabajo a la alerta para que esta lo inicie. Más adelante, cuando estudie los trabajos, le enseñaré cómo agregarlos a una alerta.

9.10.2 Crear una Alerta de evento WMI

En este ejercicio práctico le enseñaré cómo crear una "Alerta de evento WMI", que se activará cuando el espacio libre en disco sea menor de 75 MB. Los datos necesarios para crear la alerta son:

▼ Nombre: **ALERTA ESPACIO EN DISCO.**

▼ Tipo: **Alerta de evento de WMI.**

▼ Espacio de nombre: **\\.\ROOT\CIMV2.**

▼ Consulta WMI: **SELECT * FROM __InstanceModificationEvent WITHIN 600 WHERE TargetInstance ISA "Win32_LogicalDisk" AND TargetInstance.FreeSpace < 75000000.**

▼ Respuesta: **Notifica por correo electrónico a Operador01.**

9.10.2.1 DESDE SQL MANAGEMENT STUDIO

1. Inicie SQL Management Studio → conéctese con autenticación Windows.

2. En el Explorador de objetos seleccione el servidor **MADRID** → despliegue el nodo **Agente SQL Server** → haga clic con el botón derecho del ratón sobre **Alertas** → en el menú contextual elija la opción **Nueva alerta...**

3. En la ventana **Nueva alerta** compruebe que está seleccionada la página **General** (1) y rellénela como se indica en la captura siguiente.

- Nombre: **ALERTA ESPACIO EN DISCO** (2).

- Tipo: **Alerta de evento de WMI** (3).

- Espacio de nombre: **\\.\ROOT\CIMV2** (4).

- Consulta WMI: **SELECT * FROM __InstanceModificationEvent WITHIN 600 WHERE TargetInstance ISA "Win32_LogicalDisk" AND TargetInstance.FreeSpace < 75000000** (5).

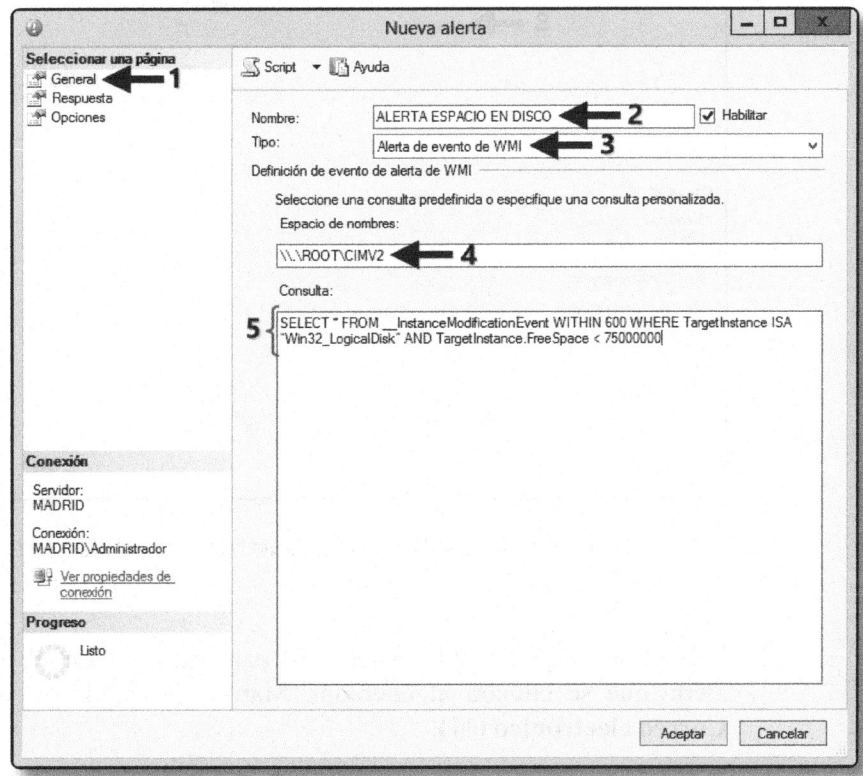

Captura 9.24. Página General de la ventana Nueva alerta, evento WMI

4. Seleccione la página **Respuesta** (6) y configúrela como a continuación se indica.

- Marque la casilla de verificación **Notificar a los operadores** (7).

- Seleccione el único operador existente, **Operador01** (8), y active la casilla de verificación **Correo electrónico** (9) para que se le notifique la alerta mediante el correo electrónico.

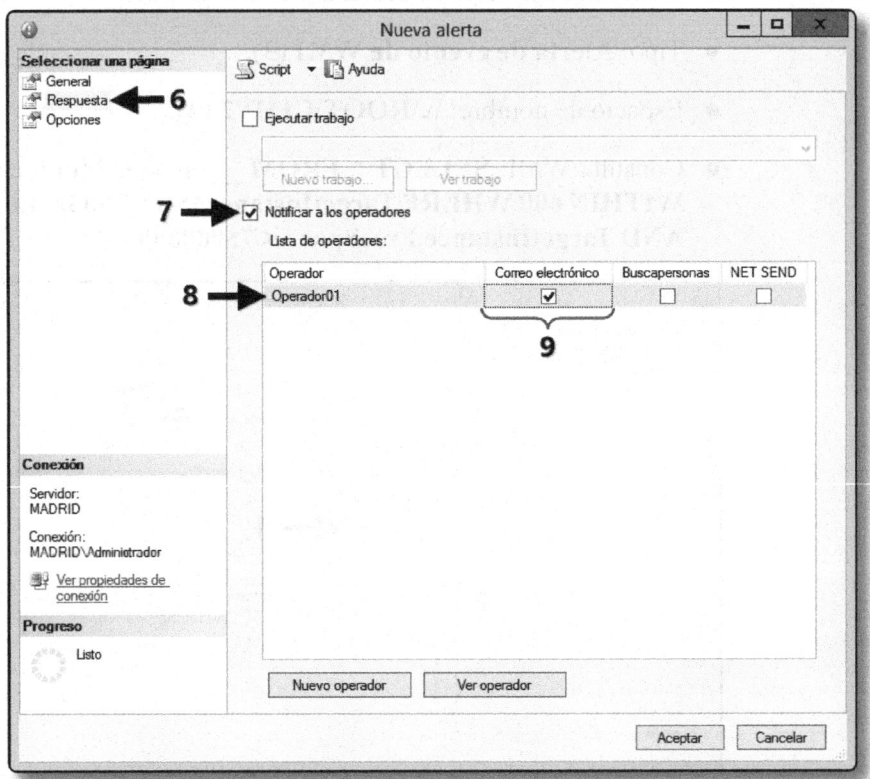

Captura 9.25. Página Respuesta de la ventana Nueva alerta, evento WMI

5. Seleccione la página **Opciones** (10) para personalizar el mensaje de alerta que se enviará al operador. Marque la casilla de verificación **Correo electrónico** (11).

- Mensaje adicional de notificación para enviar: **QUEDAN MENOS DE 75 MB DE ESPACIO LIBRE EN DISCO** (12).

- Por último, para finalizar el asistente y crear la alerta, haga clic en el botón **Aceptar** (13).

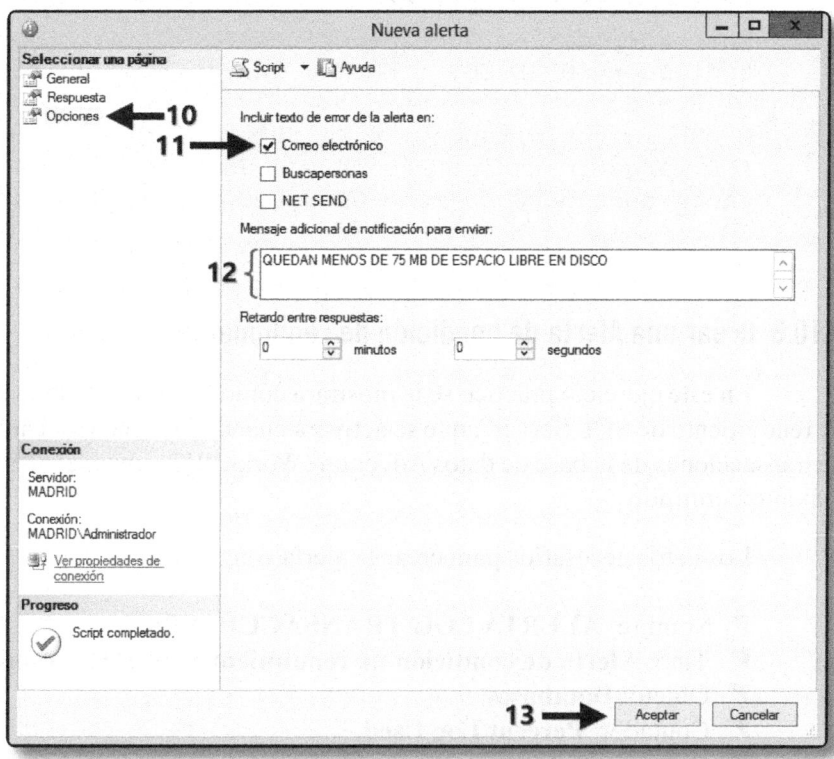

Captura 9.26. Página Opciones de la ventana Nueva alerta, evento WMI

9.10.2.2 USANDO T-SQL Y EL PROCEDIMIENTO ALMACENADO SP_ADD_ALERT

Puede conseguir el mismo efecto que en el apartado anterior si escribe la siguiente consulta en el Editor de consultas. Si tiene alguna duda sobre la sintaxis del procedimiento almacenado **Sp_add_alert**, revise el apartado 9.9 (*Alertas*) de este tema.

```
USE [msdb]
GO
EXEC msdb.dbo.sp_add_alert @name=N'ALERTA ESPACIO EN
DISCO',
@message_id=0,
@severity=0,
@enabled=1,
@delay_between_responses=0,
@include_event_description_in=1,
@notification_message=N'QUEDAN MENOS DE 75 MB DE
```

```
ESPACIO LIBRE EN DISCO',
@category_name=N'[Uncategorized]',
@wmi_query=N'SELECT * FROM __InstanceModificationEvent
WITHIN 600
WHERE TargetInstance ISA "Win32_LogicalDisk"
AND TargetInstance.FreeSpace < 75000000',
@job_id=N'00000000-0000-0000-0000-000000000000'
GO
```

9.10.3 Crear una Alerta de condición de rendimiento

En este ejercicio práctico se le mostrará cómo crear una "Alerta de condición de rendimiento de SQL Server", que se activará cuando el tamaño del archivo del *log* de transacciones de la base de datos AdventureWorks2012 supere el 50% del tamaño máximo permitido.

Los datos necesarios para crear la alerta son:

- ▼ Nombre: **ALERTA LOG TRANSACCIONES**.
- ▼ Tipo: **Alerta de condición de rendimiento de SQL Server**.
- ▼ Objeto: **Databases**.
- ▼ Contador: **Percent Log Used**.
- ▼ Instancia: **AdventureWorks2012**.

9.10.3.1 DESDE SQL MANAGEMENT STUDIO

1. Inicie SQL Management Studio → conéctese con autenticación Windows.

2. En el Explorador de objetos seleccione el servidor **MADRID** → despliegue el **Agente SQL Server** → haga clic con el botón derecho del ratón sobre el nodo **Alertas** → **Nueva alerta...**

3. En la ventana **Nueva alerta**, compruebe que está seleccionada la página **General** (1) y rellénela como se indica en la captura siguiente.

   - Nombre: **ALERTA LOG TRANSACCIONES** (2).
   - Tipo: **Alerta de condición de rendimiento de SQL Server** (3).
   - Objeto: **Databases** (4).
   - Contador: **Percent Log Used** (5).
   - Instancia: **AdventureWorks2012** (6).
   - Alerta si el contador: **está por encima de** (7).
   - Valor: **50** (8).

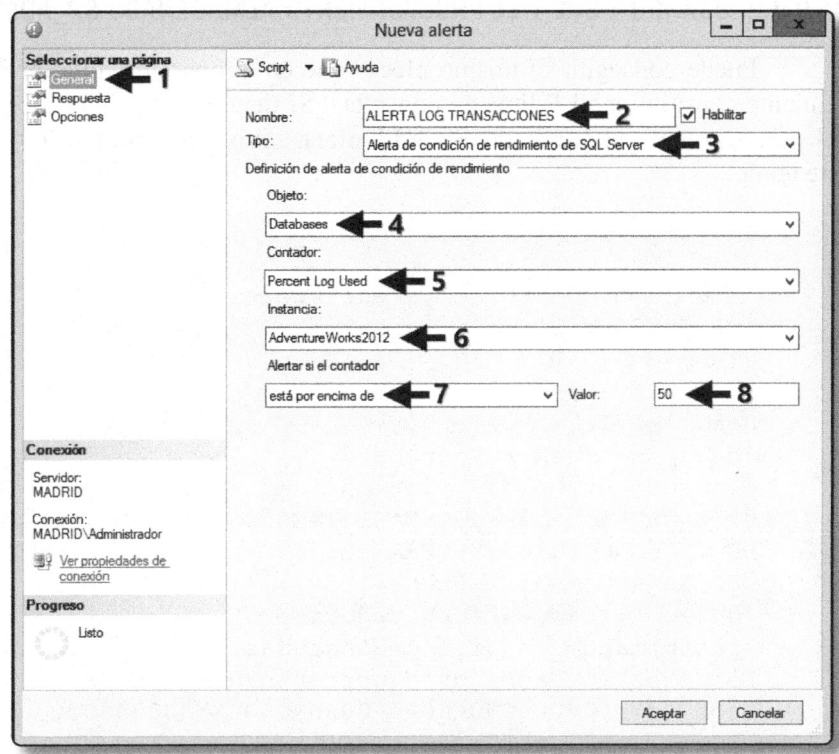

Captura 9.27. Página General de la ventana Nueva alerta, de condición de rendimiento

4. Página **Respuesta**: active la casilla de verificación **Notificar a los operadores** y a continuación seleccione el **Operador01** y la casilla de verificación **Correo**.

5. Página **Opciones**:

   • Active la casilla de verificación **Correo electrónico**.

   • En el cuadro de texto **Mensaje adicional de notificación para enviar** escriba: **EL TAMAÑO DEL ARCHIVO DEL LOG DE TRANSACCIONES SUPERA EL 50% DEL TAMAÑO DEL MÁXIMO PERMITIDO**.

6. Haga clic en el botón **Aceptar** para crear el trabajo.

9.10.3.2 USANDO T-SQL Y EL PROCEDIMIENTO ALMACENADO SP_ADD_ALERT

Puede conseguir el mismo efecto que en el apartado anterior si escribe la siguiente consulta en el Editor de consultas. Si tiene alguna duda sobre la sintaxis del procedimiento almacenado **Sp_add_alert**, revise el apartado 9.9 (*Alertas*) de este tema.

```
USE [msdb]
GO
EXEC msdb.dbo.sp_add_alert @name=N'ALERTA LOG
TRANSACCIONES',
@message_id=0,
@severity=0,
@enabled=1,
@delay_between_responses=0,
@include_event_description_in=1,
@notification_message=N'EL TAMAÑO DEL ARCHIVO DEL LOG
DE TRANSACCIONES SUPERA EL 50%
DEL TAMAÑO MÁXIMO PERMITIDO',
@category_name=N'[Uncategorized]',
@performance_condition=N'Databases|
Percent Log Used|AdventureWorks2012|>|50',
@job_id=N'00000000-0000-0000-0000-000000000000'
GO
```

9.11 TRABAJOS

Un trabajo es una lista de operaciones que el Agente SQL ejecuta secuencialmente. Esta lista de operaciones en SQL Server se conoce como *pasos*. Cada paso puede realizar una tarea diferente. Por ejemplo, puede tener un trabajo con 5 pasos en el que se haga lo siguiente:

1. Copia de seguridad completa de la base de datos AdventureWorks2012.

2. Comprimir en formato RAR el archivo del *backup* de la base.

3. Enviar por FTP el fichero comprimido a un *host* remoto.

4. Borrar el archivo sin comprimir de la copia de seguridad.

5. Borrar los archivos RAR con una antigüedad superior a 10 días, en el servidor local.

Los pasos primero, segundo y cuarto de este ejemplo usan instrucciones T-SQL. Mientras que los pasos tercero y quinto usan *scripts* de PowerShell. Aquí es donde radica la potencia de esta herramienta, en la que puede combinar *scripts* de distintos lenguajes, así como el orden (pasos) en el que se ejecutan. También puede programar qué es lo que sucede en caso de que uno de los pasos no se ejecute correctamente.

En cada paso se puede programar qué acción se desarrollará a continuación, dependiendo del éxito o fracaso del mismo. Las cuatro opciones posibles son:

▼ Ir al siguiente paso.

▼ Ir a un paso determinado del trabajo.

▼ Salir del trabajo informando del éxito.

▼ Salir del trabajo informando del error.

Otras opciones que se pueden programar en un trabajo son:

▼ El número de veces que se reintentará un paso en caso de error.

▼ Que se inicie el trabajo periódicamente como resultado de una tarea programada.

▼ Que se inicie el trabajo como consecuencia de un evento (alerta).

Para ilustrar y explicar cómo se crea un trabajo, realice el ejercicio práctico 9.12. En él se muestra cómo crear un trabajo complejo con cinco pasos.

9.12 EJERCICIO PRÁCTICO: CREAR UN TRABAJO COMPLEJO

En este ejercicio práctico se le enseñará cómo crear un trabajo complejo, que nombrará "Copia AdventureWorks2012" y que constará de cinco pasos que a continuación se le detallan:

1. Copia de seguridad completa de la base de datos AdventureWorks2012.

2. Comprimir en formato RAR el archivo del *backup* de la base de datos.

3. Enviar por FTP el fichero comprimido a un *host* remoto.

4. Borrar el archivo sin comprimir de la copia de seguridad.

5. Borrar los archivos RAR con una antigüedad superior a 10 días. La idea es tener almacenadas en formato RAR las últimas diez copias de seguridad de la base AdventureWorks2012.

El propósito del trabajo es crear diariamente, a las 6:00 horas, una copia de seguridad completa de la base de datos AdventureWorks2012. Esta copia se almacenará comprimida durante diez días en la máquina **MADRID** y, además, para más seguridad se enviará vía FTP a un *host* remoto. De esta manera, si ocurriera un desastre, tendríamos la completa certeza de tener una copia de seguridad para restaurar la base de datos AdventureWorks2012. En caso de que el trabajo no se complete correctamente, se enviará un mensaje de error al **Operador01**.

ⓘ **NOTA**

Microsoft SQL Server Enterprise, Business Intelligence y Estándar incorporan la característica compresión de copias de seguridad. Si está utilizando versiones inferiores (Web, Express) que carecen de esta característica, para comprimir las copias de seguridad puede utilizar la herramienta WINRAR.

Para realizar este ejercicio práctico es necesario haber realizado previamente:

▶ Ejercicio práctico 9.5: Habilitar el Correo electrónico de bases de datos.
▶ Ejercicio práctico 9.8: Crear un operador.

El diagrama de flujo del trabajo será el siguiente:

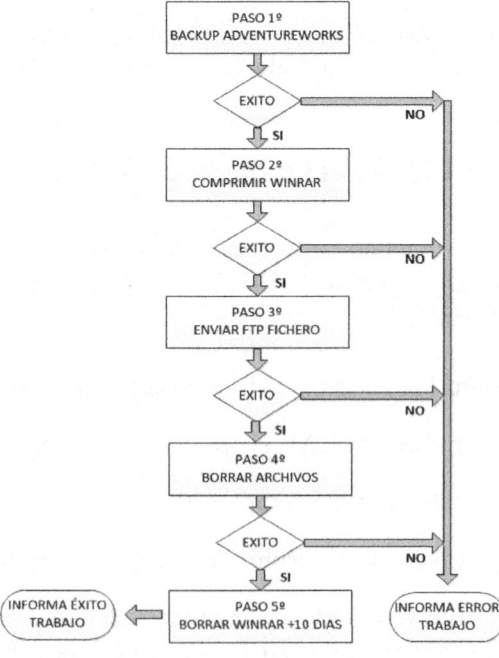

Dibujo 9.3. Diagrama de flujo trabajo Copia AdventureWorks2012

9.12.1 Requisito previo: activar xp_cmdshell

Xp_cmdshell permite a los administradores del servidor SQL usar el procedimiento almacenado **xp_cmdshell**. El procedimiento admite una cadena de texto, que normalmente contiene una orden tipo MS-DOS que le pasa al sistema operativo para que la procese.

Para activar el procedimiento almacenado **xp_cmdshell**, abra el Editor de consultas y escriba las instrucciones que a continuación le indico.

```
EXECUTE SP_CONFIGURE 'show advanced options', 1
RECONFIGURE WITH OVERRIDE
GO
EXECUTE SP_CONFIGURE 'xp_cmdshell', '1'
RECONFIGURE WITH OVERRIDE
GO
EXECUTE SP_CONFIGURE 'show advanced options', 0
RECONFIGURE WITH OVERRIDE
GO
```

9.12.2 Instalar WinRar

WinRar es una herramienta que sirve para comprimir y descomprimir archivos. Utilizará esta herramienta para comprimir los archivos de copia de seguridad completa, antes de enviarlos vía FTP al *host* remoto.

> (i) **NOTA**
>
> Si está utilizando una versión de Microsoft SQL Server Enterprise, Business Intelligence o Estándar, puede comprimir la copia de seguridad usando el modificador COMPRESSION. No obstante, se obtienen ratios de compresión muy superiores usando la herramienta WinRAR.

Puede descargar la versión de prueba de WinRAR de la página:

http://www.winrar.es/descargas?PHPSESSID=df3cbefcab90a31e827ce66 7b9c7460a.

Para iniciar la descarga, haga clic sobre el enlace **WinRAR 5.10 para Windows x64 en Español**. Guarde la descarga en el escritorio de la máquina **MADRID**.

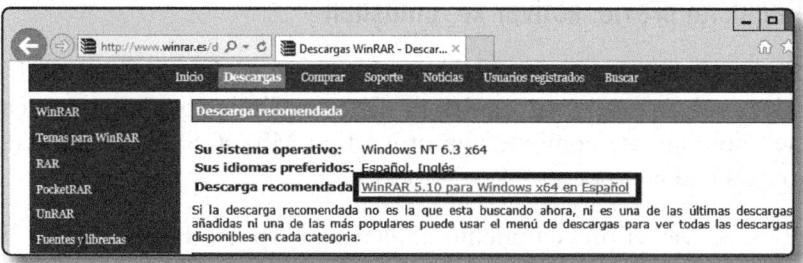

Captura 9.28. Descarga de WinRAR

Una vez que haya finalizado la descarga, haga doble clic sobre el archivo **WinRAR 5.10** para instalar el programa. Cuando finalice la instalación busque la ruta donde se ha instalado y anótela. En el ejemplo que ilustra este libro la ruta de instalación de WinRar es **C:\Program Files\WinRAR**.

> (i) **NOTA**
>
> Tiene que anotar la ruta donde instala WinRAR para configurar más adelante el paso 2 del trabajo correctamente.

9.12.3 Scripts de los diferentes pasos

El planteamiento de este ejercicio es un poco diferente. Se trata de escribir en primer lugar los cinco (5) *scripts* que formarán cada uno de los cinco pasos del trabajo "Copia Adventure Woks". Es decir, en este ejercicio escribirá los cinco *scripts* de forma individual y separada, y en el ejercicio siguiente (9.12.4) es donde creará el trabajo "Copia AdventureWorks2012" enlazando los *scripts*.

9.12.3.1 PASO 1.º: COPIA DE SEGURIDAD COMPLETA DE LA BASE DE DATOS ADVENTUREWORKS2012.

Este primer *script* está escrito en lenguaje T-SQL. Hace una copia completa de la base de datos AdventureWorks2012 en el directorio **C:\BackUps**. El *script* comienza creando el directorio **C:\BackUps** (en caso de que no exista). En este directorio se guardarán las copias comprimidas de los *backups* completos durante diez días; por este motivo, se crea un grupo de variables para formar la cadena AAAAMMDD (año, mes y día), que se añadirá al nombre de cada copia de seguridad y que posteriormente nos servirá para poder identificarlas. Por último, se ejecuta la instrucción que crea la copia de seguridad.

```
--••CREAR EL DIRECTORIO DE DESTINO
EXECUTE master.dbo.xp_create_subdir N'C:\BackUps'
GO
--••DECLARAR VARIABLES DE TIEMPO
--•••••••••••••••••••••••••••••••••
DECLARE @Nombre_Copia AS VARCHAR(200)
DECLARE @AÑO AS VARCHAR(4)
DECLARE @MES AS VARCHAR(2)
DECLARE @DIA AS VARCHAR(2)
--••INICIAR LAS VARIABLES DE TIEMPO
--•••••••••••••••••••••••••••••••••
SET @AÑO=CONVERT(VARCHAR(4),DATEPART(YYYY ,getdate()))
SET @MES= CONVERT(VARCHAR(2),DATEPART(MM,getdate()))
SET @DIA=CONVERT(VARCHAR(2),DATEPART(DD,getdate()))
--••FORMATEAR VARIABLES DE TIEMPO
--•••••••••••••••••••••••••••••••••
IF LEN(@MES)<2
SET @MES = '0'+@MES
IF LEN(@DIA)<2
SET @DIA='0'+@DIA
--••DECLARAR VARIABLES DE CADENA
--•••••••••••••••••••••••••••••••••
DECLARE @RutaCompletaRAR varchar(150)
DECLARE @NombreArchivoDescomprimido varchar(150)
--••INICIAR VARIABLES DE CADENA
--•••••••••••••••••••••••••••••••••
SET @NombreArchivoDescomprimido= 'C:\BackUps\Adventu
reWorks2012_' +
@AÑO +@MES +@DIA + '.bak'
SET @RutaCompletaRAR ='C:\BackUps\
AdventureWorks2012_' +
@AÑO +@MES +@DIA + '.rar'
--••••••••HACER COPIA DE SEGURIDAD
--•••••••••••••••••••••••••••••••••
BACKUP DATABASE [AdventureWorks2012] TO DISK=
@NombreArchivoDescomprimido
WITH NOFORMAT, NOINIT, NAME = N'Copia completa
AdventureWorks2012', SKIP,
NOREWIND, NOUNLOAD, STATS = 10
```

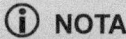

ℹ **NOTA**

Puede ejecutar el *script* desde el editor de consultas T-SQL para comprobar que funciona correctamente.

9.12.3.2 PASO 2.º: COMPRIMIR EN FORMATO RAR EL ARCHIVO DEL BACKUP DE LA BASE DE DATOS.

El *script* está escrito en lenguaje T-SQL. Usa la aplicación WinRAR para comprimir la copia de seguridad creada en el paso 1.º. Para identificar el nombre del archivo que tiene que comprimir, crea un grupo de variables para formar la cadena AAAAMMDD (año, mes y día) del día actual. Una vez que se han construido todas las variables de cadena (nombre del archivo sin comprimir y nombre del archivo comprimido), con la variable **@Orden** se llama a la aplicación WinRAR para que comprima el archivo. Si no está acostumbrado a trabajar con *scripts*, preste *especial atención a entrecomillar la ruta* donde está instalada la aplicación WinRAR (véase la captura 9.29). Para ello, compruebe con un explorador dónde se ha instalado la aplicación WinRAR. Tenga en cuenta que puede variar el directorio dependiendo de si la instalación se hizo de una aplicación de X86 ("Program Files (x86)") o X64 bits ("Program Files").

```
WinRar X86→ SET @RutaExeWinRar='C:\"Program Files (x86)"\WinRAR\rar.exe a -m5 '
WinRar X64→ SET @RutaExeWinRar='C:\"Program Files"\WinRAR\rar.exe a -m5 '
```

Captura 9.29. Directorio de instalación de la aplicación WinRAR

```
--••DECLARAR VARIABLES DE TIEMPO
--•••••••••••••••••••••••••••••••
DECLARE @Nombre_Copia AS VARCHAR(200)
DECLARE @AÑO AS VARCHAR(4)
DECLARE @MES AS VARCHAR(2)
DECLARE @DIA AS VARCHAR(2)
--••INICIAR LAS VARIABLES DE TIEMPO
--•••••••••••••••••••••••••••••••••
SET @AÑO=CONVERT(VARCHAR(4),DATEPART(YYYY ,getdate()))
SET @MES= CONVERT(VARCHAR(2),DATEPART(MM,getdate()))
SET @DIA=CONVERT(VARCHAR(2),DATEPART(DD,getdate()))
--••FORMATEAR VARIABLES DE TIEMPO
--•••••••••••••••••••••••••••••••
IF LEN(@MES)<2
SET @MES = '0'+@MES
IF LEN(@DIA)<2
SET @DIA='0'+@DIA
--••DECLARAR VARIABLES DE CADENA
--••••••••••••••••••••••••••••••
DECLARE @RutaCompletaRAR varchar(150)
DECLARE @NombreArchivoDescomprimido varchar(150)
--••INICIAR VARIABLES DE CADENA
--••••••••••••••••••••••••••••••
```

```
SET @NombreArchivoDescomprimido= 'C:\BackUps
\AdventureWorks2012_' + @AÑO +@
MES+@DIA + '.bak'
SET @RutaCompletaRAR ='C:\BackUps\AdventureWorks2012_'
+ @AÑO +@MES +
@DIA + '.rar'
--••DECLARAR VARIABLES RAR
--•••••••••••••••••••••••••••
DECLARE @Orden varchar(150)
DECLARE @RutaExeWinRar varchar(150)
--••INICIAR VARIABLES RAR Y COMPRESIÓN
--•••••••••••••••••••••••••••••••••••
SET @RutaExeWinRar='C:\"Program Files"\WinRAR\
rar.exe a -m5 '
SET @Orden =@RutaExeWinRar + @RutaCompletaRAR + ' ' + @
NombreArchivoDescomprimido
EXEC master.dbo.xp_cmdshell @Orden
```

ⓘ **NOTA**

Puede ejecutar el *script* desde el editor de consultas T-SQL para comprobar que funciona correctamente, después de haber ejecutado el *script* del paso 1.

9.12.3.3 PASO 3.º: ENVIAR POR FTP EL FICHERO COMPRIMIDO A UN HOST REMOTO.

Para ejecutar este paso necesita una cuenta de FTP (nombre usuario, contraseña y dominio) con estos datos suplante los de la línea #N-6.

El *script* está escrito en PowerShell. Está diseñado para enviar a un *host* remoto usando FTP, la copia comprimida de la base de datos AdventureWorks2012, creada en los pasos 1.º y 2.º. PowerShell es un lenguaje avanzado muy parecido a C#, que no forma parte del ámbito este libro. No obstante, se incluyen comentarios que facilitan la comprensión del *script*. Para hacer uso de él necesita tener una cuenta de FTP, un usuario y una contraseña.

ⓘ **NOTA**

La cuenta FTP que se incluye en el *script* no es real, es un ejemplo.

```
#N-1. Se carga el espacio de nombre 'System.Net'
[System.Reflection.Assembly]::LoadWithPartialName
('System.Net.
WebClientSystem')
#N-2. Se obtiene del sistema la fecha actual
$Fecha = Get-Date
#N-3. Es obligatorio en Power Shell, para comparar
#fechas ponerlas en
#N-3. formato USA MMddyyyy
$strFecha=$Fecha.ToString('MM/dd/yyyy')
#N-4. Obtenemos los archivos de la carpeta "BackUps"
#con extensión
#N-4. "rar", creados hoy
$FileRar=Get-ChildItem C:\BackUps\* -include *.rar |
Where-Object{$_.
LastWriteTime -ge $strFecha}
#N-5. Formamos la ruta completa del archivo que se sube
#al FTP.
$File = 'C:\BackUps\' + $FileRar.name
#N-6. Formato cadena con nombre de usuario,
#contraseña y
#N-6. dirección del FTP
#$ftp ="ftp://Nombre_usuario:Contraseña@dominio.es/
#entrada/archivo.zip"
$ftp = "ftp://Aurelio:123Contraseña@Legor.
es/"+$FileRar.name
#N-7. Se dimensiona un objeto de la clase WebClient
$webclient = New-Object System.Net.WebClient
#N-8. Se inicializa un nuevo objeto de un identificador
#de recursos
#N-8. (URI) al que le pasamos $ftp
$uri = New-Object System.Uri($ftp)
#N-9.Cargamos el archivo local especificado en el
#recurso URI
$webclient.UploadFile($uri, $File)
```

ⓘ **NOTA**

En PowerShell las líneas precedidas del carácter "#" son comentarios del código.

ⓘ **NOTA**

Puede ejecutar el *script* desde la consola de Power Shell para comprobar que funciona correctamente, después de haber ejecutado el *script* del paso 2.

9.12.3.4 PASO 4.º: BORRAR EL ARCHIVO SIN COMPRIMIR DE LA COPIA DE SEGURIDAD

Este *script* está escrito en lenguaje PowerShell. Obtiene la fecha del día en que se ejecuta. A continuación, busca todos los archivos que contiene el directorio "C:\BackUps", que no contengan en su nombre la cadena de texto "rar" y que hayan sido creados con la fecha del día actual o anterior (son los archivos de copia de seguridad sin comprimir). Por último, el *script* borra todos los archivos que cumplan la condición de búsqueda.

```
CD "C:\BackUps"
$strFecha=(get-date)
Get-ChildItem "C:\BackUps\" | Where-Object{$_.
LastWriteTime -le
$strFecha} | foreach-object {if($_ -notmatch 'rar')
{Remove-Item $_}}
```

(i) **NOTA**

Puede ejecutar el *script* desde la consola de Power Shell para comprobar que funciona correctamente, después de haber ejecutado el *script* del paso 3.

9.12.3.5 PASO 5.º: BORRAR LOS ARCHIVOS RAR CON UNA ANTIGÜEDAD SUPERIOR A 10 DÍAS

Este *script* está escrito en lenguaje PowerShell. Es muy similar al anterior, pero en este caso la búsqueda se realiza sobre los archivos que contengan la cadena "rar" y que hayan sido creados hace diez días o más. A continuación, borra todos los archivos que cumplen la condición de búsqueda.

```
CD "C:\BackUps"
$strFecha=(get-date).adddays(-10)
Get-ChildItem "C:\BackUps\" -Recurse -Include *.rar |
Where-Object{$_.
LastWriteTime -le $strFecha} | foreach-object
-process{Remove-Item $_}
```

9.12.4 Crear el trabajo "Copia AdventureWorks2012"

Una vez que tenemos diseñado el diagrama de flujo del trabajo y los *scripts* que utilizará en los distintos pasos, podemos crear el trabajo.

1. Inicie SQL Management Studio → conéctese con autenticación Windows.

2. En el Explorador de objetos despliegue el servidor **MADRID** → expanda el nodo **Agente SQL Server** → haga clic con el botón derecho del ratón sobre el nodo **Trabajos** → en el menú contextual elija la opción **Nuevo trabajo…**

3. En la ventana **Nuevo trabajo**, compruebe que está seleccionada la página **General** (1) y configúrela como a continuación se indica:

   - Nombre: **Copia AdventureWorks2012** (2).

   - Propietario: **ServiciosSQL** (3) es la cuenta de servicio que se creó en el tema 1.

   - Descripción: (4) escriba un resumen de los cinco pasos que forman el trabajo.

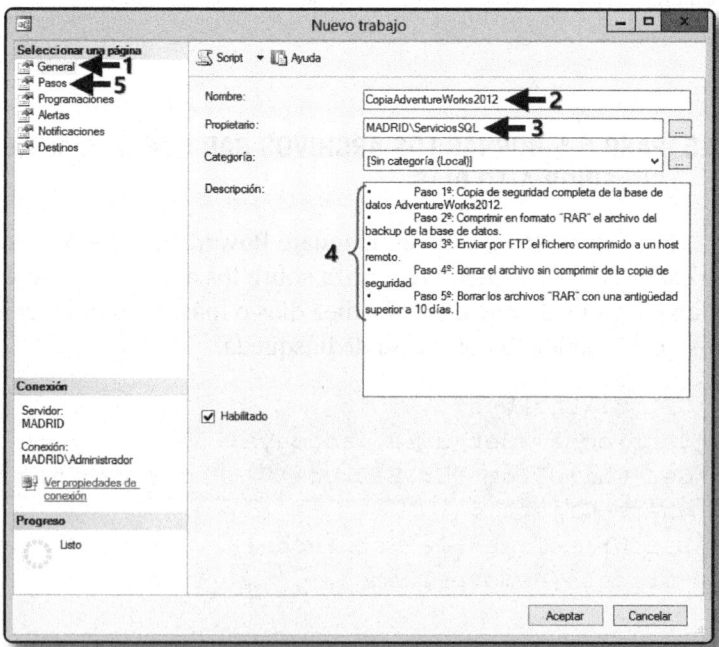

Captura 9.30. Página General

4. Haga clic en la página **Pasos** (5) para iniciar la creación de los cinco pasos que componen el trabajo.

- **Crear Paso 1.º**: haga clic en el botón **Nuevo**, compruebe que está seleccionada la página **General** (6).

  - Nombre del paso: **Paso 1.º** (7).

  - Tipo: **Script Transact_SQL (T-SQL)** (8).

  - Base de datos: **AdventureWorks2012** (9).

  - Comando: (10) copie el *script* que elaboró en el punto **9.12.3.1 (Paso 1.º)**.

  - Haga clic en el botón **Analizar** (11) para comprobar que la sintaxis del *script* es correcta.

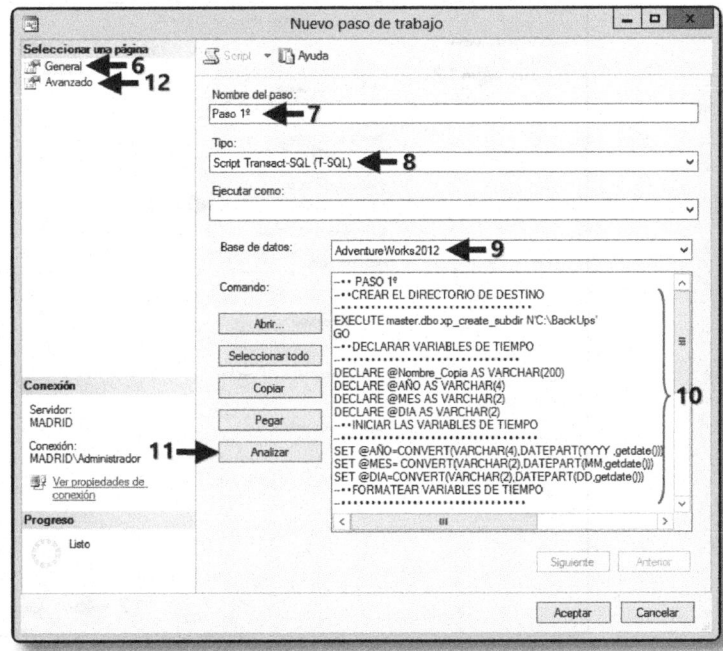

Captura 9.31. Página General del Paso 1.º

  - A continuación, haga clic en la página **Avanzado** (12) para configurar los reintentos y qué sucederá en caso de que el paso finalice con éxito o fracaso.

  - Acción en caso de éxito: **Ir al siguiente paso** (13). En el momento que se realice el paso 1.º con éxito, la tarea intentará realizar el paso 2.º "Comprimir en formato RAR el archivo de *backup* de la base de datos".

– Número de reintentos: **cinco** (14), en caso de error el paso se reintentará hasta cinco veces. En caso de que el paso 1.º falle cinco veces finalizará el trabajo, es decir, no se realizarán el resto de pasos.

– Intervalo de reintento (minutos): **diez** (15). Con esta configuración en caso de error el paso se reintentará hasta cinco veces, con un intervalo de espera entre cada reintento de 10 minutos.

– Acción en caso de error: **Salir del trabajo e informar del error** (16).

– Haga clic en el botón **Aceptar** (17) para finalizar la creación del **Paso 1.º**.

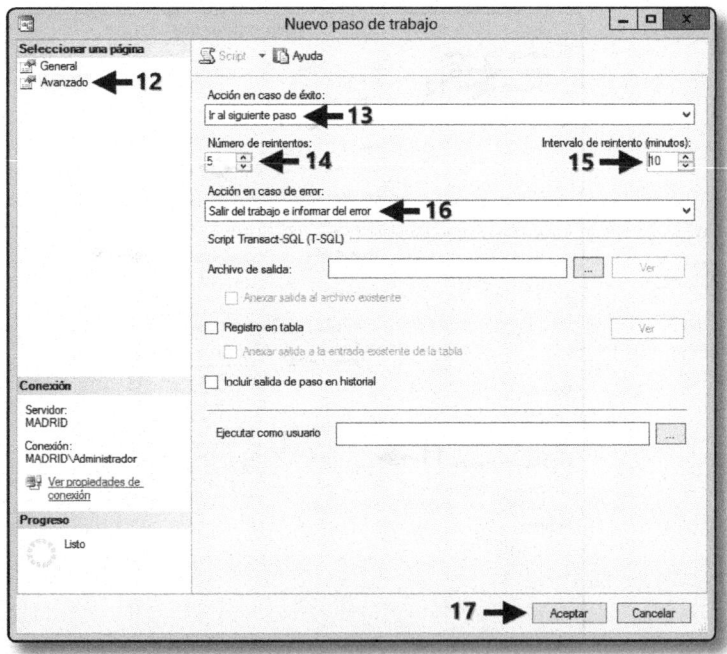

Captura 9.32. Página Avanzado del Paso 1.º

• Crear Paso 2.º: haga clic en el botón **Nuevo** y asegúrese de que está seleccionada la página **General**:

– Nombre del paso: **Paso 2.º**.

– Tipo: **Script Transact_SQL (T-SQL)**.

– Base de datos: **AdventureWorks2012**.

- Comando: copie el *script* que elaboró en el paso 2.º.

- Haga clic en el botón **Analizar** para comprobar que la sintaxis del *script* es correcta.

- A continuación haga clic en la página **Avanzado**. En esta página se configuran los reintentos y qué sucederá en caso de que el paso finalice con éxito o fracaso.

- Acción en caso de éxito: **Ir al siguiente paso**.

- Número de reintentos: **3**, el paso, en caso de error, se reintentará tres veces.

- Intervalo de reintento (minutos): **2**. Con esta configuración en caso de error el paso se reintentará hasta tres veces con un intervalo de espera entre cada reintento de 2 minutos.

- Acción en caso de error: **Salir del trabajo e informar del error**.

- Haga clic en el botón **Aceptar** para finalizar la creación del Paso 2.º.

- **Crear Paso 3.º**: haga clic en el botón Nuevo y asegúrese de que está seleccionada la página **General** (18):

- Nombre del paso: **Paso 3.º** (19).

- Tipo: **PowerShell** (20).

- Ejecutar como: **Cuenta de servicio del Agente SQL** (21).

- Comando: copie el *script* que elaboró en el paso 3.º (22).

- A continuación, haga clic en la página **Avanzado** (23). En esta página se configuran los reintentos y qué sucederá en caso de que el paso finalice con éxito o fracaso.

- Acción en caso de éxito: **Ir al siguiente paso**.

- Número de reintentos: **5**. El paso en caso de error se reintentará cinco veces.

- Intervalo de reintento (minutos): **2**. Con esta configuración, en caso de error, el paso se reintentará hasta cinco veces con un intervalo de espera entre cada reintento de 2 minutos.

- Acción en caso de error: **Salir del trabajo e informar del error**.

- Haga clic en el botón **Aceptar** para finalizar el trabajo.

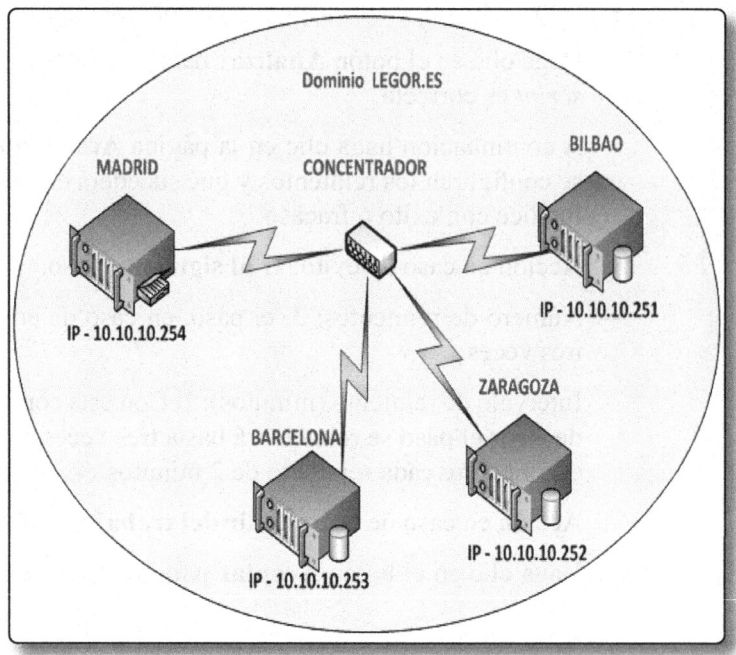

Captura 9.33. Página General del Paso 3.º

- **Crear Paso 4.º**: haga clic en el botón **Nuevo** y asegúrese de que está seleccionada la página **General**:

  - Nombre del paso: **Paso 4.º**.

  - Tipo: **PowerShell**.

  - Ejecutar como: **Cuenta de servicio del Agente SQL**.

  - Comando: copie el *script* que elaboró en el paso 4.º.

  - A continuación haga clic en la página **Avanzado**. En esta página se configuran los reintentos y qué sucederá en caso de que el paso finalice con éxito o fracaso.

  - Acción en caso de éxito: **Ir al siguiente paso**.

  - Número de reintentos: **2**, el paso, en caso de error, se reintentará dos veces.

  - Intervalo de reintento (minutos): **1**. Con esta configuración, en caso de error, el paso se reintentará hasta dos veces con un intervalo de espera entre cada reintento de 1 minuto.

  - Acción en caso de error: **Salir del trabajo e informar del error**.

  - Haga clic en el botón **Aceptar** para finalizar el trabajo.

- **Crear Paso 5.º**: haga clic en el botón **Nuevo** y compruebe que está seleccionada la página **General**:
  - Nombre del paso: **Paso 5.º**.
  - Tipo: **PowerShell**.
  - Ejecutar como: **Cuenta de servicio del Agente SQL**.
  - Comando: copie el *script* que elaboró en el paso 5.º.
  - A continuación haga clic en la página **Avanzado**. En esta página se configuran los reintentos y qué sucederá en caso de que el paso finalice con éxito o fracaso.
  - Acción en caso de éxito: **Ir al siguiente paso**.
  - Número de reintentos: **2**, el paso, en caso de error, se reintentará dos veces.
  - Intervalo de reintento (minutos): **1**. Con esta configuración, en caso de error, el paso se reintentará hasta dos veces con un intervalo de espera entre cada reintento de 1 minuto.
  - Acción en caso de error: **Salir del trabajo e informar del error**.
  - Haga clic en el botón **Aceptar** para finalizar el trabajo.

Una vez que haya configurado los cinco pasos, este es el aspecto que presentará la ventana **Nuevo trabajo** (captura 9.34). Nótese que al estar seleccionada la página **Pasos**, se visualiza la lista de los pasos que se han configurado en los apartados anteriores. Para modificar la configuración de un paso, basta con seleccionarlo y a continuación hacer clic sobre el botón **Editar**.

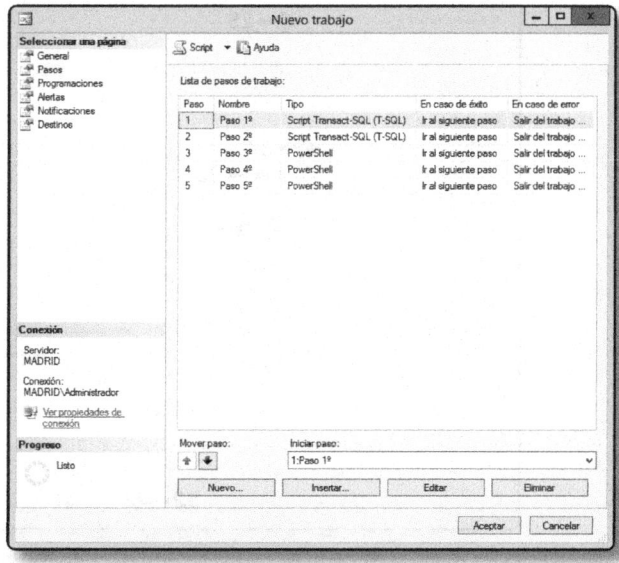

Captura 9.34. Página Pasos, donde se muestra una lista de todos ellos

5. Haga clic en la página **Programaciones** de la ventana **Nuevo trabajo** y a continuación haga clic en el botón **Nueva...** para programar cuándo se ejecutará el trabajo. Complete la ventana **Nueva programación de trabajo** como se indica a continuación:

- Nombre: **Programación trabajo "Copia AdventureWorks2012"** (24).

- Tipo de programación: **Periódica** (25).

- Active la casilla de verificación **Habilitado** (26) para habilitar la programación.

- Sucede: **Diaria** (27), indica que el proceso se ejecutará todos los días.

- Se repite cada: **1 día** (28).

- Sucede una vez a las: **6:00:00** (29). Con esta programación se iniciará el trabajo todos los días a las 6:00:00 de la mañana.

- Fecha inicio: **15/08/2014** (30). Es la fecha en que se configuró la programación. En su caso tiene que coincidir con la fecha en que esté realizando la práctica.

- Active el botón de radio **Sin fecha de finalización** (31) para indicar que la programación nunca dejará de estar activa.

- Haga clic en el botón **Aceptar** (32) para guardar la programación.

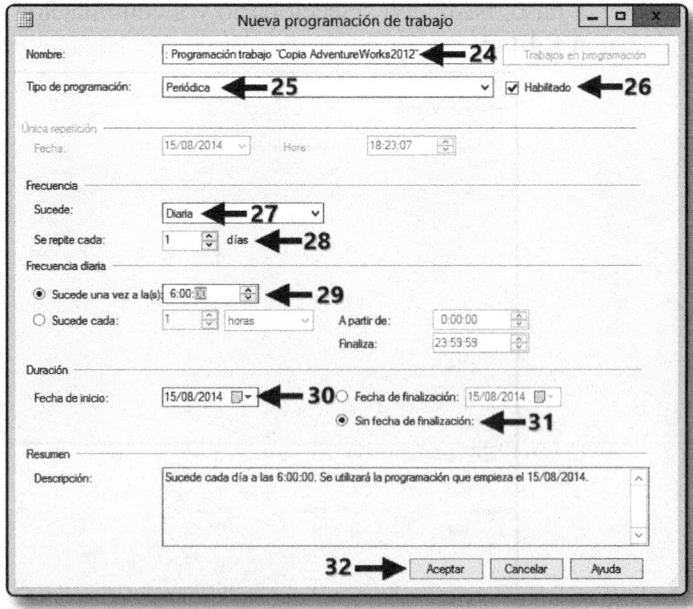

Captura 9.35. Ventana Nueva programación de trabajo

6. Configure la página **Notificaciones**, desde la que activará el envío de correo electrónico al **Operador01**, en caso de que el trabajo no se complete correctamente.

- Seleccione la página **Notificaciones** (33).

- Active la casilla de verificación **Enviar correo electrónico** (34).

- En la lista desplegable elija **Operador01** (35).

- En la lista desplegable elija **Si el trabajo no tiene éxito** (36).

- Por último, para crear el trabajo haga clic en el botón **Aceptar** (37).

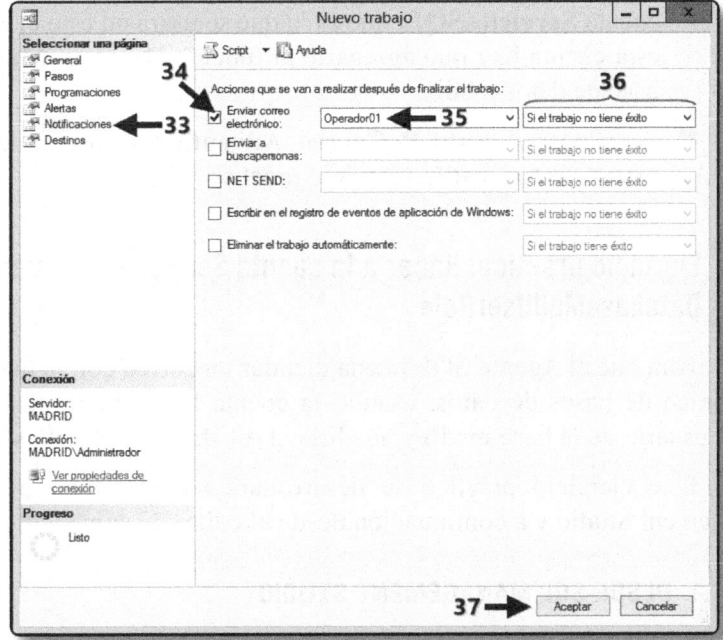

Captura 9.36. Página Notificación

ⓘ **NOTA**

Una vez que haya creado el trabajo, para que funcione la notificación en caso de error al **Operador01**, hay que decirle al Agente SQL Server que utilice el Correo de bases de datos. Para ello vea, en este mismo tema, el ejercicio práctico 9.13.

9.13 EJERCICIO PRÁCTICO: CONFIGURAR EL AGENTE SQL SERVER PARA QUE USE EL CORREO ELECTRÓNICO DE BASE DE DATOS

En los ejercicios prácticos anteriores ha configurado varios objetos del Agente SQL [Alertas, Operadores y Trabajos], también ha configurado el Correo electrónico de bases de datos. En este ejercicio práctico se le enseñará cómo configurar el Agente SQL para que use el Correo electrónico de bases de datos. Para realizar esta configuración se necesitan los requisitos previos que a continuación se enumeran:

▶ Habilitar el Correo electrónico de base de datos (ejercicio práctico 9.5).

▶ Una cuenta de servicio para el Agente SQL. En el tema 1.9 se creó la cuenta **ServiciosSQL**, que es la que se usará en este ejercicio práctico. A esta cuenta hay que agregarle la función **DatabaseMailUserRole** de la base de datos **msdb**.

▶ Establecer el perfil **P_Correo_Adventure** como predeterminado de la base de datos **msdb** (ejercicio práctico 9.5).

9.13.1 Ejercicio práctico: Hacer a la cuenta ServiciosSQL miembro del rol DatabaseMailUserRole

Para que el Agente SQL pueda mandar un correo con la herramienta Correo electrónico de bases de datos, usando la cuenta **ServiciosSQL**, hay que hacer la cuenta usuario de la base **msdb** y añadirla al rol **DatabaseMailUserRole**.

Este ejercicio práctico se desarrollará usando primero el entorno SQL Management Studio y a continuación desde el editor de consultas usando T-SQL.

9.13.1.1 DESDE SQL MANAGEMENT STUDIO

1. Inicie SQL Management Studio → conéctese con autenticación Windows.

2. Despliegue en el Explorador de objetos el servidor **MADRID** → **Bases de datos del sistema** → base de datos **msdb** → **Seguridad** → haga clic con el botón derecho del ratón en el nodo **Usuarios** → en el menú contextual que se visualiza elija la opción **Nuevo Usuario...**

3. En la ventana **Usuario de la base de datos – Nuevo** (1), compruebe que está seleccionada la página **General** (2) y configúrela como a continuación se indica:

   • Tipo de usuario: **Usuario Windows** (3).

   • Nombre de usuario: **MADRID\ServiciosSQL** (4).

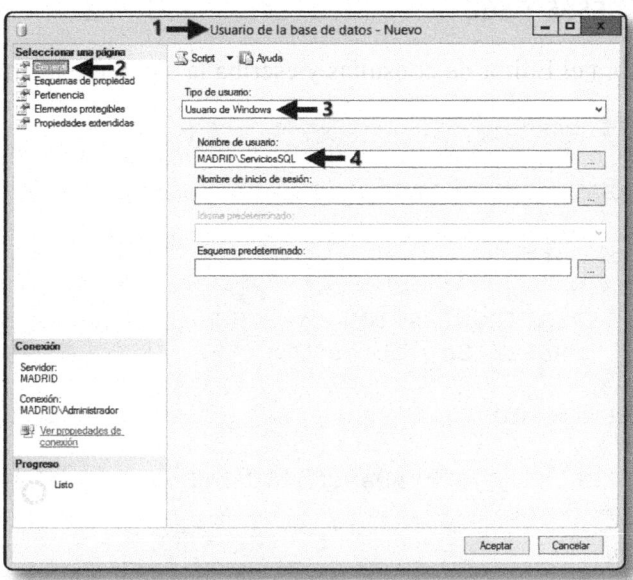

Captura 9.37. Nuevo usuario ServiciosSQL

4. Seleccione la página **Esquema de propiedad** (5) → active la casilla de verificación **DatabaseMailUserRole** (6).

5. Haga clic en el botón **Aceptar** (7) para guardar los cambios.

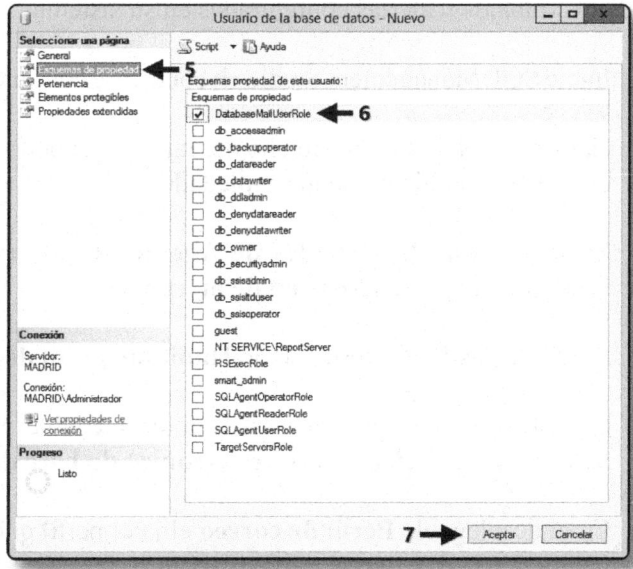

Captura 9.38. Hacer miembro del rol DatabaseMailUserRole al usuario ServiciosSQL

9.13.1.2 DESDE T-SQL

Abra el Editor de consultas y escriba la siguiente instrucción:

```
USE [msdb]
GO
CREATE USER [MADRID\ServiciosSQL]
GO
USE [msdb]
GO
ALTER AUTHORIZATION ON SCHEMA::[DatabaseMailUserRole]
TO [MADRID\ServiciosSQL]
GO
USE [msdb]
GO
ALTER ROLE [DatabaseMailUserRole] ADD MEMBER [MADRID\
ServiciosSQL]
GO
```

9.13.2 Configurar el Agente SQL para que use el Correo electrónico de bases de datos

En este ejercicio práctico se le enseñará cómo configurar el Agente SQL para que use el Correo electrónico de base de datos, con objeto de que pueda notificar el resultado de los trabajos y alertas configuradas en su sistema.

1. Inicie SQL Management Studio → conéctese con autenticación Windows.

2. Haga clic con el botón derecho del ratón en el nodo del **Agente SQL** y a continuación elija el menú propiedades.

3. En la ventana **Propiedades de Agente SQL Server – MADRID** → seleccione la página **Sistema de alerta** (1).

4. Active la casilla de verificación **Habilitar perfil de correo** (2).

5. Compruebe que se activa la lista desplegable **Sistema de correo**. Seleccione la opción **Correo electrónico de base de datos** (3).

6. En el desplegable **Perfil de correo** elija el perfil que creó en el ejercicio práctico 9.5, **P_Correo_Adventure** (4).

7. Marque la casilla de verificación **Habilitar operador para notificaciones de error** (5).

8. En la lista desplegable **Operador**, compruebe que está seleccionado el **Operador01** (6).

9. Active la casilla de verificación **Notificar mediante: Correo electrónico** (7).

10. Para guardar la configuración, haga clic en el botón **Aceptar** (8).

11. Para que la configuración realizada tenga efectos inmediatos, reinicie el servicio **Agente SQL**.

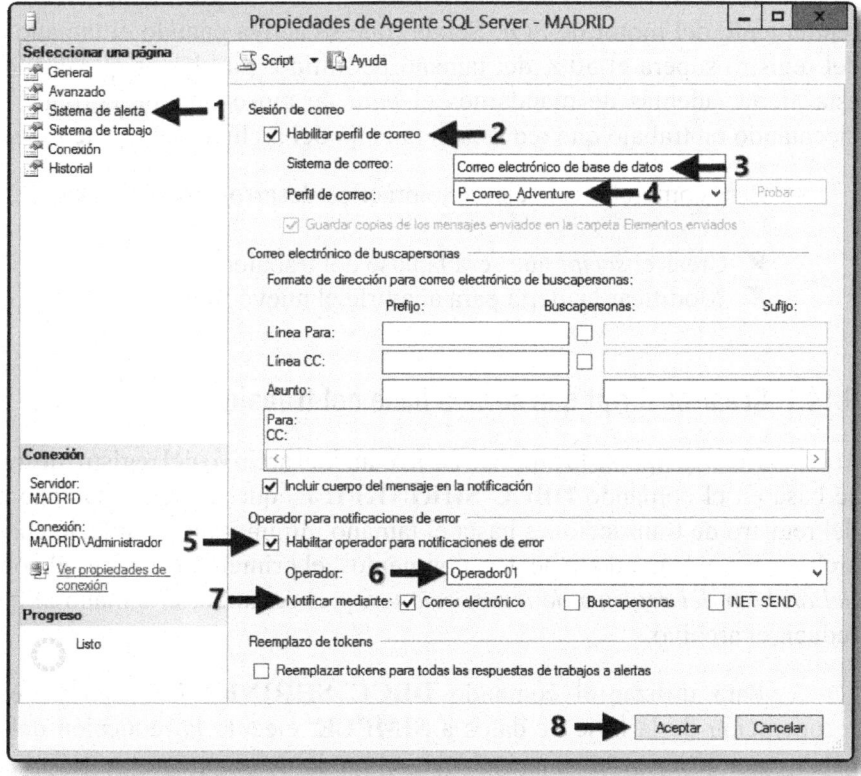

Captura 9.39. Configurar Agente SQL para que use el correo electrónico

9.14 EJERCICIO PRÁCTICO: PONER EN PRODUCCIÓN LA "ALERTA LOG TRANSACCIONES"

En este ejercicio práctico modificará la alerta de condición de rendimiento "Alerta log transacciones" (ejercicio práctico 9.10.3) para ponerla en producción.

Es muy importante verificar periódicamente el archivo del registro de transacciones e impedir que crezca incontroladamente. Sobre todo cuando estamos hablando de bases de datos en producción de varios gigabytes de tamaño.

Un archivo del registro de transacciones que crezca desmesuradamente puede superar fácilmente el tamaño del archivo de datos y provocar la caída de su servidor SQL Server.

La alerta "Alerta log transacciones" se configuró como una condición de rendimiento del motor de SQL Server, que se activa cuando el tamaño del archivo del registro supera el 50% del tamaño permitido. La idea es que cuando se active esta alerta, además de mandarnos el *mail* de aviso, intente corregir la situación ejecutando un trabajo que reduzca el tamaño del archivo del *log* de transacciones.

Para completar este ejercicio práctico desarrollará dos pasos:

▶ Crear el *script* que será la base del trabajo.
▶ Modificar la alerta para añadirle el nuevo trabajo.

9.14.1 Crear el script que será la base del trabajo

El *script* que se le propone para reducir el archivo del registro de transacciones se basa en el comando **DBCC SHRINKFILE**, que reduce el tamaño del archivo del registro de transacciones hasta el tamaño mínimo que estableció cuando creó el archivo. Este comando tiene dos argumentos, el primero de ellos es el nombre *lógico del archivo del registro de transacciones*, y el segundo, el tamaño al que se desea reducir el archivo.

Para utilizar el comando **DBCC SHRINKFILE**, cambie el modo de recuperación de la base de datos a **SIMPLE**, ejecute la reducción del archivo de datos y por último vuelva a establecer el modo de recuperación de la base de datos a **COMPLETO**.

```
USE AdventureWorks2012;
GO
-- Cambie el modo de recuperación de la base de datos
```

```
-- a SIMPLE
-- para permitir el comando DBCC SHRINKFILE
ALTER DATABASE AdventureWorks2012
SET RECOVERY SIMPLE;
GO
-- El comando DBCC SHRINKFILE reduce el archivo
-- del registro de transacciones a 1 Mb
DBCC SHRINKFILE (AdventureWorks2012_Log, 1);
GO
-- Cambie de nuevo al modo de recuperación COMPLETO
ALTER DATABASE AdventureWorks2012
SET RECOVERY FULL;
GO
```

9.14.2 Modificar la alerta "Alerta log transacciones"

Una vez que ha elaborado el *script* que será el alma del trabajo que se desea añadir a la alerta, proceda a modificarla. Para ello siga las instrucciones que a continuación se indican.

1. Inicie SQL Management Studio → conéctese con autenticación Windows.

2. Despliegue el nodo del **Agente SQL** → **Alertas** → haga doble clic en **ALERTA LOG TRANSACCIONES**.

3. En la ventana **Propiedades de la alerta 'ALERTA LOG TRANSACCIONES'** (1).

4. Seleccione la página **Respuesta** (2).

5. Active la casilla de verificación **Ejecutar trabajo** (3).

6. Haga clic en el botón **Nuevo trabajo** (4).

7. En la ventana **Nuevo trabajo** (5), asegúrese de que está seleccionada la página **General** (6).

8. Nombre: **Reducir Log con DBCC SHRINKFILE** (7).

9. Seleccione la página **Pasos** (8) y haga clic en el botón **Nuevo**.

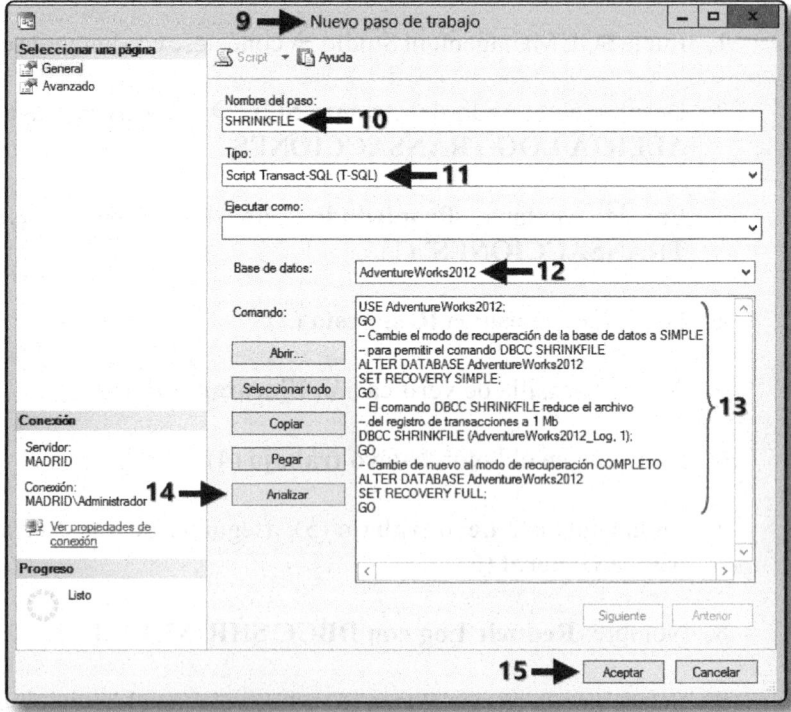

Captura 9.40. Añadir un trabajo a una alerta

10. La acción anterior visualiza la ventana **Nuevo paso del trabajo** (9), rellénela como a continuación se le indica:

Captura 9.41. Configurar el "paso" del trabajo

- Nombre de paso: **SHRINKFILE** (10).

- Tipo: **Script Transact-SQL (T-SQL)** (11).

- Base de datos: **AdventureWorks2012** (12).

- Comando: escriba el *script* que preparó en el apartado anterior (13).

- Haga clic en el botón **Analizar** (14) para comprobar que la sintaxis del *script* es correcta.

- Haga clic en el botón **Aceptar** (15).

11. De nuevo en la ventana **Nuevo trabajo** (captura 9.40, punto 5), haga clic en el botón **Aceptar** para finalizar la creación del trabajo.

12. En la ventana **Propiedades de la 'ALERTA LOG TRANSACCIONES'**, sitúese en la lista desplegable que hay debajo de la casilla de verificación **Ejecutar como** (captura 9.40, punto 3). En ella puede observar que ya aparece el nombre del nuevo trabajo. Para guardar la configuración haga clic en el botón **Aceptar**.

9.15 EJERCICIO PRÁCTICO: COMPROBAR EL TRABAJO "COPIA ADVENTUREWORKS2012"

Este ejercicio práctico comprobará el funcionamiento del trabajo **Copia AdventureWorks2012** que creó en el apartado 9.12.4. El ejercicio consta de tres partes:

▶ En la primera de ellas otorgará a la cuenta de servicio **ServiciosSQL** permisos suficientes.

▶ En la segunda iniciará el trabajo, sin tener que esperar a la hora de su programación.

▶ En la tercera parte comprobará que el trabajo se ha ejecutado correctamente.

9.15.1 Otorgar a la cuenta de servicio ServiciosSQL permisos suficientes

Hasta ahora la cuenta **ServiciosSQL** únicamente iniciaba el servicio del Agente SQL. A partir de ahora también es la encargada de ejecutar los trabajos y alertas que hemos programado, por este motivo hay que crearle un inicio de sesión y hacerle miembro del rol de servidor **SysAdmin**, para que tenga los permisos necesarios en la ejecución de todos los trabajos.

Para ello, abra el Editor de consultas y escriba la siguiente instrucción:

```
USE [master]
GO
CREATE LOGIN [MADRID\ServiciosSQL] FROM WINDOWS WITH
DEFAULT_DATABASE=[master]
GO
ALTER SERVER ROLE [sysadmin] ADD MEMBER [MADRID\
ServiciosSQL]
GO
```

9.15.2 Iniciar manualmente el trabajo "Copia AdventureWorks2012"

1. Inicie SQL Management Studio → conéctese con autenticación Windows.

2. Despliegue el nodo del **Agente SQL** (1) → **Trabajos** (2) → haga clic con el botón derecho del ratón sobre el trabajo **Copia AdventureWorks2012** (3) → **Iniciar el trabajo en el paso...** (4).

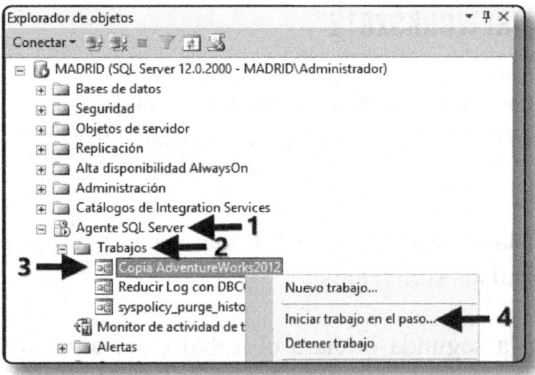

Captura 9.42. Iniciar un trabajo manualmente (I)

3. En la ventana **Iniciar trabajo en 'MADRID'** (5) se encuentran los cinco pasos que componen el trabajo. Para iniciar el trabajo desde el principio, seleccione el paso 1.° (6) y a continuación haga clic en el botón **Inicio** (7).

Captura 9.43. Iniciar un trabajo manualmente (II)

4. Mientras se está ejecutando el trabajo, se visualiza la ventana **Iniciar trabajos – MADRID**. En ella hay dos indicadores visuales que nos informan de que el trabajo se está ejecutando (8). Tenga en cuenta que un trabajo del tipo **Copia AdventureWorks2012** puede tardar varios minutos. El tiempo que tarda en ejecutarse el trabajo aumentará a medida que crezca el tamaño de la base de datos.

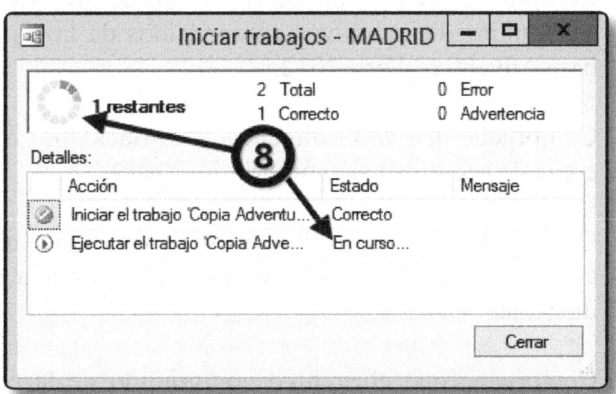

Captura 9.44. Ejecutándose el trabajo "Copia AdventureWorks2012"

5. Al cabo de 4 minutos (en la máquina **MADRID**) en la ventana **Iniciar trabajos – MADRID**, se muestra que el trabajo ha finalizado **correctamente** (9).

Captura 9.45. El trabajo "Copia AdventureWorks2012" finalizó correctamente

9.15.3 Comprobaciones que hay que realizar después de ejecutar el trabajo manualmente

A continuación le sugiero una lista de comprobaciones que puede hacer de manera rutinaria cuando no observe ninguna anomalía en el desarrollo del trabajo.

1. Compruebe que en el directorio "C:\BackUps" se encuentran únicamente los últimos diez archivos comprimidos de la copia de seguridad de la base AdventureWorks2012.

2. Compruebe que en el directorio "C:\BackUps" no existen archivos de copia de seguridad sin comprimir (*.bak).

3. Compruebe que en el directorio "C:\BackUps" no existen archivos de copia de seguridad comprimidos (*.rar) con una antigüedad superior a diez días.

4. Compruebe que el archivo comprimido de la copia de seguridad ha subido a su FTP.

9.15.4 Comprobaciones en el historial del trabajo

Cuando alguna de las comprobaciones anteriores falle o reciba un *mail* el **Operador01** notificándole el fallo del trabajo, explore el historial del trabajo como le indico a continuación.

1. Despliegue el nodo del **Agente SQL** → **Trabajos** → haga clic con el botón derecho del ratón sobre el trabajo **Copia AdventureWorks2012** → elija en el menú contextual la opción **Ver historial**.

2. La acción anterior visualiza la ventana **Visor del archivo de registros– MADRID**.

3. Compruebe que en el árbol **Seleccionar registros** está marcada únicamente la casilla de verificación del trabajo **Copia AdventureWorks2012** (10).

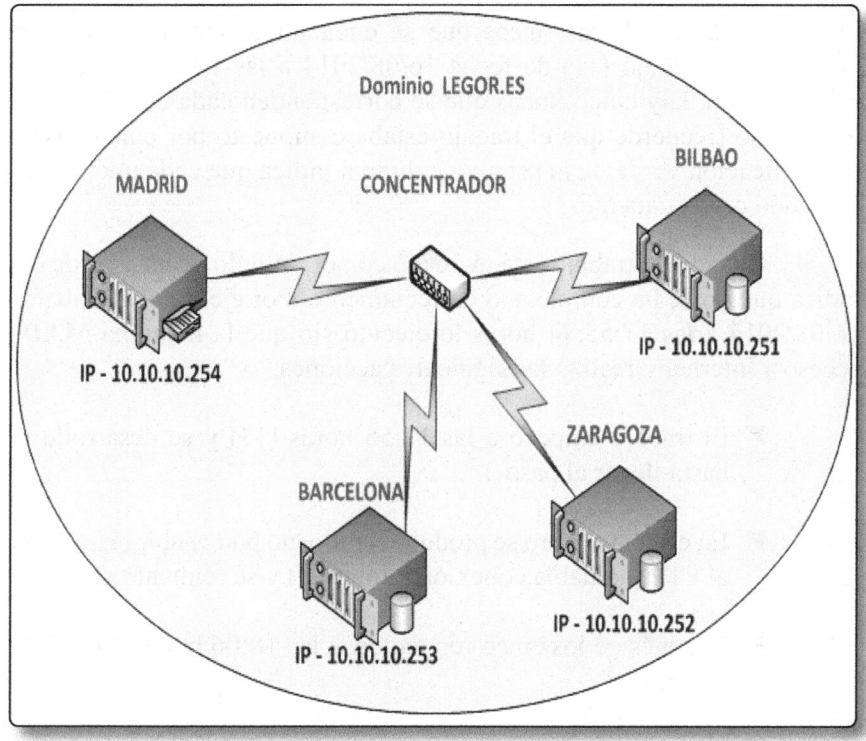

Captura 9.46. Historial del trabajo "Copia AdventureWorks2012"

4. En el panel **Resumen de archivos del registro** se ha desplegado el resultado de dos trabajos:

- Trabajo marcado con símbolo verde de fecha 16/08/2014 a las 17:45:02 horas. El símbolo verde indica que el trabajo se ha desarrollado correctamente (11).

- Trabajo marcado con símbolo rojo (12) de fecha 16/08/2014 a las 17:55:44 horas. El símbolo rojo indica que el trabajo ha fallado o se ha completado con errores.

Cada una de las líneas que se encuentran debajo de un trabajo son los pasos. En el trabajo (11) de fecha 16/08/2014 a las 17:45:02 horas, debajo de la primera línea, hay cinco líneas que se corresponden cada una de ellas con un paso del trabajo (recuerde que el trabajo estaba compuesto por cinco pasos). La casilla de verificación verde de la primera columna indica que cada uno de los pasos se ha realizado correctamente.

Cuando un trabajo está marcado con el símbolo de un aspa de color rojo (12) indica que no se ha completado correctamente. Por ejemplo, el trabajo realizado el 16/08/2014 a las 17:55:44 horas lo ejecutó sin que la máquina **MADRID** tuviera acceso a Internet y realizó las siguientes acciones:

▶ El trabajo empezó a las 17:55 horas (13) y se desarrolló normalmente hasta llegar al paso 3.º.

▶ En el pasó tercero se produjo el fallo, no pudo subir el fichero comprimido al FTP (no había conexión a Internet) y se reintentó cinco veces (14).

▶ Después de los cinco reintentos, a las 18:06 horas el trabajo finalizó con error (15).

▶ Para obtener más detalles del motivo del fallo, seleccione una de las líneas del punto (14) y vea el detalle del error en el panel de detalles (16).

Respecto al fallo provocado en el trabajo, está claro que como la máquina **MADRID** no tenía acceso a Internet, falló el paso 3.º (subir archivo comprimido de la base de datos al FTP). Y respecto a la notificación por correo electrónico que tenía que enviarle el Agente SQL en caso de que el trabajo fallara, ¿qué ha pasado con ella? Es evidente que al no tener la máquina acceso a Internet, el Agente SQL, no puede enviarle la notificación, sin embargo el correo está encolado y en el momento en que se restablezca la comunicación con Internet se enviará.

10

LOG SHIPPING Y MIRRORING. ALTA DISPONIBILIDAD (I)

En este tema estudiará las tecnologías Log Shipping y Mirroring, ambas sirven para crear un servidor de SQL Server de respaldo que reemplace al servidor principal en caso de desastre.

Log Shipping, también conocido como "trasvase de registros", hace *backups* del *log* de transacciones de la base de datos del servidor principal y los copia en una carpeta de red. A continuación, el servidor de respaldo (secundario) restaura estos *backups* en una base de datos clon a la del servidor principal.

Mirroring es una tecnología más moderna que mantiene una copia de una base de datos en caliente, sincronizada con la base de datos en producción, gracias a la transferencia de los registros de transacciones, desde la base de datos principal a la reflejada. Este trasvase de registros se puede hacer de manera síncrona o asíncrona. En caso de desastre, la base de datos reflejada se activa y da servicio a los usuarios. Para el estudio de este tema se tratarán los siguientes apartados:

▶ Log Shipping.
▶ Funcionamiento de los trabajos que intervienen en Log Shipping.
▶ Reflejo de base de datos (Mirroring).
▶ Monitor de creación de reflejo de base de datos.

Los temas anteriores van acompañados de los siguientes ejercicios prácticos:

▶ Configurar el inicio del servicio del Agente SQL (requisito Log Shipping y Mirroring).

▶ Permitir conexiones remotas en Madrid y Zaragoza (requisito Log Shipping y Mirroring).

▶ Configurar un recurso compartido en la máquina Zaragoza.

▶ Configurar un recurso compartido en la máquina Madrid.

▶ Operaciones con la base de datos en el servidor origen y remoto.

▶ Habilitar el trasvase de registros en el servidor origen y remoto.

▶ Comprobar el trasvase de registros.

▶ Deshabilitar Log Shipping.

▶ Crear un reflejo de base de datos usando SQL Management Studio.

▶ Crear el reflejo usando T-SQL.

10.1 INFRAESTRUCTURA NECESARIA

Los ejercicios prácticos de este tema necesitan configurar dos máquinas como se indica en el apéndice III.

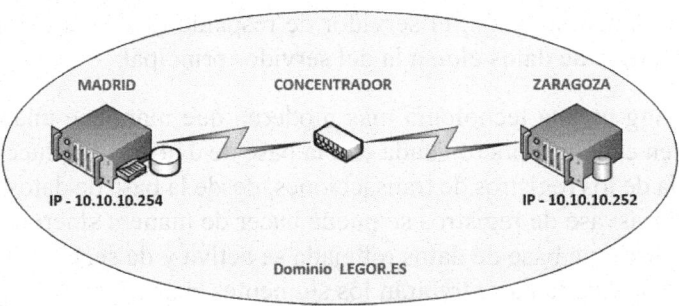

Los parámetros básicos de configuración de la máquina **MADRID** son:

▶ Nombre de la máquina: **MADRID**
▶ Dominio : **Legor.es** (controlador de dominio)
▶ IP: **10.10.10.254**
▶ Máscara: **255.255.255.0**
▶ Servidor DNS preferido: **10.10.10.254** (Máquina Madrid)
▶ Servidor DNS secundario: **8.8.4.4** (DNS de Google)
▶ Puerta de enlace: **10.10.10.100** (IP del router que se utiliza en el ejemplo).

Los parámetros básicos de configuración de la máquina **ZARAGOZA** son:

- Nombre de la máquina: **ZARAGOZA**
- Dominio: **Legor.es** (miembro del dominio)
- IP: **10.10.10.252**
- Máscara: **255.255.255.0**
- Servidor DNS preferido: **10.10.10.254** (Máquina Madrid)
- Servidor DNS secundario: **8.8.4.4** (DNS de Google)
- Puerta de enlace: **10.10.10.100** (IP del router que se utiliza en el ejemplo).

Las IP que se muestran son orientativas y puede adaptarlas al entorno donde instale.

> **NOTA**
>
> Es conveniente que instale desde cero la máquina Madrid, tal y como se indica en el apéndice III. Esto evitará errores de inicio de sesión y de configuración de los extremos de servidor en las prácticas sucesivas porque a partir de ahora se utilizarán cuentas de Active Directory (dominio).

Requisitos previos:

- Instale las máquinas **Madrid** y **Zaragoza** siguiendo las indicaciones del apéndice III.
- Realice el ejercicio práctico 1.10 *Instalar la característica Net Framework 3.5* en **Madrid** y **Zaragoza**.
- Cree la cuenta de servicio **Legor\ServiciosSQL** en el controlador de dominio **Madrid**. Para ello, desde la barra de tareas haga clic en el icono de PowerShell y escriba la instrucción que a continuación se indica (en caso de duda consulte el apéndice III, en el que encontrará detallada información de cómo crear la cuenta de servicio con las herramientas visuales de Windows):

```
$passwd=”123Contraseña”
$password=ConvertTo-SecureString $passwd -
AsPlainText -Force
dsadd user “CN=ServiciosSQL,DC=Legor,DC=es” -samid
ServiciosSQL -pwd
$password -mustchpwd no
```

▼ Realice el ejercicio práctico 1.11 *Instalar y configurar una instancia de SQL Server* en **Madrid** y **Zaragoza**. Este ejercicio varía respecto al original en el punto 10 (captura 1.10), donde se configuran las cuentas de inicio de sesión de los diferentes servicios. Configure el inicio automático de los servicios [Agente SQL Server y Motor de base de datos de SQL Server, etc.], con la cuenta **Legor\ServiciosSQL** (creada en el punto anterior) y la contraseña **123Contraseña** (ver captura 10.1).

▼ Realice el ejercicio práctico 1.15 *Configuración de superficie para permitir el acceso remoto al motor de la base de datos* en **Madrid** y **Zaragoza**.

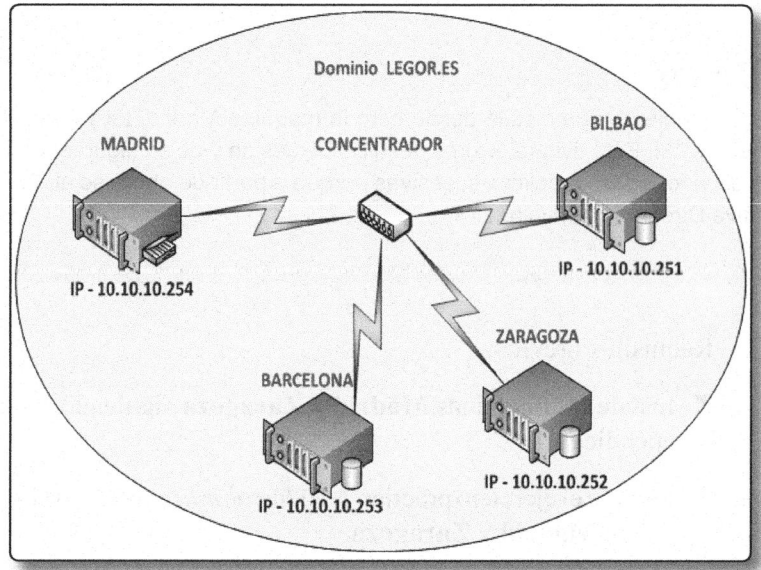

Captura 10.1. Configuración de servicios usando la cuenta Legor\ServiciosSQL

ⓘ **NOTA**

Cuando inicie sesión en la máquina **Zaragoza** después de unirla al dominio para instalar la instancia de SQL Server y realizar el resto de ejercicios prácticos de este tema, cerciórese de que lo hace usando la cuenta de dominio **Legor\Administrador**, no con la cuenta de usuario local Zaragoza\Administrador.

▼ En la máquina **Madrid** instale las bases de datos AdventureWorks2012 y NorthWind. Para ello puede consultar los apartados 2.14 y 2.15.

10.2 LOG SHIPPING

El Log Shipping, o trasvase del registro de transacciones, es una técnica que se engloba dentro de alta disponibilidad. Consiste en crear una réplica de una base de datos desde un servidor origen a un servidor remoto y enviar periódicamente copias del registro de transacciones de la base de datos que se restauran en el servidor remoto.

Lo habitual es enviar los *backups* del registro de transacciones desde el servidor de origen y restaurarlos en el servidor remoto cada minuto, estos tiempos se pueden configurar (aumentar o disminuir). Con este sistema puede recuperar en caso de desastre la base de datos en el servidor remoto hasta el último minuto o, si lo desea, a un momento dado en la escala del tiempo. De la automatización de todos de los envíos de la copias de seguridad y de su restauración se encarga el Agente SQL de cada una de las máquinas.

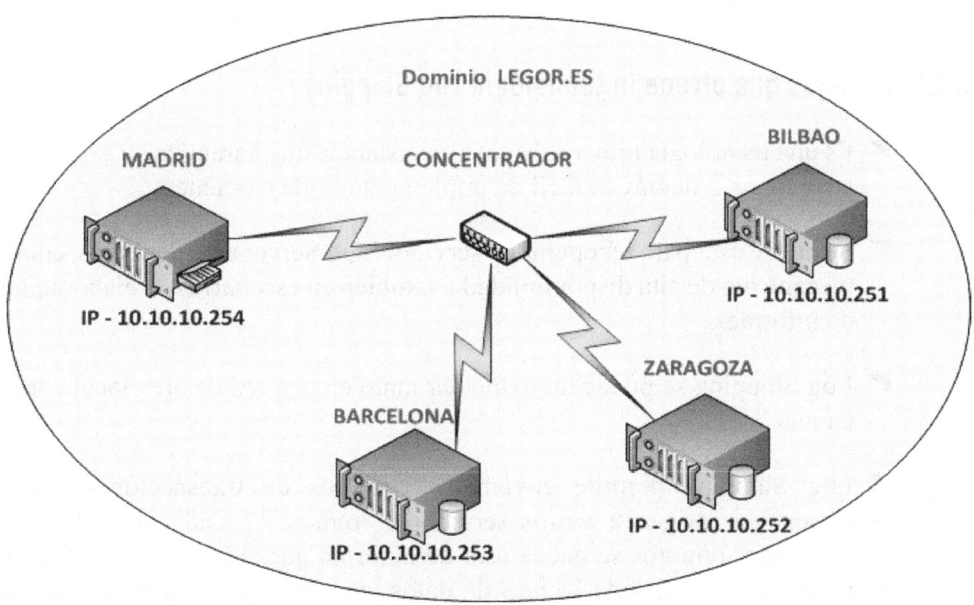

Dibujo 10.1 Funcionamiento de Log Shipping

ⓘ NOTA

La tecnología Log Shipping está disponible en las versiones Enterprise, Business Inteligencie, Standard y Web de Microsoft SQL Server 2014.

10.2.1 Funcionamiento de Log Shipping

Una vez que se ha restaurado la copia de seguridad completa inicial del servidor origen en el servidor remoto, el funcionamiento es el siguiente:

1. El Agente SQL en el servidor origen hace un *backup* del *log* de transacciones de la base de datos con una periodicidad previamente establecida y la deposita dentro de un recurso compartido.

2. El Agente SQL, desde el servidor remoto, copia el *backup* del recurso compartido en el servidor de origen.

3. El Agente SQL del servidor remoto recupera el *backup* del recurso compartido y lo restaura en la base de datos con una periodicidad previamente establecida.

10.2.2 Ventajas que ofrece la tecnología Log Shipping

▶ Es una tecnología muy probada, circunstancia que garantiza su seguridad y robustez. Además es fácil de implementar y de mantener.

▶ Se puede usar para recuperar un servidor SQL Server ante desastres, como mecanismo de alta disponibilidad y también en escenarios de elaboración de informes.

▶ Log Shipping se puede implementar tanto en una red de área local como en una WAN.

▶ Log Shipping permite enviar los registros de transacciones desde el servidor origen a varios servidores "remotos". Cada uno de estos servidores remotos se puede usar de la forma que se estime conveniente (como un servidor de lectura de datos, como un servidor de informes, como servidor de respaldo para desastres, etc.).

10.2.3 Inconvenientes de la tecnología Log Shipping

▶ Solo se puede usar con bases de datos que tengan establecido su modo de recuperación como **completa** o **registro masivo**. Esto es debido a que hace uso de copias de seguridad del registro de transacciones que no son compatibles con el modo de recuperación simple.

▶ Las bases de datos del sistema (máster, model, msdb y tempdb) no pueden usar esta tecnología.

▶ Log Shipping únicamente proporciona redundancia a nivel base de datos, no a nivel instancia.

▶ Cuando el servidor origen falla, las transacciones que se hayan realizado desde la última copia de seguridad del registro de transacciones se pueden perder si no se rescatan manualmente. Por este motivo es aconsejable minimizar al máximo el intervalo entre las copias de seguridad.

10.2.4 Requisitos para crear Log Shipping

1. El Agente SQL Server debe estar activado y en modo de inicio automático.

2. Como esta tecnología necesita mover copias de seguridad del registro de transacciones entre dos servidores, hay que crear dos recursos compartidos. Uno en el servidor origen y otro en el remoto.

3. Hay que permitir las conexiones remotas entre los servidores Madrid y Zaragoza.

4. El usuario que ejecute el servicio del Agente SQL tiene que tener acceso al recurso compartido desde ambos servidores.

5. Es necesario crear una copia de seguridad completa de la base de datos del servidor origen y restaurarla en el servidor remoto en modo **NO RECOVERY** (para servidores de respaldo de datos) o **STANDBY** (para servidores de Reporting).

6. Iniciar y configurar el asistente de Log Shipping para que haga y restaure las copias de seguridad del registro de transacciones del servidor origen al servidor remoto.

Todos estos requisitos se explican en los ejercicios prácticos siguientes, que se desarrollan usando la base de datos **NorthWind** que se instaló en el tema 2.

10.3 EJERCICIO PRÁCTICO: CONFIGURAR EL INICIO DEL SERVICIO DEL AGENTE SQL (REQUISITO LOG SHIPPING Y MIRRORING)

En este ejercicio práctico se le enseñará cómo configurar el inicio del servicio del Agente SQL (MSSQLSERVER). Previamente tiene que haber instalado las máquinas **Madrid** y **Zaragoza** como se indica en el apéndice III, además tiene que iniciar sesión en ambas máquinas con el usuario de dominio: **Legor\Administrador**.

> (i) **NOTA**
>
> El procedimiento que a continuación se le muestra tiene que realizarlo en las dos máquinas: **Madrid** y **Zaragoza**.

Inicie la consola de **Administración de configuración de SQL Server 2014**. Para ello puede utilizar el procedimiento que se explicó en el punto 1.15.2.

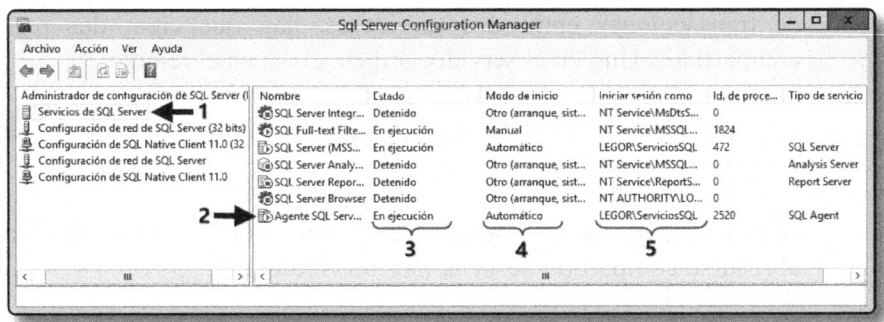

Captura 10.2. Consola SQL Server Configuration Manager

Para visualizar los servicios que utiliza SQL Server haga clic en el nodo **Servicios de SQL Server** (1) y a continuación en el servicio **Agente SQL Server (MSSQLSERVER)** (2). Compruebe los siguientes extremos:

➤ Que el estado del servicio es **En ejecución** (3).
➤ Que el modo de inicio del servicio es **Automático** (4).
➤ Que el servicio se inicia con el usuario **Legor\ServiciosSQL** (5).

En el caso de que el servicio **MSQLSERVER** no esté configurado con los parámetros indicados, puede hacerlo usando PowerShell. Para ello, haga clic en el icono de inicio de PowerShell que se encuentra en la barra de tareas. A continuación escriba las siguientes instrucciones para iniciar el servicio:

```
Set-Service -Name "sqlSERVERAGENT" -StartupType
"Automatic"
Start-Service -Name "sqlSERVERAGENT"
```

Para comprobar su estado puede ejecutar la instrucción:

```
Get-Service *SQLSERVERAGENT* | Format-List
```

Una vez que ejecute las tres líneas anteriores asegúrese de que el servicio está iniciado (*running*).

Captura 10.3. Configurar el servicio MSSQLSERVER desde PowerShell

(i) **NOTA**

Para más información sobre cómo configurar este servicio consulte el apartado *Cuenta de inicio de sesión del Agente SQL* del tema 9.3.

10.4 EJERCICIO PRÁCTICO: PERMITIR CONEXIONES REMOTAS EN MADRID Y ZARAGOZA (REQUISITO LOG SHIPPING Y MIRRORING)

Este ejercicio práctico se realiza usando las máquinas Madrid y Zaragoza para permitir el acceso remoto al Servidor de SQL Server. Sobre este contenido hay amplia información en el tema 1 (ejercicios prácticos 1.15 en adelante).

10.4.1 Crear una excepción para el puerto 1433 en el Firewall de Windows

Para permitir el acceso remoto al motor de la base de datos de Microsoft SQL Server 2014, hay que crear una excepción en el Firewall de Windows que permita el tráfico por el puerto **TCP 1433**. Para ello, desde la consola de PowerShell ejecute las instrucciones que a continuación se muestran:

```
netsh
advfirewall firewall
add rule name="PERMITE SQLServer puerto TCP 1433"
dir=in action=allow
protocol=TCP localport=1433
Exit
```

10.4.2 Habilitar TCP/IP

Para habilitar TCP/IP, abra la consola **SQL Server Configuration Manager** (captura 10.2), en el árbol de la izquierda expanda los nodos **Configuración de red de SQL Server** y **Protocolos de MSSQLSERVER**, seleccione este último. En el panel de detalle de la derecha de la consola haga doble clic en **TCP/IP**.

La acción anterior abre la ventana **Propiedades: TCP/IP**, seleccione la pestaña **Direcciones IP**, con la barra lateral deslizante busque la IP del servidor (Madrid = 10.10.10.254, Zaragoza = 10.10.10.252). Una vez que la haya encontrado, configúrela de la siguiente manera:

▶ Activo: **SÍ**.

▶ Dirección IP: **10.10.10.254** (en la máquina Madrid) y **10.10.10.252** (en la máquina Zaragoza).

▶ Habilitado: **SÍ**.

▶ Puertos dinámicos TCP: se deja en blanco.

Para solventar cualquier duda sobre este tema, consulte el ejercicio práctico 1.15.3 del tema 1.

10.5 EJERCICIO PRÁCTICO: CONFIGURAR UN RECURSO COMPARTIDO EN LA MÁQUINA ZARAGOZA

A continuación configure un recurso compartido en la máquina Zaragoza y asígnele permisos de acceso. Previamente, antes de realizar la práctica, tiene que haber instalado las máquinas **Madrid** y **Zaragoza** como se muestra en el apéndice III y haber iniciado sesión en ambas con el usuario del dominio, **LEGOR\ Administrador**.

Desde la máquina Zaragoza

Para comenzar sitúese en la máquina **Zaragoza** → en la barra de tareas haga clic en el icono **Explorador de Windows** (1).

Captura 10.4. Barra de tareas de Windows

La acción anterior abre un explorador de Windows, sitúese en **C:** / (2) para crear la carpeta, nómbrela **RegLogZ** (3) de registro + *log* + Zaragoza. Una vez creada, haga clic sobre ella con el botón derecho del ratón y elija el menú **Propiedades** (4). En la ventana **Propiedades RegLogZ** (5) → seleccione la pestaña **Compartir** (6) y a continuación haga clic en el botón **Compartir** (7).

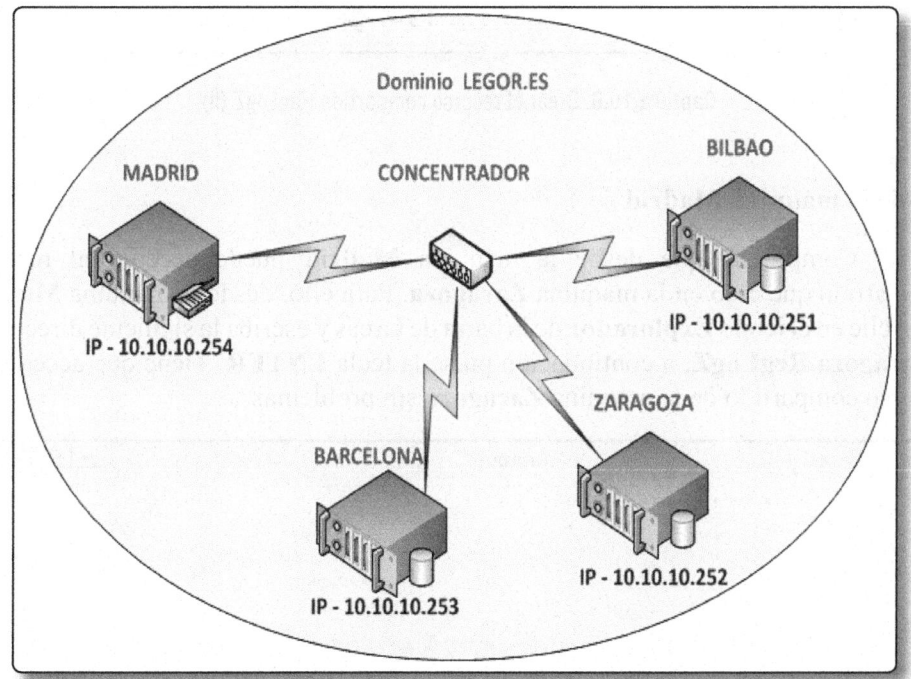

Captura 10.5. Crear el recurso compartido RegLogZ (I)

Continúe en la ventana **Archivos compartidos** (8) → despliegue la lista y seleccione el grupo **Todos** (9) → pulse el botón **Agregar** (10). Seleccione el grupo **Todos** (11) y asígnele permisos de **Lectura y escritura** (12). Para finalizar la operación, haga clic en el botón **Compartir** (13).

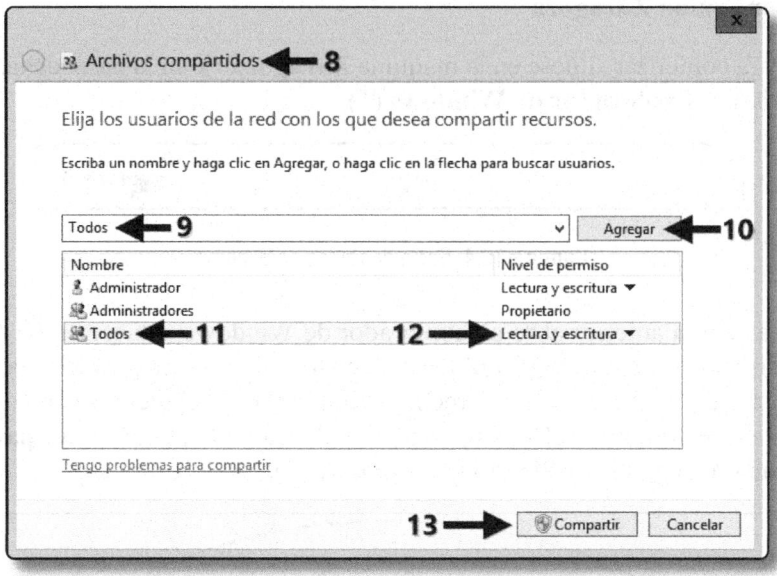

Captura 10.6. Crear el recurso compartido RegLogZ (II)

Desde la máquina Madrid

Compruebe que desde la máquina **Madrid** puede acceder al recurso compartido que creó en la máquina **Zaragoza**. Para ello, desde la máquina **Madrid** haga clic en el icono **Explorador** de la barra de tareas y escriba la siguiente dirección: **\\Zaragoza\RegLogZ**, a continuación pulse la tecla **ENTER**. Tiene que acceder al recurso compartido de la máquina **Zaragoza** sin problemas.

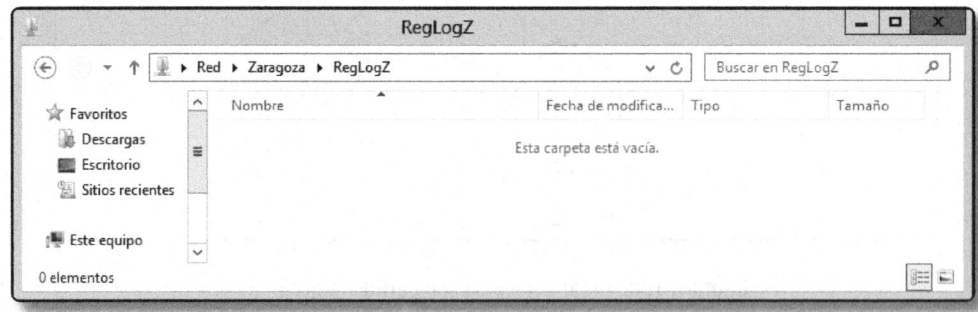

Captura 10.7. Acceder al recurso compartido RegLogZ desde Madrid

10.6 EJERCICIO PRÁCTICO: CONFIGURAR UN RECURSO COMPARTIDO EN LA MÁQUINA MADRID

Desde la máquina Madrid

En este ejercicio práctico configurará un recurso compartido en la máquina Madrid usando el mismo procedimiento del ejercicio práctico anterior. El recurso compartido lo nombrará **RegLogM** (de registro + *log* + Madrid) y le asignará los mismos permisos de lectura y escritura al grupo **Todos**.

Desde la máquina Zaragoza

Una vez que haya creado el recurso compartido en la máquina **Madrid**, compruebe que desde la máquina **Zaragoza** puede acceder al recurso escribiendo en el explorador la dirección **\\Madrid\RegLogM**.

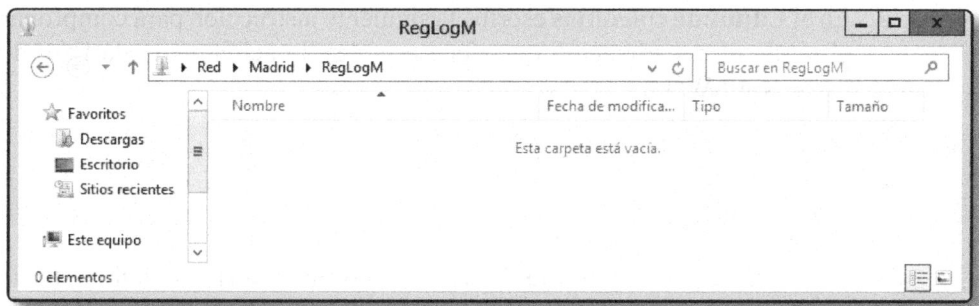

Captura 10.8. Acceder al recurso compartido RegLogM desde Zaragoza

10.7 EJERCICIO PRÁCTICO: CONFIGURAR LA BASE DE DATOS NORTHWIND CON LOG SHIPPING

Para habilitar la tecnología Log Shipping en la base de datos **NorthWind** debe realizar las siguientes acciones:

1. Comprobar que el modo de recuperación de NorthWind en **Madrid** es completo.

2. Hacer una copia de seguridad completa de la base de datos NorthWind en **Madrid**.

3. Pasar la copia de seguridad de NorthWind a la máquina **Zaragoza** usando los recursos compartidos que creó en prácticas anteriores.

4. Habilitar el trasvase de registros entre los servidores **Madrid** y **Zaragoza**.

5. Comprobar el trasvase de registros.

10.7.1 Comprobar el modo de recuperación de NorthWind

Desde Madrid

1. Inicie sesión con autenticación Windows y el usuario **LEGOR\ Administrador** → en la barra de herramientas de SQL Management Studio, haga clic en el botón **Nueva consulta**.

2. En el **Editor de consultas** escriba la siguiente instrucción para comprobar el modo de recuperación que tiene establecido actualmente la base de datos NorthWind.

```
SELECT name, recovery_model_desc
FROM sys.databases
WHERE name = 'NorthWind'
```

3. Haga clic en el botón **Ejecutar**. La consulta anterior usa la vista de catálogo **sys.databases** que devuelve el modo de recuperación de la base de datos NorthWind.

4. Si el modo de recuperación es distinto de **FULL** (completo), cámbielo escribiendo la siguiente instrucción:

```
USE master
ALTER DATABASE NorthWind SET RECOVERY FULL
```

> ⓘ **NOTA**
>
> Otra opción para modificar el modo de recuperación de una base de datos es usar SQL Management Studio. Para ello seleccione la página **Opciones**, que se encuentra dentro de las propiedades de la base de datos que desee modificar.

10.7.2 Hacer una copia de seguridad completa de NorthWind

Desde Madrid

Haga una copia completa de la base de datos NorthWind. La copia se guardará en la carpeta C: \RegLogM, para pasarla posteriormente a la máquina **Zaragoza** a través de la red. Asigne a la copia el nombre COM_NorthWind_20140820.BAK.

Abra el Editor de consultas de SQL Management Studio, escriba la instrucción T-SQL que a continuación se le muestra. A continuación, haga clic en el botón **Ejecutar**.

```
BACKUP DATABASE [Northwind]
TO DISK = N'C:\RegLogM\COM_NorthWind_20120518.bak'
WITH NOFORMAT, INIT,
NAME = N'Northwind-Completa',
SKIP, NOREWIND, NOUNLOAD, STATS = 10
GO
```

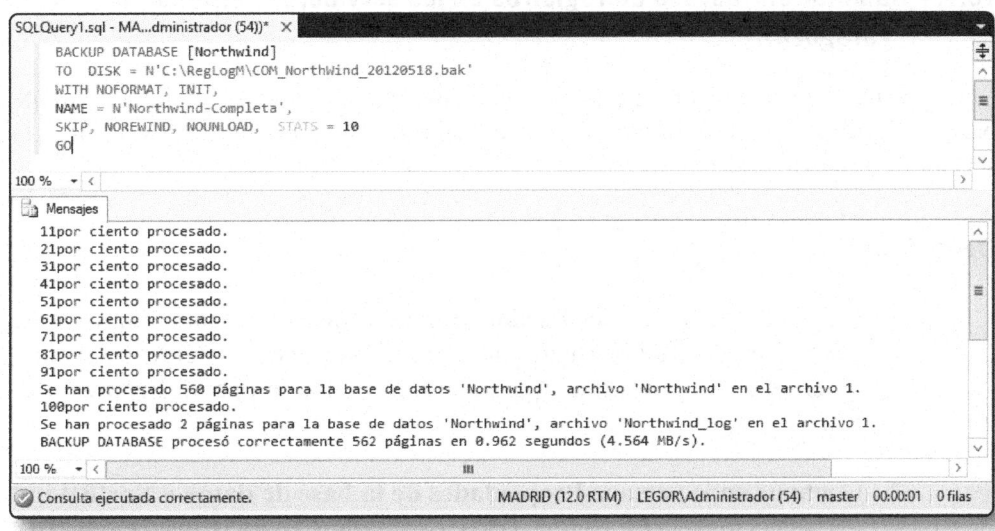

Captura 10.9. Backup completo de la base de datos NorthWind

En el panel de mensajes puede comprobar que el proceso se ha desarrollado con éxito. Nótese que en C:\RegLogM se encuentra el archivo de copia de seguridad completa COM_NorthWind_20140820.BAK que acaba de crear.

Captura 10.10. Archivo de la copia de seguridad completa en la carpeta RegLogM

10.7.3 Pasar la copia de seguridad de NorthWind a la máquina Zaragoza

Usando la red copie el archivo de copia de seguridad de **Madrid\RegLogM**
→ **Zaragoza\RegLogZ** (recurso compartido de la máquina Zaragoza).

10.7.4 Habilitar el trasvase de registros en los servidores "Madrid" y "Zaragoza"

Una vez que ha configurado todos los requisitos previos, inicie el asistente
para configurar el trasvase automático de registros entre el servidor Madrid y el
servidor Zaragoza.

Desde Madrid

1. Despliegue el árbol del **Explorador de objetos**, seleccione la base de
    datos **NorthWind** (1) y haga clic sobre ella con el botón derecho del ratón
    → en el menú contextual que se visualiza elija la opción **Propiedades**
    (2).

2. Continúe en la ventana **Propiedades de la base de datos – NorthWind**
    (3), seleccionando la página **Trasvase de registro de transacciones** (4).

3. Active la casilla de verificación **Habilitar ésta cómo base de datos
    principal en una configuración de trasvase de registros** (5). Nótese que
    al activar la casilla de verificación, se habilita el botón **Configuración de
    copia de seguridad**.

4. Haga clic en el botón **Configuración de copia de seguridad** (6).

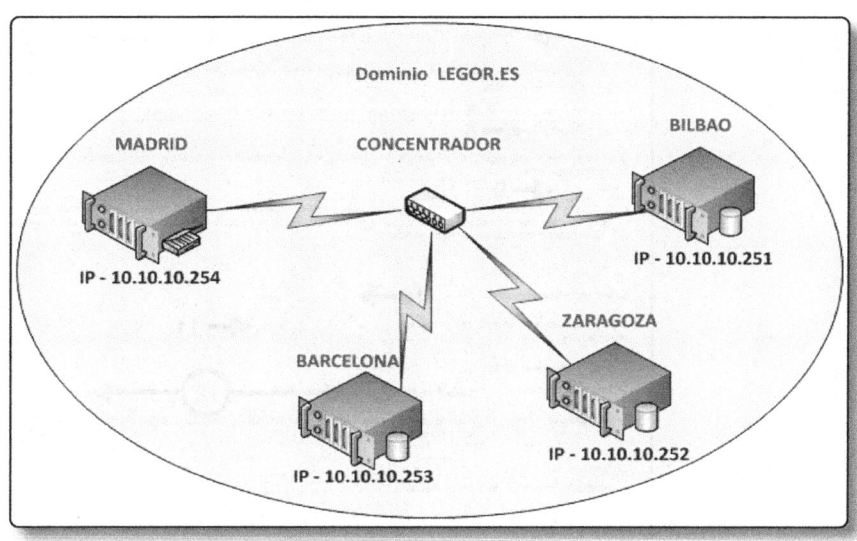

Captura 10.11. Habilitar trasvase de registros en NorthWind

5. Visualizará la ventana **Configuración de copias de seguridad de registros de transacciones** (7) que sirve para configurar el trabajo que realizará las copias de seguridad en el servidor Madrid. El trabajo necesita que configure los siguientes parámetros:

    - La ruta de red donde se guardarán las copias de seguridad. En el ejemplo se ha usado la carpeta RegLogM. La ruta de esta carpeta en la red es **\\Madrid\RegLogM** (8) y en local **C:\RegLogM** (9); aunque es redundante, incluya ambas rutas.

    - El tiempo que se mantendrán los archivos de copia de seguridad, por defecto. El asistente propone eliminar los archivos con más de 72 horas de antigüedad (10).

    - También se puede programar una alerta en el caso de que Log Shipping se detenga durante un período de tiempo determinado, el asistente le propone una hora (11).

    - El botón **Programar** (12) visualiza la ventana **Nueva programación del trabajo**, que, como su nombre indica, sirve para cambiar todos los parámetros de programación del trabajo LSBackUp_NorthWind (cuándo sucede, fecha de inicio, fecha de finalización, nombre, etc.). Asigne al parámetro **Sucede cada** el valor **1 minuto** para que el trabajo se ejecute cada minuto.

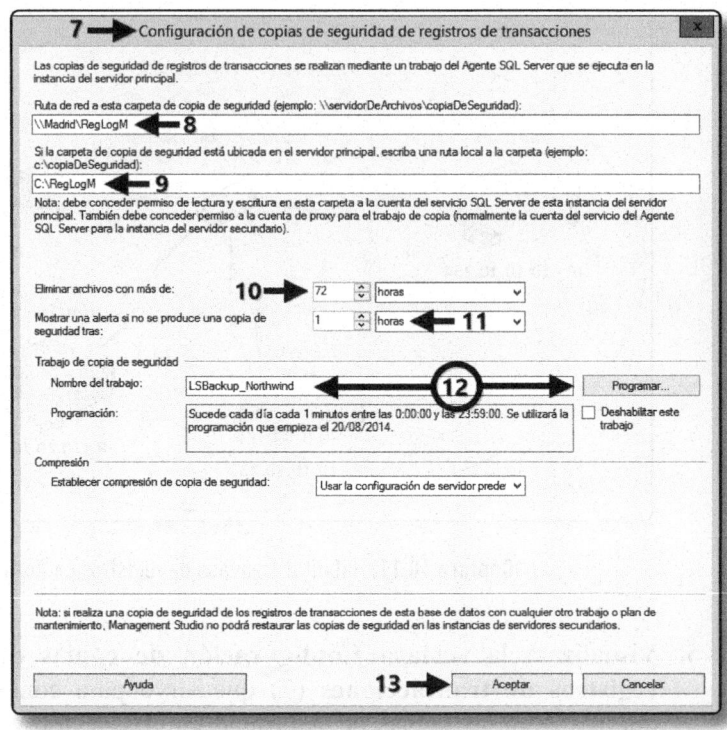

Captura 10.12. Configuración copias de seguridad del trasvase de registros en NorthWind

- Haga clic en el botón **Aceptar** (13) para guardar los cambios y volver a la página **Trasvase de registro de transacciones de la ventana Propiedades de la base de datos – NorthWind**.

6. De nuevo en la página **Trasvase de registro de transacciones de la ventana Propiedades de la base de datos – NorthWind** → haga clic en el botón **Agregar** para abrir la ventana **Configuración de la base de datos secundaria** (14).

7. Pulse el botón **Conectar** (15) → en la ventana **Conectar con el servidor** (16) se solicitan unas credenciales (usuario + contraseña) válidas para conectar con el servidor SQL Server de la máquina Zaragoza. Escriba las siguientes:

- Nombre del servidor: **ZARAGOZA** (17).
- Autenticación: **Windows** (18).
- Nombre de usuario: **LEGOR\Administrador** (es con el que ha iniciado sesión en la máquina Zaragoza) (19).

- Haga clic en el botón **Conectar** (20).

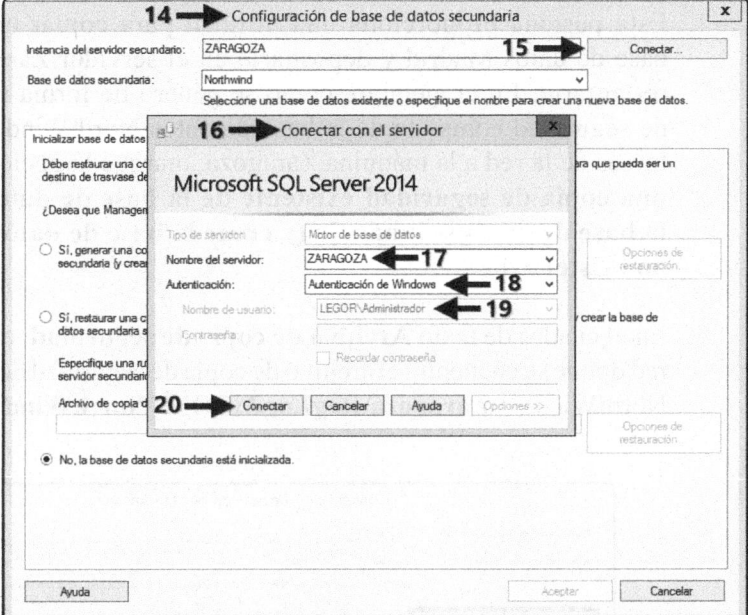

Captura 10.13. Conexión con el servidor remoto

ⓘ NOTA

Nótese que la conexión con el servidor Zaragoza se está estableciendo desde el servidor Madrid. Por este motivo en los requisitos previos de configuración se habilitaron las conexiones remotas, creando una excepción en el Firewall de Windows para el puerto TCP 1433 y se activó TCP/IP en la configuración de superficie de SQL Server.

---

8. Una vez que conecta con el servidor remoto se visualiza la ventana **Configuración de base de datos secundaria**, con tres pestañas configurables:

- Iniciar la base de datos secundaria.
- Copiar archivos.
- Restaurar el registro de transacciones.

10.7.4.1 PESTAÑA "INICIAR BASE DE DATOS SECUNDARIA"

1. Esta pestaña proporciona una utilidad para copiar un *backup* de la base de datos Madrid y depositarlo en el servidor Zaragoza listo para restaurarlo. En el ejemplo, como se generó de forma manual la copia de seguridad completa de la base de datos NorthWind y se traspasó a través de la red a la máquina Zaragoza, marque la opción **Sí, restaurar una copia de seguridad existente de la base de datos principal en la base de datos secundaria (y crear la base de datos secundaria si no existe)** (21).

2. En el cuadro de texto **Archivo de copia de seguridad**, escriba la ruta de red donde se encuentra el archivo de copia de seguridad de la base de datos NorthWind: **\\Zaragoza\RegLogZ\COM_NorthWind_20140820.bak** (22).

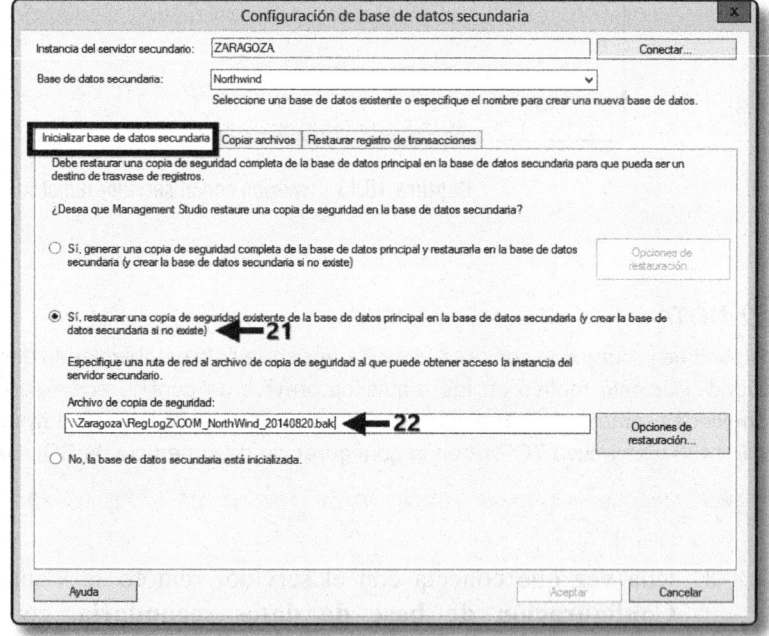

Captura 10.14. Pestaña "Iniciar base de datos secundaria"

> ### ⓘ NOTA
> El asistente puede generar la primera copia de seguridad completa de la base de datos NorthWind, automatizando el proceso inicial de restauración. Este procedimiento es válido cuando esté tratando con bases de datos relativamente pequeñas y use redes de área local. En la vida real, en la mayoría de los casos, hay que tratar con bases de datos de varios gigabytes de tamaño que se encuentran en servidores con ubicaciones geográficas diferentes y usan como nexo de unión Internet. Si utiliza esta red (Internet) para pasar la copia de la base de datos inicial, probablemente la colapse y deje sin servicio otras aplicaciones críticas de su organización. Muchas veces es mejor utilizar un medio extraíble, tipo disco USB, un FTP, etc., para pasar la primera copia de seguridad de un servidor a otro, antes de restaurar el primer *backup*.

10.7.4.2 PESTAÑA "COPIAR ARCHIVOS"

Desde esta pestaña se accede a la programación del trabajo LSCopy_MADRID_NorthWind. El trabajo se encarga de copiar los *backups* del registro de transacciones depositados en el recurso compartido del servidor **Madrid** (\\Madrid\RegoLogM), al recurso compartido del servidor **Zaragoza** (\\Zaragoza\RegLogZ).

1. En el cuadro de texto **Carpeta de destino de los archivos copiados** escriba **\\Zaragoza\RegLogZ** (23).

2. Cambie la frecuencia del trabajo, para que se realice cada minuto. Para ello haga clic en el botón **Programar** (24) y en la sección **Sucede cada** escriba **1 minuto**.

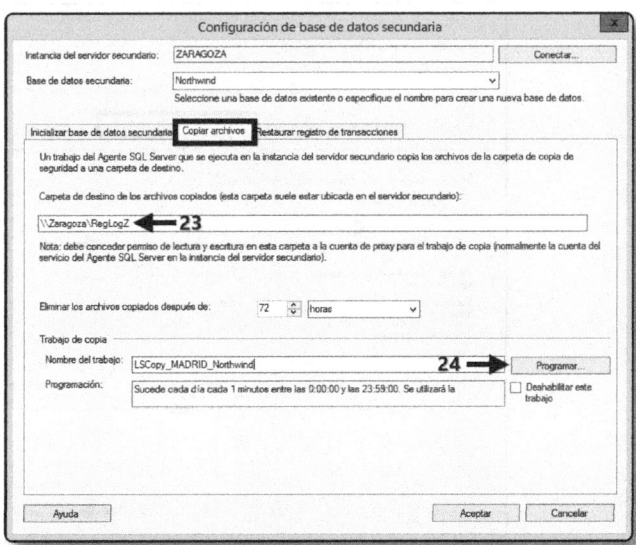

Captura 10.15. Pestaña "Copiar archivos"

10.7.4.3 PESTAÑA "RESTAURAR REGISTRO DE TRANSACCIONES"

Sirve para programar el trabajo LSRestore_MADRID_NorthWind, que se encarga de restaurar los *backups* del registro de transacciones en la base de datos NorthWind del servidor Zaragoza.

1. Active el botón de radio **Modo de espera** (25). De esta manera restaurará la base de datos en el servidor Zaragoza en modo *standby*, lo que le permitirá hacer consultas de solo lectura a esta base o, si lo desea, poner en producción un servidor de *reporting*.

2. Marque la casilla de verificación **Desconectar usuarios en la base de datos al restaurar las copias de seguridad** (26).

3. Respecto al apartado **Retrasar la restauración de las copias de seguridad al menos**, sirve para indicar al servidor Zaragoza cuánto tiempo tiene que dejar que transcurra desde que llega la copia del registro de transacciones hasta que la restaura. Dependiendo del uso que le dé a esta base de datos, puede preferir que los cambios se apliquen inmediatamente o con cierto retardo. Esta última opción permite comparar datos con la base de datos del servidor Madrid con una determinada diferencia en el tiempo.

4. Cambie la frecuencia del trabajo para que se realice cada minuto. Para ello haga clic en el botón **Programar** (27) y en la sección **Sucede cada**, escriba **1 minuto**.

5. Haga clic en el botón **Aceptar** (28) para hacer efectivos todos los cambios.

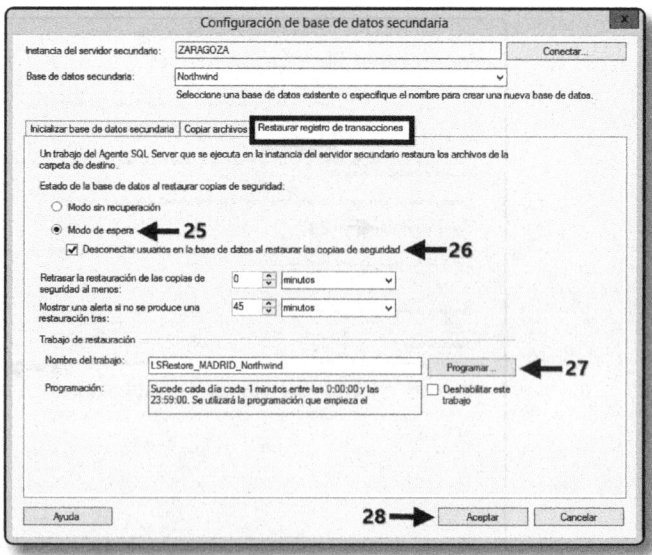

Captura 10.16. Pestaña "Restaurar registro de transacciones"

Una vez finalizada la configuración y aceptados todos los cambios, el asistente inicia el trasvase de registros, al cabo de unos segundos visualizará una ventana como la de la captura 10.17, que le informará de que la operación se ha realizado con éxito.

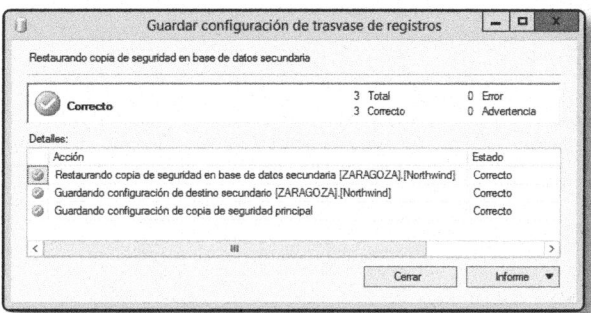

Captura 10.17. Configuración final del Trasvase de registros

Desde este momento ya está activo el Log Shipping entre los servidores Madrid y Zaragoza.

ⓘ NOTA

Nótese que en la ventana **Propiedades de la base de datos – NorthWind**, con el botón **Agregar**, puede configurar el envío de registros de transacciones a más de un servidor remoto, esto le permite, por ejemplo, tener un servidor remoto de respaldo (NORECOVERY) y otro como servidor de informes (STANDBY).

10.7.5 Comprobar el trasvase de registros

En este ejercicio práctico se le enseñarán las pautas que debe seguir para comprobar que Log Shipping está funcionando correctamente.

1. Conéctese al servidor Zaragoza y compruebe que la base de datos **NorthWind** está en **STANDBY (En espera/Solo lectura)**.

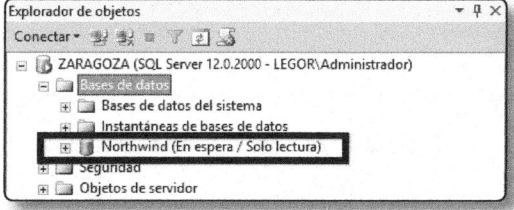

Captura 10.18. Base de datos NorthWind En espera/Solo lectura

2. Conéctese al servidor Madrid, abra el recurso compartido \\Madrid\ RegLogM, pulse la tecla **F5** para actualizar el contenido de la carpeta. Tome nota de los seis últimos *backups* del registro de transacciones que contiene la carpeta.

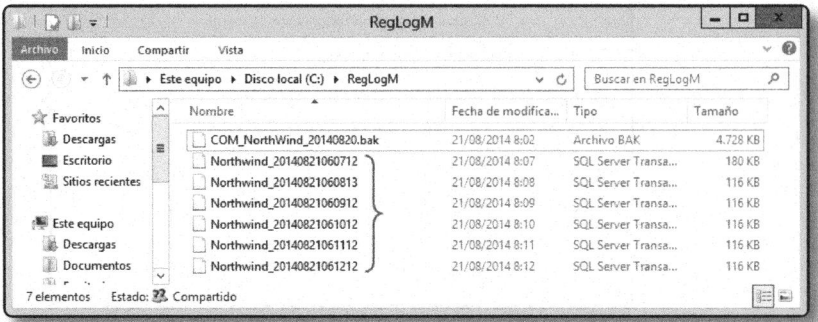

Captura 10.19. Contenido del recurso compartido \\Madrid\RegLogM

3. Conéctese al servidor **Zaragoza**, abra el recurso compartido \\Zaragoza\ RegLogZ, pulse la tecla **F5** para actualizar el contenido de la carpeta. Tome nota de los seis últimos *backups* del registro de transacciones que contiene la carpeta. Compruebe que las seis últimas copias de seguridad del recurso RegLogZ se encuentran en el recurso RegLogM. En algunas ocasiones puede existir un *backup* de diferencia entre ambos recursos, que coincide con la última copia de seguridad del registro de transacciones hecho en el servidor Madrid que se copia de un servidor a otro cada minuto.

Captura 10.20. Contenido del recurso compartido \\Madrid\RegLogZ

4. En **Madrid**, abra el Editor de consultas de SQL Management Studio y escriba la instrucción que se le muestra a continuación. Esta instrucción actualizará, en la base de datos **NorthWind**, los registros de la tabla **Customers** (clientes), cuya columna **City = 'London'**, de **London** a **Londres**.

```
UPDATE [dbo].[Customers] SET City='LONDRES' WHERE
City='London'
```

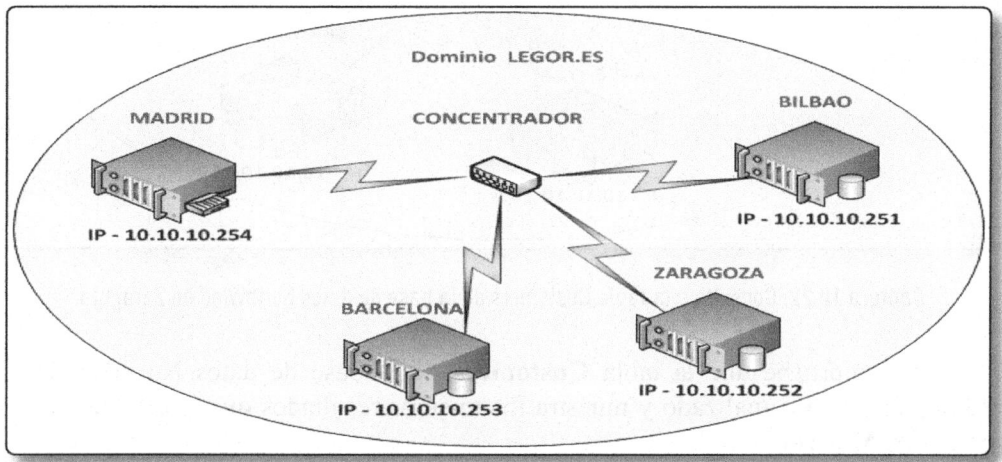

Captura 10.21. Actualización de la tabla Customers de la base de datos NorthWind en Madrid

---

ⓘ **NOTA**

Nótese que se han actualizado 6 registros en la tabla **Customers** de la base de datos Northwind, instalada en la instancia del servidor **Madrid**.

---

5. Sitúese en **Zaragoza**, deje pasar un par de minutos, abra el Editor de consultas de SQL Management Studio y escriba las siguientes instrucciones:

```
SELECT COUNT(*) FROM [dbo].[Customers] WHERE
City='London'
SELECT * FROM [dbo].[Customers] WHERE City='Londres'
```

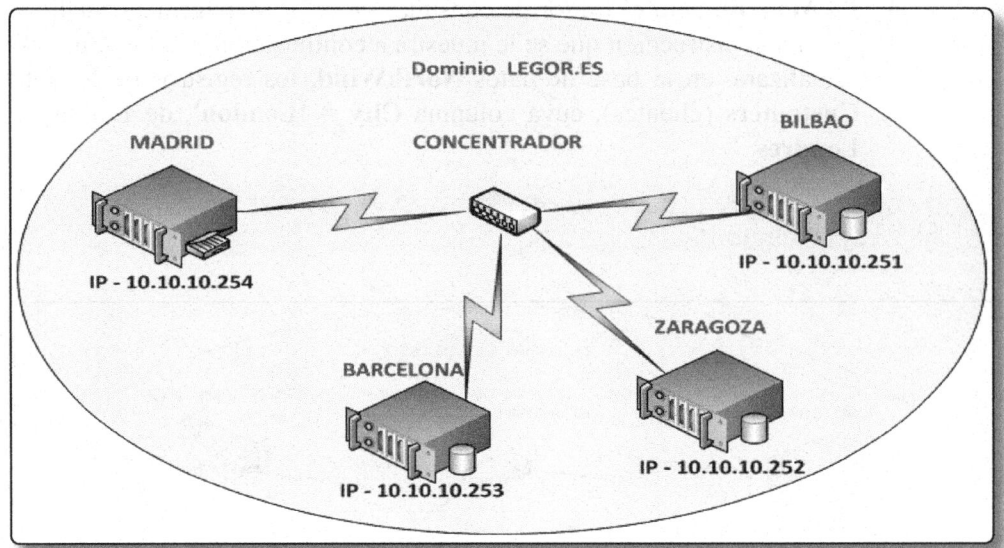

Captura 10.22. Consulta a la tabla Customers de la base de datos NorthWind en Zaragoza

Compruebe que la tabla **Customers** de la base de datos NorthWind en **Zaragoza** se ha actualizado y muestra los mismos resultados que la base de datos origen en **Madrid**.

10.8 FUNCIONAMIENTO DE LOS TRABAJOS QUE INTERVIENEN EN LOG SHIPPING.

La tecnología Log Shipping se basa en tres trabajos que se configuraron cuando estableció el trasvase de registros en la base de datos NorthWind, usando al asistente de SQL Management Studio. Los trabajos son los siguientes:

- ▸ Trabajo LSBackUp_NorthWind, se realiza desde el Agente SQL de la máquina Madrid.

- ▸ Trabajo LSCopy_MADRID_NorthWind, se realiza desde el Agente SQL de la máquina Zaragoza.

- ▸ Trabajo LSRestore_MADRID_NorthWind, se realiza desde el Agente SQL de la máquina Zaragoza.

Conociendo el funcionamiento de estos tres trabajos puede supervisar, diagnosticar y corregir cualquier fallo de Log Shipping. Para visualizarlos abra el Explorador de objetos en la máquina Madrid, a continuación busque la rama del **Agente SQL Server**, por último expanda el nodo **Trabajos**.

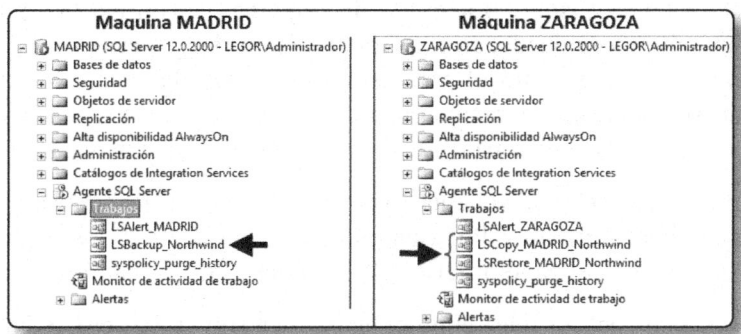

Captura 10.23. Trabajos de Log Shipping

10.8.1 Trabajo LSBackUp_NorthWind

Este trabajo lo ejecuta el Agente SQL Server de la máquina Madrid y se encarga de hacer los *backup* del registro de transacciones de la base de datos NorthWind en el servidor Madrid. Para comprobar que el trabajo está funcionando correctamente, selecciónelo, a continuación haga clic sobre él con el botón derecho del ratón y en el menú contextual elija la opción **Ver historial**.

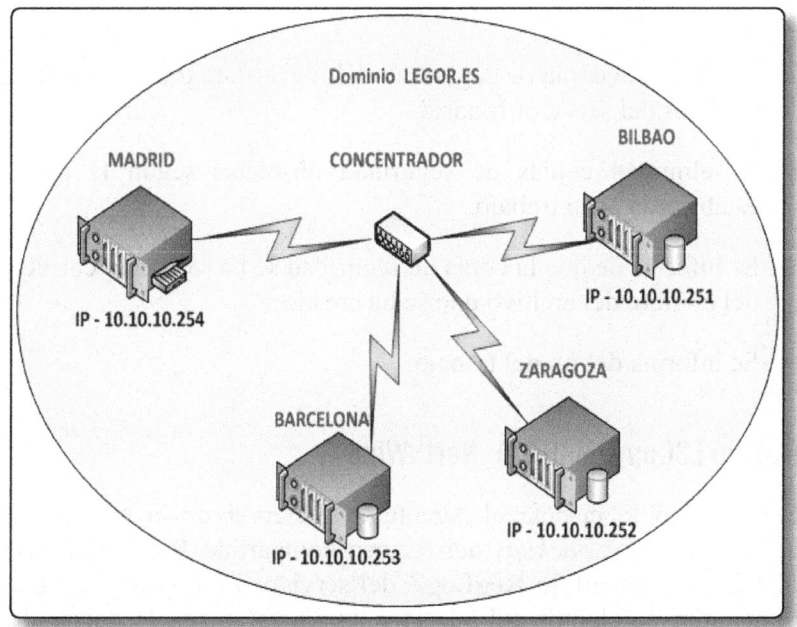

Captura 10.24. Historial del trabajo LS_BackUp_NorthWind

En la ventana **Visor del archivo de registros – Madrid** (1), puede ver la historia del trabajo seleccionado, en el ejemplo **LSBackup_Northwind** (2). Pulsando sobre el símbolo + se muestra el proceso de ejecución de cada uno de los pasos realizados internamente por el trabajo. En concreto, en la imagen se visualiza cómo se ha desplegado el historial del trabajo que se ejecutó el día 21/08/2014 a las 11:13 horas.

El trabajo seleccionado cuenta con 5 pasos, cuando selecciona un paso se ven sus detalles en el panel inferior. Por ejemplo, en la captura 10.24 se ha seleccionado el paso tercero (3) y en el panel inferior (4) se visualizan sus detalles.

Los cinco pasos que componen el trabajo **LSBackUp_NorthWind**, básicamente realizan las siguientes acciones:

1. Se inicia la copia de seguridad del registro de transacciones.

   - A la copia de seguridad del registro de transacciones se le asigna el identificador primario.

   - Se recupera la configuración de copia de seguridad, que se compone, entre otros, de los siguientes datos: nombre de la base de datos, directorio donde se guarda la copia de seguridad, período de retención de la copia de seguridad, etc.

   - Una vez recuperada la configuración de copia de seguridad, se aplican los datos.

2. Se realiza la copia de seguridad del registro de transacciones de la base de datos del servidor Madrid.

3. Se eliminan copias de seguridad obsoletas según la programación establecida en el trabajo.

4. Se informa de que la copia de seguridad se ha realizado correctamente y del nombre del archivo que se ha creado.

5. Se informa del fin del trabajo.

10.8.2 Trabajo LSCopy_MADRID_NorthWind

Este trabajo lo ejecuta el Agente SQL Server de la máquina Zaragoza y consiste en copiar los *backups* del recurso compartido **RegLogM** del servidor Madrid al recurso compartido **RegLogZ** del servidor Zaragoza. Para acceder a él abra el Explorador de objetos del Servidor Zaragoza, búsquelo dentro de la rama **Agente SQL Server**, nodo **Trabajos**. A continuación haga clic sobre él con el botón derecho del ratón y en el menú contextual elija la opción **Ver historial**.

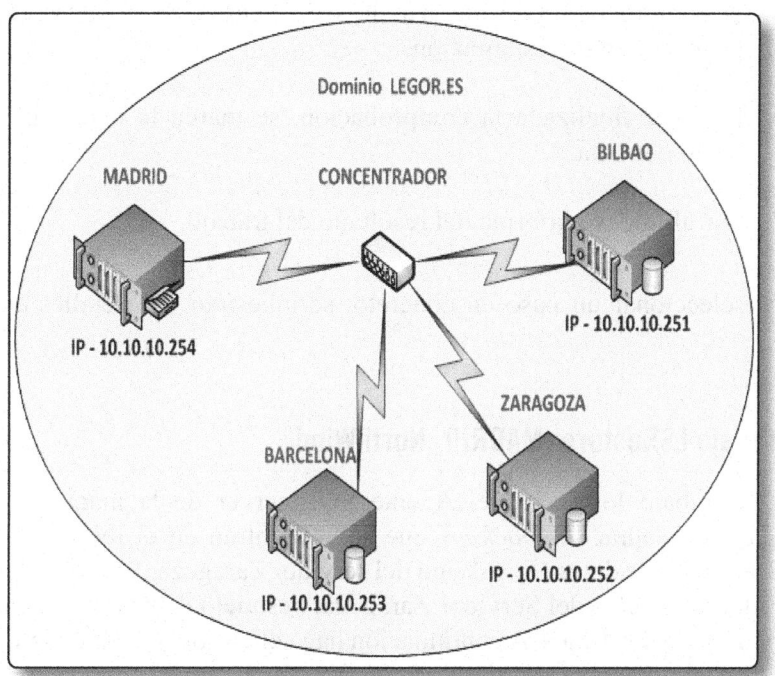

Captura 10.25. Historial del trabajo LSCopy_MADRID_NorthWind

El trabajo seleccionado **LSCopy_MADRID_NorthWind** básicamente consta de siete pasos:

1. Se inicia la copia del archivo de *backup* del registro de transacciones del servidor Madrid al servidor Zaragoza.

2. Se recupera la configuración necesaria para ejecutar el trabajo, que se compone, entre otros, de los siguientes datos: el nombre del servidor origen, el directorio origen de la copia de seguridad, el directorio remoto de la copia de seguridad, el nombre del último archivo copiado, etc.

3. Se copia el archivo (copia del registro de transacciones) del servidor Madrid al servidor Zaragoza que por su turno le toque, renombrando la extensión de *.trn a *.wrk.

4. Una vez que el archivo *.wrk se ha copiado con éxito en el servidor Zaragoza se vuelve a renombrar la extensión a *.trn.

5. Se comprueba si falta algún archivo de copia de seguridad necesario para la operación de restauración.

6. Una vez finalizada la comprobación, se marca la operación de copia como correcta.

7. Por último, se informa del resultado del trabajo.

Al seleccionar un paso en concreto, se muestran sus detalles en el panel inferior.

10.8.3 Trabajo LSRestore_MADRID_NorthWind

Este trabajo lo ejecuta el Agente SQL server de la máquina Zaragoza. Se encarga de restaurar los *backups* que se encuentran en el recurso compartido **RegLogZ** a la base de datos NorthWind del servidor Zaragoza. Para acceder a él abra el Explorador de objetos del Servidor Zaragoza, búsquelo dentro de la rama **Agente SQL Server**, nodo **Trabajos**. A continuación haga clic sobre él con el botón derecho del ratón y en el menú contextual elija la opción **Ver historial**.

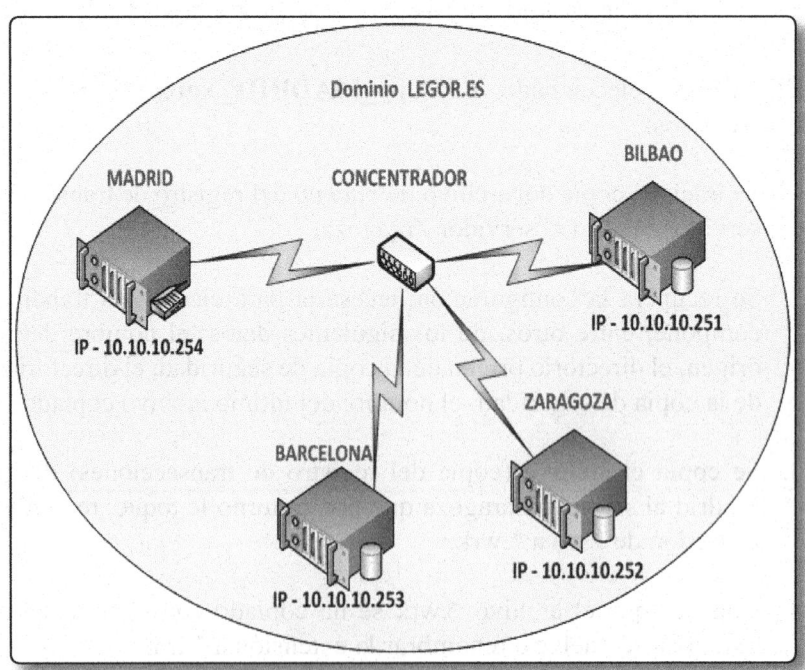

Captura 10.26. Historial del trabajo LSRestore_MADRID_NorthWind

A continuación, se le muestra un resumen de los pasos que realiza el trabajo.

1. Se Inicia la restauración del registro de transacciones.

2. Se recupera la configuración necesaria para iniciar la restauración, como por ejemplo: el nombre de la base de datos principal, directorio donde se encuentra la copia de seguridad, período de retención, etc.

3. Se aplica la configuración recuperada.

4. Se desconectan los usuarios de la base de datos NorthWind en el servidor Zaragoza.

5. Se restaura el archivo de copia de seguridad del registro de transacciones que por turno toca.

6. Se informa del resultado de la operación, si ha finalizado correctamente o no.

7. Se eliminan los archivos obsoletos de copia de seguridad del registro de transacciones.

8. Se informa del resultado del trabajo.

10.9 EJERCICIO PRÁCTICO DESHABILITAR LOG SHIPPING.

En este ejercicio práctico se le enseñará cómo deshabilitar Log Shipping.

Desde Madrid

1. Despliegue el árbol del Explorador de objetos → seleccione la base de datos **NorthWind** (1) → haga clic con el botón derecho del ratón sobre ella y seleccione el menú **Propiedades** (2).

2. En la ventana **Propiedades de la base de datos – NorthWind** (3) seleccione la página **Trasvase de registro de transacciones** (4).

3. Desactive la casilla de verificación **Habilitar ésta cómo base de datos principal en una configuración de trasvase de registros** (5).

4. La ventana **Propiedades de la base de datos – NorthWind** (6) solicita que confirme que desea deshabilitar el trasvase de registros. Para deshabilitarlo definitivamente haga clic en el botón **Sí** (7).

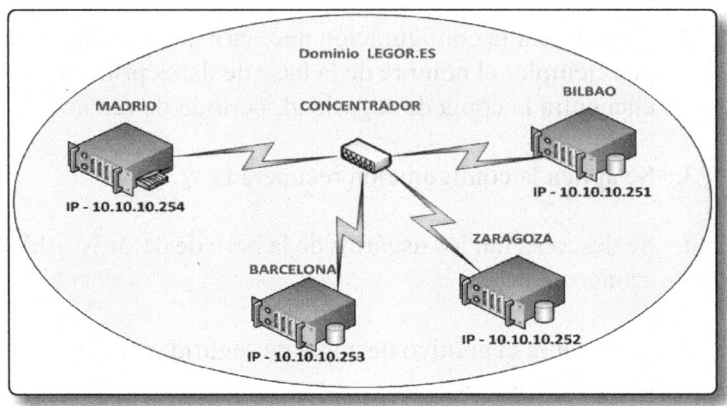

Captura 10.27. Deshabilitar Log Shipping

Una vez que haya deshabilitado Log Shipping, compruebe que los trabajos: LSBackUp_NorthWind, LSCopy_MADRID_NorthWind y LSRestore_MADRID_NorthWind han sido eliminados.

Desde Zaragoza

Por último, si lo desea, puede cambiar el estado de la base de datos NorthWind en el servidor Zaragoza para poder operar sobre ella. Para recuperar la base de datos NorthWind escriba la siguiente instrucción en el Editor de consultas:

```
RESTORE DATABASE NorthWind WITH RECOVERY
```

Captura 10.28. Recuperando la base de datos NorthWind

Compruebe que el coloreado de la base de datos **NorthWind** (8) se normaliza (pasa de ser gris a amarillo). Esto quiere decir que ya se ha recuperado y podemos leer y escribir en ella.

10.10 REFLEJO DE BASE DE DATOS (MIRRORING)

Mirroring es la segunda tecnología perteneciente a la alta disponibilidad, que se estudia en este tema. Permite al usuario final tener acceso a una base de datos en cualquier momento, debido a que se encuentra activa y accesible prácticamente el 100 % del tiempo. Esto se consigue sincronizando dos bases de datos, la primera de ellas, ubicada en un servidor principal, da servicio a los clientes; y la segunda, en un servidor reflejado. La copia ubicada en el servidor reflejado se guarda como reserva en caliente, gracias a la transferencia de los registros de transacciones desde la base de datos principal. Es posible recuperar la copia del servidor reflejado, tomando el rol del servidor principal en un corto espacio de tiempo porque la tecnología Mirroring está integrada en el motor de la base de datos de Microsoft SQL Server 2014 y permite la conmutación por error en pocos segundos.

10.10.1 Ventajas que ofrece la tecnología Mirroring

Las principales ventajas que ofrece esta tecnología son:

▶ Amplía la protección de la base de datos, al mantener una copia en caliente de ella en el servidor reflejado. Además proporciona opciones de configuración para no perder datos usando transacciones confirmadas.

▶ Aumenta la disponibilidad de la base de datos. Si utiliza el modo "Alta disponibilidad" en caso de desastre, la conmutación por error pone en línea automáticamente, y en pocos segundos, la copia en caliente del servidor reflejado.

▶ Permite seleccionar qué bases de datos de una instancia se reflejarán. En una misma instancia de un servidor principal pueden reflejarse una o más de una base de datos.

▶ Para disminuir al máximo el tráfico de la red que une el servidor principal con el servidor reflejado, los datos del registro de transacciones que se transmiten se comprimen y cifran.

▼ Puede provocar manualmente una conmutación de la base de datos principal a la reflejada durante una actualización del servidor. De esta manera puede actualizar y reiniciar la máquina del servidor principal sin dejar de prestar servicio a los usuarios y aplicaciones clientes.

10.10.2 Inconvenientes de la tecnología Mirroring

▼ La base de datos reflejada no soporta un servidor de informes como era el caso de Log Shipping.

▼ Solo se puede aplicar esta tecnología a las bases de datos que tengan establecido el modo de recuperación completo.

▼ Las bases de datos del sistema (master, model, msdb y temdb) no pueden reflejarse.

▼ Como Log Shipping, Mirroring únicamente proporciona redundancia a nivel base de datos, existen otras tecnologías, como AlwaysOn, que proporcionan redundancia a nivel grupo de disponibilidad; o la tecnología Clúster, que proporciona redundancia a nivel instancia completa.

▼ Mirroring solo aplica los cambios que se transmiten al servidor reflejado en la copia de seguridad inicial y en los registros de transacciones. Por este motivo otras configuraciones, como pueden ser los inicios de sesiones, trabajos, planes de mantenimiento, etc., hay que crearlas manualmente en el servidor reflejado.

▼ No puede configurarse con una base de datos que contiene grupos de archivos FILESTREAM.

▼ En un sistema de 32 bits solo se admite un máximo de 10 bases de datos reflejadas por instancia,

▼ No admite transacciones entre bases de datos o transacciones distribuidas.

10.10.3 Arquitectura del reflejo de bases de datos

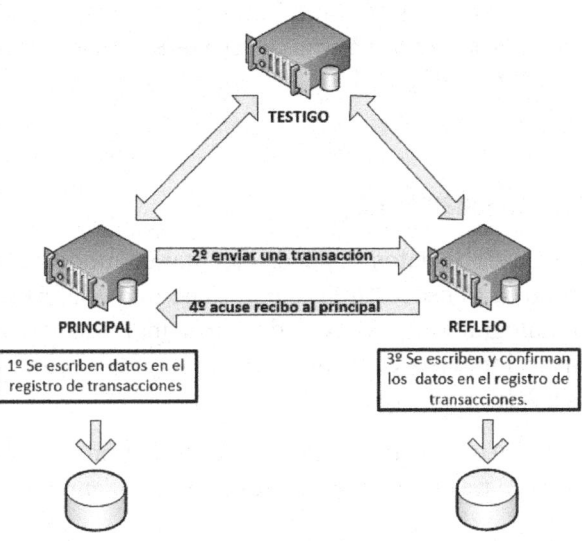

Dibujo 10.2. Arquitectura del reflejo de bases de datos

El reflejo de datos precisa de al menos dos instancias que tienen que estar instaladas en equipos diferentes. Estas son:

▼ **Servidor principal**: es la máquina que alberga la copia de la base de datos principal y se encarga de recibir y contestar todas las peticiones que hagan a la base de datos los clientes. El servidor principal, antes de aplicar las transacciones, las envía al servidor reflejado. La base de datos de este servidor es la fuente de todas las transacciones.

▼ **Servidor reflejado**: se encarga de albergar la base de datos reflejada, que es una copia en caliente de la base de datos principal. Esto se logra aplicando todas las transacciones que manda la base de datos principal. De esta manera se consigue que la base de datos reflejada contenga la misma información que la base de datos principal. Nótese que la base de datos reflejada está restaurando continuamente las transacciones que recibe, por este motivo no permite conexiones a los clientes, ni escribir directamente sobre ella.

▼ **Testigo**: es un elemento opcional que se encarga de supervisar que tanto el servidor principal como el reflejado están activos y conectados entre sí. Es capaz de producir una conmutación automática por error entre el servidor principal y reflejado, si detecta que algo va mal.

> **ⓘ NOTA**
>
> La tecnología Mirroring está disponible en las versiones Enterprise, Business Inteligence y Standard de Microsoft SQL Server 2014.

10.10.4 Modos de funcionamiento

El reflejo de bases de datos se puede ejecutar en modo síncrono o asíncrono. En el reflejo síncrono la transacción en curso tiene que confirmarse en el servidor reflejado antes de integrarse en el servidor principal. En cambio, en el reflejo asíncrono las transacciones se confirman en el servidor principal sin esperar la confirmación del servidor reflejado.

Dependiendo del modo que se desee aplicar (síncrono o asíncrono), Microsoft SQL Server 2014 ofrece tres modos diferentes de funcionamiento:

▼ **Modo alta disponibilidad y seguridad**: es síncrono y con testigo.

- Las transacciones se aplican de forma síncrona a la base de datos del servidor principal y a la base de datos del servidor reflejado. Esto quiere decir que mientras el servidor espejo no confirme que ha aplicado la transacción, el servidor principal no la aplicará.

- Requiere un servidor testigo, que se encargará de la conmutación automática en caso de error. Esto se consigue cambiando el rol del servidor reflejado a principal y viceversa.

▼ **Modo alta seguridad**: es síncrono y sin testigo. Las transacciones, al igual que en el caso anterior, se aplican de forma síncrona a la base de datos del servidor principal y a la base de datos del servidor reflejado. Por este motivo, no existe la posibilidad de perder datos, el inconveniente es que como no existe el testigo, la conmutación de roles hay que hacerla de forma manual.

▼ **Modo alto rendimiento**: es asíncrono y sin testigo. En este modelo las transacciones se aplican de forma asíncrona a la base de datos del servidor reflejado. El rendimiento es superior a los dos modelos anteriores, debido a que el servidor principal puede seguir procesando datos sin tener que esperar el COMIT del servidor reflejado. En su contra podemos decir que es posible la pérdida de datos con este modelo. La conmutación por error, al no existir servidor de testigo, hay que hacerla de forma manual.

10.10.5 Cómo maneja Mirroring las transacciones síncronas

Las transacciones síncronas las utiliza el reflejo de bases de datos en los modos Alta disponibilidad y Alta seguridad, básicamente el funcionamiento es el siguiente.

1. La base de datos principal recibe una petición tipo **update**, **insert** o **delete**.

2. Las páginas de datos, si no están cargadas en el buffer, se cargan en el buffer de la base de datos principal. Y es aquí, en el buffer, **donde se modifican**.

3. Las modificaciones se graban en el registro de transacciones de la base de datos principal.

4. La tecnología Mirroring transmite una transacción desde la base de datos principal a la base de datos reflejada.

5. La base de datos reflejada, una vez que escribe la transacción en su registro de transacciones, emite un acuse de recibo al servidor principal.

6. Cuando la base de datos principal recoge el acuse de recibo continúa procesando la siguiente transacción.

10.10.6 La conmutación de roles

En la tecnología Mirroring existen dos roles, el rol principal y el rol reflejado. En un escenario nuevo, el rol principal se corresponde con la base de datos que hay en el servidor principal, que es la base de datos en producción, es decir, la que atiende las peticiones de los clientes y aplicaciones. El rol reflejado se corresponde con la copia de la base de datos en caliente que hay en el servidor reflejado que se encuentra sincronizada con la del servidor principal.

Los roles principal y reflejado son intercambiables mediante un procedimiento que se conoce como **conmutación de roles** (*failover*). Este procedimiento consiste en la transferencia del rol principal al servidor reflejado. La consecuencia inmediata de este proceso es que el servidor reflejado asume el rol de principal y pone la copia de la base de datos en caliente en línea. El antiguo servidor principal se adjudica el rol de reflejado y su base de datos (si está disponible) se convierte en la nueva base de datos reflejada.

Hay tres formas de cambiar los roles:

▼ **Conmutación automática por error**. Requiere el modo Alta disponibilidad y seguridad, que es síncrono y con testigo. El testigo se encarga de comprobar si el servidor principal está activo y en funcionamiento. En caso de que falle el servidor principal, es el testigo el que inicia la conmutación automática por error.

▼ **Conmutación por error manual**. Requiere el modo Alta seguridad, que es síncrono y sin testigo. Funciona desconectando los clientes y aplicaciones de la base de datos e invirtiendo los roles entre los servidores.

▼ **Servicio forzado**. Requiere el modo Alta seguridad sin conmutación automática, o el modo Alto rendimiento. Consiste en forzar el servicio en el caso de que el servidor principal se desconecte del reflejado. Tenga en cuenta que existe la posibilidad de perder datos, por este motivo solo se recomienda forzar el servicio si es necesario activar inmediatamente la base de datos del servidor reflejado y se puede asumir el riesgo de perder algunos datos. Este modo de conmutación se ejecuta en modo expuesto porque la base de datos reflejada asume el rol de principal, pero se detiene el reflejo de datos.

10.10.7 Los extremos (endpoints)

Los extremos son objetos que permiten conectar a través de la red dos servidores SQL Server. Utilizan el protocolo TCP/IP para enviar y recibir información entre las instancias de los servidores que forman parte de una sesión de reflejo de base de datos. Otra característica de los extremos es que usan un puerto TCP de manera exclusiva para realizar todas las operaciones.

La sintaxis para crear un extremo es la siguiente:

```
CREATE ENDPOINT nombreEndPoint
[ AUTHORIZATION InicioSesión ]
STATE = { STARTED | STOPPED | DISABLED }
AS TCP (LISTENER_PORT = PuertoEscucha )
FOR DATABASE_MIRRORING (
[ AUTHENTICATION =
{WINDOWS [ { NTLM | KERBEROS | NEGOTIATE } ]
| CERTIFICATE NombreCertificado
} ]
[ [ , ] ENCRYPTION = { DISABLED |SUPPORTED | REQUIRED }
[ ALGORITHM { RC4 | AES | AES RC4 | RC4 AES } ]]
[,] ROLE = { WITNESS | PARTNER | ALL }
)
```

A continuación, se le explica cada uno de los argumentos y opciones de la sintaxis anterior:

► **nombreEndPoint**: indica cómo se nombrará el extremo.

► **InicioSesión**: con este argumento se especifica qué inicio de sesión (Windows/SQL Server) está autorizado para hacer uso del extremo. En caso de omitir esta información, el inicio de sesión autorizado es el del usuario que crea el extremo.

► **State**: especifica el estado del extremo. Tiene tres opciones [STARTED, STOPPED, DISABLED].

  • Started: el extremo se activará en el momento en que se cree.

  • Stopped: el extremo escucha las solicitudes pero devuelve mensaje de error a los clientes.

  • Disabled: el extremo está detenido, no escucha ni responde solicitudes.

► **PuertoEscucha**: especifica un puerto TCP, que utilizará el extremo para comunicarse.

► **Windows**: indica el protocolo que usará el extremo para establecer la autenticación. Tiene tres opciones [NTLM, KERBEROS, NEGOCIATE].

► **NombreCertificado**: si quiere usar un certificado en el extremo, como modo de autenticación, incluya aquí su nombre.

► **Encryption**: permite cifrar los datos que se transmiten entre los extremos. Tiene tres opciones [DISABLED, SUPPORTED, REQUIERED].

  • Disabled: los datos enviados entre los extremos están sin cifrar.

  • Supported: si ambos extremos soportan el cifrado, entonces se cifran los datos; de lo contrario se transmiten en claro (sin cifrar). Esto quiere decir que el otro extremo tiene que estar configurado como supported o required.

  • Required: ambos extremos tienen que estar configurados para el cifrado de datos, por eso se transmiten cifrados.

▼ **Algorithm**: permite indicar el algoritmo que se usará para el cifrado de datos. Existen las siguientes opciones [RC4, AES, AES RC4, RC4 AES].

▼ **Role**: especifica el rol o roles de creación de reflejo de bases de datos que admite el extremo. Hay tres opciones [WITNESS, PARTNER, ALL].

- Witness: configura el extremo para poder ser usado como "testigo" en la creación del reflejo.

- Partner: configura el extremo para poder ser usado como "asociado" en la creación del reflejo. El término "asociado" indica que el extremo puede pertenecer indistintamente al servidor principal o al servidor espejo.

- All: configura el extremo para poder ser usado como "asociado" o como "testigo" en la creación del reflejo.

ⓘ **NOTA**

La mayoría de los problemas que puede encontrar al implementar la tecnología Reflejo de Bases de Datos se encuentran en la configuración de los extremos. Para evitarlos es conveniente que se familiarice con el concepto de extremo y con las opciones que existen a la hora de crearlos.

10.10.8 Requisitos y recomendaciones previas para configurar Mirroring

Antes de iniciar la configuración del reflejo de bases de datos, debe asegurarse de que se cumplen los siguientes requisitos:

▼ Tiene que tener instalada la misma versión de Microsoft SQL Server en el servidor principal y en el reflejado.

▼ Si usa servidor de testigo, tiene que instalar en esta máquina, al menos, una versión de Microsoft SQL Server Express o superior.

▼ Configure los extremos (*endpoints*).

▼ La base de datos debe usar el modo de recuperación completo.

▾ Para crear la base de datos en el servidor reflejado, hay que restaurar una copia de seguridad de la base de datos principal, especificando la opción **WITH NORECOVERY**.

▾ Si es posible, la ruta de acceso (incluida la letra de la unidad) de la base de datos reflejada tiene que ser igual a la de la base de datos principal.

▾ Use la misma intercalación en las instancias del servidor principal y reflejado.

▾ En una red de área local puede usar un adaptador de red dedicado para el reflejo, con el objeto de aumentar el rendimiento.

▾ El reflejo sobre una WAN funciona bien y es confiable si usa el modo Alta seguridad. En estos escenarios no es recomendable añadir un testigo, ya que cualquier pequeño fallo de Internet puede producir una conmutación por error no deseada.

10.11 EJERCICIO PRÁCTICO: CREAR UN REFLEJO DE BASE DE DATOS USANDO SQL MANAGEMENT STUDIO

Este ejercicio práctico consta de ocho apartados en los que se le enseñará cómo reflejar la base de datos **AdventureWorks2012** entre los servidores Madrid y Zaragoza, usando la herramienta SQL Management Studio. El tipo de reflejo que se configurará es el de "Alta Seguridad sin conmutación automática por error (síncrono)". Este modo necesita dos servidores: uno principal (Madrid) y otro reflejado (Zaragoza). Esta configuración no necesita un servidor "testigo".

En el ejercicio práctico se desarrollarán los siguientes apartados:

1. Requisitos previos para crear un Reflejo de Base de Datos.

2. Apertura de puertos para la configuración del reflejo de bases de datos.

3. Realizar copias de seguridad en el servidor principal.

4. Restaurar las copias de seguridad en el servidor reflejado.

5. Crear y configurar los *endpoints*.

6. Iniciar el Asistente de SQL Management Studio para crear el reflejo.

7. Comprobar la conmutación manual por error.

8. Quitar el reflejo.

10.11.1 Requisitos previos para crear un Reflejo de Base de Datos

Comience repasando los requisitos previos que tiene que tener configurados para implantar esta tecnología:

▶ Configure las máquinas **Madrid** y **Zaragoza** como se indica en el apartado *Infraestructura necesaria* del inicio de este capítulo.

▶ Inicie sesión Windows en las máquinas **Madrid** y **Zaragoza** usando el usuario de dominio LEGOR\Administrador.

▶ Inicie sesión en el Servidor SQL Server de cada máquina usando la autenticación Windows (LEGOR\Administrador).

▶ Configure el inicio de sesión del Agente SQL. Para ello, puede consultar el ejercicio práctico 10.3 de este tema.

▶ Permita las conexiones remotas entre **Madrid** y **Zaragoza**. Para ello puede consultar el ejercicio práctico 10.4 de este tema.

▶ Compruebe que el modo de recuperación de la base de datos **AdventureWorks2012** es completo. Para ello, revise el apartado *Comprobar el modo de recuperación...* del ejercicio práctico 10.7.1.

10.11.2 Apertura de puertos para la configuración del reflejo de bases de datos

Este ejercicio práctico se realiza con dos máquinas (Madrid y Zaragoza) para permitir el acceso a través de los puertos TCP 1433 y TCP 5022. El puerto 1433 se utiliza para el acceso remoto a un Servidor SQL Server, y el puerto 5022 es el que utiliza la tecnología Mirroring (por defecto) en sus extremos para conectar los servidores principal y reflejado.

10.11.2.1 CREAR UNA EXCEPCIÓN PARA EL PUERTO 1433 EN EL FIREWALL DE WINDOWS

La excepción hay que crearla en las máquinas Madrid y Zaragoza

Abra la consola de PowerShell como **Administrador** y ejecute las instrucciones que a continuación se muestran:

```
netsh
advfirewall firewall
add rule name="PERMITE SQLServer puerto TCP 1433"
dir=in action=allow
protocol=TCP localport=1433
Exit
```

> ⓘ **NOTA**
>
> Para ejecutar Power Shell como Administrador, haga clic con el botón derecho del ratón sobre el icono en la barra de tareas y en el menú contextual elija la opción **Ejecutar como administrador**.

10.11.2.2 CREAR UNA EXCEPCIÓN PARA EL PUERTO 5022 EN EL FIREWALL DE WINDOWS

La excepción tiene que crearla en las máquinas Madrid y Zaragoza

Abra la consola de PowerShell como administrador y ejecute la instrucción que a continuación se indica:

```
netsh
advfirewall firewall
add rule name="PERMITE SQLServer puerto TCP 5022"
dir=in action=allow
protocol=TCP localport=5022
Exit
```

10.11.3 Realizar copias de seguridad en el servidor principal

A continuación realizará una copia de seguridad completa y otra del registro de transacciones de la base de datos **AdventureWorks2012**, con el objeto de restaurarlas posteriormente en el servidor reflejado. Este es el punto de partida para alinear la base de datos **AdventureWorks2012** en ambos servidores.

> **NOTA**
>
> Para realizar esta práctica debe haber creado previamente la carpeta C:\BackUps en las máquinas Madrid y Zaragoza, que es donde se guardarán los archivos de las copias de seguridad.

10.11.3.1 CREAR LA COPIA DE SEGURIDAD COMPLETA DE ADVENTUREWORKS2012

Desde Madrid

Abra SQL Management Studio y en el Editor de consultas escriba la siguiente instrucción:

```
BACKUP DATABASE [AdventureWorks2012]
TO DISK = N'C:\BackUps\AdventureWorks2012_COM_20140822'
WITH NOFORMAT, INIT,
NAME = N'AdventureWorks2012- Copia de seguridad
Completa ',
SKIP, NOREWIND, NOUNLOAD, STATS = 10
GO
```

10.11.3.2 CREAR LA COPIA DE SEGURIDAD DEL REGISTRO DE TRANSACCIONES DE ADVENTUREWORKS2012

Desde Madrid

Abra SQL Management Studio y en el Editor de consultas escriba la siguiente instrucción:

```
BACKUP LOG [AdventureWorks2012]
TO DISK = N'C:\BackUps\AdventureWorks2012_
TRN_20140822_0745'
WITH NOFORMAT, INIT,
NAME = N'AdventureWorks2012- Copia de seguridad
Registro de
transacciones',
SKIP, NOREWIND, NOUNLOAD, STATS = 10
GO
```

10.11.4 Restaurar las copias de seguridad en el servidor reflejado

Una vez que haya hecho las copias de seguridad en el servidor principal, mediante el uso de la red o con un disco USB, pase los archivos al servidor reflejado (Zaragoza). Cuando tenga los archivos de ambas copias de seguridad en la carpeta C:\BackUps del servidor Zaragoza, las restaurará para hacer una alineación inicial de las bases de datos.

Como la base de datos **AdventureWorks2012** no existe en el servidor reflejado, al restaurar las copias de seguridad se creará una nueva. La base de datos en el servidor reflejado tiene que quedar en modo **restaurando** (NORECOVERY), de esta manera permite integrar los registros de transacciones que le envíe el servidor principal.

10.11.4.1 RESTAURAR LA COPIA DE SEGURIDAD COMPLETA DE ADVENTUREWORKS2012

Desde Zaragoza

Abra SQL Management Studio y en el Editor de consultas escriba la siguiente instrucción:

```
USE [master]
RESTORE DATABASE [AdventureWorks2012]
FROM DISK = N'C:\BackUps\AdventureWorks2012_
COM_20140822'
WITH FILE = 1, NORECOVERY, NOUNLOAD, REPLACE, STATS = 5
```

10.11.4.2 RESTAURAR LA COPIA DE SEGURIDAD DEL REGISTRO DE TRANSACCIONES DE ADVENTUREWORKS2012

Desde Zaragoza

Abra SQL Management Studio y en el Editor de consultas escriba la siguiente instrucción:

```
RESTORE LOG [AdventureWorks2012]
FROM DISK = N'C:\BackUps\AdventureWorks2012_
TRN_20140822_0745
WITH FILE = 1, NORECOVERY, NOUNLOAD, STATS = 5
```

10.11.4.3 COMPROBAR QUE EXISTE LA BASE DE DATOS ADVENTUREWORKS2012 EN ZARAGOZA

Desde Zaragoza

Abra SQL Management Studio, haga clic con el botón derecho del ratón sobre el nodo del Servidor SQL Server **Zaragoza** (1). En el menú contextual elija la opción **Actualizar**.

A continuación despliegue el nodo **Bases de datos** (2) y compruebe que existe la base **AdventureWorks2012** (3). La flecha verde indica que la base se encuentra en modo **restaurando**.

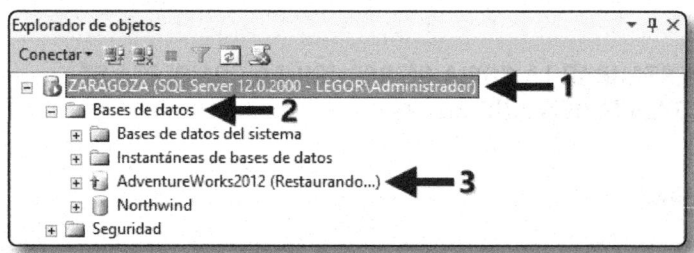

Captura 10.29. Base de datos AdventureWorks2012 (Restaurando...)

10.11.5 Crear y configurar los extremos (*endpoints*)

Los extremos son objetos que permiten conectar a través de la red dos servidores SQL Server. En este ejercicio práctico se le enseñará cómo crear y configurar manualmente dos extremos entre los servidores Madrid y Zaragoza, que tendrán las siguientes características:

- ▼ Nombre del extremo: **Reflejo**.
- ▼ Estado: **Started** (activo e iniciado desde el momento de su creación).
- ▼ Puerto de escucha: **TCP 5022**.
- ▼ Rol: **Partner** (el extremo podrá ser usado como "asociado").
- ▼ Autenticación: **Windows** (negociada).
- ▼ Encriptación: **Requerida** (hay que cifrar los datos) con el algoritmo **RC4**.

Antes de comenzar la configuración de los extremos debe tener en cuenta una serie de detalles:

▶ Si las instancias implicadas en el reflejo pertenecen al mismo dominio, funcionan con la misma cuenta de dominio y además se creó el extremo usando la opción **Windows**. Cada una de las instancias podrá acceder a la otra sin ninguna configuración adicional.

▶ Si las instancias no están iniciadas con la misma cuenta de dominio, hay que crear un inicio de sesión de la instancia reflejada, en el servidor principal, para permitir al servidor reflejado acceder al servidor principal y viceversa.

▶ Si las cuentas de servicio de ambas instancias no pertenecen al grupo Administradores del dominio, hay que permitir a dichas cuentas el acceso a los "extremos" (GRANT CONNECT).

De los tres puntos anteriores, el primero y el tercero afectan a la configuración que se desarrollará en este ejercicio práctico.

El primer punto afecta porque la instancia principal y espejo pertenecen al mismo dominio (Legor.es), utilizan la misma cuenta de dominio (Legor\Administrador) y el extremo se creará usando la opción (Windows).

El tercer punto afecta porque la cuenta de servicio que usarán los extremos es Legor\ServiciosSQL. Esta cuenta no pertenece al grupo de Administradores, hay que concederle permisos GRANT CONNECT para permitirle el acceso a los extremos.

Copie las instrucciones que a continuación se indican y ejecútelas una a una en el Editor de consultas de SQL Management Studio.

10.11.5.1 CREAR EL EXTREMO EN LA INSTANCIA REFLEJADA

Desde Zaragoza (instancia reflejada)

La instrucción que a continuación se indica sirve para crear un extremo en la instancia del servidor Zaragoza. La instrucción se compone de dos partes:

▶ Las ocho (8) primeras líneas comprueban si existe el extremo que va a crear y en caso de que exista lo borra.

▶ Las líneas restantes crean el extremo con la configuración establecida en este ejercicio práctico.

```
USE master;
```

```
GO
IF EXISTS
(
SELECT * FROM master.sys.endpoints WHERE name =
N'Reflejo'
)
DROP ENDPOINT Reflejo;
GO
CREATE ENDPOINT Reflejo
STATE=STARTED
AS TCP (LISTENER_PORT = 5022, LISTENER_IP = ALL)
FOR DATA_MIRRORING
(
ROLE = PARTNER,
AUTHENTICATION = WINDOWS NEGOTIATE,
ENCRYPTION = REQUIRED ALGORITHM RC4
);
```

10.11.5.2 CREAR EL EXTREMO EN LA INSTANCIA PRINCIPAL

Desde Madrid (instancia principal)

```
USE master;
GO
IF EXISTS
(
SELECT * FROM master.sys.endpoints WHERE name =
N'Reflejo'
)
DROP ENDPOINT Reflejo;
GO
CREATE ENDPOINT Reflejo
STATE=STARTED
AS TCP (LISTENER_PORT = 5022, LISTENER_IP = ALL)
FOR DATA_MIRRORING
(
ROLE = PARTNER,
AUTHENTICATION = WINDOWS NEGOTIATE,
ENCRYPTION = REQUIRED ALGORITHM RC4
);
```

10.11.5.3 CREAR EL LOGIN LEGOR\SERVICIOSSQL Y ASIGNARLE PERMISOS GRANT CONNECT A LA CUENTA DE SERVICIO EN AMBAS INSTANCIAS

Desde Zaragoza (instancia reflejada)

Para que la instancia reflejada pueda conectar con el servidor principal, primero hay que crearle un inicio de sesión que exista en ambas instancias (principal y reflejada) y a continuación asignarle permisos para que pueda conectar con el extremo en el servidor principal.

```
USE [master]
CREATE LOGIN [Legor\ServiciosSQL] FROM WINDOWS
WITH DEFAULT_DATABASE=[AdventureWorks2012]
GO
GRANT CONNECT ON ENDPOINT::Reflejo
TO [Legor\ServiciosSQL]
GO
```

10.11.5.4 ASIGNAR PERMISOS GRANT CONNECT A LA CUENTA DE SERVICIO EN LA INSTANCIA PRINCIPAL

Desde Madrid (instancia principal)

Para que la instancia principal pueda conectar con el servidor reflejado, primero hay que crearle un inicio de sesión que exista en ambas instancias (principal y reflejada) y a continuación asignarle permisos para que pueda conectar con el extremo en el servidor reflejado.

```
USE [master]
CREATE LOGIN [Legor\ServiciosSQL] FROM WINDOWS
WITH DEFAULT_DATABASE=[AdventureWorks2012]
GO
GRANT CONNECT ON ENDPOINT::Reflejo
TO [Legor\ServiciosSQL]
GO
```

10.11.5.5 COMPROBAR EL ESTADO DEL EXTREMO EN LA INSTANCIA REFLEJADA

Desde Zaragoza (instancia reflejada)

La consulta que a continuación se indica usa la vista **sys.database_mirroring_endpoints** y obtiene el estado del extremo.

```
SELECT name, state_desc, role_desc
FROM sys.database_mirroring_endpoints
```

Captura 10.30. Estado extremo en Zaragoza

En la captura anterior puede observar que el extremo está iniciado y tiene asignado el rol **partner**.

10.11.5.6 COMPROBAR EL ESTADO DEL EXTREMO EN LA INSTANCIA PRINCIPAL

Desde Madrid (instancia principal)

```
SELECT name, state_desc, role_desc
FROM sys.database_mirroring_endpoints
```

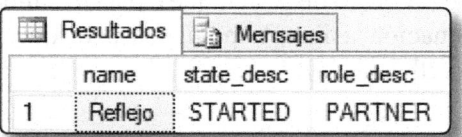

Captura 10.31. Estado extremo en Madrid

10.11.6 Iniciar el Asistente de SQL Management Studio y crear el reflejo

Una vez que ha configurado todos los requisitos previos y los extremos (*endpoints*), inicie el asistente para configurar reflejo de bases de datos entre el servidor Madrid y el servidor Zaragoza. El tipo de reflejo que se configurará en esta práctica es el de "Alta Seguridad sin conmutación automática por error (síncrono)". Este modo necesita dos servidores: uno principal y otro reflejado (esta configuración no necesita un servidor testigo).

Desde Madrid

1. Despliegue el árbol del **Explorador de objetos**, seleccione la base de datos **AdventureWorks2012** (1) → haga clic con el botón derecho del ratón sobre ella y seleccione el menú **Tareas** (2) → **Reflejar** (3).

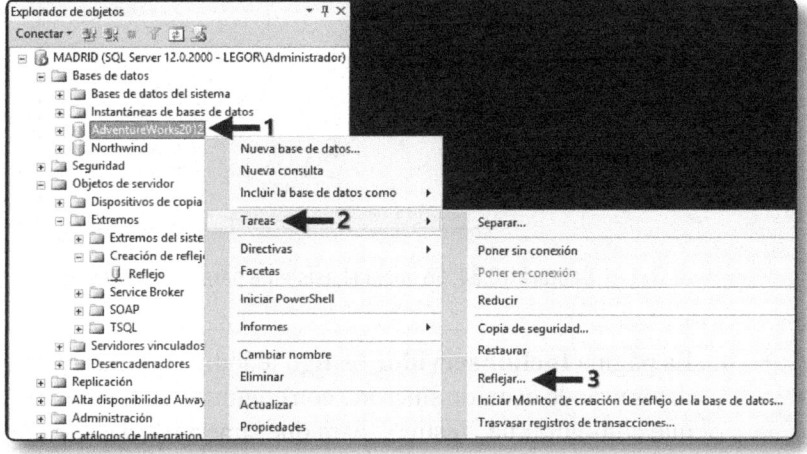

Captura 10.32. Iniciar la configuración para el reflejo de bases de datos

2. En la ventana **Propiedades de la base de datos – AdventureWorks2012** compruebe que está seleccionada la página **Creación de reflejo** (4) → haga clic en el botón **Configurar seguridad** (5).

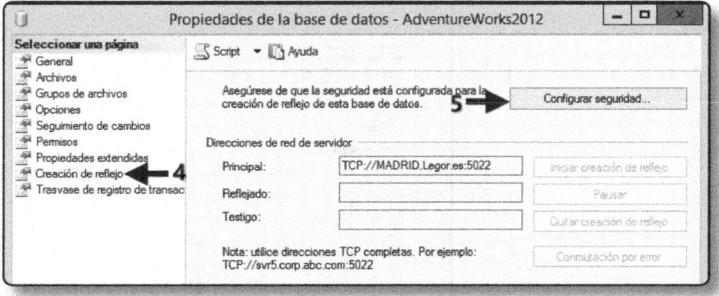

Captura 10.33. Página Creación de reflejo

3. Se inicia el asistente para la configuración de seguridad y reflejo de bases de datos. Esta primera ventana presenta el asistente y le indica las configuraciones que puede establecer usándolo. Lea las instrucciones y a continuación haga clic en el botón **Siguiente** (6).

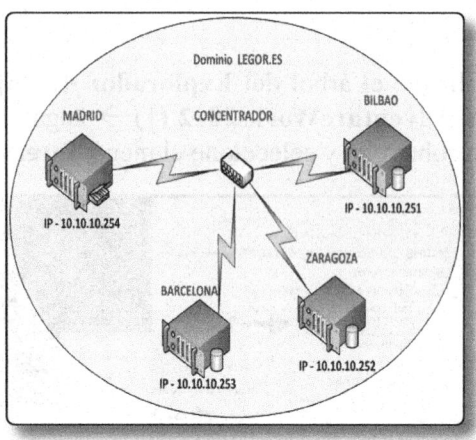

Captura 10.34. Se inicia el asistente para el reflejo de bases de datos

4. La página **Incluir servidor testigo** le indica que para reflejar una base de datos usando el modo síncrono con conmutación automática por error, hay que configurar un "testigo" para que supervise el estado de las instancias principal y reflejada. Como en esta práctica está configurando el modo "Alta Seguridad sin conmutación automática por error (síncrono)", no se necesita el servidor "testigo", marque la opción **NO** (7) y haga clic en el botón **Siguiente** (8).

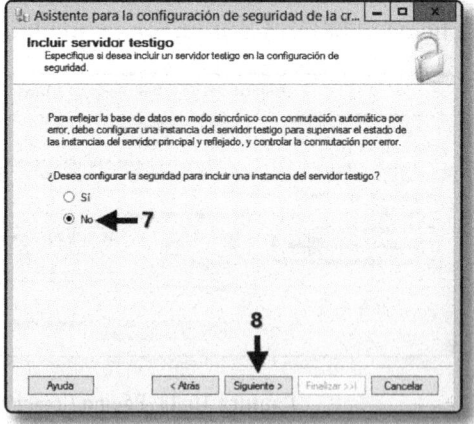

Captura 10.35. Página Incluir servidor testigo

5. Página **Instancia del servidor principal**, sirve para configurar los extremos (*endpoints*) en el servidor principal. Como esta configuración se estableció en la práctica 10.11.5 de forma manual, deben reflejarse los

datos que se configuraron. Compruébelos y a continuación haga clic en el botón **Siguiente** (13).

- Instancia del servidor principal: **Madrid** (9).
- Cifrar datos enviados a través de este extremo: **SÍ** (10).
- Puerto de escucha: **5022** (11).
- Nombre del extremo: **Reflejo** (12).

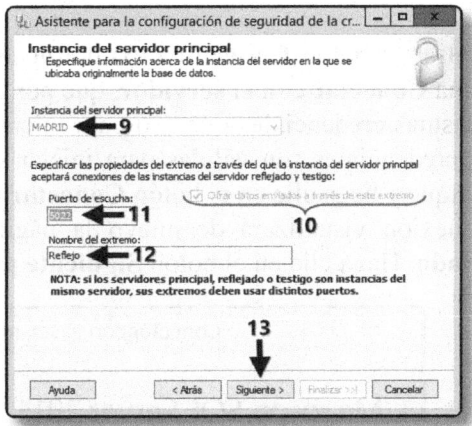

Captura 10.36. Página configuración extremo servidor principal

6. Página **Instancia del servidor reflejado**. Seleccione en el desplegable o escriba el nombre de la instancia del servidor reflejado, **Zaragoza** (14). Compruebe que el puerto de escucha, el nombre del extremo y el modo de cifrado coinciden con la configuración de los extremos que hizo en la práctica 10.11.5. A continuación haga clic en el botón **Conectar** (15).

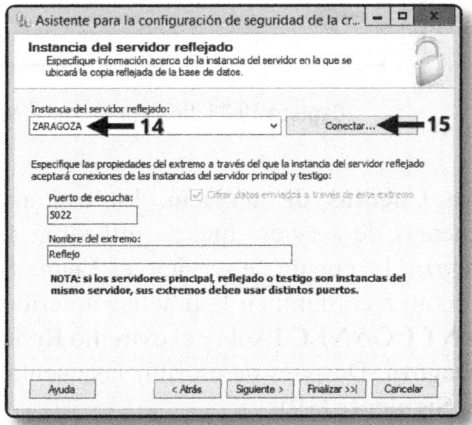

Captura 10.37. Página configuración extremo servidor reflejado

> **(i) NOTA**
>
> El "Asistente para la configuración de seguridad" permite crear los extremos (*endpoints*). Pero no asigna los permisos GRANT CONNECT si usa una cuenta de servicio que no pertenezca al grupo Administradores.

7. Al pulsar el botón **Conectar** (15) del apartado anterior se muestra la ventana **Conectar con el servidor**, que por defecto se autocompleta con las mismas credenciales que usó para iniciar sesión en **Madrid**. Como estas credenciales son válidas para iniciar sesión en **Zaragoza**, no las modifique y haga clic en el botón **Conectar** (16). Una vez que se realice la conexión visualizará de nuevo la página **Instancia del servidor reflejado**. Haga clic en el botón **Siguiente** para continuar.

Captura 10.38. Conectando con el servidor reflejado

8. Página **Cuentas de servicio**. En esta página tiene que especificar las cuentas de servicio que se utilizarán en los servidores **Madrid** y **Zaragoza**. La cuenta de servicio es **Legor\ServiciosSQL** (17 y 18), a la que, como recordará, en la práctica anterior se le concedieron permisos **GRANT CONNECT** sobre el extremo **Reflejo** en los servidores **Madrid** y **Zaragoza**. Después de escribir las cuentas de servicio haga clic en el botón **Siguiente** (19).

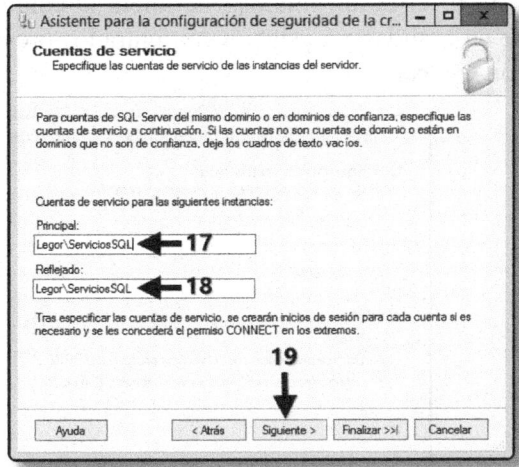

Captura 10.39. Cuentas de servicio de los extremos

9. La página **Finalización del asistente** visualiza un resumen de la configuración que ha establecido en los pasos anteriores. Revísela y si está de acuerdo con ella haga clic en el botón **Finalizar** (20).

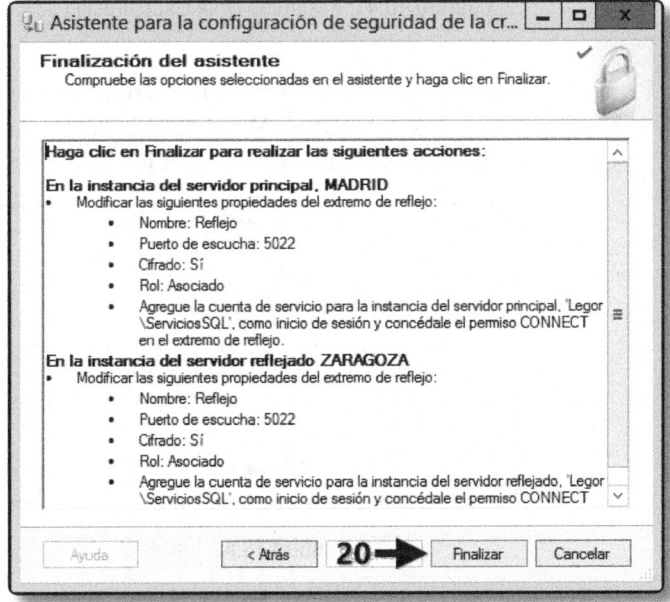

Captura 10.40. Resumen de la configuración establecida

10. Al pulsar el botón finalizar se inicia la configuración de los extremos (que en realidad ya estaban configurados previamente). Haga clic en el botón **Cerrar** (21).

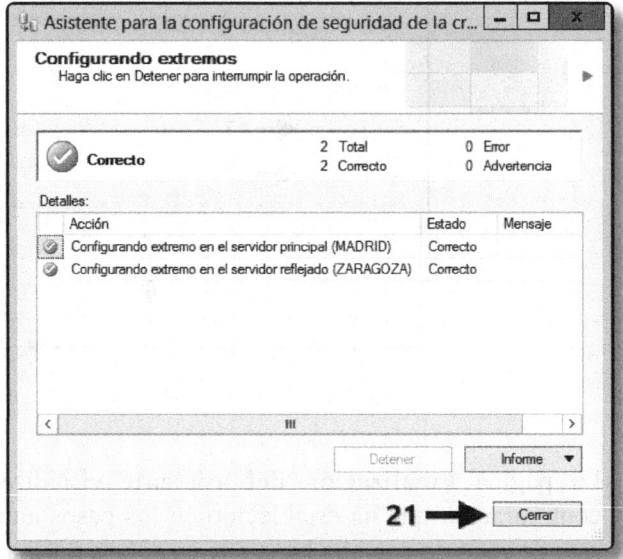

Captura 10.41. Resultado de la configuración de los extremos

11. En estos momentos ya ha terminado la configuración y creación del reflejo de la base de datos **AdventureWorks2012**, inicie el reflejo haciendo clic sobre el botón **Iniciar creación de reflejo** (22).

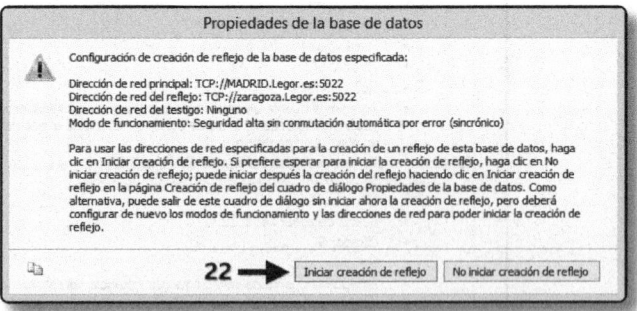

Captura 10.42. Iniciar el reflejo

En las propiedades de la base de datos **AdventureWorks2012**, en su página **Creación de reflejo**, tiene un panel que le permite realizar las siguientes operaciones:

▼ **Pausar** o **Reanudar** (23) el reflejo. Esta opción, como su nombre indica, pausa el reflejo sin necesidad de quitarlo.

▼ **Quitar creación de reflejo** (24). Desde la instancia del servidor principal haga clic en esta opción para detener la sesión y quitar completamente la configuración de reflejo de bases de datos.

▼ **Conmutación por error** (25). Sirve para conmutar manualmente la base de datos principal a la base de datos reflejada.

Nótese que con la configuración de reflejo de base de datos establecida, sin testigo, el reflejo puede funcionar de dos modos:

▼ Alto rendimientos (asincrónico) (26).
▼ Alta seguridad sin conmutación automática por error (síncrono) (27), que es la configuración establecida actualmente.

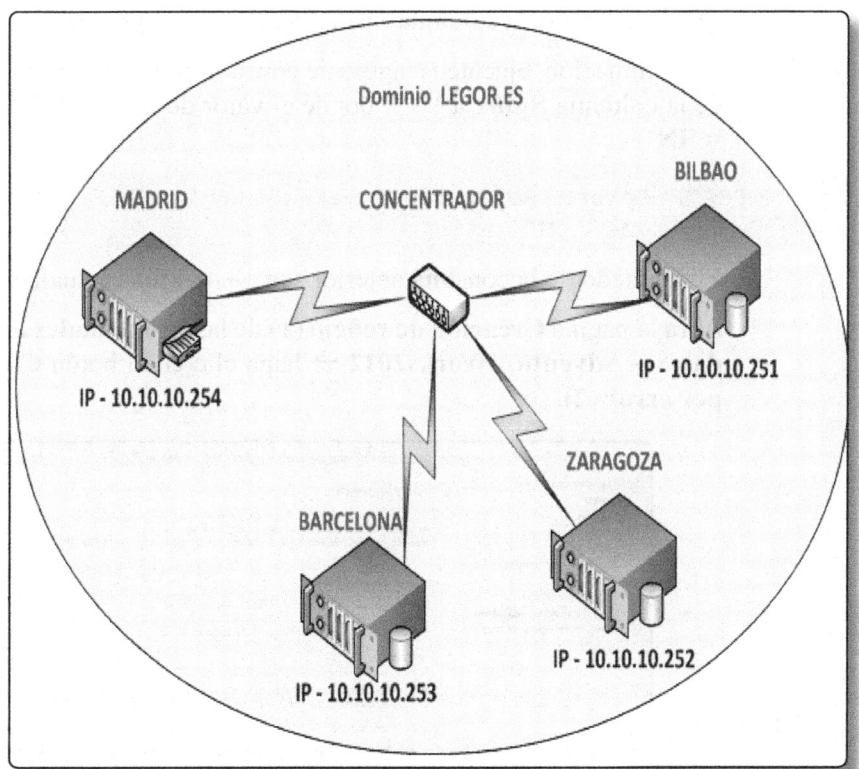

Captura 10.43. Opciones configuración de reflejo en la página Creación de reflejo

10.11.7 Comprobar la conmutación manual por error

Para probar la conmutación manual por error, modificará, en la base de datos **AdventureWorks2012** del servidor principal (Madrid), algunos datos de la tabla **Person.Person** y a continuación hará una conmutación manual por error. De esta manera, la base reflejada pasará a ser la principal y la principal la reflejada. Por último consultará la tabla **Person.Person** y comprobará que los cambios que hizo en **Madrid** se reflejaron a **Zaragoza**.

Desde Madrid

1. Abra el editor de consultas de SQL Management Studio y ejecute la siguiente consulta:

```
SELECT BusinessEntityID,PersonType,Suffix from Person.
Person
```

2. Compruebe que la columna **Suffix** contiene únicamente valores **NULL**.

3. A continuación, ejecute la siguiente consulta para actualizar el contenido de la columna **Suffix** a '***' donde el valor de la columna **PersonType** = 'IN'

```
UPDATE Person.Person SET Suffix='***' WHERE
PersonType='IN'
```

El resultado de la consulta anterior son 18.484 filas actualizadas.

4. Abra la página **Creación de reflejo** (1) de las **Propiedades de la base de datos – AdventureWorks2012** → haga clic en el botón **Conmutación por error** (2).

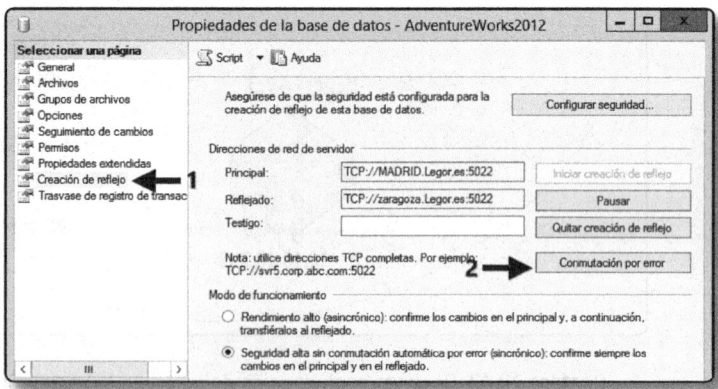

Captura 10.44. Conmutación por error manual de AdventureWorks2012

5. La acción anterior visualiza la ventana de la captura 10.45, preguntándole: "¿Está seguro de que desea conmutar la creación de reflejo de la base de datos a la base de datos reflejada tras un error y cerrar todas las conexiones con la base de datos principal?". Haga clic en el botón **Sí** (3).

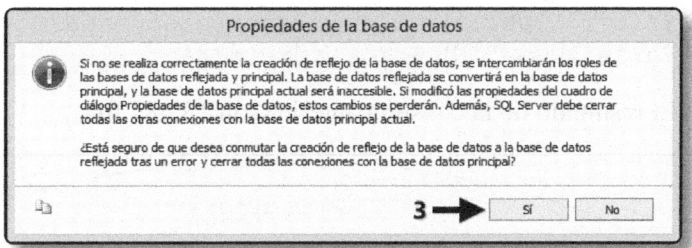

Captura 10.45. Confirme que desea conmutar la creación de reflejo

Desde Zaragoza

6. En el Explorador de objetos seleccione el servidor **Zaragoza**, actualícelo pulsando la tecla **F5**.

7. Despliegue el nodo **Bases de datos** (4) y compruebe que la base de datos **AdventureWorks2012** (5) se encuentra en modo **Entidad de seguridad, Sincronizado**. Esto quiere decir que la base de datos AdventureWorks2012 del servidor Zaragoza está actuando en estos momentos como principal y que la conmutación se ha realizado con éxito.

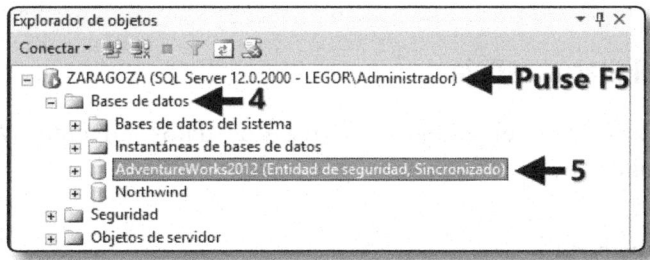

Captura 10.46. AdventureWorks2012 en Zaragoza, actuando como principal

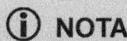 **NOTA**

Si hace la misma comprobación en el servidor **Madrid**, observará que la base de datos **AdventureWorks2012** se encuentra **RESTAURANDO**.

8. A continuación, en la base de datos AdventureWorks2012, de Zaragoza, compruebe la actualización de las 18.484 filas que hizo en la tabla **Person.Person**, en Madrid. Para ello abra el editor de consultas de SQL Management Studio y ejecute la siguiente consulta:

```
SELECT COUNT(*) FROM Person.Person WHERE
PersonType='IN' AND Suffix='***'
```

El resultado de la consulta anterior son 18.484 filas.

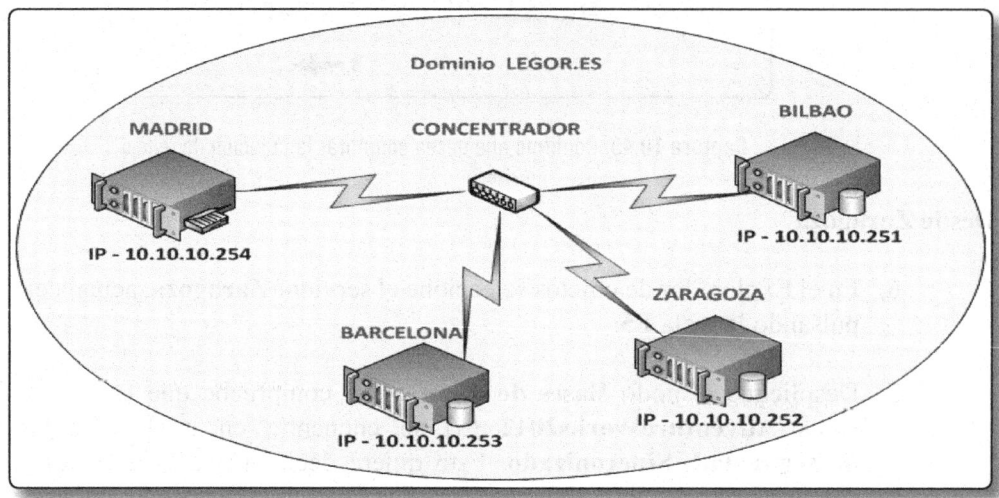

Captura 10.47. Comprobando los registros actualizados en Zaragoza

10.11.8 Quitar el reflejo

Para quitar el reflejo de la base de datos AdventureWorks2012, siga las instrucciones que a continuación se le indica:

Desde Zaragoza

1. Seleccione la base de datos **AdventureWorks2012**, haciendo clic sobre ella con el botón derecho del ratón → elija el menú **Propiedades** → seleccione la página **Creación de reflejo**.

2. Haga clic sobre el botón **Quitar creación de reflejo**.

3. En el cuadro de diálogo que se muestra pidiendo que confirme la acción anterior, haga clic en el botón **Sí**.

4. Haga clic en el botón **Aceptar** para cerrar la ventana **Propiedades de la base de datos – AdventureWorks2012** y hacer efectivos los cambios anteriores.

Desde Madrid

5. Abra el Editor de consultas de SQL Management Studio y escriba la consulta que a continuación se le indica, para poner la base de datos **AdventureWorks2012** en producción.

```
RESTORE DATABASE AdventureWorks2012 WITH RECOVERY
```

10.12 EJERCICIO PRÁCTICO: CREAR EL REFLEJO USANDO T-SQL

En este ejercicio práctico le enseñaré cómo crear el reflejo de la base de datos **NorthWind** entre las máquinas **Madrid** y **Zaragoza**, usando T-SQL desde el **Editor de consultas**. El tipo de reflejo que se configurará es el de "Alta seguridad sin conmutación automática por error (síncrono)".

Repase los requisitos previos para implementar el reflejo:

▶ Configure las máquinas **Madrid** y **Zaragoza** como se indica en el apartado *Infraestructura necesaria*.

▶ Inicie sesión Windows en las máquinas **Madrid** y **Zaragoza** usando el usuario de dominio LEGOR\Administrador.

▶ Inicie sesión en el servidor SQL Server de cada máquina usando la autenticación Windows (LEGOR\Administrador).

▶ Configure el inicio de sesión del Agente SQL. Para ello, puede consultar el Anexo III.

▶ Permita las conexiones remotas entre **Madrid** y **Zaragoza**. Para ello puede consultar el ejercicio práctico 10.4 de este tema.

▶ Compruebe que el modo de recuperación de la base de datos **NorthWind** es completo. Para ello revise el apartado *Comprobar el modo de recuperación...* del ejercicio práctico 10.7.1 (*Operaciones con la base de datos en el servidor de origen y remoto*).

▶ Datos de configuración de los extremos:

- Nombre del extremo: **Reflejo**.
- Estado: **Started** (activo e iniciado desde el momento de su creación).
- Puerto de escucha: **TCP 5022**.
- Rol: **Partner** (el extremo podrá ser usado como "asociado").
- Autenticación: **Windows** (negociada).
- Encriptación: **Requerida** (hay que cifrar los datos) con el algoritmo **RC4**.

10.12.1 Crear el extremo en la instancia reflejada

Desde Zaragoza (instancia reflejada):

La siguiente instrucción sirve para crear un extremo en la instancia del servidor Zaragoza. Se compone de dos partes:

▶ Las ocho (8) primeras líneas comprueban si existe el extremo que va a crear, y en caso de que exista lo borran.

▶ Las líneas restantes crean el extremo con la configuración establecida en este ejercicio práctico.

```
USE master;
GO
IF EXISTS
(
SELECT * FROM master.sys.endpoints WHERE name =
N'Reflejo'
)
DROP ENDPOINT Reflejo;
GO
CREATE ENDPOINT Reflejo
STATE=STARTED
AS TCP (LISTENER_PORT = 5022, LISTENER_IP = ALL)
FOR DATA_MIRRORING
(
ROLE = PARTNER,
AUTHENTICATION = WINDOWS NEGOTIATE,
ENCRYPTION = REQUIRED ALGORITHM RC4
);
```

10.12.2 Crear el extremo en la instancia principal

Desde Madrid (instancia principal)

```
USE master;
GO
IF EXISTS
(
SELECT * FROM master.sys.endpoints WHERE name =
N'Reflejo'
)
DROP ENDPOINT Reflejo;
GO
CREATE ENDPOINT Reflejo
STATE=STARTED
AS TCP (LISTENER_PORT = 5022, LISTENER_IP = ALL)
FOR DATA_MIRRORING
(
ROLE = PARTNER,
AUTHENTICATION = WINDOWS NEGOTIATE,
ENCRYPTION = REQUIRED ALGORITHM RC4
);
```

10.12.3 Asignar permisos GRANT CONNECT a la cuenta de servicio en la instancia reflejada

Desde Zaragoza (instancia reflejada)

Hay que asignar a la cuenta Legor\ServiciosSQL permisos para que pueda conectar con el extremo en el servidor principal.

```
--USE [master]
--CREATE LOGIN [Legor\ServiciosSQL] FROM WINDOWS
--WITH DEFAULT_DATABASE=[AdventureWorks2012]
--GO
GRANT CONNECT ON ENDPOINT::Reflejo
TO [Legor\ServiciosSQL]
GO
```

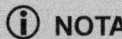 **NOTA**

Use las cuatro primeras líneas del *script* para crear el inicio de sesión del usuario **Legor\ServiciosSQL** en el caso de que no exista.

10.12.4 Asignar permisos GRANT CONNECT a la cuenta de servicio en la instancia principal

Desde Madrid (instancia principal)

```
--USE [master]
--CREATE LOGIN [Legor\ServiciosSQL] FROM WINDOWS
--WITH DEFAULT_DATABASE=[AdventureWorks2012]
--GO
GRANT CONNECT ON ENDPOINT::Reflejo
TO [Legor\ServiciosSQL]
GO
```

10.12.5 Comprobar el estado del extremo en la instancia reflejada

Desde Zaragoza (instancia reflejada)

La consulta siguiente usa la vista **sys.database_mirroring_endpoints** para obtener el estado del extremo.

```
SELECT name, state_desc, role_desc
FROM sys.database_mirroring_endpoints
```

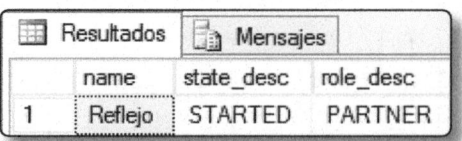

Captura 10.48. Estado extremo en Zaragoza

En la captura anterior puede observar que el extremo está iniciado y tiene asignado el rol **partner**.

10.12.6 Comprobar el estado del extremo en la instancia principal

Desde Madrid (instancia principal)

```
SELECT name, state_desc, role_desc
FROM sys.database_mirroring_endpoints
```

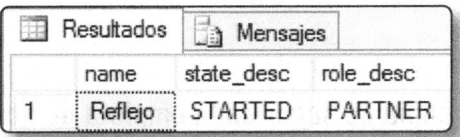

Captura 10.49. Estado extremo en Madrid

10.12.7 Crear la copia de seguridad completa de NorthWind

Desde Madrid

Tiene que tener creada en **Madrid** la carpeta C:\BackUps, que es donde se depositará la copia de seguridad de la base de datos.

Abra SQL Management Studio y en el Editor de consultas escriba la siguiente instrucción:

```
BACKUP DATABASE [NorthWind]
TO  DISK = N'C:\BackUps\NorthWind_COM_20140823'
WITH NOFORMAT, INIT,
NAME = N'NorthWind- Copia de seguridad Completa ',
SKIP, NOREWIND, NOUNLOAD,  STATS = 10
GO
```

10.12.8 Crear la copia de seguridad del registro de transacciones de NorthWind

Desde Madrid

Abra SQL Management Studio y en el Editor de consultas escriba la siguiente instrucción:

```
BACKUP LOG [NorthWind]
TO  DISK = N'C:\BackUps\NorthWind_TRN_20140823_0900'
WITH NOFORMAT, INIT,
NAME = N'NorthWind -  Copia de seguridad Registro de
transacciones',
SKIP, NOREWIND, NOUNLOAD,  STATS = 10
GO
```

10.12.9 Restaurar la copia de seguridad completa de NorthWind

Desde Zaragoza

Tiene que crear en la máquina **Zaragoza** la carpeta C:\BackUps y copiar los *backups* de los dos puntos anteriores del servidor **Madrid (C:\BackUps)** → **Zaragoza (C:\BackUps)**.

Abra SQL Management Studio y en el Editor de consultas escriba la siguiente instrucción:

```
USE [master]
RESTORE DATABASE [NorthWind]
FROM  DISK = N'C:\BackUps\NorthWind_COM_20140823'
WITH  FILE = 1,  NORECOVERY, NOUNLOAD, REPLACE,
STATS = 5
```

10.12.10 Restaurar la copia de seguridad del registro de transacciones de NorthWind

Desde Zaragoza

Abra SQL Management Studio y en el Editor de consultas escriba la siguiente instrucción:

```
RESTORE LOG [NorthWind]
FROM  DISK = N'C:\BackUps\NorthWind_TRN_20140823_0900'
WITH  FILE = 1,  NORECOVERY,  NOUNLOAD,  STATS = 5
```

10.12.11 Asignar al servidor principal la categoría de asociado en la base de datos reflejada

Desde Zaragoza

Abra SQL Management Studio y en el Editor de consultas escriba la siguiente instrucción.

```
ALTER DATABASE NorthWind
SET PARTNER='TCP://Madrid.Legor.es:5022';
```

10.12.12 Asignar al servidor reflejo la categoría de asociado en la base de datos principal

Desde Madrid

Abra SQL Management Studio y en el Editor de consultas escriba la siguiente instrucción.

```
ALTER DATABASE NorthWind
SET PARTNER='TCP://zaragoza.Legor.es:5022';
```

Por defecto, cuando se crea un reflejo nuevo, la sesión se configura e inicia en modo "Alta seguridad sin conmutación automática por error (síncrono)".

Para cambiarla al modo "Alto rendimiento (asincrónico)", ejecute la instrucción que a continuación se le muestra:

```
ALTER DATABASE NorthWind SET PARTNER SAFETY OFF;
```

10.13 INSTRUCCIONES T-SQL ÚTILES PARA ADMINISTRAR EL REFLEJO

A continuación, una serie de instrucciones que pueden resultarle útiles para manejar el reflejo de bases de datos desde T-SQL.

▶ Forzar la conmutación por error (Failover).

```
ALTER DATABASE BD_XXX SET PARTNER FAILOVER
```

▶ Suspender el reflejo de una base de datos.

```
ALTER DATABASE BD_XXX SET PARTNER SUSPEND
```

▶ Reanudar el reflejo de una base de datos.

```
ALTER DATABASE BD_XXX SET PARTNER RESUME
```

▶ Quitar el reflejo de una base de datos.

```
ALTER DATABASE BD_XXX SET PARTNER OFF
```

▶ Poner en producción una base de datos que está en modo *restoring* (modo en el que se queda la base de datos después de quitar el reflejo).

```
RESTORE DATABASE BD_XXX WITH RECOVERY
```

Monitor de creación de reflejo de base de datos

Es una herramienta a la que se accede desde SQL Management Studio y que permite supervisar en tiempo real el estado del reflejo de base de datos entre el servidor principal y el reflejado. Por defecto, no se encuentra iniciada.

Para iniciar el **Monitor de creación de reflejo de bases de datos** siga el procedimiento que a continuación le indico.

1. Conéctese a la instancia del servidor principal. Abra SQL Management Studio, en el **Explorador de objetos**, despliegue el servidor y dentro del nodo **Bases de datos** busque la base de datos que desea monitorear.

2. Haga clic con el botón derecho del ratón sobre la base de datos. En el menú contextual elija la opción **Tareas** y a continuación, **Iniciar monitor de creación de reflejo de base de datos**.

3. La acción anterior mostrará la ventana **Monitor de creación de reflejo de base de datos**, haga clic en registrar **Base de datos reflejada**.

4. Haciendo clic con el botón derecho del ratón en el árbol **Monitor de creación de reflejo de base de datos**, puede registrar otras bases de datos reflejas para monitorearlas.

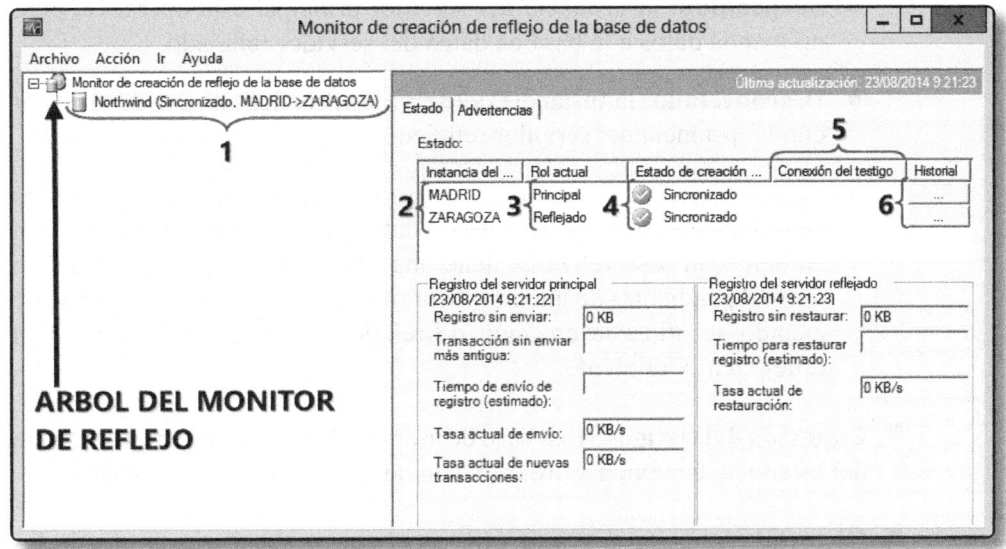

Captura 10.50. Monitor de creación de reflejo de base de datos

10.13.1 Página Estado

El **Monitor de creación de reflejo de bases de datos** tiene un árbol en su parte izquierda donde se visualizan las bases de datos que están registradas para su supervisión. En la captura 10.50 se ha registrado para su supervisión la base de datos **NorthWind** (1).

En cada base de datos registrada se muestra la siguiente información:

▶ **Instancia del servidor** (2): visualiza el nombre de la instancia principal, espejo y testigo (en caso de que exista).

▶ **Función actual** (3): indica la función que realiza cada una de las instancias (principal/reflejado).

▶ **Estado de creación de reflejo** (4): muestra el estado en que se encuentra cada una de las instancias. Los estados son:

• **Sincronizado**: el servidor reflejado está recibiendo datos del servidor principal y se actualizan correctamente (el modo en que se actualizan los datos variará dependiendo de qué tipo de replicación use, síncrona o asíncrona).

- **Suspendido**: la instancia del servidor principal está operativa, pero no manda datos a la base de datos del servidor reflejado.

- **Desconectado**: la instancia del servidor principal no puede conectar con la instancia del servidor reflejado.

- **Sincronización:** la base de datos de la instancia reflejada está sincronizando datos de la base de datos de la instancia principal. Sin embargo, la base reflejada tiene una cantidad de datos superior a lo normal pendientes de integrar. Esta situación se produce normalmente cuando se inicia la creación de reflejo o después de suspender el reflejo temporalmente.

▶ **Conexión del testigo** (5): en caso de usarse un servidor de testigo, informa del estado de conexión entre cada una de las instancias y el testigo.

▶ **Historial** (6): es un *log* muy útil, en el que se detalla cada una de las transacciones que se han enviado o están pendientes de enviar entre las instancias principal y reflejada. En caso de algún problema con el reflejo, le proporciona información de la fecha y hora en que se produjo el error.

Además de la información anterior en esta página puede obtener información sobre los registros pendientes de enviar desde el servidor principal al reflejado, la tasa de envío, la tasa de restauración, etc.

10.13.2 Página Advertencias

El monitor de creación de reflejo de bases de datos tiene programadas una serie de advertencias que funcionan cuando se supera un umbral predeterminado. Lo único que tiene que hacer si considera que puede serle de utilidad es activarlas.

Las advertencias son:

▶ **Advertir si el registro sin enviar sobrepasa el umbral**: esta advertencia utiliza el evento **Registro sin enviar** que tiene asignado un Id. de evento = 32042. Se activa indicando la cantidad de KB de registro no enviado que generará la advertencia.

▶ **Advertir si el registro sin restaurar sobrepasa el umbral**: esta advertencia utiliza el evento **Registro sin restaurar** que tiene asignado un Id. de evento = 32043. Se activa indicando la cantidad de KB de registro sin restaurar que generará la advertencia.

▼ **Advertir si la transacción sin enviar más antigua sobrepasa el umbral**: esta advertencia utiliza el evento **Transacción sin enviar más antigua** que tiene asignado un Id. de evento = 32044.

▼ **Advertir si la sobrecarga de confirmación del servidor reflejado sobrepasa el umbral**: esta advertencia utiliza el evento **Sobrecarga de confirmación del servidor reflejado** que tiene asignado un Id. De evento = 32045.

ⓘ **NOTA**

Cuando se supera un umbral, se registra un evento, en el registro de eventos de aplicación. Puede configurar una alerta para ese evento desde el Agente SQL Server.

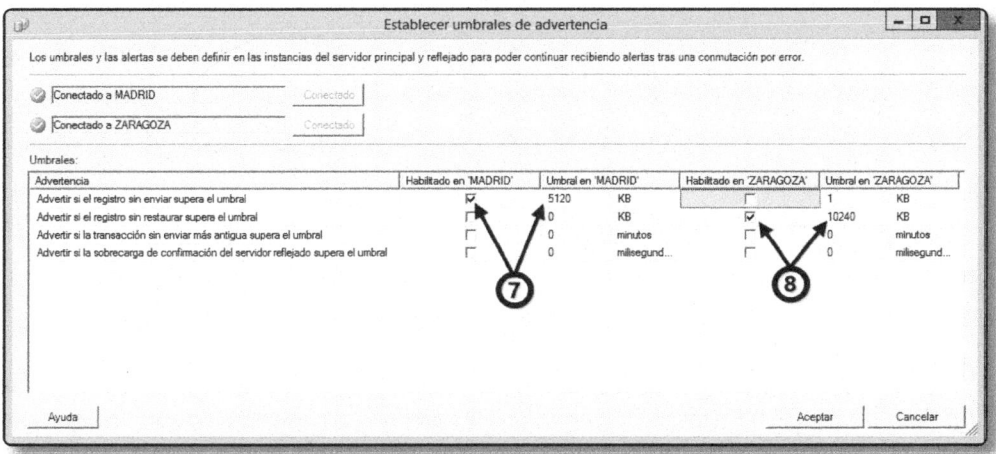

Captura 10.51. Establecer los umbrales para activar las alertas

La captura 10.51 ilustra cómo se han activado dos advertencias:

▼ **Advertir si el registro sin enviar sobrepasa el umbral** (7): se ha activado únicamente en el servidor **Madrid**. Esta advertencia generará un evento con el número 32042 en el caso de que el número de registros sin enviar al servidor **Zaragoza** supere el tamaño de 5 MB.

▶ **Advertir si el registro sin restaurar sobrepasa el umbral** (8): se ha activado únicamente en el servidor **Zaragoza**. Esta advertencia generará un evento número 32043 en el caso de que el tamaño de los registros sin restaurar en la copia en caliente supere el tamaño de 10 MB.

En ambos casos, el evento generado por la advertencia se guarda en el registro de eventos de aplicación de Windows. Usted debe programar una alerta que se active con estos eventos y notifique a un operador lo que está pasando. La notificación puede hacer uso de la herramienta Correo electrónico de bases de datos.

ⓘ **NOTA**

Para más información de cómo crear y programar una alerta, consulte el tema 9 "Agente SQL Server".

11

ALWAYSON. ALTA DISPONIBILIDAD (II)

La tecnología AlwaysOn es una funcionalidad que fue añadida a Microsoft SQL Server 2012, destinada a la replicación y a la alta disponibilidad. AlwaysOn es una mezcla entre lo mejor del clúster de conmutación por error, del Log Shipping y del reflejo de bases de datos. Permite replicar simultáneamente más de una base de datos entre varios servidores.

Para el estudio de este tema se tratarán los siguientes apartados:

▶ ¿Qué es AlwaysOn?
▶ Clúster de conmutación por error.
▶ Grupos de disponibilidad.
▶ Modos de disponibilidad: modo síncrono y modo asíncrono.
▶ Tipos de conmutación por error.

Los temas anteriores van acompañados de los siguientes ejercicios prácticos:

▶ Requisitos previos.
▶ Crear un grupo de disponibilidad.
▶ Administrador de clústeres de conmutación por error.
▶ Conmutación manual entre réplicas.
▶ Comprobar la replicación.
▶ Conmutación automática por error.
▶ Configurar el agente de escucha para que enrute las conexiones de los clientes.
▶ Copias de seguridad.

11.1 INFRAESTRUCTURA NECESARIA

Los ejercicios prácticos de este tema necesitan configurar cuatro máquinas como se indica en el Apéndice IV.

Los parámetros básicos de configuración de la máquina **MADRID** son:

- ▶ Nombre de la máquina: **MADRID**
- ▶ Dominio: **legor.es** (controlador de dominio)
- ▶ IP: **10.10.10.254**
- ▶ Máscara: **255.255.255.0**
- ▶ Servidor DNS preferido: **10.10.10.254** (máquina Madrid)
- ▶ Servidor DNS secundario: **8.8.4.4** (DNS de Google)
- ▶ Puerta de enlace: **10.10.10.100** (IP del router que utilizo en el ejemplo).

Los parámetros básicos de configuración de la máquina **BILBAO** son:

- ▶ Nombre de la máquina: **BILBAO**
- ▶ Dominio: **legor.es** (miembro del dominio)
- ▶ IP: **10.10.10.251**
- ▶ Máscara: **255.255.255.0**
- ▶ Servidor DNS preferido: **10.10.10.254** (máquina Madrid)
- ▶ Servidor DNS secundario: **8.8.4.4** (DNS de Google)
- ▶ Puerta de enlace: **10.10.10.100** (IP del router que utilizo en el ejemplo).

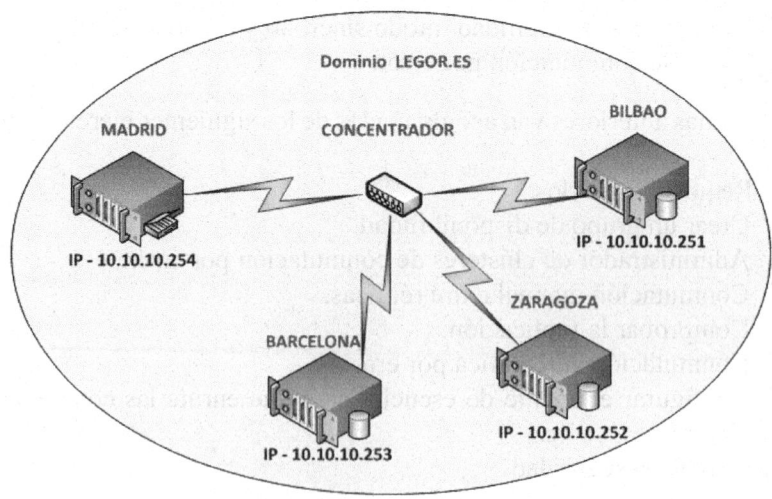

Los parámetros básicos de configuración de la máquina **ZARAGOZA** son:

▼ Nombre de la máquina: **ZARAGOZA**
▼ Dominio: **legor.es** (miembro del dominio)
▼ IP: **10.10.10.252**
▼ Máscara: **255.255.255.0**
▼ Servidor DNS preferido: **10.10.10.254** (máquina Madrid)
▼ Servidor DNS secundario: **8.8.4.4** (DNS de Google)
▼ Puerta de enlace: **10.10.10.100** (IP del router que utilizo en el ejemplo).

Los parámetros básicos de configuración de la máquina **BARCELONA** son:

▼ Nombre de la máquina: **BARCELONA**
▼ Dominio: **legor.es** (miembro del dominio)
▼ IP: **10.10.10.253**
▼ Máscara: **255.255.255.0**
▼ Servidor DNS preferido: **10.10.10.254** (máquina Madrid)
▼ Servidor DNS secundario: **8.8.4.4** (DNS de Google)
▼ Puerta de enlace: **10.10.10.100** (IP del router que utilizo en el ejemplo).

Las IP que se muestran son orientativas y puede adaptarlas al entorno donde instale.

11.2 ¿QUÉ ES ALWAYSON?

La característica AlwaysOn es un sistema de alta disponibilidad y de recuperación ante desastres que combina lo mejor del clúster de conmutación por error, del reflejo de bases de datos y del Log Shipping. Se basa en el concepto *grupos de disponibilidad* y permite un entorno de conmutación por error simultáneo para un conjunto de bases de datos de usuario. Todo ello con una configuración relativamente simple. Las tres mejoras más importantes de esta característica son:

1. Es posible interactuar con las bases de datos secundarias (reflejadas).

2. Se puede configurar una conmutación por error de una base de datos, un grupo de bases de datos o de una instancia completa.

3. Se puede crear más de una base secundaria (reflejo) para la conmutación por error.

Microsoft SQL Server 2014 dispone de varias tecnologías para recuperar bases de datos en caso de desastre, que presentan las siguientes limitaciones respecto a AlwaysOn:

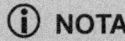 **Clúster de conmutación por error**: un sistema de este tipo necesita mucho hardware y una configuración compleja. Además se basa en un almacenamiento único compartido, es decir, un único punto de fallo: si falla el clúster en el disco compartido, no hay solución.

▼ **Reflejo de base de datos**: es bastante más fácil de configurar que un clúster de conmutación por error. La desventaja reside en que solo permite una base de datos principal y un solo espejo. Es decir, hay que configurar un reflejo por cada base de datos a la que quiera aplicar esta tecnología.

▼ **Log Shipping**: no proporciona conmutación automática por error. Además, en caso de desastre, cuando se recupera la base de datos, se pierden las últimas transacciones hechas desde la última copia de seguridad del registro de transacciones.

La tecnología AlwaysOn utiliza algunos conceptos que debe conocer, como son: clúster de conmutación por error, grupos de disponibilidad, réplica de disponibilidad, nueva base de datos en un grupo de disponibilidad y agente de escucha.

ⓘ **NOTA**

AlwaysOn está disponible en SQL Server 2014, versiones Enterprise, Business y Standard. La diferencia es que las versiones Business y Standard soportan únicamente dos nodos.

11.3 CLÚSTER DE CONMUTACIÓN POR ERROR

Un clúster de conmutación por error es un grupo de dos o más máquinas utilizadas para evitar que ciertas aplicaciones o servicios estén inactivos, en el caso de que uno de los servidores falle. Los servidores se denominan **nodos**, si uno de los nodos falla, el otro se hace cargo de la aplicación o servicio. A este proceso se le conoce como **conmutación por error**. En la mayoría de los casos el clúster de conmutación por error incluye una unidad de almacenamiento compartido. Para la implementación de la tecnología AlwaysOn, no es necesaria una unidad de almacenamiento compartido, se utilizará el almacenamiento en local de cada uno de los nodos. Los grupos de disponibilidad requieren que previamente haya configurado un clúster de conmutación por error de Windows Server WSFC (**W**indows **S**erver **F**ailover **C**luster). Para que en una instancia de SQL Server 2014 se pueda habilitar un grupo de disponibilidad de AlwaysOn, debe estar instalada en un nodo WSFC.

> **ⓘ NOTA**
>
> La característica "clúster de conmutación por error" está disponible en las versiones de Windows 2012 Standard y Enterprise.

11.4 GRUPOS DE DISPONIBILIDAD

Es una unidad de replicación que permite encapsular diferentes bases de datos y distribuirlas entre varios servidores. Cada uno de los servidores tendrá un rol, o bien el rol principal, que será el que acepta y procesa las transacciones, o bien el rol secundario, que recibe las transacciones desde el principal (copias en caliente). En ciertos casos es posible hacer consultas de solo lectura a las bases de datos ubicadas en las réplicas secundarias. La figura 11.1 ilustra un esquema de un grupo de disponibilidad que está compuesto por tres réplicas. La primaria es la réplica principal que hospeda las bases de datos en producción, NorthWind y AdventureWorks2012. Hay dos réplicas secundarias, una de ellas recibe los datos en modo síncrono y la otra en modo asíncrono de la réplica primaria.

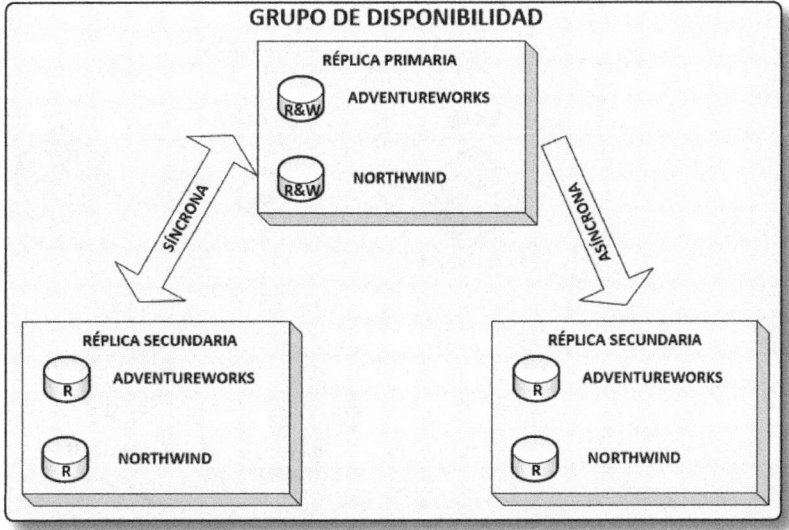

Figura 11.1. Grupo de replicación con tres réplicas

11.4.1 Réplica de disponibilidad

Una réplica de disponibilidad es una instancia de un grupo de disponibilidad, que contiene una copia en local de cada una de las bases de datos que forman parte de la réplica primaria. Cada grupo de disponibilidad admite una réplica primaria y hasta ocho secundarias.

▶ **Réplica primaria**: contiene las bases de datos de usuario en producción (NorthWind y AdventureWorks2012). Estas bases de datos permiten a los clientes accesos de lectura y escritura. Además envía las modificaciones que sufre el registro de transacciones de cada una de ellas a las réplicas secundarias para que actualicen en caliente las bases replicadas. En la figura 11.2 la réplica principal se encuentra en el nodo SQL_N01.

▶ **Réplica secundaria**: mantiene una copia en caliente de cada una de las bases de datos de usuario que hay en la réplica primaria. En caso de producirse una conmutación por error, la réplica secundaria toma el rol de réplica primaria y viceversa. Otros aspectos interesantes de las réplicas secundarias son los siguientes:

- Puede permitir el acceso de solo lectura a sus bases. Esta opción permite configurar un servidor de lectura de datos, o un servidor de informes (nodo SQL_N03 de la figura 11.2).

- Permite hacer copias de seguridad del registro de transacciones y copias completas de solo copia de las bases de datos incluidas en la réplica (nodo SQL_N02 de la figura 11.2).

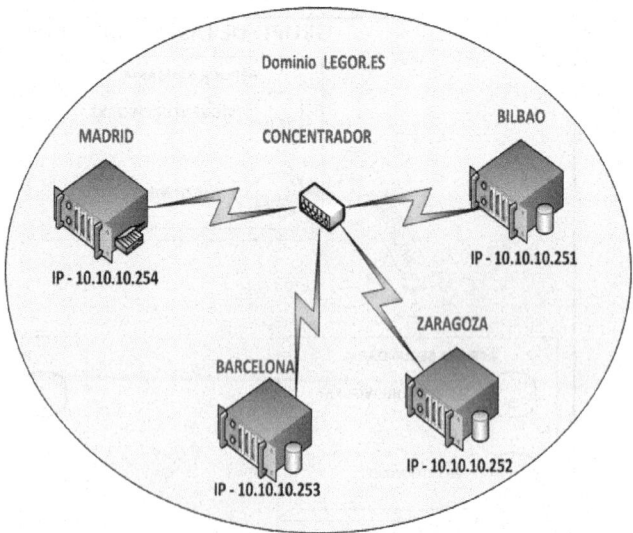

Figura 11.2. Ejemplo de sistema con tecnología On

La figura 11.2 ilustra un ejemplo de sistema en el que se ha implementado la tecnología AlwaysOn. Consta de cuatro máquinas:

▼ DC01 es el controlador de dominio.

▼ SQL_N01, SQL_N02 y SQL_N3 son miembros del dominio y forman un clúster de conmutación por error, este no usa almacenamiento compartido.

▼ El nodo 1, SQL_N01 hospeda la réplica primaria del grupo de disponibilidad. En esta instancia los clientes pueden hacer operaciones de lectura y escritura en las bases de datos de usuario (NorthWind y AdventureWorks2012).

▼ El nodo 2, SQL_N2, recibe los cambios del registro de transacciones, de la bases de la réplica primaria en modo **síncrono**. Por este motivo está conectado a SQL_N01 a través de una red de área local para que las transacciones viajen lo más rápido posible y no deterioren el rendimiento del sistema (SQL_N2 debe confirmar la transacción, para que SQL_N1 la finalice). En esta instancia se mantiene una copia en caliente de las bases de datos (NorthWind y AdventureWorks2012) y los clientes pueden hacer operaciones de lectura. Además se ha configurado la réplica secundaria en SQL_N02, para que realice copias de seguridad de sus bases de datos.

▼ El nodo 3, SQL_N03, recibe los cambios del registro de transacciones de la bases de datos que forman parte de la réplica primaria, usando el modo **asíncrono** (SQL_N03 no tiene que confirmar la recepción de transacciones a SQL_N01). Se ha elegido el modo **asíncrono** para no deteriorar el rendimiento del sistema porque SQL_N03 está conectado a SQL_N01 a través de Internet (Internet es una red mucho más lenta que una LAN). Además en esta instancia los clientes pueden hacer operaciones de lectura y se ha configurado un servidor de informes.

11.4.2 Nueva base de datos en un grupo de disponibilidad

Para poder agregar una base de datos a un grupo de disponibilidad, debe cumplir una serie de requisitos:

▼ Debe ser una base de datos de lectura y escritura.

▼ El modo de recuperación debe ser completo.

▶ La base de datos debe estar en el servidor SQL Server que alberga la réplica principal.

Al agregar una base de datos a un grupo de disponibilidad se añade a la réplica principal. A partir de este momento ya está disponible para su uso. A continuación hay que restaurar la base de datos en las réplicas secundarias, usando la opción **RESTORE WITH NORECOVERY**.

Por último, hay que unir la base de datos al grupo de disponibilidad. Esta última acción pone la base de datos en las réplicas secundarias en estado **ONLINE** e inicia la sincronización con la base de datos principal.

11.4.3 Agente de escucha (Listener)

Proporciona a los clientes una forma de conectarse a la réplica de disponibilidad, sin conocer el nombre de la instancia de SQL Server que opera como réplica principal.

Los agentes de escucha de un grupo de disponibilidad están asociados a un nombre DNS único en el dominio, a varias direcciones IP virtuales y a un puerto TCP.

Si nuestro sistema tiene una o varias réplicas secundarias, en las que está permitida la lectura, las conexiones de lectura que efectúen los clientes se redirigirán automáticamente a las réplicas secundarias, descargando de esta manera de trabajo a la réplica primaria.

Si la réplica principal queda fuera de servicio y se produce una conmutación por error a una réplica secundaria, el agente de escucha redirige automáticamente las conexiones de los clientes a la réplica que opera en ese momento como primaria.

11.5 MODOS DE DISPONIBILIDAD

El modo de disponibilidad es una propiedad que determina cómo se sincronizarán los datos entre la réplica principal y la/s secundaria/s. Existen dos modos: **síncrono** y **asíncrono**.

11.5.1 Modo síncrono

Este modo antepone la *alta disponibilidad* al *rendimiento*. Cada transacción que se inicia en el nodo de la réplica principal se manda a los nodos que contienen réplicas secundarias y hasta que estos no libran la confirmación, la transacción no se confirma en el nodo de la réplica principal. Cuando las bases de datos de las réplicas secundarias están sincronizadas (SYNCHRONIZED), se puede hacer una conmutación manual por error con la garantía total de no perder ningún dato. Cuando todas las bases de datos de una réplica secundaria están sincronizadas, dicha réplica se marca como HEALTHY.

Hay algunos factores que pueden interrumpir la sincronización de una réplica secundaria y hacer que deje de estar marcada como HEALTHY para marcarse como NOT_HEALTHY o PARTIALLY_HEALTHY. Los más usuales son:

- ▼ Saturación del tráfico en la red. Esto hace que se vuelva más lenta y que tarden más en transmitirse los registros entre las réplicas primarias y secundarias.

- ▼ Cuando se agrega una nueva base de datos al grupo de disponibilidad, se necesita un tiempo para sincronizarla en las réplicas secundarias.

- ▼ Cuando suspenda una base de datos en una réplica secundaria, la réplica deja de estar sincronizada.

11.5.2 Modo asíncrono

En este modo prima el *rendimiento*, ya que las bases de datos de la réplica principal no tienen que esperar la confirmación de las bases de datos de las réplicas secundarias para escribir una transacción. Cada transacción que **ya se ha realizado** en el nodo de la réplica principal se envía a los nodos que contienen réplicas secundarias para que actualicen sus datos. Este modo mantiene las bases de datos de las réplicas secundarias con un ligero desfase de sincronización respecto a las bases de datos de la réplica principal. Por este motivo, la única forma de conmutación por error que se permite cuando se usa el modo asíncrono es la **conmutación por error forzada**, en la que se tiene que asumir una posible pérdida de datos.

11.6 TIPOS DE CONMUTACIÓN POR ERROR

En un escenario que tiene implantada la tecnología AlwaysOn, existen réplicas primarias y secundarias. La réplica primaria es donde se encuentran las bases de datos que permiten a los clientes accesos de lectura/escritura y tiene el **rol principal**. Las réplicas secundarias tienen asignado el **rol secundario**, ambos roles (principal y secundario) se pueden intercambiar cuando se hace una **conmutación por error**.

Hay tres tipos diferentes de conmutación por error: **automática**, **manual** y **forzada**. Dependiendo del modo de disponibilidad elegido podrá aplicar un modo de conmutación u otro.

11.6.1 Modo síncrono

Admite dos formas de conmutación: conmutación por error manual y conmutación automática por error.

▶ **Conmutación por error manual**: como su nombre indica, es una acción manual de un usuario autorizado, que hace que una réplica secundaria pase a ser réplica primaria tomando el rol principal. La réplica que actuaba hasta ahora como primaria pasa a ser secundaria. Como el modo en que se hallan la réplica principal y secundaria es síncrono, ambas están sincronizadas. Por este motivo la conmutación se produce sin pérdida de datos.

▶ **Conmutación por error automática**: funciona igual que la conmutación por error manual, la diferencia es que en vez de ser la mano del hombre la que inicia la conmutación, es un evento el que la provoca. Para la conmutación por error automática se requiere:

- Que las réplicas principal y secundaria se encuentren en modo síncrono.
- Que el modo de conmutación por error se establezca a **Automático**.
- Tener quórum de WSFC (**Windows Server Failover Cluster**).
- Configurar una directiva de **conmutación por error flexible**.

ⓘ **NOTA**

Para saber más sobre las directivas de conmutación por error flexible, visite la página *http://msdn.microsoft.com/espy/library/hh710061.aspx*.

11.6.2 Modo asíncrono

Admite únicamente la **conmutación por error manual forzada**. Este tipo de conmutación, como su nombre indica, solo se puede iniciar de manera manual. Al utilizar el modo asíncrono, las bases de datos de las réplicas secundarias no están completamente sincronizadas porque sufren ligeros desfases con las de la réplica primaria. Por este motivo, cuando se produce la conmutación manual forzada debe asumirse que se pueden perder datos. Este tipo de conmutación se debe utilizar cuando la réplica principal deje de responder durante un período de tiempo considerable y necesitemos urgentemente poner el sistema en línea frente a los clientes. Al aplicar este tipo de conmutación debe valorar la necesidad que tiene de poner el sistema en línea y, por otra parte, si puede asumir una posible pérdida de datos.

11.7 EJERCICIO PRÁCTICO: REQUISITOS PREVIOS

Este ejercicio práctico comienza haciendo una lista de todos los requisitos previos que necesita tener instalados en su sistema antes de implantar la tecnología AlwaysOn. Una vez elaborada la lista se explica cómo se instala o configura cada uno de estos requisitos.

1. Instalar las características de Windows [**Net Framework 3.5**. y **clúster de conmutación por error**].

2. Crear un clúster de conmutación por error que una todas las máquinas que intervienen en el escenario [Bilbao, Zaragoza, Barcelona].

3. Crear una cuenta de servicio **Legor\ServiciosSQL** para el Agente SQL.

4. Crear un recurso compartido para la transferencia de archivos.

5. Instalar Microsoft SQL Server 2014 en cada uno de los nodos que serán miembros del grupo de disponibilidad [Bilbao, Zaragoza, Barcelona].

6. Habilitar el protocolo TCP/IP en cada uno de los nodos que serán miembros del grupo de disponibilidad [Bilbao, Zaragoza, Barcelona].

7. Configurar excepciones necesarias en el Firewall de Windows para la característica AlwaysOn.

8. Instalar las bases de datos de servicio (AdventureWorks2012 y NorthWind). Comprobar su modo de recuperación.

> (i) **NOTA**
>
> La máquina Madrid es un controlador de dominio y queda excluida del clúster de conmutación por error, entre otros motivos porque los controladores de dominio no admiten grupos de disponibilidad de AlwaysOn.

11.7.1 Instalar las características Net Framework 3.5.1 y el clúster de conmutación por error

Este ejercicio práctico debe realizarlo en las máquinas: Bilbao, Zaragoza y Barcelona

Para comenzar el ejercicio práctico, inicie todas las máquinas (Madrid, Bilbao, Zaragoza y Barcelona) con el usuario de dominio **Legor\Administrador**.

> (i) **NOTA**
>
> La característica Net Framework 3.5.1, es un requisito necesario para la instalación de Microsoft SQL Server 2014.

> (i) **NOTA**
>
> Un grupo de disponibilidad AlwaysOn se basa en un clúster de conmutación por error de Microsoft Windows 2012 Server, y permite que varios servidores funcionen conjuntamente, proporcionando alta disponibilidad con aplicaciones de bases de datos.

1. Para añadir las características, inicie el **Administrador del servidor**. Para ello, desde la barra de tareas, haga clic en el icono **Administrador del servidor** (1).

Captura 11.1. Abrir el Administrador del servidor

2. En la ventana del **Administrador del servidor** (2) → haga clic en el enlace **Agregar roles y características** (3).

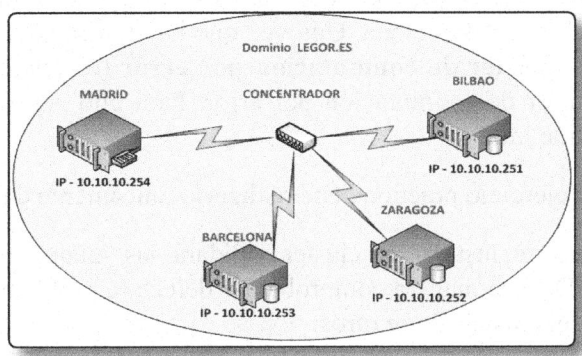

Captura 11.2. Agregar Nueva característica

3. Se inicia el **Asistente para agregar roles y características**, pulsando el botón **Siguiente** pase las páginas [**Antes de comenzar**, **Tipo de instalación**, **Selección de servidor** y **Roles de servidor**] (4) respetando los valores que por defecto le propone el asistente.

4. En la página **Características** (5) → active las casillas de verificación **Características de .Net Framework 3.5.1** (6) y **clúster de conmutación por error** (7) → haga clic en el botón **Siguiente** (8) para finalizar, clic en el botón **Instalar**.

Cuando finalice la instalación de ambas características reinicie las máquinas [Bilbao, Zaragoza y Barcelona].

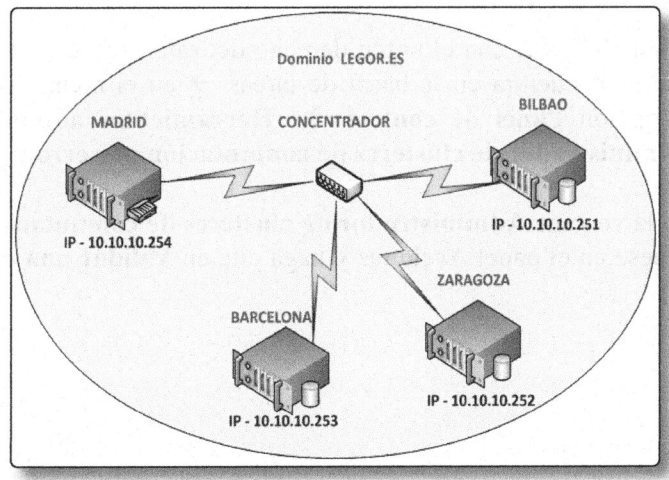

Captura 11.3. Instalar características clúster conmutación por error y Net Framework

616   IFCT069PO - MICROSOFT SQL SERVER

11.7.2 Crear el clúster de conmutación por error

Las máquinas que formarán parte del clúster de conmutación por error son Bilbao, Zaragoza y Barcelona. Una vez que haya instalado en cada una de ellas la característica **clúster de conmutación por error** (ejercicio práctico 11.7.1), cree el nuevo clúster de conmutación por error. Para ello siga las instrucciones que a continuación le indico:

Este ejercicio práctico debe realizarlo únicamente en la máquina Bilbao.

Antes de instalar el clúster validará las máquinas [Bilbao, Zaragoza y Barcelona]. De esta manera comprobará y detectará problemas que pueden impedir la creación del clúster. Entre otros:

▶ Errores de cableado.

▶ Diferentes binarios, Service Packs y parches.

▶ Problemas de *drivers* e inconsistencias de versiones entre nodos.

▶ Configuración inconsistente.

(i) **NOTA**

Es conveniente que las configuraciones de los servidores que forman el clúster (hardware y software) sean idénticas, para que la experiencia del cliente sea la misma independientemente del servidor al que se conecte.

---

1. Haga clic en el con el botón derecho del ratón sobre el icono de **Inicio** que se encuentra en la barra de tareas → en el menú contextual elija la opción **Panel de control** → **Herramientas administrativas** → **Administrador de clústeres de conmutación por error**.

2. En la ventana **Administrador de clústeres de conmutación por error**, sitúese en el panel **Acciones** y haga clic en **Validar una configuración** (1).

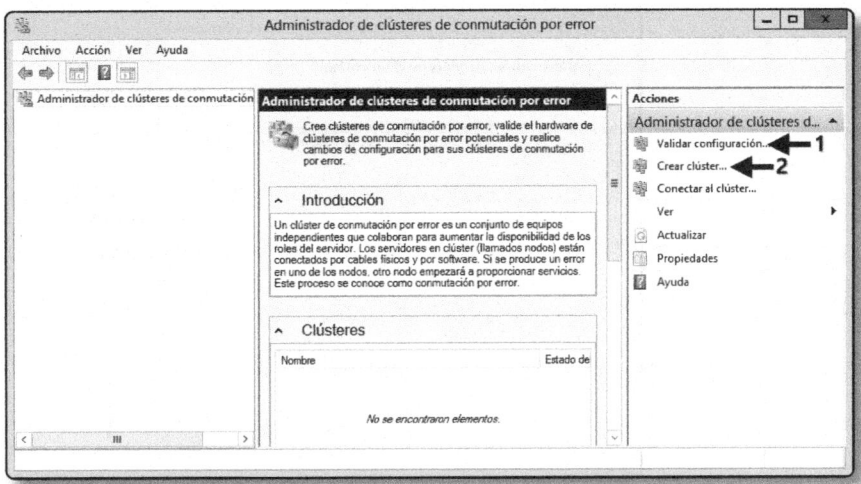

Captura 11.4. Administrador de clústeres de conmutación por error

3. La acción anterior inicia el **Asistente para validar una configuración** en la página **Antes de comenzar**.

- Página **Antes de comenzar**: le indica que el asistente realizará una prueba para determinar si la configuración de los nodos es correcta. También le informa de que debe ser administrador local en cada uno de los servidores que desee validar. Haga clic en el botón **Siguiente**.

ⓘ NOTA

Este ejercicio práctico se desarrolla usando en todas las máquinas el usuario de dominio Legor\Administrador. El administrador de un dominio es también administrador en local de todas las máquinas que pertenecen al dominio.

- Página **Seleccionar servidores o un clúster**: añada las máquinas que formarán parte del clúster [Bilbao, Zaragoza y Barcelona]. Para ello, haga clic en el botón **Examinar** (3), añada los tres nodos que se encuentran en la sección de **Equipos** de **Active Directory**. Haga clic en el botón **Siguiente** (4).

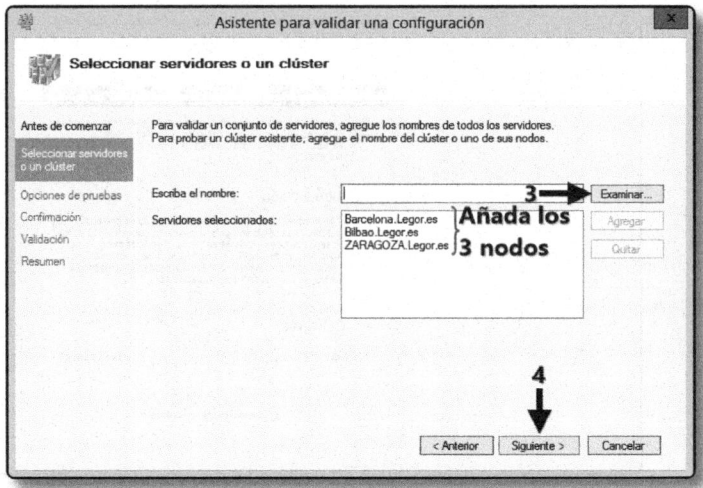

Captura 11.5. Página Seleccionar servidores o un clúster

- Página **Opciones de pruebas**: marque el botón de radio **Ejecutar las pruebas que seleccione** (5). Haga clic en el botón **Siguiente** (6).

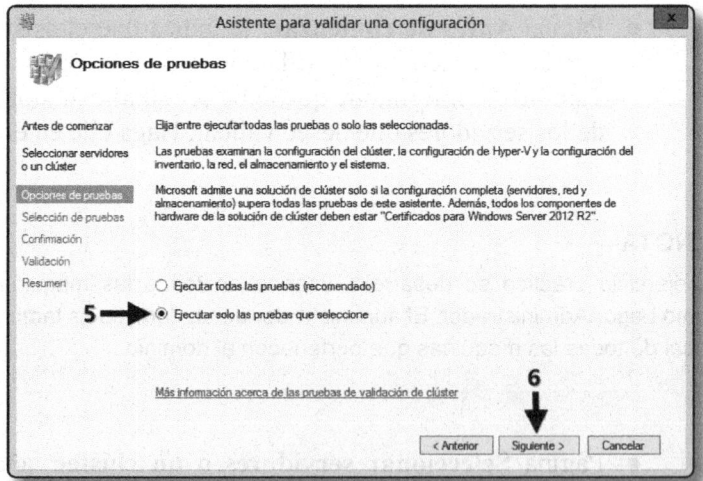

Captura 11.6. Página Opciones de pruebas

- Página **Selección de pruebas**: el grupo de disponibilidad de AlwaysOn que está configurando en este ejercicio práctico no necesita de almacenamiento compartido (ni lo tenemos), desmarque la casilla de verificación de las pruebas de **Almacenamiento** (7). A continuación, haga clic en el botón **Siguiente** (8).

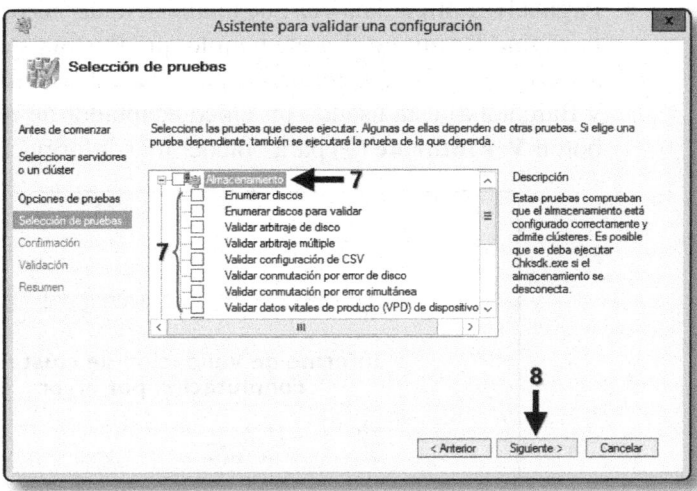

Captura 11.7. Página Selección de pruebas

- Página **Confirmación**: muestra un detalle de todas las configuraciones que se incluyen en la prueba. Haga clic en el botón **Siguiente** para iniciar la prueba.

- Página **Validación**: ejecuta las pruebas de validación seleccionadas. En el ejemplo se omiten las pruebas que comprueban si el almacenamiento está configurado correctamente y admite clústeres (lo desmarcó en la página **Selección de pruebas**, vea la captura 11.7).

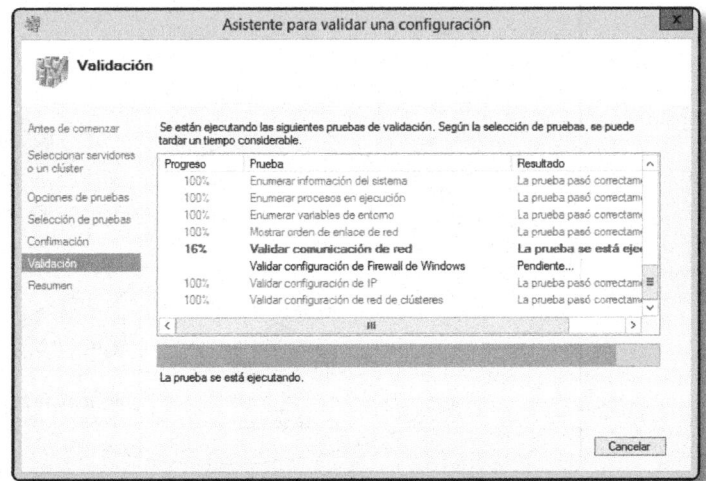

Captura 11.8. Página Validación

- Página **Resumen**: una vez que finalizan todas las pruebas, se visualiza la página **Resumen**. En el ejemplo que ilustra este ejercicio hay una advertencia debido a que cada una de las máquinas [Bilbao, Zaragoza y Barcelona] está usando un único adaptador de red. Haga clic en el botón **Ver informe** (9) para obtener más información.

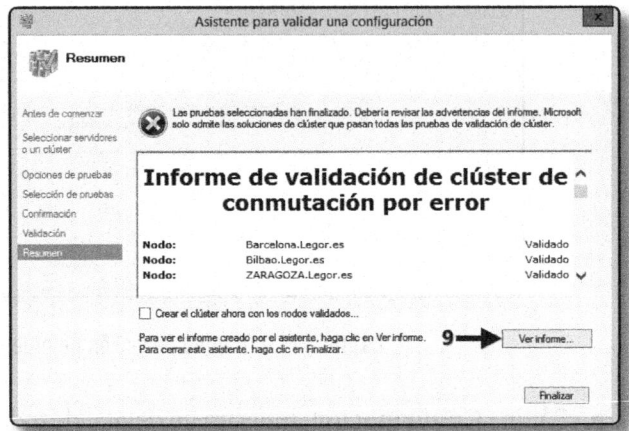

Captura 11.9. Página Resumen

- La acción anterior abre un explorador donde se visualizan los resultados detallados del informe. Haga clic en la **Advertencia** (10) y lea el detalle.

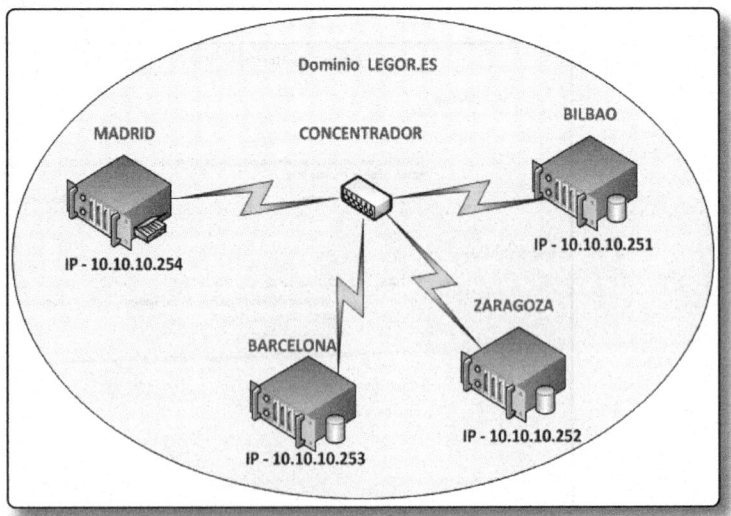

Captura 11.10. Resultados de la validación del clúster, donde se muestra una advertencia

- Una vez que haya leído la advertencia, que no afecta en nada al desarrollo del ejercicio práctico, haga clic en el botón **Finalizar** para terminar la validación de configuración del clúster.

A continuación, una vez validado, el sistema creará el clúster de conmutación por error entre los nodos Bilbao, Zaragoza y Barcelona. Para ello, en el **Administrador de clústeres de conmutación por error**, haga clic en el enlace **Crear un clúster** (2), (véase la captura 11.4). La acción anterior inicia el **Asistente para crear** clúster en la página **Antes de comenzar**.

▶ Página **Antes de comenzar**: explica qué es un clúster, la conveniencia de ejecutar previamente el asistente de validación y que debe ser administrador local en cada uno de los nodos que desee incluir en el clúster. Léala atentamente y para continuar haga clic en el botón **Siguiente**.

▶ Página **Seleccionar servidores**: añada los nodos que formarán parte del clúster [Bilbao, Zaragoza y Barcelona]. Para ello, haga clic en el botón **Examinar** (11) y añada los tres servidores (12). Haga clic en el botón **Siguiente** para continuar.

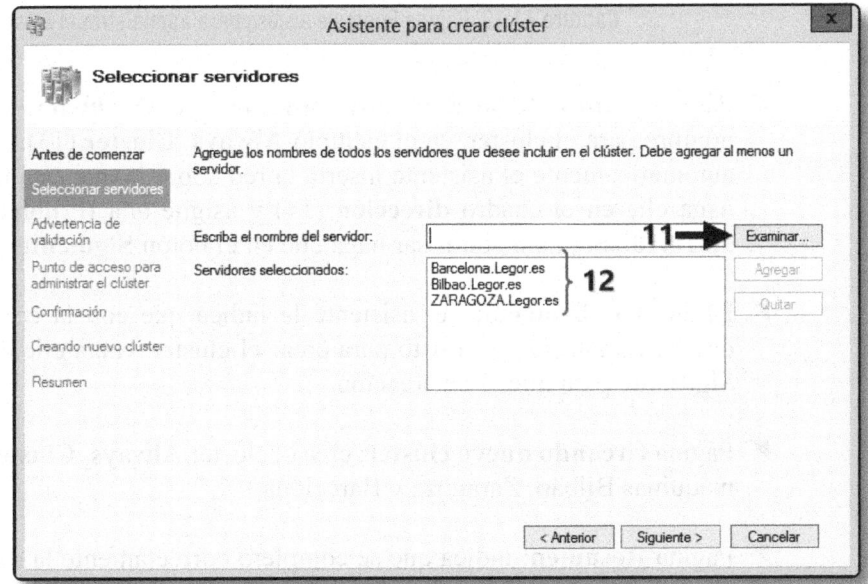

Captura 11.11. Página Seleccionar servidores

▶ Página **Advertencia de validación**: la prueba de validación del clúster se completó con una advertencia. Por este motivo, el asistente le pregunta de nuevo si desea repetir las pruebas de validación. Marque el botón de radio **No. No necesito compatibilidad con...** y haga clic en el botón **Siguiente**.

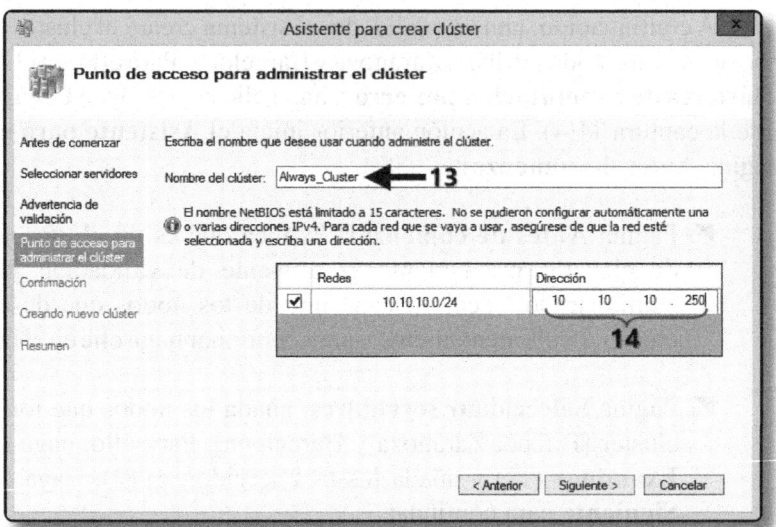

Captura 11.12. Página Punto de acceso para administrar el clúster

▶ Página **Punto de acceso para administrar el clúster**: escriba un nombre para el clúster, en el ejemplo **Always_Cluster** (13). Nótese que automáticamente el asistente inserta la red sobre la que está trabajando, haga clic en el cuadro **dirección** (14) y asigne una IP libre al clúster, **10.10.10.250**. Para continuar haga clic en el botón **Siguiente**.

▶ Página **Confirmación**: el asistente le indica que con la configuración que ha establecido está listo para crear el clúster. Haga clic en el botón **Siguiente** para iniciar su creación.

▶ Página **Creando nuevo clúster**: crea el clúster **Always_Cluster** entre las máquinas Bilbao, Zaragoza y Barcelona.

▶ Página **Resumen**: indica que se completó correctamente la creación del clúster.

▶ Haga clic en el botón **Finalizar** para cerrar el asistente de creación del clúster.

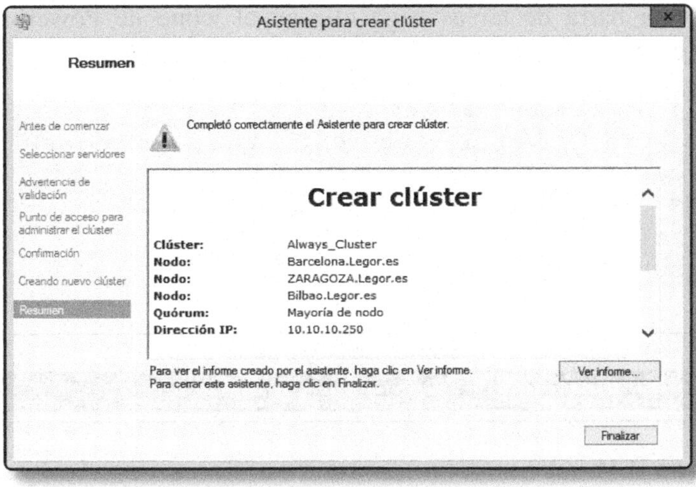

Captura 11.13. Página Resumen

> ⓘ **NOTA**
>
> La página **Resumen** visualiza una señal de advertencia porque el clúster que ha creado carece de disco para quórum, del cual se ha prescindido porque se utiliza el almacenamiento local de cada una de las máquinas que forman parte del clúster.

11.7.3 Crear la cuenta de servicio "ServiciosSQL"

La cuenta de servicio **Legor\ServiciosSQL** la utilizará el Agente SQL Server para manejar y automatizar todas las tareas que utiliza la tecnología AlwaysOn. Esta cuenta se creará una sola vez en la máquina **Madrid** a nivel dominio y será válida para el resto de máquinas de dominio [Bilbao, Zaragoza y Madrid].

Este ejercicio práctico debe realizarlo en la máquina MADRID

- Nombre de la cuenta: **Legor\ServiciosSQL**
- Contraseña: **123Contraseña**
- Pertenece al grupo: **Usuarios de dominio**

La cuenta se creará usando PowerShell. Si necesita explicaciones adicionales de cómo crear la cuenta desde el entorno gráfico, consulte el Anexo III.

Desde la barra de tareas haga clic en el icono de PowerShell [img] y a continuación escriba:

```
$passwd="123Contraseña"
$password=ConvertTo-SecureString $passwd -AsPlainText
-Force
dsadd user "CN=ServiciosSQL,DC=Legor,DC=es" -samid
ServiciosSQL -pwd
$password -mustchpwd no
```

Captura 11.14. Instrucciones PowerShell para crear el usuario Legor\ServiciosSQL

11.7.4 Crear un recurso compartido

La tecnología AlwaysOn necesita de un recurso compartido a nivel dominio, para realizar la copia y alineación inicial de las bases de datos entre las distintas réplicas del grupo de disponibilidad. Este recurso compartido lo ubicará en la máquina controlador de dominio (**Madrid**) y le asignará permisos de lectura y escritura a la cuenta de servicio que utiliza el Agente SQL en cada nodo (**legor\ServiciosSQL**).

▶ Ubicación del recurso: **C:** de la máquina **Madrid**.
▶ Nombre: **BackUps**.
▶ Permisos: la cuenta **Legor\ServiciosSQL** tendrá permisos de lectura y escritura sobre él.

Desde la máquina Madrid

1. En la barra de tareas haga clic en el icono **Explorador de Windows** [img].

2. La acción anterior abre un explorador de Windows, sitúese en **C:** / (1) para crear la carpeta, nómbrela **BackUps** (2). Una vez creada, haga clic sobre ella con el botón derecho del ratón y elija el menú **Propiedades** (3) → en la ventana **Propiedades BackUps** (4) → seleccione la pestaña **Compartir** (5) → haga clic en el botón **Compartir** (6).

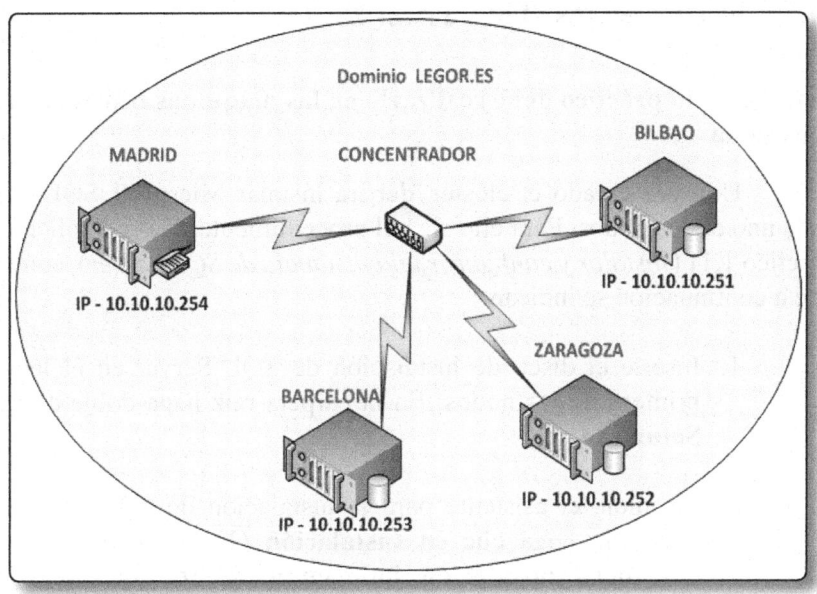

Captura 11.15. Crear el recurso compartido BackUps (I)

3. Continúe en la ventana **Archivos compartidos** (7) → despliegue la lista
    y seleccione el usuario **Servicios SQL** (8) → pulse en el botón **Agregar**
    (9). Seleccione el usuario **Servicios SQL** (10) y asígnele permisos de
    lectura y escritura (11). Para finalizar la operación haga clic en el botón
    Compartir (12).

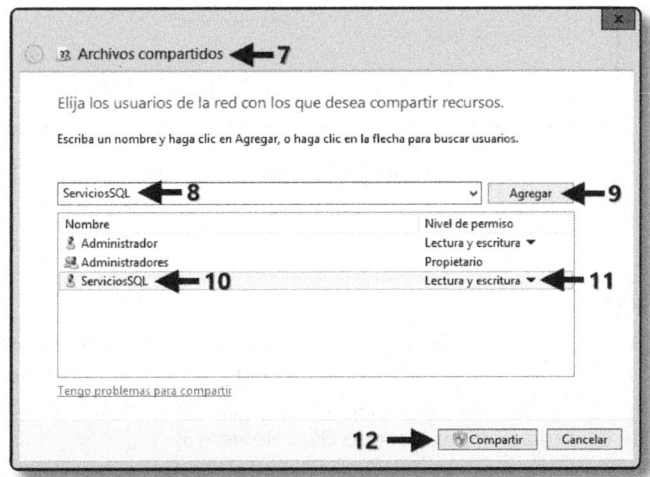

Captura 11.16. Crear el recurso compartido BackUps (II)

11.7.5 Instalar Microsoft SQL Server 2014

Este ejercicio práctico debe realizarlo en las máquinas Bilbao, Zaragoza y Barcelona

Una vez creado el clúster, deberá instalar Microsoft SQL Server 2014 en cada uno de los nodos. Para ello siga el procedimiento que se explicó en el ejercicio práctico 1.11 (*Instalar y configurar una instancia de SQL Server*), con las salvedades que a continuación se indican.

1. Inserte el disco de instalación de SQL Server en el lector óptico del primero de los nodos. En la carpeta raíz haga doble clic en el archivo **Setup.exe**.

2. Se inicia el asistente para la instalación de SQL Server. En el panel izquierdo haga clic en **Instalación** (1) → a continuación haga clic en **Nueva instalación independiente de SQL Server o agregar características a una instalación existente** (2).

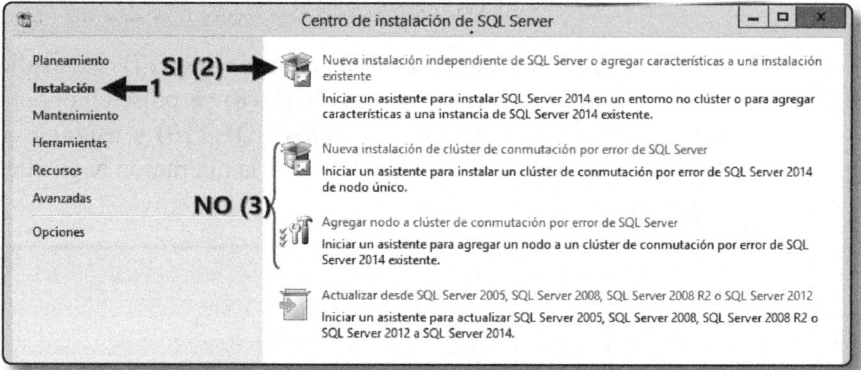

Captura 11.17. Elegir Nueva instalación de SQL Server

ⓘ **NOTA**

Necesita hacer una instalación del tipo **Nueva instalación independiente de SQL Server** (2). Preste especial atención a esto y no se equivoque eligiendo Nueva instalación de clúster de conmutación por error de SQL Server (3) o Agregar nodo a clúster de conmutación por error de SQL Server (3).

3. Cuando llegue al punto 8 (*Selección de características*; ejercicio práctico 1.11, captura 1.8). En vez de instalar todas las características de Microsoft SQL Server 2014, marque únicamente las características imprescindibles para probar AlwaysOn, de esta manera reducirá notablemente los tiempos de instalación en cada una de las máquinas:

- Servicios de motor de base de datos (4).
- Herramientas de administración – Completa (5).

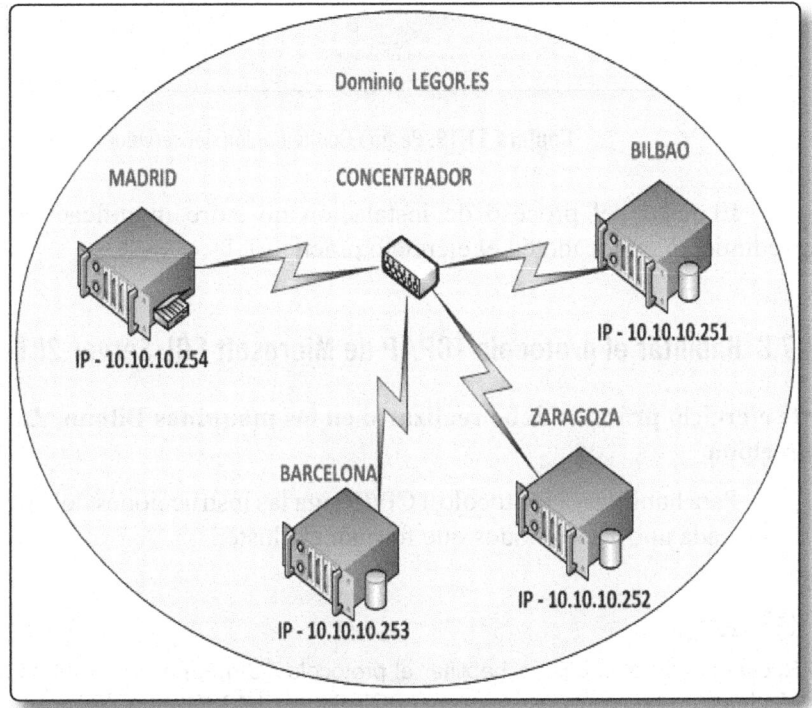

Captura 11.18. Página Selección de características

4. En el punto 10 (*Página Configuración del servidor*; ejercicio práctico 1.11, captura 1.9). Configure las cuentas de los servicios utilizando la cuenta de dominio **Legor\ServiciosSQL** como a continuación se le indica:

Servicio	Cuenta	Contraseña	Tipo Inicio
Agente SQL Server	Legor\ServiciosSQL	123Contraseña	Automático
Motor Base Datos	Legor\ServiciosSQL	123Contraseña	Automático
Los demás	NT AUTHORITY\LOCAL		Automático

Tabla 11.1. Configuración cuentas servicios de SQL Server

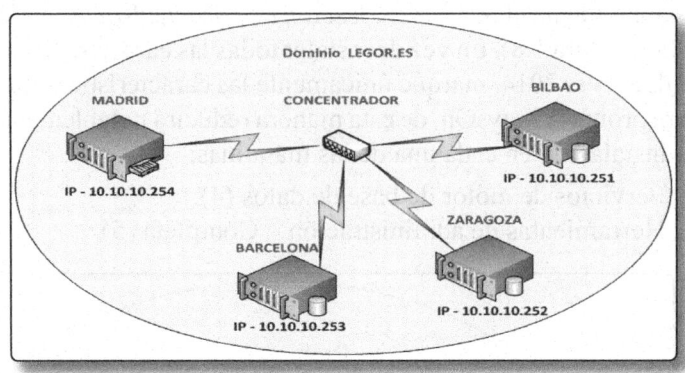

Captura 11.19. Página Configuración del servidor

El resto del proceso de instalación no sufre modificaciones respecto al procedimiento explicado en el ejercicio práctico 1.11.

11.7.6 Habilitar el protocolo TCP/IP de Microsoft SQL Server 2014

Este ejercicio práctico debe realizarlo en las máquinas Bilbao, Zaragoza y Barcelona

Para habilitar el protocolo TCP/IP siga las instrucciones del ejercicio práctico 1.15, en cada uno de los nodos que forman el clúster.

> ### ⓘ NOTA
> Recuerde que después de habilitar el protocolo TCP/IP, para que los cambios surtan efecto, tiene que reiniciar el servicio **SQL Server (MSSQLSERVER)**, en cada uno de los nodos [Bilbao, Zaragoza y Barcelona].

11.7.7 Configurar excepciones necesarias en el Firewall de Windows para la característica AlwaysOn

Este ejercicio práctico debe realizarlo en las máquinas Bilbao, Zaragoza y Barcelona

Para un correcto funcionamiento de AlwaysOn, debe configurar en el Firewall de Windows las excepciones que a continuación se le indican:

▼ **Puerto TCP 1433**: para poder acceder remotamente a los motores SQL
Server en los nodos [Bilbao, Zaragoza y Barcelona].

▼ **Puerto TCP 5022**: es el puerto que utilizan los extremos (*endpoints*) de las
distintas réplicas dentro de un grupo de disponibilidad para comunicarse.

▼ **Puerto TCP 1535**: este puerto lo utilizará el agente de escucha (*listener*)
de AlwaysOn.

Cree las excepciones usando la herramienta **PowerShell**. Para ello haga clic
en el icono de PowerShell, que se encuentra en la barra de tareas, y a continuación
escriba las siguientes instrucciones:

```
#Abrir el Puerto TCP 1433
netsh
advfirewall firewall
add rule name="PERMITE Motor SQLServer puerto TCP 1433"
dir=in
action=allow protocol=TCP localport=1433
Exit
#Abrir el Puerto TCP 5022
netsh
advfirewall firewall
add rule name="PERMITE EndPoints SQLServer puerto TCP
5022" dir=in
action=allow protocol=TCP localport=5022
Exit
#Abrir el Puerto TCP 1535
netsh
advfirewall firewall
add rule name="PERMITE Listener AlwaysOn puerto TCP
1535" dir=in
action=allow protocol=TCP localport=1535
Exit
```

ⓘ **NOTA**

Para más información de cómo configurar excepciones en el Firewall de Windows
,puede consultar el ejercicio práctico 1.15.1.

11.7.8 Instalar las bases de datos de servicio y comprobar su modo de recuperación

Este ejercicio práctico debe realizarlo únicamente en la máquina Bilbao

En este ejercicio práctico instalará las bases de datos **AdventureWorks2012** y **NorthWind**, que son las que utilizará para crear el grupo de disponibilidad. Para ello puede revisar los puntos 2.14 y 2.15.

Compruebe que el modo de recuperación de ambas bases de datos es completo. Para ello puede revisar el ejercicio práctico 7.7

11.8 EJERCICIO PRÁCTICO: CREAR UN GRUPO DE DISPONIBILIDAD

Para realizar este ejercicio práctico necesita haber realizado previamente el ejercicio práctico 11.7, en el que se configuraron todos los prerrequisitos necesarios para crear un grupo de disponibilidad.

En este ejercicio práctico creará y configurará un grupo de disponibilidad, como se indica en la imagen 11.3.

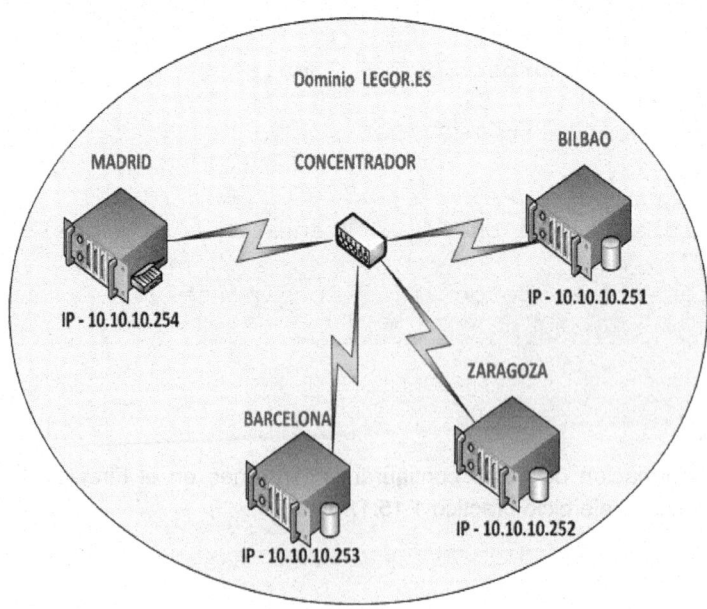

Figura 11.3. Croquis del Ejercicio práctico 11.3

El sistema en el que se implementará AlwaysOn consta de cuatro máquinas que están conectadas en una red de área local:

▼ Madrid es el controlador de dominio.

▼ Bilbao, Zaragoza y Barcelona son miembros del dominio y forman un clúster de conmutación por error, este no usará el almacenamiento compartido.

▼ El nodo 1, Bilbao, contiene el grupo de disponibilidad que aloja la réplica primaria. En esta instancia los clientes pueden hacer operaciones de lectura y escritura en las bases de datos.

▼ El nodo 2, Zaragoza, es una réplica secundaria **síncrona**. Se desea configurarla para que los clientes puedan realizar operaciones de lectura y automatizar copias de seguridad de sus bases de datos. Entre los nodos Bilbao y Zaragoza configurará la **conmutación por error automática**.

▼ El nodo 3, Barcelona, es una réplica secundaria **asíncrona**. Se desea configurarla para que los clientes puedan realizar operaciones de lectura y como servidor de informes. En el nodo Barcelona configurará la **conmutación manual por error forzada**.

▼ El nombre del grupo de disponibilidad será **Always_Cluster**.

El ejercicio práctico desarrollará los siguientes apartados:

1. Habilitar AlwaysOn en cada instancia.

2. Iniciar el asistente para crear y configurar un grupo de disponibilidad. El asistente le guiará en el desarrollo de las siguientes acciones:

   ● Asignará un nombre al grupo de disponibilidad.

   ● Seleccionará las bases de datos de usuario en la instancia de SQL Server.

   ● Especificará las instancias de SQL Server que alojarán las réplicas secundarias.

   ● Configurará el agente de escucha (*listener*) del grupo de disponibilidad.

- Configurará el modo en que se sincronizan y alinean los datos iniciales de las bases de datos.

- Comprobará los resultados de validación una vez creado el grupo de disponibilidad.

- Finalmente, creará el grupo de disponibilidad.

11.8.1 Habilite AlwaysOn en cada instancia de SQL Server

Al habilitar los grupos de disponibilidad AwaysOn permite que cada instancia de SQL Server los use para obtener la alta disponibilidad y la recuperación ante desastres.

Este ejercicio práctico debe realizarlo en las máquinas Bilbao, Zaragoza y Barcelona

1. Inicie en cada una de las máquinas del clúster la consola de Administración de configuración de SQL Server (SQL Server Configuration Manager).

2. En el árbol de la izquierda haga clic en el nodo **Servicios de SQL Server** (1) → clic con el botón derecho del ratón en el servicio **SQL Server (MSSQLSERVER)** (2) → elija el menú **Propiedades** (3).

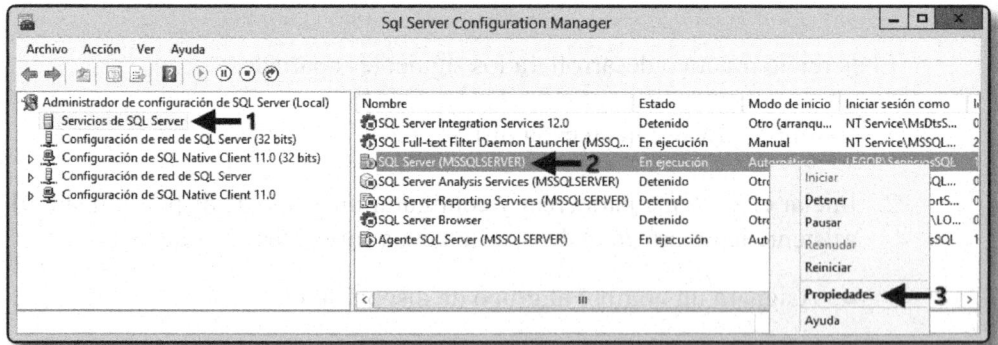

Captura 11.20. Consola Configuration Manager de SQL Server

3. En la ventana **Propiedades: SQL Server (MSSQLSERVER)**, seleccione la pestaña **Alta disponibilidad de AlwaysOn** (4) → el cuadro de texto de solo lectura **Nombre del clúster de conmutación por error** debe autocompletarse con **Always_Cluster** (5), que es el nombre del clúster

de conmutación por error que creó entre las máquinas [Bilbao, Zaragoza y Barcelona] → active la casilla de verificación **Habilitar los grupos de disponibilidad de AlwaysOn** (6) → haga clic en el botón **Aplicar** (7).

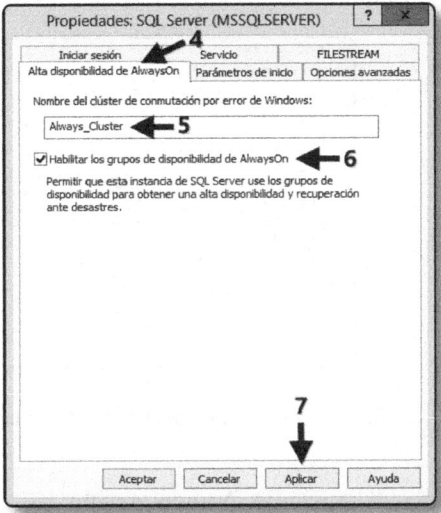

Captura 11.21. Habilitar grupos de disponibilidad

4. Una vez que active **AlwaysOn** en [Bilbao, Zaragoza y Barcelona], para que la nueva configuración se aplique, tiene que reiniciar el servicio **SQL Server (MSSQLSERVER)** en cada instancia.

ⓘ NOTA

Cada vez que haga un cambio en el clúster de conmutación por error, tiene que deshabilitar y a continuación habilitar la característica AlwaysOn en cada instancia. No olvide que para que la nueva configuración se aplique, además tiene que reiniciar el servicio **SQL Server (MSSQLSERVER)** en cada instancia.

11.8.2 Iniciar el asistente para crear y configurar un grupo de disponibilidad

Este ejercicio práctico debe realizarlo en la máquina Bilbao

1. Inicie SQL Management Studio → conéctese con autenticación Windows (Legor\Administrador).

2. En el Explorador de objetos del servidor Bilbao, despliegue el nodo **Alta disponibilidad AlwaysOn** (1) → haga clic con el botón derecho del ratón sobre el nodo **Grupos de disponibilidad** (2) → en el menú contextual elija la opción **Asistente para nuevo grupo de disponibilidad** (3).

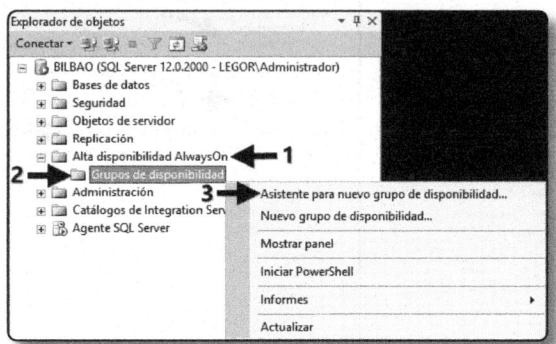

Captura 11.22. Iniciar el asistente para nuevo grupo de disponibilidad

3. Se inicia el asistente **Nuevo grupo de disponibilidad** en la página **Introducción** (4). En esta página aparece un resumen de los pasos que se realizarán para crear el grupo de disponibilidad. Lea su contenido y haga clic en el botón **Siguiente** para continuar.

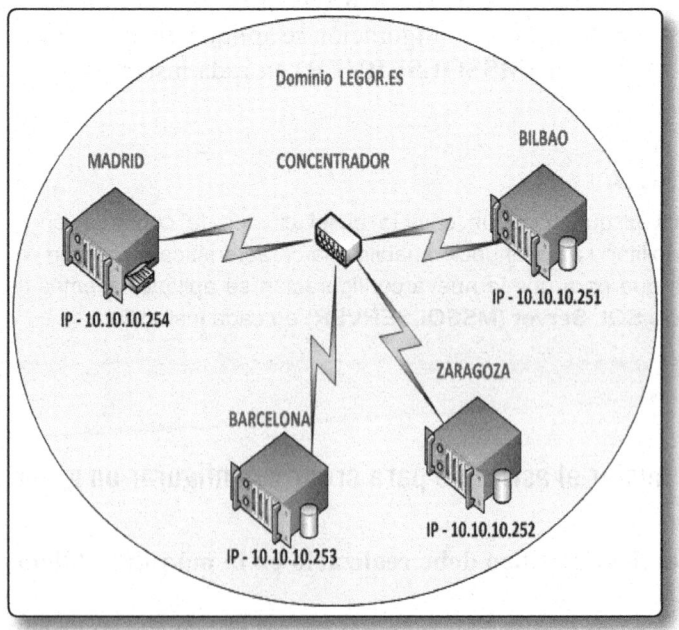

Captura 11.23. Página Introducción

4. Página **Especificar nombre de grupo de disponibilidad** (5): el nombre debe ser único y su longitud máxima es de 128 caracteres. En el cuadro de texto **Nombre de grupo de disponibilidad**" escriba **Grupo01** (6) y haga clic en el botón **Siguiente** para continuar.

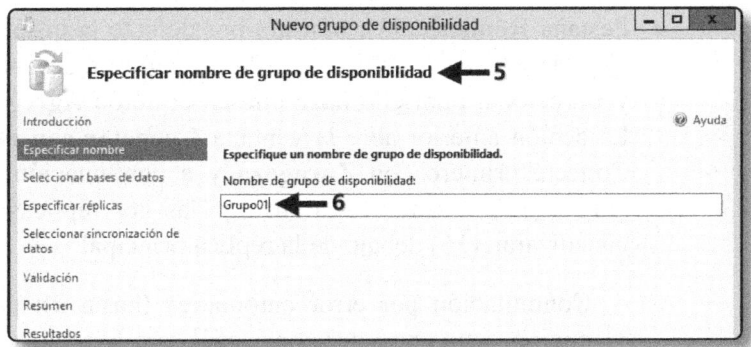

Captura 11.24. Página Especificar nombre

5. Página **Seleccionar bases de datos** (7): el panel **Usar bases de datos en esta instancia de SQL Server** contiene una lista de las bases de datos de usuario que hay instaladas en la máquina **Bilbao**. En el ejemplo se visualizan las bases AdventureWorks2012 y NorthWind (que son las bases de datos que instaló en el ejercicio práctico 11.7.8). El panel, además de los nombres de las bases de datos, le informa de su tamaño y de si cumplen todos los requisitos previos para crear el grupo de disponibilidad. Active la casilla de verificación de las bases de datos AdventureWorks2012 (8) y NorthWind (9) para agregarlas al grupo de disponibilidad que está creando y a continuación haga clic en el botón **Siguiente**.

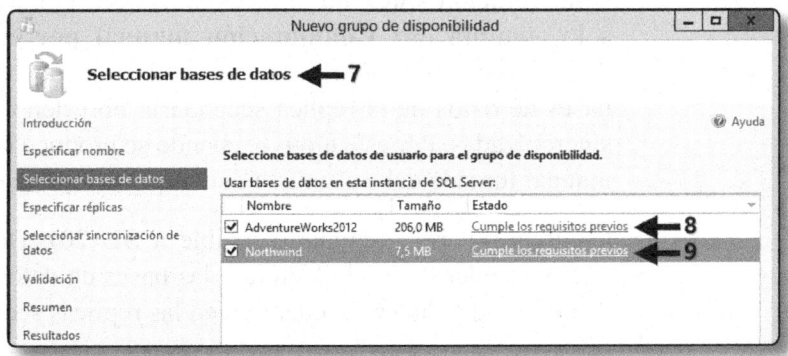

Captura 11.25. Página Seleccionar bases de datos

6. Página **Especificar réplicas** (10): desde esta página se configuran las réplicas del grupo de disponibilidad. La página tiene cuatro pestañas [Réplicas, Extremos, Preferencias de copia de seguridad y Agente de escucha], cuyo funcionamiento se explica a continuación:

- Pestaña **Réplicas** (11): muestra por defecto la instancia Bilbao, que aloja la réplica principal. Añada las réplicas secundarias Zaragoza y Barcelona. Para ello haga clic en el botón **Agregar réplica** (12). La acción anterior abre la ventana **Conectar con el servidor** (13). Conecte primero con **Zaragoza** y a continuación con **Barcelona** (14) + (15). Cuando haya añadido las dos réplicas secundarias, se visualizarán (16) debajo de la réplica principal.

  - Conmutación por error automática (hasta 2): para activar esta opción tiene que seleccionar cuál será la réplica principal y cuál será la réplica secundaria. En el ejemplo son Bilbao y Zaragoza (17). La activación de las dos casillas de verificación indica que en caso de error en la réplica principal (ubicada en la instancia Bilbao) promoverá una conmutación por error automática a la réplica secundaria (ubicada en la instancia Zaragoza).

  - Confirmación sincrónica (hasta 3): al seleccionar la opción **Conmutación por error automática (hasta 2)**, se activan las dos casillas de verificación **Confirmación síncrona** (18). Esto es debido a que la conmutación automática obliga a establecer el modo de confirmación síncrono.

  - Nótese que en la réplica secundaria de la instancia Barcelona no se ha habilitado la **Conmutación por error automática** ni la **Confirmación síncrona** (19). Con esta configuración, la réplica solo admitirá una **Conmutación manual por error forzada**. Al no usarse la confirmación síncrona, puede ocurrir que las bases de datos de la réplica secundaria no estén completamente sincronizadas. Por este motivo, cuando se produce la conmutación manual forzada debe asumirse que se pueden perder datos.

  - Configure el rol secundario legible a **SÍ** (20). De esta manera podrá acceder en modo lectura a las bases de datos del grupo de disponibilidad que se encuentren en las réplicas secundarias.

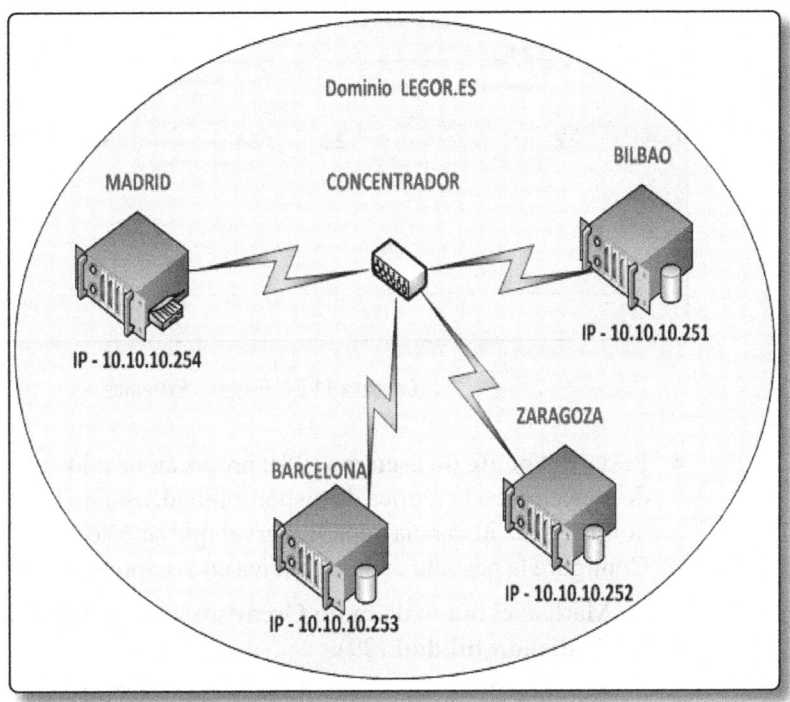

Captura 11.26. Pestaña Especificar réplicas

- Pestaña **Extremos** (21): visualiza una línea para cada una de las instancias que guardan una réplica del grupo de disponibilidad en la que se detallan los siguientes valores:

    - Nombre del servidor: [Bilbao, Zaragoza, Barcelona] (22).

    - Dirección URL del extremo (23): indica la URL para alcanzar cada uno de los extremos (*endpoints*).

    - Número de puerto (24): es el puerto que usa el extremo para realizar la conexión. El puerto por defecto es el TCP 5022.

    - Nombre del extremo (25): es el nombre del extremo. Por defecto se asigna el nombre Hadr_endpoint.

    - Cifrar datos (26): cuando la casilla de verificación está activada, indica que los datos que se transmitan entre los extremos irán cifrados.

    - Cuenta de servicio de SQL Server (27): es la cuenta de servicio que utilizará SQL Server para realizar las tareas administrativas. En el ejemplo la cuenta es LEGOR\ServiciosSQL, que configuró en los requisitos previos.

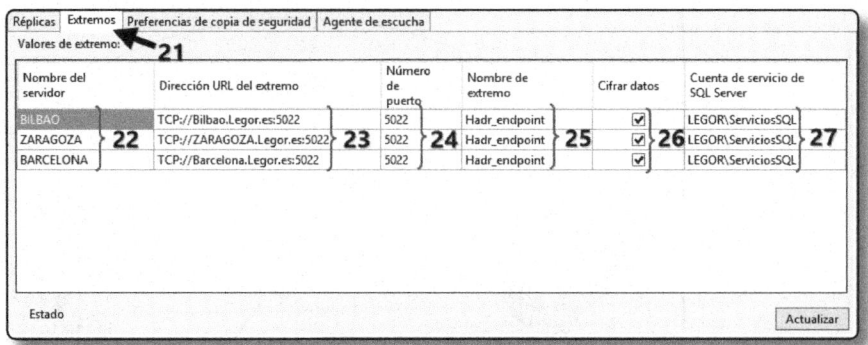

Captura 11.27. Pestaña Extremos

- Pestaña **Agente de escucha** (28): proporciona a los clientes una forma de conectarse a la réplica de disponibilidad, usando DNS, sin conocer el nombre de la instancia de SQL Server que actúa como réplica principal. Configure la pestaña como se indica en la captura 11.28.

  – Marque el botón de radio **Crear un agente de escucha del grupo de disponibilidad** (29).

  – Nombre DNS del agente de escucha: **CON_Grupo01** (30).

  – Puerto: TCP **1535** (31).

  – Modo de red: **Dirección IP estática** (32).

  – Dirección IP: **10.10.10.199** (33), tiene que agregar una IP de su red que esté disponible (sin usar). Para ello, maximice la ventana y haga clic en el botón **Agregar**.

  – Para continuar con la configuración de la siguiente página, haga clic en el botón **Siguiente**.

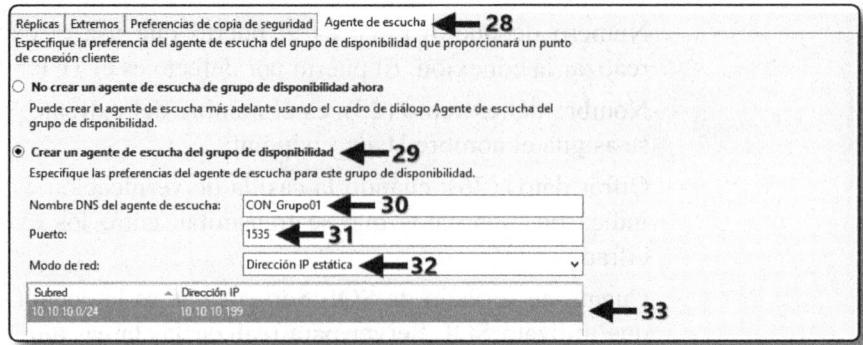

Captura 11.28. Pestaña Agente de escucha

- Pestaña **Preferencias de copia de seguridad** (34): en este apartado indicará dónde quiere que se realicen las copias de seguridad del grupo de disponibilidad, deje marcada la opción por defecto **Preferir secundaria** (35). Las distintas opciones son:

  – Preferir secundaria (35): las copias de seguridad se realizarán en una de las réplicas secundarias, salvo que la réplica primaria sea la única que esté activa.

  – Solo secundaria (36): las copias se realizarán siempre en una réplica secundaria, nunca en la réplica principal. En el caso de que la única réplica que esté activa sea la principal, la copia de seguridad no se realizará.

  – Principal (37): las copias se realizarán siempre en la réplica principal.

  – Cualquier réplica (38): las copias de seguridad pueden realizarse en cualquier réplica.

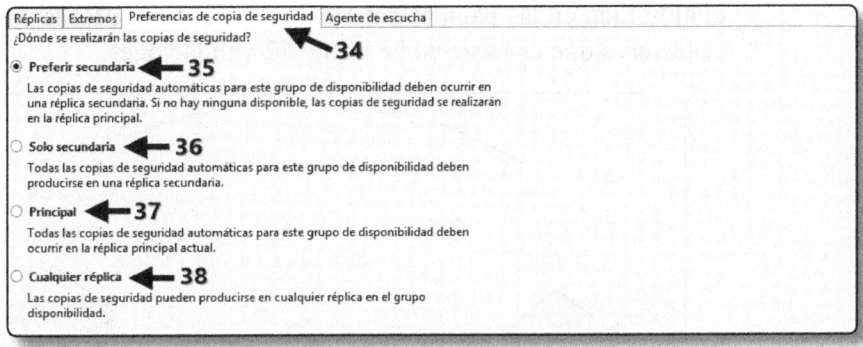

Captura 11.29. Pestaña Preferencias de copia de seguridad

- Una vez completadas las cuatro pestañas, haga clic en el botón **Siguiente** para pasar a la página **Seleccionar sincronización de datos**.

7. Página **Seleccionar sincronización de datos iniciales** (39): hasta ahora únicamente tenemos las bases de datosAdventureWorks2012 y NorthWind en la réplica principal de la instancia Bilbao. Para crear el grupo de disponibilidad, las bases de datos deben estar también en las réplicas secundarias. La opción **Completo** (40), proporcionándole la URL de un recurso compartido **Madrid\Backups** (41), hace una copia de seguridad completa de cada una de las bases de datos de usuario de la réplica principal y las restaura en las réplicas secundarias.

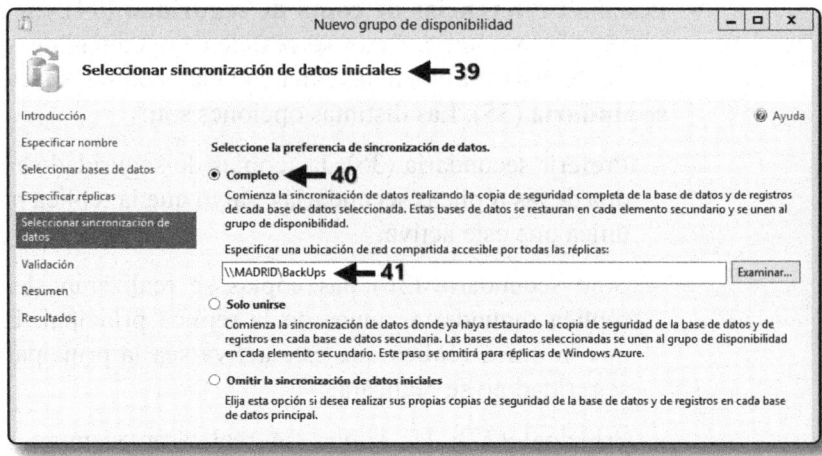

Captura 11.30. Página Seleccionar sincronización de datos

8. Página **Validación** (42) comprueba que todos los parámetros que ha configurado en las páginas anteriores son correctos. En la captura 11.31 se observa que el asistente ha hecho 12 validaciones.

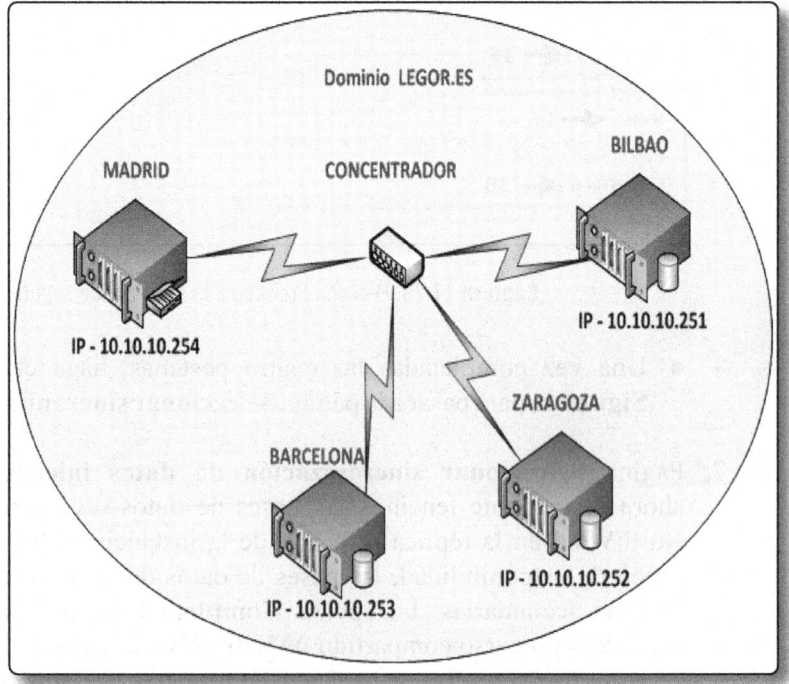

Captura 11.31. Página Validación

9. Página **Resumen**: visualiza todas las opciones seleccionadas en los distintos pasos del asistente. Si está de acuerdo con la configuración elegida, haga clic en el botón **Finalizar**.

10. Página **Progreso**: aplica toda la configuración que se detalla en la página **Resumen**.

11. Página **Resultados**: le indica si el asistente finalizó la configuración del grupo de disponibilidad con éxito o con error. Para finalizar el asistente haga clic en el botón **Cerrar.**

11.9 EJERCICIO PRÁCTICO: ADMINISTRADOR DE CLÚSTERES DE CONMUTACIÓN POR ERROR

Una vez que haya creado el clúster de conmutación de AlwaysOn, la forma más sencilla de administrarlo es desde el **Panel de administración**. Para iniciarlo siga las instrucciones que a continuación se indican:

Desde la máquina Bilbao

Inicie SQL Management Studio, despliegue el árbol del servidor, seleccione el nodo **Grupo01 (Principal)** (1) → haga clic sobre él con el botón derecho del ratón y seleccione el menú **Mostrar panel** (2). La acción anterior visualiza el panel **Grupo01.Bilbao**.

Revise los puntos que a continuación se indican y compruebe la información que cada uno de ellos le muestra:

▶ Punto 3: el nombre del grupo de disponibilidad es **Grupo01**. Está alojado en la máquina **Bilbao** y ostenta el rol de réplica **Principal**.

▶ Punto 4: indica la fecha, hora, minuto y segundo en que se hizo la última actualización de los datos que visualiza el **Panel de administración**. Desde aquí también puede activar y desactivar la actualización automática.

▶ Punto 5: detalla lo siguiente:

- El estado del grupo de disponibilidad es correcto.
- La instancia principal es **Bilbao**.
- El modo de conmutación por error es **Automático**.
- El nombre del clúster es **Always_Cluster**; y su quórum, normal.

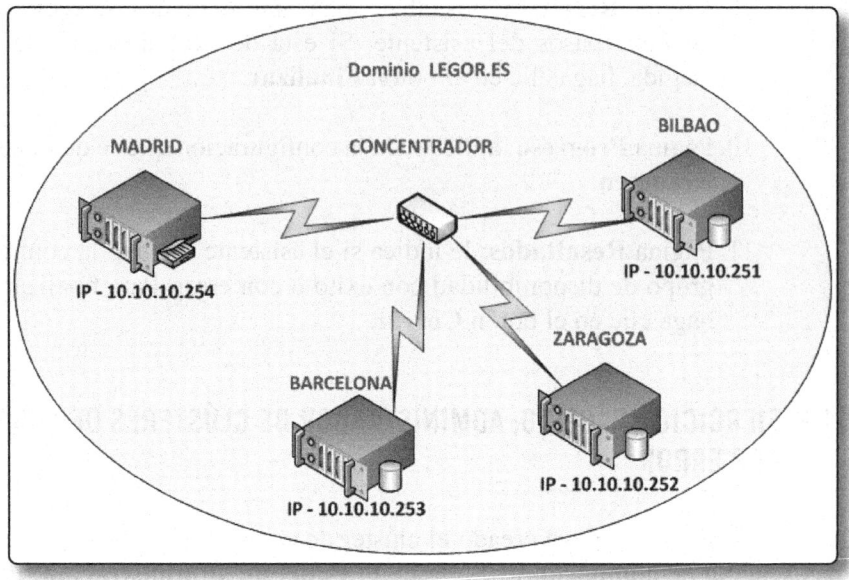

Captura 11.32. Panel de administración del grupo de disponibilidad

▸ Punto 6: está dividido en tres enlaces:

- Iniciar el Asistente para la conmutación por error: como su nombre indica, inicia un asistente para conmutar a una réplica secundaria del grupo de disponibilidad.

- Ver eventos de estado AlwaysOn: inicia una ventana que muestra cronológicamente la lista de todos los eventos de estado de AlwaysOn. Seleccionando un evento de la lista en la parte inferior de la ventana se visualizan los detalles de dicho evento.

- Ver información de quórum del clúster: abre una ventana en la que se informa del nombre del clúster, el modelo de quórum que tiene configurado, así como una relación de los nodos que forman parte de él y si están en línea o no.

▸ Punto 7: detalla los nodos que forman parte del grupo de disponibilidad, así como el rol que tiene asignado cada una de las réplicas (principal o secundaria), el modo de conmutación (manual o automático), el estado de sincronización y los problemas (en caso de que los hubiese).

▸ Puntos 8, 9 y 10: son un resumen del estado de las bases de datos y las réplicas en cada uno de los nodos. También informa de si la conmutación por error, en caso de producirse, será con o sin pérdida de datos.

11.10 EJERCICIO PRÁCTICO: PROVOCAR UNA CONMUTACIÓN MANUAL ENTRE RÉPLICAS

En este ejercicio práctico le enseñaré cómo provocar una conmutación manual por error entre las réplicas de **Bilbao** y **Zaragoza**. El ejercicio práctico se desarrollará primero usando SQL Management Studio y a continuación usando una instrucción T-SQL desde el modo SQLCMD.

11.10.1 Desde SQL Management Studio

Desde la máquina Bilbao

Inicie el **Panel de administración** de grupos de disponibilidad, a continuación haga clic en el enlace **Iniciar el Asistente para la conmutación por error** (captura 11.32, punto 6). Se inicia el asistente para **Conmutar por error el grupo de disponibilidad: Grupo01**.

- ▼ Página **Introducción**: explica qué es una conmutación por error y las acciones que debe llevar a cabo. Lea las instrucciones y a continuación haga clic en el botón **Siguiente**.

- ▼ Página **Seleccione la nueva réplica principal** (1): enumera las dos réplicas que hay disponibles para la conmutación. Nótese que la réplica **Zaragoza** (2) está marcada con un símbolo verde, esto es debido a que el modo de confirmación es **sincrónico**, es decir, si conmuta a Zaragoza no habrá pérdida de datos. Mientras que la réplica **Barcelona** (3) está marcada con un símbolo de advertencia porque utiliza el modo **asíncrono** y en caso de conmutar a ella puede haber pérdida de datos. Active la casilla de verificación **Zaragoza** (2) y haga clic en el botón **Siguiente** para continuar.

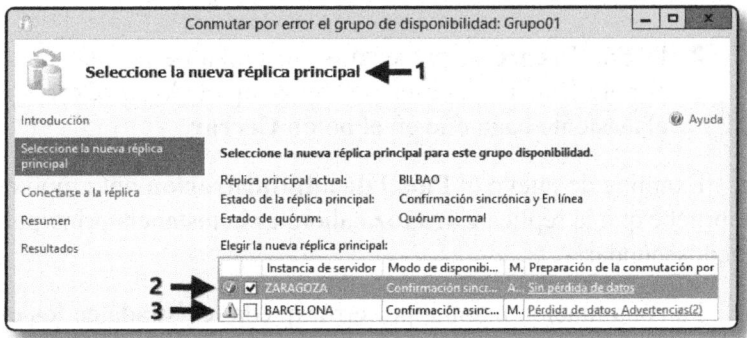

Captura 11.33. Página Seleccione la nueva réplica principal

▶ Página **Conectarse a la réplica** (4): conéctese a la réplica **Zaragoza**. Para ello, haga clic en el botón **Conectar** (5). En la ventana **Conectar con el servidor**, haga clic en el botón **Conectar** (6). Para continuar haga clic en el botón **Siguiente**.

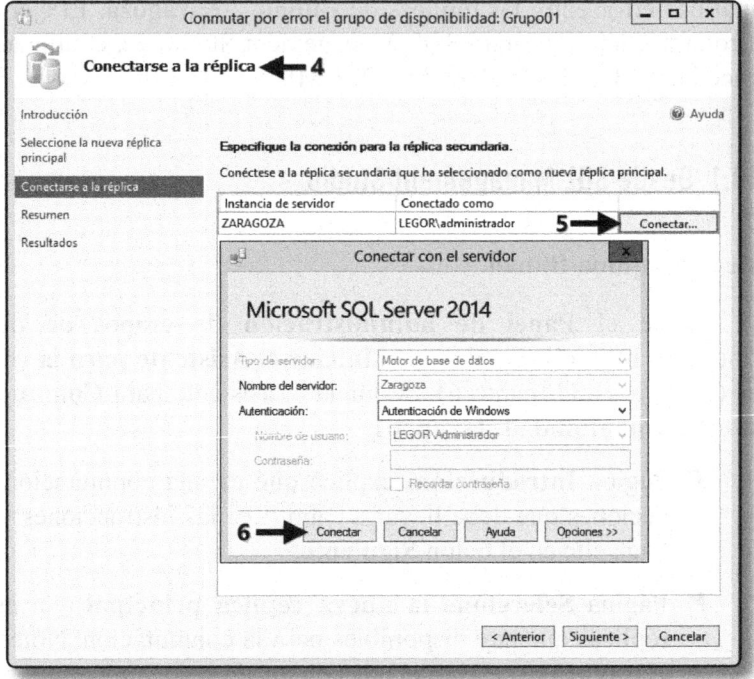

Captura 11.34. Página Conectarse a la réplica

▶ Página **Resumen**: detalla una lista con la configuración que ha establecido en el asistente. Revísela, y, si está de acuerdo, haga clic en el botón **Finalizar**.

▶ Página **Progreso**: presenta un resumen de las acciones llevadas a cabo por el asistente y si estas se han completado con éxito o no. Para finalizar el asistente haga clic en el botón **Cerrar**.

Examine de nuevo el **Panel de administración** del grupo de disponibilidad y compruebe que la réplica **Zaragoza** ahora es la instancia principal y **Bilbao** es una instancia secundaria.

La conmutación manual por error queda registrada en los eventos de estado de AlwaysOn. Haga clic en el enlace **Ver eventos de estado de AlwaysOn** (captura 11.32, punto 6) para iniciar el panel de eventos. Sitúese al final de la lista de eventos

(7). Seleccione un evento (8), la acción anterior mostrará el detalle completo que originó el evento en la rejilla **Detalles** (9). En la línea **Mensaje** (10) se visualiza la explicación del evento para abrir un cuadro de texto (11) donde se visualice íntegramente el mensaje explicativo. Haga doble clic en la línea de mensaje (10)

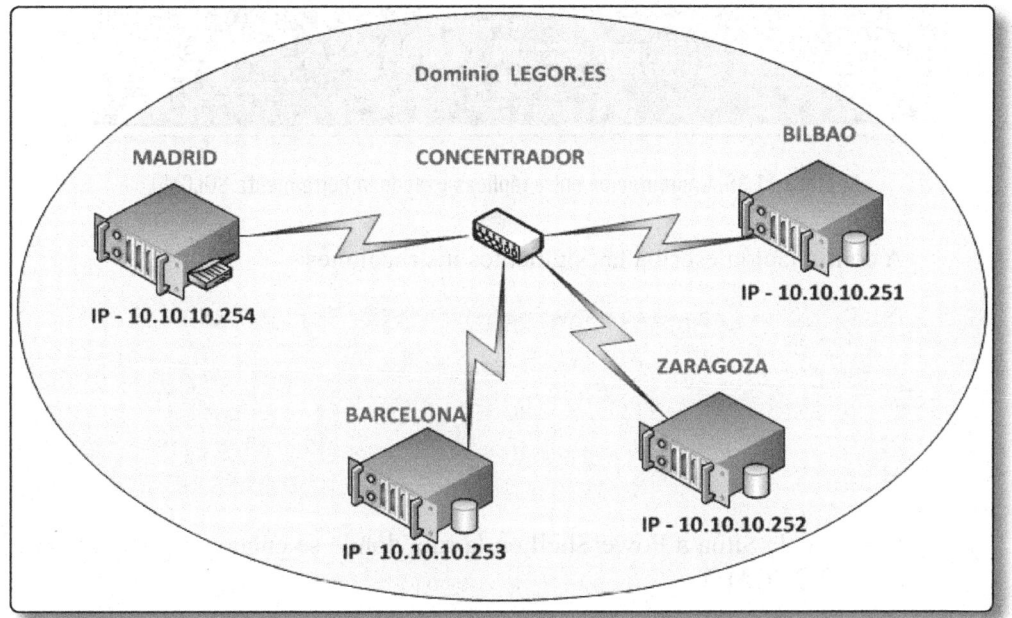

Captura 11.35. Examinando los Eventos de estado de AlwaysOn

En la captura 11.35 visualiza los dos últimos eventos de estado de AlwaysOn, que se han producido después de la conmutación manual por error.

11.10.2 Con instrucción T-SQL usando el modo SQLCMD

Desde la máquina Zaragoza

En la práctica anterior provocó una conmutación manual por error de la réplica Bilbao a Zaragoza. La consecuencia de esta conmutación es que Zaragoza ahora es la réplica principal y Bilbao es la réplica secundaria. Ahora, usando la herramienta **SQLCMD** provocará una nueva conmutación por error para que Bilbao vuelva a ser la réplica principal.

SQLCMD es una herramienta que permite ejecutar instrucciones y secuencias de comandos T-SQL desde el símbolo del sistema y PowerShell.

Para poder usar **SQLCMD** inicie PowerShell y sitúese en la ruta: **C:\ ProgramFiles\Microsoft SQL Server\120 \Tools\Binn**, que es donde se encuentra el ejecutable de **SQLCMD**.

Captura 11.36. Conmutación entre réplicas usando la herramienta SQLCMD

A continuación escriba las siguientes instrucciones:

```
cd "C:\Program Files\Microsoft SQL Server\120\
Tools\Binn"                                                          (1)
SQLCMD -S BILBAO                                                     (2)
1> ALTER AVAILABILITY GROUP [Grupo01] FAILOVER                       (3)
2> GO                                                                (4)
1> EXIT                                                              (5)
```

▶ Punto 1: Sitúa a PowerShell en la ruta donde se encuentran los binarios de **SQLCMD**.

▶ Punto 2: inicia la herramienta SQLCMD y conecta con la instancia del servidor **Bilbao**.

▶ Punto 3: provoca la conmutación a la réplica **Bilbao**.

▶ Punto 4: ejecuta la instrucción anterior.

▶ Punto 5: se cierra la herramienta SQLCMD.

11.11 EJERCICIO PRÁCTICO: COMPROBAR LA REPLICACIÓN

En este ejercicio práctico comprobará que la replicación entre **Bilbao**, **Zaragoza** y **Barcelona** en el grupo de disponibilidad funciona correctamente. Consistirá en hacer una inserción de datos en la tabla **Customers** (clientes) de la base de datos NorthWind en **Bilbao** y a continuación comprobar desde **Zaragoza** y **Barcelona** que se pueden leer los datos insertados. Para ello, en cada una de las máquinas inicie SQL Management Studio.

Desde Bilbao

Cerciórese de que la réplica **Bilbao** tiene asignado el rol principal. Para ello abra el **Panel de administración** del grupo de disponibilidad y compruébelo como se indica en la captura 11.37.

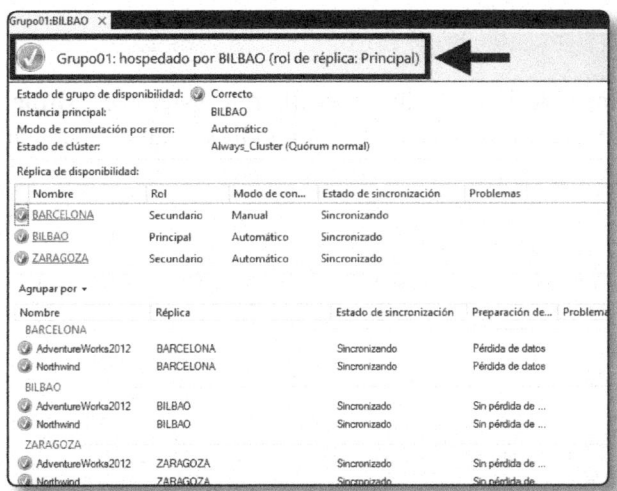

Captura 11.37. La réplica Bilbao tiene asignado el rol principal

A continuación inserte un registro en la tabla Customer de la base de datos NorthWind en Bilbao. Para ello, en el Editor de consultas, escriba y ejecute la instrucción que a continuación se le indica:

```
USE [Northwind]
GO
INSERT INTO dbo.Customers
(CustomerID,CompanyName,ContactName,ContactTitle,
Address,
City,Region,PostalCode,Country,Phone,Fax)
VALUES
('SMS',
'Compañia Logistica de Azucares de caña',
'Arturo Moreno',
'Director Gerente',
'Urb. Sol y Playa nº 3 - 10',
'Salobreña','Granada','186080',
'España',
'958998877',
'958998878')
GO
```

Desde Zaragoza

Compruebe que la copia de NorthWind que mantiene Zaragoza ha actualizado la fila que insertó en Bilbao. Para ello abra el Editor de consultas y escriba la siguiente instrucción:

```
USE [Northwind]
SELECT * FROM [dbo].[Customers] WHERE customerId ='SMS'
```

El resultado de la consulta es la fila que insertó en **Bilbao**. Ahora (desde Zaragoza) intente hacer una inserción ejecutando la siguiente consulta:

```
USE [Northwind]
GO
INSERT INTO dbo.Customers
(CustomerID,CompanyName,ContactName,ContactTitle,
Address,Ci
ty
,Region,PostalCode,Country,Phone,Fax)
VALUES
('APL',
'Compañia Logistica de Azucares fosiles',
'Aurelio Perez',
'Director Gerente',
'Plaza España nº 3 - 10',
'Cadiz',
'Cadiz',
'186080',
'España',
'956998877',
'956998878')
GO
```

Como la réplica de Zaragoza en estos momentos ostenta el rol de secundaria, sus bases de datos son de **solo lectura**. Por este motivo, el Editor de consultas devolverá en el panel de resultados el siguiente mensaje de error:

```
Mens. 3906, Nivel 16, Estado 1, Línea 1
No se pudo actualizar la base de datos "Northwind"
porque es de solo lectura.
```

Desde Barcelona

Abra el Editor de consultas y escriba la siguiente instrucción:

```
USE [Northwind]
SELECT * FROM [dbo].[Customers] WHERE customerId ='SMS'
```

El resultado de la consulta es la fila que insertó en Bilbao.

11.12 EJERCICIO PRÁCTICO: PROVOCAR UNA CONMUTACIÓN AUTOMÁTICA POR ERROR

En este ejercicio práctico provocará una conmutación automática por error desde Bilbao a Zaragoza. El error lo simulará parando el servicio **SQL Server (MSSQLSERVER)** en Bilbao. El clúster de conmutación por error detectará la no disponibilidad del nodo Bilbao y, automáticamente, hará una conmutación por error, asignando a la réplica de Zaragoza el rol de principal.

Desde la máquina Bilbao

Abra el **Panel de administración** del grupo de disponibilidad y compruebe que **Bilbao** es la réplica principal.

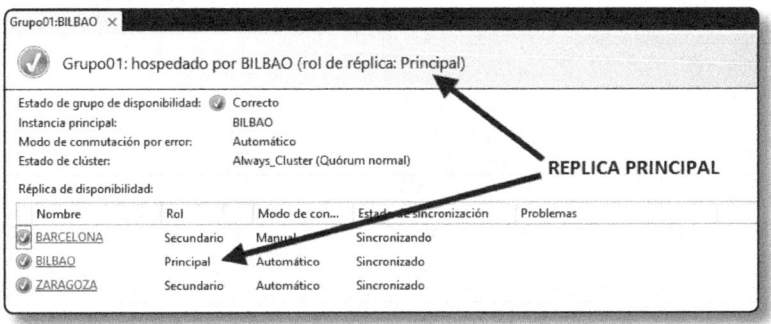

Captura 11.38. La réplica Bilbao tiene asignada el rol principal

A continuación inicie la consola de **SQL Server Configuration Manager**(1) y pare el servicio SQL Server (MSSQLSERVER). Para ello, en la consola, seleccione el servicio **SQL SERVER (MSSQL SERVER)** y haga clic sobre él con el botón derecho del ratón (2) → en el menú contextual, elija la opción **Detener** (3).

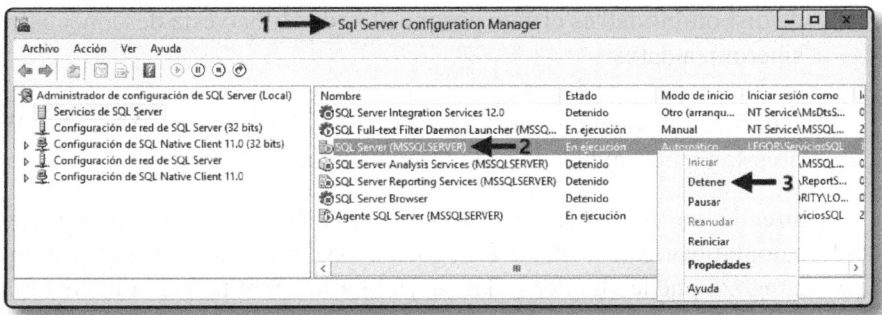

Captura 11.39. Detener el servicio MSSQLSERVER

Desde la máquina Zaragoza

Una vez provocado el error en el nodo Bilbao, sitúese en la máquina Zaragoza y abra el **Panel de administración** del grupo de disponibilidad. Visualizará un símbolo rojo con un aspa: indica que algo va mal en el grupo de disponibilidad. Analice la información que le muestra el **Panel de administración**.

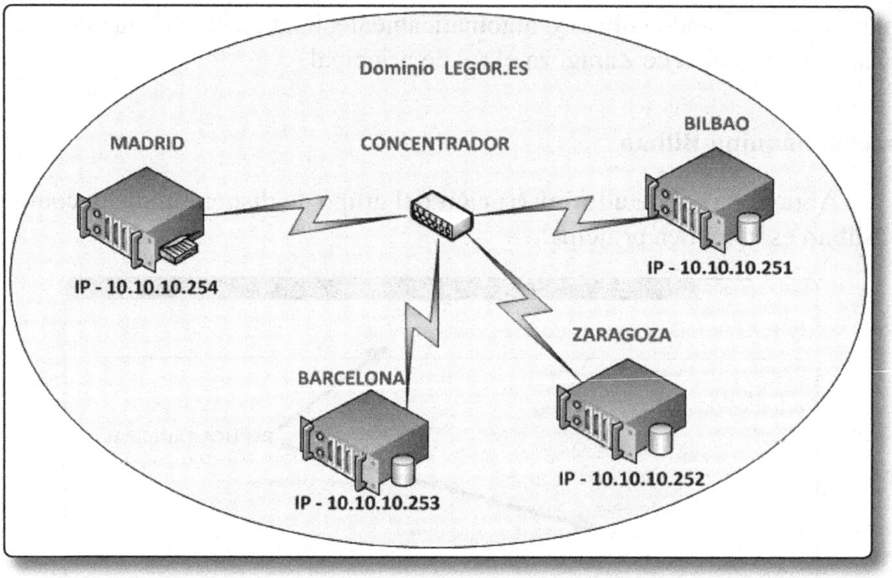

Captura 11.40. Panel de administración en Zaragoza, después de la conmutación

- Punto 4: el símbolo rojo con el aspa indica que el grupo de disponibilidad tiene un problema. Además, este punto le informa de que la réplica Zaragoza ostenta el rol principal.
- Puntos 5 y 6: el enlace de ambos puntos le notifica que el estado del grupo de disponibilidad es crítico porque el nodo Bilbao está desconectado y no sincroniza datos.
- Punto 7: le indica que las bases de datos NorthWind y AdventureWorks no están sincronizadas en la réplica Bilbao.

Aparte de todos los errores anteriores, la conmutación por error se ha producido automáticamente y ahora Zaragoza es la instancia principal. Esto quiere decir que Zaragoza puede atender y dar servicio a los clientes de la misma manera que lo hacia Bilbao, sin que estos noten que se ha producido un error.

> **ⓘ NOTA**
>
> El **Panel de administración** de grupos de disponibilidad es una herramienta potente y valiosa que, de un vistazo, le informa del estado de salud de un grupo de disponibilidad y le permite administrarlo de una manera relativamente sencilla.

Desde Bilbao

Abra de nuevo la consola de **SQL Server Configuration Manager**, e inicie el servicio **SQL Server (MSSQLSERVER)**. Para ello, haga clic con el botón derecho del ratón sobre el servicio y elija la opción **Iniciar**.

Desde Zaragoza

El clúster de conmutación por error detecta que Bilbao vuelve a estar operativo y al cabo de unos instantes, cuando Bilbao acabe de sincronizar sus bases de datos, desaparecen las advertencias del **Panel de administración** del grupo de disponibilidad. Sin embargo, observe que aunque Bilbao se ha recuperado ahora ostenta el rol secundario. Véase captura 11.41.

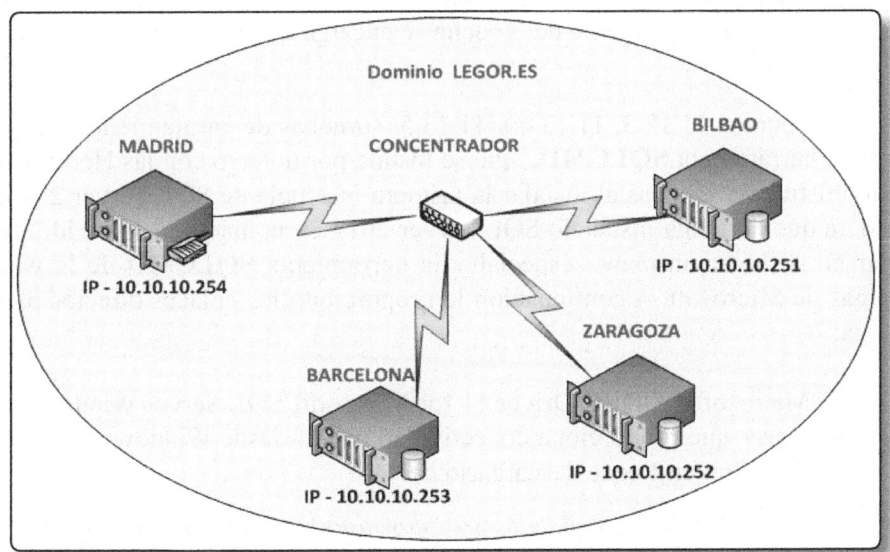

Captura 11.41. Panel de administración en Zaragoza una vez recuperado Bilbao

11.13 EJERCICIO PRÁCTICO: CONFIGURAR EL AGENTE DE ESCUCHA PARA QUE ENRUTE LAS CONEXIONES DE LOS CLIENTES

En este ejercicio práctico se le enseñará cómo configurar el Agente de escucha (*listener*) del grupo de disponibilidad **Grupo01** para que permita y enrute las peticiones de solo lectura a los nodos secundarios (Zaragoza y Barcelona). Para realizar este ejercicio práctico es necesario que previamente haya realizado el práctico 11.8.2.

Los requisitos previos para poder configurar el enrutamiento en un Agente de escucha son:

- Las réplicas secundarias deben admitir conexiones clientes de solo lectura (pestaña **Réplicas** de la página **Especificar réplicas** del ejercicio práctico 11.8.2).

- El grupo de disponibilidad **Grupo01** debe tener configurado un Agente de escucha **Con_Grupo01** (pestaña **Agente de escucha** de la página **Especificar réplicas** del ejercicio práctico 11.8.2).

Los clientes dirigirán sus peticiones de solo lectura al Agente de escucha **Con_Grupo01**, especificando en las cadenas de conexión que es una petición de datos de solo lectura. El Agente de escucha se encarga de que el cliente conecte con la réplica adecuada.

Los puntos 11.13.3, 11.13.4 y 11.13.5 (pruebas de enrutamiento I, II y III) utilizan la herramienta **SQLCMD**, que se instala por defecto con las Herramientas de Administración Básicas al instalar la primera instancia de SQL Server 2014. En el caso de que no tenga instalado SQL Server 2014 en la máquina **Madrid**, deberá instalar en su lugar un *driver* especial y la herramienta **SQLCMD** de la web de descargas de Microsoft. A continuación le proporciono los enlaces directos para su descarga:

- Microsoft® ODBC Driver 11 for Microsoft SQL Server Windows es un *driver* que proporciona conectividad nativa desde Windows a Microsoft SQL Server. Puede descargarlo de:

  http://www.microsoft.com/es-es/download/details.aspx?id=36433

- Utilidades de la línea de comandos 11 de Microsoft para SQL Server, contiene la herramienta **SQLCMD**. Puede descargarlo de:

  http://www.microsoft.com/es-es/download/confirmation.aspx?id=36433

El ejercicio práctico desarrollará los siguientes puntos.

1. Comprobar el funcionamiento del Agente de escucha (*listener*).
2. Modificar las réplicas para que admitan el enrutamiento de solo lectura.
3. Prueba de enrutamiento I.
4. Prueba de enrutamiento II.
5. Prueba de enrutamiento III.

11.13.1 Comprobar el funcionamiento del Agente de escucha

El Agente de escucha lo creó en el ejercicio práctico 11.8.2 con la siguiente configuración:

▼ Nombre DNS del Agente de escucha: **CON_Grupo01**.
▼ Puerto: **TCP – 1535**.
▼ Dirección IP estática: **10.10.10.199**.

En realidad, lo que hizo al crear el Agente de escucha es añadir al DNS un registro tipo A, con el nombre **CON_Grupo01** y la dirección IP – **10.10.10.109**.

Para visualizar el registro en el DNS, siga las instrucciones que a continuación se le indica:

Desde la máquina Madrid

1. En la barra de tareas haga clic en el botón derecho del ratón en **Inicio →
   Panel de control → Herramientas administrativas → DNS**.

2. En la consola **Administración DNS** (1) → sitúese en el árbol del DNS
   y despliegue el nodo **Madrid** (2) → **Zonas de búsqueda directa** (3)
   → **Legor.es** (4). Visualizará en el panel de detalles el registro tipo A,
   CON_Grupo01 (5) que tiene asignado la IP 10.10.10.199.

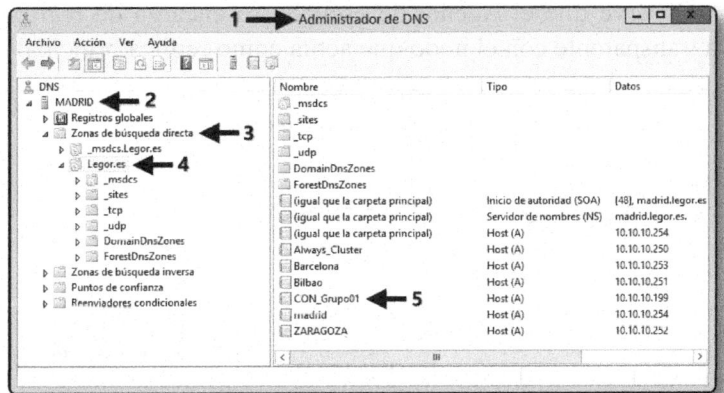

Captura 11.42. Registro del Agente de escucha Con_Grupo01 en el DNS

Desde Barcelona

A continuación, compruebe que el registro del Agente de escucha es accesible para las máquinas que pertenecen al dominio. Para ello, desde la máquina Barcelona, inicie el símbolo del sistema y escriba la instrucción que a continuación se le muestra:

```
ping Con_Grupo01
```

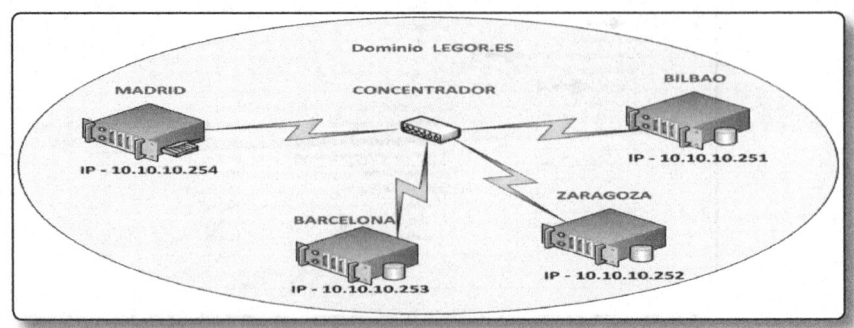

Captura 11.43. Ping al Agente de escucha Con_Grupo01

Como puede observar en la captura 11.43, el Agente de escucha está visible a nivel dominio y responde al ping (6).

Desde Barcelona

Para finalizar el ejercicio, inicie SQL Management Studio y en la ventana **Conectar con el servidor**, en el cuadro de texto **Nombre del servidor** escriba **Con_Grupo01** (7) y a continuación haga clic en el botón **Conectar** (8).

Observe que el Agente de escucha se encarga de realizar la conexión de manera transparente con el nodo que actúa como réplica principal (**Bilbao,** 9).

Captura 11.44. Conexión usando el Agente de escucha

11.13.2 Modificar las réplicas para que admitan el enrutamiento de solo lectura

El grupo de disponibilidad, **Grupo01**, está compuesto por tres réplicas [Bilbao, Zaragoza y Barcelona]. Entre Bilbao y Zaragoza el modo de replicación es síncrono y la conmutación por error automática. Con Barcelona, el modo de replicación es asíncrono y la conmutación por error manual, forzada. Tal y como está configurado el sistema, lo normal es que como réplica principal actúen Bilbao o Zaragoza.

En este ejercicio práctico definirá dónde enrutará el *listener* una petición de solo lectura de un cliente. Para ello confeccione una tabla con las posibilidades existentes.

	Lugar que ocupa en la cadena de "solo lectura"		
Réplica principal	Bilbao	Zaragoza	Barcelona
Bilbao	3.º	1.º	2.º
Zaragoza	1.º	3.º	2.º

Tabla 11.2. Lugar que ocupa cada servidor en las cadenas de solo lectura

La tabla anterior (se lee verticalmente de arriba abajo) indica que en caso de ostentar Zaragoza el rol de réplica primaria, cuando un cliente dirija una solicitud de solo lectura, el Agente de escucha lo enrutará siguiendo este orden [Bilbao, Barcelona, Zaragoza]. El cliente intentará establecer conexión en primer lugar con el servidor Bilbao. En el caso de que Bilbao no esté disponible, intentará establecer la conexión con Barcelona y por último, en caso de fallar los dos anteriores, hará el intento con Zaragoza.

Configurar el Agente de escucha para que enrute las conexiones de los clientes a réplicas secundarias es útil para descargar el servidor principal de peticiones.

Desde la máquina Bilbao

Asegúrese en primer lugar de que la réplica de Bilbao ostenta el rol principal.

A continuación, abra el Editor de consultas y escriba las instrucciones que a continuación le indico:

```
ALTER AVAILABILITY GROUP [Grupo01]                        --1
  MODIFY REPLICA ON N'Bilbao' WITH                        --2
(SECONDARY_ROLE (ALLOW_CONNECTIONS = READ_ONLY));    --3
ALTER AVAILABILITY GROUP [Grupo01]                        --1
  MODIFY REPLICA ON N'Bilbao' WITH                        --2
(SECONDARY_ROLE (READ_ONLY_ROUTING_URL =
```

```
N'TCP://Bilbao.legor.es:1433'));                              --4

ALTER AVAILABILITY GROUP [Grupo01]                            --1
 MODIFY REPLICA ON N'Zaragoza' WITH                           --2
(SECONDARY_ROLE (ALLOW_CONNECTIONS = READ_ONLY));    --3
ALTER AVAILABILITY GROUP [Grupo01]                            --1
 MODIFY REPLICA ON N'Zaragoza' WITH                           --2
(SECONDARY_ROLE (READ_ONLY_ROUTING_URL =
N'TCP://Zaragoza.legor.es:1433'));                            --4

ALTER AVAILABILITY GROUP [Grupo01]                            --1
 MODIFY REPLICA ON N'Barcelona' WITH                          --2
(--3
ALTER AVAILABILITY GROUP [Grupo01]                            --1
 MODIFY REPLICA ON N'Barcelona' WITH                          --2
(SECONDARY_ROLE (READ_ONLY_ROUTING_URL =
N'TCP://Barcelona.legor.es:1433'));                           --4
```

▶ Punto 1: especifica el nombre del grupo de disponibilidad que se desea modificar. En el ejemplo, **Grupo01**.

▶ Punto 2: modifica la réplica del grupo de disponibilidad que se indique [Bilbao, Zaragoza, Barcelona].

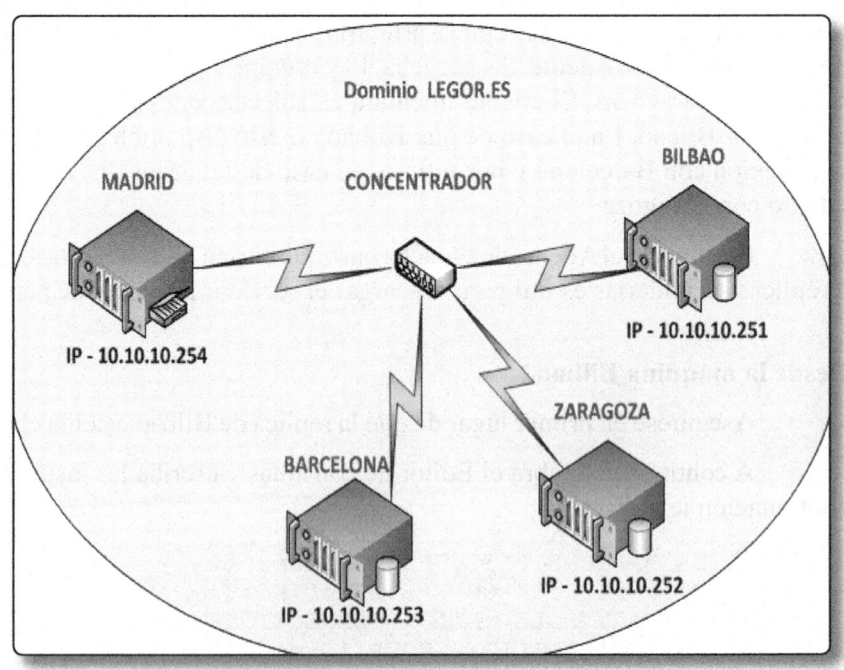

Captura 11.45. Scripts para implementar el enrutamiento en el Agente de escucha (I)

▼ Punto 3: especifica que cuando la réplica ostente el rol secundario, permita conexiones de **solo lectura**.

▼ Punto 4: especifica la URL que se usará para enrutar las peticiones de solo lectura para cada réplica secundaria.

▼ Puntos 5 y 6: especifican la configuración que se aplicará cuando esta réplica ostente el rol de primaria y un cliente haga una petición de solo lectura. El orden de la lista de servidores que se pasa después del modificador READ_ONLY_ROUTING_LIST, indica en qué orden y qué servidor atenderá las peticiones de solo lectura.

```
ALTER AVAILABILITY GROUP [Grupo01]                        --1
MODIFY REPLICA ON N'Bilbao' WITH                          --2
(PRIMARY_ROLE (READ_ONLY_ROUTING_LIST=
('Zaragoza','Barcelona','Bilbao')));                      --5

ALTER AVAILABILITY GROUP [Grupo01]                        --1
MODIFY REPLICA ON N'Zaragoza' WITH                        --2
(PRIMARY_ROLE (READ_ONLY_ROUTING_LIST=
('Bilbao','Barcelona','Zaragoza')));                      --6
```

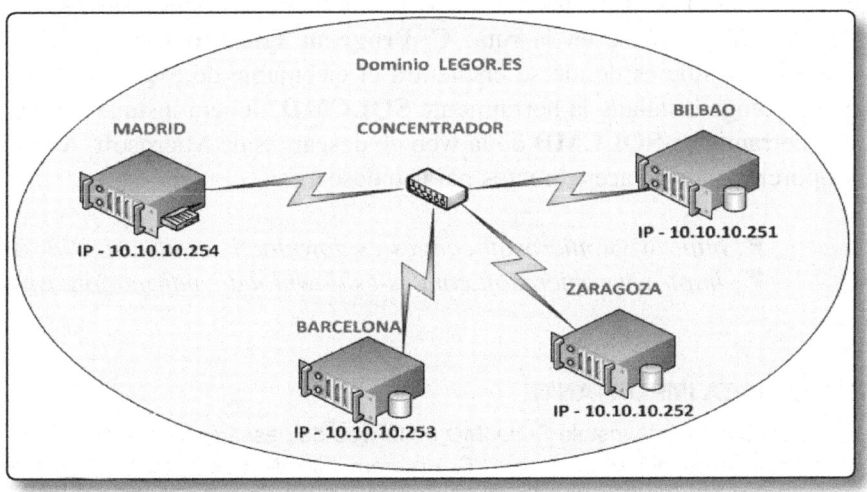

Captura 11.46. Scripts para implementar el enrutamiento en el Agente de escucha (II)

> **ⓘ NOTA**
>
> El código que contiene el punto 6 indica que cuando Zaragoza sea la réplica principal y un cliente haga una consulta de solo lectura al grupo de disponibilidad, esta será atendida primero por Bilbao. En caso de no estar disponible, la atenderá Barcelona. Solo en el caso de que Bilbao y Zaragoza no estén disponibles atenderá la consulta Zaragoza.

11.13.3 Prueba de enrutamiento (I)

En este ejercicio práctico, usando la herramienta **SQLCMD**, simulará una conexión de solo lectura al grupo de disponibilidad **Grupo01**. Para ello usará el Agente de escucha **CON_Grupo01**. Una vez que haya conectado, comprobará a qué servidor lo ha hecho y si el enrutamiento del Agente de escucha funciona como se espera.

Desde Madrid

Como ya le indiqué en ejercicios prácticos anteriores, **SQLCMD** es una herramienta que permite ejecutar instrucciones y secuencias de comandos T-SQL desde el símbolo del sistema y PowerShell. Para poder usar **SQLCMD** inicie PowerShell y sitúese en la ruta: **C:\Program Files\Microsoft SQL Server\120\ Tools\Binn**, que es donde se encuentra el ejecutable de **SQLCMD**. En el caso de que no tenga instalada la herramienta **SQLCMD**, deberá instalar un *driver* especial y la herramienta **SQLCMD** de la web de descargas de Microsoft. A continuación le proporciono los enlaces directos para su descarga:

▼ *http://www.microsoft.com/es-es/download/details.aspx?id=36433*
▼ *http://www.microsoft.com/es-es/download/confirmation.aspx?id=36433*

> **ⓘ NOTA IMPORTANTE**
>
> En el caso de que instale **SQLCMD** de la web de descargas de Microsoft, los binarios los puede encontrar en la ruta C:\Program Files\Microsoft SQL Server\Client SDK\ ODBC\110\Tools\Binn.

Antes de comenzar con el ejercicio práctico le haré una breve reseña de los modificadores que utilizará con **SQLCMD** en este ejercicio.

- **-S**: especifica la instancia de SQL Server a la que quiere conectarse. Es decir, cómo debe realizarse la conexión a través del Agente de escucha. Escriba detrás de este modificador **CON_Grupo01**.
- **-E**: usa una conexión de confianza (con la que inició sesión en la máquina) en lugar de usar un nombre de usuario y una contraseña para iniciar sesión en SQL Server.
- **-d**: formula una instrucción *USE "nombre base de datos"* cuando se inicia SQLCMD.
- **-K**: declara el tipo de carga de trabajo de la aplicación al conectarse a un servidor. El único valor actualmente admitido es de solo lectura. Si no se especifica -K, se supone que es una conexión de lectura y escritura.

Asegúrese de que Bilbao es la réplica principal→ inicie **PowerShell** y escriba las instrucciones que a continuación le indico:

```
PS C:\Users\Administrador> CD "C:\Program Files
\Microsoft SQL Server\Client SDK\ODBC\110\Tools\Binn"
PS C:\Users\Administrador> SQLCMD -S CON_Grupo01
-E -d Northwind -K ReadOnly
1> SELECT @@SERVERNAME
2> GO
```

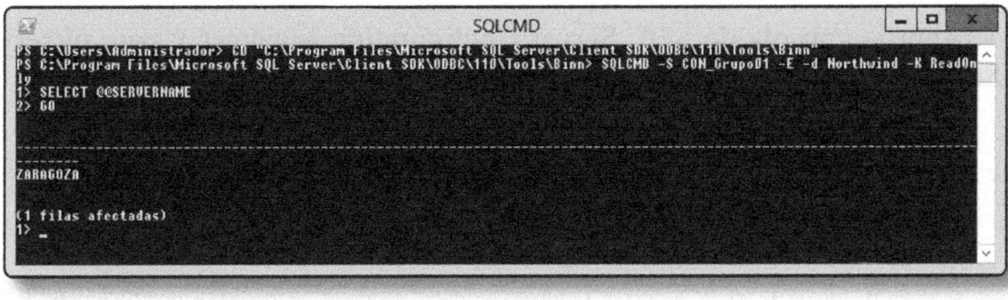

Captura 11.47. Prueba de conexión I, con el Agente de escucha **Con_Grupo01**

1. En la primera línea nos situamos en la ruta donde se encuentran los binarios de **SQLCMD**.

2. En la segunda línea se realizan las siguientes acciones:

- Usando el modificador **–S** se inicia una conexión con el Agente de escucha **Con_Grupo01**.

- El modificador **–E**, al no llevar usuario y contraseña, usa la conexión de confianza.

- El modificador **–d** está pasando la instrucción "USE NorthWind".

- El modificador **–K** indica que es una conexión de solo lectura.

3. En la tercera línea está solicitando al servidor al que se ha conectado que imprima su nombre en pantalla.

4. La cuarta línea ejecuta las instrucciones de las dos líneas anteriores.

Resumiendo, Bilbao es la réplica principal y ha conectado con la base NorthWind en modo solo lectura. Según la tabla 11.2, para este escenario se intentará la conexión en este orden [Zaragoza, Barcelona, Bilbao]. Como puede comprobar en la captura 11.47, la conexión de solo lectura se ha realizado a la máquina Zaragoza.

11.13.4 Prueba de enrutamiento (II)

Para la siguiente prueba simulará que el servidor Zaragoza, no está disponible y a continuación volverá a intentar una conexión de solo lectura. Para ello, detendrá el servicio **MSSQL SERVER** en la máquina Zaragoza.

Desde Zaragoza

Abra la consola de SQL Server Configuration Manager y pare el servicio SQL Server (MSSQLSERVER).

Desde Madrid

Asegúrese de que Bilbao es la réplica principal.

Inicie PowerShell y escriba las instrucciones que a continuación se le indica:

```
PS C:\Users\Administrador> CD "C:\Program Files\
Microsoft SQL Server\Client SDK\ODBC\110\Tools\Binn"
PS C:\Users\Administrador> SQLCMD -S CON_Grupo01
-E -d Northwind -K ReadOnly
```

```
1> SELECT @@SERVERNAME
2> GO
```

La instrucción es la misma que se ejecutó en el ejercicio práctico 11.13.3 (*Prueba de enrutamiento (I)*).

Captura 11.48. Prueba de conexión II, con el Agente de escucha **Con_Grupo01**

Bilbao sigue siendo la réplica principal y ha conectado con la base NorthWind en modo solo lectura. Para este escenario el intento de conexión de solo lectura seguirá este orden [Zaragoza, Barcelona, Bilbao]. Como Zaragoza no está disponible, la conexión se hará con el siguiente servidor de la lista Barcelona. En la captura 11.48 puede comprobar que la conexión se ha realizado con la máquina Barcelona.

11.13.5 Prueba de enrutamiento (III)

Asegúrese de que Bilbao es la réplica principal, y compruebe que el servicio **SQL SERVER (MSSQL SERVER)** está iniciado en las máquinas Zaragoza y Barcelona.

Desde Madrid

Inicie **PowerShell** y escriba las instrucciones que a continuación se le indica:

```
PS C:\Users\Administrador> CD "C:\Program Files\
Microsoft SQL Server\Client SDK\ODBC\110\Tools\Binn"
PS C:\Users\Administrador> SQLCMD -S CON_Grupo01
 -E -d Northwind
1> SELECT @@SERVERNAME
2> GO
```

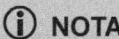

Captura 11.49. Prueba de conexión III, con el Agente de escucha **Con_Grupo01**

La instrucción de PowerShell que ha utilizado es similar a la de los dos ejercicios anteriores con una ligera variante: no usa el modificador **–K**. El no usar este modificador implica que la conexión con la base de datos NorthWind es de lectura y escritura. Por este motivo, la conexión se realiza con la réplica que ostenta el rol de réplica principal, **Bilbao**.

11.14 EJERCICIO PRÁCTICO: COPIAS DE SEGURIDAD

Las copias de seguridad en una réplica secundaria pueden descargar de trabajo al servidor en producción. Pero hay un pequeño inconveniente, las réplicas secundarias únicamente admiten copias de seguridad del registro de transacciones y copias de seguridad completas de **solo copia**.

> (i) **NOTA**
>
> Las copias de seguridad completas y diferenciales no están permitidas en las réplicas secundarias.

En este ejercicio práctico se le enseñará cómo realizar una copia de seguridad completa de **solo copia** en la réplica secundaria **Zaragoza**. El ejercicio se desarrollará primero desde SQL Management Studio y a continuación con una instrucción T-SQL.

11.14.1 Usando SQL Management Studio

Desde la máquina Zaragoza

1. Inicie SQL Management Studio → conéctese con autenticación Windows.

2. En el Explorador de objetos despliegue el servidor Zaragoza, seleccione la base de datos **NorthWind** (1), → haga clic sobre ella con el botón derecho del ratón y elija el menú **Tareas** (2) → **Copia de seguridad…** (3).

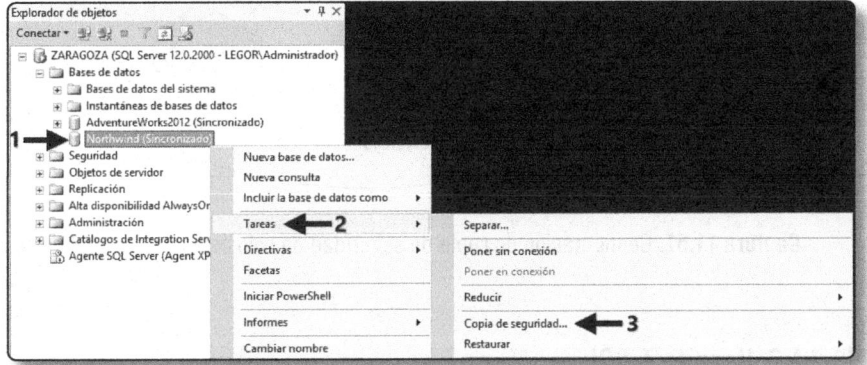

Captura 11.50. Inicio del asistente de copia de seguridad

3. Complete la ventana **Copia de seguridad de base de datos – NorthWind** (4) como a continuación se indica:

- Compruebe que la base de datos seleccionada es **NorthWind** (5)

- Compruebe que el tipo de copia de seguridad elegida es **Completa** (6)

- Marque la casilla de verificación **Copia de seguridad de solo copia** (7). Una *copia de seguridad de solo copia* es una copia de seguridad independiente de otras secuencias de copia de seguridad que pueda tener la base de datos.

- Asegúrese de que existe la carpeta **C:\BackUps**. En caso de que no exista, créela.

- Como destino de la copia de seguridad elija la ruta **C:\BackUps\ NorthWind_ COM_20140828** (8).

- Para iniciar la copia de seguridad haga clic en el botón **Aceptar** (9).

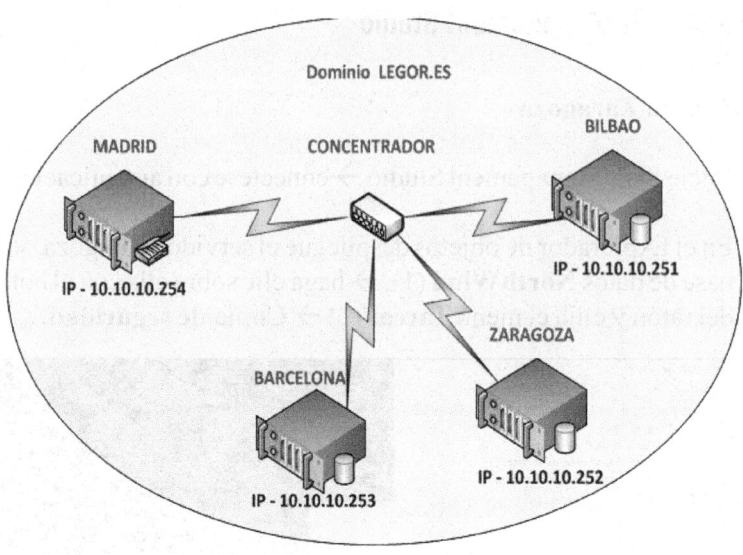

Captura 11.51. Configuración de copia de seguridad de solo copia en una réplica secundaria

11.14.2 Usando T-SQL

Escriba en el Editor de consultas la siguiente instrucción. Es una instrucción normal para realizar una copia de seguridad completa, en la que se ha utilizado el modificador **COPY_ONLY**, para indicar que la copia de seguridad completa será de **solo copia**.

```
BACKUP DATABASE [Northwind] TO  DISK = N'C:\BackUps\
NorthWind_COM_20140828_b'
WITH  COPY_ONLY, NOFORMAT, INIT,
NAME = N'Northwind-Completa Base de datos Copia de
seguridad',
SKIP, NOREWIND, NOUNLOAD,  STATS = 10
GO
```

(i) **NOTA**

Las copias de seguridad completas de solo copia no afectan a la cadena de registros. Además, las copias de seguridad de solo copia no borran el mapa de bits de la copia de seguridad diferencias.

Apéndice I

INSTALAR Y CONFIGURAR UNA MÁQUINA WINDOWS SERVER 2012 R2

Este apéndice le enseñará:

▸ Cómo hacer una instalación limpia de Windows Server 2012 R2 versión Standard.

▸ A cambiar el nombre de una máquina.

▸ A configurar su adaptador de red.

La ISO de evaluación por 180 días del sistema operativo la puede descargar desde el siguiente enlace:

http://technet.microsoft.com/es-ES/evalcenter/hh670538.aspx

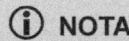 **NOTA**

Si lo prefiere, puede instalar la versión de evaluación DATACENTER, no existe ninguna diferencia en los procedimientos que se realizan en este libro respecto a la versión Standard.

Si desea utilizar máquinas virtuales en las prácticas, puede utilizar una de las siguientes soluciones:

1. Si su máquina tiene instalado el sistema operativo Windows 8 Profesional o superior, puede activar el rol de Hyper-V para desplegar las máquinas virtuales.

2. Si su máquina tiene instalado el sistema operativo Windows 2012 Standard o superior, puede activar el rol de Hyper-V para desplegar las máquinas virtuales.

3. Puede usar una versión demo válida por 30 días de **VMWARE**, que puede descargar de la página *http://www.vmware.com/products/workstation/ workstation-evaluation*.

4. Utilizar VirtualBox, la página oficial de descarga es *https://www. virtualbox.org/*.

A1.1 PARÁMETROS DE CONFIGURACIÓN DE LAS MÁQUINAS MADRID, ZARAGOZA, BILBAO Y BARCELONA

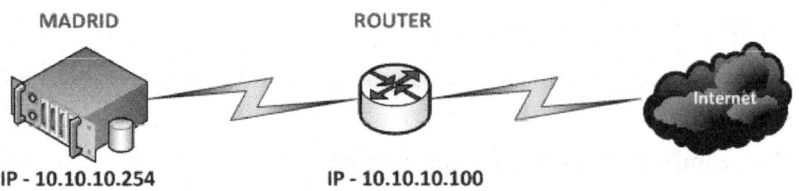

Los parámetros básicos de configuración de la máquina **MADRID** son:

▼ Nombre de la máquina: **MADRID**
▼ IP: **10.10.10.254**
▼ Máscara: **255.255.255.0**
▼ Servidor DNS preferido: **10.10.10.254**
▼ Servidor DNS 2.º: **8.8.4.4** (DNS de Google)
▼ Puerta de enlace: **10.10.10.100** (IP del router que utilizo en el ejemplo).

Los parámetros básicos de configuración de la máquina **BILBAO** son:

▼ Nombre de la máquina: **BILBAO**
▼ IP: **10.10.10.251**
▼ Máscara: **255.255.255.0**
▼ Servidor DNS preferido: **10.10.10.254**
▼ Servidor DNS 2.º: **8.8.4.4** (DNS de Google)
▼ Puerta de enlace: **10.10.10.100** (IP del router que utilizo en el ejemplo).

Los parámetros básicos de configuración de la máquina **ZARAGOZA** son:

- Nombre de la máquina: **ZARAGOZA**
- IP: **10.10.10.252**
- Máscara: **255.255.255.0**
- Servidor DNS preferido: **10.10.10.254**
- Servidor DNS 2.º: **8.8.4.4** (DNS de Google)
- Puerta de enlace: **10.10.10.100** (IP del router que utilizo en el ejemplo).

Los parámetros básicos de configuración de la máquina **BARCELONA** son:

- Nombre de la máquina: **BARCELONA**
- IP: **10.10.10.253**
- Máscara: **255.255.255.0**
- Servidor DNS preferido: **10.10.10.254**
- Servidor DNS 2.º: **8.8.4.4** (DNS de Google)
- Puerta de enlace: **10.10.10.100** (IP del router que utilizo en el ejemplo).

A1.2 INSTALAR WINDOWS 2012 R2 STANDARD

Este apartado se aplica a las máquinas Madrid, Bilbao, Zaragoza y Barcelona.

1. Inserte el DVD de instalación en la unidad óptica de su máquina y reiníciela. La instalación comienza automáticamente, con la carga inicial del sistema operativo (captura A1.1).

Captura A1.1. Inicio carga sistema operativo

2. Al cabo de unos instantes, después de la carga inicial, se visualiza la ventana de la captura A1.2, que permite configurar el idioma de instalación (1), la zona horaria (2) y el tipo de teclado que usará (3). Configure estos parámetros y haga clic en el botón **Siguiente** para continuar.

Captura A1.2. Configuración de idioma, zona horaria y teclado

3. La captura A1.3 contiene el botón **Instalar ahora** y el enlace **Reparar el equipo**. Para iniciar una nueva instalación de Windows 2012 R2, haga clic sobre el botón **Instalar ahora**. Se inicia un asistente que le guiará a través de sus páginas en la instalación de Windows 2012 R2.

Captura A1.3. Opción Instalar ahora

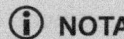

> **(i) NOTA**
>
> El enlace **Reparar el equipo** se utiliza para iniciar una herramienta que repara una instalación de Windows 2012 dañada. En ocasiones los sistemas operativos se dañan al instalar controladores, actualizaciones, nuevo software, etc.

4. Al pulsar el botón **Instalar ahora**, se inicia el programa de instalación de Windows 2012 R2 (captura A1.4).

Captura A1.4. Se inicia el programa de instalación

5. Página **Seleccionar el sistema operativo que quieres instalar**. Elija la versión de Windows que desea instalar, en el ejemplo, Windows Server 2012 Standard (servidor con GUI) x64 (captura A1.5).

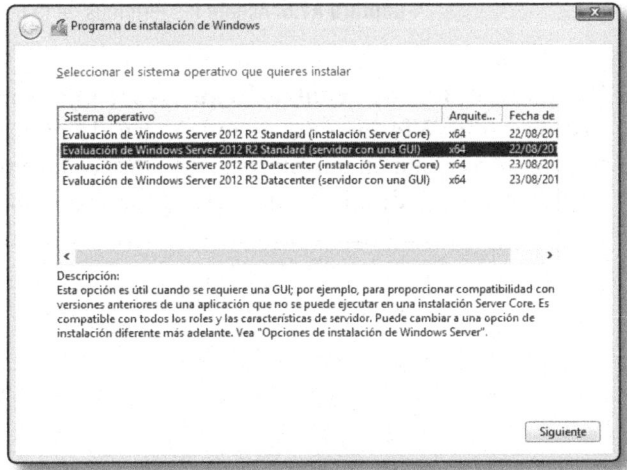

Captura A1.5. Elija la versión de Windows

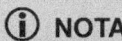

> **(i) NOTA**
>
> Una observación: si se equivoca eligiendo la versión, tendrá que volver a instalar el sistema operativo desde el principio. Los sistemas GUI son los que tienen interfaz gráfica de usuario.

6. Página **Términos de licencia**: lea el contrato que Microsoft Corporation establece con usted Si está de acuerdo, active la casilla de verificación **Acepto los términos de la licencia**. Para continuar haga clic en el botón **Siguiente** (captura A1.6).

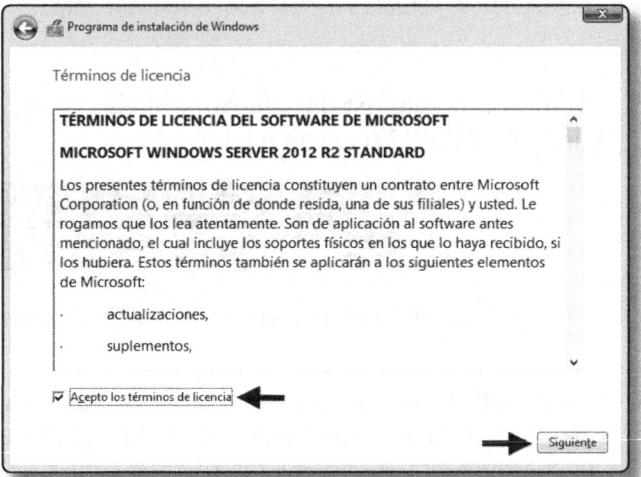

Captura A1.6. Acepte los términos de la licencia

7. Página **¿Qué tipo de instalación quieres?**: elija la opción **Personalizada: instalar solo Windows (avanzado)**, esto le permite instalar una copia nueva, seleccionar en qué disco se instalará el sistema operativo y realizar particiones en el disco en caso de que fuera necesario (captura A1.7).

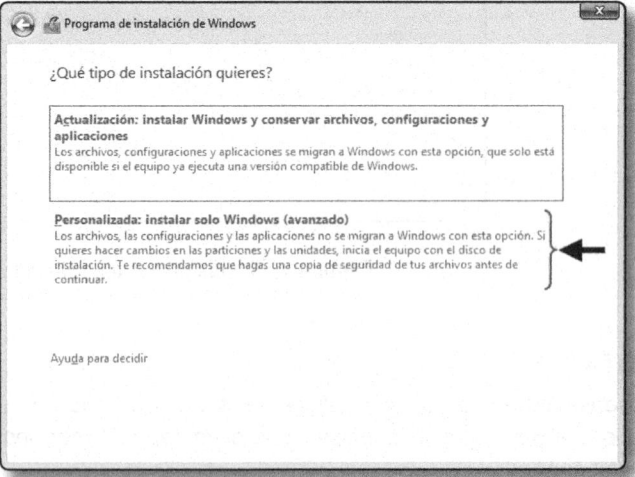

Captura A1.7. Seleccione tipo de instalación Personalizada (avanzada)

8. Página **¿Dónde quiere instalar Windows?**: el programa de instalación selecciona un disco por defecto, en el ejemplo que ilustra la captura A1.8, la unidad 0.

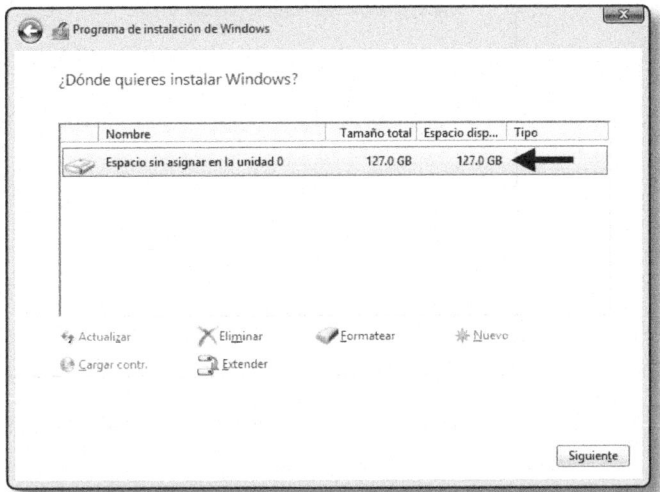

Captura A1.8. Seleccione la unidad de instalación

> **ⓘ NOTA**
>
> En este ejemplo se asume que está utilizando un disco duro recién formateado, sin particiones, y que desea utilizar para la instalación todo el espacio del mismo.

> **ⓘ NOTA**
>
> En el caso de que su ordenador tuviera más de un disco duro, se reflejaría en la captura A1.8, y tendría la opción de seleccionar el disco duro en el que desearía realizar la instalación.

9. Página **Instalando Windows**: una vez que ha completado la configuración inicial, comienza la instalación de Windows, captura A1.9. A medida que se completan correctamente, las diferentes fases de la instalación, se marcan con un *check* verde.

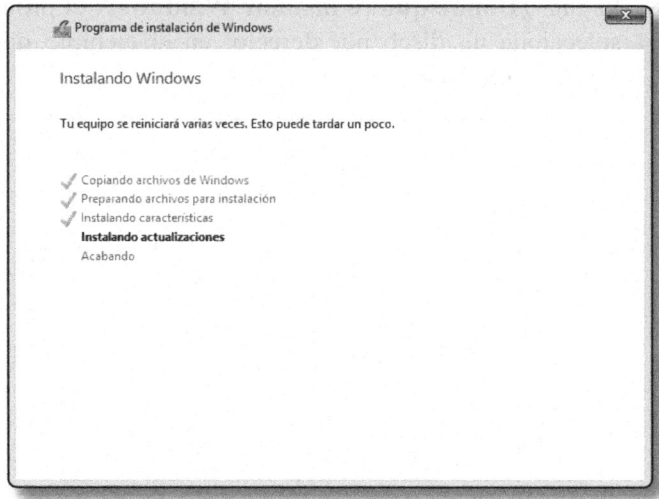

Captura A1.9. Fases de la instalación de Windows 2012 R2

10. Página **Hay que reiniciar Windows para continuar**: al finalizar esta fase de la instalación, visualizará una ventana que informa de que Windows reiniciará el equipo en 10 segundos.

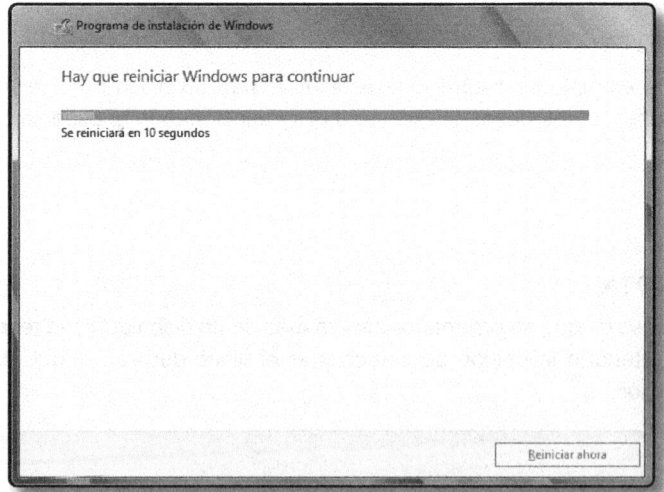

Captura A1.10. Reinicio del equipo

11. Cuando Windows reinicie la máquina, visualizará la captura A1.11. Esta etapa de la instalación puede tardar unos minutos, en ella se instalan dispositivos y se actualiza la configuración del registro y del sistema.

Captura A1.11. Windows está configurando su sistema

12. Cuando Windows termine de preparar los dispositivos, y después de un nuevo reinicio, visualizará la captura A1.12 **Configuración**, en la que le solicitan que escriba una contraseña que se asignará al usuario **Administrador**. En el ejemplo se ha usado **123Contraseña**.

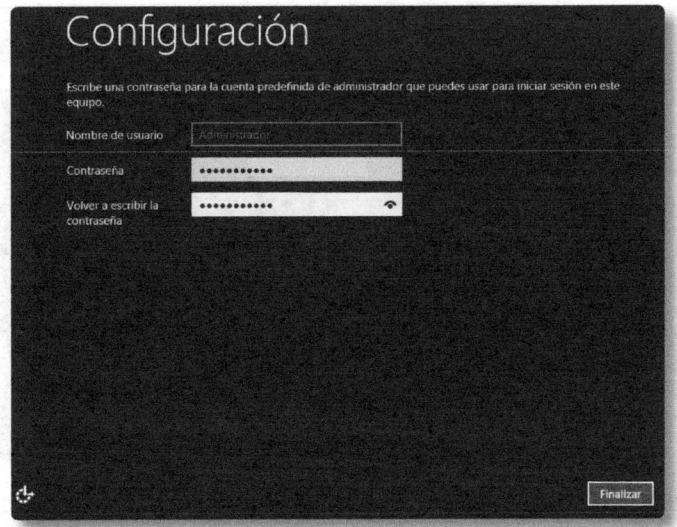

Captura A1.12. Configure la contraseña del usuario Administrador

13. Una vez finalizada toda la instalación de Windows 2012 R2, visualizará la pantalla de inicio de sesión (captura A1.13). Para iniciar sesión presione simultáneamente las teclas **CONTROL** + **ALT** + **SUPRIMIR**.

Captura A1.13. Ventana de Inicio de sesión

14. El sistema solicitará que escriba la contraseña del usuario Administrador. Escriba en el cuadro de texto **123Contraseña** (1) y a continuación haga clic en el botón (2) para iniciar sesión.

Captura A1.14. Escriba las credenciales del usuario Administrador

A1.3 CONFIGURACIÓN DE LA MÁQUINA MADRID

Este apartado se aplica a los temas 1, 2, 3, 4, 5, 6, 7, 8, 9, 10 y 11.

A1.3.1 Cambiar el nombre de equipo

Inicie PowerShell haciendo clic sobre su icono en la barra de herramientas.

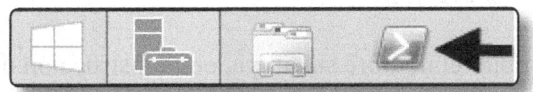

Captura A1.15. Iniciar PowerShell

1. Escriba la instrucción que se indica a continuación en PowerShell y pulse
   ENTER.

```
netdom renamecomputer $env:COMPUTERNAME /newname:MADRID
```

Captura A1.16. PowerShell, instrucción para cambiar nombre del equipo (I)

2. Power Shell le indica que está a punto de cambiar el nombre del equipo
   a **Madrid** → escriba la letra **S** y pulse el botón **ENTER** para aceptar los
   cambios y continuar.

3. PowerShell indica que los cambios serán efectivos cuando reinicie el
   equipo. Para ello, escriba la siguiente instrucción en PowerShell y pulse
   ENTER.

```
shutdown /r /t 0
```

4. Una vez que el equipo se reinicie, compruebe que el cambio de nombre
   del equipo ha sido efectivo. Para ello, escriba la siguiente instrucción en
   PowerShell y pulse **ENTER**.

```
Hostname
```

5. PowerShell le contestará **MADRID**.

Variante para cambiar el nombre:

1. Otra variante para cambiar el nombre del equipo consiste en obtener primero el nombre de la máquina. Para ello, escriba:

```
Hostname
```

2. La instrucción devuelve el nombre actual de la máquina, en el ejemplo: **WIN-P38835GH55U**.

3. Para cambiar el nombre sustituya, en la instrucción del ejemplo anterior, el parámetro **$env:COMPUTERNAME** por el nombre actual de la máquina (el que obtuvo en el punto 2).

```
netdom renamecomputer WIN-P38835GH55U/newname:MADRID
```

Captura A1.17. PowerShell, instrucción para cambiar nombre del equipo (II)

4. Power Shell le indica que está a punto de cambiar el nombre del equipo a **Madrid** → escriba la letra **S** y pulse el botón **ENTER** para aceptar los cambios y continuar.

5. PowerShell informa de que los cambios serán efectivos cuando reinicie el equipo. Escriba la siguiente instrucción en PowerShell y pulse **ENTER**.

```
shutdown /r /t 0
```

6. Una vez que el equipo se reinicie, compruebe que el cambio de nombre del equipo ha sido efectivo. Escriba la siguiente instrucción en PowerShell y pulse **ENTER**.

```
hostname
```

7. PowerShell le contestará **MADRID**.

A1.3.2 Configurar el adaptador de red (MADRID)

Las especificaciones del adaptador de red de la máquina Madrid son:

- ▶ IP: **10.10.10.254**
- ▶ Máscara: **255.255.255.0**
- ▶ Servidor DNS preferido: **10.10.10.254**
- ▶ Servidor DNS 2.º: **8.8.4.4** (DNS de Google)
- ▶ Puerta de enlace: **10.10.10.100** (IP del router que utilizo en el ejemplo).

1. En la barra de herramientas haga clic con el botón derecho del ratón sobre el icono de **Inicio de Windows** (1) → en el menú contextual elija la opción **Ejecutar** (2).

2. En la ventana **Ejecutar** (3) → en el cuadro de texto **Abrir** escriba **ncpa.cpl** (4) → haga clic en el botón **Aceptar** (5). Esta instrucción abre la consola de conexiones de red.

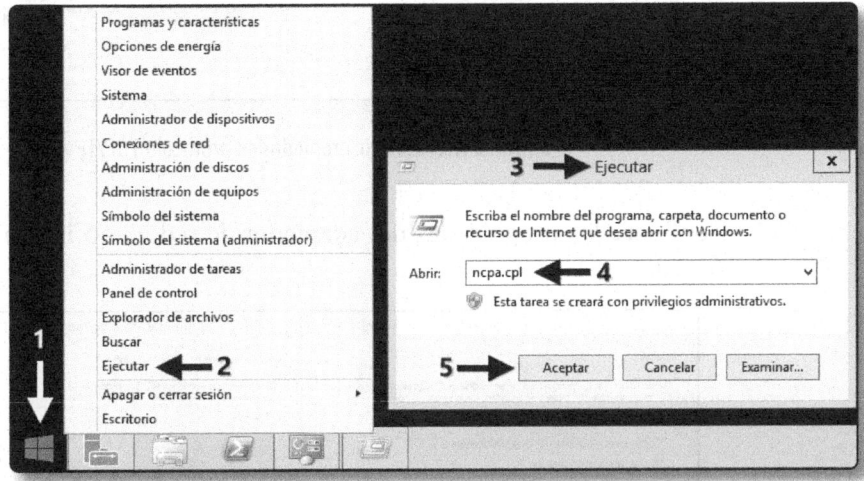

Captura A1.18. Iniciar la consola Conexiones de red

ⓘ **NOTA**

La instrucción **ncpa.cpl** es un atajo de los pasos **Inicio** → **Panel de control** → **Redes e Internet** → **Conexiones de red**.

3. En la ventana **Conexiones de red** (6) → visualizará el adaptador de red de la máquina, en el ejemplo **Ethernet** (7) → haga clic sobre él con el botón derecho del ratón y en el menú contextual elija la opción **Propiedades** (8) → en la ventana **Propiedades de Ethernet** (9) → seleccione **Protocolo de Internet versión 4 (TCP/IPv4)** (10) → haga clic en el botón **Propiedades** (11).

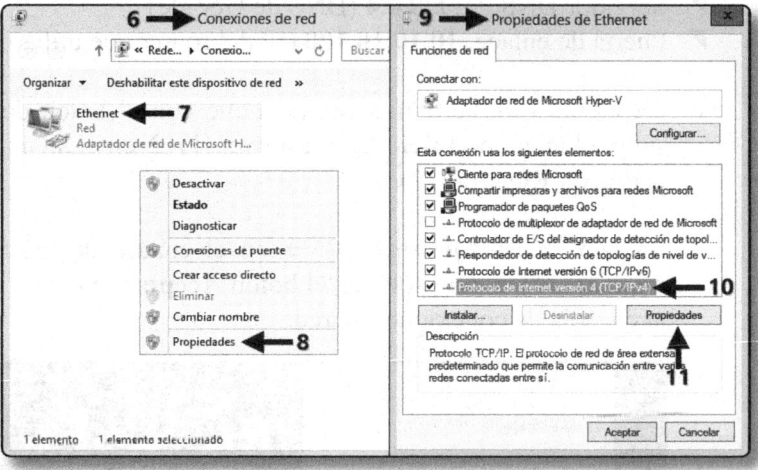

Captura A1.19. Abrir propiedades protocolo TCP/TPv4

4. Configure las propiedades del adaptador de red como indica la captura A1.20.

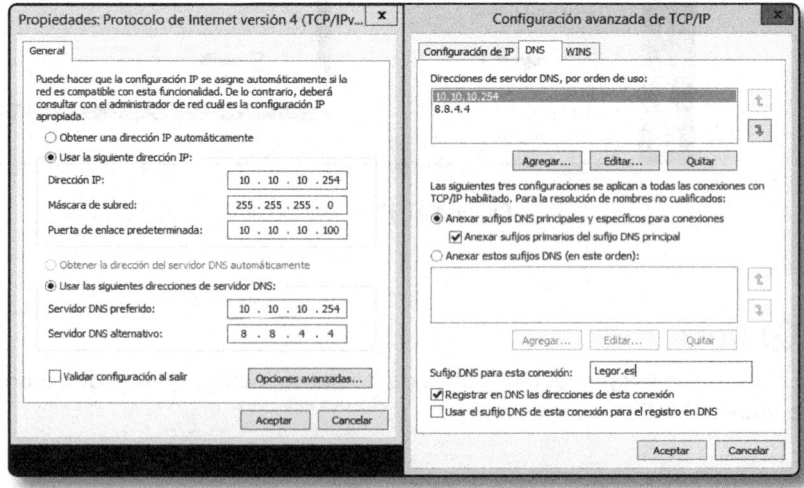

Captura A1.20. Configuración parámetros red

A1.4 CONFIGURACIÓN DE LA MÁQUINA ZARAGOZA

Este apartado se aplica a los temas 10 y 11.

A1.4.1 Cambiar el nombre de equipo

1. Inicie PowerShell, haciendo clic sobre su icono en la barra de herramientas.

2. Escriba la instrucción que se muestra a continuación en PowerShell y pulse **ENTER**.

```
netdom renamecomputer $env:COMPUTERNAME /
newname:ZARAGOZA
shutdown /r /t 0
```

3. Una vez que el equipo se reinicie, compruebe que el cambio de nombre del equipo ha sido efectivo. Para ello escriba la siguiente instrucción en PowerShell y pulse **ENTER**.

```
Hostname
```

4. PowerShell le contestará **ZARAGOZA**.

A1.4.2 Configurar el adaptador de red (ZARAGOZA)

Las especificaciones del adaptador de red de la máquina Zaragoza son:

▶ IP: **10.10.10.252**
▶ Máscara: **255.255.255.0**
▶ Servidor DNS preferido: **10.10.10.254**
▶ Servidor DNS 2.º: **8.8.4.4** (DNS de Google)
▶ Puerta de enlace: **10.10.10.100** (IP del router que utilizo en el ejemplo).

1. En la barra de herramientas haga clic con el botón derecho del ratón sobre el icono de **Inicio de Windows** → en el menú contextual elija la opción **Ejecutar**.

2. En la ventana **Ejecutar** → en el cuadro de texto **Abrir** escriba **ncpa.cpl** → haga clic en el botón **Aceptar**. Esta instrucción abre la consola de conexiones de red.

3. En la ventana **Conexiones de red** → visualizará el adaptador de red de la máquina, en el ejemplo **Ethernet** → haga clic sobre él con el botón derecho del ratón y en el menú contextual elija la opción **Propiedades** → en la ventana **Propiedades de Ethernet** → seleccione **Protocolo de Internet versión 4 (TCP/IPv4)** → haga clic en el botón **Propiedades**.

4. Configure las propiedades del adaptador de red como indica la captura A1.21

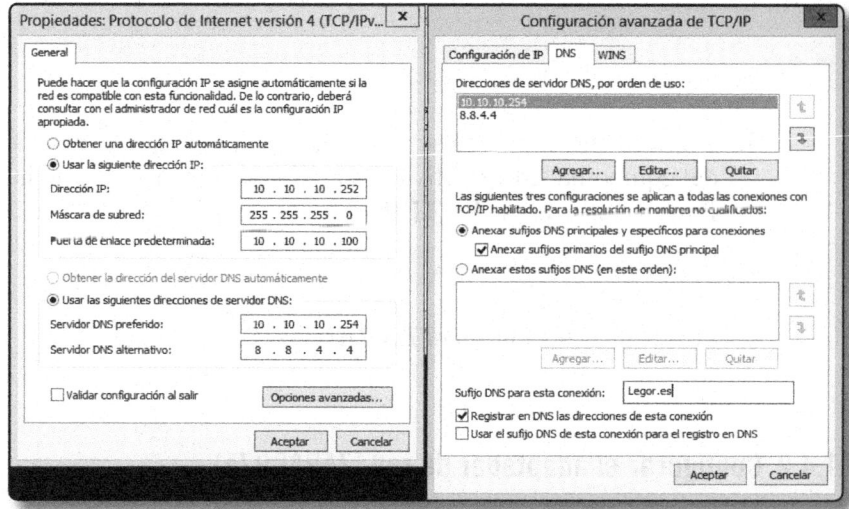

Captura A1.21. Configuración parámetros red

A1.5 CONFIGURACIÓN DE LA MÁQUINA BILBAO

Este apartado se aplica al tema 11.

A1.5.1 Cambiar el nombre de equipo

1. Inicie PowerShell, haciendo clic sobre su icono en la barra de herramientas.

2. Escriba la instrucción que se muestra a continuación en PowerShell y pulse **ENTER**.

```
netdom renamecomputer $env:COMPUTERNAME /newname:BILBAO
shutdown /r /t 0
```

3. Una vez que el equipo se reinicie, compruebe que el cambio de nombre del equipo ha sido efectivo. Para ello escriba la siguiente instrucción en PowerShell y pulse **ENTER**.

```
Hostname
```

4. PowerShell le contestará **BILBAO**.

A1.5.2 Configurar el adaptador de red (BILBAO)

Las especificaciones del adaptador de red de la máquina Zaragoza son:

- IP: **10.10.10.251**
- Máscara: **255.255.255.0**
- Servidor DNS preferido: **10.10.10.254**
- Servidor DNS 2.º: **8.8.4.4** (DNS de Google)
- Puerta de enlace: **10.10.10.100** (IP del router que utilizo en el ejemplo).

1. En la barra de herramientas haga clic con el botón derecho del ratón sobre el icono de **Inicio de Windows** → en el menú contextual elija la opción **Ejecutar**.

2. En la ventana **Ejecutar** → en el cuadro de texto **Abrir** escriba **ncpa.cpl** → haga clic en el botón **Aceptar**. Esta instrucción abre la consola de conexiones de red.

3. En la ventana **Conexiones de red** → visualizará el adaptador de red de la máquina, en el ejemplo **Ethernet** → haga clic sobre él con el botón derecho del ratón y en el menú contextual elija la opción **Propiedades** → en la ventana **Propiedades de Ethernet** → seleccione **Protocolo de Internet versión 4 (TCP/IPv4)** → haga clic en el botón **Propiedades**.

4. Configure las propiedades del adaptador de red como indica la captura A1.22.

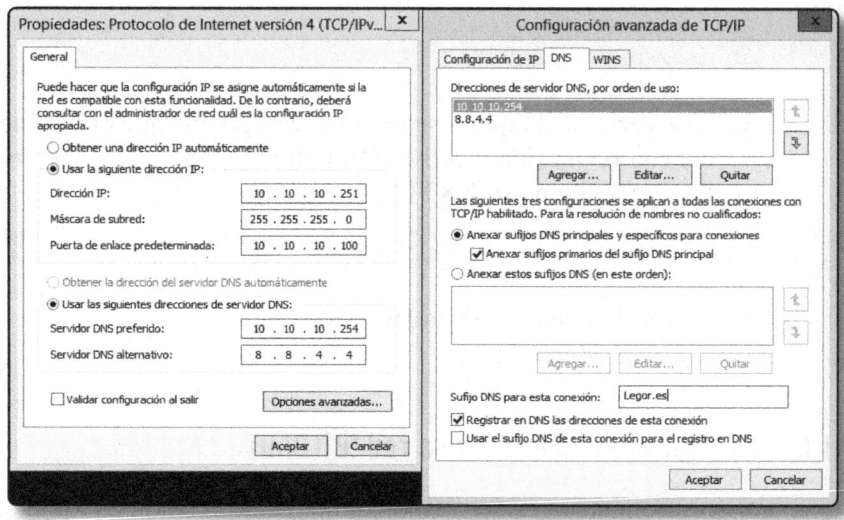

Captura A1.22. Configuración parámetros red

A1.6 CONFIGURACIÓN DE LA MÁQUINA BARCELONA

Este apartado se aplica al tema 11.

A1.6.1 Cambiar el nombre de equipo

1. Inicie PowerShell, haciendo clic sobre su icono en la barra de herramientas.

2. Escriba la instrucción que se muestra a continuación en PowerShell y pulse **ENTER**.

```
netdom renamecomputer $env:COMPUTERNAME /newname:
BARCELONA
shutdown /r /t 0
```

3. Una vez que el equipo se reinicie, compruebe que el cambio de nombre del equipo ha sido efectivo. Para ello escriba la siguiente instrucción en PowerShell y pulse **ENTER**.

```
Hostname
```

4. PowerShell le contestará **BARCELONA**.

A1.6.2 Configurar el adaptador de red (BARCELONA)

Las especificaciones del adaptador de red de la máquina Barcelona son:

- IP: **10.10.10.253**
- Máscara: **255.255.255.0**
- Servidor DNS preferido: **10.10.10.254**
- Servidor DNS 2.º: **8.8.4.4** (DNS de Google)
- Puerta de enlace: **10.10.10.100** (IP del router que utilizo en el ejemplo).

1. En la barra de herramientas haga clic con el botón derecho del ratón sobre el icono de **Inicio de Windows** → en el menú contextual elija la opción **Ejecutar**.

2. En la ventana **Ejecutar** → en el cuadro de texto **Abrir** escriba **ncpa.cpl** → haga clic en el botón **Aceptar**. Esta instrucción abre la consola de conexiones de red.

3. En la ventana **Conexiones de red** → visualizará el adaptador de red de la máquina, en el ejemplo **Ethernet** → haga clic sobre él con el botón derecho del ratón y en el menú contextual elija la opción **Propiedades** → en la ventana **Propiedades de Ethernet** → seleccione **Protocolo de Internet versión 4 (TCP/IPv4)** → haga clic en el botón **Propiedades**.

4. Configure las propiedades del adaptador de red como indica la captura A1.23.

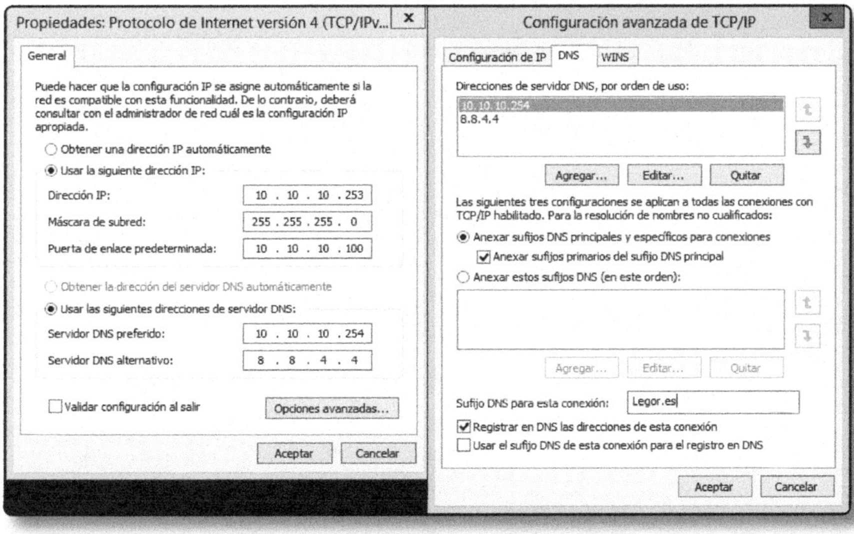

Captura A1.23. Configuración parámetros red

Apéndice II

INSTALAR Y CONFIGURAR WINDOWS SERVER 2012 R2 CORE

Este apéndice le enseñará:

▼ Cómo hacer una instalación limpia de Windows Server 2012 R2 CORE versión Standard.

▼ A cambiar el nombre de una máquina.

▼ A configurar su adaptador de red.

La ISO de evaluación por 180 días del sistema operativo la puede descargar desde el siguiente enlace:

http://technet.microsoft.com/es-ES/evalcenter/hh670538.aspx

> ⓘ **NOTA**
>
> Si lo prefiere, puede instalar la versión de evaluación DATACENTER. No existe ninguna diferencia en los procedimientos que se realizan en este libro con la versión Standard.

Si desea utilizar máquinas virtuales en las prácticas, puede utilizar una de las siguientes soluciones:

1. Si su máquina tiene instalado el sistema operativo Windows 8 Profesional o superior, puede activar el rol de Hyper-V para desplegar las máquinas virtuales.
2. Si su máquina tiene instalado el sistema operativo Windows 2012 Standard o superior, puede activar el rol de Hyper-V para desplegar las máquinas virtuales.
3. Puede usar una versión demo válida por 30 días de **VMWARE**, que puede descargar de la página *http://www.vmware.com/products/workstation/workstation-evaluation.*
4. Utilizar VirtualBox. La página oficial de descarga es *https://www.virtualbox.org/.*

A2.1 PARÁMETROS DE CONFIGURACIÓN DE LA MÁQUINA CORE01

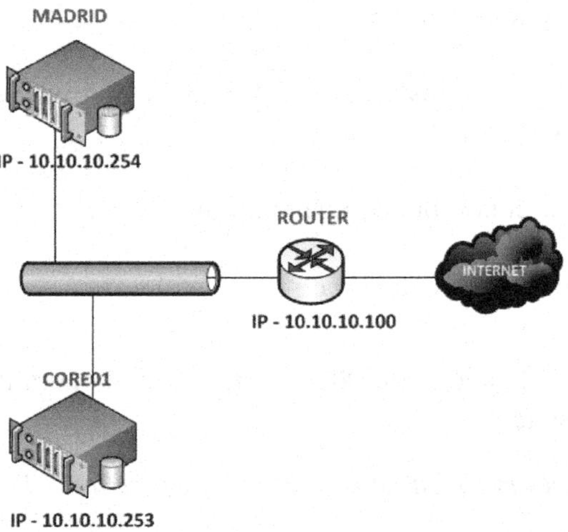

Los parámetros básicos de configuración de la máquina **Core01** son:

- Nombre de la máquina: **Core01**
- IP: **10.10.10.253**
- Máscara: **255.255.255.0**
- Servidor DNS preferido: **8.8.4.4** (DNS de Google)
- Puerta de enlace: **10.10.10.100** (IP del router)

Esta máquina estará en la misma red que la máquina **MADRID** e interactuarán entre ellas.

A2.2 INSTALAR WINDOWS 2012 R2 STANDARD CORE

Este apartado se aplica a la máquina Core01.

1. Inserte el DVD de instalación en la unidad óptica de su máquina y reiníciela. La instalación comienza automáticamente, con la carga inicial del sistema operativo (captura A2.1).

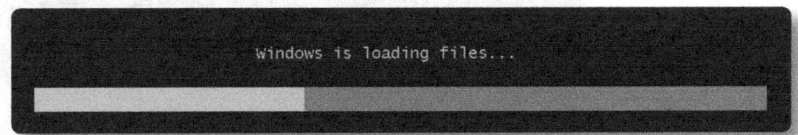

Captura A2.1. Inicio carga sistema operativo

2. Al cabo de unos instantes, después de la carga inicial, se visualiza la ventana de la captura A2.2, que permite configurar el idioma de instalación (1), la zona horaria (2) y el tipo de teclado que usará (3). Configure estos parámetros y haga clic en el botón **Siguiente** para continuar.

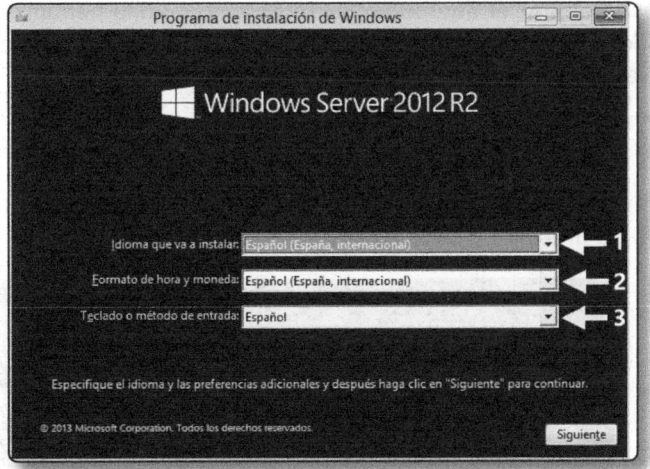

Captura A2.2. Configuración de idioma, zona horaria y teclado

3. La captura A2.3 contiene el botón **Instalar ahora** y el enlace **Reparar el equipo**. Para iniciar una nueva instalación de Windows 2012 R2, haga clic sobre el botón **Instalar ahora**. La acción anterior inicia un asistente que le guiará a través de sus páginas, en la instalación de Windows 2012 R2.

Captura A2.3. Opción Instalar ahora

---

4. Al pulsar el botón **Instalar ahora** se inicia el programa de instalación de Windows 2012 R2 (captura A2.4).

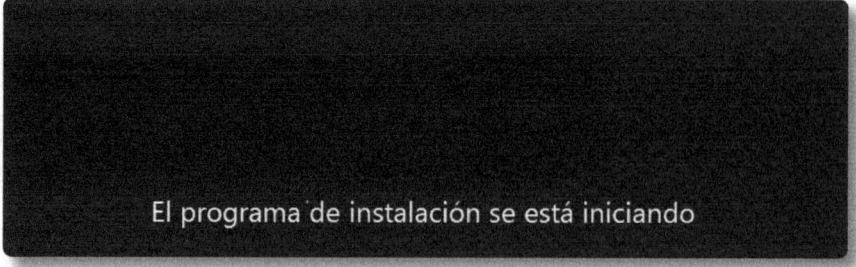

Captura A2.4. Se inicia el programa de instalación

5. Página **Seleccionar el sistema operativo que quieres instalar**. Elija la versión de Windows que desea instalar; en el ejemplo, Windows Server 2012 Standard (INSTALACIÓN Server Core) x64 (captura A2.5).

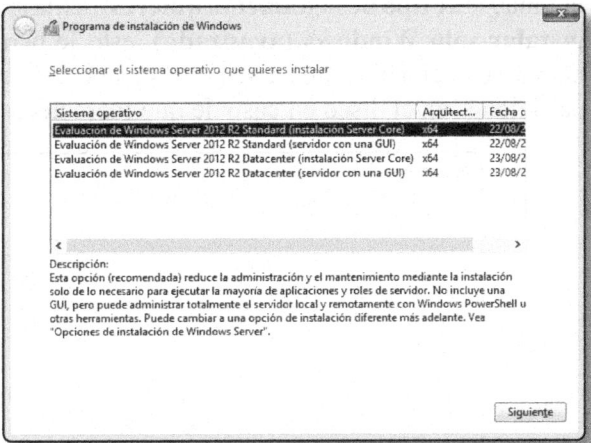

Captura A2.5. Elija la versión de Windows

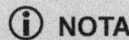 **NOTA**

Una observación: si se equivoca eligiendo la versión, tendrá que volver a instalar el sistema operativo desde el principio. Los sistemas GUI son los que tienen interfaz gráfica de usuario.

6. Página **Términos de licencia**: lea el contrato que Microsoft Corporation establece con usted. Si está de acuerdo, active la casilla de verificación **Acepto los términos de la licencia**. Para continuar haga clic en el botón **Siguiente** (captura A2.6).

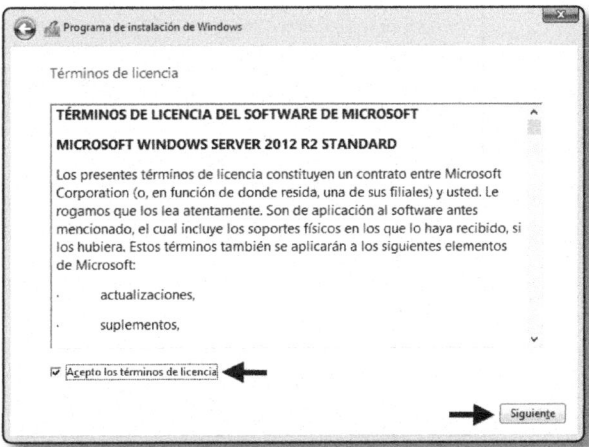

Captura A2.6. Acepte los términos de la licencia

7. Página **¿Qué tipo de instalación quieres?**: elija la opción **Personalizada: instalar solo Windows (avanzado)**, esto le permite instalar una copia nueva, seleccionar en qué disco se instalará el sistema operativo y realizar particiones en el disco en caso de que fuera necesario (captura A2.7).

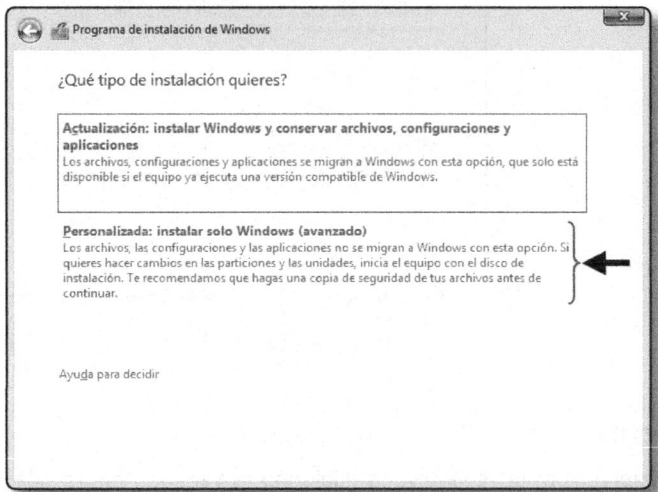

Captura A2.7. Seleccione tipo de instalación Personalizada (avanzada)

8. Página **¿Dónde quiere instalar Windows?**: el programa de instalación selecciona un disco por defecto; en el ejemplo que ilustra la captura A2.8, la unidad 0.

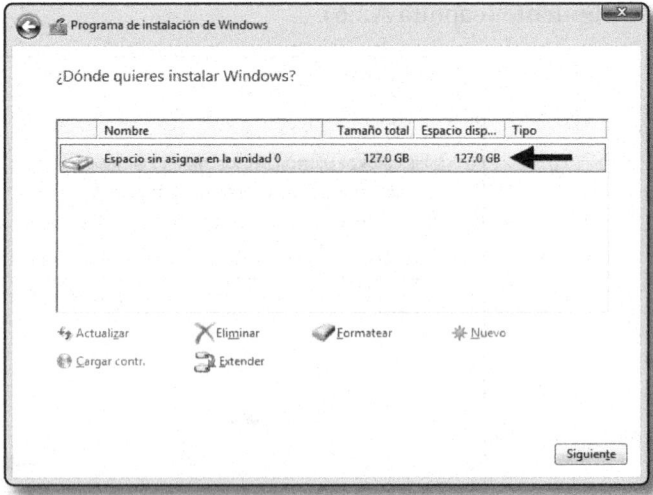

Captura A2.8. Seleccione la unidad de instalación

> (i) **NOTA**
>
> En este ejemplo se asume que está utilizando un disco duro recién formateado, sin particiones, y que desea utilizar para la instalación todo el espacio del mismo.

> (i) **NOTA**
>
> En el caso de que su ordenador tuviera más de un disco duro, se reflejaría en la captura A2.8, y tendría la opción de seleccionar el disco duro en el que desearía realizar la instalación.

9. Página **Instalando Windows**: una vez que ha completado la configuración inicial, comienza la instalación de Windows (captura A2.9). A medida que se completan correctamente, las diferentes fases de la instalación se marcan con un *check* verde.

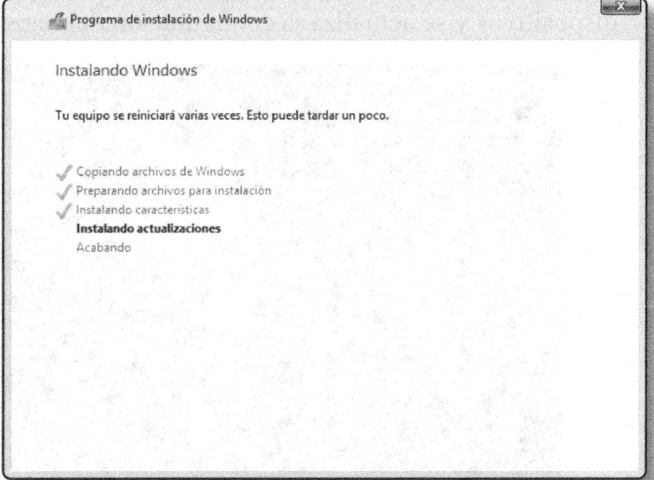

Captura A2.9. Fases de la instalación de Windows 2012 R2

10. Página **Hay que reiniciar Windows para continuar**: al finalizar esta fase de la instalación, visualizará una ventana que informa de que Windows reiniciará el equipo en 10 segundos.

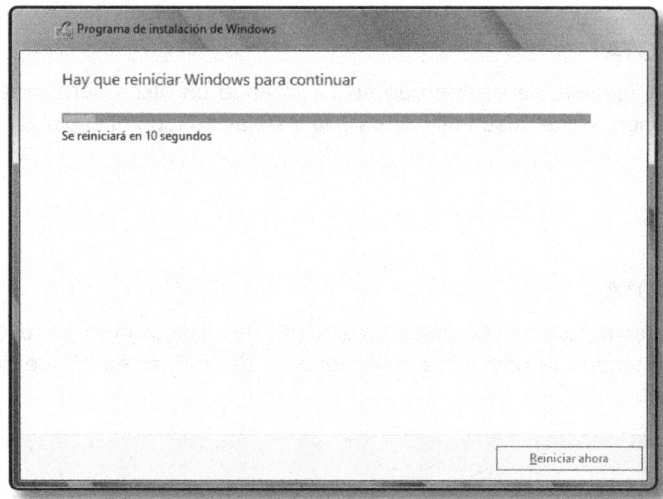

Captura A2.10. Reinicio del equipo

11. Cuando Windows reinicie la máquina, visualizará la captura A2.11. Esta etapa de la instalación puede tardar unos minutos, en ella se instalan dispositivos y se actualiza la configuración del registro y del sistema.

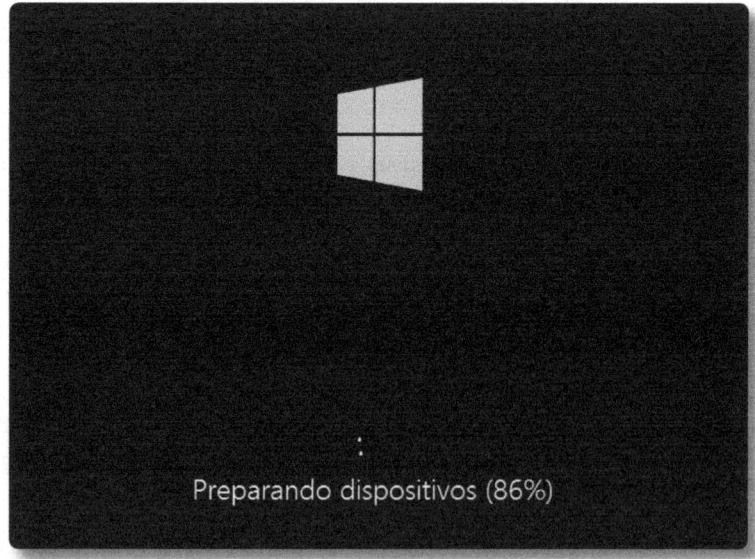

Captura A2.11. Windows está configurando su sistema

12. Cuando Windows termine de preparar los dispositivos, y después de un nuevo reinicio, visualizará la captura A2.12, en la que le indican que debe cambiar la contraseña del usuario Administrador. Haga clic en el botón **Aceptar**.

Captura A2.12. Cambie la contraseña del usuario Administrador (I)

13. En la captura A2.13 escriba una contraseña para el usuario **Administrador**. En el ejemplo se ha usado **123Contraseña**.

Captura A2.13. Cambie la contraseña del usuario Administrador (II)

14. Una vez finalizada toda la instalación de Windows 2012 R2 Standard Core, visualizará la consola del Símbolo del sistema, desde la que se administra el equipo.

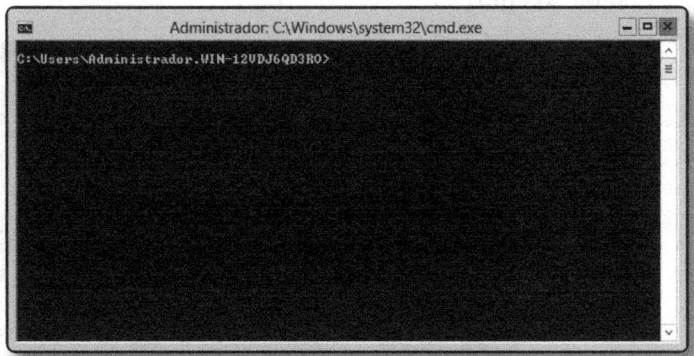

Captura A2.14. Consola del Símbolo del sistema

A2.3 CONFIGURACIÓN DE LA MÁQUINA CORE01

Este apartado se aplica al tema 1.

A2.3.1 Cambiar el nombre de equipo

1. Obtenga el nombre de la máquina. Para ello, escriba:

```
Hostname
```

2. La instrucción devuelve el nombre actual de la máquina, en el ejemplo: **WIN-12VDJ6QD3RO**

3. Para cambiar el nombre sustituya en la instrucción el parámetro **$env:COMPUTERNAME** por el nombre actual de la máquina (el que obtuvo en el punto 2).

```
netdom renamecomputer WIN-12VDJ6QD3RO /newname:CORE01
```

Captura A2.15. PowerShell, instrucción para cambiar nombre del equipo (II)

4. La consola del Símbolo del sistema le indica que está a punto de cambiar el nombre del equipo a **CORE01** → escriba la letra **S** y pulse el botón **ENTER** para aceptar los cambios y continuar.

5. La consola del Símbolo del sistema informa de que los cambios serán efectivos cuando reinicie el equipo. Escriba la siguiente instrucción en PowerShell y pulse **ENTER**.

```
shutdown /r /t 0
```

6. Una vez que el equipo se reinicie, compruebe que el cambio de nombre del equipo ha sido efectivo. Escriba la siguiente instrucción y pulse **ENTER**.

```
hostname
```

7. El Símbolo del sistema le contestará **CORE01**.

A2.3.2 Configurar el adaptador de red (CORE01)

Las especificaciones del adaptador de red de la máquina CORE01 son:

▶ IP: **10.10.10.253**
▶ Máscara: **255.255.255.0**
▶ Servidor DNS preferido: **10.10.10.254**
▶ Servidor DNS 2.º: **8.8.4.4** (DNS de Google)
▶ Puerta de enlace: **10.10.10.100** (IP del router que utilizo en el ejemplo).

1. Escriba en la consola del Símbolo del sistema la instrucción **PowerShell** (1) para iniciar PowerShell. Sabrá que se ha iniciado porque el *promt* cambia a **PS** (2).

2. Con la instrucción **Get-NetInterface** (3) obtenemos información de todas las interfaces de red de la máquina. La interfaz de red que se desea configurar es del tipo IPv4 y su alias **Ethernet** (4), anótelo para los pasos siguientes.

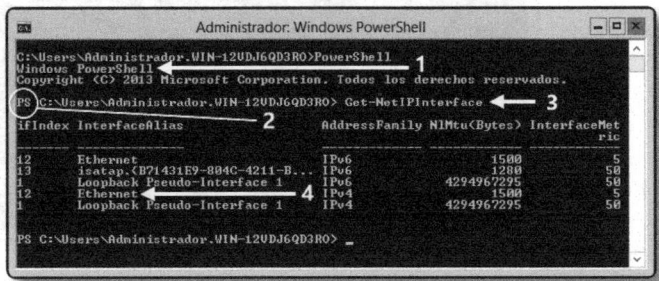

Captura A2.16. Obtener información de las interfaces de red

3. Para configurar la IP (10.10.10.253), máscara de red (255.255.255.0) y puerta de enlace (10.10.10.100), escriba en PowerShell la siguiente instrucción (5):

```
netsh interface ip set address "Ethernet" static
10.10.10.253 255.255.255.0 gateway=10.10.10.100
```

4. Para configurar como servidor DNS la máquina **MADRID** (10.10.10.254), escriba en PowerShell la siguiente instrucción (6):

```
netsh interface ip set DNSserver "Ethernet" static 10.10.10.254
```

5. Por último compruebe que la configuración se ha aplicado correctamente en la interfaz de red. Para ello escriba en PowerShell (7):

```
Get-NetIPConfiguration
```

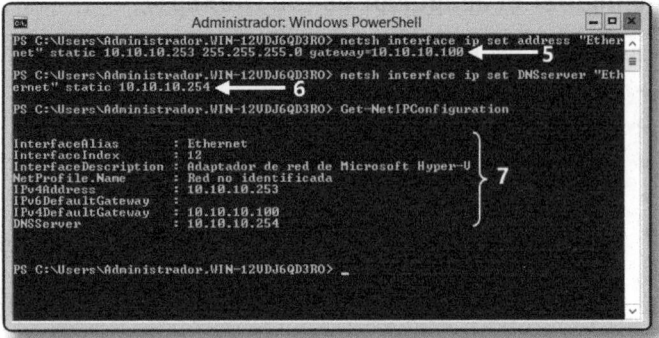

Captura A2.17. Configurar el interfaz de red

A2.5 LA HERRAMIENTA SCONFIG

Sconfig es una herramienta que facilita notablemente las principales labores de configuración de un Servidor Core. Su funcionamiento, además de simple, es muy intuitivo. En este apartado le enseñaré cómo modificar los DNS del adaptador de red de la máquina **Core01**, añadiendo al DNS principal un DNS secundario que apunte a Google (8.8.4.4).

1. Para iniciar esta herramienta teclee en el Símbolo del sistema la instrucción **Sconfig**.

Captura A2.18. Menú herramienta SCONFIG

2. Nótese que en la captura anterior se ha cargado una consola que presenta un menú (1) con quince opciones. Por ejemplo, si desea cambiar la configuración de la red escriba en el punto (2) el número ocho y pulse la tecla **ENTER**. En el apartado **Configuración de red** se carga la configuración del adaptador de red que hay disponible (3), que es el que se configuró en el apartado 2.3.2 con la IP = 10.10.10.253. Para modificar la configuración del adaptador escriba en el punto (4) su número de índice (diez) y pulse la tecla **ENTER**.

Captura A2.19. Configuración de red

3. Se cargan en la consola las opciones de configuración del adaptador de red con número de índice diez (5). Para configurar los DNS del adaptador en el apartado (6) escriba la opción número dos.

Captura A2.20. Opciones de configuración del adaptador de red

4. En el punto (7) la consola solicita que escriba el DNS preferido, que es la IP de la máquina **MADRID** (10.10.10.254); y a continuación, el DNS alternativo, que es la IP de Google (8.8.4.4). Finalmente, una vez que ha modificado la configuración del adaptador, se visualiza un resumen (8).

Captura A2.21. Configuración de los DNS del adaptador de red

Apéndice III

CONFIGURAR UN DOMINIO CON DOS MÁQUINAS

En este apéndice le mostraré cómo configurar un controlador de dominio (Madrid) y una máquina miembro del dominio (Zaragoza), para realizar las prácticas del tema 10 *LogShipping y Mirroring. Alta disponibilidad (I)*.

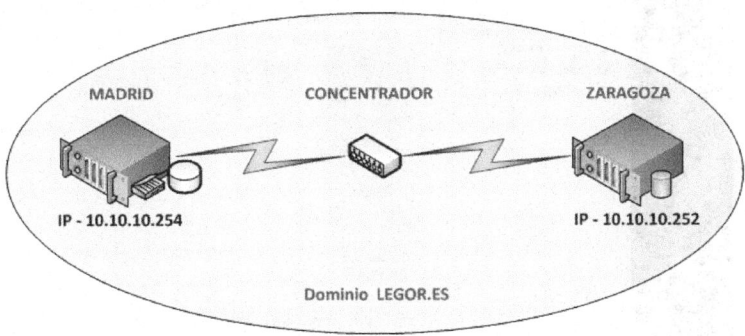

Ejecute los pasos en el orden que le indico:

1. Previamente tiene que haber configurado dos máquinas (Madrid y Zaragoza) siguiendo las instrucciones del Apéndice I.

2. Continúe ejecutando las instrucciones que se indican en el presente Anexo.

A3.1 PROMOVER LA MÁQUINA MADRID A CONTROLADOR DE DOMINIO

La operación para promover la máquina **Madrid** a controlador de dominio consta de dos partes diferenciadas:

▼ Agregar la característica "Servicios de dominio de Active Directory (AD DS)".

▼ Promover la máquina **Madrid** a controlador de dominio.

A3.1.1 Agregar la característica "Servicios de dominio de Active Directory (AD DS)

1. En la barra de herramientas haga clic en el icono **Administrador del servidor** (1) → cuando se cargue la consola haga clic en el enlace **Agregar roles y características** (2).

Captura A3.1. Administrador del servidor de Windows 2012 R2

2. Se inicia el **Asistente para agregar roles y características** (3) → pase las páginas [Antes de comenzar, Tipo instalación y Selección de servidor] (4) con los valores que por defecto le propone el asistente → seleccione la página **Roles de servidor** (5) → en la lista de roles busque y seleccione **Servicios de dominio de Active Directory** (6).

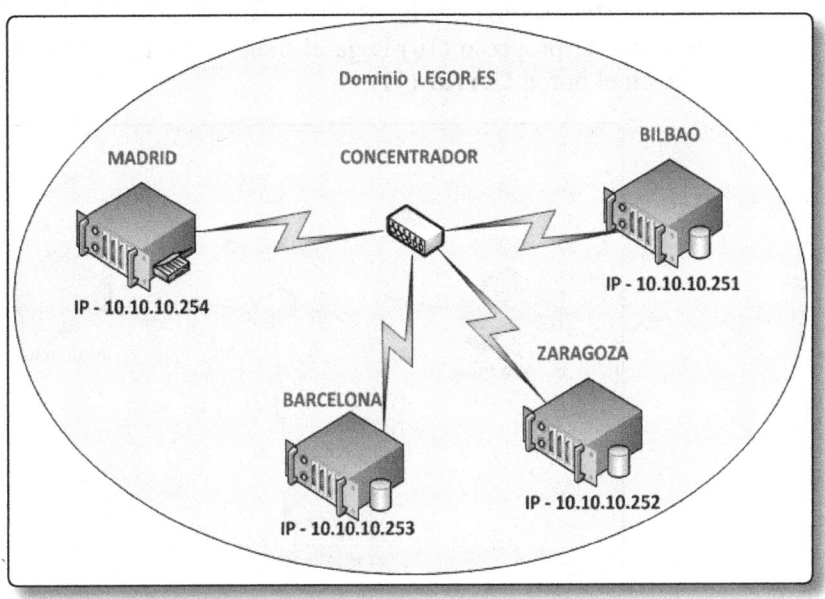

Captura A3.2. Página Roles de servidor

3. Acepte los valores que por defecto le propone el asistente hasta que llegue a la página **Confirmación** (7) → haga clic en el botón **Instalar** (8).

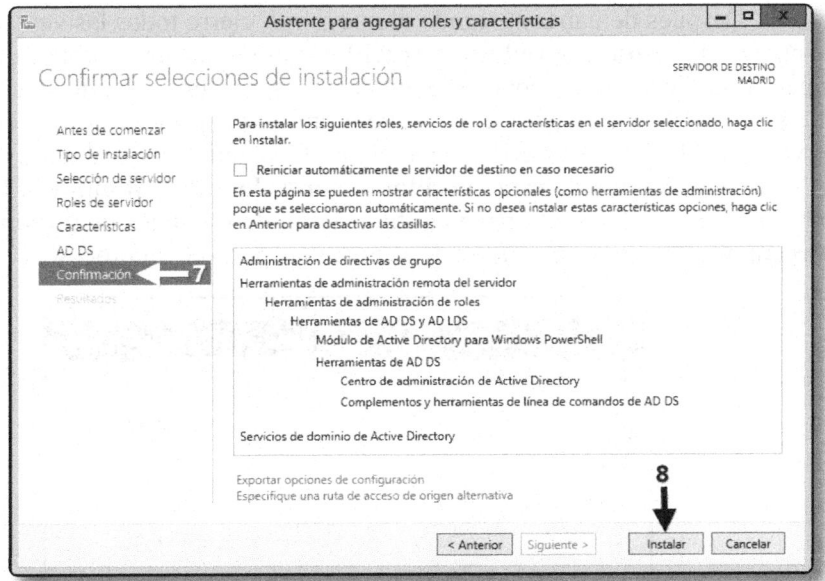

Captura A3.3. Página Confirmación

4. Página **Resultados** (9): la instalación de la característica finaliza cuando la barra de progreso (10) llega al final. Para finalizar el asistente, haga clic en el botón **Cerrar** (11).

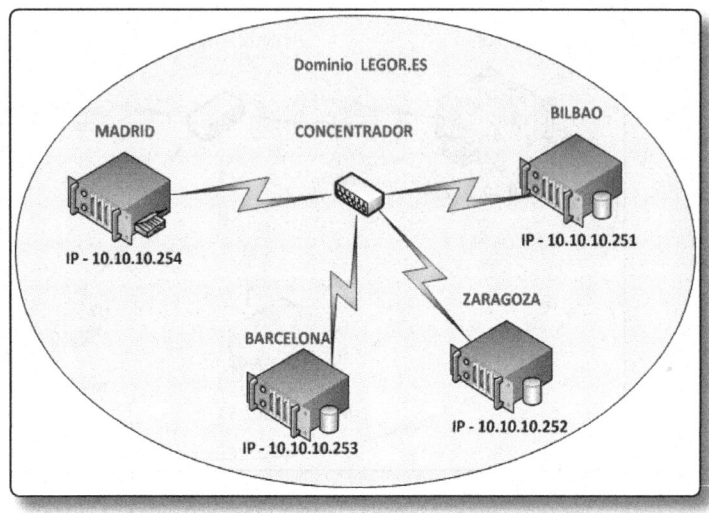

Captura A3.4. Página Resultado

A3.1.2 Promover la máquina Madrid a controlador de dominio

Después de haber agregado el nuevo rol, cierre todas las ventanas y sitúese de nuevo en el **Administrador del servidor**, nótese que en la barra de herramientas superior se visualiza el icono de notificaciones con una advertencia (1). Al hacer clic sobre ella, se abre una ventana que le informa de que tiene que configurar los servicios de dominio de Active Directory en la máquina Madrid. Para ello haga clic en el enlace **Promover este servidor a controlador de dominio** (2). La acción anterior inicia el **Asistente para configuración de servicios de dominio de Active Directory**, que le guiará a través de sus páginas por todo el proceso:

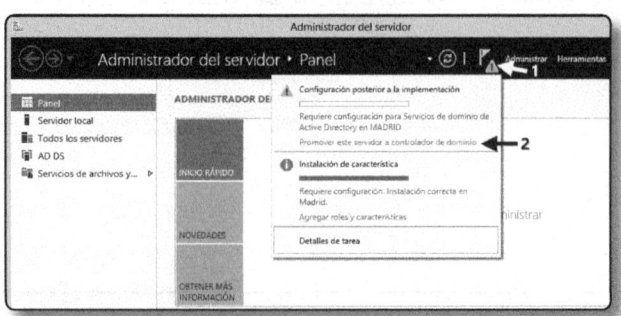

Captura A3.5. Advertencia en el Administrador de servidor

1. Página **Configuración de implementación**: en estos momentos todavía no se ha creado ninguna infraestructura de Active Directory, y al hablar de infraestructura me refiero a **árboles** y a **dominios**. Por este motivo, lo primero que hay que hacer para agregar Active Directory desde cero es agregar un nuevo bosque. Para ello haga clic en el botón de radio **Agregar un nuevo bosque** (3) y a continuación escriba el nombre del dominio raíz, en el ejemplo **Legor.es** (4). Para continuar haga clic en el botón **Siguiente** (5).

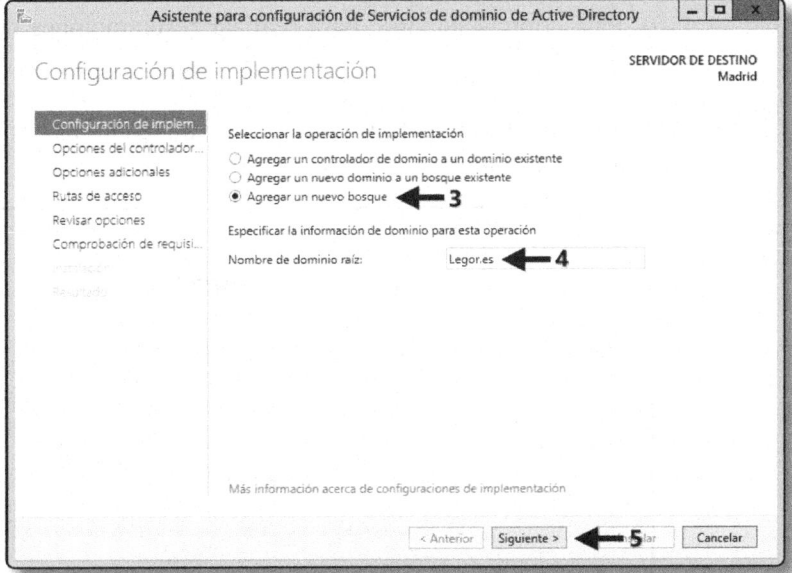

Captura A3.6. Página Configuración de implementación

2. Página **Opciones del controlador de dominio** (6): como está instalando un nuevo bosque y un nuevo árbol de dominio, tiene que elegir el nivel funcional tanto del bosque como del árbol, instalar un servidor DNS, hacer el servidor catálogo global y escribir una contraseña para restaurar los servicios de directorio.

▶ Para poder tener acceso a todas las nuevas funcionalidades que ofrece Windows 2012 R2, elija, tanto en el nivel funcional del bosque como en el nivel funcional del dominio, **Windows Server 2012 R2** (7).

▶ Marque la casilla de verificación **Servidor de sistema de nombre de dominio (DNS)** (8). Al marcar esta opción, el asistente de instalación de AD instalará y configurará automáticamente un servidor de DNS.

Recuerde que el servidor DNS es obligatorio dentro de la infraestructura de AD DS en el primer controlador de dominio.

▶ Nótese que la casilla de verificación de **Catálogo global** (9) está activada por defecto, esto es debido a que el primer controlador de dominio de un bosque tiene que ser obligatoriamente catálogo global (GC).

▶ Escriba la contraseña de modo de restauración de servicios de directorio (DSRM). En el ejemplo se ha usado como contraseña **123Contraseña** (10). Esta contraseña sirve para realizar restauraciones no autoritativas del directorio.

▶ Haga clic en el botón **Siguiente** (11) para continuar con la siguiente página del asistente.

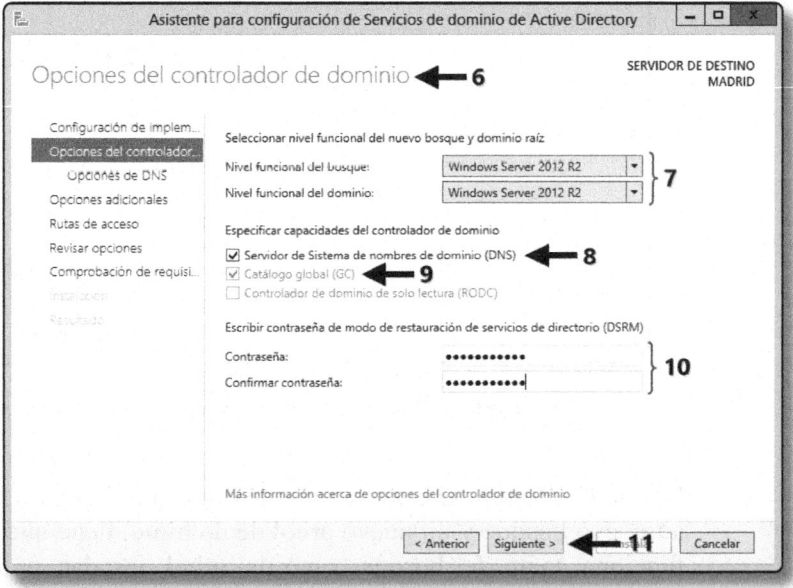

Captura A3.7. Página Opciones del controlador de dominio

3. Página **Opciones de DNS** (12): esta página la única opción que tiene es **Crear delegación DNS**. La opción está deshabilitada, porque no se puede crear una delegación para el servidor DNS ya que la zona principal autoritativa no existe. Esto es debido a que el servidor DNS todavía no se ha creado. Haga clic en el botón **Siguiente** (13) para continuar.

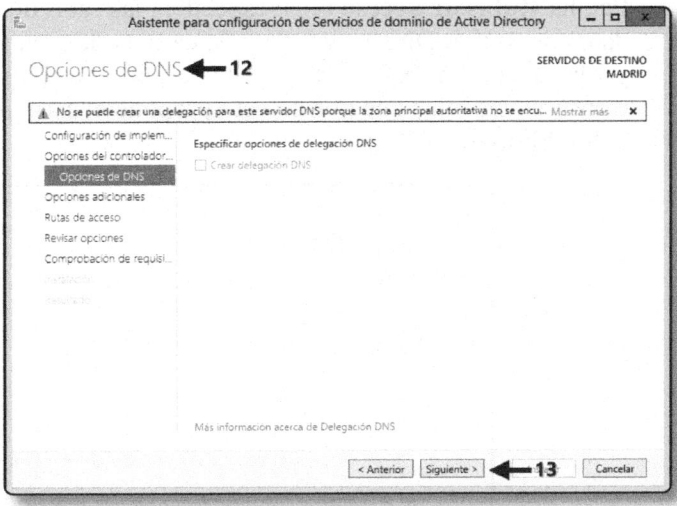

Captura A3.8. Página Opciones DNS

4. Página **Opciones adicionales** (14): acepte el nombre de NetBIOS que le propone el asistente por defecto **LEGOR** (15). Para continuar haga clic en el botón **Siguiente** (16). El nombre NetBIOS que elija tiene que ser fácil de recordar porque es el que usarán los usuarios para iniciar sesión (Nombre_NetBios\Nombre_Usuario). Por ejemplo, el usuario Pedro podrá iniciar sesión introduciendo como credenciales **LEGOR\Pedro** y a continuación su contraseña.

Captura A3.9. Página Opciones adicionales

5. Página **Rutas de acceso** (17): especifica las rutas de acceso a la base de datos de Active Directory (18), a la carpeta de archivos de registro (18) y a la carpeta SYSVOL (18); en ella se almacenan las políticas de grupo. Conserve las rutas que por defecto propone el asistente y haga clic en el botón **Siguiente** (19) para continuar.

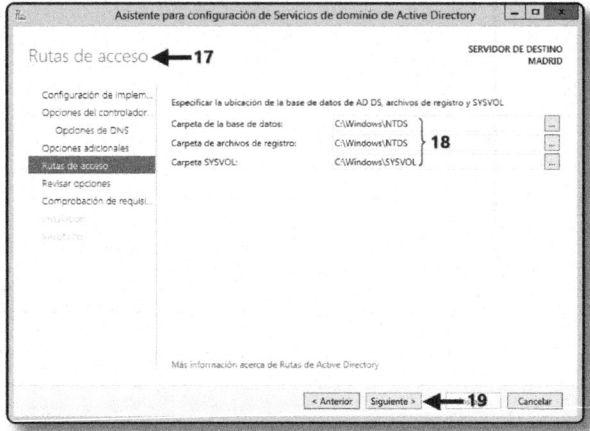

Captura A3.10. Página Rutas de acceso

6. Página **Revisar opciones** (20): desde esta página puede revisar todas las configuraciones que ha establecido en las páginas anteriores del asistente (21). El botón **Ver script** (22), visualiza el *script* PowerShell para configurar el dominio. El *script* puede usarlo para instalaciones desatendidas futuras, haciendo las modificaciones que cada una de ellas requiera. Para continuar haga clic en el botón **Siguiente** (23).

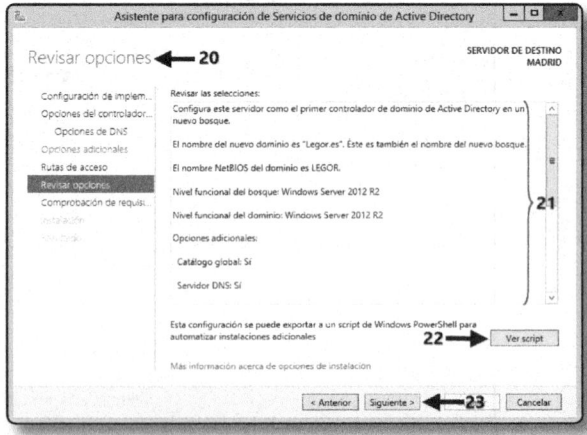

Captura A3.11. Página Revisar opciones

El *script* que se genera al pulsar el botón **Ver script** (22) es el siguiente:

```
#
# Script de Windows PowerShell para implementación
# de AD DS
#

Import-Module ADDSDeployment
Install-ADDSForest `
-CreateDnsDelegation:$false `
-DatabasePath "C:\Windows\NTDS" `
-DomainMode "Win2012R2" `
-DomainName "Legor.es" `
-DomainNetbiosName "LEGOR" `
-ForestMode "Win2012R2" `
-InstallDns:$true `
-LogPath "C:\Windows\NTDS" `
-NoRebootOnCompletion:$false `
-SysvolPath "C:\Windows\SYSVOL" `
-Force:$true
```

7. Página **Comprobación de requisitos previos** (24): verifica y valida todos los requisitos previos antes de promover la máquina **Madrid** a controlador de dominio. Nótese que el punto (25) indica que todas las comprobaciones han sido correctas y que el punto (26) informa de que, después de instalar el servidor, se reiniciará automáticamente. Una vez finalizadas las comprobaciones, haga clic en el botón **Instalar** (27).

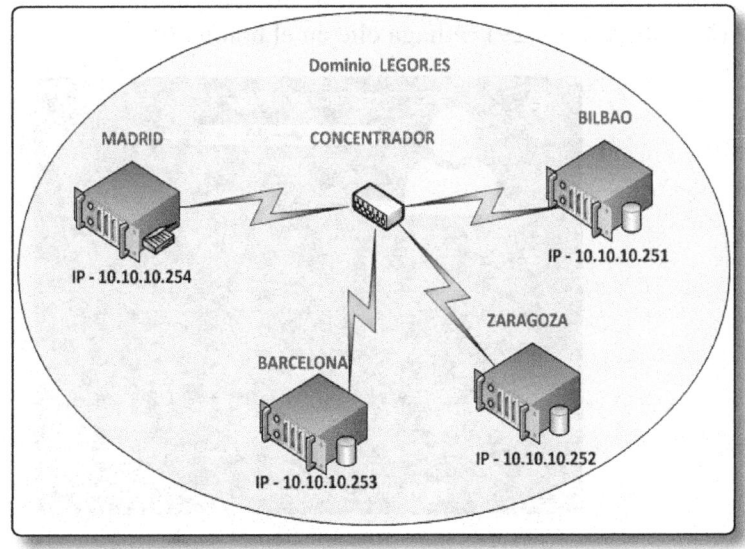

Captura A3.12. Página Comprobación de requisitos previos

8. Las páginas **Instalación** y **Resultado** se visualizan automáticamente cuando finaliza la instalación. Al cabo de unos segundos se reinicia la máquina **Madrid** automáticamente.

9. Cuando la máquina **Madrid** se reinicia, visualizará una imagen similar a la de la captura A3.13. Haga clic sobre el usuario de dominio **LEGOR\Administrador** (28).

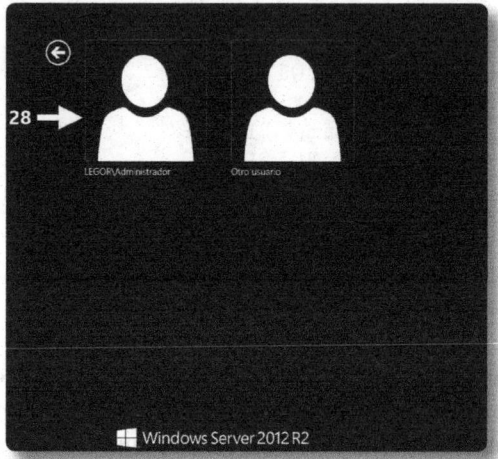

Captura A3.13. Elección de usuario para el inicio de sesión

10. A continuación escriba la contraseña para el usuario Legor\Administrador: **123Contraseña** (29) → haga clic en el botón (30).

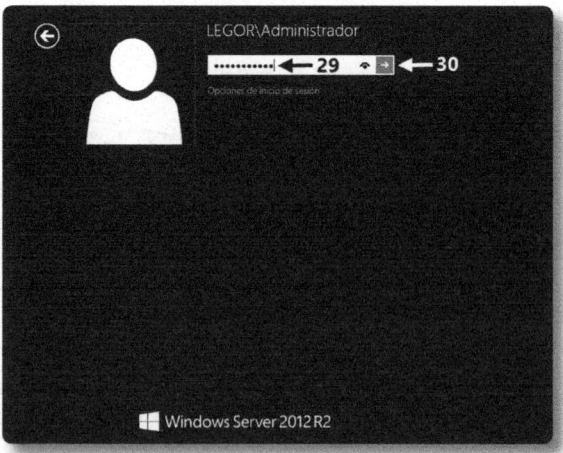

Captura A3.14. Credenciales usuario Legor\Administrador

11. Cuando se inicie la máquina **Madrid** con el usuario **Legor\Administrador**, espere unos instantes a que se cargue la consola del **Administrador del servidor**, en ella puede comprobar:

- Que no hay ninguna notificación pendiente (31) después de promover la máquina **Madrid** a controlador de dominio.

- En el panel se visualizan las siglas **AD DS** (32). Desde esta herramienta se supervisa el estado de todos los servicios de Active Directory.

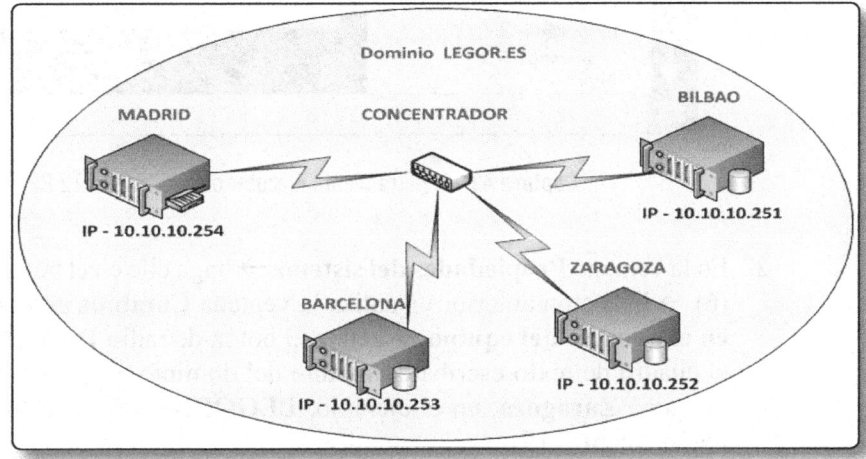

Captura A3.15. Comprobación final en Administrador del servidor

A3.2 UNIR LA MÁQUINA ZARAGOZA AL DOMINIO LEGOR.ES

1. Haga clic con el botón derecho del ratón en el botón de **Inicio** (1) → en el menú contextual, elija la opción **Ejecutar** (2) → en la ventana **Ejecutar** (3) → escriba en el cuadro de texto **Abrir** la siguiente instrucción: **sysdm.cpl** (4) → haga clic en el botón **Aceptar** (5).

ⓘ **NOTA**

La instrucción sysdm.cpl es un atajo alternativo a los pasos **Inicio** → **Panel de control** → **Sistema** → **Configuración avanzada del sistema**.

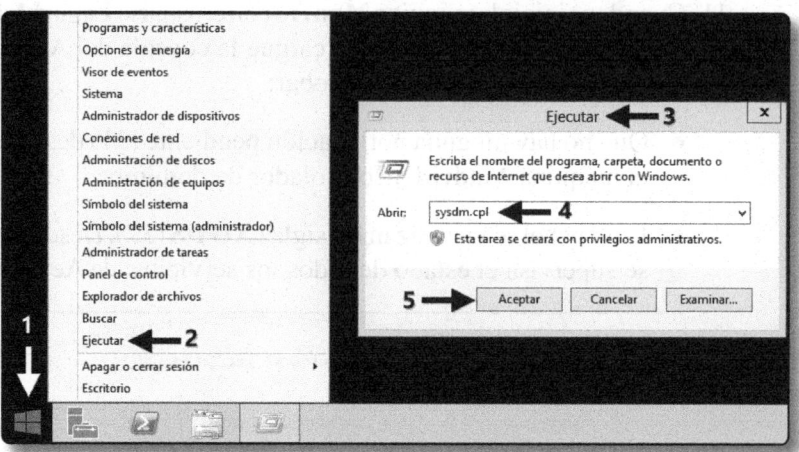

Captura A3.16. Herramienta Ejecutar de Windows 2012 R2

2. En la ventana **Propiedades del sistema** → haga clic en el botón **Cambiar** (6) → la acción anterior visualiza la ventana **Cambios en el dominio o en el nombre del equipo** → active el botón de radio **Dominio** (7) → en el cuadro de texto escriba el nombre del dominio al que desea pegar la máquina **Zaragoza**, en el ejemplo, **LEGOR.ES** (8) → haga clic en el botón **Aceptar** (9).

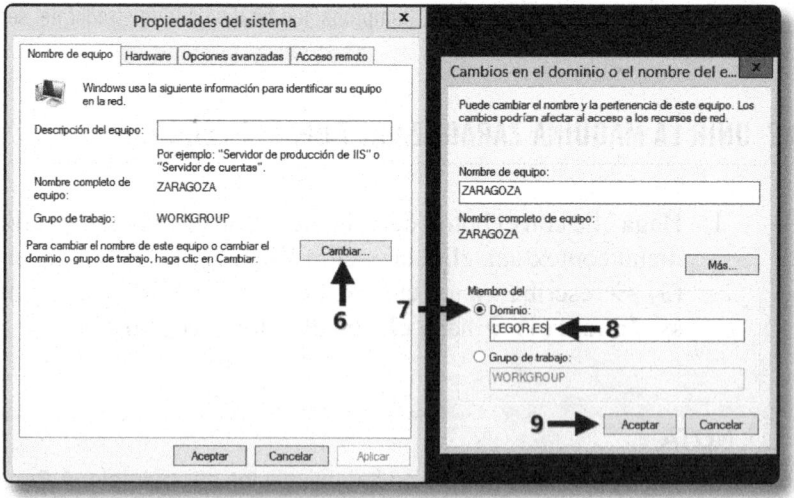

Captura A3.17. Unir la máquina Zaragoza al dominio Legor.es

3. En la ventana **Seguridad de Windows**, escriba unas credenciales (usuario + contraseña) válidas en el dominio para unir el equipo. En el ejemplo se han utilizado (10):

- Usuario: **Administrador**.
- Contraseña: **123Contraseña**.

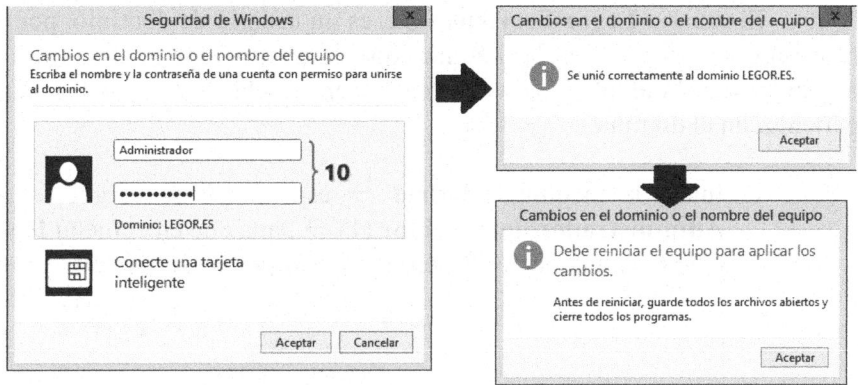

Captura A3.18. Credenciales de dominio

4. Una vez que la máquina se une al dominio, hay que reiniciar el equipo para que los cambios sean efectivos.

5. A continuación inicie sesión con el usuario **Legor\Administrador** (11) → escriba la contraseña **123Contraseña** (12) → haga clic en el botón (13).

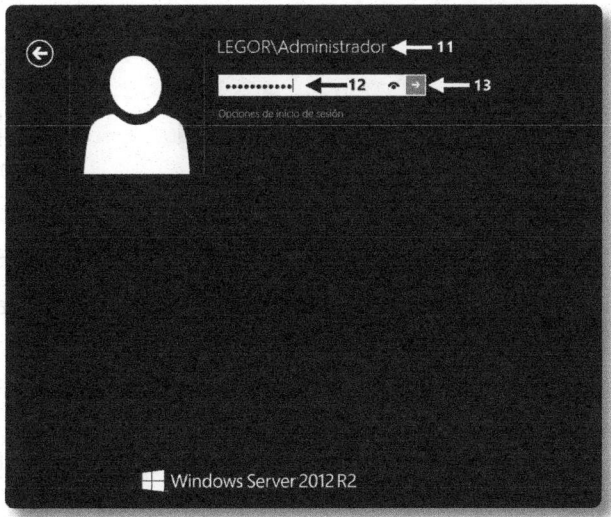

Captura A3.19. Inicie sesión con el usuario Legor\Administrador

A3.3 CREAR EL USUARIO DE DOMINIO LEGOR\SERVICIOSSQL

En este apartado le enseñaré cómo crear el usuario de dominio **Legor\ServiciosSQL** que usará en la confección de los ejercicios prácticos de los temas 10 y 11.

El usuario **Legor\ServiciosSQL** es un usuario de dominio, por este motivo se creará una sola vez en la máquina que es controlador de dominio dentro de la organización, **Madrid**. Una vez creado será visible en todas las máquinas que pertenezcan al dominio.

1. Inicie la máquina **Madrid** → espere que se cargue la consola del **Administrador del servidor** (1) → haga clic en el menú **Herramientas** (2) → elija la opción **Usuarios y equipos de Active Directory** (3).

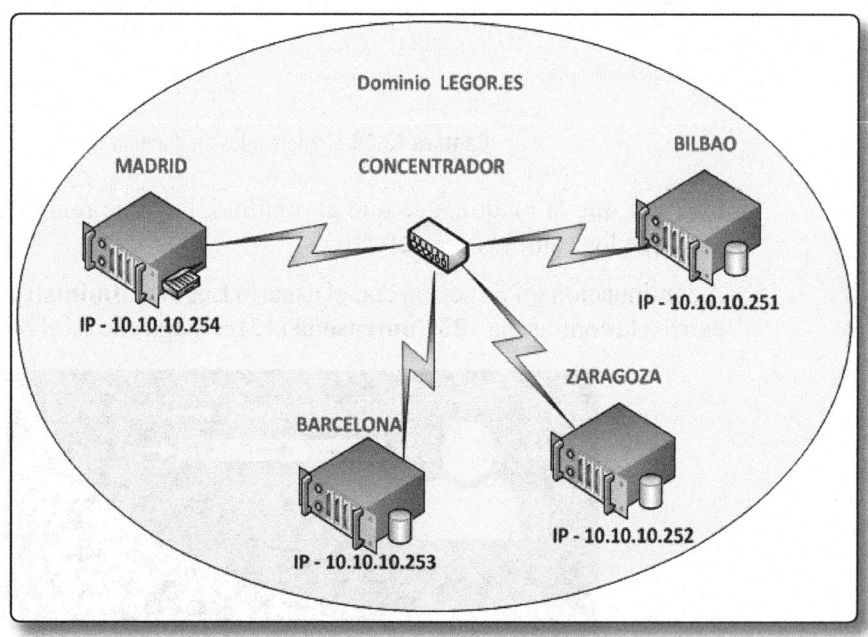

Captura A3.20. Iniciar la herramienta Usuarios y equipos de AD

2. En la consola de **Usuarios y equipos de Active Directory** (4) → despliegue el dominio **Legor.es** (5) → haga clic con el botón derecho del ratón en el nodo **Users** (6) → en el menú contextual elija la opción **Nuevo** (7) → **Usuarios** (8).

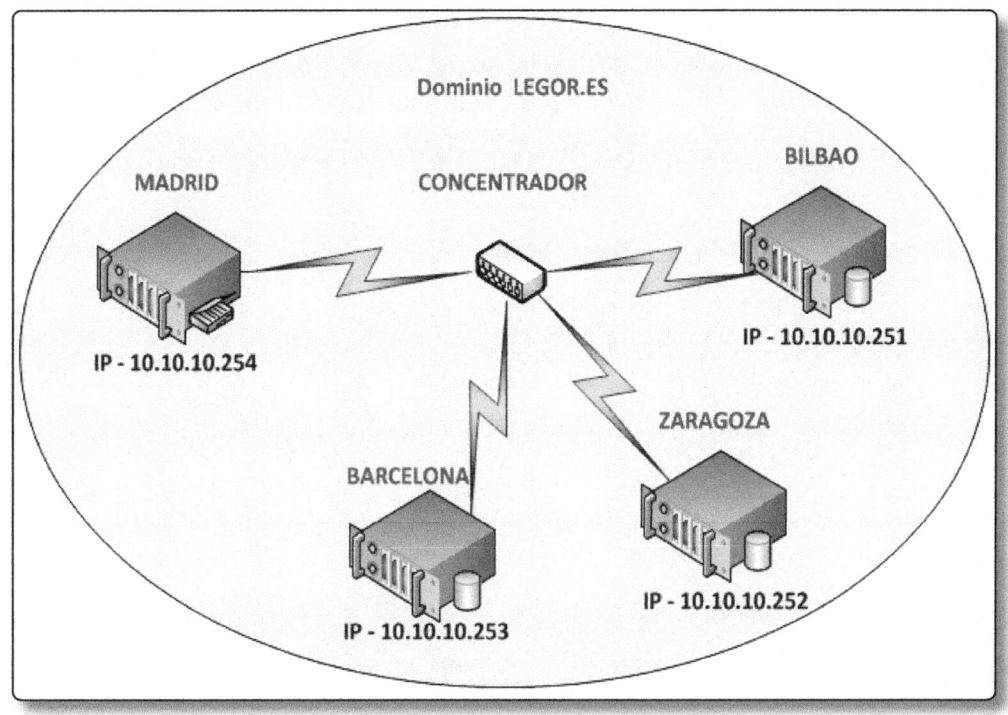

Captura A3.21. Crear nuevo usuario (I)

3. Complete la ventana **Nuevo objeto: Usuario** (9) como se indica en la captura A3.22.

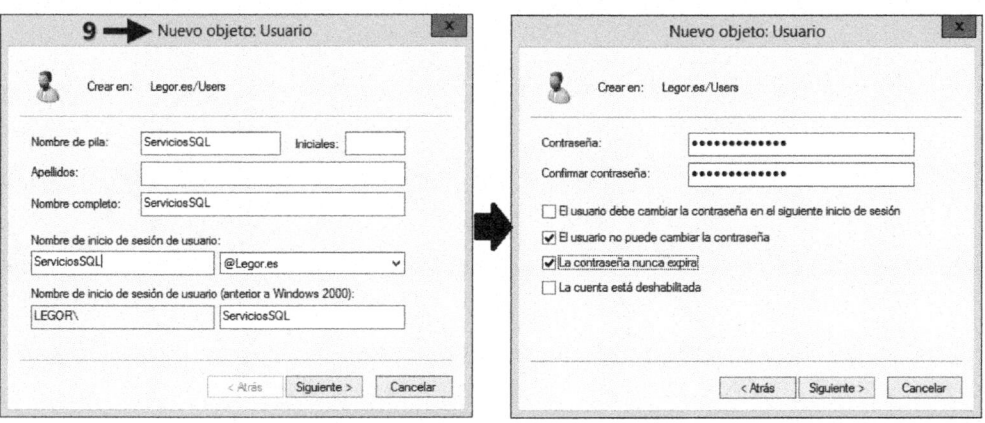

Captura A3.22. Crear nuevo usuario (II)

Apéndice IV

CONFIGURAR UN DOMINIO CON CUATRO MÁQUINAS

En este apéndice le enseñaré cómo configurar un controlador de dominio (Madrid) y tres máquinas miembros del dominio (Bilbao, Zaragoza y Barcelona), para realizar las prácticas del tema 11 (*AlwaysOn: Alta disponibilidad (II)*).

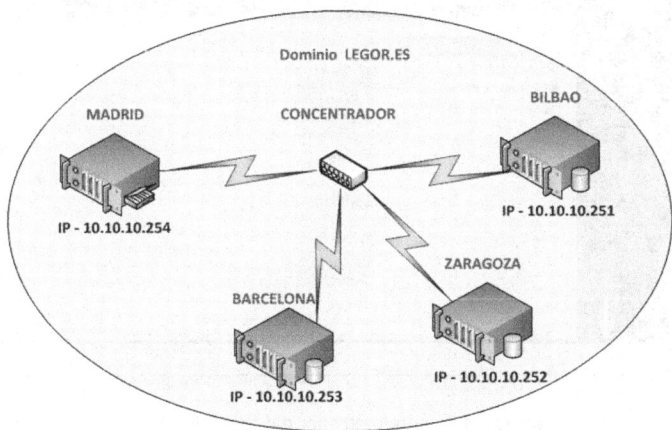

Ejecute los pasos en el orden que le indico:

1. Previamente tiene que haber configurado cuatro máquinas (Madrid, Bilbao, Zaragoza y Barcelona) siguiendo las indicaciones del Apéndice I.

2. Continúe ejecutando las instrucciones que se indican en el presente Anexo.

A4.1 PROMOVER LA MÁQUINA MADRID A CONTROLADOR DE DOMINIO

La operación para promover la máquina **Madrid** a controlador de dominio consta de dos partes diferenciadas:

▸ Agregar la característica "Servicios de dominio de Active Directory (AD DS)".

▸ Promover la máquina **Madrid** a controlador de dominio.

A4.1.1 Agregar la característica "Servicios de dominio de Active Directory (AD DS)"

1. En la barra de herramientas haga clic en el icono **Administrador del servidor** (1) → cuando se cargue la consola haga clic en el enlace **Agregar roles y características** (2).

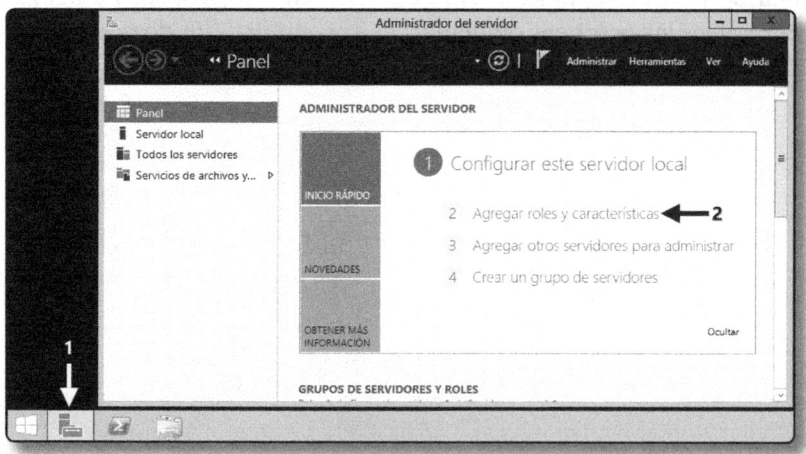

Captura A4.1. Administrador del Servidor de Windows 2012 R2

2. Se inicia el **Asistente para agregar roles y características** (3) → pase las páginas [Antes de comenzar, Tipo instalación y Selección de servidor] (4) con los valores que por defecto le propone el asistente → seleccione la página **Roles de servidor** (5) → en la lista busque y seleccione **Servicios de dominio de Active Directory** (6).

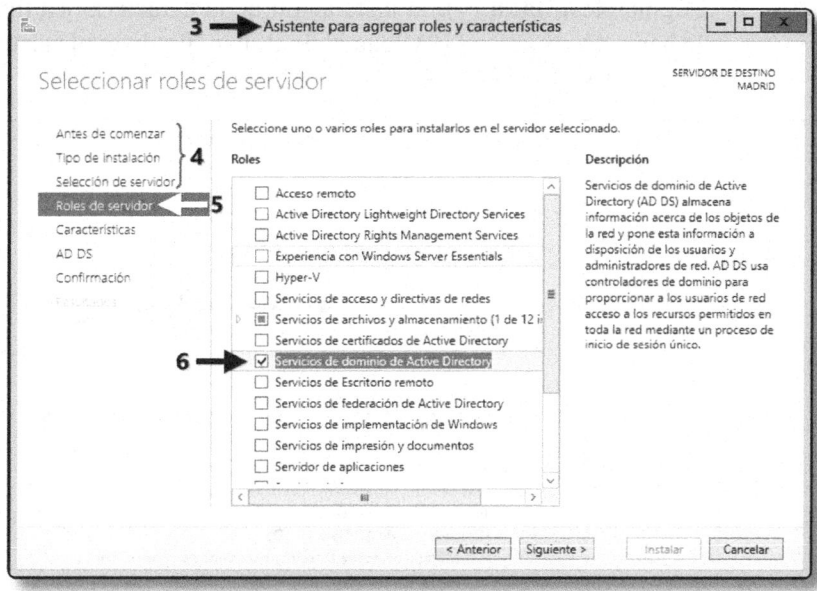

Captura A4.2. Página Roles de servidor

3. Acepte los valores que por defecto le propone el asistente hasta que llegue a la página **Confirmación** (7) → haga clic en el botón **Instalar** (8).

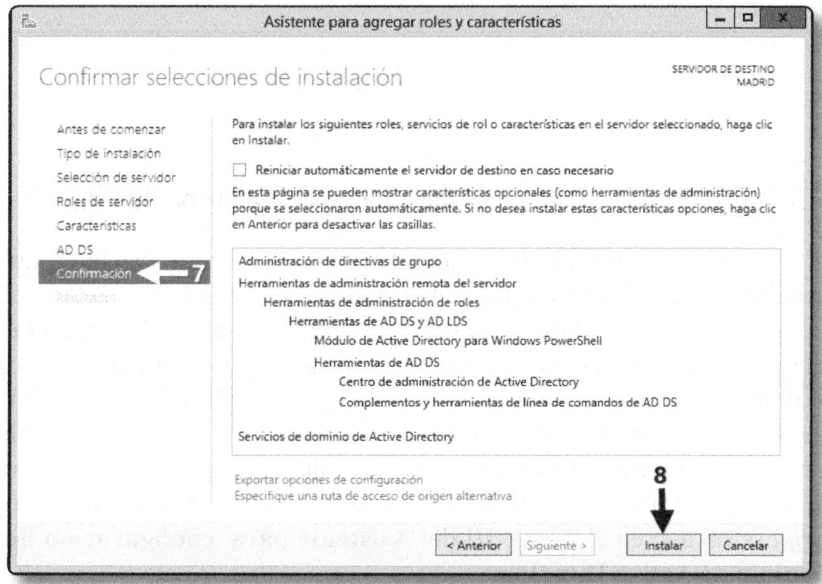

Captura A4.3. Página Confirmación

4. Página **Resultado** (9): la instalación de la característica finaliza cuando la barra de progreso (10) llega al final. Para finalizar el asistente haga clic en el botón **Cerrar** (11).

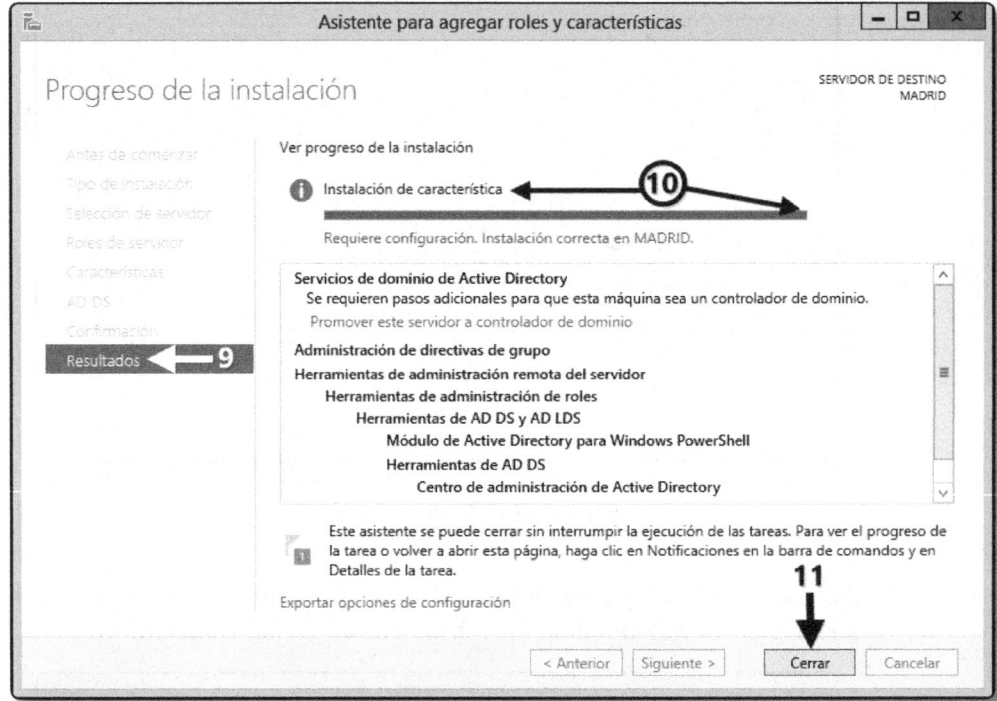

Captura A4.4. Página Resultado

A4.1.2 Promover la máquina Madrid a controlador de dominio

Después de haber agregado el nuevo rol, cierre todas las ventanas y sitúese de nuevo en el **Administrador del servidor**, nótese que en la barra de herramientas superior se visualiza el icono de notificaciones con una advertencia (1). Al hacer clic sobre ella, se abre una ventana que informa de que tiene que configurar los servicios de dominio de Active Directory en la máquina Madrid. El enlace **Promover este servidor a controlador de dominio** (2) inicia el **Asistente para configuración de servicios de dominio de Active Directory**; sin embargo, en esta ocasión utilizaremos un *script* de PowerShell para configurar de manera desatendida el dominio. Este *script* se obtuvo en el Anexo III del **Asistente para configuración de servicios de dominio de Active Directory**.

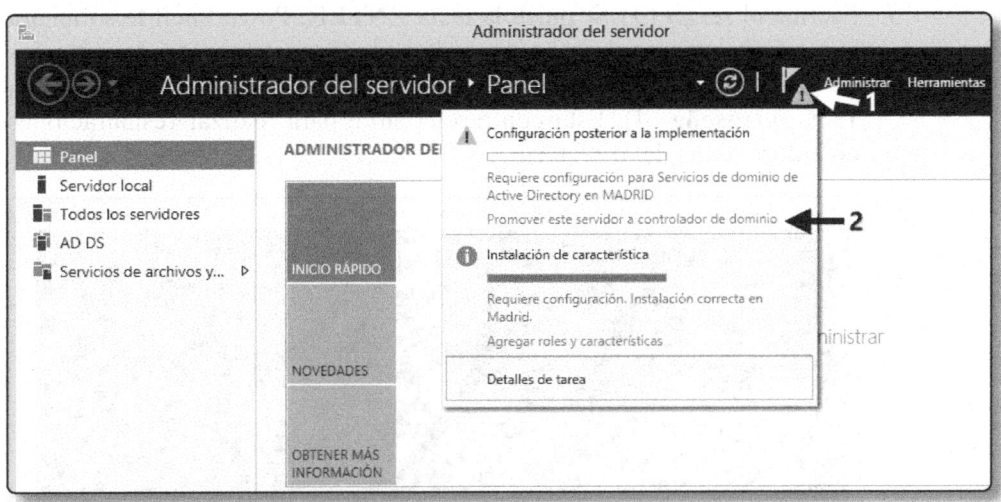

Captura A4.5. Advertencia en el Administrador de servidor

1. Inicie la herramienta PowerShell. Para ello haga clic en su icono ![icono] en la barra de herramientas.

2. Una vez que se inicie PowerShell, escriba el *script* para implementar Active Directory.

```
#
# Script de Windows PowerShell para implementación de
# AD DS
#

Import-Module ADDSDeployment
Install-ADDSForest `
-CreateDnsDelegation:$false `
-DatabasePath "C:\Windows\NTDS" `
-DomainMode "Win2012R2" `
-DomainName "Legor.es" `
-DomainNetbiosName "LEGOR" `
-ForestMode "Win2012R2" `
-InstallDns:$true `
-LogPath "C:\Windows\NTDS" `
-NoRebootOnCompletion:$false `
-SysvolPath "C:\Windows\SYSVOL" `
-Force:$true
```

3. Escriba el *script* (3) → pulse la tecla **ENTER**, PowerShell le solicitará que escriba una contraseña para el modo de restauración de servicios de directorio (DSRM). En el ejemplo se ha usado como contraseña **123Contraseña** (4). Esta contraseña sirve para realizar restauraciones no autoritativas del directorio.

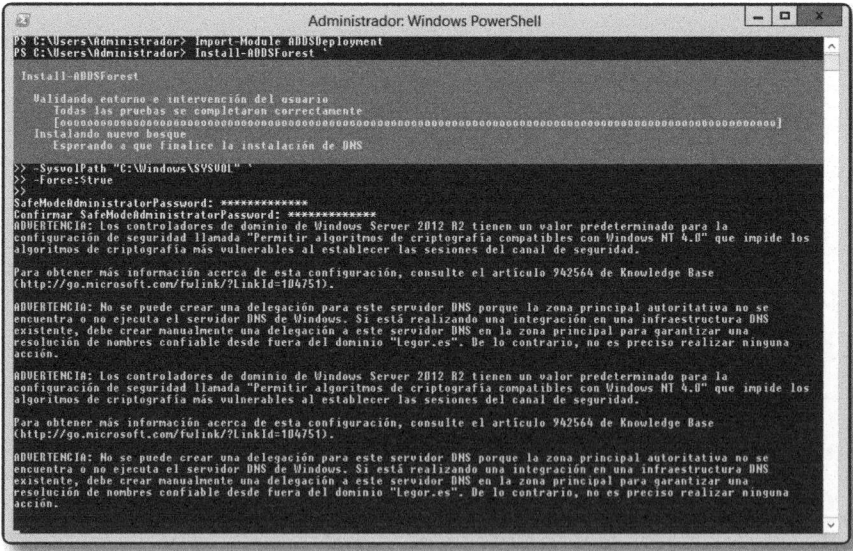

Captura A4.6. Página Configuración de implementación

4. Comienza la instalación desatendida de Active Directory.

Captura A4.7. Instalación desatendida de AD DS

5. Cuando finaliza la instalación, la máquina se reiniciará automáticamente.

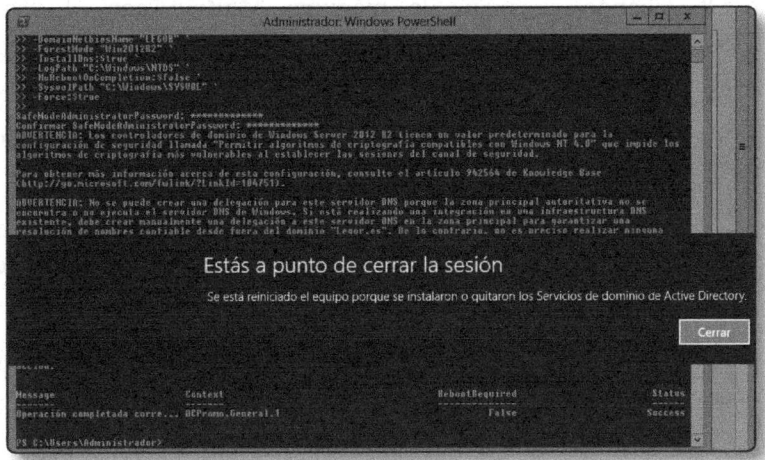

Captura A4.8. Final de la instalación de AD DS

6. Cuando la máquina **Madrid** se reinicia, visualizará una imagen similar a la de la captura A4.9. Haga clic sobre el usuario de dominio **LEGOR\ Administrador** (5).

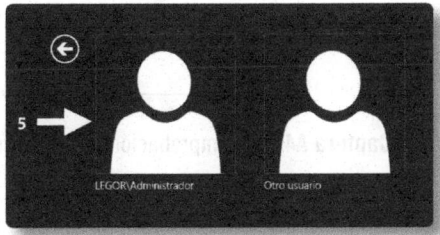

Captura A4.9. Elección de usuario para el inicio de sesión

7. A continuación escriba la contraseña para el usuario LEGOR\ Administrador: **123Contraseña** (6) → haga clic en el botón (7).

Captura A4.10. Credenciales usuario LEGOR\Administrador

8. Cuando se inicie la máquina **Madrid** con el usuario **LEGOR\ Administrador**, espere unos instantes a que se cargue la consola del **Administrador del servidor**, en ella puede comprobar:

- Que no hay ninguna notificación pendiente (8) después de promover la máquina **Madrid** a controlador de dominio.

- En el panel se visualizan las siglas **AD DS** (9). Desde esta herramienta se supervisa el estado de todos los servicios de Active Directory.

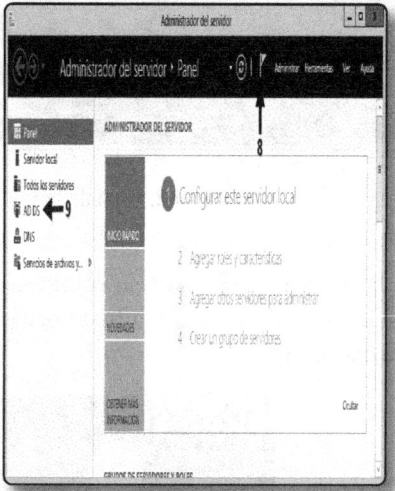

Captura A4.11. Comprobación final en Administrador del servidor

A4.2 UNIR LAS MÁQUINAS ZARAGOZA, BILBAO O BARCELONA AL DOMINIO LEGOR.ES

1. Haga clic con el botón derecho del ratón en el botón de **Inicio** (1) → en el menú contextual, elija la opción **Ejecutar** (2) → en la ventana **Ejecutar** (3) → escriba en el cuadro de texto **Abrir** la siguiente instrucción: **sysdm.cpl** (4) → haga clic en el botón **Aceptar** (5).

ⓘ **NOTA**

La instrucción sysdm.cpl es un atajo a los pasos **Inicio → Panel de control → Sistema → Configuración avanzada del sistema**.

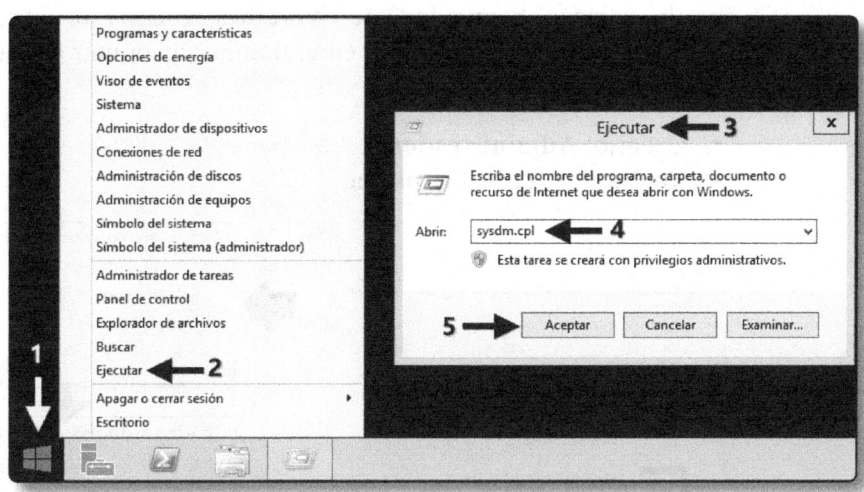

Captura A4.12. Herramienta Ejecutar de Windows 2012 R2

2. En la ventana **Propiedades del sistema** → haga clic en el botón **Cambiar** (6) → la acción anterior visualiza la ventana **Cambios en el dominio o en el nombre del equipo** → active el botón de radio **Dominio** (7) → en el cuadro de texto escriba el nombre del dominio, en el ejemplo **LEGOR.ES** (8) al que desea pegar la máquina que esté configurando (Zaragoza, Bilbao o Barcelona) → haga clic en el botón **Aceptar** (9).

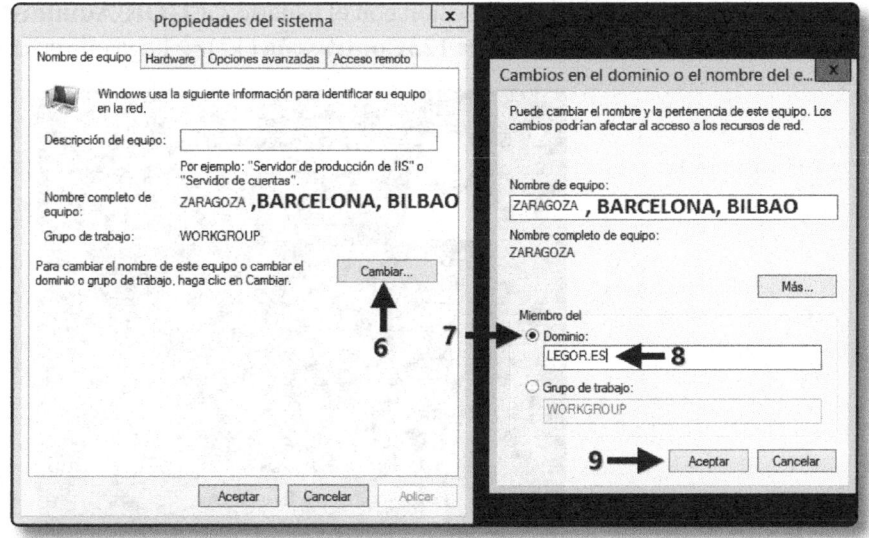

Captura A4.13. Unir la máquina Zaragoza, Bilbao o Barcelonal dominio Legor.es

3. En la ventana **Seguridad de Windows**, escriba unas credenciales (usuario + contraseña) válidas en el dominio para unir el equipo. En el ejemplo se han utilizado (10):

- Usuario: **Administrador**.
- Contraseña: **123Contraseña**.

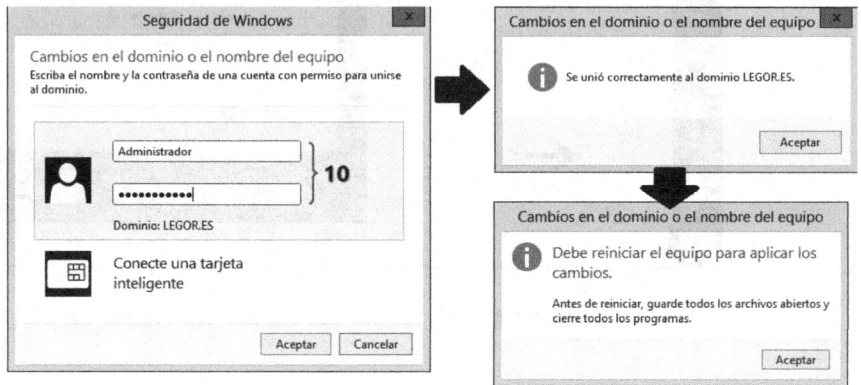

Captura A4.14. Credenciales de dominio

4. Una vez que la máquina se une al dominio hay que reiniciar el equipo para que los cambios sean efectivos.

5. A continuación inicie sesión con el usuario **LEGOR\Administrador** (11) → escriba la contraseña **123Contraseña** (12) → haga clic en el botón (13).

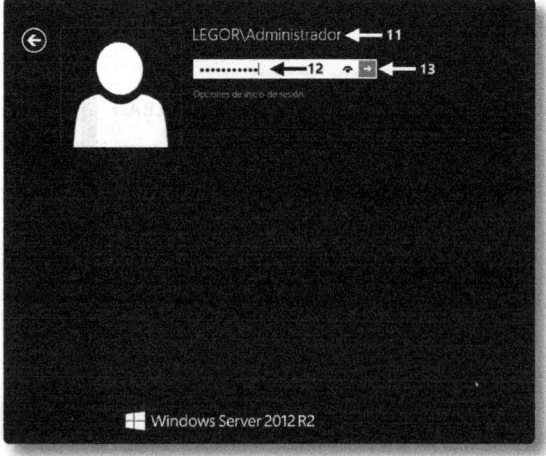

Captura A4.15. Inicie sesión con el usuario LEGOR\Administrador

MATERIAL ADICIONAL

El material adicional de este libro puede descargarlo en nuestro portal web: *http://www.ra-ma.es*.

Debe dirigirse a la ficha correspondiente a esta obra, dentro de la ficha encontrará el enlace para poder realizar la descarga. Dicha descarga consiste en un fichero ZIP con una contraseña de este tipo: XXX-XX-XXXX-XXX-X, la cual se corresponde con el ISBN de este libro.

Podrá localizar el número de ISBN en la página IV (página de créditos). Para su correcta descompresión deberá introducir los dígitos y los guiones.

Cuando descomprima el fichero obtendrá los archivos que complementan al libro para que pueda continuar con su aprendizaje.

INFORMACIÓN ADICIONAL Y GARANTÍA

▶ RA-MA EDITORIAL garantiza que estos contenidos han sido sometidos a un riguroso control de calidad.

▶ Los archivos están libres de virus, para comprobarlo se han utilizado las últimas versiones de los antivirus líderes en el mercado.

▶ RA-MA EDITORIAL no se hace responsable de cualquier pérdida, daño o costes provocados por el uso incorrecto del contenido descargable.

▶ Este material es gratuito y se distribuye como contenido complementario al libro que ha adquirido, por lo que queda terminantemente prohibida su venta o distribución.

ÍNDICE ALFABÉTICO

SÍGUENOS EN INSTAGRAM Y ACCEDE GRATIS A NUESTRA BIBLIOTECA DIGITAL DURANTE 30 DÍAS.

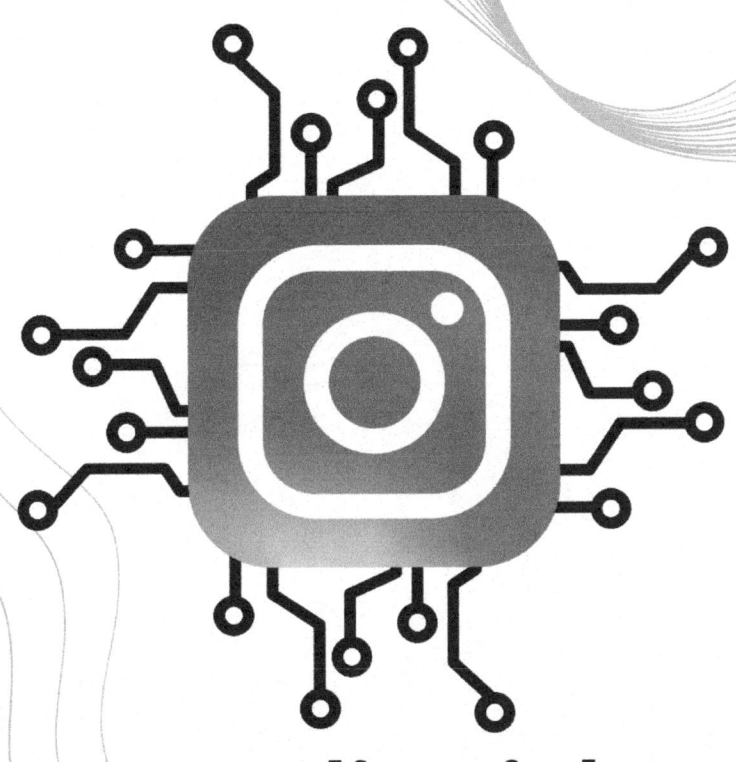

@grupoeditorialrama

¡ENVIANOS TU MAIL POR PRIVADO!

Grupo Editorial
ra-ma

40 ANIVERSARIO